國家古籍整理出版專項經費資助項目

索引

浙江省古籍善本聯合目錄

主编

程小瀾
朱海閔
應長興

國家圖書館出版社

索引

主编　程小澜　朱海闿　应长兴

目　　錄

索　　引

索引字頭筆畫檢字表

占 2160₀	召 1760₂	曲 5560₀	充 0021₂
目 6010₁	皮 4024₇	同 7722₀	羊 8050₁
且 7710₂	弁 2344₀	因 6080₄	米 9090₄
甲 6050₀	台 2360₀	回 6060₀	汗 3114₀
申 5000₆	幼 2472₇	屺 2771₇	江 3111₂
叶 6400₀	**六畫**	年 8050₀	汲 3714₇
田 6040₀		朱 2590₀	池 3411₂
由 5060₀	匡 7171₁	缶 8077₂	汝 3414₀
史 5000₆	式 4310₀	先 2421₂	宇 3040₁
叩 6702₀	刑 1240₀	舌 2060₄	守 3034₂
冉 5044₇	邢 1742₇	竹 8822₀	宅 3071₄
四 6021₂	戎 5340₀	休 2429₀	安 3040₄
生 2510₀	圭 4010₄	伍 2121₂	冰 3219₀
乍 8021₁	吉 4060₁	伏 2328₄	字 3040₇
丘 7210₂	考 4402₇	伐 2325₀	祁 3722₇
仕 2421₀	老 4471₂	延 1240₁	冐 3722₇
代 2324₀	地 4411₂	仲 2520₆	迁 3130₄
付 2420₀	耳 1040₀	任 2221₄	巡 3230₃
仙 2227₀	芝 4430₂	仰 2722₀	艮 7773₂
白 2600₀	芑 4471₇	仿 2022₇	艸 2244₇
瓜 7223₀	亘 1010₆	自 2600₀	阮 7121₂
令 8030₂	吏 5000₆	伊 2720₇	防 7022₇
用 7722₀	再 1044₇	血 2710₂	那 1752₇
印 7772₀	西 1060₄	向 2722₀	如 4640₀
氏 7274₀	在 4021₄	后 7226₁	好 4744₇
句 2762₀	百 1060₂	行 2122₁	牟 2350₀
册 7744₀	有 4022₇	肎 2722₇	羽 1712₀
卯 7772₀	而 1022₇	舟 2744₀	**七畫**
外 2320₀	存 4024₇	全 8010₄	
冬 2730₃	匠 7171₁	合 8060₁	弄 1044₁
包 2771₂	列 1220₀	邠 8722₇	戒 5340₀
立 0010₈	成 5320₀	朵 7790₄	走 4080₁
玄 0073₂	扣 5600₀	危 2721₂	赤 4023₁
半 9050₀	夷 5080₂	旭 4601₀	孝 4440₇
汀 3112₀	攷 1824₀	各 2760₄	志 4033₁
必 3300₄	至 1010₄	名 2760₂	刦 4270₀
永 3090₂	此 2211₀	多 2720₇	劫 4472₇
司 1762₀	光 9021₂	交 0040₈	芙 4480₅
弘 1223₀	早 6040₀	亦 0023₀	邯 4772₇

芸	4473_2	吟	6802_7	弟	8022_7	珏	1111_4
芷	4410_1	吹	6708_2	況	3611_2	玩	1111_2
芮	4422_7	吳	2680_4	冷	3813_2	武	1314_0
花	4421_4	邑	6071_7	冶	3316_0	青	5022_7
芥	4422_8	別	6240_0	汪	3111_4	表	5073_2
芳	4422_7	岐	2474_7	沐	3419_0	長	7173_2
克	4021_2	岭	2872_0	沛	3512_7	坦	4611_0
杜	4491_0	岑	2220_7	沔	3112_7	坤	4510_6
枚	4498_0	牡	2451_0	沙	3912_0	幸	4040_1
杏	4060_9	利	2290_0	沖	3510_6	坡	4414_7
巫	1010_8	秀	2022_7	沂	3212_1	耶	1742_7
杞	4791_7	我	2355_0	汾	3812_7	苦	4460_4
李	4040_7	兵	7280_1	汴	3013_0	若	4460_4
車	5000_6	邱	7712_7	汶	3014_0	苗	4460_0
甫	5322_7	何	2122_0	沈	3411_2	英	4480_5
更	1050_6	佐	2421_2	沁	3310_0	苟	4462_0
束	5090_6	佑	2426_0	完	3021_2	茚	4472_7
吾	1060_1	佚	2528_0	宋	3090_4	苑	4421_2
酉	1060_4	作	2821_1	宏	3073_2	范	4411_2
辰	7123_2	伶	2823_2	良	3073_2	苧	4420_1
邳	1712_7	佟	2723_3	初	3722_0	直	4010_2
夾	4080_8	伴	2925_0	社	3421_0	苔	4460_2
扶	5508_0	皂	2671_4	祀	3721_7	苔	4460_3
批	5201_0	佛	2522_7	近	3230_2	茅	4422_2
抄	5902_0	余	8090_4	返	3230_4	林	4499_0
折	5202_1	佘	8090_1	迎	3730_2	枚	4894_0
投	5704_7	希	4022_7	君	1760_7	板	4294_7
抗	5001_7	坐	8810_4	即	7772_0	來	4090_8
抒	5702_2	谷	8060_8	壯	2421_0	松	4893_2
求	4390_9	含	8060_2	改	1874_0	杭	4091_7
步	2120_1	狄	4928_0	阿	7122_0	枕	4491_2
盱	6104_0	删	7240_0	附	7420_0	東	5090_6
里	6010_5	彤	7242_2	妙	4942_0	卧	7370_0
貝	6080_0	言	0060_1	邵	1762_7	臥	7870_0
見	6021_2	辛	0040_1	忍	1733_2	事	5000_7
助	7412_7	忘	0033_1	甬	1722_7	刺	5290_0
呆	6090_4	忻	9202_1			兩	1022_7
困	6090_4	快	9508_0	**八畫**		雨	1022_7
呂	6060_2	灼	9782_0	奉	5050_8	郁	4722_7

· 3 ·

奇 4062_1	乖 2011_2	於 0823_3	姓 4541_0
拓 5106_2	和 2690_0	性 9501_0	始 4346_0
抽 5506_0	秈 2591_7	怡 9306_0	承 1723_2
拊 5400_0	委 2040_4	卷 9071_2	孟 1710_2
拘 5702_0	季 2040_7	炊 9788_2	孤 1243_0
抱 5701_2	竺 8810_1	炎 9080_9	巫 1710_4
拙 5207_2	秉 2090_7	法 3413_2	函 1777_2
招 5706_2	侍 2424_1	沽 3416_0	
披 5404_7	岳 7277_2	河 3112_0	**九畫**
拗 5402_7	使 2520_6	泗 3610_0	籽 5794_7
郅 1712_7	岱 2377_2	泊 3610_2	契 5780_4
非 1111_1	兒 7721_2	泠 3813_2	奏 5080_4
歧 2414_7	佩 2721_0	注 3011_4	春 5060_8
卓 2140_6	依 2023_2	泳 3319_2	珂 1112_0
虎 2121_7	併 2824_1	治 3316_0	珍 1812_2
尚 9022_7	阜 2740_7	宗 3090_1	玲 1813_2
盱 6104_0	欣 7728_2	定 3080_1	珊 1714_0
具 7780_1	狙 2721_2	宜 3010_2	封 4410_0
昊 6080_4	往 2021_4	宙 3060_5	城 4315_0
果 6090_4	所 7222_1	官 3077_7	垤 4111_4
味 6509_0	金 8010_9	空 3010_2	政 1814_0
杲 6090_4	郐 8762_7	穹 3002_7	郝 4722_7
昆 6071_2	采 2090_4	宛 3021_2	某 4490_4
昌 6060_0	受 2040_7	郎 3772_7	荆 4240_0
門 7700_1	念 8033_2	房 3022_7	革 4450_6
昇 6044_0	朋 7722_0	祈 3222_1	茜 4460_4
明 6702_0	股 7724_7	述 3330_9	草 4440_6
易 6022_7	周 7722_0	迪 3530_6	茶 4490_4
典 5580_1	昏 7260_4	迦 3830_1	苟 4462_7
固 6060_4	匊 2792_0	连 3630_0	茗 4460_2
忠 5033_6	郰 2722_7	建 1540_0	荒 4421_2
呻 6500_6	炙 2780_9	帚 1722_7	故 4864_0
邰 6762_7	京 0090_6	居 7726_4	胡 4762_0
呼 6204_9	享 0040_7	屈 7727_2	茹 4446_0
岫 2576_0	夜 0024_7	弧 1223_0	荔 4442_7
峋 2772_0	郊 0742_7	弦 1023_2	南 4022_7
知 8680_0	庚 0028_7	弢 1224_7	枯 4496_0
牧 2854_0	放 0824_0	陋 7121_2	柯 4192_0
物 2752_0	刻 0280_0	姑 4446_0	柘 4196_2

查	4010_6	峚	2210_4	哀	0073_2	迴	3630_0		
相	4690_0	幽	2277_0	亭	0020_1	逢	3730_5		
柚	4596_0	拜	2155_0	度	0024_7	逆	3830_4		
枳	4698_0	看	2060_5	庭	0024_1	退	3730_3		
柏	4690_2	郜	2762_7	兗	0021_2	郡	1762_7		
柳	4792_0	香	2060_9	疫	0014_7	咫	7680_8		
柿	4092_7	秋	2998_0	施	0821_2	屏	7724_1		
勃	4442_7	科	2490_0	弈	0044_3	眉	7726_7		
勅	5492_7	重	2010_5	奕	0080_4	陣	7520_0		
咸	5320_0	段	7744_7	音	0060_1	陝	7428_8		
威	5320_0	便	2124_6	帝	0022_7	姚	4241_3		
研	1164_0	修	2722_2	恒	9101_6	飛	1241_3		
斫	1262_1	保	2629_4	恬	9206_4	勇	1742_7		
砭	1263_2	俗	2826_8	恤	9701_2	癸	1280_4		
耐	1420_0	信	2026_1	美	8080_4	柔	1790_4		
尷	4001_6	皇	2610_4	姜	8040_4	紆	2194_0		
拱	5408_1	鬼	2651_3	前	8022_1	紅	2191_2		
括	5206_4	泉	2690_2	兹	8073_2	約	2792_0		
拾	5806_1	禹	2022_7	炳	9182_7	紀	2791_7		
指	5206_1	侯	2728_4	炮	9781_2				
拯	5701_9	帥	2472_7	洪	3418_1	**十畫**			
皆	2260_2	衍	2122_1	洹	3111_6				
貞	2180_6	待	2424_1	洞	3712_0	耕	5590_0		
省	9060_2	衎	2122_1	活	3216_4	耘	5193_2		
是	6080_1	律	2520_7	洤	3811_4	栔	5790_4		
則	6280_0	後	2224_7	洛	3716_4	馬	7132_7		
冒	6060_0	俞	8022_1	洋	3815_1	秦	5090_4		
映	6508_0	弇	8044_6	洴	3814_1	泰	5090_9		
禺	6022_7	俎	8781_2	津	3510_7	珠	1519_0		
星	6010_5	食	8073_2	宣	3010_6	敖	5824_0		
昨	6801_1	胎	7326_0	客	3060_4	班	1111_4		
昭	6706_2	負	2780_6	軍	3750_6	素	5090_3		
畊	6500_0	勉	2441_2	扁	3022_7	貢	1080_6		
畏	6073_2	風	7721_0	祐	3426_0	袁	4073_2		
毗	6201_0	狩	4324_2	祖	3721_2	都	4762_7		
虹	5111_2	急	2733_7	神	3520_6	耄	4471_5		
思	6033_0	胤	2201_0	祝	3621_2	盍	4010_2		
韋	4050_6	計	0460_0	祕	3320_4	耿	1948_0		
咽	6600_0	訂	0162_0	迺	3130_6	華	4450_4		
						莆	4422_7		

莽	4444_8	晁	6011_3	狷	4622_7	海	3815_7
恭	4433_8	晏	6040_4	留	7760_2	涂	3819_4
莫	4480_4	哨	6902_7	芻	2742_7	浮	3214_7
覓	4421_2	員	6080_6	訓	0260_0	流	3011_2
莊	4421_4	圃	6022_7	託	0261_4	浣	3311_2
荷	4422_1	哭	6680_4	記	0761_7	宸	3023_2
荻	4428_9	恩	6033_0	訒	0762_0	家	3023_2
莘	4440_1	唧	6702_0	衷	0073_2	宮	3060_2
真	4080_1	峽	2478_8	高	0022_7	容	3060_8
尅	4421_0	峴	2671_2	亳	0071_4	窈	3072_7
桂	4491_4	峨	2375_0	郭	0742_7	宰	3040_1
栲	4492_7	郵	2712_7	席	0022_7	案	3090_4
郴	4792_7	特	2454_1	效	0844_0	朗	3772_0
桓	4191_6	乘	2090_1	症	0011_1	袖	3526_0
栖	4196_4	秫	2599_0	病	0012_7	祥	3825_1
栢	4196_2	秘	2390_4	疹	0012_2	連	3530_0
桐	4792_0	笏	8822_7	唐	0026_1	逗	3130_1
桃	4291_3	倖	2424_1	唐	0026_5	通	3730_2
格	4796_4	借	2426_1	旁	0022_7	書	5060_1
校	4094_8	倚	2422_1	旅	0823_2	弱	1712_7
栟	4894_1	條	2729_4	畜	0060_3	陸	7421_4
栩	4792_0	倘	2922_7	悟	9106_1	陵	7424_7
鬲	1022_7	倪	2721_2	悔	9805_7	陳	7529_6
栗	1090_4	倦	2921_2	悅	9801_2	陰	7823_2
酌	1762_0	健	2524_0	益	8010_2	陶	7722_0
夏	1040_7	射	2420_0	兼	8023_7	姬	4141_2
砥	1264_0	皋	2640_8	朔	8742_0	娛	4648_4
破	1464_7	息	2633_0	烟	9680_0	能	2221_2
原	7129_6	師	2172_7	剡	9280_0	桑	1790_4
振	5103_2	徑	2121_2	郯	9782_7	孫	1249_3
致	1814_0	徐	2829_4	凌	3414_7	剝	7290_0
晉	1060_1	殷	2724_7	浦	3312_7	納	2492_7
鬥	2200_1	般	2744_7	涑	3519_6	紙	2294_0
柴	2290_4	奚	2080_4	酒	3116_4		
時	6404_1	倉	8026_7	浙	3212_1	**十一畫**	
畢	6050_4	翁	8012_7	涇	3111_2		
晟	6025_3	脈	7223_2	涉	3112_1	碧	1760_2
眠	6704_7	脂	7226_1	消	3912_7	理	1611_5
晃	6021_2	烏	2732_7	浩	3416_1	現	1611_2
						琉	1011_2

琅	1313_2	硃	1569_0	梨	2290_4	商	0022_7
規	5681_2	瓠	4223_0	移	2792_7	望	0710_4
堵	4416_0	匏	4721_2	笪	8810_6	率	0040_3
坤	4614_0	爽	4080_4	笛	8860_5	情	9502_7
教	4844_0	盛	5310_2	符	8824_3	惜	9406_1
培	4016_1	雪	1017_7	笠	8810_8	惟	9001_5
埽	4712_7	排	5101_1	筒	8862_7	粘	9196_0
聊	1742_0	推	5001_5	第	8822_7	剪	8022_7
勒	4452_7	授	5204_7	偓	2121_4	清	3512_7
黃	4480_6	掖	5004_7	偶	2622_7	渚	3416_0
菜	4490_8	探	5709_4	偲	2623_0	凌	3414_7
菲	4411_1	掃	5702_7	俌	2224_7	淇	3418_1
菽	4494_7	救	4894_0	停	2022_1	涿	3113_2
萩	4491_7	處	2124_1	從	2828_1	渠	3190_4
菜	4490_4	常	9022_7	船	2746_1	淑	3714_0
茶	4490_4	野	6712_2	釣	8712_0	混	3611_2
菊	4492_7	眺	6201_3	斜	8490_0	淮	3011_5
菩	4460_1	眼	6703_2	欲	8768_2	淨	3215_7
萍	4414_9	問	7760_1	彩	2292_2	涼	3019_6
菀	4421_2	曼	6040_7	鳥	2732_7	淳	3014_7
乾	4841_7	晦	6805_7	脫	7821_2	淡	3918_9
菉	4490_9	晞	6402_7	魚	2733_6	深	3719_4
菰	4443_2	晚	6701_2	象	2723_2	梁	3390_4
埜	4410_4	異	6080_1	猗	4422_1	淥	3719_9
梵	4421_7	略	6706_4	祭	2790_1	淄	3216_3
梧	4196_1	鄂	6722_7	訥	0462_7	寇	3021_4
桯	4691_4	唱	6606_0	許	0864_0	寄	3062_1
梅	4895_7	婁	5040_4	訪	0062_7	寂	3094_7
梓	4294_7	國	6015_3	庶	0023_7	宿	3026_2
梓	4094_1	唾	6201_5	麻	0029_4	窒	3077_2
梯	4892_7	唯	6001_5	庚	0028_7	密	3077_2
郖	7772_7	啥	6801_9	庸	0022_7	鄆	3752_7
曹	5560_6	崤	2478_1	康	0029_9	扈	3021_7
敕	5894_0	崧	2293_2	鹿	0021_2	啓	3860_4
副	1260_0	崑	2271_2	旌	0821_5	過	3730_2
區	7171_6	崔	2221_5	旋	0821_2	進	3030_1
戚	5320_0	帷	4021_5	袤	0073_2	逸	3730_1
帶	4422_7	崇	2290_1	章	0040_6	達	3730_9
研	1164_0	崆	2371_2	產	0021_5	晝	5010_6

尉	7420₀	壺	4010₂	揮	5705₆	稅	2891₂
屠	7726₄	斯	4282₁	握	5701₄	喬	2022₇
將	2724₂	期	4782₀	揆	5208₄	等	8834₁
張	1123₂	葉	4490₄	雅	1021₅	策	8890₂
強	1323₆	散	4824₀	斐	1140₀	筆	8850₇
隋	7422₇	葬	4444₁	紫	2290₃	備	2422₇
鄘	7722₇	萬	4422₇	虛	2121₇	傅	2324₂
陽	7622₇	葛	4472₇	棠	9090₄	貸	2380₆
隆	7721₅	募	4422₇	掌	9050₂	順	2108₆
娵	4744₀	董	4410₅	晴	6502₇	集	2090₄
婦	4742₇	葆	4429₄	最	6044₇	焦	2033₁
習	1760₂	蒐	4451₃	量	6010₅	皐	2640₉
參	2320₂	敬	4864₀	貽	6386₀	粵	2602₇
貫	7780₆	落	4416₄	鼎	2222₇	街	2122₁
鄉	2722₇	葦	4450₆	閏	7710₄	御	2722₀
紺	2497₀	葯	4492₇	開	7744₁	復	2824₇
絃	2093₂	朝	4742₀	閑	7790₄	循	2226₄
紹	2796₂	喪	4073₂	閒	7722₇	須	2128₆
巢	2290₄	焚	4480₉	閔	7740₀	舒	8762₂
		椒	4794₀	喇	6200₀	鉅	8111₇
十二畫		棲	4594₄	景	6090₆	鈍	8511₇
		棉	4692₇	貴	5080₆	鈔	8912₀
貳	4380₀	棟	4599₉	蛟	5014₈	鈴	8812₇
琵	1171₂	惠	5033₃	勛	6482₇	欽	8718₂
琴	1120₇	甦	1550₁	喟	6602₇	鈞	8712₀
琳	1419₀	粟	1090₄	單	6650₆	鉤	8712₀
琢	1113₂	棗	5090₂	喞	6702₀	鈕	8711₂
琬	1311₂	醋	1467₀	喉	6708₄	畬	8060₉
瑯	1712₇	皕	1166₂	喻	6802₁	翕	8012₇
堯	4021₂	硤	1468₈	喙	6703₂	禽	8022₇
堪	4411₈	硯	1661₂	黑	6033₁	爲	2022₇
塔	4416₁	雁	7121₅	圍	6050₆	飲	8778₂
項	1118₆	皷	4464₇	無	8033₁	勝	7922₇
越	4380₅	殘	1325₃	餅	8874₁	觚	2223₀
超	4780₆	雄	4071₅	短	8181₈	然	2333₈
喆	4466₁	雲	1073₂	智	8660₀	鄒	2742₇
博	4304₂	揚	5602₇	剩	2290₀	評	0164₉
彭	4212₂	揭	5602₇	稌	2397₂	註	0061₄
袁	4480₉	搜	5704₇	程	2691₄	詠	0369₂
臺	4410₄						

詞	0762_0	富	3060_6	聖	1610_4	督	2760_4
詔	0766_2	寓	3022_7	碁	4460_2	歲	2125_3
詒	0366_0	補	3322_7	蓋	4410_2	粲	2790_4
就	0391_2	裕	3826_8	鄆	4712_7	虞	2128_4
敦	0844_0	達	3430_5	勤	4412_7	當	9060_6
斌	0344_0	遇	3630_2	蓮	4430_5	睫	6508_1
痘	0011_8	遐	3730_4	靳	4252_1	睡	6201_5
痢	0012_0	遁	3230_6	蒔	4464_1	睢	6001_5
痧	0012_9	運	3730_5	夢	4420_7	賊	6385_0
童	0010_5	遊	3830_4	蒼	4426_7	嗜	6406_1
竢	0318_4	道	3830_6	蒯	4220_0	鄙	6762_7
棄	0090_4	遂	3830_3	蓬	4430_5	賜	6602_7
惺	9601_5	違	3430_5	蒿	4422_7	閘	7750_6
愧	9601_3	悫	3333_1	蓄	4460_3	電	7771_7
惲	9705_6	尋	1734_6	蒲	4412_7	愚	6033_2
善	8060_1	畫	5010_6	蓉	4460_8	暖	6204_7
普	8060_1	屡	7724_7	蒙	4423_2	盟	6710_2
尊	8034_6	強	1623_6	椿	4596_8	歇	6778_2
曾	8060_6	費	5580_6	禁	4490_1	照	6733_6
焠	9084_8	疎	1519_6	楚	4480_1	畸	6402_1
勞	9942_7	疏	1011_2	棟	4599_6	路	6716_4
馮	3112_7	媚	4746_7	楷	4296_2	蜆	5611_2
湛	3411_8	賀	4680_6	楊	4692_7	蛾	5315_0
湖	3712_0	登	1210_8	楞	4692_7	農	5523_2
湘	3610_0	發	1224_7	槐	4691_3	裝	2473_2
湯	3612_7	婺	1840_4	楓	4791_0	罨	6071_6
測	3210_0	結	2496_1	槎	4891_2	蜀	6012_7
渴	3612_7	絕	2791_7	楹	4791_2	嵊	2279_1
渭	3612_7	絳	2795_4	甄	1111_7	嵩	2222_7
滑	3712_7	絡	2796_4	賈	1080_6	圓	6080_6
淵	3210_0	統	2091_2	感	5333_0	團	6034_2
淳	3012_1	絲	2299_3	挈	1150_2	稗	2694_0
游	3814_7	幾	2285_3	碑	1664_0	筠	8812_7
渼	3818_4			碎	1064_8	筮	8810_8
滋	3813_2	**十三畫**		電	1071_6	筱	8824_8
渾	3715_6			雷	1060_1	節	8872_7
湧	3712_7	瑞	1212_7	揭	5602_7	與	7780_1
割	3260_0	載	4355_0	盞	5310_2	傳	2524_3
寒	3030_3	鄢	1732_7	裘	4373_2	催	2221_5
		塘	4016_5				

傷	2822₇	滇	3418₁	輯	5101₂	銀	8713₂
像	2723₂	溫	3611₂	歌	1768₂	鄱	2762₇
魁	2451₀	滌	3719₄	監	7810₂	脛	7123₃
粵	2602₇	溪	3218₄	厲	7122₇	鳳	7721₀
微	2824₀	滄	3816₇	碩	1168₆	疑	2788₁
鉛	8716₁	潮	3712₇	碭	1662₇	雛	2061₅
盍	8077₂	滂	3012₇	碣	1662₇	鄭	7782₇
會	8060₆	褚	3426₀	磁	1863₂	語	0166₁
愛	2040₇	福	3126₆	奩	4071₆	誥	0466₁
飴	8376₀	禘	3022₇	爾	1022₇	說	0861₂
頌	8178₆	遠	3430₃	臧	2325₀	認	0763₂
梟	2721₇	遙	3230₇	摭	5003₇	誦	0762₇
詹	2726₁	遜	3230₉	裴	1173₂	廣	0028₆
鳩	4702₇	群	1865₁	翡	1112₇	瘍	0012₇
解	2725₂	殿	7724₇	對	3410₀	瘟	0011₁
試	0364₀	辟	7024₁	墅	6710₄	瘦	0014₇
詩	0464₁	經	2191₂	閨	7710₄	旗	0828₁
誠	0365₀	綏	2294₄	聞	7740₁	廖	0022₂
話	0266₄	彙	2790₄	閩	7713₆	彰	0242₂
詮	0861₄	剿	2290₀	閣	7760₄	韶	0766₂
詳	0865₁			嘆	6408₅	端	0212₇
郭	0742₇	**十四畫**		蝸	5712₇	齊	0022₃
廓	0022₇	駁	7434₀	團	6034₃	養	8073₂
廉	0023₇	璉	1513₀	鳴	6702₇	頖	9158₆
麀	0021₇	碧	1660₂	圖	6060₄	精	9592₇
麻	0019₄	瑤	1717₂	舞	8025₁	鄭	8782₇
痴	0016₀	斠	5440₀	種	2291₅	榮	9990₄
痰	0018₉	趙	4980₂	箸	8860₄	滎	9990₂
靖	0512₇	嘉	4046₁	箕	8880₁	漢	3418₅
新	0292₁	臺	4010₄	箬	8860₄	滿	3412₇
意	0033₆	壽	4064₁	箆	8880₁	漕	3516₆
雍	0021₅	聚	1723₂	箋	8850₃	漱	3814₀
慎	9408₁	慕	4433₈	算	8844₆	漱	3718₂
義	8055₃	蔣	4424₂	剳	8260₀	漳	3114₉
羡	8018₂	蔡	4490₁	管	8877₇	漫	3614₇
慈	8033₃	蔗	4423₇	僝	2121₇	漁	3713₆
煙	9181₄	熙	7733₁	僧	2826₆	滸	3814₀
資	3780₆	蔘	4420₂	衛	2122₁	漳	3014₆
溝	3514₇	榕	4396₈	銅	8712₀	演	3318₆

字	碼	字	碼	字	碼	字	碼	字	碼
滬	3311_7	墟	4111_7	蝴	5712_0	廜	0023_1	慶	0024_7
潋	3814_0	增	4816_6	數	5844_0	瘵	0011_4	潮	3712_0
漏	3712_7	穀	4794_7	嶠	2272_7	瘡	0016_7	潛	3116_1
搴	3050_2	截	4445_3	幢	4021_5			潤	3712_0
賓	3080_6	蕉	4433_1	墨	6010_4			澂	3814_0
瘺	3026_1	蕩	4412_7	稽	2396_1			澳	3718_4
察	3090_1	蕊	4433_3	稷	2694_7			潘	3216_9
寧	3020_1	橫	4498_6	稻	2297_7			濟	3012_3
蜜	3013_6	標	4199_1	黎	2790_9			潯	3714_6
實	3080_6	橋	4192_7	稼	2393_2			潠	3718_1
肇	3850_7	樓	4594_4	篋	8871_8			澄	3211_8
遜	3130_3	樊	4480_4	範	8851_2			窳	3023_2
適	3030_2	橡	4793_2	篁	8810_4			審	3060_9
暨	7110_6	輟	5704_7	篇	8822_7			邁	3430_2
隨	7423_2	甋	5131_7	篆	8823_2			遼	3430_9
頗	4128_6	甌	7171_7	儀	2825_3			遺	3530_8
熊	2233_1	歐	7778_2	質	7280_6			遵	3830_4
鄧	1712_7	賢	7780_6	德	2423_1			遲	3730_5
翟	1721_5	醇	1064_7	衛	2122_1			選	3730_8
翠	1740_8	醉	1064_8	徵	2824_0			憨	1833_4
緒	2496_0	磊	1066_2	盤	2710_2			履	7724_7
綺	2492_1	確	1461_5	銷	8912_7			彈	1625_6
綱	2792_0	鴈	7122_7	劍	8280_0			豫	1723_2
網	2792_0	震	1023_2	貓	2426_0			樂	2290_4
維	2091_5	撫	5803_1	餘	8879_4			練	2599_6
綿	2692_7	播	5206_9	滕	7929_9			緘	2395_0
綸	2892_7	摶	5804_6	魯	2760_3			緝	2694_1
綠	2799_9	撰	5708_1	劉	7210_0			緯	2495_6
		輝	9725_6	皺	2444_7			縱	2798_4
十五畫		賞	9080_6	穎	2198_6			緩	2294_7
		暴	6090_9	請	0562_7			編	2392_7
慧	5533_7	賦	6384_0	諸	0466_0			畿	2265_3
耦	5692_7	賜	6682_7	諏	0764_0				
璇	1818_1	噶	6402_7	課	0669_4			**十六畫**	
璨	1219_4	閱	7721_2	論	0862_7				
髮	7240_7	閭	7773_2	調	0762_0			璞	1218_5
駛	7538_0	影	6292_2	談	0968_9			靜	5225_7
趣	4880_1	踐	6315_3	廟	0022_7				
鞏	1750_6	蝶	5419_4	摩	0025_2				
摯	4550_2			褒	0073_2				

駪	7431₂	戰	6355₀	燃	9383₈	賫	4480₆
駱	7736₄	嘯	6502₇	營	9960₆	韓	4445₆
駁	7034₈	嶧	2775₂	燈	9281₈	隸	4599₉
駢	7834₁	默	6338₄	澠	3711₇	檢	4898₆
賴	5698₆	黔	6832₇	潞	3716₄	麯	4546₀
熹	4033₆	積	2598₆	澧	3511₈	檀	4091₆
據	5103₂	穆	2692₂	澤	3614₁	臨	7876₆
擔	5706₁	篔	8880₆	澹	3716₁	磻	1266₉
擁	5001₅	篷	8830₅	澥	3715₂	霜	1096₁
燕	4433₁	興	7780₁	濂	3013₇	霞	1024₇
薑	4410₆	學	7740₇	澼	3014₁	擬	5708₁
薛	4474₁	儒	2122₇	憲	3033₆	戲	2325₀
薇	4424₈	衡	2122₁	寰	3073₂	嬰	6640₄
薊	4432₀	錢	8315₃	窺	3081₂	闌	7790₆
薦	4422₇	錫	8612₇	禪	3625₆	闇	7760₁
薪	4492₁	錦	8612₇	還	3630₃	曙	6606₄
蕭	4422₇	錄	8719₉	避	3030₄	螳	5911₄
翰	4842₇	劍	8782₀	鄴	3390₄	螺	5619₃
頤	7178₆	歙	8718₂	閻	7777₇	嶺	2238₆
薩	4421₅	雕	7021₅	壁	7010₃	嶽	2228₄
樹	4490₀	鮑	2731₂	彊	1121₆	點	6136₀
樸	4298₅	獲	4424₇	隤	7922₇	黜	6432₇
樵	4093₁	獨	4622₇	隱	7223₇	檉	2795₉
橈	4795₉	鴛	2732₇			魏	2641₃
橘	4792₇	謀	0469₄	**十七畫**		興	7780₁
輯	5604₁	諤	0662₇			儲	2426₀
輻	5806₄	諫	0569₆	璩	1113₂	龜	2711₇
賴	5798₆	諧	0266₂	瑠	1916₆	徽	2824₀
瓢	1293₀	謔	0161₄	環	1613₂	鍥	8718₄
勵	7422₇	諭	0862₁	戴	4385₀	鍼	8315₀
磚	1564₃	憑	3133₂	壎	4213₁	鍾	8211₅
歷	7121₁	凝	3718₁	蟄	4513₆	歛	8788₂
曆	7126₉	廨	0722₇	聲	4740₁	鴿	8762₇
霍	1021₅	塵	0021₄	聰	1643₀	谿	2886₈
餐	2773₂	辨	0044₁	聯	1247₂	膽	7726₁
虜	2122₇	親	0691₂	艱	4783₂	賸	7928₆
盧	2121₂	龍	0121₁	鞠	4752₀	甋	2121₇
曉	6401₂	憷	9706₁	藍	4410₂	鮚	2436₁
鴨	6752₇	憶	9003₆	藏	4425₃	鮮	2835₁
螆	5918₆	燒	9481₂	舊	4477₇		

斸	7212_1	轉	5504_3	隴	7121_1	鯖	2532_7
講	0564_7	覆	1024_7	彝	2744_9	鯨	2039_6
謝	0460_0	醫	7760_4	織	2395_0	獺	4728_6
謙	0863_7	顧	5128_6	繕	2896_1	譚	0164_6
襄	0073_2	擷	5108_6	斷	2272_1	譙	0063_1
應	0023_1	豐	2210_8			識	0365_0
甕	0071_7	叢	3244_7	**十九畫**		證	0261_8
燭	9682_7	題	6180_8			靡	0021_1
鴻	3712_7	瞿	6621_5	難	4081_5	廬	0021_2
濬	3116_8	瞻	6706_1	鵲	4762_7	龐	0021_1
濮	3218_5	顒	6128_6	攆	4454_1	癡	0018_1
濠	3013_2	闖	7748_2	蘋	4428_6	韻	0668_6
濟	3012_3	曠	6008_6	蕩	4430_3	懶	9708_6
濯	3711_5	蟬	5114_6	蘆	4421_2	懷	9003_2
濰	3011_5	蟲	5013_6	蘄	4452_1	類	9188_6
賽	3080_6	蟠	5216_9	勸	4422_7	瀲	3714_7
蹇	3080_1	鵑	6722_7	蘮	4424_7	瀨	3718_6
邃	3330_3	韞	4651_2	蘇	4439_4	瀕	3118_6
禮	3521_8	鵠	2762_7	警	4860_1	瀛	3011_7
黻	7071_7	穫	2494_7	藻	4419_4	寶	3080_6
彌	1122_7	簜	8810_2	櫟	4299_4	寵	3021_1
翼	1780_1	簡	8822_7	醯	1061_2	嬾	4748_6
績	2598_6	鵝	2752_7	麗	1121_2	繩	2791_7
縹	2199_1	雙	2040_7	願	7128_6	繹	2694_1
縵	2694_7	歸	2712_7	璽	1010_3	繪	2896_6
總	2693_0	鎮	8418_1	酆	1762_7	繡	2592_7
繆	2792_2	鎦	8716_2	攏	5009_4		
		翻	2762_0	贈	6886_6	**二十畫**	
十八畫		臟	7425_3	曝	6609_9		
		觴	2822_7	關	7777_2	蘭	4422_7
瓊	1714_7	獵	4221_2	蟾	5716_1	轗	5603_2
矗	1044_1	謹	0461_5	蟻	5815_3	飄	1791_0
藕	4492_7	雜	0091_5	嚴	6624_8	醴	1561_8
職	1345_0	離	0021_5	獸	6368_4	獻	2328_4
藝	4473_2	顏	0128_6	羅	6091_5	耀	9721_5
藜	4490_9	燼	9581_2	籀	8856_2	懸	7233_9
藤	4429_9	濼	3219_4	簫	8822_7	鶻	6772_7
藩	4416_9	邊	3630_2	牘	2408_6	蠖	5415_3
蘊	4491_2	璧	7010_3	鏡	8011_2	巍	2241_3
藥	4490_4			辭	2024_1	籌	8864_1

篆	8890_3	儷	2121_2	鑄	8414_1	鸞	7732_7
覺	7721_2	儼	2624_8	鑑	8811_2	衢	2122_1
鐔	8114_6	鐵	8315_0	矔	7621_5	鱣	2031_6
鐫	8012_7	鷂	2772_7	讀	0468_6	鷹	0022_7
鐘	8011_5	鷄	2782_7	聾	0140_1	贛	0748_6
鐙	8211_8	辯	0044_1	襲	0180_1		
釋	2694_1	夔	8040_7	竊	3092_7	**二十五畫**	
饒	8471_2	爟	9284_6	鷿	1722_7		
譯	0664_1	顧	3128_6	癰	0011_5	顴	2128_6
灌	3411_5	鶴	4722_7	麟	0925_9		
瀲	3814_0	屬	7722_7	孏	4442_7	**二十六畫**	
寶	3080_6	蠹	2713_6			灤	3219_4
寶	3080_6	續	2498_6	**二十三畫**			
響	2760_1	鷗	7772_7			**二十七畫**	
繼	2291_3			麟	0925_9		
		二十二畫		欒	2290_4	鬱	4472_2
二十一畫							
		驍	7431_2	**二十四畫**		**二十八畫**	
鰲	5833_6	聽	1413_1			戆	0733_8
觳	4734_7	蘿	4491_5	觀	4621_2		
權	4491_5	鷗	7772_7	蠱	5013_6	**二十九畫**	
櫻	4694_4	霽	1022_3	鹽	7810_2	驪	7131_2
酈	1722_7	疊	6010_2	靈	1010_8	鬱	4472_2
霸	1052_7	巖	2224_8	靄	1062_7		
攝	5104_1	體	7521_8	艷	2711_7	**三十畫**	
礨	6077_2	籟	8898_6	籬	8821_5		
簔	8873_2			矕	7780_6	鸞	2232_7

索引字頭拼音檢字表

A		剝	7290_0	辯	0044_1	采	2090_4		
		褒	0073_2	標	4199_1	彩	2292_2		
阿	7122_0	保	2629_4	表	5073_2	菜	4490_4		
哀	0073_2	葆	4429_4	別	6240_0	蔡	4490_1		
靄	1062_7	寶	3080_6	邠	8722_7	參	2320_2		
艾	4440_0	寶	3080_6	斌	0344_0	餐	2773_2		
愛	2040_7	抱	5701_2	賓	3080_6	殘	1325_3		
安	3040_4	褒	0073_2	瀕	3118_6	粲	2790_4		
闇	7760_1	鮑	2731_2	冰	3219_0	倉	8026_7		
案	3090_4	碑	1664_0	兵	7280_1	蒼	4426_7		
敖	5824_0	北	1211_0	拼	4894_1	滄	3816_7		
鰲	5833_6	貝	6080_0	丙	1022_7	藏	4425_3		
拗	5402_7	備	2422_7	秉	2090_7	曹	5560_6		
澳	3718_4	本	5023_0	炳	9182_7	漕	3516_6		
B		筆	8850_7	併	2824_1	艸	2244_7		
		鄙	6762_7	病	0012_7	草	4440_6		
八	8000_0	必	3300_4	播	5206_9	冊	7744_0		
巴	7771_7	畢	6050_4	泊	3610_2	策	8890_2		
霸	1052_7	皕	1166_2	勃	4442_7	測	3210_0		
白	2600_0	碧	1660_2	亳	0071_4	岑	2220_7		
百	1060_2	壁	7010_3	博	4304_2	茶	4490_4		
柏	4690_2	避	3030_4	駁	7434_0	槎	4891_2		
栢	4196_2	璧	7010_3	駮	7034_8	察	3090_1		
拜	2155_0	砭	1263_2	卜	2300_0	柴	2290_4		
稗	2694_0	編	2392_7	補	3322_7	孱	7724_7		
班	1111_4	邊	3630_2	不	1090_0	禪	3625_6		
般	2744_7	卞	0023_0	布	4022_7	蟾	5716_1		
板	4294_7	弁	2344_0	步	2120_1	産	0021_5		
半	9050_0	汴	3013_0	**C**		昌	6060_0		
伴	2925_0	便	2124_6			長	7173_2		
包	2771_2	辨	0044_1	才	4020_0	常	9022_7		

唱	6606_0	樗	4192_7	代	2324_0	褅	3022_7
抄	5902_0	芻	2742_7	岱	2377_2	滇	3418_1
超	4780_6	楚	4480_1	待	2424_1	典	5580_1
鈔	8912_0	褚	3426_0	帶	4422_7	點	6136_0
晁	6011_3	儲	2426_0	貸	2380_6	電	1071_6
巢	2290_4	處	2124_1	戴	4385_0	殿	7724_7
朝	4742_0	船	2746_1	丹	7744_0	刁	1712_0
潮	3712_0	傳	2524_3	擔	5706_1	雕	7021_5
車	5000_6	瘡	0016_7	甂	2121_7	弔	1752_7
郴	4792_7	幢	4021_5	膽	7726_1	釣	8712_0
辰	7123_2	吹	6708_2	淡	3918_9	垤	4111_4
宸	3023_2	炊	9788_2	憺	9706_1	鼃	4410_4
陳	7529_6	春	5060_8	澹	3716_1	蝶	5419_4
偁	2224_7	椿	4596_8	當	9060_6	疊	6010_2
成	5320_0	淳	3014_7	璫	1916_6	丁	1020_0
承	1723_2	醇	1064_7	碭	1662_7	鼎	2222_7
城	4315_0	輟	5704_7	蕩	4412_7	定	3080_1
乘	2090_1	詞	0762_0	刀	1722_0	訂	0162_0
程	2691_4	慈	8033_3	道	3830_6	冬	2730_3
誠	0365_0	磁	1863_2	稻	2297_7	東	5090_6
澂	3814_0	辭	2024_1	德	2423_1	董	4410_5
澄	3211_8	此	2211_0	登	1210_8	洞	3712_0
痴	0016_0	刺	5290_0	燈	9281_8	斗	3400_0
癡	0018_1	賜	6682_7	等	8834_1	逗	3130_1
池	3411_2	聰	1643_0	鄧	1712_7	鬥	2200_1
遲	3730_5	從	2828_1	鐙	8211_8	痘	0011_8
尺	7780_7	叢	3244_7	氐	7274_0	竇	3080_6
赤	4023_1	徂	2721_2	狄	4928_0	都	4762_7
勅	5492_7	崔	2221_5	迪	3530_6	督	2760_4
敕	5894_0	催	2221_5	荻	4428_9	獨	4622_7
充	0021_2	焠	9084_8	笛	8860_5	牘	2408_6
沖	3510_6	翠	1740_8	滌	3719_4	讀	0468_6
崇	2290_1	存	4024_7	砥	1264_0	堵	4416_0
蟲	5013_6			地	4411_2	杜	4491_0
重	2010_5	**D**		坔	4498_0	度	0024_7
寵	3021_1			弟	8022_7	蠹	5013_6
抽	5506_0	笪	8810_6	帝	0022_7	端	0212_7
籌	8864_1	達	3430_5	第	8822_7	短	8181_8
初	3722_0	大	4080_0	棣	4599_9	段	7744_7
		呆	6090_4				

斷	2272₁	方	0022₇	父	8040₀	各	2760₄
對	3410₀	芳	4422₇	付	2420₀	亘	1010₆
敦	0844₀	防	7022₇	附	7420₀	艮	7773₂
遁	3230₆	房	3022₇	阜	2740₇	更	1050₆
鈍	8511₇	仿	2022₇	負	2780₆	庚	0028₇
腞	7123₃	訪	0062₇	副	1260₀	畊	6500₀
遜	3130₃	放	0824₀	婦	4742₇	耕	5590₀
多	2720₇	非	1111₁	傅	2324₂	耿	1948₀
朵	7790₄	飛	1241₃	復	2824₇	工	1010₂
E		菲	4411₁	富	3060₆	公	8073₂
		斐	1140₀	賦	6384₀	恭	4433₈
阿	7122₀	翡	1112₇	覆	1024₇	宮	3060₂
峨	2375₀	費	5580₆			龔	0180₁
蛾	5315₀	分	8022₇	**G**		拱	5408₁
鵝	2752₇	棻	4490₄			碧	1760₂
鄂	6722₇	汾	3812₇	噶	6402₇	鞏	1750₆
諤	0662₇	焚	4480₉	改	1874₇	貢	1080₆
恩	6033₀	封	4410₀	蓋	4410₂	勾	2772₀
而	1022₇	風	7721₀	干	1040₀	句	2762₀
兒	7721₂	楓	4791₀	甘	4477₀	鈎	8712₀
耳	1040₀	豐	2210₈	感	5333₀	溝	3514₇
爾	1022₇	馮	3112₇	澉	3814₀	緱	2798₄
二	1010₀	奉	5050₈	紺	2497₀	苟	4462₇
貳	4380₀	鳳	7721₀	贛	0748₆	岣	2772₀
F		佛	2522₇	綱	2792₀	沽	3416₀
		缶	8077₂	皋	2640₈	姑	4446₀
發	1224₇	夫	5080₀	高	0022₇	孤	1243₀
伐	2325₀	伏	2328₄	皐	2640₉	菰	4443₂
法	3413₂	芙	4480₅	杲	6090₄	觚	2223₀
髮	7240₇	扶	5508₀	郜	2762₇	古	4060₀
藩	4416₉	浮	3214₇	誥	0466₁	谷	8060₈
翻	2762₀	桴	4294₇	戈	5300₀	股	7724₇
樊	4480₄	符	8824₃	割	3260₀	穀	4794₇
反	7224₇	凫	2721₇	歌	1768₂	固	6060₄
返	3230₄	福	3126₆	鴿	8762₇	故	4864₀
范	4411₂	甫	5322₇	革	4450₆	顧	3128₆
梵	4421₇	拊	5400₀	格	4796₄	瓜	7223₀
範	8851₂	撫	5803₁	鬲	1022₇	乖	2011₂
		簠	8810₂	閣	7760₄	官	3077₇
				葛	4472₇		

關	7777_2	好	4744_7	潞	3814_0	彙	2790_4
觀	4621_2	郝	4722_7	户	3020_7	慧	5533_7
管	8877_7	昊	6080_4	笏	8822_7	繪	2896_6
貫	7780_6	浩	3416_1	瓠	4223_0	昏	7260_4
灌	3411_5	合	8060_1	扈	3021_7	渾	3715_6
光	9021_2	何	2122_0	滬	3311_7	混	3611_2
廣	0028_6	和	2690_0	花	4421_4	活	3216_4
圭	4010_4	郃	8762_7	華	4450_4	火	9080_0
規	5681_2	河	3112_0	滑	3712_7	漷	3712_7
閨	7710_4	盍	4010_2	化	2421_0	霍	1021_5
龜	2711_7	荷	4422_1	畫	5010_6	獲	4424_7
歸	2712_7	鶡	6772_7	話	0266_4	穫	2494_7
鬼	2651_3	賀	4680_6	淮	3011_5		
癸	1280_4	鶴	4722_7	槐	4691_3	**J**	
桂	4491_4	黑	6033_1	懷	9003_2		
貴	5080_6	恒	9101_6	洹	3111_6	唧	6702_0
郯	2722_7	橫	4498_6	桓	4191_6	姬	4141_2
郭	0742_7	衡	2122_1	還	3630_3	稘	2397_2
過	3730_2	弘	1223_0	寰	3073_2	畸	6402_1
國	6015_3	宏	3073_2	環	1613_2	箕	8880_7
果	6090_4	虹	5111_2	緩	2294_7	稽	2396_1
過	3730_2	洪	3418_1	幻	2772_0	緝	2694_1
		紅	2191_2	浣	3311_2	畿	2265_3
H		鴻	3712_7	轘	5603_2	積	2598_6
		黌	7780_6	荒	4421_2	雞	2782_7
海	3815_7	侯	2728_4	皇	2610_4	吉	4060_1
酣	1467_0	喉	6708_4	黃	4480_6	汲	3714_7
憨	1833_4	后	7226_1	篁	8810_4	即	7772_0
邗	1742_7	後	2224_7	晃	6021_2	亟	1710_4
邯	4772_7	呼	6204_9	揮	5705_6	急	2733_7
含	8060_2	滹	3114_9	輝	9725_6	集	2090_4
函	1777_2	弧	1223_0	徽	2824_0	戢	4445_3
寒	3030_3	胡	4762_0	回	6060_0	輯	5604_1
韓	4445_6	壺	4010_2	迴	3630_0	己	1771_7
汗	3114_0	湖	3712_0	悔	9805_7	幾	2285_3
漢	3418_5	蝴	5712_0	晦	6805_7	麂	0021_7
翰	4842_7	鵠	2762_7	惠	5033_3	季	2040_7
杭	4091_7	瀫	3714_7	喙	6703_2	計	0460_0
蒿	4422_7	虎	2121_7	會	8060_6	紀	2791_7
濠	3013_2					記	0761_7

祭	2790_1	將	2724_2	靳	4252_1	卷	9071_2
績	2598_6	蔣	4424_2	禁	4490_1	倦	2921_2
寄	3062_1	講	0564_7	爐	9581_2	狷	4622_7
寂	3094_7	匠	7171_1	京	0090_6	珏	1111_4
暨	7110_6	絳	2795_4	荊	4240_0	絶	2791_7
稷	2694_7	交	0040_8	涇	3111_2	覺	7721_2
蒯	4432_0	郊	0742_7	旌	0821_5	爝	9284_6
濟	3012_3	椒	4794_0	經	2191_2	君	1760_7
繼	2291_3	蛟	5014_8	精	9592_7	軍	3750_6
霽	1022_3	焦	2033_1	鯨	2039_6	鈞	8712_0
夾	4080_8	蕉	4433_1	井	5500_0	郡	1762_7
迦	3630_0	剿	2290_0	景	6090_6	攟	5009_4
家	3023_2	校	4094_8	警	4860_1		
嘉	4046_1	教	4844_0	徑	2121_2	**K**	
甲	6050_0	斠	5440_0	淨	3215_7		
賈	1080_6	皆	2260_2	敬	4864_0	開	7744_1
稼	2393_2	揭	5602_7	靖	0512_7	楷	4296_2
兼	8023_7	街	2122_1	靜	5225_7	堪	4411_8
監	7810_2	刧	4270_0	鏡	8011_2	顑	5128_6
箋	8850_3	劫	4472_7	鳩	4702_7	看	2060_5
緘	2395_0	結	2496_1	九	4001_7	衎	2122_1
艱	4783_2	睫	6508_1	酒	3116_4	康	0029_9
剪	8022_7	節	8872_7	救	4894_0	亢	0021_7
檢	4898_6	碣	1662_7	就	0391_2	抗	5001_7
蹇	3080_1	鮚	2436_1	舊	4477_7	考	4402_7
簡	8822_7	解	2725_2	拘	5702_0	攷	1824_0
見	6021_2	介	8022_0	朹	2792_0	栲	4492_7
建	1540_0	戒	5340_0	居	7726_4	珂	1112_0
健	2524_0	芥	4422_8	娵	4744_0	柯	4192_0
踐	6315_3	岕	2872_0	鞠	4752_0	科	2490_0
劍	8280_0	借	2426_1	菊	4492_7	可	1062_0
澗	3712_0	今	8020_7	橘	4792_7	渴	3612_7
薦	4422_7	金	8010_9	句	2762_0	克	4021_2
劒	8782_0	津	3510_7	具	7780_1	刻	0280_0
諫	0569_6	錦	8612_7	鉅	8111_7	客	3060_4
鑑	8811_2	謹	0461_5	聚	1723_2	尅	4421_0
江	3111_2	近	3230_2	據	5103_2	課	0669_4
姜	8040_4	晉	1060_1	鵙	6722_7	肎	3722_7
薑	4410_6	進	3030_1	钁	8012_7	空	3010_2
						崆	2371_2

孔 1241_0	懶 9708_6	厲 7122_7	玲 1813_2
口 6000_0	嬾 4748_6	勵 7422_7	凌 3414_7
叩 6702_0	爛 4442_7	歷 7121_1	陵 7424_7
扣 5600_0	郎 3772_7	曆 7126_9	凌 3414_7
寇 3021_4	琅 1313_2	隸 4599_9	酃 1762_7
彀 4734_7	瑯 1712_7	櫟 4299_4	靈 1010_8
枯 4496_0	朗 3772_0	麗 1121_2	嶺 2238_6
哭 6680_4	閬 7773_2	酈 1722_7	留 7760_2
苦 4460_4	勞 9942_7	儷 2121_2	流 3011_2
蒯 4220_0	老 4471_2	連 3530_0	琉 1011_2
快 9508_0	勒 4452_7	蓮 4430_5	劉 7210_0
會 8060_6	樂 2290_4	廉 0023_7	鎦 8716_2
匡 7171_1	雷 1060_1	奩 4071_6	柳 4792_0
況 3611_2	壘 6077_2	濂 3013_7	六 0080_0
鄺 0722_7	磊 1066_2	聯 1247_2	隆 7721_5
曠 6008_6	類 9188_6	璉 1513_0	龍 0121_1
窺 3081_2	楞 4692_7	歛 8788_2	聾 0140_1
揆 5208_4	冷 3813_2	楝 4599_6	隴 7121_1
魁 2451_0	梨 2290_4	練 2599_6	婁 5040_4
夔 8040_7	黎 2790_9	瀲 3814_0	樓 4594_4
喟 6602_7	藜 4490_9	良 3073_2	陋 7121_2
愧 9601_3	離 0021_5	涼 3019_6	漏 3712_7
坤 4510_6	蠡 2713_6	梁 3390_4	盧 2121_2
昆 6071_2	籬 8821_5	兩 1022_7	蘆 4421_2
崑 2271_2	驪 7131_2	量 6010_5	廬 0021_2
困 6090_4	李 4040_7	聊 1742_0	顱 2128_6
括 5206_4	里 6010_5	廖 0022_2	魯 2760_3
廓 0022_7	理 1611_5	遼 3430_9	六 0080_0
L	澧 3511_8	了 1720_7	菉 4490_9
喇 6200_0	禮 3521_8	列 1220_0	陸 7421_4
來 4090_8	醴 1561_8	獵 4221_2	鹿 0021_2
萊 4490_8	力 4002_7	林 4499_0	淥 3719_9
賴 5798_6	立 0010_8	琳 1419_0	逯 3730_9
瀨 3718_6	吏 5000_6	痳 0019_4	路 6716_4
籟 8898_6	利 2290_0	臨 7876_6	錄 8719_9
藍 4410_2	荔 4442_7	麟 0925_9	潞 3716_4
闌 7790_6	栗 1090_4	令 8030_2	呂 6060_2
蘭 4422_7	笠 8810_8	伶 2823_2	邵 6762_7
	痢 0012_0	泠 3813_2	旅 0823_2

履	7724_7	眉	7726_7	墨	6010_4	女	4040_0
律	2520_7	梅	4895_7	默	6338_4	暖	6204_7
綠	2799_9	郿	7722_7	牟	2350_0	**O**	
樂	2290_4	美	8080_4	謀	0469_4		
濼	3219_4	渼	3818_4	某	4490_4	甌	7171_7
鸞	2232_7	媚	4746_7	牡	2451_0	歐	7778_2
略	6706_4	門	7700_1	木	4090_0	鷗	7772_7
綸	2892_7	夢	4420_7	目	6010_1	偶	2622_7
論	0862_7	盟	6710_2	沐	3419_0	耦	5692_7
螺	5619_3	蒙	4423_2	牧	2854_0	藕	4492_7
羅	6091_5	孟	1710_2	慕	4433_8	**P**	
蘿	4491_5	彌	1122_7	穆	2692_2		
洛	3716_4	靡	0021_1	**N**		排	5101_1
落	4416_4	米	9090_4			潘	3216_9
絡	2796_4	坒	2210_4	那	1752_7	盤	2710_2
雒	2061_5	祕	3320_4	納	2492_7	磻	1266_9
駱	7736_4	秘	2390_4	迺	3130_6	蟠	5216_9
濼	3219_4	密	3077_2	耐	1420_0	頖	9158_6
M		蜜	3013_6	南	4022_7	滂	3012_7
		眠	6704_7	難	4081_5	逄	3730_5
麻	0029_4	棉	4692_7	訥	0462_7	旁	0022_7
馬	7132_7	綿	2692_7	內	4022_7	龐	0021_1
脈	7223_2	沔	3112_7	能	2221_2	炮	9781_2
邁	3430_2	勉	2441_2	倪	2721_2	匏	4721_2
滿	3412_7	苗	4460_0	旎	0821_2	培	4016_1
曼	6040_7	妙	4942_0	擬	5708_1	裴	1173_2
漫	3614_7	廟	0022_7	逆	3830_4	沛	3512_7
縵	2694_7	繆	2792_2	年	8050_0	佩	2721_0
蔓	4424_7	蠛	5415_3	粘	9196_0	朋	7722_0
莽	4444_8	閔	7740_0	廿	4477_0	彭	4212_2
貓	2426_0	黽	7771_7	念	8033_2	蓬	4430_5
毛	2071_5	閩	7713_6	鳥	2732_7	篷	8830_5
茅	4422_2	名	2760_2	聶	1044_1	邳	1712_7
卯	7772_0	明	6702_0	寧	3020_1	批	5201_0
茆	4472_7	茗	4460_2	凝	3718_1	披	5404_7
冒	6060_0	鳴	6702_7	牛	2500_0	皮	4024_7
耄	4471_5	摩	0025_2	鈕	8711_2	毗	6201_0
鄝	7782_7	莫	4480_4	農	5523_2	埤	4614_0
枚	4894_0	秣	2599_0	弄	1044_1	琵	1171_2

辟	7024_1	戚	5320_0	樵	4093_1	癯	0011_5		
澼	3014_1	期	4782_0	譙	0063_1	衢	2122_1		
甓	7071_7	棲	4594_4	切	4772_0	全	8010_4		
扁	3022_7	蕀	4464_7	且	7710_2	泉	2690_2		
篇	8822_7	祁	3722_7	籤	8871_8	洤	3811_4		
駢	7834_1	岐	2474_7	鍥	8718_4	詮	0861_4		
片	2202_7	嵋	2478_1	竊	3092_7	權	4491_5		
縹	2199_1	奇	4062_1	親	0691_2	勸	4422_7		
飄	1791_0	歧	2414_7	欽	8718_2	闋	7748_2		
瓢	1293_0	祈	3222_1	秦	5090_4	確	1461_5		
蘋	4428_6	淇	3418_1	琴	1120_7	鵲	4762_7		
贇	4480_6	碁	4460_2	禽	8022_7	群	1865_1		
平	1040_9	旗	0828_1	勤	4412_7			**R**	
洴	3814_1	齊	0022_3	沁	3310_0				
屏	7724_1	蘄	4452_1	青	5022_7			然	2333_8
萍	4414_9	芑	4471_7	清	3512_7			燃	9383_8
餅	8874_1	屺	2771_7	鯖	2532_7			冉	5044_7
評	0164_9	杞	4791_7	情	9502_7			饒	8471_2
憑	3133_2	啟	3860_4	晴	6502_7			人	8000_0
坡	4414_7	綺	2492_1	請	0562_7			壬	2010_4
頗	4128_6	契	5780_4	慶	0024_7			仁	2121_0
鄱	2762_7	栔	5790_4	穹	3002_7			忍	1733_2
破	1464_7	棄	0090_4	瓊	1714_7			任	2221_4
莆	4422_7	千	2040_0	丘	7210_2			訒	0762_0
菩	4460_1	鉛	8716_1	邱	7712_7			認	0763_2
蒲	4412_7	搴	3050_2	秋	2998_0			日	6010_0
璞	1218_5	謙	0863_7	仇	2421_7			戎	5340_0
濮	3218_5	前	8022_1	求	4390_9			容	3060_8
圃	6022_7	乾	4841_7	逑	4001_6			蓉	4460_8
浦	3312_7	鈐	8812_7	裘	4373_2			榕	4396_8
團	6034_2	黔	6832_7	曲	5560_0			榮	9990_4
普	8060_1	錢	8315_3	屈	7727_2			柔	1790_4
樸	4298_5	潛	3116_1	區	7171_6			如	4640_0
暴	6090_9	茜	4460_4	麯	4546_0			茹	4446_0
曝	6609_9	強	1323_6	渠	3190_4			儒	2122_7
Q		強	1623_6	璩	1113_2			汝	3414_0
		疆	1121_6	蘧	4430_3			入	8000_0
七	4071_0	喬	2022_7	瞿	6621_5			阮	7121_2
栖	4196_4	嶠	2272_7	臞	7621_5			蕊	3333_1

蕊	4433₃	少	9020₀	拾	5806₁	曙	6606₄		
榮	3390₄	邵	1762₇	食	8073₂	束	5090₆		
芮	4422₇	哨	6902₇	時	6404₁	述	3330₉		
瑞	1212₇	紹	2796₂	蒔	4464₁	庶	0023₇		
閏	7710₄	畬	8060₉	實	3080₆	墅	6710₄		
若	4460₄	舌	2060₄	識	0365₀	潄	3814₀		
弱	1712₇	佘	8090₁	史	5000₆	漱	3718₂		
箬	8860₄	社	3421₀	使	2520₆	數	5844₀		
		射	2420₀	始	4346₀	樹	4490₀		
S		涉	3112₁	士	4010₀	率	0040₃		
		攝	5104₁	氏	7274₀	帥	2472₇		
薩	4421₅	申	5000₆	世	4471₇	霜	1096₁		
賽	3080₆	呻	6500₆	仕	2421₀	雙	2040₇		
三	1010₁	莘	4440₁	式	4310₀	爽	4080₄		
蔘	4420₂	深	3719₄	事	5000₇	水	1290₀		
散	4824₀	駪	7431₂	侍	2424₁	稅	2891₂		
桑	1790₄	神	3520₆	柿	4092₇	睡	6201₅		
喪	4073₂	沈	3411₂	是	6080₁	順	2108₆		
埽	4712₇	審	3060₉	嗜	6406₁	說	0861₂		
掃	5702₇	慎	9408₁	筮	8810₈	朔	8742₀		
僧	2826₆	升	2440₀	試	0364₀	碩	1168₆		
沙	3912₀	生	2510₀	適	3030₂	司	1762₀		
痧	0012₉	昇	6044₀	釋	2694₁	思	6033₀		
簁	8880₁	聲	4740₁	手	2050₀	斯	4282₁		
山	2277₀	澠	3711₇	守	3034₂	偲	2623₀		
删	7240₀	繩	2791₇	受	2040₇	絲	2299₃		
珊	1714₀	晟	6025₃	狩	4324₂	四	6021₂		
陝	7428₈	盛	5310₂	授	5204₇	祀	3721₇		
單	6650₆	剩	2290₀	壽	4064₁	泗	3610₀		
剡	9280₀	勝	7922₇	瘦	0014₇	笥	8862₇		
善	8060₁	聖	1610₄	獸	6368₄	竢	0318₄		
繕	2896₁	嵊	2279₁	抒	5702₂	松	4893₂		
商	0022₇	賸	7928₆	書	5060₁	崧	2293₂		
傷	2822₇	尸	7720₇	菽	4494₇	嵩	2222₇		
觴	2822₇	施	0821₂	淑	3714₀	宋	3090₄		
賞	9080₆	師	2172₇	舒	8762₂	頌	8178₆		
上	2110₀	詩	0464₁	疎	1519₆	誦	0762₇		
尚	9022₇	十	4000₀	疏	1011₂	蒐	4451₃		
燒	9481₂	石	1060₂	蜀	6012₇	搜	5704₇		
韶	0766₂								

甦	1550₁	探	5709₄	銅	8712₀	帷	4021₅
蘇	4439₄	嘆	6408₅	統	2091₂	惟	9001₅
俗	2826₈	湯	3612₇	投	5704₇	違	3430₅
素	5090₃	蓎	4422₇	涂	3819₄	圍	6050₆
涑	3519₆	唐	0026₅	屠	7726₄	爲	2022₇
宿	3026₂	棠	9090₄	盦	8077₂	維	2091₅
粟	1090₄	塘	4016₅	圖	6060₄	濰	3011₅
算	8844₆	螳	5911₄	土	4010₀	委	2040₄
睢	6001₅	倘	2922₇	團	6034₃	葦	4450₆
隋	7422₇	弢	1224₇	推	5001₅	緯	2495₆
綏	2294₄	桃	4291₃	退	3730₃	未	5090₀
隨	7423₂	陶	7722₀	託	0261₄	味	6509₀
遂	3830₃	特	2454₁	脫	7821₂	畏	6073₂
碎	1064₈	滕	7929₉	拓	5106₂	尉	7420₀
歲	2125₃	藤	4429₉	唾	6201₅	渭	3612₇
邃	3330₃	梯	4892₇	撢	4454₁	衛	2122₁
孫	1249₃	題	6180₈			魏	2641₃
潠	3718₁	體	7521₈	**W**		溫	3611₂
璂	1219₄	天	1080₄			瘟	0011₂
蝯	5918₆	田	6040₀	外	2320₀	文	0040₀
所	7222₁	恬	9206₄	丸	5001₇	聞	7740₁
		苕	4460₂	完	3021₂	汶	3014₀
T		條	2729₄	玩	1111₂	問	7760₁
		調	0762₀	宛	3021₂	翁	8012₇
塔	4416₁	眺	6201₃	晚	6701₂	甕	0071₇
獺	4728₆	鐵	8315₀	琬	1311₂	蝸	5712₇
撻	5602₇	汀	3112₀	萬	4422₇	我	2355₀
胎	7326₀	桯	4691₄	汪	3111₄	臥	7370₀
台	2360₀	聽	1413₁	王	1010₄	卧	7870₀
苔	4460₃	亭	0020₁	往	2021₄	握	5701₄
臺	4010₄	庭	0024₁	網	2792₀	巫	1010₈
太	4003₀	停	2022₁	忘	0033₁	烏	2732₇
泰	5090₉	渟	3012₁	望	0710₄	於	0823₃
郯	9782₇	通	3730₂	危	2721₁	毋	7755₀
痰	0018₉	同	7722₀	威	5320₀	吾	1060₁
談	0968₉	佟	2723₃	微	2824₀	吳	2680₄
檀	4091₆	彤	7242₂	薇	4424₈	梧	4196₁
譚	0164₆	桐	4792₀	魏	2241₃	無	8033₁
彈	1625₆	童	0010₅	韋	4050₆		
坦	4611₀			唯	6001₅		

啎	0026₁	霞	1024₇	簫	8822₇	熊	2233₁
五	1010₂	下	1023₀	驍	7431₂	休	2429₀
午	8040₀	夏	1040₇	小	9000₀	修	2722₂
伍	2121₂	仙	2227₀	筱	8824₈	秀	2022₇
武	1314₀	先	2421₂	曉	6401₂	岫	2576₀
舞	8025₁	僊	2121₇	孝	4440₇	袖	3526₀
廡	0023₁	鮮	2835₁	效	0844₀	繡	2592₇
兀	1021₂	弦	1023₂	嘯	6502₇	旴	6104₀
勿	2722₀	咸	5320₀	歇	6778₂	盱	6104₀
戊	5320₀	絃	2093₂	叶	6400₀	虛	2121₇
物	2752₀	閑	7790₄	斜	8490₀	墟	4111₇
悟	9106₁	閒	7722₇	諧	0266₂	須	2128₆
婺	1840₄	啣	6702₀	擷	5108₆	徐	2829₄
痦	3026₁	銜	2122₁	解	2725₂	栩	4792₀
		賢	7780₆	嶰	2775₂	許	0864₀
X		蜆	5611₂	瀣	3715₂	旭	4601₀
		莧	4421₂	謝	0460₀	恤	9701₂
夕	2720₀	峴	2671₂	心	3300₀	畜	0060₃
西	1060₄	現	1611₂	辛	0040₁	蓄	4460₃
希	4022₇	羨	8018₂	忻	9202₁	緒	2496₀
息	2633₀	憲	3033₆	欣	7728₂	續	2498₆
奚	2080₄	獻	2328₄	新	0292₁	宣	3010₆
晞	6402₇	相	4690₀	薪	4492₁	玄	0073₂
惜	9406₁	香	2060₉	鐔	8114₆	璇	1818₁
翕	8012₇	鄉	2722₇	信	2026₁	懸	7233₉
溪	3218₄	湘	3610₀	星	6010₅	選	3730₈
熙	7733₁	襄	0073₂	惺	9601₅	薛	4474₁
熹	4033₆	祥	3825₁	興	7780₁	學	7740₇
樨	4795₉	詳	0865₁	榮	9990₂	鷽	7732₂
錫	8612₇	享	0040₇	刑	1240₀	雪	1017₇
歙	8718₂	響	2760₁	邢	1742₇	血	2710₂
谿	2886₈	向	2722₀	行	2122₁	謔	0161₄
醯	1061₂	象	2723₂	省	9060₂	勛	6482₇
席	0022₇	項	1118₆	杏	4060₉	壎	4213₁
習	1760₂	像	2723₂	幸	4040₁	巡	3230₃
璽	1010₃	橡	4793₂	性	9501₀	荀	4462₇
戲	2325₀	消	3912₇	姓	4541₀	循	2226₄
峽	2478₈	銷	8912₇	倖	2424₁	尋	1734₆
硤	1468₈	蕭	4422₇	雄	4071₅	潯	3714₆
退	3730₄						

訓 0260_{0}
遜 3230_{9}
濬 3116_{8}

Y

鴨 6752_{7}
雅 1021_{5}
咽 6600_{0}
烟 9680_{0}
鄢 1732_{7}
煙 9181_{4}
延 1240_{1}
言 0060_{1}
炎 9080_{9}
研 1164_{0}
硏 1164_{0}
揅 1150_{2}
閻 7777_{7}
顏 0128_{6}
嚴 6624_{8}
巖 2224_{8}
鹽 7810_{2}
衍 2122_{1}
弇 8044_{6}
兗 0021_{2}
郾 7772_{7}
眼 6703_{2}
偃 2121_{4}
罨 6071_{6}
演 3318_{6}
儼 2624_{8}
晏 6040_{4}
硯 1661_{2}
雁 7121_{5}
鴈 7122_{7}
燕 4433_{1}
鳫 2122_{7}
艷 2711_{7}
羊 8050_{1}
洋 3815_{1}
陽 7622_{7}
揚 5602_{7}
楊 4692_{7}
暘 6602_{7}
瘍 0012_{7}
卬 7772_{0}
仰 2722_{0}
駚 7538_{0}
養 8073_{2}
么 2073_{2}
姚 4241_{3}
窑 3077_{2}
堯 4021_{2}
遥 3230_{7}
瑤 1717_{2}
窈 3072_{7}
葯 4492_{7}
藥 4490_{4}
耀 9721_{5}
鷂 2772_{7}
耶 1742_{7}
也 4471_{2}
冶 3316_{0}
埜 4410_{4}
野 6712_{2}
夜 0024_{7}
掖 5004_{7}
葉 4490_{4}
一 1000_{0}
伊 2720_{7}
依 2023_{2}
猗 4422_{1}
醫 7760_{4}
夷 5080_{2}
沂 3212_{1}
怡 9306_{0}
宜 3010_{2}
移 2792_{7}
貽 6386_{0}
詒 0366_{0}
飴 8376_{0}
疑 2788_{1}
遺 3530_{8}
儀 2825_{3}
頤 7178_{6}
彝 2744_{9}
乙 1771_{0}
已 1771_{7}
倚 2422_{1}
蟻 5815_{3}
弋 4300_{0}
亦 0023_{0}
邑 6071_{7}
佚 2528_{0}
易 6022_{7}
秇 2591_{7}
疫 0014_{7}
弈 0044_{3}
奕 0080_{4}
益 8010_{2}
萟 4491_{7}
異 6080_{1}
逸 3730_{1}
意 0033_{6}
義 8055_{3}
瘞 0011_{4}
憶 9003_{6}
翼 1780_{1}
藝 4473_{2}
繹 2694_{1}
譯 0664_{1}
因 6080_{4}
音 0060_{1}
殷 2724_{7}
陰 7823_{2}
吟 6802_{7}
唫 6801_{9}
鄞 4712_{7}
銀 8713_{2}
蟫 5114_{6}
尹 1750_{7}
㐆 2722_{7}
飲 8778_{2}
趛 4880_{1}
隱 7223_{7}
印 7772_{0}
胤 2201_{0}
英 4480_{5}
嬰 6640_{4}
應 0023_{1}
櫻 4694_{4}
鷹 0022_{7}
迎 3730_{2}
楹 4791_{2}
營 9960_{6}
縈 9990_{2}
瀛 3011_{7}
影 6292_{2}
穎 2198_{6}
映 6508_{0}
庸 0022_{7}
雍 0021_{5}
擁 5001_{5}
顒 6128_{6}
永 3090_{2}
甬 1722_{7}
泳 3319_{2}
勇 1742_{7}
詠 0369_{2}
湧 3712_{7}
用 7722_{0}
幽 2277_{0}
尤 4301_{2}
由 5060_{0}
柚 4596_{0}
郵 2712_{7}

字	碼	字	碼	字	碼	字	碼
遊	3830_4	裕	3826_8	韻	0668_6	長	7173_2
游	3814_7	豫	1723_2			漳	3014_6
輶	5806_4	諭	0862_1	**Z**		掌	9050_2
友	4040_7	尉	7420_0	雜	0091_5	招	5706_2
有	4022_7	鷲	1722_7	宰	3040_1	昭	6706_2
酉	1060_4	鬱	4472_2	載	4355_0	召	1760_2
黝	6432_7	鬱	4472_2	再	1044_7	詔	0766_2
幼	2472_7	淵	3210_0	在	4021_4	照	6733_6
佑	2426_0	鴛	2732_7	臧	2325_0	趙	4980_2
祐	3426_0	元	1021_2	葬	4444_1	肇	3850_7
迂	3130_4	袁	4073_2	臟	7425_3	折	5202_1
紆	2194_0	原	7129_6	早	6040_0	喆	4466_1
于	1040_0	員	6080_6	棗	5090_2	輒	5101_2
余	8090_4	圓	6080_6	藻	4419_4	蟄	4513_6
禺	6022_7	遠	3430_3	皂	2671_4	柘	4196_2
俞	8022_1	苑	4421_2	迮	3830_1	浙	3212_1
娛	4648_4	願	7128_6	則	6280_0	蔗	4423_7
魚	2733_6	約	2792_0	澤	3614_1	珍	1812_2
虞	2128_4	嶽	2228_4	賊	6385_0	真	4080_1
愚	6033_2	月	7722_0	曾	8060_6	貞	2180_6
漁	3713_6	岳	7277_2	增	4816_6	甄	1111_7
餘	8879_4	悅	9801_2	贈	6886_6	鍼	8315_0
興	7780_1	越	4380_5	查	4010_6	枕	4491_2
宇	3040_1	粵	2602_7	劄	8260_0	疹	0012_2
羽	1712_0	粵	2602_7	閘	7750_6	陣	7520_0
雨	1022_7	閱	7721_2	乍	8021_1	振	5103_2
禹	2022_7	樂	2290_4	宅	3071_4	震	1023_2
庾	0028_7	芸	4473_2	翟	1721_5	鎮	8418_1
與	7780_1	耘	5193_2	詹	2726_1	徵	2824_0
語	0166_1	賴	5698_6	瞻	6706_1	拯	5701_9
窳	3023_2	雲	1073_2	鱣	2031_6	正	1010_1
玉	1010_3	筠	8812_7	盞	5310_2	政	1814_0
菀	4421_2	簣	8880_6	占	2160_0	症	0011_1
郁	4722_7	允	2321_2	湛	3411_8	鄭	8782_7
欲	8768_2	鄆	3752_7	戰	6355_0	證	0261_8
遇	3630_2	惲	9705_6	章	0040_6	之	3030_2
喻	6802_1	運	3730_5	鄣	0742_7	支	4040_7
御	2722_0	蘊	4491_2	張	1123_2	芝	4430_2
寓	3022_7	韞	4651_2	彰	0242_2	知	8680_0

脂	7226_1	鐘	8011_5	箸	8860_4	子	1740_7
織	2395_0	種	2291_5	鑄	8414_1	籽	5794_7
直	4010_2	仲	2520_6	甄	5131_7	梓	4094_1
摭	5003_7	舟	2744_0	磚	1564_3	紫	2290_3
職	1345_0	周	7722_0	撰	5708_1	自	2600_0
止	2110_0	帚	1722_7	篆	8823_2	字	3040_7
芷	4410_1	宙	3060_5	轉	5504_3	宗	3090_1
枳	4698_0	畫	5010_6	籑	8873_2	總	2693_0
指	5206_1	皺	2444_7	莊	4421_4	鄒	2742_7
咫	7680_8	籀	8856_2	裝	2473_2	諏	0764_0
紙	2294_0	朱	2590_0	壯	2421_0	走	4080_1
至	1010_4	珠	1519_0	戇	0733_8	奏	5080_4
志	4033_1	硃	1569_0	拙	5207_2	俎	8781_2
郅	1712_7	諸	0466_0	卓	2140_6	祖	3721_2
炙	2780_9	竹	8822_0	涿	3113_2	纂	8890_3
治	3316_0	竺	8810_1	灼	9782_0	最	6044_7
致	1814_0	燭	9682_7	斫	1262_1	醉	1064_8
智	8660_0	渚	3416_0	酌	1762_0	尊	8034_6
摯	4550_2	麂	4480_9	琢	1113_2	遵	3830_4
質	7280_6	麈	0021_4	斲	7212_1	撙	5804_6
隲	7922_7	屬	7722_7	濯	3711_5	昨	6801_1
稺	2795_9	助	7412_7	兹	8073_2	左	4010_2
中	5000_6	苧	4420_1	淄	3216_3	佐	2421_2
忠	5033_6	注	3011_4	滋	3813_2	作	2821_1
衷	0073_2	祝	3621_2	資	3780_6	坐	8810_4
鍾	8211_5	註	0061_4				

書名筆畫索引

二鄉亭詞／集 3689，集 3693，集 5622

二硯窩文／集 4760

二硯窩未定稿書目畫目／集 4759

二硯窩詩稿偶存詞／集 4761

二雁山人詩集／集 3206

二程子全書／子 0127

二程先生粹言／子 0132

二程先生類語附二程年譜／子 0133

二程全書／子 0126，子 0128，子 0129

二樓小志／史 3680

二選藏弄集／集 0574

二樹山人寫梅歌／集 4501

二樹詩略／集 4499

二齋文集／集 3886

二筆廬漫唱／集 4784

十二按摩圖法／子 1118

十二家唐詩／集 0052

十七史／史 0001，史 0002

十七史百將傳／子 0552，子 0553，子 0554

十七史商榷／史 2320

十七史詳節／史 2154，史 2155

十七帖考釋／子 1717

十三經古註／經 0010

十三經地名韻編今釋／經 1190

十三經拾遺／經 1170

十三經異同條辨／經 1171

十三經註疏／經 0011，經 0012，經 0013，經 0014

十三經解詁／經 0023

十三經歷代名文鈔／經 1151

十六金符齋印存／史 4455

十六金符齋周秦漢六朝官私印譜／史 4454

十六國春秋／史 0594，史 0595

十峰詩選／集 3645

十笏齋詩／集 4429

十家唐詩／集 0050

十家宮詞／集 0017

十國春秋／史 0607，史 0608

十經文字通正書／經 0038

十經齋元碑釋文／史 4325

十種唐詩選／集 0059，集 0060，集 0061

十誦齋集／集 4367

十駕齋養新錄／子 2369，子 2370

十鐘山房印舉／史 4447

丁中丞六條覆議／史 0960

[錢塘]丁氏譜牒／史 1540

丁丙年譜／史 1418

丁卯集／集 1668，集 1669

丁辛老屋集／集 4390

丁隱君手蹟／集 4416

丁鶴年先生詩集／集 2450

七十二行花館詩餘／集 5700

七十二峰足徵集／集 1020

七十二候表／史 2344

七十二家集／集 0003

七十三壺圖／子 1985，子 1986

七十以外吟／集 5378

七子詩選／集 0123

七子團圓／集 5853

七巧八分圖／子 1958

七言律詩鈔／集 4372

七松游／集 3699

七修類稿／子 2199

七家名人印譜附秦漢古銅印譜／史 4468

七書參同／子 0478，子 0479

七情賦／集 4685

七雄策纂／史 2198

七經圖／經 1145

七經精義／經 0042

七種文選／集 0001

七緯／經 1197

七錄齋文集論略續刻別集／集 3474

七錄齋詩文合集／集 3473

七樏硬山大式做法／史 4071

七體唐詩正音補註／集 0648

卜歲恒言／史 2345

卜筮全書／子 1534

八千卷樓書目／史 4171

八叉集／集 1691

八分書辨／經 1432

八代文抄／集 0018

八代詩乘／集 0282

八代詩洶／集 0330

八表停雲錄／集 0551

八厓集／集 2855

八音考略／經 0706

八陣圖／子 1384

八家詩選／集 0120

[弘治]八閩通志／史 3181

八旗通志初集／史 4029

八旗滿洲氏族通譜／史 1539

八編類纂／子 2925

八識規矩頌／子 3238

八寶箱傳奇／集 5833

人天眼目／子 3273

史 0170, 史 0171, 史 0172, 史 0173, 史 0174, 史 0175, 集 5964

三國志注補/史 0176

三國會要/史 3913

三魚堂文集外集/集 3825, 集 3826

三魚堂四書大全/經 1070

三魚堂賸言/子 0310

三張弈譜/子 1941

三朝北盟會編/史 0425, 史 0426, 史 0427, 史 0428

三朝要典/史 0691

三朝野紀/史 0703

三朝遼事實錄/史 0690

三焦命門辯/子 1139

三湖詩稿/集 5246

三傳辨疑/經 0851

三溪集/集 3378

三經評注/經 0028

三輔黃圖/史 3711, 史 3712, 史 3713, 史 3714

三遷志/史 3685

三餘別集/子 2843

三選結隣集/集 0574

三樂軒吟草/集 4964

三謝詩集/集 1266

三禮考註/經 0646

三禮攷註/經 0648

三禮陳數求義/經 0659, 經 0660

三禮編繹/經 0649

三禮纂註/經 0650, 經 0651

三藩紀事本末/史 0517, 史 0518, 史 0519

三蘇文集/集 1274

三蘇文滙/集 1278

三蘇先生文集/集 1272, 集

1273

三蘇先生文粹/集 1270, 集 1271

三韻易知/集 5501

三寶心鐙/子 3072

三寶徵夷集/史 3811

三廳屯防錄/史 4031

干常侍易注疏證/經 0053, 經 0054

干祿字書/經 1348

于少保萃忠全傳/集 5987

于役河干稿/集 4402

于忠肅公集/集 2617

于忠肅詩集/集 2618

于清端公政書/集 3632

工尺曲譜/集 5934

工部五七古/集 1555

工部爲建殿堂修都城勸民捐款章程/史 4062

工程做法/史 4069

工程算法/史 4070

士翼/子 0253

土苴集/集 2645, 集 2646, 集 2647

土苴續集/集 2648

土物志/史 3367, 史 3368

下河集要備考/史 3647

下學堂劄記/子 0308

下學編/子 0344

大小宗通繹/經 0652

大丹問答/子 3067

大六壬/子 1542

大六壬大全/子 1543

大六壬鬼撮脚/子 1546

大六壬集成稿/子 1553

大六壬彙纂十二課/子 1549

大方便佛報恩經/子 3154

大方廣佛華嚴經/子 3149,

子 3150, 子 3151

大方廣佛華嚴經入不思議解脫境界普賢行願品/子 3152

大方廣佛華嚴經合論/子 3224

大方廣佛華嚴經淨行品/子 3153

大方廣圓覺修多羅了義經/子 3190, 子 3191, 子 3210

大方廣圓覺修多羅了義經直解/子 3243, 子 3244

大方廣圓覺修多羅了義經略疏/子 3245

大方廣圓覺修多羅了義經集注/子 3192, 子 3241

大方廣圓覺修多羅了義經集要/子 3242

大本瓊瑤發明神書/子 0857

[乾隆]大田縣志/史 3232

大司徒一川游公年譜/史 1372

大司徒游公傳/史 1290

大司寇新城王公載書圖詩/集 0947

大成齋古文觀止/集 0984

[正德]大同府志/史 2610

[乾隆]大同府志/史 2611

[正德]大名府志/史 2437

大佛頂如來密因修證了義諸菩薩萬行首楞嚴經/子 3212

大佛頂如來密因修證了義諸菩薩萬行首楞嚴經/子 3206, 子 3207, 子 3208, 子 3209, 子 3210, 子 3211, 子 3248, 子

3249

大佛頂如來密因修證了義
　諸菩薩萬行首楞嚴經玄
　義／子3255

大佛頂如來密因修證了義
　諸菩薩萬行首楞嚴經合
　轍／子3250, 子3251

大佛頂如來密因修證了義
　諸菩薩萬行首楞嚴經如
　說／子3253

大佛頂如來密因修證了義
　諸菩薩萬行首楞嚴經講
　錄／子3254

大佛頂首楞嚴經合轍／子
　3252

大宋文鑑／集0767

大事記續編／史0348

大明一統名勝志／史3442,
　史3443

大明一統志／史2359, 史
　2360, 史2361, 史2362

大明一統賦／史2363

大明一統賦補／史2364

大明太祖高皇帝實錄／史
　0469, 史0470, 史0471

大明仁孝皇后勸善書／子
　2508

大明正德乙亥重刊改併五
　音類聚四聲篇五音集韻
　／經1495, 經1496

大明世宗肅皇帝實錄／史
　0478, 史0479

大明成化丁亥重刊改併五
　音類聚四聲篇／經1492,
　經1493

大明成化庚寅重刊改併五
　音集韻／經1494

大明武宗毅皇帝實錄／史
　0475, 史0476, 史0477

大明律／史4036

大明律附例／史4037

大明度無極經／子3138

大明宣宗章皇帝實錄／史
　0473

大明神宗顯皇帝實錄／史
　0482

大明清類天文分野之書／
　史2357

大明萬曆乙亥重刊改併五
　音類聚四聲篇／經1497

大明萬曆己丑重刊改併五
　音類聚四聲篇／經1498

大明集禮／史3954, 史
　3955

大明道藏經目錄／子3031

大明會典／史3921, 史
　3922, 史3923

大明嘉靖十八年歲次己亥
　大統曆／子1294

大明嘉靖十九年歲次庚子
　大統曆／子1295

大明嘉靖十年歲次辛卯大
　統曆／子1293

大明嘉靖九年歲次庚寅大
　統曆／子1292

大明穆宗莊皇帝實錄／史
　0480, 史0481

[弘治]大明興化府志／史
　3190

大明憲宗純皇帝實錄／史
　0474

大易疏解／經0062

大易辯志說約／經0166

大金國志／史0636, 史
　0637, 史0638

大金集禮／史3953

大泌山房集／集3189

大定新編／子1561

大衍索隱／子1348

大哀賦／史0755

大乘入楞伽經／子3196

大乘百法明門論／子3238

大乘妙法蓮華經／子3179

大乘起信論／子3194, 子
　3195

大乘起信論直解／子3275

大乘起信論疏筆削記會閱
　／子3247

大般涅槃經／子3162, 子
　3163

大唐郊祀錄／史3946, 史
　3947, 史3948

大唐開元占經／子1367, 子
　1368, 子1369

大唐開元禮／史3944, 史
　3945

大唐新語／子2416

大家文選／集0437, 集
　0438

[康熙]大理府志／史3286

大梅山館書目／史4158

大梅山館藏書目／史4159

大象義述／經0101

大清一統志表／史2352, 史
　2381

大清三藏聖教目錄／子
　3324

大清太宗文皇帝實錄／史
　0486

大清太祖高皇帝實錄／史
　0484, 史0485

大清世宗憲皇帝聖訓／史
　0846

大清世祖章皇帝實錄／史
　0487

大清律集解附例／史4048

大清乾隆四十三年歲次戊

戌時憲書／子1298

大清聖祖仁皇帝聖訓／史 0844

大清會典／史3934

大雅堂初稿／集4461

大雅堂初稿續稿／集4462

大雅堂訂正枕中十書／叢 0126

大雅堂訂正枕中書／子 2214

大雅集／集0790，集0791

大雅題襟／集0981

大悲心陀羅尼經／子3203，子3205

大悲陀羅尼經／子3204

大智度論／子3183，子3184

大復集／集2786

大善寺志稿／史3747

大統平議／史0972，史3982

大統皇曆經世／子1584

大愚集／集3563

大鄣山人集／集3145

大意尊聞／子0356

大義覺迷錄／史0845

大慈寺志略／史3741

大廣益會玉篇／經1340，經 1341，經1342，經1344

大閱錄／史4019

大樂律呂元聲／經0707

大樂律呂考註／經0707

大瓢偶筆／子1687，子 1688

大曆二皇甫詩集／集1225

大曆詩略／集0742

大還閣琴譜／子1907

大學示掌／經0986

大學正說／經1027

大學衍義／子0187，子 0188，子0189，子0190，子0191

大學衍義補／子0192，子 0193，子0194，子0195，子0196

大學衍義補纂要／子0197，子0198，子0199

大學億／經0985

大儒大奏議／史0864

大隱居士集／集2040

大戴禮記／經0629，經 0630，經0631，經0632

大戴禮記補注／經0634，經 0635

大戴禮記斠補／經0636

大藏經目錄號數／子3322

大禮平議／史3982

大觀名畫錄／子1778

大觀堂文集／集3708

兀壺集／集4140

才子琵琶寫情篇／集5769

才調集／集0628，集0629，集0630，集0631

才調集補註／集0632

［咸豐］弋陽縣志／史3086

［諸暨］上金胡氏宗譜／史 1587

［弘治］上海志／史2492

［乾隆］上海縣志／史2493

上清靈寶濟度大成金書／子3086

［乾隆］上猶縣志／史3117

上虞志備稿／史2976

上虞縣五鄉水利本末／史 3660

［康熙］上虞縣志／史2975

上蔡先生語錄／子0134

上諭奏議／經0730

上諭解義／史0843

上醫本草／子0802

［康熙］口北三廳志／史 2451

山子詩鈔／集5293

山木居士外集／集4472，集 4473

山中白雲詞／集5550，集 5611，集5612

山中集／集0667，集2748

山中讀書印／子0283

山左金石志碑目／史4344

山左詩課／集1046

山右訪碑錄／史4343

山北鄉土集／集5188

山西志輯要／史2594

［雍正］山西通志／史2593

山志／子2261，子2262

山谷內集詩註／集1922

山谷外集詩註／集1922

山谷老人刀筆／集1925

山谷先生年譜／集1914，集 1915

山谷別集詩註／集1922

山谷詩／集1932

山谷題跋／集1926

山林經濟籍／子2533

［康熙］山東益都顏神鎮志 ／史2642

［嘉靖］山東通志／史 2624，史2625

［雍正］山東通志／史2626

山東運河備覽／史3615

山東鹽法志／史4007

山房先生遺文／集2268

山居小玩／叢0071

山居功課／集3245

山居雜志／子1959

山洋指迷原本／子1442

山海經／子 2655，子 2656，子 2657，子 2658，子 2659

山海經箋疏／子 2664

山海經廣注／子 2662，子 2663

山海經錯簡／子 2387

山海經釋義／子 2660，子 2661

山書／史 0466

山陰沈氏族譜／史 1563

山陰樊氏南陽族譜／史 1659

山陰蕭氏家乘／史 1665

［康熙］山陰縣志／史 2958，史 2959

山桑宦記／史 1489

山帶閣註楚辭／集 1332

山堂肆考／子 2892，子 2893

山陽錄／史 0781

山路十一跰地名竹枝詞／集 5668

山路題壁詩／集 5668

山滿樓箋註唐詩七言律／集 0716

山曉閣國策選／史 2195

山曉閣國語選／史 2191

山曉閣選古文全集／集 0520，集 0521

山曉閣選宋大家蘇潁濱全集／集 1913

山曉閣選明文／集 0893

山曉閣選明文全集／集 0892

山藏集／集 2888

山響齋別集／集 1324

千一疏／子 2534

千百年眼／史 2306，史 2307

千字文集字彙／經 1463

千金翼方／子 0869，子 0870

千金寶要／子 0871

千秋金鑑錄／集 1435

千首宋人絕句／集 0763

千家姓／子 2813

千頃堂書目／史 4190

么絃獨語／集 5035

丸經／子 1947

夕陽書屋詩初編／集 4214

之溪老生集／集 4120

己山先生文集／集 4191

己未詞科錄／史 1699

己未新詠／集 3810

己酉詩鈔／集 4948

已吾集／集 3486

也安雜著偶鈔／集 5274

也春秋傳奇／集 5847

也是園藏書目／史 4143，史 4144

也園草二集／集 3903

女科／子 1029

女科胎產問答要旨／子 1007

女科密錄／子 1028

女科經綸／子 1021，子 1022，子 1023

女書癡稿／集 5374

女範編／史 0989

女學／子 0321

小山詞／集 5589，集 5590

小山詩文全稿／集 4237

小山詩鈔／集 4207

小山館詩賸／集 5117

小山類稿選／集 2886

小方壺文鈔／集 3989

小方壺存彙／集 3988

小石山房名印傳真／子 1876

小石帆著錄／集 4376

小四書／叢 0019

小吉羅庵日紀／史 1483

小百宋一廛／史 4223

小字錄／子 2772

小豆棚／集 5957

小青焚餘藁／集 3406

小青傳／集 3406

小林詩鈔／集 4782

小東山草堂詩存／集 4773

小兒附遺方論／子 0880

小兒衛生總微論方／子 1039，子 1040

小波詞鈔／集 5641

小空同山房詩鈔／集 4697

小柯亭詩集／集 5010

小信天巢詩草／集 4703

小柴桑喃喃錄／子 2233

小眠齋讀書日札／史 4219

小倉山房文集外集／集 4335

小倉山房尺牘／集 4340

小倉山房詩文集／集 4334

小通津山房詩稿文稿／集 4618

小匏庵雜錄／子 2384

小遊仙／集 4182

小寒山子集／集 3484

小窗自紀／子 2695，子 2696

小窗香雪詩鈔／集 5229

小窗艷紀／集 0444

小補蘿屋吟稿／集 5355

小溪志／史 2936

小爾雅疏／經 1222

小爾雅疏證／經 1223

小爾雅廣注／經 1221

王遵巖先生文選／集 2938
王遵巖家居集／集 2936
王遵巖集／集 2937
王靜學先生文集／集 2574，
　　集 2575
王魏公集／集 1803
王繼香日記／史 1488
井田圖解／經 0526
井田説／經 0957
井字山人詩存／集 5296
［雍正］井陘縣志／史 2425
夫人楊氏詩稿／集 2991
天一閣見存書目／史 4125，
　　史 4126
天一閣集／集 2975
天一閣碑目／史 4322
天人祥異賦圖／子 1387
天下有山堂畫藝／子 1772
天下同文前甲集／集 0804
天下同文集／集 0803
天下郡國利病書／史 2378，
　　史 2379
天井寺志略／史 3743
天元玉曆／子 1378
天元玉曆祥異賦／子 1380，
　　子 1381，子 1382，子
　　1383，子 1384，子 1385
天元曆理全書／子 1257
天中記／子 2848，子 2849，
　　子 2850
天文鬼料竅／子 1353
天文祕苑占／子 1377
天文秘旨／子 1273
天文秘略／子 1391
天文祥異賦／子 1386
天文圖説／子 1252
天文廣志／子 1241
天方典禮擇要解／子 3337
天心復要／子 1246

天目山志／史 3498
天目中峰和尚廣錄／子
　　3287
天目先生集／集 3094
天仙正理直論增註／子
　　3113
天主實義／子 3336
天台山方外志／史 3512，史
　　3513
天台山方外志要／史 3514
天台山全志／史 3515，史
　　3516
天台坡街許氏族譜／史
　　1622
天台林公輔先生文集／集
　　2589，集 2590
天台治略／史 4082
天台教觀別錄／子 3323
天台張氏三逸遺集／集
　　1234
天台詩徵内編／集 1147
天台詩選／集 1141
天台齊氏家藏清代名人詩
　　稿／集 0927
［康熙］天台縣志／史 2984
天台續集／集 1136
天地冥陽水陸儀文／子
　　3335
天地間集／集 2278，集
　　2279，集 2280
天全堂集／集 3263
天池山人小稿／集 3131
天花心鏡／子 1103
天花精言／子 1093
天谷山人集／集 3311
［康熙］天門縣志／史 3134
［乾隆］天門縣志／史 3135
天府廣記／史 3313
天放集／集 4632

天官圖／子 1251
天南逸史／史 0750
天香樓初集／集 5363
［乾隆］天津縣志／史 2421
天原發微／子 1349
天益山堂遺集續刻／集
　　3457，集 3458
天宮寶傳奇／集 5816
天問閣文集／集 3629
天問閣明季雜稿／史 1130
天象玄機／子 1243，子
　　1244
天象源委／子 1269
天啓宮中詞百詠／集 3527
天啓宮詞／集 0823
天順七年會試錄／史 1737
天順八年進士登科錄／史
　　1738
天順三年江西鄉試錄／史
　　2016
天順元年會試錄／史 1734
天順六年山西鄉試錄／史
　　1908
天順六年山東鄉試錄／史
　　1928
天順六年浙江鄉試錄／史
　　1988
天順六年應天府鄉試錄／
　　史 1878
天順四年進士登科錄／史
　　1735
天順四年會試錄／史 1736
天童寺志／史 3739
天運紹統／史 2160
天祿琳琅書目／史 4115，史
　　4116，史 4117
天祿閣外史／子 2117
天蓋樓四書語錄／經 1066，
　　經 1067，經 1068

1289

五訂歷朝捷錄百家評林／
　史 2295

五音集韻／經 1496，經
　1498

五華纂訂四書大全／經
　1085

五桂樓黃氏書目／史 4154

五峰胡先生文集／集 2038

五峰集／集 2424，集 2427，
　集 2428，集 2429

五倫書／子 0234，子 0235，
　子 0236

五唐人詩集／集 0044

五國故事／史 0606

五朝小說／叢 0016，叢
　0017，叢 0018

五朝名臣言行錄／史 1059，
　史 1060，史 1061，史
　1062，史 1063，史 1064

五朝名家七律英華／集
　0319

五朝聖訓／史 0849

五雅／經 1199，經 1200

五蓮山志／史 3493

五福壽爲先／集 5864

五經／經 0001

五經文字／經 1349，經
　1350

五經四書／經 0008

五經便覽／經 1158

五經揭要／經 0039

五經圖／經 1137

五經算術／子 1300

五經疑問／經 0024，經
　0025

五經翼／經 1148

五經類編／子 2996，子
　2997，子 2998

五經蠡測／經 1140

五經讀／經 1147

五臺山志／史 2773

五種秘竅全書／子 1331，子
　1332

五燈會元／子 3306

五嶽山人後集／集 3117

五嶽山人集／集 2987

五禮通考／經 0685

五禮異義／經 0688

五禮備考／經 0683

五雜俎／子 2230，子 2231

支更法／集 3607

支道林集／集 1366

不朽錄／集 3372

不多集／集 0471

不律唫／集 5008

不櫛吟續刻／集 4918

不繫舟漁集／集 2438，集
　2439，集 2440

太乙命書／子 1578

太乙真數／子 1577

太乙統宗寶鑑／子 1573，子
　1574，子 1575

太乙數統宗大全／子 1579

太乙總論／子 1576

太上九要心印經／子 3084

太上三元賜福赦罪解厄消
　災延生保命妙經／子
　3078

太上元始天尊說三官寶號
　／子 3078

太上正一天尊說鎮宅消災
　龍虎妙經／子 3077

太上玄靈北斗本命延生真
　經／子 3077

太上老君說了心經／子
　3079

太上老君說常清靜經／子

3079

太上洞玄靈寶無量度人上
　品妙經／子 3074

太上黃庭內景玉經／子
　3055

太上黃庭經注／子 3059

太上黃庭經發微／子 3058

太上道德寶章注疏／子
　0391

太上感應篇／子 3087

太上感應篇箋注／子 3088

太上說三官經序／子 3078

太上說平安竈經／子 3077

太上靈寶天尊說禳災度厄
　真經／子 3077

太上靈寶淨明宗教錄／子
　3097

太玉山房文稿／集 4753

太玉山房詩集／集 4751

太玉山館詩／集 4752

太古傳宗／子 1918

太古遺音／子 1896，子
　1897

太平山房詩集選／集 3239

[康熙]太平府志／史 2560

太平軍陷海寧始末記／史
　0812

太平御覽／子 2726，子
　2727，子 2728，子 2729，
　子 2730，子 2731，子
　2732

太平廣記／子 2677，子
　2678

[嘉靖]太平縣志／史 2996

[萬曆]太平縣志／史 2552

太平寰宇記／史 2350，史
　2351，史 2352

太史升菴文集／集 2842，集
　2846

日湖漁唱／集 5608

日錄裹言／子 2586

日錄論文／子 2586

日講四書解義／經 1057

日講易經解義／經 0174

日譜／史 1444

日懷堂奏疏文集／集 3696

中山傳信錄／史 3828

中外和戰議／史 4059

中立四子集／子 0013

中州人物考／史 1172

中州全韻／集 5942

中州名賢文表／集 1048,集 1049

中州金石考／史 4345

中州集／集 0778,集 0779,集 0780,集 0781

中吳紀聞／史 3322,史 3323

中星定時／子 1260

[成化]中都志／史 2565

中唐十二家詩集／集 0056

中唐八大家詩集／集 0057

中書典故彙紀／史 3856

中晚唐詩叩彈集／集 0712

中庸正說／經 1027

中庸或問／經 0988

中庸章句大全／經 0988

中庸輯略／經 0987

中寒論辨證廣注／子 0765

中說／子 0111

中論／子 0105

中興以來花菴絕妙詞選／集 5605

中興綱目／史 0397

中興禦侮錄／史 0626

中興禮書／史 3952

中興禮書續編／史 3952

內方文集／集 2893

內外科經驗奇方／子 0979

內自訟齋古文稿／集 4748

內典文藏／子 3321

[嘉靖]內黃志／史 2713

[乾隆]內黃縣志／史 2714

內經知要／子 0698

內經類抄／子 0693

內臺集／集 2781

內閣行實／史 1091

內閣藏書目錄／史 4099

牛毛錄／子 3021

午亭文編／集 3744,集 3745

午夢堂集／集 1255,集 1256,集 1257

毛西河先生年譜殘稿／史 1391

毛西河蕭山三江閘議原稿／史 3658

毛馳黃集／集 3656

毛詩天文考／經 0432

毛詩日箋／經 0384

毛詩古音攷／經 0433

毛詩本義／經 0342

毛詩名物略／經 0427

毛詩名物圖說／經 0426

毛詩明辨錄／經 0400

毛詩故訓傳／經 0339,經 0413

毛詩通說／經 0410

毛詩註疏／經 0340

毛詩傳箋／經 0338

毛詩說／經 0390,經 0391,經 0417

毛詩鄭箋纂疏補協／經 0371

毛詩稽古編／經 0386

毛詩興體說／經 0421

毛鄭異同考／經 0404

毛穉黃先生書／叢 0150

手鏡摘覽／子 2952

壬午匪歲雜感疊韻詩／集 3719

壬申紀遊／集 4002

壬式兵詮解義／子 1554

壬時後經／子 1551

升菴文集／集 2844

升菴外集／集 2849

升菴先生文集／集 2845

升菴詩集文集／集 2841

升菴詩話／集 5440

仁山先生金文安公文集／集 2299

仁山金先生文集／集 2298,集 2300

[嘉靖]仁化縣志／史 3242

[康熙]仁和縣志／史 2832

[光緒]仁和縣志稿／史 2833

仁恕堂筆記／子 2451

仁端錄雜症／子 1067,子 1068

片玉堂集古印章／史 4410

片玉詞考異／集 5697

片刻餘閒集／子 2271

片雲集／集 4005

仇山村遺集／集 2350

[康熙]化州志／史 3266

反切定譜／經 1560

反离騷／集 1300

介山稿略／集 3003

介石堂集／叢 0172,集 4589

[乾隆]介休縣志／史 2609

介和堂全集補遺／集 3819

父師善誘法／集 5472

今文短篇／集 0983

今古文尚書授受源流／經

0294

今古奇觀／集 5947

今白華堂筆記／子 2284

今白華堂集／集 4721

今言／史 0658，史 0659

今是園文存／集 3752

今韻三辨／經 1589

今獻備遺／史 1096，史 1097

今獻彙言／叢 0030，叢 0031

［雍正］分建南匯縣志／史 2494

分部本草妙用／子 0804

分隸偶存／子 1690

分類尺牘新語廣編／集 0573

分類字錦／子 2979

分類補注李太白詩／集 1461

分類補註李太白詩／集 1457，集 1458，集 1459，集 1460

分類楹聯／子 3015

分類經進近思錄集解／子 0136，子 0137

分類編次李太白文／集 1460，集 1461

分體詩鈔／集 0352

公羊傳／經 0738

公羊義疏／經 0817

公羊穀梁春秋合編附註疏纂／經 0876，經 0877，經 0878

公車徵士小錄／史 1152

公是先生遺書／經 0017

公孫龍子／子 2057

公穀選／經 0739

公餘百詠／集 5335

月旦堂仙佛奇蹤合刻／子 2685

月令廣義／史 2339

月令輯要／史 2343

月波子新編／集 4169

月泉詩派／集 1212，集 1213，集 3397

月屋樵吟／集 2324，集 2325

月峰先生居業／集 3211

月峰先生居業次編／集 3212

月當樓詩稿／集 3442

氏族大全／子 2808

氏族博考／子 2852，子 2853

勿軒先生文集／集 2287

勿齋詩稿／集 2623

勿齋遺稿／集 2623

丹邱生稿／集 2423

丹城稿／集 2624

丹峰先生文集／集 2815

［萬曆］丹徒縣志／史 2506

丹浦欵言／子 2329

丹鉛餘錄／子 2320，子 2321

丹鉛總錄／子 2314，子 2315，子 2316，子 2317，子 2318，子 2319

丹鉛續錄／子 2322

丹溪心法附餘／子 1184，子 1185，子 1186，子 1187，子 1188

丹溪朱氏脈因證治／子 0833

丹溪先生醫書纂要／子 1180，子 1181

丹溪摘玄／子 1189

丹臺玉案／子 1136

丹橘林詩／集 4433

印止集／集 0118

勾江詩緒／集 1229

勾股割圜記／子 1319

勾股筭術／子 1303，子 1304

勾股算術／子 1305

勾章摭逸／史 3367，史 3368

勾餘土音／集 4321，集 4322，集 4323，集 4324

勾餘諸南侯地理精義雪心賦註／子 1421

卞里志／史 3684

六十四卦經解／經 0228，經 0229

六十種曲十二集／集 5764

六子全書／子 0006，子 0007

六子要語／子 0008

六子書／子 0003，子 0004，子 0005

六壬苗公鬼撮脚／子 1545

六壬畢法／子 1548

六壬秘笈／子 1552

六壬集要／子 1544

六壬經驗集／子 1555

六壬雜占／子 1550

六印山房記／子 1817

六吉齋詩鈔／集 4851，集 4852

六臣註文選／集 0155，集 0156，集 0157，集 0158，集 0159

［嘉靖］六合縣志／史 2463

［乾隆］六安州志／史 2588

六字玄機／子 1483

六如唐先生畫譜／集 2774

六妙門／子 3260

文章辨體／集 0411，集 0412，集 0413

文章辨體彙選／集 0414

文清公薛先生文集／集 2613，集 2614

文敬胡先生集／集 2726

文雄堂印譜／子 1813

文雅社約／子 2215

文道十書／叢 0167

文瑞樓匯刻書／集 0101

文瑞樓藏書志／史 4152

文園文集／集 3349

文蛻／集 5098

文溫州集／集 2699

文蕭王公奏草／史 0918

文蕭公文集／集 2662

文端集／集 0418

文粹／集 0611，集 0612，集 0621

文廟祀典考略／史 3979

文廟從祀賢事儒表／史 1009

文廟禮樂考／史 3978

文選／集 0129，集 0130，集 0131，集 0132，集 0133，集 0134，集 0135，集 0136，集 0137，集 0138，集 0139，集 0140，集 0141，集 0142，集 0143，集 0144，集 0145，集 0146，集 0147，集 0148，集 0149，集 0150，集 0151，集 0152，集 0160

文選尤／集 0188

文選删註／集 0181

文選音義／集 0192，集 0193，集 0194

文選章句／集 0180

文選集評／集 0190

文選補遺／集 0204，集 0205，集 0206

文選詩鈔／集 0189

文選增定／集 0207

文選樓詩草／集 4529

文選樓藏書記／史 4155

文選雙字類要／子 2740

文選類林／子 2741，子 2742

文選纂註／集 0165，集 0166，集 0167，集 0168

文選纂註評苑／集 0175

文選纂註評林／集 0169，集 0170，集 0171

文選瀹註／集 0177，集 0178

文編／集 0429，集 0430，集 0431

文壇列俎／集 0487

文翰類選大成／集 0415

文潞公文集／集 1807，集 1808，集 1809

文韜／子 0495

文韻集／集 0519

文獻通考／史 3882，史 3883，史 3884，史 3885，史 3886，史 3887，史 3888，史 3889，史 3890，史 3891，史 3892，史 3893

文獻通考紀要／史 3907

文獻通考補增參補／史 3902

文獻通考詳節／史 3899，史 3900

文獻通考纂／史 3896，史 3897，史 3898，史 3901

文瀾閣四庫全書／叢 0085，叢 0086

文瀾閣四庫全書目錄／史 4109

文儷／集 0477

文體明辨／集 0449

文體明辯／集 0447，集 0448

亢藝堂遺集摘鈔／集 5156

方山先生文錄／集 3000

方山薛先生全集／集 3001

方氏墨譜／子 1969

方正學先生遜志齋集／集 2580，集 2581，集 2582，集 2583，集 2584，集 2585

方田易知／子 1323

方舟詩餘／集 5597

方志涉台／史 3382

方叔淵遺集／集 2360

方茶山先生遺詩／集 4900

方是閒居小藥／集 2212

方音正誤／經 1583

方洲先生集／集 2660

方脈便覽／子 0917

方植之文鈔／集 4843

方虛谷桐江集／集 2319，集 2320，集 2321

方蛟峰先生文集／集 2269

方蛟峰先生外集／集 2269

方塘汪先生文粹／集 2881

方圓術／子 1303，子 1304

方簡蕭公文集／集 2729

火攻玄機／子 0569

火龍神器陣法／子 0568

斗首論萃／子 1482

户例／史 3939

户部集議揭帖／史 4079

心太平軒醫案／子 1157

心印紺珠經／子 0936，子 0937，子 0938

五畫

玉茗堂集選／集 3260

玉茗堂還魂記／集 5784

玉亭集／集 4485

玉音法事／子 3081

玉紀／子 1978

玉華洞志／史 3551

玉恩堂集／集 3190

[淳祐]玉峰志／史 2478

玉峰雍里顧氏六世詩文集
　／集 1284

[咸淳]玉峰續志／史 2478

玉海／子 2786，子 2787，子
　2788，子 2789，子 2790

玉海私擽／子 2791，子
　2792

玉海纂／子 2794

玉書庭全集／集 3336，集
　3337

玉雪軒主草稿／集 4783

玉堂名翰賦／集 1004

玉堂校傳如崗陳先生二經
　精解全編／子 0374

玉堂叢語／子 2439

玉笥集／集 2448

玉楮集／集 2234

玉楮詩稿／集 2235

玉窗遺稿／集 3786

玉幾山人書畫涉記／子
　1658

玉暉堂詩鈔／集 3666

玉溪生詩意／集 1678

玉臺新詠／集 0217，集
　0218，集 0219，集 0220，
　集 0221，集 0222，集
　0223，集 0224，集 0225，
　集 0226

玉蕊辯證／子 2005

玉篇／經 1345，經 1346

玉篇殘／經 1339

玉篇廣韻指南／經 1340，經
　1341，經 1342，經 1343，
　經 1344

玉劍尊聞／子 2449

玉燕堂四種曲／集 5828

玉機微義／子 1192，子
　1193

玉曆通政經／子 1357，子
　1358，子 1359，子 1360

玉塵新譚／子 2444

玉甌山館詩鈔文鈔／集
　4766，集 4767

[雍正]玉環志／史 3064

玉谿生年譜會箋／史 1345

玉谿生詩詳注／集 1680

玉谿生詩箋注／集 1679

玉瀾集／集 2012，集 2013，
　集 2014

玉髓真經／子 1433

未上疏揭稿／史 0939

未刊清儀閣題跋／史 4250

未谷詩集／集 4541

未免有情集／集 5652

未軒公文集／集 2692

邗江雜誌詩餘／集 4528

正小篆之訛／經 1403

正字通／經 1417，經 1418

正志稿／集 3417

[乾隆]正定府志／史 2424

正音切韻復古編／經 1550

正音攟言／子 2856

正氣齋詩稿／集 5112

正統十三年進士登科錄／
　史 1728

正統十三年會試錄／史
　1729

正統十年進士登科錄／史
　1726

正統十年會試錄／史 1727

正統七年進士登科錄／史
　1724

正統七年會試錄／史 1725

正統元年會試錄／史 1721

正統四年進士登科錄／史
　1722

正統四年會試錄／史 1723

正統辯／集 2476

正蒙／子 0120

正蒙集說／子 0122

正蒙會稿／子 0121

正楊／子 2327

正經音訓／經 0831，經
　0833，經 0835，經 0836

正說郛脫本／叢 0008

正穀堂千字文／經 1461

正德二年山西鄉試錄／史
　1911

正德二年江西鄉試錄／史
　2022

正德二年河南鄉試錄／史
　1952

正德二年雲貴鄉試錄／史
　2127

正德二年順天府鄉試錄／
　史 1857

正德二年廣西鄉試錄／史
　2114

正德二年廣東鄉試錄／史
　2095

正德二年應天府鄉試錄／
　史 1884

正德十一年山西鄉試錄／
　史 1913

正德十一年山東鄉試錄／
　史 1935

正德十一年江西鄉試錄／
　史 2023

正德十一年陝西鄉試錄／

史 1976

正德十一年順天府鄉試錄／史 1860

正德十一年湖廣鄉試錄／史 2043

正德十一年福建鄉試錄／史 2073

正德十一年應天府鄉試錄／史 1887

正德十二年進士登科錄／史 1759

正德十二年會試錄／史 1760

正德十四年山西鄉試錄／史 1914

正德十四年河南鄉試錄／史 1954

正德十四年湖廣鄉試錄／史 2044

正德十四年廣西鄉試錄／史 2116

正德十四年廣東鄉試錄／史 2097

正德十四年應天府鄉試錄／史 1888

正德八年山西鄉試錄／史 1912

正德八年山東鄉試錄／史 1934

正德八年四川鄉試錄／史 2055

正德八年河南鄉試錄／史 1953

正德八年浙江鄉試錄／史 1996

正德八年順天府鄉試錄／史 1859

正德八年福建鄉試錄／史 2072

正德八年廣西鄉試錄／史 2115

正德八年應天府鄉試錄／史 1886

正德九年會試錄／史 1758

正德五年浙江鄉試錄／史 1995

正德五年順天府鄉試錄／史 1858

正德五年福建鄉試錄／史 2071

正德五年廣東鄉試錄／史 2096

正德五年應天府鄉試錄／史 1885

正德六年進士登科錄／史 1756

正德六年會試錄／史 1757

正誼堂文集／集 5334

正誼堂文集詩集／集 3576，集 3771

正誼堂全書／叢 0079

正學儀型四書語錄／經 1080

正韻箋／子 1780

正獻公遺文鈔／集 2130

正續文獻通考識大編／史 3904

正續名世文宗／集 0441

甘氏奇門一得／子 1604

甘氏奇門秘竅／子 1606

甘泉先生文集／集 2802

甘泉先生文錄類選／集 2805

甘泉先生兩都風詠／集 2804

甘泉湛子古詩選／集 2806

［乾隆］甘泉縣志／史 2513

甘莊恪公全集／集 4045

甘時望奇門一得／子 1605

世本集覽／史 0577

世史正綱／史 0374

世宗憲皇帝御製文集／集 4184

世恩錄／史 1517

世書堂稿／集 3714

世經堂集／集 2911

世說通語／子 2413

世說補菁華／子 2412

世說新語／子 2392，子 2393，子 2394，子 2395，子 2396，子 2397，子 2398，子 2399，子 2401，子 2402，子 2403，子 2404，子 2405，子 2406，子 2407

世說新語注／子 2400

世說新語補／子 2402，子 2405，子 2408，子 2410，子 2411

世綸堂詩集／集 1252

世翰堂文集詩集／集 2995

艾天庸集／集 3441

艾軒先生文集／集 2062，集 2063，集 2064，集 2065，集 2066

古今女詩選／集 0293

古今氏族雜證／子 2990

古今文致／集 0554

古今印則／史 4406

古今印選／子 1784，子 1785

古今印譜／子 1843

古今列女傳／史 0988

古今攷／子 2305，子 2306

古今合璧事類備要／子 2777，子 2780

古今名方摘要歌／子 0926

0375

古字發微／經 1269

古芬山館遺稿／集 5138

古言／子 2200

古杭崇聖院紀事／史 3735

古事比／子 2961

古事萃覽／子 3023

古易世學／經 0098

古易音訓／經 0080

古金待問錄／史 4385

古周易訂詁／經 0136，經 0137

古城文集／集 2710

古草老人自編年編／史 1421

古香岑草堂詩餘四集／集 5562，集 5563，集 5564

古香室遺稿／集 4947

古香堂詩稿／集 4410

古香堂叢書／叢 0189

古香詞／集 4687

古香齋新刻袖珍淵鑑類函／子 2964

古泉略釋／史 4390

古律經傳附考／經 0734

古殷鑑傳奇／集 5870

古唐選屑／子 2889

古書／叢 0091

古梅遺稿／集 2290

古雪堂詩集／集 3566

古逸民先生集／集 2292

古逸書／集 0480

古逸叢書目／史 4093

古清凉傳／子 3307

古巢印學／子 1867

古越山川三支／史 3505

古越山川圖説／史 3505

古雋考略／子 2865，子 2866

古蒙莊子校釋／子 0439

古槐書屋詩文稿／集 4909

古碑古拓説明／史 4335

古虞徐氏一家言詩集／集 1231

古虞新紀／史 3376

古愚心言／集 3758

古愚老人消夏錄／叢 0176

古愚堂詩鈔／集 5166

古跡類編／史 3678

古微書／經 1195

古詩教解／集 2642，集 2643

古詩鈔／集 0239

古詩源／集 0248，集 0249，集 0250

古詩箋／集 0245，集 0246，集 0247

古詩選／集 0253

古詩選讀／集 0252

古詩類苑／集 0236

古經解鈎沉／經 1162

古彙集／集 0509

古蝸篆居印述／史 4438

古銅印彙／史 4434

古銅印叢／史 4420

古趣亭文集／集 4387

古趣亭未定草／集 4386

古賦辨體／集 0354，集 0355，集 0356

古墨齋藏古鉢印譜／史 4461

古劍書屋詩鈔／集 4006

古調自彈集／集 4672

古調堂初集／集 3559

古樂苑／集 0237，集 0238

古樂府／集 0231，集 0232，集 0233，集 0234

古樂府辭／集 0235

古樂書／經 0722

古樂經傳／經 0725，經 0726

古樂譜俗字考／子 1922

古器辨譌／子 1983

古學鈎玄／集 5421

古學彙纂／子 2951

古學鴻裁／集 0511

古歙山川圖／子 1773

古歙眆溪許氏世譜／史 1621

古籀拾遺／經 1455

古籀答問／經 1453

古籀餘論／經 1456

古韻疏／經 1544

古韻標準／經 1566

古韻論／經 1587，經 1588

古懽錄／史 1043

古鹽官曲／集 4491，集 4492

古鹽官安國寺志／史 3738

古靈先生文集／集 1763

本事詩／集 0314，集 0315，集 0316，集 0317

本草求真附主治／子 0816

本草注可／子 0819

本草要略／子 0904

本草思辨錄／子 0821

本草便／子 0905

本草原始／子 0803

本草乘雅半偈／子 0806，子 0807

本草柡應／子 0820

本草發明／子 0796

本草發明蒙筌／子 0795

本草詩三百首／子 0822

本草經解要／子 0817

本草彙／子 0811

本草彙言／子 0810

本草彙箋／子 0808

本草精華／子 0818

本草綱目／子 0797，子 0798，子 0799，子 0800，子 0801

本草綱目拾遺／子 0801

本草擇要綱目／子 0812

本草醫方合編／子 0669

本草類方／子 0813

本草瀕湖脈學／子 0800

本草權度／子 0805

本堂集／集 2259，集 2260

本朝五言近體瓣香集／集 0972

本朝名媛詩鈔／集 0920

本朝甬上耆舊詩／集 1100，集 1101

本朝京省人物考／史 1103

本朝奏疏／史 0873

本朝諸公傳／史 1154，史 1155

本朝館閣詩／集 0967

本朝館閣賦／集 1006

本朝館閣賦前集／集 1005

本朝應制元音／集 0974

本朝應制和聲集／集 0970

本朝應制賦律／集 0948

本經逢原／子 0699

本語／子 2206

可之相聲全集錄／集 1695

可也居集／集 3096

可如／子 2547，子 2548

可泉擬涯翁擬古樂府／集 2832，集 2834

可笑人集／集 4849

可姬傳／集 4258

可閑先生逸稿／集 2671

丙丁龜鑑／子 1572

丙午詩鈔／集 4948

丙辰悔稿／集 2170，集 2171

左氏兵法測要／子 0535

左氏始末／經 0770，經 0771

左氏條貫／經 0790

左氏節萃／經 0799

左汾近稾／子 2348，子 2349

左紀／經 0775

左記／經 0781

左逸／史 0579，史 2274

左策史漢約選／史 2190

左傳分國紀事本末／史 0503

左傳分國纂略／經 0785

左傳文苑／經 0779

左傳字釋／經 0787

左傳事緯／經 0786，經 0787

左傳典則／經 0798

左傳評／經 0800

左傳評苑／經 0777

左傳童觿／經 0813，經 0814

左傳經世鈔／經 0788

左傳選／經 0789

左粹類纂／子 2838

左繡／經 0794

石山醫案／子 0641

石田山人命理微言／子 1559

石田先生集／集 2720

石田先生詩鈔文鈔／集 2721

石田詩稿／集 2722

石帆詩鈔／集 4646

石臼前集後集／集 3550

石囪先生遺藁／集 3139

石谷達意稿／集 2678

石盂集／集 3142

石林居士建康集／集 1997，集 1998，集 1999

石林燕語／子 2140，子 2141

石矼劉氏四修族譜／史 1662

石門山房詩鈔／集 4945

石門山房賦鈔／集 4946

石門縣各家詩稿／集 1070

［康熙］石門縣志／史 2888

石刻鋪敘／史 4295，史 4296

石函平砂玉尺經／子 1437

石函集／集 4635

［康熙］石城縣志／史 3267

石柱記箋釋／史 3705

石泉山房文集／集 3103

石洞貽芳集／集 1162

石室仙機／子 1931

石室先生年譜／集 1778，集 1779

石室金匱陰符陽契玄澍經／子 1596

石室秘籙／子 1222，子 1223，子 1224

石屋文字／集 5072

石屋文稿／集 5072

石屋雜著／集 5072

［乾隆］石屏州志／史 3288

［乾隆］石屏州續志／史 3289

石屏詩集／集 2167

石舫園詞鈔／集 5651

石倉十二代詩選／集 0291，集 0292

［康熙］石埭縣志／史 2558

石菴樵唱／集 4190

石堂集／集 3777

石淙詩稿／集 2700

石湖居士詩集／集 2137

石鼓文正誤／史 4309

石鼓文釋存／史 4310

石鼓齋印鼎／史 4414

石園全集／集 3556

石經補攷／經 1192

石經閣集／叢 0192

石經閣叢書／叢 0099

石榴記傳奇／集 5841

石匱書／史 0256

石幢居士吟稿／集 4210

石墨考異／史 4318

石墨鐫華／史 4308

石龍庵詩草／集 3037

石龍集／集 3183

石隱山人自訂年譜／史 1414

石齋文稿／集 4858

石齋先生經傳九種／經 0029

石鏡山房四書説統／經 1042

石鏡山房周易説統／經 0132，經 0133

布奇儀歌訣／子 1608

戊申筆記／子 2549

戊戌集／集 4808

戊寅草／集 3638

平山先生詩集／集 3208

平山堂圖志／史 3693

[嘉靖]平山縣續錄志／史 2428

平五寨兵事始末／集 3144

平夷錄／史 0798

平妖紀事／史 0751

平妖傳／集 6006

平南恩詔／史 0847

平泉志膡／史 3386

平叛記／史 0734

平洋真傳／子 1403

平洋秘旨／子 1402

平津筆記／子 2380

[乾隆]平原縣志／史 2632

[康熙]平陸縣志／史 2619

平菴悔稿／集 2170

平庵悔稿／集 2171

平寇志／史 0731

平陽汪氏遷杭支譜／史 1560

[順治]平陽縣志／史 3058

[乾隆]平陽縣志／史 3059

平陽縣志辨誤校正補遺／史 3060

平嵐峰先生文稿／集 5031

平湖陸氏家傳／史 1526

平湖陸氏景賢祠志／史 3769

[天啓]平湖縣志／史 2889

[康熙]平湖縣志／史 2890

[乾隆]平湖縣志／史 2891，史 2892

[嘉慶]平湖縣舊志補遺／史 2894

平園續稿／集 2082

平臺紀略／史 0522

平閩紀／史 0790

平德魁先生條陳監利隄工九條／史 3672

[康熙]平彝縣志／史 3294

平蠻錄／史 0685

北上錄／集 2667

北山文續鈔／集 5071

北田詩臆／集 4138，集 4139

北史／史 0077，史 0078，史 0079，史 0080，史 0081，史 0082

北史演義／集 5967

北史識小錄／史 2243

北曲聯珠集／集 5877

北江全集／叢 0188

北征小草／集 3357，集 3358

北征紀略／史 0789

北征錄／集 3507

北河紀／史 3605

北狩行錄／史 0623

北狩見聞錄／史 0623

北狩蒙塵錄／史 0624

北郭集／集 2545，集 4723

北郭詩集／集 2447

北郭叢抄／史 3336

北堂書抄／子 2706，子 2707，子 2708

北遊日記／史 1430

北遊記／史 3801

北道竹枝詞／集 5668

北湖集／集 1962

北窗炙輠錄／子 2145

北園詩集／集 3942

[雍正]北新關志附船式圖／史 2834

北溪先生字義／子 0206

北墅金先生遺集／集 4692

北墅遇雨偶集巢青閣詩／集 3880

北齊文紀／集 0609

北齊書／史 0210，史 0211，史 0212

北畿疏草／史 0932

北藏／子 3132

北碢文集／集 2244

北闈賽言／集 3379

北黟山人詩／集 3922

占行筆／子 1387

占候六壬遁法／子 1393

目治偶抄／史 4198

且過居删後詩存／集 4883

甲乙事案／史 0743

甲子會紀／史 0401，集 0526

甲申日紀／史 0719

甲申匝歲雜感叠韻詩／集 3719

甲申核真略／史 0767

甲申野史彙鈔／史 0780

甲申朝事小紀／史 0723，史 0724，史 0725，史 0726，史 0727，史 0728

甲申傳信錄／史 0715

申公詩說／經 0377

申斗垣校正外科啓玄／子 0970

申甫先生文集／集 5375

申明憲綱／史 3863

申忠愍詩集／集 3475

申椒集／集 4143

申學士校正古本官板書經大全／經 0266

申齋劉先生文集／集 2376

申鑒／子 0101，子 0102，子 0103，子 0104，子 0105

叶韻而已／集 3195

田水月嘯傲家園／集 5774

田叔禾小集／集 2932

田居詩稿／集 4145

田間易學／經 0163

田間詩學／經 0381

田間藏山閣集／集 3618

由拳集／集 3231，集 3232，集 3233

史氏譜錄合編／史 1547

史外／史 1116，史 1117

史抄／史 2186

史忠正公集／集 3469，集 3470

史姓韻編／史 1678

史拾／史 0062

史拾衆斷／史 0063

史拾載補／史 0063

史拾遺聞／史 0063

史記／史 0006，史 0007，史 0008，史 0011，史 0012，史 0013，史 0014，史 0015，史 0016，史 0017，史 0018，史 0019，史 0020，史 0021，史 0022，史 0023，史 0024，史 0025，史 0026，史 0027，史 0028，史 0029，史 0030，史 0032，史 0033，史 0034，史 0035，史 0036，史 0037，史 0038，史 0039，史 0040，史 0041，史 0042，史 0043

史記末議／史 2329

史記半解／史 0053

史記考證／史 0054

史記志疑／史 0055

史記抄／史 2201

史記奇鈔／史 2209

史記拔奇／史 2208

史記校勘記／史 0056，史 0057

史記索隱／史 0009，史 0010

史記鈔／史 2202，史 2203，史 2204

史記評林／史 0045，史 0046，史 0047，史 0048

史記補／史 0041，史 0042

史記權參／史 2317

史記摘麗／史 2205

史記論文／史 0050，史 0051，史 0052

史記選／史 2210

史記題評／史 0044

史記纂／史 2206

史書纂略／史 2169

史通／史 2254，史 2255，史 2256，史 2257，史 2258

史通訓故補／史 2261

史通通釋／史 2262，史 2263，史 2264

史通註／史 2259

史通會要／史 2260

史異編／子 1392

史略啓蒙／史 2184

史評／史 2282

史評小品／史 2309

史測／史 2172

史義拾遺／史 2274，集 2476

史漢文統／集 0501

史漢方駕／史 0139

史漢合鈔／史 2229

史漢合編題評／史 2228

史漢愚按／史 2279

史漢樵漁／史 2331，史 2332

史論／史 2314

史論五答／史 0246

史學綱領／史 2284，史 2285

史觿／史 2172

史懷／史 2302，史 2303，史 2304

叩鉢齋應酬全書／集 5484

叩鉢齋應酬詩集／子 2959

叩鉢齋纂行廚集／子 2959

叩頭蟲賦／集 3132

四大奇書第一種／集 5965，

集 5966

四大家文選／集 0027, 集 0126

[雍正] 四川通志／史 3167

四川經籍志／史 4216

四子全書／子 0360, 子 0361

四子書／子 0359

四王傳／史 1146

四不如類鈔／子 2543

四友亭集／集 2821

四六古事雕龍／子 2930

四六狐白／集 0864

四六法海／集 0361, 集 0362, 集 0363, 集 0364, 集 0365, 集 0366

四六鴛鴦譜／子 2932

四六霞肆／子 2931

四六叢珠／子 2765

四六類編／集 0867

四六纂組／子 2969

四世一品恩命錄／集 2780

四本堂印譜／子 1862

四本堂自撰編年／史 1390

四本堂座右編／子 2592

四史疑年錄／史 1003

四印齋所刻詞二十一種／集 5536

四松堂集／集 4617

四明山志／史 3499

四明文徵／集 1108

四明文獻／集 1106

四明文獻集／集 2265

四明文獻集摘抄／集 1107

四明四友詩／集 1104

四明它山水利備覽／史 3650

[寶慶] 四明志／史 2921

[延祐] 四明志／史 2922

四明志徵／史 2924

四明沈氏宗譜世傳／史 1561

四明談助／史 3369

四明鸛嶺志略／史 3502

四金人詞／集 5544

四香堂印餘／史 4427, 史 4429

四香堂摹印附百壽圖／史 4428

四庫全書總目／史 4101

四庫全書簡明目錄剳本附記／史 4108

四庫闕書／史 4095

四庫闕書目／史 4096

四部別錄／史 4184

四部腐眼錄／史 4197

四部類稿／子 3024

四悔草堂詩鈔別存／集 4917

四家宮詞／集 0272

四書人物考／經 1016, 經 1017

四書人物考訂補／經 1019, 經 1020

四書大全／經 1010, 經 1071

四書反身錄／經 1063

四書六經讀本／經 0009

四書正韻／經 1097

四書左國彙纂／經 1108, 經 1109

四書左國輯要／經 1089

四書考／經 1044

四書考異總考／經 1106

四書考編修餂／經 1040

四書考輯要／經 1088

四書地理攷／經 1123

四書朱子本義匯參／經 1086, 經 1087

四書朱子異同條辨／經 1075

四書朱子語類摘鈔／經 1064

四書名物考／經 1031

四書近指／經 1054

四書改錯／經 1062

四書玩註詳説／經 1061

四書述朱大全／經 1074

四書述言／經 1127

四書或問／經 0995

四書典林／經 1093, 經 1094

四書典制類聯／經 1112

四書典制類聯音註／經 1113

四書所見錄／經 1125

四書居閒箋／經 1124

四書拾義／經 1122

四書便蒙／經 0997

四書待問／經 1002

四書約旨／經 1090

四書針／經 1041

四書訓蒙字解／經 1058

四書問盲／經 1128

四書遇／經 1055

四書備考／經 1010, 經 1045

四書集注／經 0990

四書集註／經 0989, 經 0991, 經 0992, 經 0993, 經 0994

四書集註大全／經 1006, 經 1007, 經 1008, 經 1009

四書集註闡微直解／經 1026

四書註人物攷／經 1126

四書註疏大全合纂／經

3671

白虎通／子 2101

白虎通校勘補遺／子 2101

白虎通義考／子 2101

白虎通德論／子 2097，子 2098，子 2099，子 2100

白虎通闕文／子 2101

白香山詩長慶集／集 1654

白香集／集 2629

白馬神廟小志／史 3768

白華前稿／集 4457

白華前稿後稿／集 4458

白華庵刼餘詩草附題／集 5006

白華絳跗閣詩／集 5087

白華樓藏稿／集 3027

白雪樓詩集／集 3040

白雪齋選訂樂府吳騷合編／集 5876

白毫庵內篇外篇雜篇／集 3325

白鹿洞書院志／史 3782

白鹿書院志／史 3783，史 3784

白雲先生許文懿公傳集／集 2361

白雲草堂續集／集 5154

白雲集／集 2363，集 4651，集 5217

白雲樓摘古／集 3533

白雲稿／集 2524，集 2525，集 2526，集 2527

白湖詩稿文稿時文／集 4714

白蒲子詩編經鉏集／集 4061

白莼詩集／集 4645

白榆山人詩／集 4168

白榆集／集 3235，集 3236

白愚濕襟錄摘語／史 0735

白猿奇書日月風雲占候圖說／子 1372

白猿經／子 1375

白猿圖／子 1374

白猿圖書／子 1373

白溇集／集 3902

白蘇齋類集／集 3262

[乾隆]白鹽井志／史 3290

瓜廬集／集 2183

用藥凡例／子 1204

印文輯略／子 1871

印正附說／史 4403

印可／子 1796

印史／子 1795

印存初集／子 1804

印旨／史 4406

印林文稿／經 1327

印箋說／史 4418

印典／子 1669，子 1670

印則／子 1885

印品／史 4412

印章要論／史 4412

印章論／子 1790

印商／子 1800

印雋／子 1782，子 1783

印徵／史 4430

印選／子 1790

印籍／子 1836

氏宿總論／子 1270

句曲外史詩集／集 2441，集 2442

[弘治]句容縣志／史 2461

句無幽芳集／史 1189

句餘八景／集 1111

句讀敘述／經 1167

冊府元龜／子 2733，子 2734，子 2735，子 2736

冊府元龜序論／子 2739

卯洞集／集 3138

外交闡微／史 4060

外科大成／子 0975

外科心法／子 0967，子 0968

外科症治全生集／子 0976

外科精要／子 0966

外科精要附錄／子 0969

外科寶珍集／子 0979

外紀／史 0299，史 0300

外景經／子 3055

外障／子 1000

外調和弦法／子 1922

冬心先生自度曲／集 5640

冬心先生集／集 4398，集 4399

冬心先生畫竹題記／子 1747

冬心先生雜著／子 1748，子 1749

冬心齋研銘／子 1747

冬花庵爐餘稿／集 4578

冬青樹引註／集 2278，集 2279，集 2281

冬集紀程附詩／史 1435

冬熙室小集／集 4806

包孝肅公奏議／史 0884

包村事實／史 0819，史 0820

立雪齋印譜／子 1811

立齋先生語錄／子 2191

立齋醫案疏／子 1151

玄玄棋經／子 1926

玄玄碁經／子 1927

玄言齋集／集 3141

玄真子外篇／子 3071

玄超堂藏藁／集 3521

玄膚論／子 3103

玄賞齋書目／史 4133

弘治八年廣東鄉試錄／史 2094

弘治三年進士登科錄／史 1750

弘治五年山西鄉試錄／史 1910

弘治五年江西鄉試錄／史 2020

弘治五年順天府鄉試錄／ 史 1853

弘治五年湖廣鄉試錄／史 2041

弘治五年廣西鄉試錄／史 2113

弘治六年進士登科錄／史 1751

弘治會稽小江董氏家譜／ 史 1648

弘道錄／子 0286

弘藝錄／集 2898

弘簡錄／史 0096, 史 0097

召試博學鴻儒攷略／史 1695

弁山久默禪師語錄／子 3291

弁山小隱吟錄／集 2378

弁服釋例／經 0655

台山遊草／集 4344

台州外書訂／史 3379, 史 3380

台州金石錄／史 4354

台州金石錄目錄／史 4355

[康熙]台州府志／史 2983

台州劄記／史 3378

台州續攷／史 1192

台典／集 1146

台郡文獻補／集 1151

台郡藝文目錄／史 4215

台郡識小錄／史 3377

台詩三錄／集 1142, 集 1143, 集 1144

台詩四錄／集 1145

台蕩游草／集 5012

台嶠文徵／集 1150

台學統／史 1037, 史 1038

台獻疑年錄／史 1193

幼幼集成／子 1054

幼科推拿秘書／子 1056

幼科發揮／子 1072

幼科彙訣直解／子 1057

幼科摘要／子 1026

幼科釋謎／子 1052

幼學津梁／經 1443

六畫

匡菴文集詩前集詩後集／ 集 3753

式古堂書畫彙攷／子 1653

式馨堂文集／集 4073

刑垣疏稿／史 0942

刑統賦／子 0617

刑錢必覽／史 3992

[乾隆]邢臺縣志／史 2430

迁齋先生標註崇古文訣／ 集 0384

迁齋學古編／集 4353

圭山近稿／集 2863

圭美堂集／集 4028

圭峰盧先生集／集 2421

圭塘小稿／集 2402

圭齋文集／集 2397

圭齋盧先生集／集 2422

[順治]吉安府志／史 3110

吉貝居暇唱／史 0246

吉金齋古銅印譜／史 4448, 史 4449

吉祥止止齋詩稿／集 4997

考工記／經 0490, 經 0497,

經 0528

考工記車制圖解／經 0541, 經 0542

考工記集説／經 0538

考工記圖／經 0537

考工記圖解／經 0536

考工記輯註／經 0459

考功驗封條例／史 3840

考古彙編文集／子 2522

考古彙編全集／子 2521

考古辭宗／子 2847

考史拾遺／史 2322

考定經穴／子 0861

考亭淵源錄／史 1074

老人言／子 2589

老子元翼／子 0405

老子考異／子 0387

老子宗指／子 0409

老子約説／子 0410

老子通義／子 0401, 子 0402

老子集解／子 0403

老子道德真經／子 0377, 子 0378

老子道德經／子 0376, 子 0379, 子 0380, 子 0389

老子道德經參互／子 0414

老子解／子 0386

老子翼／子 0370, 子 0371, 子 0372

老竹軒詩／集 3793

老莊合刻／子 0369

老莊通／子 0367, 子 0368

老莊解／子 0373

老學菴筆記／子 2161

老學庵筆記／子 2159, 子 2160

地山印稿／子 1848

地行仙／集 5835

地名補注／經 0806

地理一貫／子 1487

地理七書／子 1448

地理天玉經補注／子 1497

地理元機妙訣／子 1507

地理分合總論／子 1446

地理六法傳心二集／子 1469

地理全書解／子 1468

地理明簡錄／子 1496

地理真機／子 1444

地理索隱／子 1440

地理原本説／子 1493

地理唉蔗錄／子 1494

地理啓玄訂誤粹裘編／子 1460

地理參贊玄機僊婆集／子 1451

地理揭要／子 1500

地理發微釋義／子 1431

地理詩／子 1432

地理源本成書／子 1491

地理源本宗書／子 1490

地理彙覽／子 1501

地理樞要／子 1445

地理徹原經／子 1467

地理薪傳補編／子 1498

地理辨正／子 1465，子 1466

地理簡能集／子 1489

地學／子 1484

地學答問／子 1485

耳譚／子 2443

芝仙媵草／集 5337

芝竹山房詩集／集 5270

芝秀軒詩稿／集 5120

芝庭先生集／集 4206

芝庭詩稿文稿／集 4205

芝峰集／集 4506

芝菴雜記／子 2606

芝園外集／子 2201

芝園定集／集 2923

芝園集／集 2920，集 2921，集 2922

芝源適意草／集 3829

芝僧近稿雜錄／集 5020

芑山先生文集／集 3520

亘史／子 2857

亘史鈔／子 2858

吏部四司條例／史 3840

吏部職掌／史 3839

再重訂傷寒集註／子 0767

再增摭古遺文／經 1388，經 1389，經 1390，經 1391

西山日記／子 2438

西山先生真文忠公文章正宗／集 0386，集 0387，集 0388，集 0389，集 0390，集 0391，集 0392，集 0393

西山先生真文忠公文章正宗讀本／集 0400

西山先生真文忠公文集／集 2196，集 2197

西山先生真文忠公讀書記甲集／子 0185

西北域記／史 3420

[康熙]西充縣志／史 3171

西州淚／集 3320

西江遊草／集 4787

西江詩法／集 5435

[乾隆]西安府志／史 2763

[康熙]西安縣志／史 3017

西安懷舊錄／集 1050

西巡盛典／史 3974

西村詩集／集 2907

西吳枝乘／史 3366

西陂類稿／集 3799

西青散記／子 2636，子 2637

西林全集／集 3367，集 3368

西來意／集 5743

西征日記／史 1432，史 1466

西京職官印錄／史 4418

西京雜記／子 2671

西河文選／集 3759

西河合集／叢 0157，叢 0158

[蕭山]西河郁氏宗譜／史 1572

西泠八家印選／子 1883

西泠六家印存／子 1884

西泠印社閨詠／集 4696

西泠印社雜錄／集 1059

西昀寓目編／子 1662

西亭十二客印紀／子 1818

西洋新法曆書／子 1290，子 1291

西洋算法大全／子 1316

西都雜例／史 4044

[乾隆]西華縣志／史 2697

西莊始存稿／集 4384

西夏經義／經 0043

西原全集／集 2860

西原草堂文集／集 4060

西晉文／集 0606

西圃叢辨／子 2356

西峰山人詩麓／集 4856

西域紀事／史 3417，史 3418

西域記略／史 3419

西爽詩稿／集 4695

西堂全集／叢 0156

西堂詩草／集 4130

西崖先生擬古樂府／集

2670

西清古鑑 / 史 4283

西清古鑑錢錄 / 史 4284

西清筆記 / 集 4452

西清閣詩草 / 集 3401，集 3402

西廂記版畫 / 子 1758

西遊真詮 / 集 6007

西湖全遊草 / 集 5284

西湖老人繁勝錄 / 史 3346

西湖百詠 / 集 2291

西湖竹枝集 / 集 1055，集 2476

西湖名勝圖 / 史 3700

西湖志 / 史 3620，史 3623，史 3624，史 3625，史 3626

西湖志類抄 / 史 3621

西湖志纂 / 史 3627，史 3628，史 3629

西湖拾遺 / 集 5955

西湖勝蹟圖 / 史 3699

西湖遊覽志 / 史 3616，史 3617，史 3618，史 3619

西湖詩存 / 集 5342

西湖賦 / 集 3631

西湖麗句 / 集 1057

西湖覽勝詩志 / 史 3622

西塘先生文集 / 集 1944

西園叢稿 / 經 0044

西溪詩存 / 集 4514

西溪叢語 / 子 2157

西溟文鈔校記 / 集 3958

西塞雜著 / 集 4050

西臺奏議 / 史 0945

西臺疏草 / 史 0932

西漢文 / 集 0591，集 0599，集 0600

西漢文苑 / 集 0590

西漢文選 / 集 0592

西漢文類 / 集 0588，集 0589

西漢文鑑 / 集 0596，集 0597

西漢以來廟諱陵名考 / 史 1053

西漢年紀 / 史 0418

西漢書疏 / 史 0862

西漢節義傳論 / 史 2335

西漢會要 / 史 3909，史 3910，史 3911

西滬櫂歌 / 集 4829

[乾隆] 西寧府新志 / 史 2807

[康熙] 西寧縣志 / 史 3278

西澗草堂全集 / 叢 0177

西澗詩鈔 / 集 4969

西磧探梅倡和詩 / 集 0963

西儒耳目資 / 經 1541

[吳江] 西濛港徐氏宗譜 / 史 1598

[吳江] 西濛港徐氏家譜 / 史 1599，史 1600

西隱文稿 / 集 2530

西藏志 / 史 3309

西藏見聞錄 / 史 3416

西藏奏疏 / 史 0878

西藏賦 / 集 4475，集 4476

西魏書 / 史 0600，史 0601

西疇居士春秋本例 / 經 0828

西巖集 / 集 2182

在山小草 / 集 5333

在官指南 / 史 0877

在陸草堂文集 / 集 3939

在園雜志 / 子 2264

在璞堂吟稿 / 集 4548

在璞堂續稿 / 集 4549

百一草堂附刻二編集唐三刻 / 集 4261

百一草堂集唐 / 集 4260

百一集附灘江送別詩 / 集 4683

百二十三人傳不入社諸賢傳 / 史 1206

百十二家墨緣題詞 / 集 0961

百川書志 / 史 4124

百川學海 / 叢 0001，叢 0002，叢 0003

百尺樓詩餘集句 / 集 5692

百正集 / 集 2294

百仙神方 / 子 0548

百名家詞鈔 / 集 5545

百花一韻 / 集 0289

百花評 / 子 2016

百宋一廛書錄 / 史 4156

百美新詠 / 子 1776

百美圖 / 子 1777

百悔辭 / 集 5100

百家名書 / 叢 0045

百家姓考略 / 史 1676

百家詞 / 集 5529

百家類纂 / 子 2524，子 2525

百陵學山 / 叢 0028

百梅一韻 / 集 0289

百粵蠻風詩 / 集 1190

百戰奇法 / 子 0510

百戰篇補評 / 子 0551

百寶箱 / 集 5834

有不爲齋存稿 / 集 5155

有正味齋駢體文箋註 / 集 4481

有明於越三不朽名賢圖贊 / 史 1186

有明於越三不朽圖贊 / 史

1187

有象列仙全傳／子3122

有涯文集／集3975

有餘地遺詩／集5179

有餘地韻語／集5179

有懷堂文集／集4173

有懷堂文藁詩藁／集3830

而菴說唐詩／集5460，集
　5461

存心堂遺集／集2391

存存集瓻賸／集5709

存研樓文集／集4063

存素堂詩稿駢文／集5160

存硯樓二集／集4064

存復齋文集／集2390

存幾希齋印存／子1857

存愚／子2202

存樸齋詩鈔／集4263

匠門書屋文集／集4035

列女傳／史0987

列女傳考證／史0986

列子／子0470，子0471

列子沖虛真經／子0466，子
　0467，子0468

列子鬳齋口義／子0474

列仙酒牌／子1775

列國史補／史0413

列國東坡圖說／經0831，經
　0833，經0835，經0836，
　經 0855，經 0856，經
　0857，經0858，經0860，
　經 0861，經 0866，經
　0867

列國圖說／經0863

列朝私紀／史1051

列朝詩集／集0834

成化二十二年山西鄉試錄
　／史1909

成化二十二年河南鄉試錄

／史1948

成化二十二年浙江鄉試錄
　／史1994

成化二十二年廣東鄉試錄
　／史2092

成化二十三年進士登科錄
　／史1748

成化二十三年會試錄／史
　1749

成化二十年會試錄／史
　1747

成化二年進士登科錄／史
　1739

成化二年會試錄／史1740

成化十一年進士登科錄／
　史1743

成化十七年進士登科錄／
　史1745

成化十七年會試錄／史
　1746

成化十九年山東鄉試錄／
　史1932

成化十九年浙江鄉試錄／
　史1993

成化十三年江西鄉試錄／
　史2018

成化十三年浙江鄉試錄／
　史1991

成化十三年順天府鄉試錄
　／史1851

成化十三年應天府鄉試錄
　／史1882

成化十六年山東鄉試錄／
　史1931

成化十六年浙江鄉試錄／
　史1992

成化十六年順天府鄉試錄
　／史1852

成化十六年湖廣鄉試錄／

史2040

成化十六年應天府鄉試錄
　／史1883

成化十四年進士登科錄／
　史1744

成化十年山東鄉試錄／史
　1930

成化十年江西鄉試錄／史
　2017

成化十年陝西鄉試錄／史
　1972

成化十年浙江鄉試錄／史
　1990

成化十年順天府鄉試錄／
　史1850

成化十年廣東鄉試錄／史
　2091

成化十年應天府鄉試錄／
　史1881

成化七年陝西鄉試錄／史
　1971

成化七年浙江鄉試錄／史
　1989

成化七年湖廣鄉試錄／史
　2039

成化七年廣東鄉試錄／史
　2090

成化七年應天府鄉試錄／
　史1880

成化八年會試錄／史1742

成化元年山東鄉試錄／史
　1929

成化元年四川鄉試錄／史
　2054

成化五年進士登科錄／史
　1741

成化四年廣東鄉試錄／史
　2089

成化四年應天府鄉試錄／

延令纂/集 3174

延福寺志略/史 3752

延露詞/集 3750,集 5621

仲景藥性論治/子 0732

仲蔚先生集/集 3143

任天卿集/集 3353

仰止子詳考古今名家潤色詩林正宗/子 2895

仿宋相臺五經/經 0006,經 0007

自考集/集 2708

自知堂集/集 2983

自知集/集 4155

自怡軒詞/集 5647

自怡軒稿/集 4887

自怡軒樂府/集 5881

自娛集/集 3346

自敘帖考釋/子 1717

自號錄/子 2504

自監錄/集 3498

自適吟/集 3890

自賞音齋詞存/集 5704

自賞音齋詞草/集 5704

自警編/子 2501,子 2502

伊川程子年譜/史 1350

伊川擊壤/集 1810,集 1811

伊川擊壤集/集 1812

伊尹湯液仲景廣爲大法/子 0882

伊江筆錄/子 2458

伊江滙覽/史 3304

伊洛淵源錄/史 1069,史 1070,史 1071

伊洛淵源錄新增/史 1073

伊洛淵源續錄/史 1072

[乾隆]伊陽縣志/史 2758

血症全集要/子 1016

[慈谿]向氏家乘/史 1553

后尋親/集 5865

后懷沙傳奇/集 5870

行人司書目/史 4098

行水金鑑/史 3595

行香子詞/集 4892

行素堂集古印存/史 4458

行朝錄/史 0767,史 0768,史 0769,史 0770

行簡錄/史 4052

月齋文集詩集/集 4874

月齋金石跋/史 4260

舟車集/集 3681

舟枕山欣賞古文辭/集 0213

全氏七校水經注/史 3580,史 3581

全氏世譜/集 4306,集 4307,集 4308,集 4309,集 4310

全史論贊/史 2167

全幼心鑑/子 1041

全芳備祖/子 2774

全宋詩話/集 5505

全活萬世書幼科痘疹/子 1085

全真聯集/子 3114

全校水經注/史 3578

全校水經酈注水道表/史 3579

全唐試律類箋/集 0736,集 0737

全唐詩/集 0697

全唐詩逸/集 0738

全唐詩鈔/集 0740

全唐詩話/集 5415,集 5416

全唐詩選/集 0669

全浙詩話/集 5496

全補圖訣平沙玉尺經/子

1434

全蜀秇文志/集 1187

全閩詩話/集 5487

全謝山先生經史問答/子 2362

全謝山先生鮚埼亭集文外/集 4317

全謝山先生鮚埼亭集外編/集 4314,集 4315

全燬書目/史 4192

全歸集/集 2548

全韻梅花詩/集 4288

[乾隆]合州志/史 3169

合刻三志/叢 0074

合刻分體李杜全集/集 0073

合刻周秦經書/叢 0062

合刻周張兩先生全書/子 0116

合刻屠氏家藏二集/集 1246

合刻管韓二子/子 0574

合訂正續注釋群書備考原本/子 2883

合校水經注/史 3584

合參四書蒙引存疑定解/經 1053

合諸名家批點諸子全書/子 0015

合諸名家評註三蘇文選/集 1276

合諸名家點評諸子鴻藻/子 2561

合纂真傳羅經消納正宗/子 1486

[嘉靖]邠州志/史 2798

朵庵日記/史 1482

危學士全集/集 2519

旭亭氏手摹各經圖譜/經

1188

旭華堂文集/集 3838

各省進呈書目/史 4114

名人占籍今釋/史 0590

名山記選/史 3445

名山勝蹟記/史 3439

名山諸勝一覽記/史 3440

名山藏/史 0254

名公筆記/集 2703,集 2704

名公讚春草集歌詠/集 2550,集 2551

名文寶符/集 0508

名世文宗/集 0442,集 0461,集 0462

名世述/史 1019

名世編/史 1013

名句文身表異錄/子 2908

名迹雜錄/子 1699

名馬記/子 2026

名原/經 1458,經 1459

名恩寺志/史 3723

名家詩法/集 5389

名媛詩歸/集 0300

名媛彙詩/集 0301

名媛璣囊/集 0290

名賢和題八詠/集 2468

名劍記/子 1972

名醫方論/子 0915

名醫疑問集/子 1168

名醫類案/子 1133,子 1134

名蹟錄/史 4303

多師集/集 0719

多能鄙事/子 2474,子 2475

交山平寇本末/史 0516

交泰韻/經 1536

交輝園遺稿/集 4184

亦玉堂稿/集 3115

亦秀閣藏書目錄/史 4161

亦政堂重修考古玉圖/史 4277

亦政堂重修考古圖/史 4277

亦政堂重修宣和博古圖錄/史 4277

亦政堂鐫陳眉公家藏廣祕笈/叢 0050

亦政堂鐫陳眉公普祕笈/叢 0051

充然子詩文集/集 2627,集 2628

米堆山人文鈔/集 4016

米襄陽外紀/史 1260

米襄陽志林/史 1259

米襄陽遺集/史 1259

汗簡/經 1351

江干雜詠/史 3347

江上吟/集 4483

江上怡雲集/集 4392

[康熙]江山縣志/史 3022

[乾隆]江山縣志/史 3023

江止庵遺集/集 3516

江月松風集/集 2453

[江西永豐寧都]江氏初修族譜/史 1555

江氏音學十書/經 1586

江文通集/集 1414

江心志/史 3755

江左三大家詩鈔/集 1018

江左三家滄桑詩選/集 1019

江右紀變/史 0767,史 0769,史 0770

[嘉靖]江西省大志/史 3075

江西省陶政志/史 4073

[雍正]江西通志/史 3076

江西賦役紀/史 3983

江邨銷夏錄/子 1647

江表遺事/史 0749

江東白苧/集 5879

江東外紀拾殘/史 1247

江草集/集 0955

江南水利考/史 3640

江南防河使者東軒奉答陳撫臺書附詩文稿/史 3639

[乾隆]江南通志/史 2458

江南野史/史 0609,史 0610,史 0611

[萬曆]江浦縣志/史 2462

[乾隆]江陵縣志/史 3139

江陰李氏得月樓書目摘錄/史 4132

江陰殉難實跡/史 0741

[嘉靖]江陰縣志/史 2503

江遊草/集 4644

江湖小集/集 0088

江湖長翁文集/集 2169

江湖客詞/集 4139

[康熙]江寧府志/史 2460

江聲草堂詩集/集 4204

江蘇採輯遺書目錄/史 4113

江醴陵集/集 1415

江變紀略/史 0755

汲古堂集/集 3390,集 3391

汲古堂續集/集 3392,集 3393,集 3394,集 3395

汲古閣説文訂/經 1298,經 1299

汲塚周書/史 0535

[乾隆]汲縣志/史 2717

池上樓詩稿輯佚/集 5386

七畫

赤水玄珠／子 1201，子 1202

赤松山志／史 3517

赤城後集／集 1137

赤城詩集／集 1138

赤壁賦／集 1889

赤牘清裁／集 0559，集 0560

孝友傳／史 1041

孝順事實／史 0994

[康熙]孝感縣志／史 3126

孝義彔公傳／史 1302

[諸暨]孝義青石李氏宗譜／史 1564

孝義礙庵錄／史 3734

孝慈備覽／子 0759

孝肅包公奏議／史 0883

孝經／經 0940，經 0941，經 0942，經 0944，經 0946

孝經大全／經 0943

孝經刊誤淺解／經 1177

孝經衍義／子 0302，子 0303，子 0304，子 0305

孝經通釋／經 0948

孝經詩／經 0943

孝經詳註／子 0155

孝經翼／經 0943

孝經類解／經 0947

志姜堂贈言／集 0830

志雅堂雜鈔／子 2175

志遠齋史話／史 2330

志學後錄／子 0334

志學會約／集 3710

志墅堂詩集文集／集 3705

刮餘賸稿／集 5178

劫灰錄／史 0756，史 0757

劫餘紀事詩／史 0828

芙蓉山館詩／集 4629

芙蓉蘗樂府／集 5867

芙蓉鏡寓言／子 2686

[雍正]邯鄲縣志／史 2433

芸架詩稿／集 3978

芸窗瑣錄／子 2642

芸齋印譜／子 1849

芷湘吟稿／集 5064，集 5065

芷園素社痎瘧論疏／子 0945

芷園臆草／子 1165

芷園醫種／子 0654

花王閣賸稿／集 3404

花史／子 2008，子 2009

花外散吟／集 4099

花宜館文略／集 4729

花宜館詩續鈔／集 4728

花草粹編／集 5567

花信樓文草選詩草策論外集／集 5376

花信樓散曲／集 5888

花信樓詞稿／集 5711

花萼樓集／集 3872，集 3873，集 3874

花間小集樂府／集 5672

花間集／集 5552，集 5553

花溪志補遺／史 2844，史 2845，史 2846，史 2847

花溪備忘錄／史 2847

[康熙]花縣志／史 3257

花鏡雋聲／集 0302

芥子園畫傳／子 1764，子 1768

芥子園畫傳二集／子 1765，子 1766

芥子園畫傳三集／子 1767

芥子彌禪師鈯斧草／集 3565

芥舟二集／集 4737

芥舟詩選／集 4675

芥舟學畫編／子 1750

芳蓀書屋存稿制藝／集 4438

克鼎集釋／史 4290

杜工部七言律詩／集 1495，集 1496，集 1497

杜工部五言詩選直解七言詩選直解／集 1543

杜工部集／集 1482，集 1512，集 1513，集 1514，集 1515，集 1516，集 1517，集 1518

杜工部詩／集 1556

杜工部詩千家註／集 1493

杜工部詩文集／集 1480

杜工部詩集文集／集 1524，集 1525，集 1526

杜工部詩說／集 1527

杜工部詩選初學讀本／集 1550，集 1551

杜工部編年詩史譜目／集 1521，集 1522

杜少陵集／集 1501，集 1502

杜少陵詩文／集 1500

杜氏通典／史 3879

杜曲集／集 3344

杜律五七言／集 1499

杜律五言註解／集 1498

杜律通解／集 1537

杜律啓蒙／集 1542

杜律單註／集 1505

杜律註解／集 1506

杜律詹言／集 1507

杜律演義／集 1503

杜清獻公年譜／史 1359

杜清獻公集校注／集 5604

杜詩／集 1553

杜詩分類／集 1510

杜詩分類全集／集 1511

杜詩直解／集 1541

杜詩通／集 1508，集 1509

杜詩偶評／集 1544

杜詩提要／集 1546

杜詩集評／集 1545

杜詩集説／集 1547，集 1548

杜詩會稡／集 1534，集 1535

杜詩詳註／集 1529，集 1530，集 1531，集 1532

杜詩論文／集 1528

杜詩選／集 3584

杜詩選讀／集 1533

杜詩鏡銓／集 1549

杜詩闡／集 1536

杜詩讀本／集 1554

杜樊川詩集／集 1667

杜韓詩句集韻／子 2966

枕左堂集／集 3927

[康熙]杏花邨志／史 2555

杏壇聖蹟／史 1227

杞憂集學道心法／子 0352

[乾隆]杞縣志／史 2686

李于鱗唐詩廣選／集 0679

李于鱗唐詩選／集 0676

李山人詩／集 3137，集 3414

李元賓文編／集 1590

李五峰集／集 2425，集 2426

李太白文集／集 1466，集 1467，集 1468，集 1469

李太白詩集／集 1464

李中碧雲集／集 1717

李中麓閑居集／集 2962

李介繁先生自定年譜稿／史 1416

李氏山房詩選／集 3080

李氏文集／集 3104

李氏弘德集／集 2731

李氏成書／叢 0166

李氏全書／叢 0125

李氏家集／集 1205

李氏家傳保嬰秘書／子 1055

李氏蒙求補注／子 2717，子 2750

李氏藏書／史 0100

李氏醫鑑／子 1139

李文／集 1650，集 1651

李文定公貽安堂集／集 3051，集 3052

李文貞公全集／叢 0154

李文襄公年譜／史 0944，史 1386

李文襄公奏議／史 0944

李文饒公文集／集 1657

李文饒文集／集 1656

李石農詩文稿／集 4539

李仲公先生文集／集 2413

李杜全集／集 0069，集 0070，集 0071，集 0072，集 0074

李杜詩選／集 0075

李君實先生雜著／叢 0134

李長吉昌谷集句解定本／集 1584

李長吉集／集 1583

李長吉歌詩／集 1580，集 1586

李卓吾先生合選陶王集／集 0013

李卓吾先生批評淨土決／子 3281

李卓吾先生批點道餘錄／子 3328

李卓吾先生遺書／集 3105

李卓吾先生讀升庵集／集 2850，集 2851

李卓吾批點世説新語補／子 2409

李卓吾批點西廂記／集 5738

李卓吾評方正學／集 2586

李卓吾評選方正學文集／集 2586

李侍郎使北錄／史 0684

李侍郎經進六朝通鑑博議／史 2267

李相國論事集／史 1246

李員外遺集／集 1448

李晦卿真人道書／子 3037

李崆峒先生詩集／集 2732

李笙魚日記／史 1492

李雲陽集／集 2459

李詩選注／集 1465

李義山文集／集 1684，集 1685

李義山詩集／集 1671，集 1672，集 1673，集 1676，集 1677，集 1681，集 1682

李義山詩譜／集 1671，集 1672，集 1673

李慈銘未刻稿／集 5091

李衛公天象占候秘訣歌／子 1372

李盤金湯十二籌／子 0536

李翰林集／集 1455，集 1463

車書樓彙輯各名公四六爭奇／集 0871，集 0872

車微鴻錄／子 2605

車營百八叩／子 0528

甫田集／集 2902，集 2903，

吳下塚墓遺文續集／史 4342

吳下塚墓遺文續編／史 4341

吳才老韻補正／經 1549

吳山志／史 3460

吳元定重訂楊升菴夫人樂府／集 2910

吳太夫人年譜／史 1410

吳中二集／集 1029

吳中人物志／史 1164

吳中往哲記／史 1162

吳公秘傳佑子心法後集／子 1426

吳氏一家詩／集 1202，集 1203

吳氏家乘／史 1524

吳氏醫學述／子 1160

吳文正公三禮攷註／經 0647

吳文肅公文集／集 2055

吳地記／史 2465

吳吏部文集／集 3487

吳竹坡先生文集詩集／集 2622

吳仲倫未刻文／集 4873

吳江水考／史 3643

吳江沈氏詩集錄／集 1209

吳江徐氏家譜／史 1602

[康熙]吳江縣志／史 2485

[乾隆]吳江縣志／史 2486

吳吳山三婦合評牡丹亭還魂記／集 5785

[嘉靖]吳邑志／史 2469，史 2470

吳門記遊錄／史 1460

[嘉慶]吳門補乘／史 2473

吳門雜詠／集 1030

吳忠節公年譜／史 1375

吳侃叔吉金跋／史 4286

吳波鷗語／集 5586

[乾隆]吳郡甫里志／史 2472

[元豐]吳郡圖經續記／史 2466

吳郡樂圃朱先生餘藁／集 1951，集 1952，集 1953，集 1954

吳都文粹／集 1022，集 1023

吳都文粹續集／集 1024

吳書山先生遺集／集 2560

吳梅村先生詩集詩餘詩話／集 3586

吳梅坡醫經元保命奇方／子 0896

吳越同遊日記／集 3705

吳越所見書畫錄／子 1654，子 1655

吳越春秋／史 0581，史 0582，史 0583，史 0589

吳越紀餘附雜詠／史 0584

吳越備史／史 0612

吳越備史補遺／史 0613

吳越遊草／集 4117

吳越錢氏傳芳集／集 1264

吳朝請集／集 1417

吳淵穎先生集／集 2393

吳疎山先生遺集／集 2979

吳歔萃雅／集 5912

吳詩集覽／集 3587，集 3588

吳詩補注／集 3589

吳慶坻唱和詩集／集 0980

[崇禎]吳縣志／史 2471

吳興合璧／史 3363

[嘉泰]吳興志／史 2900

吳興金石記目錄／史 4349

吳興客紀／集 3880

吳興姚氏家乘／史 1593

吳興孫氏二妙詩詞合鈔／集 1232

吳興掌故紀要／史 3364

吳興掌故集／史 3361，史 3362

[天啓]吳興備志／史 2903

吳興遊草／集 4693

吳興藝文補／集 1082

吳鞠通先生醫案／子 1159

吳禮部詩話／集 5432

吳醫彙講／子 1231，子 1232

吳繼疎先生遺集／集 3273

吳讓之印存／子 1879

邑乘管窺／史 2992

邑乘管窺拾遺／史 2993

別下齋書畫錄／子 1663，子 1664

別紀／子 2695，子 2696

別雅／經 1260

[乾隆]岐山縣志／史 2776

岐海瑣譚／子 2210

屼老編年詩鈔／集 3891

岑春煊奏稿／史 0969

岑嘉州集／集 1476

牡丹亭還魂記／集 5781，集 5782，集 5783

牡丹唱和詩／集 0964

牡丹詩／集 4149

[乾隆]利津縣志補／史 2659

秀水朱氏家乘／史 1552

秀水銀米額數／史 3989

[萬曆]秀水縣志／史 2869

[山陰]秀巷徐氏宗譜／史 1604

秀埜草堂詩集／集 4041

辛壬脞錄／史 0824

辛壬寇略／史 0822

辛壬瑣記／史 0821

辛卯生詩／集 4727

辛酉都城紀事／史 0837

辛齋稿／集 3659

忘憂草／集 5153

[乾隆]忻州志／史 2615

快軒詩則摘鈔／集 4755

快書／叢 0063

快雪堂集／集 3222

快雪樓独吟集／集 4641

灼艾別集／子 2512

灼艾集／子 2513

弟子職／子 0589

冷香山館未定稿／集 4465

冷齋夜話／子 2139

汪大呂先生近稿／集 3370

汪子中詮／子 0268

汪氏珊瑚網名畫題跋／子 1638

汪氏珊瑚網法書題跋／子 1639

[歙州]汪氏淵源錄／史 1556

[安徽][江西]汪氏統宗正脈／史 1557

[安徽]汪氏統宗正脈／史 1558

[安徽]汪氏統宗譜／史 1559

汪氏説鈴／子 2582

汪氏漢銅印原／史 4421

汪氏鑒古齋墨藪／子 1970

汪文摘謬／集 5474

汪水雲詩／集 2275

汪石山醫書／子 0640

汪右丞詩集／集 2506

汪伯機詩／集 2664

汪訒庵先生蒲團晏坐圖題詠／集 0966

汪鈍翁題跋／史 4141

汪虞卿詩／集 3207

汪樵石印譜／子 1856

[嘉靖]沛縣志／史 2521

[嘉靖]沔陽志／史 3127

沙河逸老小稿／集 4400

[嘉靖]沙縣志／史 3207

沖虛至德真經／子 0469, 子 0472, 子 0473

沖虛至德真經解／子 0475

[康熙]沂州志／史 2662

[乾隆]沂州府志／史 2661

[乾隆]汾州府志／史 2607

汴京遺蹟志／史 3687, 史 3688

[萬曆]汶上縣志／史 2637

沈下賢文集／集 1660, 集 1661

沈小詠詩稿／集 4846

沈子窴業／集 4128

沈氏三先生文集／集 1207, 集 1208

沈氏弋説／子 2244

沈氏尊生書／子 0666

沈氏詩詞稿／集 4943

沈氏詩醒八牋／經 0393, 經 0394

沈氏群峰集／集 4740

沈文蕭公別傳／經 1324

沈方伯删定尚書集註／經 0279

[嘉靖]沈丘縣志／史 2698

沈句章詩選／集 3161

沈何山先生點正玉茗堂尺牘／集 3261

沈匋華先生文／集 4150

沈忠敏公龜谿集／集 2008, 集 2009, 集 2010

沈南疑先生檇李詩繫／集 1063

沈朗仲先生病機彙論／子 1220, 子 1221

沈望橋先生瘄科心法／子 0960

沈景修函牘／集 5107

沈景修信札／集 5106

沈嘉則詩選／集 3158, 集 3159

沈隱侯集／集 1407

沈歸愚詩文全集／集 4345

沈韻樓先生詩存／集 5116

[乾隆]沁州志／史 2623

完玉堂詩集／集 3986

完訣／子 0277

宋二家詞／集 5540

宋十五家詩選／集 0090

宋人世系考／史 1076

宋三大臣彙志／叢 0065

宋大家歐陽文忠公文抄／集 1831

宋王忠文公文集／集 2105, 集 2106

宋元人詞／集 5531

宋元以來畫人姓氏續錄／子 1752

宋元明清精刻善本書頁集錦／史 4224

宋元通鑑／史 0351, 史 0352, 史 0353

宋元通鑑目錄／史 0355

宋元詞選／集 5535

宋元詩／集 0029, 集 0030

宋元詩會／集 0311

宋元資治通鑑／史 0354, 史 0358

宋元綱目經史品藻／史

2283

宋元學案／史 1027，史 1028

宋元學案校補／史 1029

宋元學案補遺／史 1030，史 1031

宋太學石經考／經 1193

宋氏家傳纂言／子 2557

宋氏養生部／子 1994

宋文山先生全集／集 2252

宋文選／集 0775

宋文鑑／集 0768

宋方山房先生文集／集 2269

宋石經記略／經 1175

宋史／史 0235，史 0236

宋史紀事本末／史 0505，史 0506，史 0507

宋史新編／史 0239

宋史闡幽／史 2281

宋四子抄釋／子 0178

宋四六選／集 0776

宋四六叢珠彙選／子 2766

宋四名家詩鈔／集 0091

宋代稅錢輯錄／史 3993

宋司馬溫國文正公家範／子 0112

宋百家詩存／集 0092

宋朱晦菴先生名臣言行錄／史 1065，史 1066

宋名家詞／集 5537，集 5538

宋丞相文山先生全集／集 2249，集 2250

宋丞相文山先生別集／集 2253

宋丞相李忠定公奏議／史 0888，史 0889

宋丞相崔清獻公全錄／史

1267

宋杜清獻公集／集 2211

宋李忠定公奏議選文集選／集 1988，集 1989，集 1990

宋李梅亭先生四六標準／集 2214

宋邵康節先生伊川擊壤集／集 1813，集 1814

宋林和靖先生詩集／集 1730，集 1734，集 1735

宋東京考／史 3690，史 3691

宋明兩蘇先生易說合刪／經 0126

宋明詩鈔／集 0307

宋金元詩永／集 0312

宋金元詩選／集 0340

宋金仁山先生大學疏義／經 1000

宋金仁山先生年譜／史 1360

宋宗忠簡公全集／集 1982

宋宗忠簡公集／集 1983，集 1984

宋洪魏公進萬首唐人絕句／集 0637

宋祕書孫氏太白山齋遺稿／集 2239

宋宰輔編年錄／史 3834，史 3835，史 3836

宋書／史 0196，史 0197

宋陳少陽先生文集／集 2030

宋陳文節公詩集文集／集 2101，集 2102

宋陳同甫文集／集 2192

宋黃文節公文集／集 1920

宋國錄流塘詹先生集／集

2228

宋淳熙敕編古玉圖譜／史 4368，子 1975

宋葉文康公禮經會元／經 0473，經 0474，經 0475

宋朝事實／史 3916

宋景祐以來名賢生卒譜／史 1053

宋詞二家／集 5539

宋詞三百首／集 5585

宋稗類鈔／子 2967，子 2968

宋會要輯稿／史 3919

宋詩紀事／集 5489

宋詩紀事姓氏韻編／史 1681

宋詩鈔初集／集 0089

宋詩選／集 0761

宋蔡忠惠文集／集 1757

宋蔡忠惠別紀／集 1757

宋僧元淨外傳／史 3349，史 3350

宋誌紀綱安邦後集／集 5906

宋端明殿學士蔡忠惠公文集／集 1756

宋學士文集／集 2490

宋學士全集／集 2493

宋學士夾漈先生六經奧論／經 1133

宋學士徐文惠公存稿／集 2233

宋儒文肅公黃勉齋先生文集／集 2173

宋濂溪周元公先生集／集 1817，集 1818

宋徽宗御解道德真經／子 0388

宋蘇文忠公居儋錄／集

武林紀略／史 0732

武林紀遊／集 4847

武林梵志／史 3730

武林遊拾遺／史 3698

武林蔣氏族譜／史 1658

武林舊事／史 3331

武林覽勝記／史 3333

武林靈隱寺志／史 3731

［乾隆］武昌縣志／史 3121

［康熙］武岡州志／史 3152

［嘉靖］武定州志／史 2656

武城曾氏家乘／史 1643

［嘉靖］武城縣志／史 2678

武侯集／集 1350

武原女史陳筠齋詩／集 4681

武烈公遺墨／集 5134

［康熙］武進縣志／史 2499

武康四先生集／集 1085

［嘉靖］武康縣志／史 2915

［康熙］武康縣志／史 2916, 史 2917

［道光］武康縣志／史 2918

武備志／子 0531, 子 0532

武備志略／子 0539

武塘野史／史 0740

武溪集／集 1746, 集 1747

武經七書／子 0476

武經七書彙解／子 0482

武經三書彙解／子 0483

武經節要／子 0484

武經節要孫子兵法／子 0484

武經數目全題正解／子 0534

武經總要／子 0509

［嘉靖］武寧縣志／史 3080

武德全書／子 0525

武學經傳句解／子 0485

青小樓詩稿／集 5308

［康熙］青田縣志／史 3068

青立軒詩稾／集 4065

［嘉靖］青州府志／史 2640

［康熙］青州府志／史 2641

青芙館全集／集 5210

青岑遺稿／集 4421

青邱高季迪先生詩集／集 2543

青門集／集 3861

青泥蓮花記／子 2698

青要集／集 4032

青拜廬詩／集 5310

［嘉靖］青神縣志／史 3180

青華集／集 2469, 集 2470

青原志略／史 3537

青峰集／集 4124

青浦詩傳／集 1033

青宮樂調／經 0717

青陽先生文集／集 2417

［順治］青陽縣志／史 2556

青溪集／集 3162

青溪遺稿／集 3577

青瑣高議／子 2680

青瑣疏略／史 0904

青嶁遺稿／集 4404

青箱堂文集遺稿續刻／集 3567

青箱堂詩／集 3568

青錢書／子 1597

青錦園賦草／集 3360

青霞文集／集 3026

青霞草堂詩／集 3737

青藤山人路史／子 2330

青蘿館詩／集 3092, 集 3093

青囊開皇寶照圖經／子 1502

青囊解惑／子 1495

青巖集／集 3575

表度説／子 1249

表約／史 0871

表異錄／子 2496

長木齋詩文草／集 5198

長文襄公自定年譜／史 1406

長水先生文鈔／集 3191

長生殿傳奇／集 5813

長安志／史 2764, 史 2765

長安圖志／史 2765

長吟手稿／集 4998

長谷詩鈔／集 4190

長沙藥解／子 0814

［乾隆］長武縣志／史 2800

長物志／子 2483

［乾隆］長治縣志／史 2603

長春真人西遊記／史 3790

［正德］長垣縣志／史 2440

［乾隆］長洲縣志／史 2475

［隆慶］長洲縣志藝文志／史 2474

［嘉靖］長泰縣志／史 3199, 史 3200

長真閣詩集詩餘／集 4720

長恩閣叢鈔／子 2613

長留閣隨手叢訂／子 2612

長嘯齋摹古小技／子 1809

長慶集敬悟選／子 3272

［康熙］長樂縣志／史 3188, 史 3189

［康熙］長興縣志／史 2910

［乾隆］長興縣志／史 2911

長蘆鹽法志／史 4001

坦菴詞曲六種／集 5756

坦齋詩集／集 2515

坦齋劉先生文集／集 2516

坤皋鐵筆／子 1840

坤輿圖説／史 3821

幸魯盛典／史 3973

坡仙集／集 1883，集 1884，
　集 1885，集 1886

耶律天文輯略／子 1376

苦功悟道卷／集 5903

若菴集／集 4134

苗邵二先生六壬針見血／
　子 1547

[乾隆]英山縣志／史 2589

苑洛志樂／經 0708，經
　0709，經 0711

苑洛集／集 2827

苑詩類選／集 0276

范巨川清照圖題詠長卷／
　集 0949

范氏奇書／叢 0025

范氏後漢書訓纂／史 0161

范文正公年譜／史 1346，史
　1347

范文正公言行拾遺事錄／
　史 1249

范文正公忠宣公全集／集
　1226，集 1227

范文正公政府奏議書牘／
　史 0882

范文正公集／集 1752

范石湖詩集／集 2138，集
　2139

范忠貞公集／集 3707

范忠宣公文集／集 1834，集
　1835

范忠宣公奏議／史 0885

范忠宣公集／集 1836

范香溪先生文集／集 2050

范蒙齋先生遺文／集 2050

范楊溪先生遺文／集 2050

范德機詩集／集 2387

[嘉靖]范縣志／史 2675

范潞公集詩選／集 5623

苧菴遺集／集 3599

苧蘿誌／史 3706

直指玉鑰匙門法／經 1495，
　經 1496，經 1497

直指算法統宗／子 1307

直指審音法／子 1922

直音篇／經 1525

直庵詩鈔／集 4923

直督奏議／史 0963

[乾隆]直隸秦州新志／史
　2804

[乾隆]直隸泰州新志／史
　2517

[乾隆]直隸通州志／史
　2398

[乾隆]直隸達州志／史
　3179

[乾隆]直隸絳州志／史
　2620

[弘治]直隸鳳陽府宿州志
　／史 2570

直講李先生文集／集 1776

直齋書錄解題／史 4122

直廬稿／集 2800

茗水再存集／集 4914

苕溪集／集 2003，集 2004，
　集 2005，集 2006，集
　2007

苕溪詹丹林詩稿／集 4957

苕溪漁隱叢話／集 5420

苔岑集／集 0931

苔碕小稿／集 4647

茅山志／史 3457，史 3458

茅見滄策學拔萃／集 3016

茅鹿門先生文集／集 3028

林下偶談／集 5423，集
　5424

林子／子 2213

林子全集／子 2212

林公迪臣奏議公文／史
　0970

林氏雜記／史 1522，子
　2204

林艾軒先生文鈔／集 2067

林茂之詩選／集 3542

林卧遥集／集 3718

林和靖先生詩集／集 1731，
　集 1732，集 1733

林和靖詩集／集 1736，集
　1737

林居尺牘／集 3433

林泉隨筆／子 2509

林屋民風見聞錄／史 3614

林屋紀游詩／集 5055

林恭蕭公集／集 2652

林棟隆奏稿／史 0943

林登州遺集／集 2538

林寬詩集／集 1709

林蕙堂文集／集 3764

林蕙堂全集／集 3763

[康熙]林縣志／史 2709

[乾隆]林縣志／史 2710

枚卿詩稿／集 5136

板橋集六編／集 4304

板橋集詩鈔家書題畫詞鈔
　小唱／集 4303

來三峰先生遺稿選訂／集
　2990

來子談經／經 0031

來氏家藏冠山逸韻／集
　1215

[雍正]來安縣志／史 2582

來青軒詩鈔／集 5318，集
　5319

來恩堂草／集 3219

來集之先生詩話稿／集
　5456

來禽館集／集 3216，集

3217

來舜和先生稿／集 3371

來鵲山房詩集／集 4531

松子閣詩集／集 3706

松月軒詩草／集 5377

松月軒詩稿／集 3491

松月堂目下舊見／子 2456

松月集／集 2620

松石軒詩評／集 5437

松石齋集／集 3202

松兆堂讀詩隨筆／集 5520

[正德]松江府志／史 2488

[康熙]松江府志／史 2489

松江紀事／史 0739

松坡詞／集 5596

松厓詩鈔／集 4468

松泉詩／集 4194

松泉詩集文集／集 4195

松風閣琴譜／子 1908

松桂堂全集／集 3750

松桂讀書堂集／集 4415

松峰説疫／子 0951

松卿詩草／集 4170

松陵集／集 0626，集 0627

松梧閣詩集／集 4092

松雪堂印萃／子 1865

松雪齋集／集 2348

松崖筆記／子 2359

松崖漫稿／集 4734

松皋文集／集 3738

松陽講義／經 1069

松鄉先生文集／集 2346

松絃館琴譜／子 1898

松窗百説／子 2138

松夢寮文集／集 5056

松園印譜／子 1864

松圓浪淘集／集 3451

松圓詩老小傳／集 3450

松源經説／經 1149，經

1150

松溪文集／集 4588

[嘉靖]松溪縣志／史 3215

松塵賸言／子 2354

松寥山人詩集／集 4801

松談閣印史／史 4471

松隱文集／集 1994，集

1995，集 1996

松嶺偶集／集 4296

松濤閣詩草／集 4597

松靄詩稿／集 4389

杭大宗七種叢書／叢 0173

杭州三書院紀略／史 3779

杭州各節氣晨昏矇影限表

／子 1266

[成化]杭州府志／史 2821

[康熙]杭州府志／史

2822，史 2823

[乾隆]杭州府志／史

2824，史 2825

[光緒]杭州府志／史

2826，史 2827

杭州進京水程里次／史

3344

杭州織造運部用黃冊／史

4086

杭城坊巷志／史 3338

杭城坊巷志引用書目韻編

／史 3339

杭城坊巷志節要／史 3342

杭城辛酉紀事詩／史 0809，

史 0810

杭郡塵談／子 2692

述古堂文稿／集 5213

述古堂書目／史 4142

述本堂詩集／集 0919

述史樓書目／史 4178

述記／子 2596

述異記／子 2672

述聖圖／史 1025

述學／集 4568，集 4569，集

4570

述職吟／集 4518

枕戈雜言／子 0514

枕琴軒詩草／集 4875

東山外紀／史 1299

東山志／史 3508，史 3509

東山趙先生文集詩集／集

2467

東山樓詩集／集 4949

東白草堂集／集 2989

東西洋考／史 3814

東江客問／史 0704

東江集鈔／集 3653，集

3654

東江疏揭塘報節抄／史

0704

東江詩鈔／集 3928

[乾隆]東安縣志／史 2397

東巡金石錄／史 4238

東里文集／集 2593，集

2594，集 2595

東吳水利考／史 3638

東祀錄／集 2667

[康熙]東阿縣志／史 2667

東武山人集／集 2988

東武羍音／集 5688

東坪詩集／集 3914

東坡文選／集 1900，集

1901

東坡先生年譜／集 1855，集

1856，集 1857，集 1874

東坡先生全集／集 1861，集

1862，集 1863，集 1864

東坡先生志林／子 2132，子

2133

東坡先生和陶淵明詩／集

1865，集 1866

東坡先生紀年錄／集 1872

東坡先生詩集文集／集 1872

東坡先生詩集注／集 1870

東坡先生詩集註／集 1869，集 1871

東坡先生遺事／史 1257

東坡先生編年詩／集 1875，集 1876，集 1877，集 1878

東坡全集／集 1858，集 1859，集 1860

東坡和陶詩／集 1374，集 1394，集 1395

東坡紀年錄／集 1867，集 1869

東坡烏臺詩案／史 1254

東坡書傳／經 0246

東坡集／集 1855，集 1887

東坡集選／集 1894

東坡詩鈔／集 1881

東坡詩選／集 1863，集 1864，集 1892

東坡養生集／集 1907

東坡禪喜集／集 1891

東坡題跋／集 1909

東林小／集 4868

東林列傳／史 1126

東林同難錄／史 1125

東使筆記／史 3822

東征漫稿／集 3180

東周列國攷略／史 0539

東周列國全志／集 5961，集 5962，集 5963

東京夢華錄／史 3328

東垣十書／子 0637，子 0638，子 0639

東城雜記／史 3335

東南水利／史 3641

東洲初稿／集 2835

東津摧舍日記／史 1513

東都事略／史 0237，史 0238

東華錄／史 0467

東軒晚語／子 2453

東晉文／集 0606

東海文統／集 0478

[萬曆]東流縣志／史 2559

東家雜記／史 1222

東宮備覽／子 0182，子 0183，子 0184

東理類稿／集 4586

東萊先生古文關鍵／集 0383

東萊先生音註唐鑑／史 2265，史 2266

東萊先生校正三國志詳節／史 2234

東萊先生詩律武庫／子 2748

東萊先生詩集／集 2035，集 2036

東萊呂太史文集／集 2083，集 2084

東萊呂氏西漢精華／史 2213

東萊呂先生左氏博議句解／經 0763

東萊博議／經 0764

東堂集／集 1964

東崎草堂雜著／集 4972

東陽歷朝詩／集 1163

[隆慶]東陽縣志／史 3002

[嘉靖]東鄉縣志／史 3101

東越證學錄／集 3227

東嵒艸堂評訂唐詩鼓吹／集 0642，集 0643

東皐山房集／集 4174

東畬先生詩選／集 2836

東遊條議／史 4091

東遊記／史 3794

東湖記／史 3632

[乾隆]東湖縣志／史 3141

東湖叢記／集 5001

東塘集／集 2115

東園詩存／集 4571

東粵疏草／史 0932

東嘉先哲錄／史 1197

[永嘉]東嘉英橋王氏重修宗譜／史 1542

東嘉詩話／集 5514

東嘉錄／史 1198

東壽昌寺志略／史 3742

東墅少作／集 4379

東墅存稿／集 4379

東僑雜錄／子 2620

東漢文／集 0599，集 0600

東漢文紀／集 0595

東漢文類／集 0593，集 0594

東漢文鑑／集 0596，集 0597

東漢書疏／史 0861，史 0862

東漢會要／史 3912

東維子文集／集 2475

東甌大事記／史 3389

東甌東掌錄／史 3390

東甌金石志／史 4358，史 4359，史 4360

東甌金石志目錄／史 4362

東甌金石略／史 4361

東甌育嬰堂條規／史 4088

東甌紀遊／史 3801

東甌張文忠公奏對稿／史 0905

東甌備志長編／史 3391

東甌詩存／集 1175，集 1176，集 1177

東甌詩集／集 1174

東潛文稿／集 4559

東橋集／集 2749

東館缶音／集 3361

東齋詩存／集 4248

東濱先生詩集／集 2853

東瀛遺稿／集 2719

東鷗草堂詞／集 5663

東欔獻徵錄／史 1210

東觀漢記／史 0140，史 0141

東觀餘論／子 2297，子 2298

卧雪吟／集 0347

臥虎山人日記／史 1461

臥虎山人年譜／史 1419

臥龍崗志／史 1240，史 3695

事物紀原／子 2744

事物紀原集類／子 2743

事物異名錄／子 3011，子 3012

事類異名／子 2988

事類賦／子 2722，子 2723，子 2724，子 2725

事類數目攷／子 3010

刺字章程／史 4058

兩山墨談／子 2196

兩京遺編／叢 0033

兩都醫案／子 1135

兩晉南北合纂／史 2237，史 2238

兩浙地志錄／史 4203

兩浙名賢錄／史 1174

兩浙名賢錄台人摘錄／史 1191

兩浙訂正齼規／史 4008

兩浙耆獻傳略／史 1175

兩浙輶軒續錄採訪册／史 1176

兩浙鹽法新志／史 4010

兩紗／集 5754

兩淮鹽法志／史 4004

兩朝從信錄／史 0465

兩朝會狀／史 1682

兩朝憲章錄／史 0464

兩當軒集／集 4579

兩溪文集詩集／集 2616

兩臺奏議／史 0923

兩廣鹽法志／史 4011

兩漢文刪／集 0601

兩漢文選／集 0598

兩漢印萃／史 4425

兩漢金石記／史 4239，史 4240

兩漢紀／史 0415，史 0416，史 0417

兩漢紬編／子 3029

兩漢博聞／史 2214

兩漢策要／史 0860

兩漢雋言／子 2219

兩漢詔令／史 0839，史 0840

兩論書家／子 1700

兩鎮三關通志／史 3423

兩蘇經解／經 0018，經 0019

雨水亭餘稿／集 3609

雨花堂吟／集 4659，集 4660

雨花臺傳奇／集 5836

雨春軒詩草／集 4467

雨香小草／集 4691

雨華樓吟稿／集 5372

雨峰詩鈔／集 4456

雨航記／集 3176

奇門大全／子 1610

奇門六壬太乙淘金歌／子 1601

奇門涓吉秘函／子 1609

奇門遁甲秘要／子 1611

奇門遁甲符應經／子 1599

奇門遁甲聚玄經／子 1613

奇門統宗大全／子 1612

奇姓通／史 1677

奇晉齋叢書／叢 0089

奇效良方／子 0890

奇症滙／子 0930

奇零文草詩草／集 3505

奇零草／集 3500，集 3501，集 3502，集 3503，集 3504，集 3507

奇零草敘論書記／集 3506

奇經八脈考／子 0797，子 0798，子 0799，子 0800，子 0801

奇賞齋古文彙編／集 0491

奇賞齋廣文苑英華／集 0490

拓菴諸器銘／史 1502

抽燼書目／史 4192

拊膝錄／史 0655

拘幽草／集 3910

抱乙子幼科指掌遺稿／子 1051

抱朴子／子 3061，子 3064，子 3065

抱朴子內篇校勘記外篇校勘記內篇佚文外篇佚文／子 3067

抱朴子外篇／子 3060

抱朴子別旨／子 3067

抱珠軒詩存／集 4253

抱經堂叢書／叢 0088

抱經樓日課編／子 1858

1601
昌黎先生集／集 1604，集
　1609，集 1610，集 1611，
　集 1612
昌黎先生詩集注／集 1622，
　集 1623
［嘉靖］昌樂縣志／史 2643
門人錄／集 1776
昇雲集／子 2960
明八大家集／集 0115
明人尺牘選／集 0877
明人詩鈔／集 0848
明大師李文正公年譜／集
　2669
明大禮駁議／史 3982
明女史／史 1115
明太祖功臣圖／子 1771
明太師張文忠世家／史
　1518
明內廷規制考／史 3967
明月篇／集 3173
明文在／集 0904
明文英華／集 0903
明文奇賞／集 0861
明文海／集 0896，集 0897
明文海目錄／集 0898，集
　0899，集 0900，集 0901
明文案／集 0894，集 0895
明文授讀／集 0902
明文偶鈔／集 0907
明文鈔／集 0905
明文類體／集 0906
明文霱／集 0862
明末忠烈紀實／史 1136，史
　1137
明末滇南紀略／史 0759
明末遺事／史 0771
明史／史 0258
明史王傳／史 1124

明史地理志稿／史 0259
明史列傳稿／史 0257
明史述略／史 0459
明史南都大略／史 0776，史
　0777
明史南都紀略／史 0778
明史紀事本末補遺／史
　0512
明史閣本諸傳／史 1128
明史曆志／子 1282
明史藁／史 0260，史 0261
明史擥要／史 0371
明史雜詠／集 4203
明史續編／史 1118
明四家文選／集 0110
明代實錄／史 0721
明永樂甲申會魁禮部左侍
　郎會稽質庵章公文集／
　集 2607
明刑衷鑑／子 0619
明年表／史 0460
明名臣言行錄／史 1114
明名臣琬琰錄／史 1087
明州阿育王山志／史 3500
明州福泉山法海禪寺志／
　史 3740
明兵部尚書贈太子太保諡
　恭敏青雷薛公傳／史
　1292
明初四家詩／集 0102
明尚書章恭毅公詩集／集
　2633
明狀元圖考／史 1683
明季水西紀略／史 0738
明季正氣錄／史 1143
明季北略／史 0713
明季甲乙兩年彙略／史
　0720
明季南略／史 0774

明季實錄／史 0722
明季遺聞／史 0772，史
　0773
明季遺聞辨譌／史 0735
明故戶部右侍郎贈尚書一
　川游公行狀／史 1290
明洪武至崇禎各科題名錄
　／史 1693
明紀彈詞註／集 5892
明貢舉錄／史 1687
明都督施公二華詩／集
　3297
明夏赤城先生文集／集
　2718
明倫大典／史 3959，史
　3960
明徐勿齋自書贈倪鴻寶詩
　卷／集 3471
明孫石臺先生質疑稿／子
　0289
明堂之祀吉禮郊祭周禮雜
　義鈔／經 0671
明朝小史／史 0669
明朝紀事本末／史 0511
明道程子年譜／史 1349
明詩十二家／集 0105
明詩正聲／集 0814
明詩別裁集／集 0846，集
　0847
明詩鈔／集 0835
明詩綜／集 0842，集 0843，
　集 0844，集 0845
明詩選／集 0811，集 0815，
　集 0816
明閣部史公道鄰全集／集
　3468
明僧弘秀集／集 0821
明歐陽庸及妻蕭氏誥命墓
　碑傳狀／史 1283

［萬曆］固原州志／史 2810

忠孝全書／子 3126

忠武志／史 1237

忠武誌／史 1238

忠貞錄／史 1269，史 1270

忠烈編／史 1278

忠惠集／集 1993

忠雅堂詩集／集 4441

忠義殉國十二傳／集 3584

忠義集／集 0785

忠義實記／史 1284

忠義錄／史 1138

忠獻韓魏王別錄／集 1748，集 1751

忠獻韓魏王君臣相遇別錄／史 1250

呻吟語／子 0269，子 0270，子 0271

邵亭知見傳本書目／史 4199

峋嶁删餘文草／集 4301

峋嶁叢書／叢 0175

知不足齋叢書／叢 0092

知止齋得師錄／子 2609

知我軒近説／集 3417

知非樓雜綴／子 2287

知畏齋文稿／集 4984

知聖道齋讀書跋尾／集 4440

知儒編／子 3333

牧牛村舍外集／集 4521

牧庵集／集 2364

牧雲和尚嬾齋別集／集 3564

牧齋有學集／集 3544，集 3545

牧齋有學集詩註／集 3546，集 3547

牧齋初學集／集 3543

牧鑑／史 3866

物理小識／子 2246，子 2247

乖崖先生文集／集 1723

［嘉靖］和州志／史 2578

［康熙］和含志／史 2583

和陶／集 1386，集 1387，集 1388

和陶詩／集 3110

和陶詩集／集 3866

和葉艾庵白湖竹枝詞三十首／集 5219

和靖尹先生文集／集 2025，集 2026，集 2027，集 2028

和靜先生文集／集 2029

和簫集／集 3350

秋林伐山／子 2323，子 2324，子 2325

委羽山志／史 3511

季漢官爵考／史 2144，史 2145

季漢書／史 0180，史 0181，史 0182

竺國紀遊／史 3805

侍御公奏疏／史 0908，集 2982

岳石帆先生鑒定四六宙函／集 0868

［隆慶］岳州府志／史 3149

［康熙］岳州府志／史 3150

岳武穆集／集 2031

岳武穆精忠傳／集 5982

岳忠武王文集／集 2032

岳忠武王事略／史 1265

岳紀／史 3444

岳鄂王金陀粹編／史 1263

使東日錄／史 3823

使秦吟略／集 3513

使粵集／集 3817

使滇紀程／史 1505

岱史／史 3489，史 3490

岱南閣叢書／叢 0098

兒易內儀以／經 0135

兒科十三訣／子 1060

兒科丸散丹方／子 1058

兒科金鍼／子 1062

兒科集要／子 1059

佩文齋書畫譜／子 1651，子 1652

佩文齋詠物詩選／集 0323

佩文齋廣群芳譜／子 2013

佩文韻府／子 2975

佩文韻篆／經 1437

佩韋室日記／史 1474

佩韻示斯／經 1573

佩觿／經 1352，經 1353

依水園文集／集 3590

依歸草二刻／集 4067

併音連聲字學集要／經 1533

［乾隆］阜陽縣志／史 2574

欣賞編／叢 0020

欣賞續編／叢 0021

徂徠石先生全集／集 1755

往西郵日記／史 1511

往來函牘／集 5180

所安遺集／集 2400

所見書畫錄摘要／子 1656

所見集／史 4056

所知集／集 0928

金一所先生集／集 2861

金山志／史 3471

金山龍遊禪寺志略／史 3722

金川諸番圖説／史 3415

金小史／史 0635，史 0643，史 0644

金錢會匪紀略／史 0836

金閶卷石子記／集 5959

金聲玉振集／叢 0027

［嘉靖］金谿縣志／史 3098

金鏡內臺方議／子 0721

金蘭論指南集／子 0709

金鰲山集／集 0550

金罍子／子 2205

［乾隆］郃陽縣全志／史 2787

采芝山人詩存／集 4616

采芳隨筆／子 2014

采若編／集 1083

采柏園古印澤存／史 4443

采昭堂秘書史拾／叢 0057

采真篇／集 3175

采菽堂古詩選／集 0242

采菽堂評選戰國策／史 0575

采菊山人詩集／集 4670

采蘭堂詩文稿／集 4479

受宜堂宦遊筆記／子 2266

受書堂稿／集 4164

受祺堂詩／集 3840

念一史彈詞註／集 5890

念珊詞鈔／集 0939

念珊詩選／集 0939

念修堂七言詩選／集 0351

念菴羅先生集／集 2942，集 2943，集 2944

朋舊尺牘／集 0996

朋鶴草堂詩文集／集 3583

股堰廟詩／集 1128

周人禮說／經 0663

周子太極圖圖說淺說／子 0117

周天星位經緯宿度考／子 1261

周中丞疏稿／史 0928

周公年表／史 1340

周文歸／集 0585

周吏部年譜／集 3341

周此山先生詩集／集 2372，集 2373，集 2374，集 2375

周年星盤指掌圖／子 1253

周松靄先生遺書／叢 0180

周叔夜先生集／集 3060

周易／經 0048，經 0151

周易大全纂／經 0120

周易口訣義／經 0056

周易五贊／經 0072，經 0073，經 0074，經 0075

周易正解／經 0121

周易本義／經 0064，經 0065，經 0066

周易本義引蒙／經 0178

周易本義啓蒙翼傳／經 0084

周易本義讀／經 0193

周易朱子圖說／經 0072，經 0073，經 0074，經 0075，經 0076，經 0089，經 0090

周易初談講意／經 0130

周易玩辭集解／經 0184

周易直解／經 0160

周易述／經 0197

周易宗義／經 0123

周易定命／子 1538

周易函書約存／經 0188，0189

周易函書約註／經 0186，0187

周易要義／經 0082

周易拾義／經 0194

周易指／經 0221

周易洗心／經 0192

周易索／經 0213

周易索詁／經 0214

周易原意／經 0204

周易兼義／經 0052

周易乾鑿度／經 0242

周易乾鑿度殷術／經 0243

周易捷錄／經 0240

周易敞書／經 0149

周易象理淺言／經 0196

周易象義／經 0111，經 0112

周易象辭／經 0164

周易參同契脈望／子 3051

周易參同契集注／子 3048

周易參同契測疏／子 3050

周易參同契發揮釋疑／子 3047

周易參同契解箋／子 3049

周易參變／經 0231

周易揆／經 0128

周易程朱先生傳義／經 0070

周易程朱傳義／經 0072，經 0073，經 0074

周易程朱傳義折衷／經 0085

周易集註／經 0109

周易集解／經 0055

周易補註／經 0203

周易虞氏消息／經 0217

周易虞氏義／經 0217

周易傳義／經 0067，經 0068，經 0069，經 0075，經 0076

周易傳義大全／經 0089，經 0090，經 0091，經 0092，經 0093

周易傳義存疑／集 2864，集 2865

周易像象述／經 0131

周易義海撮要／經 0077

周易經文古義／經 0232

周易經傳集解／經 0063

周易經傳傳義／經 0071

周易經解／經 0099

周易圖説／經 0088，經 0142

周易圖説述／經 0175

周易説略／經 0161

周易廣義／經 0141

周易粹義／經 0157

周易鄭注／經 0050

周易鄭康成注／子 2786，子 2787，子 2788，子 2789，子 2790

周易審鵠要解／經 0210

周易擇言／經 0222

周易辨畫／經 0201

周易澹窩因指／經 0122

周易闡要／經 0129

周易纂註／經 0215

周易露研／經 0143

周易讀本／經 0176，經 0233

周易觀象／經 0212

周易觀象管輯／經 0211

周易觀變／經 0212

周忠介公燼餘集／集 3341

周忠毅公奏議／史 0934

周季貺致傅節子尺牘／集 5175

周官指掌／經 0518

周官記／經 0508

周官集説／經 0517

周官説／經 0532

周官精義／經 0511，經 0512

周官禮注／經 0463

周耕墨先生手抄文／集 5253

周秦刻石釋音／史 4226，史 4302

周恭肅公集／集 2784

周益文忠公集／集 2080，集 2081

周書／史 0213，史 0537

周書王會補注／子 2786，子 2787，子 2788，子 2789，子 2790

周書逸文／史 0537

周給諫文／史 0936

周會魁校正易經大全／經 0094

周鄮山先生文稿／集 3650

周翰林近光集／集 2418

周髀算經／子 1240

周禮／經 0461，經 0462，經 0464，經 0465，經 0466，經 0489，經 0490，經 0528

周禮二氏改官改文議／經 0492

周禮三註／經 0485

周禮正義／經 0529，經 0530

周禮句解／經 0478，經 0479

周禮全經釋原／經 0495

周禮述註／經 0492，經 0502

周禮注疏獻疑／經 0523，經 0524

周禮軍賦説／經 0509，經 0510

周禮馬融鄭玄敘／經 0531

周禮訓雋／經 0491

周禮通論／經 0495

周禮貫珠／經 0525

周禮集註／經 0486，經 0487

周禮集説／經 0480，經 0481，經 0482

周禮註疏／經 0469

周禮註疏刪翼／經 0499，經 0500

周禮補亡／經 0483，經 0484

周禮補注／經 0527

周禮節訓／經 0503

周禮傳／經 0493

周禮傳敘論／經 0495

周禮經注節鈔／經 0524

周禮摘要／經 0501

周禮疑義／經 0506

周禮疑義舉要／經 0507

周禮説／經 0496

周禮漢讀考／經 0513，經 0514

周禮輯義／經 0505

周禮學／經 0515，經 0516

周禮凝粹／經 0522

周禮總義／經 0477

周禮讀本／經 0519

昏禮通考／經 0687

匊芳園詩鈔／集 4217

匊庵文選／集 3875

匊庵文選詩選／集 3876

炙硯瑣談／集 5519

鄒庵重訂李于鱗唐詩選／集 0677

鄒庵增訂唐詩評／集 0677

京口三山志／史 3469

京口三山續志／史 3470

京口耆舊傳／史 1167

［康熙］京山縣志／史 3133

京氏易傳／經 0049

春秋世學／經0870

春秋本義／經0848，經0849，經0850，經0888

春秋左氏古義／經0810

春秋左氏傳補注／經0805，經0806，經0807，經0808

春秋左氏傳雜論／經0761

春秋左氏經傳集解／經0748

春秋左史捷徑／經0773

春秋左傳／經0749，經0750，經0751，經0752，經0753，經0776

春秋左傳杜林合註／經0754，經0755，經0756

春秋左傳杜注／經0795，經0796，經0797

春秋左傳典略／經0782

春秋左傳音訓／經0809

春秋左傳異義錄聞／經0812

春秋左傳註評測義／經0778

春秋左傳補註／經0793

春秋左傳詳節句解／經0765

春秋左傳彙輯／經0802

春秋左傳標釋／經0783

春秋左傳識小錄／經0811

春秋左傳類解／經0767，經0768

春秋左傳類對賦／經0766

春秋左傳釋人／經0803

春秋左傳屬事／經0772

春秋左翼／經0774

春秋平義／經0889

春秋四家五傳平文／經0883

春秋四傳／經0855，經0856，經0857，經0858，經0859，經0860，經0861，經0862，經0863

春秋刑法義／經0921

春秋地名攷略／經0891

春秋列國卿大夫世系表／經0906

春秋列國圖説／經0838，經0839，經0840，經0841，經0842

春秋列傳／史0979，史0980

春秋年表／經0846

春秋名號歸一圖／經0748，經0883

春秋困學錄／經0917

春秋私考／經0869

春秋君臣世系圖考／經0923

春秋附記／經0920

春秋長曆／經0902

春秋取義測／經0911

春秋使帥義／經0921

春秋宗朱辨義／經0899

春秋胡氏傳集解／經0868

春秋胡傳／經0831，經0832，經0833，經0834，經0835，經0836，經0837，經0838

春秋指掌／經0890

春秋師説／經0852

春秋旁訓／經0884，經0885

春秋通鑑中續／史0373

春秋啖趙二先生集傳纂例／經0824

春秋貫玉／經0872

春秋提要／經0748，經

0838，經0839，經0840，經0841，經0842，經0883

春秋程傳補／經0887

春秋筆削發微圖／經0883

春秋集註／經0843，經0844

春秋集傳／經0845

春秋集傳大全／經0864，經0865，經0866，經0867

春秋集傳辯疑／經0825

春秋詞命／集0581，集0582，集0583，集0584

春秋尊王發微／經0827

春秋補傳／經0908

春秋統略删／經0912

春秋傳／經0829，經0830，經0839，經0840，經0841，經0842

春秋傳註疏／經0760

春秋傳彙／經0886

春秋傳綱領／經0838，經0839，經0840，經0841，經0842

春秋傳質疑／經0913

春秋慎行義／經0921

春秋經傳集解／經0742，經0743，經0744，經0745，經0746，經0747

春秋經傳類求／經0910

春秋説／經0922

春秋緒論／經0927

春秋穀梁傳／經0818，經0821，經0822

春秋諸國興廢説／經0838，經0839，經0840，經0841，經0842，經0883

春秋論略／經0801

春秋緯元命苞／經0928

春秋輯傳／經 0871

春秋輯解／經 0926

春秋衡庫／經 0881，經 0882

春秋辨義／經 0914

春秋繁露／經 0929，經 0930，經 0931，經 0932，經 0933，經 0934，經 0937，經 0938，經 0939

春秋講義袠一／經 0924

春秋簡融／經 0919

春秋識小錄初刻三書／經 0909

春秋屬辭／經 0853

春夏秋冬四課／集 3456

春卿遺稿／集 1743

春酒堂文存／集 3648，集 3649

春酒堂文集／集 3646，集 3647

春遊唱和詩／集 0979

春暉堂印始／子 1837

春暉堂詩鈔／集 5122

春暉堂詩鈔賦鈔／集 4263

春鳧小稿／集 4401

春燈隱語／子 1956

春藹堂集／集 3907

珂雪集／集 3813

珂雪詞／集 5629

珂雪齋集選／集 3356

珍珠船印譜／子 1821

珍珠囊藥指掌補遺藥性賦／子 0823

珍善齋印印／子 1786

珍藝先生遺書／經 1178

玲瓏簾詞／集 5636

珊瑚木難／子 1619，子 1620

封氏聞見記／子 2127，子 2128

城西雜記／集 5521

城東雜錄／史 3334

垤進齋雜纂／子 2616

政和五禮新儀／史 3951

政和御製冠禮／史 3951

政府奏議／集 1752

政鑑／史 2277

郝氏春秋二種／經 0741

郝文忠公陵川文集／集 2317

某心雪傳奇／集 5851

荊川文集／集 2953

荊川先生右編／史 0857

荊川先生批點精選漢書／史 2220，史 2221

荊川先生精選批點周漢名賢策論文粹／集 0432

［嘉靖］荊州府志／史 3138

荊園小語／子 0298

荊溪盧司馬九台公殉忠實錄／史 1288

革朝志／史 0680

茜紅吟館詩存／集 5328

草木子／子 2184，子 2185，子 2187，子 2188

草木疏校正／經 0431

草衣山人集／集 4554

草字彙／子 1707

草莽私乘／史 1080

草莽閒吟／集 5264

草堂雅集／集 0788

草堂詩餘／集 5557，集 5559，集 5560，集 5565

草堂管窺／集 1182

草窗詞／集 5610

草聖彙辯／子 1705，子 1706

草窗梅花集句／集 2730

草廬吳文正公集／集 2349

草韻辨體／子 1703，子 1704

茶山集／集 2033

茶山詩鈔／集 4354

茶坪詩鈔／集 3969

茶紀／子 1978

［嘉靖］茶陵州志／史 3147

茶董／子 1996

茶夢盦詞腋／集 5547

茶話軒詩集／集 5137

茶餘客話／子 2277

荀子／子 0044，子 0045，子 0046，子 0047，子 0048，子 0049，子 0050，子 0051，子 0052，子 0053

荀子校勘記／子 0054

茗柯文／集 4712

茗柯詩集／集 3761

茗洲吳氏家典／經 0700

茗雪山房二種曲／集 5850

茗齋詩餘／集 5620

茗齋雜著／集 3630

荒政叢書／史 4012

故宮遺錄／史 0648，史 0650，史 3717

胡子易演／經 0100

胡子知言／子 0179

胡氏禹貢錐指勘補／經 0327

胡氏家學卜公雪心賦董熊謝三家合並補闕大成集注／子 1419

胡文忠公左文襄公尺牘／集 0998

胡石田偶存稿／集 4636

胡敬齋先生居業錄／子 0240

胡曉盧先生傳／子 0347

胡澹菴先生文集／集 2037

胡繩集詩鈔／集 3443

茹古閣遺集／集 4606

荔村漫筆／集 5045

荔亭詩草／集 4581

荔園詩續鈔／集 4979

荔龕詩存／集 4991

南山黃先生家傳集／集 2621

南山堂近草／集 4170

南天痕／史 0265

[萬曆]南平縣志／史 3203

南北史合注／史 0083，史 0084

南北曲／集 4441

南北宮雜劇曲譜／集 5931

南北朝存石目／史 4313

南田記略／史 3990

南田縣風土志／史 3370

南史／史 0072，史 0073，史 0074，史 0075，史 0076

南史刪／史 2240，史 2241

南史識小錄／史 2243

南皮張氏族譜／史 1629

南邦黎獻集／集 0909

南邨詩藳／集 3677

南行日記／史 0767

南行偶筆／集 3597

南行載筆／集 3596

南行稿／集 2667

南州草堂集／集 3861

南江札記／子 2363

南江先生年譜初稿／史 1403

[嘉靖]南安府志／史 3114

[康熙]南安縣志／史 3192

南巡盛典／史 3972

南巡御試卷／集 1004

南巡勝蹟圖説／史 3692

南巡詩／集 4344

南村居士集／集 4179

南村輟耕錄／子 2180，子 2181，子 2182

南沙文集／集 3721，集 3722

南宋大字史記集解殘本劄記／史 0060

南宋四家律選／集 0094

南宋書／史 0240

南宋群賢小集補遺／集 0093

南宋群賢詩選／集 0762

南宋雜事詩／集 0764

南武公牘拾存／史 4085

南坪詩鈔／集 4411，集 4412

南昌文考／集 1183

南昌武陽曹氏宗譜／史 1620

[乾隆]南昌府志／史 3077

南征紀略／史 3808

南征集／集 3244，集 3489

南征疏稿／史 0891

南京大理寺志／史 3846

南京太常寺志／史 3847

南京太僕寺志／史 3848

南京禮部編定印藏經號簿／子 3322

南河成案／史 3608

南河全考／史 3607

南河志／史 3606

南陔堂詩集／集 4186

南陔雜記／子 2375

南禺外史詩／集 2916

南香草堂詩集／集 4347

南屏行篋錄／子 1663

南都死難紀略／史 0747，史 0748

南華山人詩鈔／集 4209

南華山房詩鈔賦／集 4209

南華本義／子 0461

南華真經／子 0418，子 0419，子 0420

南華真經本義／子 0441

南華真經旁注／子 0438

南華真經副墨／子 0431，子 0432，子 0433，子 0434

南華真經義海纂微／子 0427

南華發覆／子 0445，子 0446

南華經／子 0425，子 0428

南華經批評／子 0443

南華經註疏／子 0424

南華經薈解／子 0442

南華簡鈔／子 0456，子 0457

南莊類稿／集 4299

南軒先生詩集／集 2172

南圃筆談／子 2281

南唐三隱考／史 1056

南唐書／史 0228，史 0229，史 0230，史 0231，史 0232

南唐書合訂／史 0234

南唐書箋注／史 0233

南浦嬭鈔／集 4634

南宮奏牘／史 0910

南宮奏議／史 0897

南宮疏略／史 0898

南書房入直諸臣考略／史 1157

[雍正]南陵縣志／史 2550

南堂詩鈔／集 4391

南堂詩鈔詞賦／集 4087

南野堂詩集／集 4622，集 4623

南國疏草／史 0932

南國賢書／史 1692

［正德］南康府志／史 3090

［嘉靖］南康府志／史 3091

［嘉靖］南康縣志／史 3115

［康熙］南康縣志／史 3116

南陽樂傳奇／集 5826

［康熙］南陽縣志／史 2737

南朝史精語／史 2242

南朝宋文／集 0607

南朝齊文／集 0608

南雁蕩山全志／史 3524

［嘉靖］南雄府志／史 3272

［乾隆］南雄府志／史 3273

南雅堂長沙方歌括／子 0774

南沚集／集 3750

南皋鄒先生會語合編講義合編／子 0275

南遊紀勝／史 0838

南遊記／史 3800

南遊剩草／集 5290

［乾隆］南翔鎮志／史 2481

南湖詩餘／集 5718

南湖舊話／史 1165

南渡錄／史 0744, 史 0745

南渡錄大略／史 0625

南窗唫草／集 4995

南窗瑣錄／子 2645

南雷文定／集 3601

南雷文定五集／集 3602

南雷詩歷／集 3604

南園續稿九種／集 1073

［乾隆］南靖縣志／史 3198

［乾隆］南滙縣新志／史 2495

南溪西遊記／史 3802

南溪書院志／史 3785

南溪筆錄群賢詩話／集 5433

南臺舊聞／史 3832

南疑詩集／集 3713

南齊書／史 0198, 史 0199

南漪先生遺集／集 4430

［嘉靖］南寧府志／史 3282

南雪草堂詩集／集 4550

［乾隆］南澳志／史 3255, 史 3256

南潯鎮志／史 2908

［康熙］南樂縣志／史 2439

［嘉靖］南畿志／史 2459

［山陰］南翰徐氏家譜／史 1605

南轅紀程／史 1487

南藏／子 3130, 子 3131

南嶽志／史 3554

南齋先生魏文靖公摘藁／集 2609

南濠居士文跋／史 4185, 史 4186

南豐先生元豐類稿／集 1789

南豐先生元豐類藁／集 1781, 集 1782, 集 1783, 集 1784, 集 1785, 集 1786, 集 1787, 集 1788, 集 1790, 集 1791, 集 1795

南豐先生行狀碑誌哀挽／集 1781, 集 1782, 集 1783, 集 1784, 集 1787, 集 1788

南豐曾文昭公曲阜集／集 1799

南豐曾先生文粹／集 1797

［康熙］南豐縣志／史 3108

南爐紀聞錄／史 0625

南疆逸史／史 0262

南疆逸史跋／史 0263, 史 0264, 集 4785

南蘭陵孫尚書大全文集／集 2019

南廱志／史 3853

南贛督撫奏議／史 0914

枯匏題畫詩／子 1751

柯春塘先生易説／經 0220

柯庭餘習／集 3992, 集 3993

柯家山館詞／集 5654

柯齋選稿／集 3881

柘坡居士集／集 4436

［康熙］柘城縣志／史 2704

查他山先生年譜／史 1395

查伊璜東山外紀／史 1300

查東山先生年譜／史 1394

查浦詩鈔詩餘／集 3966

查浦輯聞／子 2594

相印軒印譜／子 1812

相臺書塾刊正九經三傳沿革例／經 1138

柚堂筆談／子 2274

枳記／子 2922

［乾隆］柏鄉縣志／史 2447

柳文／集 1643

柳州詩集／集 1077

柳村詩集／集 3815

柳東先生賸稿／集 4733

柳南文鈔詩鈔／集 4652

柳南隨筆／子 2268

柳待制文集／集 2398, 集 2399

柳亭詩話／集 5475

柳洲遺藁／集 4409

柳莊先生詩集／集 2599, 集 2600

柳崖外編／子 2634

柳塘外集／集 2264

柳漁詩鈔／集 4219

柳潭遺集／集 3792

柳邊紀略／史 3406

柿葉齋兩漢印萃／史 4431

柿園詩草／集 4597

勃海吟／集 4444

勑修兩浙海塘通志／史 3667，史 3668

咸陽金石遺文／史 4347

[乾隆]咸陽縣志／史 2766

咸豐九年己未科浙江鄉試題名錄／史 2014

咸豐元年辛亥科直省鄉試同年錄／史 1702

咸豐象山粵氛紀實／史 0825

[嘉靖]威縣志／史 2434

研六室文鈔／集 4732

研北猶存錄／子 2269

研北雜志／子 2178

研史／史 1259

研堂詩／集 4099

研經堂文集／子 2463，集 4677

研經堂春秋事義合註／經 0915

研精覃思室日鈔／史 1507

研露樓琴譜／子 1921

斫桂山房詩存／集 4253

砭真記／集 5854

耐畍堂文集／集 4127

耐廬野唱／集 4937

尵書／子 2294

拱和詩集／集 2468

括庵先生詩集／集 2773

括蒼金石志／史 4364

拾雅／經 1265

指月錄／子 3311

指法／子 1912

指法附考／子 1922

拯西廂／集 5855

皆非集／集 3168，集 3169

貞一齋集／集 4198

貞可齋集唐／集 3887

貞白先生遺稿／集 2571

貞觀政要／史 0597，史 0598，史 0599

省心錄／集 1730，集 1731，集 1732，集 1733

省吾堂四種／經 0036

省吾集／子 0351

省身集要／子 2528

省括編／子 2541

省軒考古類編／子 2986

省齋法鐘和尚九會略錄／子 3297

省齋詩稿／集 5315

是亦堂信心詩草／集 4638

是程堂集／集 4725

則堂先生春秋集傳詳說／經 0847

映日堂古體詩近體詩／集 3870

映紅樓日記／史 1497

映紅樓文稿／集 5203，集 5204

映紅樓師友手札／集 0995

映紅樓詩鈔／集 5202

映紅樓詩稿／集 5205

映紅樓詩稿初存集／集 5200，集 5201

映雪樓古文練要正編／集 0556

禹峽山志／史 3556

星命總括／子 1560

星算補遺／子 1325

昨非菴日纂／子 2564

[雍正]昭文縣志／史 2484

昭代名人尺牘目錄／集 0997

昭代明良錄／史 1101

昭代典則／史 0435

昭代詞選／集 5581，集 5582

昭明文選／集 0128

昭明文選六臣彙註疏解／集 0162

昭明文選集成／集 0186

昭明選詩初學讀本／集 0184

昭明選騷初學讀本／集 0185

昭陵碑考／史 4346

昭德先生郡齋讀書志／史 4118，史 4119

畍石山農集／集 4566

畍先印譜／子 1861

畍暇堂雜錄／子 2611

畏菴集／集 2630，集 2631

畏齋存稿／集 2651

畏齋存藁／集 2650

畏壘筆記／子 2352

毗陵六逸詩鈔／集 1038

[康熙]虹縣志／史 2590

思元齋集／集 4778

思古堂集／集 3657，集 3658

思可堂詩稿／集 4021

思玄集／集 2695

[嘉靖]思南府志／史 3300

思菴先生文粹／集 2604，集 2605

思復堂文集／集 3908

思誠堂集／集 4146

思綺堂文集／集 4007，集 4008，集 4009

思讀誤書室鈔校詞五種／

4302

［萬曆］重修營山縣志／史 3173

重修濟陽江氏族譜／史 1554

重修寶山縣志稿／史 2529

［乾隆］重修靈寶縣志／史 2749

重訂七種文選／集 0002

重訂王鳳洲先生綱鑑會纂／史 0380，史 0381

重訂丹溪心法／子 1178

重訂文選集評／集 0191

重訂古史全本／史 0062，史 0063

重訂外科正宗／子 0974

重訂李義山詩集箋注／集 1674，集 1675

重訂批點類輯練兵諸書／子 0519

重訂宋詩正體／集 0759

重訂併音連聲韻學集成／經 1527

重訂周忠毅公奏議／史 0922

重訂周恭肅公奏議／史 0922

重訂唐詩別裁集／集 0727，集 0728，集 0729

重訂陽宅造福全書／子 1409

重訂路史全本／史 0529，史 0530

重訂詩經疑問／經 0368

重訂蔡虛齋先生易經蒙引／經 0095

重訂閨麗譜／集 3699

重訂增補陶朱公致富奇書／子 0627

重訂選擇集要／子 1589

重訂駱龍吉內經拾遺方論／子 0697

重訂歷朝詩選簡金集／集 0338

重訂顧亭林先生年譜／史 1388

重栞宋本十三經注疏／經 0015

重校正唐文粹／集 0613，集 0614，集 0615，集 0616，集 0619

重校古周禮／經 0498

重校全補海篇直音／經 1400

重校投筆記／集 5773

重校宋寶太師瘡瘍經驗全書／子 0982

重校唐詩類苑選／集 0675

重校堪輿管見／子 1477

重校聖濟總錄／子 0873

重校經史海篇直音／經 1393

重校鶴山先生大全文集／集 2195

重遠齋吟稿／集 4881

重廣補註黃帝內經素問／子 0671，子 0676，子 0677

重增釋義大明律／史 4039

重慶堂隨筆／子 1169

重選徐迪功外集／集 2818

重選唐音大成／集 0663

重編有宋簪纓／集 0774

重編汲古閣刊書目錄／史 4135

重編東坡先生外集／集 1882

重編張仲景傷寒論證治發

明溯源集／子 0772，子 0773

重輯朱子錄要／子 0176

重雕嘉靖本校宋周禮札記／經 0521

重鐫朱青巖先生擬編明紀輯略／史 0458

重鐫武經七書集注／子 0477

重鐫官板地理天機會元／子 1422，子 1423

重鐫香雪文鈔／集 4357

重鐫經史正音切韻指南／經 1509

重鐫繡像今古奇觀／集 5948

重鐫蘇紫溪先生易經兒説／經 0114

段氏説文注訂／經 1313，經 1314

便於蒐檢／子 2530

便産須知／子 1011，子 1012

修川小志／史 2841，史 2842

修川志餘／史 2843

修方涓吉符／子 1587

修史試筆／史 1133

修吉堂文稿／集 3833

修吉堂遺稿／集 3833

修汲堂印譜／子 1819

修拙齋稿／集 4758

修真館詞稿／集 5670

修得到梅花山館日記／史 1468

修習止觀坐禪法要／子 3259，子 3260，子 3261

修潔齋閑筆／子 2355

修辭指南／子 2839

保甲團練要書／史 4034

保生心鑑／子 1108

保生碎事／子 1015

保陽篆草／子 1851

保越錄／史 0653，史 0654

保嬰撮要／子 1042

俗書刊誤／經 1401

信天巢遺稿／集 2178

信摭／子 2372，子 2373

皇王大紀／史 0347

皇元風雅／集 0786

皇元聖武親征記／史 0649

皇元聖武親征錄／史 0648

皇甫少玄集／集 2976

皇甫司勳集／集 2970

皇甫持正文集／集 1658

皇宋十朝綱要／史 0423，史 0424

皇宋事實類苑／子 2498

皇明二祖十四宗增補標題評斷通紀／史 0451

皇明二祖十四宗增補標題評斷實紀／史 0450

皇明十大家文選／集 0111

皇明十六名家小品／集 0113

皇明九邊考／史 3421

皇明三元考／史 1685，史 1686

皇明三異人錄／史 1121

皇明小説／叢 0029

［嘉靖］皇明天長志／史 2592

皇明五先生文雋／集 0112

皇明分省地理志圖考／史 2368

皇明文教錄／集 0853

皇明文範／集 0852

皇明文徵／集 0855

皇明文衡／集 0849，集 0850

皇明功臣封爵考／史 3854

皇明世法錄／史 3929

皇明世説新語／子 2447，子 2448

皇明平吳錄／史 0678，史 0679

皇明史竊／史 0255

皇明四大家文選／集 0857

皇明四夷考／史 3813

皇明四朝成仁錄／史 1135

皇明吉安進士錄／史 1711

皇明地理述／史 2367

皇明百家文範／集 0854

皇明百家四書理解集／經 1029

皇明名臣言行錄／史 1099

皇明名臣言行錄新編／史 1094

皇明名臣琬琰錄／史 1086，史 1093

皇明名臣經濟錄／史 0865，史 0866

皇明近體詩抄／集 0810

皇明表忠紀／史 1120

皇明典故紀聞／史 0665，史 0666

皇明典禮／史 3958

皇明典禮志／史 3962

皇明忠義存褒什／史 1119

皇明制書／史 3920

皇明法傳錄嘉隆紀／史 0448

皇明奏疏類鈔／史 0869

皇明奏議選／史 0874

皇明風雅／集 0807

皇明恩命錄／史 1690，史 1691

皇明書／史 0253

皇明通紀述遺／史 0443

皇明通紀法傳全錄／史 0448

皇明通紀集要／史 0447

皇明理學名臣言行錄／史 1083，史 1084，史 1085

皇明進士登科考／史 1688，史 1689

皇明從信錄／史 0449

皇明疏鈔／史 0870

皇明疏議輯略／史 0867，史 0868

皇明鄣獻表／史 1183

皇明詩抄／集 0808，集 0809

皇明詩選／集 0818，集 0819，集 0820

皇明詩選前集／集 0817

皇明資治通紀／史 0439，史 0443，史 0444，史 0445

皇明經世實用編／史 3928

皇明經濟文輯／集 0859

皇明經濟文錄／集 0851

皇明廣蒙求／子 2919

皇明實錄／史 0472

皇明蕭山詩集／集 1129

皇明歷科會試錄典要／史 4074

皇明謚法考／史 3964

皇明應謚名臣／史 1098

皇明職方兩京十三省地圖表／史 2389

皇明續紀／史 0443，史 0446

皇帝陰符經本義／子 3058

皇祖四大法／史 0676

皇清文穎／集 0985

皇清詠史樂府／集 0943

經 1517，經 1518，經 1519，經 1520，經 1521，經 1522，經 1523，子 2940，子 2941

洪武正韻玉鍵／經 1522

洪武正韻彙編／經 1524

洪武四年進士登科錄／史 1715

洪武四年會試紀錄／史 1716

洪武禮制／史 3956

［嘉靖］洪雅縣志／史 3178

洪範正論／經 0334

洹詞／集 2795，集 2796

洞天奧旨／子 0977

洞庭集／集 2972，集 4230

洞霄宮志／史 3736，史 3737

活幼心法／子 1081

活幼指南／子 1060

活幼便覽／子 1043

活法啓微／子 1097

洛如詩鈔／集 1078

洛思吟／集 5347

洛陽九老祖龍學文集／集 1800

洛陽伽藍記／史 3727，史 3728，史 3729

［順治］洛陽縣志／史 2729

洛學編／史 1026，集 3710

洋煙攷述／子 2004

洴澼百金方／子 0546，子 0547

津通鐵路奏議鈔存／史 0965

津逮秘書／叢 0068，叢 0069，叢 0070

［乾隆］宣化府志／史 2441

［康熙］宣化縣志／史 2442

［乾隆］宣平縣志／史 3072

宣和集古印史／史 4404

宣和畫譜／子 1726

宣城右集／集 1042

宣室志／子 2676

宣靖備史／史 0616，史 0617，史 0618

宣德八年進士登科錄／史 1719

宣德八年會試錄／史 1720

宣德元年福建鄉試錄／史 2066

宣德五年科會試錄／史 1718

宣德五年進士登科錄／史 1717

宣德彝器譜／子 1973，子 1974

宣獻公行狀／經 0247

客長日記／史 1423

客杭日記附續記／史 1479

客舍偶聞／子 2450

客建集／集 3038

客座贅語／子 2441

客皖紀行／史 1436，史 3804

客遊紀草／集 4172

客閩日記／史 1510

客牕雜詠／集 4098

軍令／史 4022

軍政／史 4021

軍政條例續集／史 4020

扁舟集／集 5206

祐山雜説／子 2694

神仙金汋經／子 3067

神仙傳／子 3117，子 3118

神羊遺著／叢 0191

神相全編／子 1564

神機制敵太白陰經／子 0507

神機制敵陣圖秘法天書白猿經／子 0508

神禹別錄／經 0317

神道大編曆宗算會／子 1306

神幾火攻秘訣／子 0505

神農本草經疏／子 0785

神僧傳／子 3308

神器譜／子 0570

祝子小言／子 2226

祝子遺書／集 3488

祝氏事偶／子 2870

祝氏泌鉗／子 1346

祝氏神龍天機人倫妙選／子 1450

祝氏集略／集 2741

祝由科秘書／子 1104

祕册彙函／叢 0043

郡志職官補正／史 3861

退谷文集詩集行述／集 4034

退思吟草／集 3767

退思軒吟草／集 5129

退思齋文稿／集 5272

退圃主人奏議鈔存／史 0965

退圃老人直督丙申奏議／史 0964

退庵文集／集 4039

退補齋印譜／史 4469

退齋印類／子 1830

咫聞錄／子 2625

屏山先生文集／集 2018

屏山集／集 2017

屏巖小稿／集 2338

陣紀／子 0515

眉公十種藏書／叢 0132

眉公先生晚香堂小品／集

校讎通義／史 2323

栟櫚先生文集／集 2011

栩園詞棄稿／集 5635

［雍正］連平州志／史 3258

連枝圖題詠／集 0956,集 0957

［乾隆］連城縣志／史 3222

連珠均攷／經 1593

鬲津草堂七十以後詩／集 4166

逗雨齋詩草／集 4627

栗亭詩集／集 3960

酌中志／史 0693,史 0694,史 0695

酌中志略／史 0696,史 0697

酌中志餘／史 0698,史 0699

酌雅堂駢體文評語／集 5512

夏小正正義／經 0641

夏小正求是／經 0642

夏小正集解／經 0640

夏小正集説／經 0643,經 0644

夏小正傳註／經 0638

夏小正輯註／經 0639

夏小正戴氏傳／經 0637

夏子松先生函牘／集 5018

夏氏半閣拾古印遺／子 1855

夏文忠公集／集 3522

［嘉靖］夏邑縣志／史 2702

夏忠靖公遺事／史 1271

夏柳倡和詩／集 0953

［嘉靖］夏津縣志／史 2679

夏桂洲先生文集／集 2885

夏書禹貢廣覽／經 0318

夏爲堂別集／叢 0143

砥庵集／集 2610

破邪論／子 3326

破涕吟／集 3990,集 3991

原上草／集 5695

［乾隆］原武縣志／史 2726

原病集／子 1196,子 1197

原善／子 0341

振文堂集／集 3031

振衣亭稿／集 3165

振鷺集／集 0822

致堂先生崇正辨／子 0135

晉文春秋／史 0580

晉文紀／集 0604

晉文歸／集 0605

晉書／史 0183,史 0184,史 0185,史 0186,史 0187,史 0188,史 0189,史 0190

晉書音義／史 0193

晉書校注／史 0195

晉書鉤玄／史 2235

晉書識小錄／史 2236

晉書纂／史 0191

晉陵集／集 3171

晉遊草／集 4953

鬥弔大全／子 1954

柴氏古韻通／經 1550

柴氏四隱集／集 1221,集 1222

畢氏祭文鈔／集 3412

晟舍鎮志／史 2907

晟溪漁唱／集 5146

眠綠館雜集／集 5341

晃巘集／集 3438

晁具茨先生詩集／集 1949,集 1950

晏子春秋／史 1214,史 1215,史 1216,史 1217,史 1218,史 1219

哨守條約／史 4028

圃餘詩草／集 4668

哭子錄／集 2667

恩光世紀／史 1525

恩光集／集 4200

恩命錄／史 0894,史 1286

［嘉慶］恩施縣志／史 3146

恩餘堂經進初藁續藁三藁／集 4440

［雍正］恩縣續志／史 2639

唧唧唅／集 5671

峽川詞鈔／集 1061

峽川詩鈔／集 1061

［嘉慶］峽川續志校勘記／史 2848

峽石山水志略／史 3448,史 3449

峴泉集／集 2552

峨眉山志／史 3555

郵筒存檢／集 5041

乘槎筆記／史 3820

秣陵春傳奇／集 5801

秘書九種／叢 0056

秘書廿一種／叢 0076,叢 0077

秘書監志／史 3837

秘授男女小兒推拿／子 1048

秘授驗過良方／子 0927

秘訣仙機／史 4068

秘傳天祿閣寓言外史／子 2115,子 2116

秘傳天錄閣寓言外史／子 2118

秘傳內府經驗外科／子 0980

秘傳花鏡／子 0631

秘傳海陽丁氏家傳小兒科／子 1048

秘傳眼科龍木醫書總論／子 0995
秘傳證治要訣／子 1191
秘殿珠林／子 1657
秘閣書目／史 4097
秘圖山館唫草／集 4845
秘圖先生遺詩／集 3114
笏山詩集／集 4607
笏谿草堂詩稿／集 5302
倖存錄／史 0711
借月山房彙鈔／叢 0101
借郇消夏錄／子 2649
借庵詩／集 4502
倚琴女史事略／集 5165
倚琴閣詩草詞／集 5165
倚劍詩譚／集 5511
條例全文／史 4042
倘湖手稿／集 3593
倘湖遺稿／集 3594，集 3595
倘湖樵書／子 2576，子 2577，子 2578
倪小野先生全集／集 2808
倪元璐草書奏稿附手牘／史 0937
倪文貞公文集奏疏／集 3425
倪文貞公年譜／史 1377
倪文貞公遺稿／集 3423，集 3424
倪雲林先生詩集／集 2461
倪鴻寶先生三刻／集 3420
倦舫碑目／史 4331
倦庵吟草／集 5324
健松齋集／集 3818
健修堂詩錄／集 4994
健餘奏議／史 0952
射山詩鈔／集 3660
射法正宗／子 0566
射義新書／子 1948
[乾隆]皋蘭縣志／史 2801
息游堂詩集／集 3685
息園存稿／集 2748
息園先生水道全圖／史 3599
息園草／集 3985
息園詩鈔／集 3984
息賢堂詩集／集 3525，集 3526
[嘉靖]息縣志／史 2753
師山先生文集／集 2445
師子林天如和尚淨土或問／子 3290
師子林天如和尚語錄／子 3288，子 3289
師子林紀勝／史 3776
師友言行記／子 0357
師古堂印譜／子 1863，子 1871
師竹山房詩餘／集 5708
師竹齋主人信札／集 5075
師律／子 0529
師陶閣集／集 3538
師經室詩存／集 5069
師説／史 1107，史 1108，史 1109
師讓庵漢銅印存／史 4460
徑山藏／子 3133
徐上達法參同／史 4411
徐公文集／集 1720
徐氏海隅集／集 3088，集 3089
徐氏筆精／子 2331
徐氏備錄／史 1601
徐氏醫書／子 0659
徐文長三集／集 3147
徐文長文集／集 3148，集 3149，集 3150
徐文長佚草／集 3152
徐文長逸稿／集 3151
徐文長傳／集 1581，集 3148，集 3150
徐水南先生遺稿／集 3184
[順治]徐州志／史 2518
徐孝穆全集／集 1409，集 1410，集 1411
徐位山六種／叢 0164
徐卓晤歌／集 5568
徐昌穀全集／集 2819
徐迪功集／集 2816，集 2817，集 2818
徐侍郎集／集 1436
徐柳泉詩稿／集 5026
徐都講詩／集 4178
徐幹中論／子 0106
徐檀燕先生詩鈔／集 3317
徐霞客遊記／史 3797
徐騎省集／集 1721
殷太師比干錄／史 1212
殷文珪詩集／集 1718
般若波羅蜜多心經／子 3147，子 3148
般若波羅蜜多心經略疏小鈔／子 3222
奚囊便方／子 0911
倉頡篇／經 1271
倉頡篇校證／經 1272，經 1273
翁山詩外／集 3780
翁山詩鈔／集 3779
翁山詩選／集 3781
翁氏家事略記／集 4375
[慈谿]翁氏家譜／史 1606
翁仲仁先生痘科金鏡賦／子 1095
脈便／子 0905
脈理求真／子 0847

脈訣刊誤集解／子 0837

脈訣考證／子 0797，子 0798，子 0801

脈訣彙辨／子 0846

脈訣闡微／子 0760

脈貫／子 0845

脈經／子 0828

脈語／子 0910

脈鏡／子 0842

脂雪軒詩鈔／集 4987

烏石寺歷朝題詠文集／集 1170

烏青文獻／史 2909

烏臺詩案／史 1253

烏瀾軒文集／集 4234

狷齋詩／集 4787

留仙詩集／集 3493

留有餘興／集 5887

留青日札／子 2239

留畊堂遺詩／集 3619

留素堂文集詩刪詩集／集 3605

留庵文集節抄／集 3492

留補堂文集詩集／集 3584

留溪外傳／史 1020

留臺雜記／史 3845

留碩稿／集 3430

弼堯集／集 2588

訓子從學帖／子 0336

託素齋文集／集 3724

託素齋集／集 3726

託素齋詩集文集／集 3725

記事珠／史 1499

記紅集／集 5720

記師口訣節文／子 1443

記纂淵海／子 2762，子 2763

訒菴詩鈔／集 3812

訒莽集古印存／史 4422，史 4423

訒齋存稿／集 1260

高士宗醫學真傳／子 1129

高士傳／史 0992，史 0993

高上玉皇本行集經／子 3075，子 3076

高子全書／叢 0133

高子遺書／集 3281，集 3282

高光州詩選／集 3011

高江村書畫目／子 1650

［康熙］高明縣志／史 3263

高皇帝御製文集／集 2487，集 2488

高峰先生文集／集 2058

高常侍集／集 1477

［嘉靖］高淳縣志／史 2464

高寄齋訂正吳船錄／史 3789

高陽集／集 3316

［雍正］高陽縣志／史 2412

高鼓峰醫論／子 1233

高蔚臣行實／史 1303

高僧傳／子 3303

［順治］亳州志／史 2579

［乾隆］亳州志／史 2580

［道光］亳州志／史 2581

郭氏人文錄／集 4857

郭氏元經／子 1570

郭氏聯珠集／集 1237，集 1238

郭西小志／史 3348

郭景純天星水鉗圖／子 1499

席上輔談／子 3098，子 3099

效顰草／集 5195

症因脈治／子 0839，子 0840

病機沙篆／子 0944

疹科真傳／子 1076

唐堂集／集 4052

唐十二家詩／集 0053

唐十子詩／集 0051

唐七律選／集 0708

唐八家詩鈔／集 0045

唐人八家詩／集 0048，集 0049

唐人五言長律清麗／集 0739

唐人五言排律詩論／集 0720，集 0721

唐人六集／集 0047

唐人四集／集 0043

唐人萬首絕句選／集 0703，集 0704

唐人集／集 0063

唐人試帖／集 0707

唐人試律說／集 0730

唐人寫經殘帙／子 3186

唐人選唐詩／集 0046

唐人應試賦選／集 0752

唐三高僧詩集／集 0040

唐大詔令／史 0841

唐王燾先生外臺秘要方／子 0872

唐元次山文集／集 1557，集 1558

唐太宗詩集文集／集 1422

唐六如先生畫譜／集 2775，集 2776

唐文呂選／集 0086

唐文粹／集 0617，集 0618，集 0620

唐文粹刪／集 0622

唐文薈鈔／集 0754

唐文歸／集 0750

唐文鑑／集 0748

唐詩紀／集 0681

唐詩紀事／集 5410，集 5411，集 5412

唐詩酒底附酒律／子 1950

唐詩排律／集 0715

唐詩掞藻／集 0709

唐詩愜當集／集 0744

唐詩貫珠／集 0711

唐詩絶句／集 0640

唐詩絶句精選／集 0665

唐詩絶句類選／集 0668

唐詩鼓吹／集 0641，集 0644

唐詩解／集 0689，集 0690

唐詩意／集 0745

唐詩箋註／集 0735

唐詩韶音箋註／集 0725

唐詩選勝直解／集 0731

唐詩應試備體／集 0718

唐詩韻滙韻譜／集 0717

唐詩類苑／集 0673

唐詩類苑纂／集 0674

唐詩類鈔／集 0664

唐詩繹／集 0734

唐詩觀瀾集／集 0732

唐詩豔逸品／集 0068

唐樊紹述遺文／集 1659

唐賢三昧集／集 0700，集 0701，集 0702

唐劉蜕集／集 1688

唐劉賓客詩集／集 1645

唐劉隨州詩集／集 1444

唐諸家同詠集贈題集／集 1439

唐駱先生文集／集 1424

唐駱先生集／集 1426

唐翰林李白詩類編／集 1456

［康熙］唐縣志／史 2408

唐韓文公文選／集 1621

唐韻疏／經 1544

唐類函／子 2897，子 2898，子 2899

旁通圖／經 0551，經 0552，經 0553

旅逸續稿／集 4763

旅粤日記／史 1496

畜德錄／子 2433

高季迪先生大全集／集 2542

悟因氏偶存／集 5364

悟真删僞集／子 3093

悟真篇／子 3091

悟真篇三註／子 3092

悟真篇四註／子 3095

悟真篇約註／子 3096

悟雪子詩草／集 4070

悟樓讀書偶識／子 2389

悔存齋詩集／集 5332

悔堂印外／史 4424，子 1833

悔無聞寓廬詩聽／集 5277

悔稿後編／集 2170，集 2171

悔齋集／叢 0155

悦親樓詩集／集 4453，集 4454

悦親樓賡雲集／集 4455

益州名畫錄／子 1724

兼山堂弈譜／子 1935

兼濟堂詩選文選疏稿／集 3687

兼濟堂纂刻梅勿庵先生曆算全書／子 1314

兼濟堂纂梅勿庵先生曆算全書／子 1313

［萬曆］朔方新志／史 2811

［雍正］朔平府志／史 2613

［雍正］朔州志／史 2614

烟草譜／子 2003

烟嶼樓書目／史 4162

烟霞萬古樓文集／集 4543

剡中集／集 1113

［嵊州穀來］剡北龍山莫氏宗譜／史 1596

［嵊州］剡西陳氏宗譜／史 1611

剡源先生文鈔／集 2330

剡源戴先生文集／集 2327，集 2331

剡溪徐氏族譜／史 1603

剡溪漫筆／子 2234

剡錄／史 2977，史 2978

［康熙］郯城縣志／史 2663

凌烟閣功臣圖像／史 1058

凌雪軒詩外集／集 4136

凌煙閣功臣圖／史 1057

凌霞手稿／集 5251

凌谿先生集／集 2771

［嘉靖］浦江志略／史 3010

浦江鄭氏旌義編／史 1656

涑水司馬氏源流集略／史 1514

酒史／子 1998

酒帝唱和詩／集 0958

酒酣耳熱／集 5821

酒經／子 1997

酒邊花外詞／集 5662

酒顛／子 2000

浙中古蹟考／史 3697

浙西六家詞／集 5549，集 5550

浙江壬午科鄉試硃卷／集 3507

浙江平定粤寇紀略／史 0832

浙江江海塘工各工字號丈

尺分晰七汛全圖／史
　3673

浙江江海塘工統塘柴埽石
　塘篢坦盤頭裏頭各工形
　勢字號丈尺里堡地名全
　圖／史 3674

浙江省地圖附圖説／史
　2393

浙江郡縣道里圖／史 3329

浙江海防兵糧疏／史 0876

［嘉靖］浙江通志／史 2812

［康熙］浙江通志／史 2813

［雍正］浙江通志／史
　2814，史 2815

［雍正］浙江通省志圖説／
　史 2818

浙江採集遺書總錄／史
　4110，史 4111，史 4112

浙江磚錄／史 4377

浙江總兵蕭紀維風册／史
　4027

浙東王氏宗譜／史 1543

浙東鎮海得勝全圖／史
　3434

浙垣同音千字文／經 1462

浙音釋字琴譜／子 1888

浙學宗傳／史 1208

涇野子外篇／子 0255

涇野先生五經説／經 0022

涇野先生文集／集 2826

［嘉靖］涇縣志／史 2548，
　史 2549

涉史隨筆／史 2269，史
　2270

涉聞梓舊／叢 0103

涉齋集／集 2116

涉獵璅言／子 2472

消夏雜錄／子 2650

消瘦集／集 4567

浩然詩集／集 1452

海上同音錄／集 0942

海川重刻狀元申先生書經
　主意／經 0276

海日堂詩集／集 3715

海日樓札叢／子 2631

海石先生文集／集 2981，集
　2982

海石先生詩集／集 2980

［隆慶］海州志／史 2530

海防奏疏／史 0926，史
　0927

海防緊要／史 3436

海角遺編／史 0741

海東金石存考／史 4259

海東載書識／史 4201

海昌人物紀略／史 1179

海昌外志／史 2838，史
　2839

海昌查氏遺稿／集 1219

海昌著錄續考／史 4206

海昌勝覽／史 3701，史
　3702，史 3703

海昌詩淑／集 1062

海昌經籍志略／史 4205

海昌叢載／史 3352

海門初集／集 4650

海門經義／集 5653

［嘉靖］海門縣志集／史
　2535

［嘉慶］海門廳志／史 2536

海忠介公文集／集 3099，集
　3100

海珊詩鈔／集 4202

海南雜著／史 3403

海叟集／集 2554

海峰文集／集 4423

海峰堂前稿／集 2924，集
　2925，集 2926

海峰集／集 2927

海國聞見錄／史 3815，史
　3816

海國雜記／史 2392

［乾隆］海陽縣志／史 2651

海隅集／集 3087

海隅遺珠錄／集 1064

海巢集／集 2451

海棠居初集／集 3629

海道全圖／史 3812

海塘紀略／史 3670

海塘新志／史 3671

海虞錢氏家乘／史 1666

海愚詩鈔／集 4464

海源閣書目／史 4169

海漚賸詞／集 5660

［乾隆］海寧州志／史
　2836，史 2837

海寧州志著述備考／史
　4207

海寧志略／史 2840

海寧倭事始末記／史 0521

海寧倭寇始末／史 0687

海寧陳太宜人姊妹合稿／
　集 1243

海寧陳氏家譜／史 1610

海寧將軍固山貝子恢復溫
　郡並台處事實／史 0793

海寧經籍志備考／史 4204

［康熙］海寧縣志／史 2835

海寧巖門高氏家譜／史
　1607

海錄西南諸國／史 3817

海錄碎事／子 2746，子
　2747

海嶽山房存稿／集 3170

海嶽名言／史 1259

海濱外史／史 0787

海瓊玉蟾先生文集／集

書經集傳／經 0250，經 0251，經 0252

書經註疏大全合纂／經 0285

書經解纂／經 0312

書經摘註／經 0286

書經論次／經 0287

書經輯解／經 0314

書經纂言／經 0259

書學正韻／經 1511，經 1512

書學印譜／子 1859

書學捷要／子 1696

書學雅言／集 4880

書學彙編／子 1686

書隱叢說／子 2278

書牘／史 0931，集 3540

書譜考釋／子 1717

書巖集／集 4131

弱水集／集 4156

陸士衡集／集 1365

陸子餘集／集 2940

陸子學譜／子 0327

陸元鼎同僚親友書札／集 0999

陸放翁全集／叢 0117

陸放翁劍南詩選／集 2148

陸宣公全集／集 1570

陸宣公奏議／史 0881

陸宣公集／集 1562，集 1571

陸射山七律詩鈔／集 3661

陸雪莊詩稿／集 4180

陸堂文集／集 4069

陸堂易學／經 0191

陸堂詩集續集／集 4068

陸堂詩學／經 0389

陸象山先生文集／集 2125

陸象山先生集要／集 2126，

集 2127

陸敬身全集／集 3531

陸雲士雜著／叢 0160

陸稼書先生年譜／史 1396

陸稼書先生年譜定本／史 1397

陸稼書先生讀朱隨筆／子 0309

陸魯望皮襲美二先生集合刻／集 0085

陸麗京雪罪雲遊記／史 0785

陵陽先生集／集 2272

陵陽先生詩／集 2015

陵陽集／集 2271

陵寢考／史 3775

陳于階行狀傳略／史 1304

陳太史昭代經濟言／集 0858

陳太史無夢園初集／集 3419

陳太僕詩草／集 4213

陳止齋先生八面鋒／集 2100

陳止齋先生論祖／集 2094，集 2095

陳公神道碑銘／史 1329

陳氏外科家寶／子 0978

陳文節公年譜／史 1355，史 1356，史 1357

陳布衣集句／集 3079

陳司業集／叢 0168

陳同甫集／集 2189

陳后岡詩集文集／集 2954

陳克齋先生文集／集 2181

陳伯玉文集／集 1432

陳沈兩先生稿／集 0103

陳明卿先生訂正四書人物備考／經 1021

陳定宇先生文集／集 2380

陳迦陵儷體文集／集 3841

陳拾遺文集／集 1434

陳思王集／集 1359

陳後主詩集／集 1419

陳眉公先生手評書法離鉤／子 1683

陳眉公先生訂正丹淵集／集 1778，集 1779

陳眉公訂正研北雜誌／子 2179

陳眉公集／集 3381

陳剛中詩集／集 2370

陳書／史 0205，史 0206

陳雲貞寄外書／子 2611

陳滄州十種／叢 0161

陳璵詩稿／集 5174

陳學士文集／集 4046

陳學士先生初集／集 3283

陳學士吟窗雜錄／集 5422

陳檢討四六／集 3848

陳檢討集／集 3844，集 3845，集 3846，集 3847

陳檢討集詩鈔詞鈔／集 3843

陰常侍詩集／集 1418

陰符眼／子 0406

陰符經／子 0412，子 3042，子 3044，子 3052

陰符經注／子 3059

陰陽五要奇書／子 1330

陰陽本秘文／子 1583

陰陽定論／子 1582

陰陽備用三元節要／子 1581

陰隲文印譜／子 1839

陰騭文圖解／子 3128

陶人心語／集 4258

陶元亮詩／集 1390

孫子參同／子 0499，子 0500

孫子集註／子 0496

孫子摘廣／子 0501

孫夫人詩集／集 2992

孫月峰先生批評史記／史 0031

孫月峰先生批評漢書／史 0119

孫月峰先生批點南華真經／子 0435

孫氏世系表／史 1617

[仁和]孫氏梅東家乘／史 1613

孫氏禮記集解校注／經 0620

孫氏醫學叢書／子 0670

孫文恪公集／集 2991

孫可之文集／集 1696，集 1697，集 1698

孫石臺先生遺集／集 3411

孫司空詩鈔／集 3821

孫仲彤日記／史 1508

孫衣言日記／史 1456

孫宇臺集／集 3643，集 3644

孫范合唱集／集 0119

孫尚書內簡尺牘編註／集 2021

孫宗伯集／集 3210

孫真人備急千金要方／子 0866，子 0867，子 0868

孫琴西文稿／集 4836

孫琴西娛老詞稿／集 4839

孫琴西詩文稿／集 4835

孫琴西詩序跋稿／集 4837

孫敬軒行述／史 1326

孫徵君日譜錄存／史 1428

孫翼齋先生詩稿／集 5235

孫璧聯先生文集／集 3460

納書楹玉茗堂四夢全譜／集 5927

納書楹西廂全譜／集 5928，集 5929

納書楹西廂記全譜／集 5930

納書楹曲譜／集 5927

紙書／子 1971

十一畫

理氣正宗龍水圖說／子 1503

理氣秘訣／子 1509

理虛元鑑／子 0964

理學備考／子 0318

理學錄／子 0299

理學辨／子 0300

理學雜著／子 0290

現行捐官常例／史 3862

琉球入學見聞錄／史 3827

琉球國志略／史 3829

琅邪代醉編／子 2531

琅嬛天文集／子 2608

規家日益編／子 2562

坤倉輯本／經 1234

埤雅／經 1239，經 1240，經 1241，經 1242，經 1243

教乘法數／子 3317

培林堂書目／史 4151

培遠堂存稿／集 4193

培遠堂偶存稿／集 4192

培遠堂詩集／集 4432

埽雲仙館詩鈔／集 5048

碧溪詩話／集 5413

聊存鈔／集 5033

聊復閒吟／集 5063

聊齋誌異／集 5953，集 5954

黃山十奇／史 3476

黃山志／史 3473，史 3477

黃山志定本／史 3474

黃山草／集 4102

黃山紀游詩／集 4095

黃山遊草／集 4344

黃山圖／史 3475

黃公度觀察尺素書／集 5320

黃氏五世吟稿／集 1254

黃氏祖德錄／史 1272

黃氏畫譜／子 1762

黃氏續錄／史 1527

黃氏攟殘集／集 1253

黃文簡公介菴集／集 2572

黃石公素書／子 0503，子 0505

黃石齋先生續騷文鈔／集 3427

黃四如先生六經四書講藁／經 1139

黃竹山人集／集 3024

黃仲弢先生奏稿／史 0971

[弘治]黃州府志／史 3128

[乾隆]黃州府志／史 3129

[康熙]黃陂縣志／史 3130

黃門集／集 2883

黃忠宣公文集／集 2566

黃忠端公文略詩略說略／集 3355

黃忠端公年譜／史 1374

黃庭內景五臟六腑圖說／子 3055

黃庭內景玉經／子 3056

黃庭內景經／子 3054

黃庭經考異／子 3057

黃帝八十一難經纂圖句解／子 0702

黃帝內經素問／子 0678，子

野史九種／史 0791
野史無文／史 0775
野老紀聞／子 2303
野老記聞／子 2302
野客叢書／子 2302，子
　　2303
野航詩草／集 4805
野眺樓近草／集 3884，集
　　3885
野雲居詩稿／集 4564
野趣有聲畫／集 2323
野錄／史 0737
野獲編／子 2446
野鴻詩的／集 5486
野變憐史／史 0791
眺秋樓詩／集 4266
眼科入門／子 0998
眼科秘書／子 0999
眼科秘訣／子 0998
眼科闡微／子 0998
問山文集詩集／集 3791
問山亭主人遺詩／集 3338
問水漫錄／史 3635
問奇一覽／經 1562
問奇典註／子 2989
問奇集／經 1534
問桃花館詩鈔／集 5164
問答節要／子 1349
問夢樓吟草／集 5280
曼殊沙盦／子 1984
曼殊沙盦三十六壺盧銘／
　　集 5074
曼殊留視圖册／史 1317
晦菴先生語錄類要／子
　　0173
晦堂詩稿／集 4493
晦庵文抄／集 2076，集
　　2077
晦庵文抄詩抄／集 2075

晦庵先生朱文公文集／集
　　2068，集 2069，集 2071，
　　集 2072
晦庵先生詩話／集 5417
晦溪蔣氏宗譜／史 1651
晞髮集／集 2276，集 2277，
　　集 2278，集 2279
晞髮遺集／集 2280
晚邨天蓋樓偶評／集 1001，
　　集 1002
晚邨先生八家古文精選／
　　集 0510
晚邨先生家訓真蹟／子
　　0306
晚香錄／史 1528
晚笑堂畫傳／子 1771
晚唐十二家詩集／集 0058
晚唐詩鈔／集 0713，集
　　0714
晚書訂疑／經 0294
晚菘園詩稿／集 5199
晚晴軒尺牘／集 3967
晚翠堂詩鈔／集 4556
晚學集／集 4541
晚籟三抄／子 2627
異方便淨土傳燈歸元鏡三
　　祖實錄／子 3309
異屑／子 2291
異魚圖贊／子 2036
異魚圖贊箋／子 2037
［嘉靖］略陽縣志／史 2782
略彙集類／經 1414
鄂國金陀粹編／史 1261，史
　　1262
唱酬題詠附錄／集 1512，集
　　1513，集 1514，集 1515，
　　集 1516，集 1517，集
　　1518
唱經堂杜詩解／集 1519

婁東耆舊傳／史 1168
［乾隆］婁縣志／史 2491
國山碑考／史 4312
國子監通志／史 3850
國子監監規／史 3852
國子監續志／史 3851
國史紀聞／史 0438
國史唯疑／史 0667，史
　　0668
國史經籍志／史 4187，史
　　4188，史 4189
國史儒林傳擬稿／史 0270
國色天香／集 5945
國秀集／集 0625
國初事蹟／史 0675
國初群雄事略／史 0673，史
　　0674
國朝二十四家文鈔／集
　　0127
國朝七名公尺牘／集 0874
國朝七律詩鈔／集 0936
國朝三家文鈔／集 0125
國朝山左詩鈔／集 1045
國朝內閣名臣事略／史
　　1104
國朝六家詩鈔／集 0122
國朝文鈔／集 0986
國朝文類／集 0799，集
　　0800
國朝功臣傳／史 1153
國朝列卿年表／史 1092
國朝名公經濟文鈔／集
　　0856
國朝名世類苑／史 1095
國朝名臣言行略／史 1102
國朝別號錄／子 3019
國朝英烈傳十二集／集
　　5983
國朝松陵詩徵／集 1032

過宜言／集 3519

過夏雜錄／子 2376

梨雲近稿／集 5002

梨雲館集／集 3523

梨雲館廣清紀／子 2697

梨雲館類定袁中郎全集／
集 3286

移虔槀／集 3086

移鄆薆略／史 3868

笪江上畫筌／子 1741

笛漁小稿／集 3852，集
3853，集 3854

符台外集／集 2626

笠芸詩瓢／集 4747

笠亭詩集／集 4469

笠舫詩文集／集 4980

笠舫詩集／集 4762

笠翁一家言全集／集 3610，
集 3611

笠翁十種曲／集 5804

笠翁傳奇十種／集 5802，集
5803

笠庵北詞／集 5631

笠澤堂書目／史 4131

笠澤叢書／集 1703

笥邑詩剩／集 5294

第七才子書／集 5771

第五才子書水滸傳／集
5980

第五才子書施耐菴水浒傳
／集 5978

第六才子書西廂記／集
5748

［弘治］偃師縣志／史 2730

［乾隆］偃師縣志／史 2731

偶更堂文集詩稿／集 3716

偶然吟稿／集 5379

偲菴詩集文集／集 2728

俼山志／史 3507

俼山俼心寺志／史 3750，史
3751

俼東餓夫傳／史 1298

進士杜公詩稿／集 4517

停雲詩藁／集 5297

［雍正］從化縣新志／史
3239

從祀先賢事蹟錄／史 1007

從祀名賢傳／史 1008

從野堂存稿／集 3345

船政／史 4061

釣臺田產附錄／集 1168

釣臺集／集 1168，集 1169

斜川集／集 1977，集 1979

斜川詩集／集 1978

欲寡過齋詩存／集 5291

彩繪天象圖／子 1272

鳥鼠山人小集／集 2829，集
2832

鳥鼠山人後集／集 2830，集
2831

脱兔書屋雜抄／集 0938

魚水緣傳奇／集 5845，集
5846

魚亭詩選／集 4682

象山先生全集／集 2121，集
2122，集 2123，集 2124

象山陸先生年譜／史 1358

［嘉靖］象山縣志／史 2943

［康熙］象山縣志／史 2944

［雍正］象山縣志／史 2945

［同治］象山縣志／史 2946

象形注例解／經 1453

象村稿／集 3110

象浦焦氏文乘／集 1258

象數論／經 0162

象學／子 1245

逸民史／史 1044

逸老堂淨稿／集 2663

逸周書／史 0536

逸周書集訓校釋／史 0538

逸亭山人集／叢 0144

逸園新詩／集 3343

逸語／子 0340

［雍正］猗氏縣志／史 2601

猗覺寮襍記／子 2144

猗覺寮雜記／子 2143

祭皋陶／集 3693

訥翁隨筆／子 2288

訥谿先生詩錄文錄奏疏雜
錄尺牘／集 3025

訥齋未定稿／集 4872

許太微書班史藝文志／史
0132

許氏貽謀四則／集 2883

許氏説文解字五音韻譜／
經 1286

許文正公遺書／叢 0120，集
2354

許文穆公集／集 3119

許白雲先生文集／集 2362

［弘治］許州志／史 2744

［嘉靖］許州志／史 2745

許君年表／史 1342

許忠節錄／史 1282

許冠婁詩草／集 3964

許書重文校／經 1338

許魯齋先生詩／集 2355

許鍾斗文集／集 3305

訪粵續集／集 4810

訪粵集／集 4808

庶齋老學叢談／子 2177

麻姑集／子 3124

麻疹痢門方旨／子 1080

庚子山全集／集 1412

庚子山集／集 1421

庸庵詩集／集 2484

康節先生觀物篇解／子

1345

康熙二十一年壬戌科殿試題名全錄／史 1836

康熙二十三年四川鄉試錄／史 2063

康熙二十四年乙丑科進士履歷便覽／史 1837

康熙十二年癸丑科進士履歷便覽／史 1832

康熙十八年己未科進士履歷便覽／史 1834

康熙十八年博學鴻儒科題名／史 1835

康熙十八年博學鴻儒科題名錄／史 1697

康熙十五年丙辰科進士履歷便覽／史 1833

康熙九年庚戌科進士履歷便覽／史 1831

康熙三十三年甲戌科進士履歷便覽／史 1838

康熙三年甲辰科進士履歷便覽／史 1829

康熙六年丁未科進士履歷便覽／史 1830

康熙甲子史館新刊古今通韻／經 1554

康熙四十七年浙江鄉試錄／史 2010

康熙廷臣奏表／史 0877

康熙字典十二集／經 1419

康對山先生集／集 2777

康範詩餘／集 5603

康齋先生文集／集 2679

康濟譜／史 1018，子 2945

鹿干草堂集／集 3512

鹿床畫絮／子 1754

鹿沙集／集 4093

鹿門先生批點漢書鈔／史

2223

鹿忠節公集／集 3340

鹿牀小稿／集 4807

鹿城訊度張正宰文稿／集 4749

鹿洲全集／叢 0169

鹿洲初集／集 4236

鹿峰草／集 4246

旌門錄／集 4227

旂香詞／集 4627

袞碧齋詞／集 5710

章子／子 0291

章氏遺書／叢 0187

[弘治]章丘縣志／史 2628

章江游草／集 5314

章鋆詩文稿／集 5015

章質庵先生集／集 2606

産孕集／子 1020

産後十八論方／子 1034

産後編／子 1029

産寶百問／子 1008，子 1009

産寶家傳／子 1025

産鶴亭詩／集 4425

商子／子 0593

商子境內篇／子 0596

商文毅公集／集 2636，集 2637

商文毅公遺行集／史 1274

商君書／子 0594，子 0595

商周金識拾遺／史 4292

商周彝器釋文／史 4291

望山草堂文稿／集 5143

望山堂琴學存書／子 1924

望斗仙經／子 1569

望雲山館賦稿／集 5016

望湖亭集／集 1184

望溪先生文偶抄／集 4019

率祖堂叢書／叢 0119

情中義傳奇／集 5817

情田詞附試院懷舊詩／集 5580

情史類略／子 2687

情郵傳奇／集 5796

惜分軒詩鈔／集 4474

惜分陰齋詩鈔／集 4477

惜抱軒全集／叢 0182

[嘉靖]惟揚志／史 2510

惟適草堂唫稿／集 5125

剪桐載筆／集 3322

剪燈集／集 5584

清文補彙／經 1467

清世祖章皇帝實錄／史 0488

清史稿列傳／史 0267，史 0268

清代杭人小傳／史 1177

清代錢塘江營汛圖／史 3675

清光緒間江山農民暴動史料／史 0830

清名人傳／史 1150

清江貝先生集／集 2529

清芬堂存稿詩餘／集 3834

清吟堂全集／集 3901

[嘉靖]清苑縣志／史 2407

清杭郡詞輯／集 5587

清河書畫舫／子 1633，子 1634

清泉唫草／集 4942

清風堂文集／集 3736

清音閣集／集 3194

清紀／子 2695，子 2696

清素堂集／集 4676

清華集／集 4809

清真詞／集 5593

清真詞朱方和韻合刊／集 2301

清秘藏／子1637

[嘉靖]清流縣志／史3221

清容居士集／集2377

清異錄／子2496,子2497

清庵先生中和集／子3100

清康熙三十□年縉紳錄／
史2152

清涼山志／史3485,史
3487

清涼山新志／史3486

清朝特典／集2708

清朝會行禮圖／史3980

清湘瑤瑟譜／集4864

清聖祠寺／史3719

清閟閣全集／集2462

清暉書屋詩存／集5125

清微黃籙大齋科儀／子
3115

清會典官制／史3855

清詩初集／集0916

清溫州海島圖／史3393

清溪公題詞／集3372

清溪遺稿／集3372

清瘴齋心賞編／子2484

清賞錄／子2535

清儀閣古印偶存／史4435,
史4436

清獻公傳略／子0310

清獻堂全編／叢0178

清獻堂集／集4368

清籟閣雜錄／集5522

渚山堂詞話／集5715

淩煙閣圖敘／子1774

淇竹山房集／集4489

[順治]淇縣志／史2715,
史2716

[正德]涿州志／史2403

渠亭山人半部稾／集3805

淑景堂考訂注解寒熱溫平

藥性賦／子0953

[萬曆]淮安府志／史2508

[乾隆]淮安府志／史2509

淮南子／子2074,子2081,
子2082,子2083,子
2084,子2085,子2086,
子2087,子2088

淮南汪廣洋朝宗先生鳳池
吟藁／集2508

淮南社草／集3266

淮南許高二注異同考／子
2095

淮南許註異同詁補遺／子
2096

淮南參正殘草／史1342

淮南集／集3388

淮南鴻烈解／子2075,子
2076,子2077,子2078,
子2079,子2080,子
2089,子2090,子2091,
子2092

淮南鴻烈解閒詁／子2094

淮南鴻烈解輯略／子2093

淮浦閒草／集5067

淮海居士長短句／集5591

淮海集／集1934,集1935,
集1936,集1937,集
1938,集1939

淮關統志／史3995

淮鹾本論／史4002

淨慈要語／子3293

淨綠軒詞／集5673

淳化帖釋文／子1711,子
1713

淳化祕閣法帖考正／子
1715,子1716

淳化閣帖考釋／子1717

淳化閣帖釋文／子1712,子
1714

[乾隆]淳化縣志／史2799

[嘉靖]淳安縣志／史3031

[乾隆]淳安縣志／史3032

淡生堂藏書約藏書訓／史
4129,史4130

淡然軒集／集3228

深衣釋例／經0627

深詣齋詩鈔／集5254

梁山舟詩／集4369

梁山舟學士書集杜詩長卷
／集4370

梁山來知德先生易經集註
／經0106,經0107

梁公墓誌銘／集4210

梁文忠公書札／集5085

梁昭明太子集／集1413

梁昭明文選／集0172,集
0173,集0174

梁茝林滄浪詩／集4719

梁書／史0200,史0201,史
0202,史0203,史0204

梁園風雅／集1047

梁溪詩鈔／集1034

梁豁先生文集／集1987

梁巇雜記／子1659

渌湖山莊詩草／集4707

[嘉靖]淄川縣志／史2629

[乾隆]淄川縣志／史2630

寇難紀略／史0817

寄亭詩稿／集4708

寄通齋詩草／集5130

寄菴遺稿／集5228

寄傲樓詩／集5309

寄園子日記／史1465

寄園寄所寄／子2587,子
2588

寄槃詩稿／集5187

寄廬吟／集4955

寄蘿菴日識／史1485

陽明先生文粹/集 2766

陽明先生文錄/集 2759,集
　2760,集 2761,集 2763

陽明先生正錄/集 2762

陽明先生年譜/史 1370,史
　1371

陽明先生宗印錄/子 1779

陽明先生要書/集 2768

陽明先生要語/子 0251

陽明先生則言/子 0246

陽明先生集要/子 0249,子
　0250

[康熙]陽春縣志/史 3262

[乾隆]陽信縣志/史 2657

陽峰家藏集/集 2852

陽羨名陶錄/子 1987

[乾隆]陽湖縣志/史 2500

隆平集/史 0615

隆慶元年山西鄉試錄/史
　1922

隆慶元年河南鄉試錄/史
　1967

隆慶元年順天府鄉試錄/
　史 1871

隆慶元年福建鄉試錄/史
　2083

隆慶元年應天府鄉試錄/
　史 1899

隆慶五年武舉錄/史 1797

隆慶五年進士登科錄/史
　1795

隆慶五年會試錄/史 1796

隆慶四年山西鄉試錄/史
　1923

隆慶四年山東鄉試錄/史
　1943

隆慶四年四川鄉試錄/史
　2060

隆慶四年江西鄉試錄/史

2036

隆慶四年河南鄉試錄/史
　1968

隆慶四年陝西鄉試錄/史
　1982

隆慶四年浙江鄉試錄/史
　2004

隆慶四年貴州武舉鄉試錄
　/史 2141

隆慶四年貴州鄉試錄/史
　2140

隆慶四年順天府鄉試錄/
　史 1872

隆慶四年福建鄉試錄/史
　2084

隆慶四年廣西鄉試錄/史
　2121

隆慶四年廣東武舉鄉試錄
　/史 2109

隆慶四年廣東鄉試錄/史
　2107,史 2108

隆慶四年應天府鄉試錄/
　史 1900

[嘉靖]隆慶志/史 2444

婤隅集/集 4510

婦人集/史 0990

婦人經驗方/子 1033

習是編/子 0350

習學記言序目/子 2162,子
　2163

參同契/子 3052

參籌秘書/子 1394

參讀禮志疑/經 0654

貫虱篇/子 0565

貫華堂第六才子書/集
　5745

貫華堂評選杜詩/集 1520

貫華堂註釋第六才子書/
　集 5746

貫華堂選批唐才子詩甲集
　七言律/集 0695

鄉先生錄/史 1205

鄉飲大賓文學張萍止府君
　行述/史 1306

鄉飲大賓怡靖府君行略/
　史 1307

鄉賢緘翰記/集 1126

鄉黨朝聘解/經 0957

鄉黨義考/經 0958

鄉黨圖考/經 0953,經
　0954,經 0955,經 0956

紺珠集/子 2494,子 2495

紺寒亭詩集文集/集 3931

絃索調時劇新譜/子 1918

絃索辨訛/集 5936

紹陶錄/史 1241

紹興十八年戊辰科題名錄
　/史 1712

紹興十八年同年小錄/史
　1713

紹興名宦鄉賢贊/史 1188

[萬曆]紹興府志/史 2953

[康熙]紹興府志/史
　2954,史 2955

[乾隆]紹興府志/史
　2956,史 2957

紹興雜錄/子 2628

巢青閣集/集 3879

巢青閣詩/集 3880

巢青閣學言/集 3879

巢林集/集 4395

巢溪詩草/集 5292

巢經巢金石筆識/史 4264

[康熙]巢縣志/史 2563

[雍正]巢縣志/史 2564

十二畫

貳臣傳/史 0272,史 0273

琵琶記／集 5765, 集 5766, 集 5767

琴玉山房詩錄／集 4573

琴仙女史吟稿詞稿／集 5329

琴竹山莊樂府／集 4717

琴旨／子 1916

琴香堂琴譜／子 1920

琴曹詩存／集 5111

琴詠詩文稿／集 5163

琴詠樓姝聯韻藻／子 3022

琴詠樓詩酌／集 5162

琴牕隨筆／子 1922

琴談／子 1913

琴學心聲／子 1903

琴學正聲／子 1914

琴譜／子 1890, 子 1893, 子 1922

琴譜合璧／子 1895

琴譜析微／子 1912

琴譜指法／子 1909

琴鶴堂藏印／子 1854

琴巘／子 1923

琳清仙館詞稿／集 5681

琢春詞／集 5642

琬琰清音／集 0680

瑯嬛文集／集 3558

堯山堂外紀／子 2559

堯峰詩文鈔／集 3723

堪輿一得／子 1472

堪輿淺注／子 1478

堪輿經／子 1473, 子 1474

堪輿管見／子 1476

堪輿續論／子 1476

堪齋集／集 4152

塔影軒筆談／子 2282

［武林］項氏家譜／史 1632

項申甫日記／史 1501

項果園詩稿／集 4936

項襄毅公遺稿／集 2635

越人三不朽圖贊／史 1185

越人難經真本説約／子 0709

越中三子詩／集 1122

越中名勝賦／史 3374, 集 4694

越中吟／集 5131

越中金石記／史 4352

越中金石錄／史 4350, 史 4351

越中閨秀詩／集 1124

越史略／史 3824

越州西山以揆禪師塔誌銘／史 1314

越州裘氏本源考／史 1652

越吟／集 3181

越吟草／集 5131

越吟殘草／集 5039, 集 5040

越言釋／經 1262

越南朝貢過楚紀事／史 0838

越南顧氏宗譜／史 1674, 史 1675

越俗蜑音／集 4894

越風／集 1119, 集 1120, 集 1121

越峴山人日記／史 1446

越唫／集 3699

越雅堂詩文稿／集 5103

越遊草／集 3880

越絶書／史 0585, 史 0586, 史 0587, 史 0588, 史 0589

越諺補／集 1127

越縵堂日記壬集／史 1462

越縵堂日記鈔／史 1463

越縵堂筆記／子 2388

越縵堂詹詹錄補編／史 1464

越縵堂駢散文類鈔／集 5089

越縵堂駢體文／集 5088

越縵堂雜著／集 5090

越縵堂賸詩／集 5086

超軼集錄／集 3539

博山志／史 3492

博古葉子／子 1763

博古圖錄考正／史 4278

博物志／子 2668, 子 2669, 子 2670

博物典彙／子 2934, 子 2935

博雅音／經 1232, 經 1233

彭城尋骸記／史 1335

彭節愍公圍城家書／集 3354

［乾隆］彭澤縣志／史 3094

賣夢詞／集 5694

鼇半呱聲／集 4656

達生編／子 1027

達觀樓集／集 3332

壺山集／集 3486

壺天玉露／史 1005

壺盧銘／子 1984

斯文精萃／集 0537, 集 0538, 集 0539

期期草／集 3462

葉天士景岳全書發揮摘要／子 1235

葉天士瘟病論／子 0956

葉氏菉竹堂碑目／史 4321

葉文定公年譜／史 1361, 史 1362, 史 1363, 史 1364

葉水心文集／集 2163

葉吉臣遺稿／集 5144

葉忠節公遺稿／集 3757

道源／子3111

道德南華二經評註合刻／
　子0366

道德真源／子3110

道德真經全解／子0394

道德真經直解／子0390

道德真經注疏／子0382

道德真經集註／子0392

道德真經集義／子0399

道德真經註／子0381，子
　0384

道德真經疏義／子0393

道德真經解／子0396

道德真經新注／子0385

道德真經藏室纂微開題科
　文疏／子0397

道德眼／子0406

道德會元／子0395

道德經／子0375，子0387，
　子0398，子0408，
　0411，子0412

道德經古今本攷正／子
　0377，子0378

道德經附注／子0400

道德經注／子0407

道德經校勘記／子0413

道德經解／子0404

道藏目錄詳注／子3032

遂安中洲程氏宗譜／史
　1640

遂安歷劫記／史0811

[康熙]遂安縣志／史
　3035，史3036

遂初堂書目／史4120

遂初堂詩集文集別集／集
　3860

[康熙]遂溪縣志／史3269

曾文正公傳略／史1336

曾文定公全集／集1798

曾文昭公集／集1815

曾誌／史1229

曾樂軒稿／經1356

焠掌錄／子2361

勞崇光與岑毓英尺牘／集
　4812

馮元敏天池集／叢0129

馮少墟集／集3274，集
　3275，集3276，集3277，
　集3278

馮氏五先生詩集／集1251

[紹興]馮氏家譜／史1636

馮氏錦囊秘錄／子0660

馮用韞先生北海集／集
　3225

馮用韞先生書牘／集3226

馮孟亭文集／集4359

馮兼山文集／集4244

馮載陽先生治案／子0928

湛甘泉先生文集／集2807

湛園未刻文／集3959

湛園未定稿／集3949，集
　3950，集3951，集3952

湛園集目／集3959

湖上草／集3639，集3640

湖山便覽／史3630，史
　3631

湖山類稿／集2273

湖山靈秀集／集1021

湖心亭題詠／集1056

[乾隆]湖州府志／史2902

[康熙]湖州府志纂要／史
　2901

湖海集／集2824

湖海樓全集／集3849

湖海樓詩／集3842

湖萍吟記／史3365

湖程紀略／史3612，史
　3613

湖路十八跅地名竹枝詞／
　集5668

湖路題壁詩詞／集5668

[弘治]湖廣岳州府志／史
　3148

[嘉靖]湖廣通志／史3120

湖錄／史2905

湘山事狀全集／史3762

湘帆堂集／集3598

湘草／集4084

湘湖考略／史3659

湘煙錄／子2574

湘管聯吟／集0960

湘管齋寓賞編／子1660

湘麋館遺墨粹存／集5078

湯子遺書／集3711

湯海若問棘郵草／集3259

湯陰精忠廟志／史3767

[乾隆]湯陰縣志／史2708

湯液本草／子0784

湯睡菴先生歷朝綱鑑全史
　／史0392

[乾隆]湯溪縣志／史3011

湯潛菴先生文集節要／集
　3712

湯潛菴集／叢0147

湯頭歌訣／子0815

湯霍林先生哀選大方家談
　文／集5451

湯憲詩／集5269

測海集／集4446

測量法義／子1309

測量異同／子1309

測圓海鏡分類釋術／子
　1303，子1304

測圓筭術／子1303，子
　1304

測圓圖解／子1321

渴露篇／子0334

夢花樓詞／集 5689

夢吟詩草／集 5245

夢若山房詩稿／集 5133

夢姍姍室畫虎集／集 5208

夢華詩／集 4904

夢堂詩稿／集 4231

夢梨雲館詩鈔／集 5207

夢符文稿／集 4580

夢琴哭子詩／集 4968

夢窗詞／集 5606

夢溪筆談／子 2131

夢粱錄／史 3330

夢覺文稿／集 4905

夢樓詩集／集 4119

夢橢紐室詩存／集 5370

夢澤集／集 2876, 集 2877,
　集 2878

夢隱詞／集 5662

蒼山年譜知非紀／史 1400

蒼山詩草／集 4895

蒼生司命／子 1217

蒼虬館草／集 3251

蒼梧詞／集 5627

蒼潤軒碑帖跋紀／史 4307

蒼霞草／集 3248

蒯緱集／集 3160

蓬山清話／子 2457

[正德]蓬州志／史 3172

蓬莊詩集／集 4121

蓬萊唱和草／集 5312

蓬萊閣記／史 3686

蓬萊閣詩錄／集 4877

蓬廬文鈔／集 4526

蒿庵奏疏／史 0946

蒿庵詩鈔／集 3741, 集
　3742

蓄齋集／集 3909

蒲菴詩／集 2561

[乾隆]蒲臺縣志／史 2660

[乾隆]蒲縣志／史 2622

蓉林筆鈔／集 4382

蓉洲詩鈔／集 4901

蓉堂詩話／集 5445, 集
　5446

蓉渡詞／集 5628

蓉槎蠡說／子 2263

蒙川先生遺稿／集 2240, 集
　2241

蒙川遺稿／集 2242, 集
　2243

蒙古錢譜／史 4397

蒙求節錄／史 2250

[萬曆]蒙城縣志／史 2576

[順治]蒙城縣志／史 2577

蒙養指南／子 2902

蒙隱集／集 2114

蒙難日記／史 0808

蒙難紀略／史 0807

禁林集／集 0969

禁扁／史 3715, 史 3716

禁書總目／史 4191

楚石大師北遊詩／集 2480

楚風補／集 1185

楚紀／史 0533, 史 0534

楚國文憲公雪樓程先生文
　集／集 2365, 集 2366

[嘉慶]楚雄縣志／史 3291

楚遊草／集 5181

楚蒙山房集／叢 0171

楚臺疏略／史 0933

楚騷／集 1285, 集 1286

楚辭／集 1288, 集 1293, 集
　1294, 集 1295, 集 1296,
　集 1315, 集 1334, 集
　1335, 集 1336

楚辭叶音／集 1335

楚辭句解評林／集 1297

楚辭述註／集 1320

楚辭注／集 1340

楚辭約注／集 1329

楚辭章句／集 1289, 集
　1290, 集 1291, 集 1292

楚辭集注／集 1298

楚辭集註／集 1299, 集
　1300, 集 1301, 集 1302,
　集 1303, 集 1304, 集
　1305, 集 1306, 集 1307,
　集 1308, 集 1309, 集
　1310, 集 1311

楚辭集解／集 1314

楚辭評林／集 1312

楚辭疏／集 1319

楚辭新集註／集 1333

楚辭燈／集 1325, 集 1326

楚辭雜論／集 1319

楚辭聽直／集 1318

楚懷襄二王在位事蹟考／
　集 1325, 集 1333

棟亭藏書／叢 0080

楷瘦齋遺稿／集 4679

楊大年先生武夷新集／集
　1729

楊子巵言閏集／子 2197

楊升菴先生夫人樂府詞餘
　／集 5617

楊升菴先生批點文心雕龍
　／集 5393, 集 5394, 集
　5395, 集 5396

楊升菴先生長短句／集
　5617, 集 5618

楊升菴先生評註先秦五子
　全書／子 0002

楊升菴詩／集 2840

楊升菴辭品／集 5713, 集
　5714

楊氏全書／叢 0162

楊氏易傳／經 0078

[萬曆]新城縣志/史 2858

[康熙]新城縣志/史 2859, 史 2860

[康熙]新城縣續志/史 2859

[萬曆]新修上虞縣志/史 2974

[康熙]新修武義縣志/史 3008

新修長沙府嶽麓志/史 3552

[康熙]新修東陽縣志/史 3003

新訂奇異俗古字彙/經 1444

新都秀運集/集 1039

新校注古本西廂記/集 5739

新校晉書地理志/史 0194

新校博愛心鑑發明全書/子 1066

新校經史海篇直音/經 1394, 經 1395, 經 1396, 經 1397, 經 1398, 經 1399

新校廣平學案/史 1032

新書/子 0062, 子 0063, 子 0064, 子 0065, 子 0066

[正德]新鄉縣志/史 2718

新喻三劉文集/集 1261

新喻梁石門先生集/集 2497

新集古文四聲韻/經 1354

新集背篇列部之字/經 1400

新評龍圖神斷公案/集 5946

新評繡像紅樓夢全傳/集 5998

新傳理性元雅/子 1899

[同治]新滕瑣志/史 2872

新製諸器圖說/子 1991

新製靈臺儀象志/子 1255

新箋決科古今源流至論/子 2781, 子 2782

新語/子 0059, 子 0060, 子 0061

新增成案所見集/史 4057

新增格古要論/子 2477, 子 2478

新增說文韻府群玉/子 2798, 子 2799, 子 2800, 子 2801, 子 2802

新增篇韻拾遺并藏經字義/經 1507

新增願體集/子 0346

新鋟朱狀元芸窗彙輯百大家評註史記品粹/史 0049

新鋟李閣老評註左胡纂要/經 0873

新鋟抱朴子/子 3062, 子 3063

新鋟京本句解消砂經節圖雪心賦尋龍經訣法/子 1418

新鋟葛稚川/子 3066

新鋟鈔評校正標題皇明資治通紀/史 0441

新鋟評林旁訓薛湯二先生家藏酉陽捋古人物奇編/經 1022

新鋟獵古詞章釋字訓解三台對類正宗/子 2921

新選古今類腋/子 2851

新樂府詞/集 5632

新編分類當代名公文武星案/子 1563

新編方輿勝覽/史 2355

新編孔夫子周遊列國大成麒麟記/集 5797

新編古今事文類聚/子 2755, 子 2756, 子 2757, 子 2758, 子 2759, 子 2760, 子 2761

新編目連救母勸善戲文/集 5775

新編吏治懸鏡/史 3873

新編西方子明堂灸經/子 0852

新編事文類聚翰墨大全/子 2805

新編事文類聚翰墨全書/子 2806

新編併音連聲韻學集成/經 1525

新編南詞定律/集 5937

新編音點性理群書句解前集/子 0201

新編秘傳堪輿類纂人天共寶/子 1461

新編排韻增廣事類氏族大全/子 2804

新編詩義集說/經 0366

新編經史正音切韻指南/經 1495, 經 1496, 經 1497, 經 1507, 經 1508

新編瑤華韻/子 2807

新編壽世傳真/子 1114

新編算學啓蒙/子 1302

新編篇韻貫珠集/經 1495, 經 1496, 經 1497, 經 1498, 經 1499, 經 1500

新編魯般營造正式/史 4063, 史 4064

新編翰苑新書前集/子 2795

新編醫學正傳／子1126，子
　　1127

新編簪纓必用翰苑新書／
　　子2796

新輯文潔鄧先生佚稿／集
　　3198

［乾隆］新興縣志／史3261

新學舉隅續集選百篇／集
　　0990

新雕宋朝文鑑／集0765，集
　　0766

新舊唐書互證／史0227

新鍥二太史彙選註釋九子
　　全書評林／子2538

新鍥孔聖宗師出身全傳／
　　史1224

新鍥四書心鉢／經1037

新鍥名家纂定注解兩漢評
　　林／史2230

新鍥名家纂定註解兩漢評
　　林／史2231

新鍥官板音釋標題皇明通
　　紀／史0442

新鍥皇明百大家總意四書
　　正新錄／經1033

新鍥書經講義會編／經
　　0273，經0274

新鍥焦太史彙選百家評林
　　名文珠璣／集0469

新鍥焦太史彙選百家評林
　　歷代古文珠璣／集0468

新鍥焦狀元彙選注釋續九
　　子全書評林／子2539

新鍥會元湯先生批評南明
　　文選／集3077

新鍥會元湯先生批評滄溟
　　文選評林／集3049

新鍥溫陵鄭孩如先生約選
　　古文四如編／集0456

新鍥鄭孩如先生精選先秦
　　兩漢旁訓便讀／集0586

新鍥燕臺校正天下通行文
　　林聚寶／子2946

新鍥翰林三狀元會選二十
　　九子品彙釋評／子2537

新鍥類編明解正音京板書
　　言故事／子2785

新疆圖考／史3303

新纂氏族箋釋／子3002，子
　　3003

新纂武經七書旁訓／子
　　0486

新纂事詞類奇／子2877

新纂門目五臣音註揚子法
　　言／子0095，子0097

［康熙］新纂鄞縣志／史
　　2934

新鐫工師雕斲正式魯班木
　　經匠家鏡附祕訣仙機／
　　史4065，史4067

新鐫士商要覽天下水陸路
　　程圖／史2377

新鐫山堂遺集／集3154

新鐫午未註釋二三場程論
　　玉穀集／集0884

新鐫分門定類綺筵雅樂令
　　謎昭華／子1955

新鐫分類評註文武合編百
　　子金丹／子2565，子
　　2566

新鐫六經纂要／經1146

新鐫玉茗堂批選王弇州先
　　生豔異編／子2684

新鐫玉茗堂批點按鑑糸補
　　北宋志傳／集5975

新鐫古今大雅南宮詞紀北
　　宮詞紀／集5874

新鐫古今名公尺牘彙編選

註／集0566

新鐫古今事物原始全書／
　　子2890

新鐫古本批評繡像三世報
　　隔簾花影／集6001

新鐫幼學備覽青緗對類大
　　全／子2822

新鐫全像通俗演義隋煬帝
　　艷史／集5971，集5972

新鐫李先生類纂音釋捷用
　　雲箋／子2949

新鐫批評出相韓湘子／集
　　6013

新鐫批評出像通俗奇俠禪
　　真逸史八集／集5968

新鐫批評出像通俗演義禪
　　真後史十集／集5969

新鐫甬東王先生陽宅大全
　　／子1407

新鐫易經玄備／經0142

新鐫京板工師雕斲正式魯
　　班經匠家鏡／史4066

新鐫性理奧／子0284

新鐫性理節要／子0272

新鐫音註釋義萬物皆備類
　　纂／子2906

新鐫徐氏家藏羅經頂門針
　　／子1458，子1459

新鐫旁批詳註總斷廣名將
　　譜／子0560

新鐫海內奇觀／史3441

新鐫陳太史子史經濟言／
　　子2923

新鐫陶節菴家藏秘授傷寒
　　六書／子0722

新鐫陶節菴家藏傷寒六書
　　／子0723

新鐫通鑑會纂／史0366

新鐫雅俗通用珠璣藪／子

嘉定侯氏三忠集／集 1218
嘉定紀事／史 0739
[萬曆]嘉定縣志／史 2528
[正德]嘉善縣志／史 2877, 史 2878
[康熙]嘉善縣志／史 2879
嘉靖二十二年四川鄉試錄／史 2058
嘉靖二十二年江西鄉試錄／史 2030, 史 2031
嘉靖二十二年河南鄉試錄／史 1960
嘉靖二十二年浙江鄉試錄／史 2000
嘉靖二十二年順天府鄉試錄／史 1865
嘉靖二十二年湖廣鄉試錄／史 2048
嘉靖二十二年廣東鄉試錄／史 2101
嘉靖二十二年應天府鄉試錄／史 1892
嘉靖二十八年山西鄉試錄／史 1918
嘉靖二十八年山東鄉試錄／史 1939
嘉靖二十八年江南武舉鄉試錄／史 1895
嘉靖二十八年河南鄉試錄／史 1962
嘉靖二十八年陝西鄉試錄／史 1979
嘉靖二十八年浙江鄉試錄／史 2001
嘉靖二十八年順天府鄉試錄／史 1867
嘉靖二十八年福建鄉試錄／史 2079
嘉靖二十八年廣西鄉試錄

／史 2128
嘉靖二十八年廣東鄉試錄／史 2103
嘉靖二十八年應天府鄉試錄／史 1894
嘉靖二十九年武舉錄／史 1779
嘉靖二十九年進士登科錄／史 1777
嘉靖二十九年會試錄／史 1778
嘉靖二十三年進士登科錄／史 1771
嘉靖二十三年會試錄／史 1772
嘉靖二十三武舉錄／史 1773
嘉靖二十五年山西鄉試錄／史 1917
嘉靖二十五年四川鄉試錄／史 2059
嘉靖二十五年江西鄉試錄／史 2032
嘉靖二十五年河南鄉試錄／史 1961
嘉靖二十五年雲南鄉試錄／史 2132
嘉靖二十五年貴州鄉試錄／史 2136
嘉靖二十五年順天府鄉試錄／史 1866
嘉靖二十五年湖廣鄉試錄／史 2049
嘉靖二十五年福建鄉試錄／史 2078
嘉靖二十五年廣東鄉試錄／史 2102
嘉靖二十五年應天府鄉試錄／史 1893

嘉靖二十六年武舉錄／史 1776
嘉靖二十六年進士登科錄／史 1774
嘉靖二十六年會試錄／史 1775
嘉靖二十年進士登科錄／史 1770
嘉靖二年進士登科錄／史 1761
嘉靖二年會試錄／史 1762
嘉靖十一年壬辰科進士同年序齒錄／史 1767
嘉靖十一年進士登科錄／史 1765
嘉靖十一年會試錄／史 1766
嘉靖十七年進士登科錄／史 1769
嘉靖十九年山東鄉試錄／史 1938
嘉靖十九年四川鄉試錄／史 2057
嘉靖十九年江西鄉試錄／史 2029
嘉靖十九年河南鄉試錄／史 1959
嘉靖十九年順天府鄉試錄／史 1864
嘉靖十九年湖廣鄉試錄／史 2047
嘉靖十九年廣東鄉試錄／史 2100
嘉靖十三年江西鄉試錄／史 2027
嘉靖十三年河南鄉試錄／史 1957
嘉靖十三年浙江鄉試錄／史 1999

嘉靖十三年雲貴鄉試錄／
史 2130

嘉靖十三年順天府鄉試錄
／史 1863

嘉靖十三年福建鄉試錄／
史 2076

嘉靖十三年廣東鄉試錄／
史 2098

嘉靖十三年應天府鄉試錄
／史 1890

嘉靖十六年山西鄉試錄／
史 1916

嘉靖十六年四川鄉試錄／
史 2056

嘉靖十六年江西鄉試錄／
史 2028

嘉靖十六年河南鄉試錄／
史 1958

嘉靖十六年陝西鄉試錄／
史 1978

嘉靖十六年雲南鄉試錄／
史 2131

嘉靖十六年福建鄉試錄／
史 2077

嘉靖十六年廣西鄉試錄／
史 2117

嘉靖十六年廣東鄉試錄／
史 2099

嘉靖十六年應天府鄉試錄
／史 1891

嘉靖十四年進士登科錄／
史 1768

嘉靖十年湖廣鄉試錄／史
2046

嘉靖七年山東鄉試錄／史
1937

嘉靖七年江西鄉試錄／史
2026

嘉靖七年河南鄉試錄／史

1956

嘉靖七年浙江同年錄／史
1998

嘉靖七年浙江鄉試錄／史
1997

嘉靖七年順天府鄉試錄／
史 1862

嘉靖七年湖廣鄉試錄／史
2045

嘉靖七年福建鄉試錄／史
2074, 史 2075

嘉靖七年應天府鄉試錄／
史 1889

嘉靖八年進士登科錄／史
1763

嘉靖八年會試錄／史 1764

嘉靖三十一年山西鄉試錄
／史 1919

嘉靖三十一年江西鄉試錄
／史 2033

嘉靖三十一年河南鄉試錄
／史 1963

嘉靖三十一年陝西鄉試錄
／史 1980

嘉靖三十一年貴州鄉試錄
／史 2137

嘉靖三十一年順天府鄉試
錄／史 1868

嘉靖三十一年湖廣鄉試錄
／史 2050

嘉靖三十一年福建鄉試錄
／史 2080

嘉靖三十一年廣東鄉試錄
／史 2104

嘉靖三十一年應天府鄉試
錄／史 1896

嘉靖三十二年武舉錄／史
1782

嘉靖三十二年進士登科錄

／史 1780

嘉靖三十二年會試錄／史
1781

嘉靖三十七年山東鄉試錄
／史 1941

嘉靖三十七年河南鄉試錄
／史 1965

嘉靖三十七年陝西鄉試錄
／史 1981

嘉靖三十七年順天府鄉試
錄／史 1870

嘉靖三十七年湖廣鄉試錄
／史 2051

嘉靖三十七年應天府鄉試
錄／史 1897

嘉靖三十八年武舉錄／史
1789

嘉靖三十八年進士登科錄
／史 1787

嘉靖三十八年會試錄／史
1788

嘉靖三十三年進士登科錄
／史 1783

嘉靖三十五年武舉錄／史
1786

嘉靖三十五年進士登科錄
／史 1784

嘉靖三十五年會試錄／史
1785

嘉靖三十四年山西鄉試錄
／史 1920

嘉靖三十四年山東鄉試錄
／史 1940

嘉靖三十四年河南鄉試錄
／史 1964

嘉靖三十四年貴州鄉試錄
／史 2138

嘉靖三十四年順天府鄉試
錄／史 1869

嘉靖三十四年福建武舉鄉試錄／史 2081

嘉靖元年山西鄉試錄／史 1915

嘉靖元年江西鄉試錄／史 2024

嘉靖元年河南鄉試錄／史 1955

嘉靖元年雲貴鄉試錄／史 2118

嘉靖以來首輔傳／史 1123

嘉靖四十一年武舉錄／史 1792

嘉靖四十一年進士登科錄／史 1790

嘉靖四十一年會試錄／史 1791

嘉靖四十三年山西鄉試錄／史 1921

嘉靖四十三年山東鄉試錄／史 1942

嘉靖四十三年江西鄉試錄／史 2035

嘉靖四十三年河南鄉試錄／史 1966

嘉靖四十三年雲南鄉試錄／史 2133

嘉靖四十三年福建鄉試錄／史 2082

嘉靖四十三年廣西鄉試錄／史 2120

嘉靖四十三年廣東鄉試錄／史 2106

嘉靖四十三年應天府鄉試錄／史 1898

嘉靖四十四年進士登科錄／史 1793

嘉靖四十四年會試錄／史 1794

嘉靖四十年江西鄉試錄／史 2034

嘉靖四十年浙江武舉鄉試錄／史 2003

嘉靖四十年浙江鄉試錄／史 2002

嘉靖四十年貴州鄉試錄／史 2139

嘉靖四十年廣西鄉試錄／史 2119

嘉靖四十年廣東鄉試錄／史 2105

嘉靖四年山東鄉試錄／史 1936

嘉靖四年江西鄉試錄／史 2025

嘉靖四年陝西鄉試錄／史 1977

嘉靖四年雲貴鄉試錄／史 2129

嘉靖四年順天府鄉試錄／史 1861

嘉靖新例／史 4043

嘉慶十六年辛未齒錄／史 1842

嘉慶甲子平湖縣志／史 2893

嘉慶六年進士登科錄／史 1841

嘉慶辛酉科各直省拔貢錄／史 1701

嘉樂齋三蘇文範／集 1275

嘉樹樓詩鈔／集 4329

[正德]嘉興志補／史 2866

嘉興求減浮糧書／史 3987

[弘治]嘉興府志／史 2865

[康熙]嘉興府志／史 2867,史 2868

嘉興府學生員履歷冊／史 2012

臺山文稿／集 4470

臺陽剿匪事略／史 0796

臺灣外志／集 5991

臺灣外記／集 5990

[康熙]臺灣府志／史 3227

壽世秘典／子 2584

壽世新編／子 1117

[嘉靖]壽州志／史 2568

壽者傳／史 1016

壽松堂錢錄／史 4395

[康熙]壽寧縣志／史 3226

壽養叢書／叢 0046

壽親養老新書／子 1105

壽護堂奏議／史 0965

聚樂堂藝文目錄／史 4180

慕陵堂詩鈔／集 5345

慕橋詩集／集 4561

蔣山傭詩集／集 3622

蔣京兆奏議／史 0961

蔣雪齋吟草／集 4970

蔣道林先生文粹／集 2973,集 2974

蔣璞山政訓／史 3865

蔡中郎文集／集 1341,集 1342

蔡中郎集／集 1343,集 1344,集 1345,集 1346

蔡中郎集舉正／集 1347,集 1348

蔡氏九儒書／集 1262

[新昌]蔡氏宗譜／史 1653

蔡忠惠公文集／集 1758

蔡虛齋先生易經蒙引／經 0096

蔡詩船先生詩稿／集 5009

蔡端明別紀／史 1252,集 1756

蔗園外集／集 3453

説文蟲篆／經 1300

説印／子 1863

説玄／子 1334，子 1335，子 1336，子 1337，子 1338

説安堂集／集 3682

説苑／子 0089，子 0090，子 0091，子 0092，子 0093

説苑新序校評附荀子校評／子 0094

説易／經 0144

説郛／叢 0004，叢 0005，叢 0006，叢 0007，叢 0009

説郛續／叢 0010

説莊／經 1165

説嵩／史 3496

説鈴／叢 0081

説鈴摘記／叢 0082

説詩樂趣類編／集 5482

説經／經 1163，經 1164，經 1165

説經劄記／經 1143

説學齋稿／集 2518

説儲／子 2232

説禮約／經 0602

説騷／經 1164，經 1165

説嚴古文殘稿／集 4890

説嚴詩鈔詞鈔／集 4891

認字測／子 2211

誦芬書屋小藁／集 4863

廣川畫跋／子 1727

廣文字會寶／集 0489

廣文選／集 0208，集 0209

[嘉靖]廣平府志／史 2431

[乾隆]廣西府志／史 3280

[康熙]廣西通志／史 3279

廣西藝文略／史 4217

廣百川學海／叢 0013

廣列仙傳／子 3120

[嘉靖]廣州志／史 3237

[嘉靖]廣東通志／史 3234

[雍正]廣東通志／史 3235

廣東詩粹／集 1191

廣東新語／史 3402，子 2258

[嘉靖]廣東韶州府翁源縣志／史 3243

廣東興寧縣榮堂張伯葵全男玉奐手定豐城斗首／子 1505

廣東興圖／史 3236

廣東藝文略／史 4218

廣事類賦／子 2970，子 2971，子 2972，子 2973

廣昌何楚玉先生古今粹言偶刊／集 4165

廣金石韻府／經 1383，經 1384

廣治平略／史 3933，子 0324

[嘉靖]廣信府志／史 3085

廣連珠／集 3360

廣陵先生文集／集 1852，集 1853

廣陵醫案摘錄／子 1152

廣清涼傳／子 3307

廣博物志／子 2912，子 2913

廣雁蕩山志／史 3526，史 3527，史 3528

廣雅／經 1231

廣雅疏證／經 1232，經 1233

廣筆記／子 1204

廣遊文集／集 2510

廣會稽風俗賦／史 3372

廣漢魏叢書／叢 0040

[乾隆]廣德州志／史 2585，史 2586

廣談助／子 2600

廣緝詞隱先生增定南九宮詞譜／集 5922

廣興記／史 2369，史 2370，史 2371，史 2372，史 2375，史 2376

廣興圖／史 2387，史 2388

廣藝舟雙楫／子 1702

廣韻／經 1468，經 1469，經 1470，經 1471，經 1472

廣韻姓氏刊誤／經 1473，經 1474

瘍科選粹／子 0985，子 0986，子 0987

瘍醫大全／子 0988

瘟疫明辨／子 0952，子 0954

瘟疫傳症彙編／子 0950

瘟疫論／子 0946，子 0947，子 0948

瘟疫論補註／子 0949

瘟疫類編／子 0951

瘦吟廬詩草／集 5236，集 5237

瘦華盦留删詩草／集 4784

瘦華盦詩稿／集 4783

瘦梅香室詩抄／集 5255

旗下閨秀詩選／集 0976

旗亭記／集 5839，集 5840

廖公秘傳泄天機／子 1470

[嘉靖]彰德府志／史 2705

[乾隆]彰德府志／史 2706

[嘉靖]彰德府磁州涉縣志／史 2712

[康熙]韶州府志／史 3241

端木叔總日記／史 1449

端本堂考正脈鏡／子 0843

端溪先生集／集 2828

端溪研志／子 1963

端溪硯譜考證辨説／子
　1964
端簡鄭公文集／集 2918
遯菴逸稿／集 3965
適晉稿／集 3130
適情錄／子 1928
適園叢稿／集 5021
適園雜著／集 3030
適廬詞草／集 5702
齊民要術／子 0623
齊名紀數／史 1054
齊東野語／子 2174
[至元]齊乘／史 2627
齊雲山志／史 3478，史
　3479，史 3480
齊雲山桃源洞天志／史
　3726
齊詩翼氏學／經 0438
齊魯古印攈／史 4456
養一齋詞／集 5667
養心亭集／集 2821
養正圖解／子 0279，子
　0280
養生彙抄／子 1119
養生説略／子 1110
養生論／子 3067
養吉齋叢錄／子 2381
養吾先生集略／集 2263
養吾齋集／集 2359
養拙軒筆記／子 2466
養素居詩集存／集 5006
養真集／子 3116
養蒙先生文集／集 2333
養餘月令／史 2342
養餘叢稿／集 5321
頫宮禮樂疏／史 3963
精刻古今女史詩集／集
　0214
精刻卯辰注釋二三場青雲

得筏程策／集 0888
精選古今名賢叢話詩林廣
　記後集／集 5428，集
　5429
精選古今詩餘醉／集 5569
精選東萊先生左氏博議句
　解／經 0762
精選詩林廣記／集 5430
鄭少谷先生全集／集 2820
鄭氏女科秘訣／子 1031
鄭氏周易／經 0051
鄭氏詩譜／經 0339
鄭志／經 1130
鄭易小學／經 0236
鄭忠愍公北山文集／集
　2041
鄭素圃先生醫案／子 1140
榮忠錄／史 1285 榮哀錄／
　集 2832
滎陽鄭氏統宗譜／史 1657
[乾隆]滎澤縣志／史 2694
漢天師世家／子 3125
漢文抄／集 0602
漢石記目錄／史 4311
漢印偶存／史 4452，史
　4453
漢名臣言行錄／史 1052
漢丞相諸葛忠武侯集／集
　1353
漢制考／子 2786，子 2787，
　子 2788，子 2789，子
　2790
漢官儀／子 1945，子 1946
漢泉曹文貞公詩集／集
　2367，集 2368
漢晉六朝帝王紀元印史／
　史 4466
漢晉經籍目錄／史 4179
漢唐秘史／史 0532

漢書／史 0106，史 0107，史
　0108，史 0109，史 0110，
　史 0111，史 0113，史
　0114，史 0115，史 0116，
　史 0117，史 0118，史
　0120，史 0121，史 0122，
　史 0123，史 0124
漢書刊訛／集 4536
漢書校勘／史 0133，史
　0134
漢書雋／史 2225，史 2226
漢書鈔／史 2222
漢書評林／史 0125，史
　0126，史 0127，史 0128，
　史 0129，史 0130，史
　0131
漢書榷參／史 2317
漢書纂／史 2224
漢書屬辭比事記／史 0135
漢張仲景先生金匱要略廣
　註／子 0776
[嘉靖]漢陽府志／史 3125
漢雋／史 2215，史 2216，史
　2217，史 2218
漢溪書法通解／子 1695
漢銅印粹／史 4444
漢銅印叢／史 4419
漢學諧聲／經 1580
漢學齋仿古印譜／史 4439
漢隸分韻／經 1373
漢隸字源／經 1359，經
　1360
漢魏二十一家易注／經
　0045
漢魏六朝二十一名家集／
　集 0004
漢魏六朝百三名家集／集
　0007，集 0008
漢魏六朝詩選／集 0260

十六畫

靜觀樓印言／子 1822
靜觀樓詩文集／集 4560
馼征集／集 4221
駱丞集註／集 1428
駮五經異義／經 1129
騈枝別集／集 3428, 集 3429
騈雅／經 1253, 經 1254
騈體文林初目／集 0381
騈體文鈔／集 0375, 集 0376, 集 0377, 集 0378, 集 0379, 集 0380
賴軒居士初集／集 5260, 集 5261
賴軒雜錄／集 5259
據梧集／集 4182
熹朝拾遺雜詠／集 0823
熹朝閹黨禍國錄／史 0706
擔峰詩／集 3923
擔當和尚詩集／集 3515
擁翠詞稿／集 5283
擁雙艷三種／集 5809
燕几圖／子 1989
燕石集／集 2998
燕市集／集 3172
燕在閣知新錄／子 2353
燕京雜詠／集 4666
燕都志變／史 0735, 史 0763
燕晉遊草／集 4102
燕超堂詩稿／集 4686
燕閑清賞／子 2481
燕程日記／史 1433
燕寓偶談／子 2442
燕趙行記／史 1502
燕臺集詩稿／集 4841
燕禧堂五種／叢 0184
薑露庵雜記／子 2467, 子 2468

薑露詞／集 5691
薛氏醫按／子 0642
薛氏醫書／子 0643
薛文清公行實／史 1273
薛文清公全集／集 2615
薛文清公讀書全錄類編／子 0232, 子 0233
薛生濕熱條辯／子 0956
薛立齋七要／子 0644
薛考功集／集 2859
薛西原集／集 2858
薛浪語集／集 2133
薛許昌詩集／集 1687
薛濤詩／集 1575
薇水亭集／集 4151
[嘉靖]薊州志／史 2406
薦舉經學攷略／史 1695
薪齋二集／集 3625
蕭山水利／史 3656
蕭山水利三刻／史 3657
蕭山汪氏環碧山房書目／史 4153
蕭山來元成先生讀易隅通／經 0155
蕭山來氏族譜／史 1573
蕭山施文臺墓誌銘／史 1328
蕭山諸湖水利／史 3657
[嘉靖]蕭山縣志／史 2964
[萬曆]蕭山縣志／史 2965
[康熙]蕭山縣志／史 2966
[乾隆]蕭山縣志／史 2967
蕭山縣儒學志／史 3860
蕭天民手錄五稿／叢 0047
翰苑印林／史 4415
翰苑集廣義／集 1573, 集 1574
翰苑叢鈔／子 2567
翰林記／史 3843

翰林羅圭峰先生文集／集 2714
翰海／集 0570, 集 0571
頤綵堂文集／集 4466
頤齋居士蜀道集／集 4162
薩天錫詩集／集 2406, 集 2407
樹滋堂秘傳醫要二十四方／子 0917
樹經堂詠史詩集注／集 4447
樸村文集詩集／集 3915
樸谷齋文稿詩稿／集 4542
樸庭詩蒮／集 4434
樸溪潘公文集／集 2899
樸學齋筆記／子 2379
樵叟備忘雜識／子 2579
樵庵詞／集 2356
樵雲詩集／集 3128
樵經閣近抄／集 4737
樵歌／集 5555, 集 5556
樵隱昔癢／集 5038
檋香樓尺牘／集 5305
橘山四六／集 2174
橘巢小藥／集 4037
輯補詩文／集 2926
輶軒使者絕代語釋別國方言／經 1224, 經 1225
賴太素龍游縣圖記／史 3388
賴公衢州府記／史 3387
賴古堂印譜／子 1805
賴古堂名賢尺牘新鈔／集 0574
賴古堂詩集／集 3617
賴僊心印／子 1463
瓢泉吟稿／集 2412
勵志雜錄／集 3968
磚文考略／史 4375

識餘／經 1553

證人社會儀約言／子 0282

證山堂集／集 3756

證治大還／子 0658

證治百問／子 1218

證治合參／子 1225

證治準繩／子 0647，子 0648

證治彙補／子 0943，子 1219

證治寶鑒／子 0894

靡悔軒集／集 2821

廬山十八賢傳／史 1206

廬山志／史 3535，史 3536

廬山紀事／史 3534

[康熙]廬州府志／史 2561

廬陵宋丞相信國公文忠烈先生全集／集 2251

廬陵曾氏家乘／史 1644

廬墓考／史 1042

癡山集／集 3486

韻切指歸／經 1559

韻史／史 2211

韻竹軒和韻麗絕／集 3362

韻字辨同／經 1571

韻言篆略／子 1814

韻林正宗／子 2895

韻林獺祭／子 3030

韻歧／經 1574

韻府拾遺／子 2976

韻府約編／子 3009

韻府群玉／子 2797

韻法直圖／經 1405，經 1406

韻法橫圖／經 1405，經 1406

韻要粗釋／經 1387

韻律／經 1568

韻偶聯珠／子 3027

韻雅／經 1553

韻補／經 1486，經 1487，經 1488

韻語陽秋／集 5414

韻學考原／經 1572

韻齋印品／子 1801

韻譜本義／經 1538

懶梅軒吟稿／集 5371

懶雲樓詩草／集 4605

懷古軒詩集詩鈔／集 3669

懷永堂詩存／集 4572

懷星堂全集／集 2742

懷清堂集／集 3925，集 3926

懷遠堂批點燕子箋／集 5794

[嘉靖]懷遠縣志／史 2567

懷舊集／集 0836，集 0837

懷歸集／集 5043

懷麓堂詩稿文稿／集 2667，集 2668，集 2669

類林新詠／子 2980

類音／經 1552

類症普濟本事方／子 0876

類症普濟本事方後集／子 0877

類書纂要／子 2965

類雋／子 2864

類腋／子 2994，子 2995

類經／子 0695，子 0696

類箋唐王右丞詩集文集／集 1439

類選註釋駱丞全集／集 1429

類選箋釋草堂詩餘／集 5561

類編古今名賢匯語／叢 0059

類編古賦／集 0368

類編草堂詩餘／集 5558

類編傷寒活人書括指掌圖論／子 0717

類編箋釋國朝詩餘／集 5561

類編標註文公朱先生經濟文衡／子 0159

類編標註文公先生經濟文衡／子 0158

類編曆法通書大全／子 1580

類聯集古二編／子 1953

瀲水草堂詞集／集 5645

瀨江紀事本末／史 0783

瀕湖脈學／子 0797，子 0798，子 0799，子 0801

瀛奎律髓／集 0264，集 0266，集 0267，集 0268，集 0269，集 0270

瀛洲社十老小傳／集 0824

瀛海長春錄／集 0829

瀛涯勝覽／史 3812

瀛壖百詠／集 4220

寶石塔藏經妙法蓮華經／子 3173

寵光錄／集 2997

嬾真草堂集／集 3299

繩庵內集外集／集 4287

繹史／史 0499

繪心集／集 4143

繪事備考／子 1743

繪事微言／子 1734，子 1735，子 1736

繪盂／經 0978

繪風亭評第七才子書琵琶記／集 5768，集 5769

繪影集謎語／子 1952

繡佛齋草／集 3541

二十二畫

書名四角號碼索引

麻瘄彙補／子 0961

0020₁
亭皋詩鈔／集 3764
亭林詩集校文／集 3623
亭林先生集外詩／集 3623
亭林遺書／叢 0146

0021₁
靡悔軒集／集 2821

0021₂
充然子詩文集／集 2627，集 2628

0021₂
［萬曆］兗州府志／史 2633

0021₂
鹿床畫絮／子 1754
鹿干草堂集／集 3512
鹿峰草／集 4246
鹿牀小稿／集 4807
鹿洲初集／集 4236
鹿洲全集／叢 0169
鹿沙集／集 4093
鹿城訊度張正宰文稿／集 4749
鹿忠節公集／集 3340
鹿門先生批點漢書鈔／史 2223

0021₂
廬山十八賢傳／史 1206
廬山紀事／史 3534
廬山志／史 3535，史 3536
［康熙］廬州府志／史 2561
廬墓考／史 1042
廬陵宋丞相信國公文忠烈

先生全集／集 2251
廬陵曾氏家乘／史 1644

0021₄
塵餘／子 2229

0021₅
産寶百問／子 1008，子 1009
産寶家傳／子 1025
産孕集／子 1020
産後編／子 1029
産後十八論方／子 1034
産鶴亭詩／集 4425

0021₅
雍音／集 2832
雍州金石記／史 4235
［嘉靖］雍大記／史 2759
雍熙樂府／集 5910，集 5911
雍錄／史 3689

0021₅
離垢集／集 4259
離賚園記／集 3073
離騷辯／集 1327，集 1328
離騷正音／集 1330，集 1331
離騷集傳／集 1313
離騷經訂註／集 1316
離騷經注／集 1340
離騷草木疏辨證／集 1339
離騷草木史／集 1321
離騷本韻／集 1330，集 1331
離騷拾細／集 1321
離騷圖／集 1322，集 1323
離騷節解／集 1330，集

1331
離騷節指／集 1330，集 1331

0021₇
亢藝堂遺集摘鈔／集 5156

0021₇
麂山老屋詩集／集 4519

0022₂
廖公秘傳泄天機／子 1470

0022₃
齊詩翼氏學／經 0438
齊雲山志／史 3478，史 3479，史 3480
齊雲山桃源洞天志／史 3726
［至元］齊乘／史 2627
齊名紀數／史 1054
齊魯古印攈／史 4456
齊東野語／子 2174
齊民要術／子 0623

0022₇
方音正誤／經 1583
方正學先生遜志齋集／集 2580，集 2581，集 2582，集 2583，集 2584，集 2585
方虛谷桐江集／集 2319，集 2320，集 2321
方山先生文錄／集 3000
方山薛先生全集／集 3001
方舟詩餘／集 5597
方叔淵遺集／集 2360
方洲先生集／集 2660
方塘汪先生文粹／集 2881

0024₁
庭聞錄／史 0786

0024₇
夜譚隨錄／子 2690
夜航船／子 2250

0024₇
度測／子 1310
度曲須知／集 5936

0024₇
[康熙]慶元縣志／史 3071
慶湖遺老詩集／集 1963

0025₂
摩訶止觀行輔傳弘決／子
　3258
摩訶般若波羅蜜多心經／
　子 3223

0026₁
㾾堂集／集 4052

0026₅
唐文歸／集 0750
唐文薈鈔／集 0754
唐文呂選／集 0086
唐文鑑／集 0748
唐文粹／集 0617,集 0618,
　集 0620
唐文粹删／集 0622
唐音／集 0645,集 0646,集
　0647
唐音癸籤／集 5455
唐音戊籤／集 0692
唐玄宗御製道德真經疏／
　子 0383

唐六如先生畫譜／集 2775,
　集 2776
唐詩應試備體／集 0718
唐詩意／集 0745
唐詩韻滙韻譜／集 0717
唐詩韶音箋註／集 0725
唐詩二十六家／集 0062
唐詩三集合編／集 0685
唐詩正聲／集 0657,集
　0658,集 0659
唐詩百名家全集／集 0066
唐詩豔逸品／集 0068
唐詩繹／集 0734
唐詩解／集 0689,集 0690
唐詩紀／集 0681
唐詩紀事／集 5410,集
　5411,集 5412
唐詩絕句／集 0640
唐詩絕句類選／集 0668
唐詩絕句精選／集 0665
唐詩酒底附酒律／子 1950
唐詩選勝直解／集 0731
唐詩鼓吹／集 0641,集
　0644
唐詩英華／集 0699
唐詩觀瀾集／集 0732
唐詩排律／集 0715
唐詩掞藻／集 0709
唐詩四種／集 0067
唐詩品／集 0064,集 0065
唐詩品彙／集 0649,集
　0650,集 0651,集 0652,
　集 0653,集 0654,集
　0655,集 0656
唐詩別裁集／集 0726
唐詩所／集 0686
唐詩助道微機／集 0684
唐詩貫珠／集 0711
唐詩人姓氏／史 1055

唐詩金粉／集 0723,集
　0724
唐詩合選詳解／集 0722
唐詩箋註／集 0735
唐詩愜當集／集 0744
唐詩類苑／集 0673
唐詩類苑纂／集 0674
唐詩類鈔／集 0664
唐諸家同詠集贈題集／集
　1439
唐韻疏／經 1544
唐三高僧詩集／集 0040
唐王燾先生外臺秘要方／
　子 0872
唐元次山文集／集 1557,集
　1558
唐百家詩／集 0064,集
　0065
唐石經考正／經 1191
唐孫職方集／集 1694
唐丞相曲江張文獻公集／
　集 1435
唐代碑志目／史 4320
唐先生文集／集 1975,集
　1976
唐律疏義／史 4035
唐伯虎先生集／集 2774
唐名家文鈔／集 0751
唐絕增奇／集 0666
唐紹興人詩／集 1123
唐宋詩本／集 0336
唐宋元名表／集 0435,集
　0436
唐宋白孔六帖／子 2719,子
　2720,子 2721
唐宋名賢歷代確論／史
　2280
唐宋叢書／叢 0014,叢
　0015

廣西藝文略／史 4217

廣百川學海／叢 0013

廣列仙傳／子 3120

［嘉靖］廣信府志／史 3085

廣川畫跋／子 1727

［乾隆］廣德州志／史 2585，史 2586

廣緝詞隱先生增定南九宮詞譜／集 5922

［嘉靖］廣州志／史 3237

廣治平略／史 3933，子 0324

廣清凉傳／子 3307

廣漢魏叢書／叢 0040

廣連珠／集 3360

廣遊文集／集 2510

廣博物志／子 2912，子 2913

廣藝舟雙楫／子 1702

廣事類賦／子 2970，子 2971，子 2972，子 2973

廣東新語／史 3402，子 2258

廣東詩粹／集 1191

［嘉靖］廣東韶州府翁源縣志／史 3243

［嘉靖］廣東通志／史 3234

［雍正］廣東通志／史 3235

廣東藝文略／史 4218

廣東興寧縣榮堂張伯葵全男玉奐手定豐城斗首／子 1505

廣東興圖／史 3236

廣昌何楚玉先生古今粹言偶刊／集 4165

廣雅／經 1231

廣雅疏證／經 1232，經 1233

廣雁蕩山志／史 3526，史

3527，史 3528

廣陵先生文集／集 1852，集 1853

廣陵醫案摘錄／子 1152

廣輿記／史 2369，史 2370，史 2371，史 2372，史 2375，史 2376

廣輿圖／史 2387，史 2388

廣金石韻府／經 1383，經 1384

廣會稽風俗賦／史 3372

廣筆記／子 1204

0028₇

庚辛之間亡友列傳／史 1160

庚癸紀略／史 0805，史 0806

庚子銷夏記／子 1644，子 1645

庚寅詩稿／集 4487

庚申北略／史 0804

庚申避寇瑣記／史 1460

庚辰集／集 0926

0028₇

庚子山集／集 1421

庚子山全集／集 1412

0029₄

麻疹痢門方旨／子 1080

麻姑集／子 3124

0029₉

康齋先生文集／集 2679

康濟譜／史 1018，子 2945

康對山先生集／集 2777

康熙六年丁未科進士履歷便覽／史 1830

康熙二十一年壬戌科殿試題名全錄／史 1836

康熙二十三年四川鄉試錄／史 2063

康熙二十四年乙丑科進士履歷便覽／史 1837

康熙三十三年甲戌科進士履歷便覽／史 1838

康熙三年甲辰科進士履歷便覽／史 1829

康熙廷臣奏表／史 0877

康熙字典十二集／經 1419

康熙十二年癸丑科進士履歷便覽／史 1832

康熙十五年丙辰科進士履歷便覽／史 1833

康熙十八年己未科進士履歷便覽／史 1834

康熙十八年博學鴻儒科題名錄／史 1697

康熙十八年博學鴻儒科題名／史 1835

康熙九年庚戌科進士履歷便覽／史 1831

康熙四十七年浙江鄉試錄／史 2010

康熙甲子史館新刊古今通韻／經 1554

康範詩餘／集 5603

康節先生觀物篇解／子 1345

0033₁

忘憂草／集 5153

0033₆

意林／子 2485，子 2486，子 2487，子 2488

意林注／子 2489，子 2490

意林逸文／子2491
意林逸子書／子2492
意園詩集／集5368

0040₀
文廟從祀賢事儒表／史 1009
文廟禮樂考／史3978
文廟祀典考略／史3979
文府滑稽／集0464
文章辨體／集0411，集 0412，集0413
文章辨體彙選／集0414
文章正論／集0450
文章正宗復刻／集0395
文章練要左傳評／集0989
文章鼻祖／集0549
文章軌範／集0403，集 0404，集0405，集0406， 集0407
文章軌範百家評注／集 0408
文端集／集0418
文韻集／集0519
文三橋先生印譜／子1802
文瑞樓藏書志／史4152
文瑞樓匯刻書／集0101
文武官員祭恭敏公奠稿／ 史1292
文致／集0496
文信國青原琴玉帶研圖／ 集0952
文儷／集0477
文貞公集／集3755
文山先生文集／集2245，集 2246
文山先生全集／集2247，集 2248
文獻通考／史3882，史

3883，史3884，史3885， 史3886，史3887，史 3888，史3889，史3890， 史3891，史3892，史 3893
文獻通考詳節／史3899，史 3900
文獻通考紀要／史3907
文獻通考補增參補／史 3902
文獻通考纂／史3896，史 3897，史3898，史3901
文編／集0429，集0430，集 0431
文舟公稿／集4669
文房肆攷圖說／子1960
文家稽古編／子3004
文字會寶／集0488
文心雕龍／集5391，集 5392，集5397，集5398， 集5399，集5400，集 5401，集5402，集5403
文浦玄珠／集0453
文津／集0517
文清公薛先生文集／集 2613，集2614
文溫州集／集2699
文瀾閣四庫全書／叢0085， 叢0086
文瀾閣四庫全書目錄／史 4109
文潞公文集／集1807，集 1808，集1809
文選／集0129，集0130，集 0131，集0132，集0133， 集0134，集0135，集 0136，集0137，集0138， 集0139，集0140，集 0141，集0142，集0143，

集0144，集0145，集 0146，集0147，集0148， 集0149，集0150，集 0151，集0152，集0160
文選章句／集0180
文選音義／集0192，集 0193，集0194
文選詩鈔／集0189
文選雙字類要／子2740
文選集評／集0190
文選補遺／集0204，集 0205，集0206
文選瀹註／集0177，集 0178
文選尤／集0188
文選樓詩草／集4529
文選樓藏書記／史4155
文選增定／集0207
文選刪註／集0181
文選纂註／集0165，集 0166，集0167，集0168
文選纂註評苑／集0175
文選纂註評林／集0169，集 0170，集0171
文選類林／子2741，子 2742
文道十書／叢0167
文太青先生全集／集3335
文壇列俎／集0487
文雄堂印譜／子1813
文韜／子0495
文始經釋辭／子0464
文始真經言外經旨／子 0463
文苑三絕／叢0058
文苑彙雋／子2907
文苑英華／集0195，集 0196，集0197，集0198
文苑英華律賦選／集0201

文苑英華選／集 0200
文苑英華選雋／集 0199
文苑春秋／集 0419, 集 0420
文莊集／集 1742
文林綺繡／叢 0032
文翰類選大成／集 0415
文敬胡先生集／集 2726
文史通義／史 2323
文中子／子 0110
文蕭王公奏草／史 0918
文蕭公文集／集 2662
文忠烈公從祀原案錄／集 2251
文忠集／集 2382, 集 2383
文成先生文要／集 2765
文蛻／集 5098
文園文集／集 3349
文昌帝君陰騭文像註／子 3127
文昌通紀／子 3083
[康熙]文昌縣志／史 3271
文則／集 0443
文雅社約／子 2215
文所易説／經 0105
文體明辨／集 0449
文體明辯／集 0447, 集 0448
文公先生經世大訓／子 0161
文公先生資治通鑑綱目／史 0317, 史 0318
文公家禮儀節／經 0691, 經 0692, 經 0693, 經 0694
文公家禮會通／經 0690
文堂集驗方／子 0923
文粹／集 0611, 集 0612, 集 0621

0040₁
辛齋稿／集 3659
辛酉都城紀事／史 0837
辛壬瑣記／史 0821
辛壬寇略／史 0822
辛壬脞錄／史 0824
辛巳歲救荒小議／史 0714
辛巳泣蘄錄／史 0627
辛巳越中荒紀／史 0714
辛卯生詩／集 4727

0040₃
率祖堂叢書／叢 0119

0040₆
章子／子 0291
章江游草／集 5314
章鋆詩文稿／集 5015
[弘治]章丘縣志／史 2628
章氏遺書／叢 0187
章質庵先生集／集 2606

0040₇
享帚閣詩選／集 0939

0040₈
交山平寇本末／史 0516
交泰韻／經 1536
交輝園遺稿／集 4184

0044₁
辨證錄／子 0760
辨銀／子 1980, 子 1981

0044₁
辯章／集 5262
辯言／子 2156

0044₃
弈理指歸續編／子 1940
弈理指歸圖／子 1939
弈妙／子 1936
弈學會海／子 1933

0060₁
言行拾遺事錄／集 1752
言舊錄／史 1413

0060₁
音韻討論／經 1570
音韻須知／經 1562
音韻校正／經 1594
音韻輯要／經 1582
音韻日月燈／經 1539
音韻同異辨／經 1585
音韻闡微／經 1551
音釋舉要／經 1376
音均部略／經 1591
音切譜／經 1584
音同義異辨／經 1309
音學五書／經 1545, 經 1546, 經 1547, 經 1548
音義評注淵海子平／子 1557

0060₃
畜德錄／子 2433

0061₄
註陸宣公奏議／史 0879
註義圖序論／子 0702

0062₇
訪粵續集／集 4810
訪粵集／集 4808

0071₄

[順治]亳州志／史 2579

[乾隆]亳州志／史 2580

[道光]亳州志／史 2581

0071₇

甕雲草堂詩稿／集 4933，集 4934

0073₂

玄言齋集／集 3141

玄玄碁經／子 1927

玄玄棋經／子 1926

玄膚論／子 3103

玄真子外篇／子 3071

玄超堂藏藥／集 3521

玄賞齋書目／史 4133

0073₂

哀思集／集 5238

0073₂

褒碧齋詞／集 5710

0073₂

褒忠詞／集 5062

褒賢集／史 1248

褒賢祠記／史 1248，集 1752

0073₂

[乾隆]襄垣縣志／史 2604

[嘉靖]襄城縣志／史 2746

襄陵詩詞玉詞／集 4921

襄陵詩草／集 4922

襄陽外編／集 1449

襄陽耆舊傳／史 1207

0080₀

六部事例／史 3926

六醴齋醫書／子 0656

六子要語／子 0008

六子書／子 0003，子 0004，子 0005

六子全書／子 0006，子 0007

六壬雜占／子 1550

六壬集要／子 1544

六壬經驗集／子 1555

六壬秘笈／子 1552

六壬苗公鬼撮脚／子 1545

六壬畢法／子 1548

六經三註粹抄／經 0027

六經正誤／經 1132

六經天文編／子 2786，子 2787，子 2788，子 2789，子 2790

六經圖／經 1135，經 1136，經 1156，經 1157

六經堂詩集／集 4159

六家文選／集 0153，集 0154

六家詩名物疏／經 0425

[乾隆]六安州志／史 2588

六字玄機／子 1483

六湖先生遺集／集 4240

六祖大師法寶壇經／子 3210，子 3283，子 3284

六十種曲十二集／集 5764

六十四卦經解／經 0228，經 0229

六吉齋詩鈔／集 4851，集 4852

六韜逸文／子 0495

六如唐先生畫譜／集 2774

六朝文絜／集 0557

六朝詩集／集 0009，集 0010，集 0011

六妙門／子 3260

六書音均表／經 1280，經 1281，經 1577，經 1578，經 1579

六書雜說／經 1432

六書正譌／經 1370，經 1371，經 1372

六書正義／經 1402

六書例解／經 1432

六書總要／經 1403

六書準／經 1413

六書通／經 1411，經 1412

六書通釋／經 1364，經 1365

六書通摭遺／經 1441

六書古訓／經 1450，經 1451

六書故／經 1364，經 1365

六書賦音義／經 1385，經 1386

六書長箋／經 1294，經 1295

六書叚借經徵／經 1449

六書分類／經 1425，經 1426，經 1427，經 1428

六書會原／經 1440

六書精蘊／經 1376

六曆甄微／子 1285

六臣註文選／集 0155，集 0156，集 0157，集 0158，集 0159

六陵劫餘志／史 3772

六印山房記／子 1817

[嘉靖]六合縣志／史 2463

六欲軒藁／集 3293

六省黃河工程堤霸情形全圖／史 3602

端溪先生集／集 2828
端木叔総日記／史 1449
端本堂考正脈鏡／子 0843
端簡鄭公文集／集 2918

0242₂

［嘉靖］彰德府磁州涉縣志
　／史 2712
［嘉靖］彰德府志／史 2705
［乾隆］彰德府志／史 2706

0260₀

訓子從學帖／子 0336

0261₄

託素齋文集／集 3724
託素齋詩集文集／集 3725
託素齋集／集 3726

0261₈

證山堂集／集 3756
證治百問／子 1218
證治彙補 ／ 子 0943，子
　1219
證治準繩 ／ 子 0647，子
　0648
證治寶鑒／子 0894
證治大還／子 0658
證治合參／子 1225
證人社會儀約言／子 0282

0266₂

諧聲補逸／經 1317
諧聲指南／經 1403
諧聲品字箋／經 1422
諧聲別部／集 5469

0266₄

話墮集／集 4584

0280₀

刻註釋李滄溟先生文選狐
　白／集 3050
刻王鳳洲先生家藏通考綱
　鑑旁訓／史 0391
刻御製新頒大明律例註釋
　招擬折獄指南／史 4054
刻徐文長先生秘集／子
　2527
刻樗集／集 5226
刻莊子詩略／集 3461
刻黃帝內經素問鈔／子
　0684
刻梅太史評釋駱賓王文抄
　神駒／集 1430
刻歷朝捷錄大成／史 2288，
　史 2289，史 2290，史
　2291
刻醫無閭子醫貫／子 1206
刻金進士臨場近義／集
　3437
刻精選百家錦繡聯／子
　2939

0292₁

［正德］新市鎮志／史 2913
新訂奇異俗古字彙／經
　1444
新評龍圖神斷公案／集
　5946
新評繡像紅樓夢全傳／集
　5998
新語／子 0059，子 0060，子
　0061
新刻痰火點雪／子 0942
新刻旁注四六類函／集
　0865
［嘉靖］新刻商城縣志／史

2754
新刻註釋雲龍翰東大成／
　集 0567
新刻註釋孔子家語憲／子
　0039，子 0040
新刻註釋故事白眉／子
　2914
新刻註釋駱丞集／集 1423
新刻京板工師雕斲正式魯
　班經匠家鏡／史 4068
新刻譚友夏合集／集 3448
新刻三蘇論策選粹／集
　1279
新刻聶久吾先生醫學彙函
　／子 1213
新刻石函平砂玉尺經全書
　／ 子 1436，子 1438，子
　1439
新刻天下四民便覽萬寶全
　書／子 2947
新刻天備子全集／集 3440
新刻張太岳先生集 ／ 集
　3055
新刻瓊琯白先生集 ／ 集
　2201
新刻重校增補圓機活法詩
　學全書／子 2846
新刻何氏類鎔／子 2876
新刻經館課玉堂椽筆錄／
　集 0886
新刻出像音註管鮑分金記
　／集 5787
新刻出像點板時尚崑腔雜
　曲醉怡情／集 5915
新刻仲祥吳景鸞先生解議
　秘訣／子 1426
新刻傷寒六書纂要辨疑／
　子 0740
新刻傷寒活人指掌補注辨

疑／子 0739

新刻官板舉業卮言／集 0885

新刻湯太史批點古今捷學舉業要論／子 2886

新刻禪髓／子 3277

新刻逸田叟女仙外史大奇書／集 5989

新刻九我李太史編纂古本歷史大方綱鑑／史 0386

新刻九我李太史校正大方性理全書／子 0226

新刻李袁二先生精選唐詩訓解／集 0678

新刻七十二朝四書人物考註釋／經 1018

新刻袁柳庄先生秘傳相法／子 1566

新刻來瞿唐先生易註／經 0108

新刻校正古本歷史大方通鑑／史 0387

新刻萬法歸宗／子 1617

新刻蘇長公詩文選勝／集 1895

新刻韓詩外傳／經 0450

新刻世史類編／史 0375

新刻葉李二先生選註春秋／經 0874

新刻增集紀驗田家五行／子 0629

新刻翰林評選注釋程策會要／集 0882，集 0883

新刻東海王先生纂輯陽宅十書／子 1404

新刻批評繡像後西遊記／集 6008

新刻靜山策論膚見／集 0890

新刻按鑑編纂開闢衍繹通俗志傳／集 5960

新刻星學樞要／子 1388

新刻易旨一覽／經 0146

新刻明朝通紀會纂／史 0453

新刻陳眉公訂正通紀會纂／史 0452

新刻陳眉公重訂通鑑會纂／史 0365

新刻陳養晦先生傷寒五法／子 0738

新刻熙朝內閣評選六子纂要／子 2526

新刻學餘園類選名公四六鳳采／集 0869

新刻醫彙／子 1214

新刻臨川王介甫先生文集／集 1846，集 1847

新刻全像註釋二十四孝日記故事／子 2918

新刻全像三寶太監西洋記通俗演義／集 5986

新刻分類摘聯四六積玉／子 2928，子 2929

新刻合諸名家評選古文啓秀／集 0474

新刻鍾伯敬先生批評封神演義／集 6009，集 6010

新疆圖考／史 3303

新刊高明大字少微先生資治通鑑節要／史 0303

新刊唐荊川先生稗編／子 2836

新刊康對山先生武功縣志／史 2795

新刊文選考註／集 0161

新刊文選批評／集 0179

新刊京本禮記纂言／經

0581，經 0582

新刊諸子纂要大全／子 2510

新刊韻學會海／子 3013

新刊論策標題古今三十三朝史綱紀要外紀／史 0384

新刊正文對音捷要琴譜真傳／子 1889

新刊五百家註音辯昌黎先生文集／集 1606，集 1607，集 1608

新刊武進荊川唐先生日錄四書拙講／經 1015

新刊子史群書論策全備摘題雲龍便覽／子 2859

新刊邵翰林評選舉業捷學宇宙文芒／子 2894

新刊重訂輯釋通義源流本末／經 1003

新刊重訂疊山先生文集／集 2255

新刊重校秘傳四先生通天竅／子 1471

新刊止齋先生文範／集 2098

新刊仁齋直指附遺方論／子 0878，子 0879，子 0880

新刊儒門理氣造葬正經／子 1475

新刊紫陽朱子綱目大全／史 0325，史 0326

新刊外科正宗／子 0971，子 0972，子 0973

新刊續補文選纂註／集 0176

新刊皇明名臣言行錄／史 1082

新刊名山百詠詩／集 0806

新刊名家地理大全／子 1457

新刊名世文宗／集 0460

新刊名臣碑傳琬琰之集／史 1067，史 1068

新刊彙編秦漢精華／集 0445

新刊傷寒撮要／子 0733

新刊憲臺攷正宋元通鑑全編／史 0305

新刊憲臺攷正少微通鑑全編／史 0305，史 0306，史 0307

新刊官板批評正百將傳／子 0555，子 0556

新刊宋學士夾漈先生六經奧論／經 1134

新刊宋學士全集／集 2491，集 2492

新刊迂齋先生標注崇古文訣／集 0385

新刊補註釋文黃帝內經素問／子 0673

新刊補遺秘傳痘疹全嬰金鏡錄／子 1073

新刊禮記正蒙講意／經 0597

新刊資治通鑑漢唐綱目經史品藻／史 2283

新刊克擇便覽／子 1585

新刊李九我先生編纂大方萬文一統內外集／集 0467

新刊古列女傳／史 0986

新刊古今韻府大全續編／子 2803

新刊古今名賢草堂詩餘／集 5566

新刊古今名賢品彙註釋玉堂詩選／集 0274

新刊古今尺牘聞見拔尤／集 0565

新刊大廣益會玉篇／經 1343

新刊校正增補皇明資治通紀／史 0440

新刊標題明解聖賢語論／子 0212，子 0213

新刊地理五經四書解義郭璞葬經／子 1439

新刊地理天機會元／子 1424

新刊地理統會大成／子 1447

新刊地理紫囊書／子 1455，子 1456

新刊地理綱目榮親入眼福地先知／子 1453

新刊萬天官四世孫家傳平學洞微寶鏡／子 1452

新刊黃帝內經靈樞／子 0671，子 0673，子 0686

新刊杜工部詩集／集 1481

新刊林次崖先生編批點古文類鈔／集 0426

新刊埤雅／經 1244

新刊增補古今名家詩學大成／子 2840

新刊增補古今名家韻學淵海大成／子 2841

新刊翰林諸書選粹／子 2861

新刊翰林考正綱目批點音釋少微節要通鑑大全／史 0304

新刊蟲異賦／子 2033

新刊素問入式運氣論奧／

子 0673

新刊四大家文選／集 0421

新刊四書大題敲華文祖題意備覽／集 0887

新刊四明先生高明大字續資治通鑑節要／史 0350

新刊易經衍義／經 0103

新刊圖解玉靈聚義占卜龜經／子 1511

新刊羅經解／子 1454

新刊明醫攷訂丹溪心法大全／子 1183

新刊劉子書抄／子 2123

新刊陳眉公先生精選古今人物論／史 2308

新刊駱子集註／集 1427

新刊丹溪先生心法／子 1179

新刊舉業明儒論宗／集 0878

新刊醫林狀元壽世保元／子 0907

新刊監本册府元龜／子 2737，子 2738

新刊全補四書存疑／經 1014

新刊全相萬家詩法／集 5454

新刊分類近思錄／子 0139

新刊銅人鍼灸經／子 0852

新刊簡明醫殼／子 0912，子 0913

新刊箋註決科古今源流至論／子 2783

新刊纂圖元亨療馬集／子 0635

新刊小兒雜瘡秘傳便蒙捷法／子 1073

新刊性理集要／子 0263

新刊性理大全／子0224，子
　0225
新刊精選陽明先生文粹／
　集2767
新集背篇列部之字／經
　1400
新集古文四聲韻／經1354
新岑詩草文草制義遺草／
　集3034
新刊經驗痘疹不求人方論
　／子1087
新刊繽山省翁活幼口議／
　子1038
新製諸器圖説／子1991
新製靈臺儀象志／子1255
新樂府詞／集5632
新編方輿勝覽／史2355
新編音點性理群書句解前
　集／子0201
新編詩義集説／經0366
新編西方子明堂灸經／子
　0852
新編瑶華韻／子2807
新編孔夫子周遊列國大成
　麒麟記／集5797
新編經史正音切韻指南／
　經 1495，經 1496，經
　1497，經1507，經1508
新編秘傳堪輿類纂人天共
　寶／子1461
新編魯般營造正式／史
　4063，史4064
新編併音連聲韻學集成／
　經1525
新編南詞定律／集5937
新編古今事文類聚／子
　2755，子2756，子2757，
　子 2758，子 2759，子
　2760，子2761

新編壽世傳真／子1114
新編翰苑新書前集／子
　2795
新編吏治懸鏡／史3873
新編事文類聚翰墨大全／
　子2805
新編事文類聚翰墨全書／
　子2806
新編排韻增廣事類氏族大
　全／子2804
新編目連救母勸善戲文／
　集5775
新編醫學正傳／子1126，子
　1127
新編分類當代名公文武星
　案／子1563
新編篇韻貫珠集／經1495，
　經 1496，經 1497，經
　1498，經1499，經1500
新編算學啓蒙／子1302
新編簪纓必用翰苑新書／
　子2796
新傳理性元雅／子1899
［康熙］新修武義縣志／史
　3008
［萬曆］新修上虞縣志／史
　2974
［康熙］新修東陽縣志／史
　3003
新修長沙府嶽麓志／史
　3552
［正德］新鄉縣志／史2718
新安文獻志／集1041
新安二布衣詩／集1040
新安程氏慶源家乘／史
　1638
新安程氏家譜／史1637
新安名族志／史1538

新安汪溪金氏族譜／史
　1580
新安左田黃氏正宗譜派系
　文獻／史1619
［淳熙］新安志／史2540，
　史2541
新安黃氏會通譜／史1618
新安忠烈廟神紀實／史
　1242
新安醫案摘錄／子1152
新安俞氏統宗譜／史1590
新定九宮大成南北詞宮譜
　／集5938，集5939
新州葉氏家譜／史1634
新選古今類腴／子2851
新校廣平學案／史1032
新校晉書地理志／史0194
新校經史海篇直音／經
　1394，經1395，經1396，
　經 1397，經 1398，經
　1399
新校注古本西廂記／集
　5739
新校博愛心鑑發明全書／
　子1066
新坂土風／集4713
［康熙］新城縣續志／史
　2859
［正德］新城縣志／史3096
［萬曆］新城縣志／史2858
［康熙］新城縣志／史
　2859，史2860
新舊唐書互證／史0227
新加九經字樣／經1349
新都秀運集／集1039
新增説文韻府群玉／子
　2798，子2799，子2800，
　子2801，子2802

新增格古要論／子2477，子
　2478

新增成案所見集／史4057

新增願體集／子0346

新增篇韻拾遺并藏經字義
　／經1507

新書／子0062，子0063，子
　0064，子0065，子0066

新輯文潔鄧先生佚稿／集
　3198

［康熙］新昌縣志／史2981

［光緒］新昌縣志／史2982

新喻三劉文集／集1261

新喻梁石門先生集／集
　2497

新雕宋朝文鑑／集0765，集
　0766

新學舉隅續集選百篇／集
　0990

［乾隆］新興縣志／史3261

［同治］新塍瑣志／史2872

新入諸儒議論杜氏通典詳
　節／史3881

新鐫旁批詳註總斷廣名將
　譜／子0560

新鐫音註釋義萬物皆備類
　纂／子2906

新鐫六經纂要／經1146

新鐫京板工師雕斲正式魯
　班經匠家鏡／史4066

新鐫工師雕斲正式魯班木
　經匠家鏡附祕訣仙機／
　史4065，史4067

新鐫玉茗堂批選王弇州先
　生豔異編／子2684

新鐫玉茗堂批點按鑑糸補
　北宋志傳／集5975

新鐫甬東王先生陽宅大全
　／子1407

新鐫歌林拾翠／集5914

新鐫焦太史彙選中原文獻
　／集0470

新鐫山堂遺集／集3154

新鐫幼學備覽青緗對類大
　全／子2822

新鐫繆當時先生周易九鼎
　／經0127

新鐫徐氏家藏羅經頂門針
　／子1458，子1459

新鐫通鑑會纂／史0366

新鐫選註名公四六雲濤／
　集0866

新鐫海內奇觀／史3441

新鐫士商要覽天下水陸路
　程圖／史2377

新鐫臺監曆法增補應福通
　書／子1275

新鐫李先生類纂音釋捷用
　雲箋／子2949

新鐫古本批評繡像三世報
　隔簾花影／集6001

新鐫古今名公尺牘彙編選
　註／集0566

新鐫古今大雅南宮詞紀北
　宮詞紀／集5874

新鐫古今事物原始全書／
　子2890

新鐫標題武經七書／子
　0481

新鐫增補宋岳鄂武穆王精
　忠彙編／史1264

新鐫增補標題武經七書／
　子0480

新鐫翰林攷正歷朝故事統
　宗／子2878

新鐫批評出像通俗演義禪
　真後史十集／集5969

新鐫批評出像通俗奇俠禪

真逸史八集／集5968

新鐫批評出相韓湘子／集
　6013

新鐫鰲頭歷朝實錄音釋引
　蒙鑑鈔／史2170

新鐫易經玄備／經0142

新鐫雅俗通用珠璣藪／子
　2948

新鐫歷朝捷錄增定全編大
　成／史2294

新鐫陳太史子史經濟言／
　子2923

新鐫陶節菴家藏秘授傷寒
　六書／子0722

新鐫陶節菴家藏傷寒六書
　／子0723

新鐫全像通俗演義隋煬帝
　艷史／集5971，集5972

新鐫分門定類綺筵雅樂令
　謎昭華／子1955

新鐫分類評註文武合編百
　子金丹／子2565，子
　2566

新鐫午未註釋二三場程論
　玉穀集／集0884

新鐫性理奧／子0284

新鐫性理節要／子0272

新鋟京本句解消砂經節圖
　雪心賦尋龍經訣法／子
　1418

新鋟評林旁訓薛湯二先生
　家藏酉陽捃古人物奇編
　／經1022

新鋟朱狀元芸窗彙輯百大
　家評註史記品粹／史
　0049

新鋟李閣老評註左胡纂要
　／經0873

新鋟獵古詞章釋字訓解三

台對類正宗／子 2921

新鋟葛稚川／子 3066

新鋟抱朴子／子 3062, 子 3063

新鋟鈔評校正標題皇明資治通紀／史 0441

新鋟二太史彙選註釋九子全書評林／子 2538

新鋟孔聖宗師出身全傳／史 1224

新鋟焦狀元彙選注釋續九子全書評林／子 2539

新鋟焦太史彙選百家評林歷代古文珠璣／集 0468

新鋟焦太史彙選百家評林名文珠璣／集 0469

新鋟皇明百大家總意四書正新錄／經 1033

新鋟名家纂定註解兩漢評林／史 2231

新鋟名家纂定注解兩漢評林／史 2230

新鋟官板音釋標題皇明通紀／史 0442

新鋟溫陵鄭孩如先生約選古文四如編／集 0456

新鋟燕臺校正天下通行文林聚寶／子 2946

新鋟翰林三狀元會選二十九子品彙釋評／子 2537

新鋟書經講義會編／經 0273, 經 0274

新鋟四書心鉢／經 1037

新鋟會元湯先生批評滄溟文選評林／集 3049

新鋟會元湯先生批評南明文選／集 3077

新鋟鄭孩如先生精選先秦兩漢旁訓便讀／集 0586

新鋟類編明解正音京板書言故事／子 2785

新箋決科古今源流至論／子 2781, 子 2782

新纂武經七書旁訓／子 0486

［康熙］新纂鄞縣志／史 2934

新纂事詞類奇／子 2877

新纂氏族箋釋／子 3002, 子 3003

新纂門目五臣音註揚子法言／子 0095, 子 0097

0318₄
竢庵李先生文集／集 2414

0364₀
試帖詩集／集 0344

試屯議附屯田便宜四十事／史 3985

試秦詩紀／集 3699

0365₀
誠齋文節先生錦繡策／集 2143

誠齋雜劇／集 5749

誠齋詩集／集 2780

誠齋詩抄／集 2145

誠齋集／集 2140

誠齋易傳／經 0079

誠意伯文集／集 2505

誠意伯劉先生文集／集 2499

誠一堂琴譜／子 1913

誠書／子 1090

誠書痘疹／子 1090

0365₀
識字軒詩／集 4100

識遺／子 2312

識餘／經 1553

識小編／子 2360

0366₀
詒硯齋草稿／集 5278

詒莊樓磚錄／史 4370

0369₂
詠歸亭詩鈔／集 4252

詠物詩／集 2443

詠物詩選／集 0328

詠物詩選註釋／集 0329

詠尊樓印帙／子 1869

詠素齋古今體詩初草／集 5244

詠懷詩／集 1361

詠懷詩次阮韻／集 3342

0391₂
就正草／集 5119

就懦齋言印／子 1835

0460₀
計部奏疏／史 0927

計偕日錄／史 1451

0460₀
謝康樂集／集 1401

謝文莊公集／集 2665

謝耳伯先生初集全集／集 3405

謝天懷聾歌雜著／集 3877

謝山雜著／集 4326

謝幼槃文集／集 1960

謝皋羽年譜／史 1365

謝龜巢先生集／集 2455

謝翱西臺慟哭記／史 1275

謝宣城集／集 1405, 集

詩藪/集 5448,集 5449,集
　5450

詩材類對纂要/子 2987

詩林韶濩選/集 0322

詩觀初集/集 0914

詩聲類/經 1575

詩史/集 3905

詩本音補正/經 0435

詩批釋/經 0369

詩拔/集 0306

詩農詩稿/集 5017

詩圖/經 0343,經 0344,經
　0345,經 0346

詩品/集 5406

詩賦序/集 3561

詩原/集 5495

詩所/經 0383,集 0287,集
　0288

詩慰/集 0117

詩體明辯/集 0281

詩學正宗/集 0275

詩學緒餘/經 0430

詩學自怡錄/經 0419

詩學鴻裁/集 0511

詩學梯航/集 5436

詩學指南/集 5507

詩學含英/集 5492

詩問/集 5467

詩問稿/集 4825

詩問續/集 5466

詩貫/經 0392

詩人玉屑/集 5425,集
　5426

詩人考世/集 0284

詩鏡/集 0303

詩筏/集 5457

詩餘畫譜/子 1761

詩餘圖譜/集 5718

詩鈔三種/集 0116

0466₀

諸症歌訣/子 0813

諸病總括/子 0928

諸子褒異集/子 2571

諸子碎金/子 0020

諸子彙函/子 0016

諸子連珠/集 0367

諸子奇賞/子 2558

諸子品節/子 2515

諸儒講義/子 0242

諸儒箋解古文真寶/集
　0410

諸佛世尊如來菩薩尊者名
　稱歌曲/子 3320

諸佛世尊如來菩薩尊者神
　僧名經/子 3318

諸佛世尊如來菩薩尊者名
　稱歌曲感應歌曲/子
　3319

諸家詩評/集 1671,集
　1672,集 1673

諸家詩話/集 1512,集
　1513,集 1514,集 1515,
　集 1516,集 1517,集
　1518

諸家集說/子 1931

諸邊考議/史 0663

諸太史評三先生家藏四書
　講意明珠庫/經 1046

[乾隆]諸城縣志/史 2645

諸蕃志/史 3810

諸蕃類考/史 3819

諸葛丞相集/集 1352

諸葛忠武書/史 1239

諸史考異/史 2333

諸史夷語音義/史 0103

諸史提要/史 2159

諸史品節/史 2162,史

　2163

諸史異彙/史 2181

諸史會編大全/史 0376,史
　0377

諸國興廢説/經 0829,經
　0830,經 0831,經 0833,
　經 0835,經 0836,經
　0855,經 0856,經 0857,
　經 0858,經 0860,經
　0861,經 0863,經 0866,
　經 0867

諸同人尺牘/集 3563

諸暨詩錄詩餘/集 1130

諸暨白門方氏宗譜/史
　1546

[康熙]諸暨縣志/史 2968

[乾隆]諸暨縣志/史
　2969,史 2970,史 2971

諸暨賢達傳/史 1190

諸賢詩頌贊頌/史 1248

諸賢酬贈詩/集 2209

諸賢贊頌論疏/史 1248

0466₁

誥授奉直大夫都察院湖廣
　道監察御史何公墓碑銘
　/史 1305

0468₆

讀唐史雜詠/集 5073

讀詩韻新訣/經 1564

讀詩記/經 0423

讀詩私説/經 0408

讀詩偶筆/經 0395

讀詩偶鈔/子 2595

讀詩總論/經 0389

讀詩質疑/經 0387

讀詩知柄/經 0416

讀三海經語/子 2663

讀碑記三續／史 4328

讀經偶鈔／經 1172

讀禮偶鈔／子 2595

讀禮疑圖／經 0488

讀禮漫錄／經 0702

讀禮通考／經 0556，經 0557

讀禮志疑／經 0653

讀禮小事記／經 0701

讀通鑑綱目條記／史 2326

讀左補義／經 0791，經 0792

讀左日鈔／經 0784

讀左卮言／集 4536

讀南華經雜説／子 0431

讀南華真經雜説／子 0432，子 0433，子 0434

讀七經略記／經 0030

讀韓記疑／集 1628

讀杜詩愚得／集 1504

讀杜心解／集 1538，集 1539，集 1540

讀相臺五經隨筆／經 1175，經 1176

讀史方輿紀要／史 2382

讀史方輿紀要圖説／史 2383

讀史商語／史 2301

讀史備忘／史 2161

讀史偶抄／史 2253

讀史偶吟／集 4551

讀史偶錄／子 2622

讀史綴筆／史 2334

讀史津逮／史 2312

讀史提要錄／史 2318

讀史所見輯韻編／子 3026

讀史錄／集 2660

讀史管見／史 2268

讀中庸法／經 0988

讀書證疑／子 2378

讀書記數略／子 2977

讀書三十八解／經 1036

讀書正音／經 1420，經 1421

讀書後／集 3068

讀書偶錄／子 2622

讀書偶鈔／子 2595

讀書作文譜／集 5472，集 5473

讀書淺解／經 1177

讀書拙言／子 2240

讀書隨筆／史 4200

讀書錄／子 0230，子 0231

讀書敏求記／史 4145，史 4146，史 4147，史 4148

讀書堂綵衣全集／集 3814

讀書堂杜工部詩集註解文集註解／集 1521，集 1522

讀未見書室集印／子 1878

讀素問鈔／子 0682

讀四書叢説／經 1001

讀易韻考／經 1535

讀易偶見／集 3144

讀易偶鈔／子 2595

讀易紀聞／經 0110

讀易淺解／經 1177

讀易漢學私記／經 0234

讀易隅通／經 0154

讀易管窺／經 0219

讀嚴氏詩緝／經 0414

讀風臆評／經 0376

讀鑑述聞／史 2327

0469₄

謀野集／集 3177

0512₇

靖康孤臣泣血錄／史 0619，史 0620，史 0621

靖逆記／史 0520

靖節先生詩／集 1373

0562₇

請纓日記／史 1471，史 1472

0564₇

講讀錄／集 2667

講武全書兵占／子 0530

講經口授／史 3937

0569₆

諫垣奏議／史 0935

0662₇

諤崖脞説／子 2276

0664₁

譯峨籟彙錄／史 3545

0668₆

韻齋印品／子 1801

韻府群玉／子 2797

韻府約編／子 3009

韻府拾遺／子 2976

韻言篆略／子 1814

韻語陽秋／集 5414

韻譜本義／經 1538

韻要粗釋／經 1387

韻歧／經 1574

韻律／經 1568

韻偶聯珠／子 3027

韻字辨同／經 1571

韻補／經 1486，經 1487，經

1488

韻法直圖／經 1405，經 1406

韻法橫圖／經 1405，經 1406

韻林正宗／子 2895

韻林獺祭／子 3030

韻切指歸／經 1559

韻史／史 2211

韻雅／經 1553

韻學考原／經 1572

韻竹軒和韻麗絕／集 3362

0669₄

課餘札記／子 2382

課餘吟草／集 4774

課餘隨錄／叢 0107

課餘錄／集 4594

課餘小草／集 5240

0691₂

親驗簡便諸方／子 0909

0710₄

望雲山館賦稿／集 5016

望山草堂文稿／集 5143

望山堂琴學存書／子 1924

望溪先生文偶抄／集 4019

望斗仙經／子 1569

望湖亭集／集 1184

0733₈

戀子記／史 3420

0742₇

郊祀奏議／史 0902

郊居遺稿／集 3220

0742₇

郭西小志／史 3348

郭景純天星水鉗圖／子 1499

郭氏元經／子 1570

郭氏聯珠集／集 1237，集 1238

郭氏人文錄／集 4857

0748₆

［嘉靖］贛州府志／史 3112

［萬曆］贛榆縣志／史 2531

0761₇

記師口訣節文／子 1443

記紅集／集 5720

記事珠／史 1499

記纂淵海／子 2762，子 2763

0762₀

訒齋存稿／集 1260

訒荂集古印存／史 4422，史 4423

訒菴詩鈔／集 3812

0762₀

詞韻／集 5727

詞韻簡／集 5720

詞譜／集 5719，集 5725

詞致錄／集 0466

詞旨／集 5712

詞綜／集 5570

詞綜偶評／集 5485

詞綜補遺／集 5571

詞科掌錄餘話／史 1698

詞律／集 5721，集 5722，集 5723，集 5724

詞源約指／集 5732

詞苑叢談／集 5716

詞苑英華／集 5527，集

5528

詞林逸響／集 5913

詞林海錯／子 2884，子 2885

詞林摘艷／集 5908，集 5909

詞格備考／集 5941

詞隱先生北詞韻選／集 5917

詞學叢書／集 5533，集 5534

詞學全書／集 5546

詞鏡平仄圖譜／集 5731

0762₀

調經法門／子 1019

0762₇

誦芬書屋小藁／集 4863

0763₂

認字測／子 2211

0764₀

諏擇秘典／子 1588

諏擇曆眼／子 1588

0766₂

［康熙］詔安縣志／史 3196

0766₂

［康熙］韶州府志／史 3241

0821₂

施註蘇詩／集 1874

施玉符二賦／集 4167

施先生孟子發題／集 2042，集 2043

施愚山詩摘錄／集 3702

施愚山先生學餘文集／集 3700

施愚山先生全集／集 3701

0821₂
旎香詞／集 4627

0821₅
旌門錄／集 4227

0823₂
旅粵日記／史 1496

旅逸續稿／集 4763

0823₃
［康熙］於潛縣志／史 2856

［嘉慶］於潛縣志／史 2857

於越訪碑錄／史 4353

0824₀
放翁詩鈔／集 2149

放光般若波羅蜜經／子 3137

0828₁
旗亭記／集 5839,集 5840

旗下閨秀詩選／集 0976

0844₀
效顰草／集 5195

0844₀
敦交集／集 0789

敦好齋律陶纂／集 1386,集 1387,集 1388,集 1394

敦煌新錄／史 0652

0861₂
説印／子 1863

説鈴摘記／叢 0082

説文／經 1164,經 1165

説文辨疑／經 1320

説文辨字正俗／經 1318

説文諧聲表／經 1333

説文新附攷／經 1312

説文部首歌／經 1326

説文五翼／經 1321

説文引經互異説／經 1328

説文引經攷／經 1296

説文引經攷證／經 1328

説文引經異字／經 1322

説文重文約箋／經 1337

説文重文箋／經 1335,經 1336

説文統釋自序／經 1309

説文經字錄／經 1332

説文偏旁考／經 1310

説文蠡箋／經 1300

説文解字／經 1275,經 1276,經 1277,經 1278,經 1279,經 1285

説文解字群經正字／經 1302,經 1303

説文解字攷異／經 1315

説文解字注／經 1280,經 1281

説文解字索隱／經 1334

説文解字斠詮／經 1301

説文解字繫傳／經 1282,經 1283

説文解字籤注／經 1304

説文疑疑／經 1307

説文注補鈔／經 1316

説文字原／經 1284,經 1369

説文字原韻表／經 1308

説文字原集註／經 1305,經 1306

説文字原考略／經 1311

説文窺管／經 1325

説文補例／經 1334

説文補考／經 1580

説文凝錦錄／經 1297

説文通訓續補遺／經 1324

説文古讀考／史 1342

説文古本攷／經 1323

説文校議議／經 1329

説文考異／經 1319

説文楬原／經 1330,經 1331

説文長箋／經 1294,經 1295

説文段注拈誤／經 1590

説玄／子 1334,子 1335,子 1336,子 1337,子 1338

説詩樂趣類編／集 5482

説經／經 1163,經 1164,經 1165

説經劄記／經 1143

説嵩／史 3496

説巖詩鈔詞鈔／集 4891

説巖古文殘稿／集 4890

説儲／子 2232

説郛／叢 0004,叢 0005,叢 0006,叢 0007,叢 0009

説郛續／叢 0010

説安堂集／集 3682

説禮約／經 0602

説苑／子 0089,子 0090,子 0091,子 0092,子 0093

説苑新序校評附荀子校評／子 0094

説莊／經 1165

説易／經 0144

説騷／經 1164,經 1165

説學齋稿／集 2518

説鈴／叢 0081

二百蘭亭齋古銅印存／史
　4451

二張集／集 0037

二研齋遺稿／集 4533，集
　4534

二硯窩文／集 4760

二硯窩詩稿偶存詞／集
　4761

二硯窩未定稿書目畫目／
　集 4759

二孟續補／經 1063

二泉先生賦鈔／集 5036

二程子全書／子 0127

二程先生粹言／子 0132

二程先生類語附二程年譜
　／子 0133

二程全書／子 0126，子
　0128，子 0129

二鄉亭詞／集 3689，集
　3693，集 5622

二家詩／集 0124

二家詩鈔／集 0121

二初齋讀書記／子 2374

二選藏弄集／集 0574

二十一史／史 0003，史
　0004

二十一史文鈔／史 2176，史
　2179

二十一史論贊／史 2175

二十一史論贊輯要／史
　2174

二十一史彈詞輯注／集
　5891

二十一史精義／史 2180

二十二史發凡別傳法象拾
　遺／史 2183

二十子全書／子 0010，子
　0011

二十先生回瀾文鑑／集
　0773

二十家子書／子 0009

二十四泉草堂集／集 4017，
　集 4018

二十四史／史 0005

二太史樂府聯璧／集 5871

二南訓女解／經 0418

二希堂文集／集 4029，集
　4030

二范先生詩選／集 1228

二老閣叢書／叢 0111

二樹詩略／集 4499

二樹山人寫梅歌／集 4501

二樓小志／史 3680

二如亭群芳譜／子 2011，子
　2012

二妙集／集 1223，集 1224

二雁山人詩集／集 3206

二金蝶堂癸亥以後印稿／
　子 1881

二金蝶堂印譜／子 1882

二谷山人近稿／集 3022，集
　3023

二篁廬漫唱／集 4784

1010₁

三立堂新編闈外春秋／子
　0506

三廳屯防錄／史 4031

三唐人文集／集 0039

三刻太醫院補註婦人良方
　大全／子 1005

三刻太醫院補注婦人良方
　大全／子 1006

三謝詩集／集 1266

三韻易知／集 5501

三至軒吟草／集 4911

三不朽圖贊／史 1184

三張弈譜／子 1941

三孔先生清江文集／集
　1195

三子口義／子 0363，子
　0365

三子合刊／子 0362

三焦命門辯／子 1139

三經評注／經 0028

三山論學紀／子 2253

三山翰林院典籍高漫士木
　天清氣詩集／集 2598

三樂軒吟草／集 4964

三台文獻錄／集 1139，集
　1140

三台文徵詩徵／集 1148

三台詩遺／集 1152

三台名媛詩輯詞／集 1149

三傳辨疑／經 0851

三吳水利集說／史 3644

三吳水利條議／史 3645

三魚堂文集外集／集 3825，
　集 3826

三魚堂四書大全／經 1070

三魚堂賸言／子 0310

三以集／集 4061

三注鈔／叢 0055

三家詠物詩／集 0032，集
　0033

三家詩拾遺／經 0456

三家詩異文釋／經 0457

三寶徵夷集／史 3811

三寶心鐙／子 3072

三江水利紀略／史 3642

三江閘務全書／史 3651，史
　3652，史 3653

三遷志／史 3685

三溪集／集 3378

三禮攷註／經 0648

三禮編繹／經 0649

三禮考註／經 0646

三禮陳數求義／經0659, 經0660

三禮纂註／經0650, 經0651

三湖詩稿／集5246

三選結隣集／集0574

三才廣志／子2827

三才發祕／子2958

三才彙編／子2957

三才實義天集／子1262

三才考略／子2903

三才藻異／子2956

三才圖會／子2855

三奇遊草／集4678

三垣筆記／史0716, 史0717, 史0718

三藩紀事本末／史0517, 史0518, 史0519

三蘇文集／集1274

三蘇文滙／集1278

三蘇先生文集／集1272, 集1273

三蘇先生文粹／集1270, 集1271

三老會圖／史1151

三朝要典／史0691

三朝北盟會編／史0425, 史0426, 史0427, 史0428

三朝遼事實錄／史0690

三朝野紀／史0703

三教同聲／子1894

三史文類／史2227

三史統／史0981

三史統類臆斷／史2299

三輔黃圖／史3711, 史3712, 史3713, 史3714

三星圓傳奇／集5848

三國文紀／集0603

三國志／史0163, 史0164, 史0165, 史0166, 史0167, 史0168, 史0169, 史0170, 史0171, 史0172, 史0173, 史0174, 史0175, 集5964

三國志注補／史0176

三國會要／史3913

三田李氏宗譜／史1565

三異詞錄／史0782

三異人文集／集0107, 集0108

三因極一病源論粹／子1176

三岡識略／子2260

三命通會／子1562

三餘別集／子2843

1010₁

正小篆之訛／經1403

正音切韻復古編／經1550

正音攟言／子2856

正誼堂文集／集5334

正誼堂文集詩集／集3576, 集3771

正誼堂全書／叢0079

正韻篆／子1780

正説郛脱本／叢0008

正統辯／集2476

正統元年會試錄／史1721

正統十三年進士登科錄／史1728

正統十三年會試錄／史1729

正統十年進士登科錄／史1726

正統十年會試錄／史1727

正統七年進士登科錄／史1724

正統七年會試錄／史1725

正統四年進士登科錄／史1722

正統四年會試錄／史1723

正經音訓／經0831, 經0833, 經0835, 經0836

正獻公遺文鈔／集2130

正德六年進士登科錄／史1756

正德六年會試錄／史1757

正德二年應天府鄉試錄／史1884

正德二年廣西鄉試錄／史2114

正德二年廣東鄉試錄／史2095

正德二年雲貴鄉試錄／史2127

正德二年順天府鄉試錄／史1857

正德二年山西鄉試錄／史1911

正德二年江西鄉試錄／史2022

正德二年河南鄉試錄／史1952

正德五年應天府鄉試錄／史1885

正德五年廣東鄉試錄／史2096

正德五年順天府鄉試錄／史1858

正德五年福建鄉試錄／史2071

正德五年浙江鄉試錄／史1995

正德十一年應天府鄉試錄／史1887

正德十一年順天府鄉試錄／史1860

正德十一年山西鄉試錄/史 1913

正德十一年山東鄉試錄/史 1935

正德十一年江西鄉試錄/史 2023

正德十一年福建鄉試錄/史 2073

正德十一年湖廣鄉試錄/史 2043

正德十一年陝西鄉試錄/史 1976

正德十二年進士登科錄/史 1759

正德十二年會試錄/史 1760

正德十四年應天府鄉試錄/史 1888

正德十四年廣西鄉試錄/史 2116

正德十四年廣東鄉試錄/史 2097

正德十四年山西鄉試錄/史 1914

正德十四年河南鄉試錄/史 1954

正德十四年湖廣鄉試錄/史 2044

正德九年會試錄/史 1758

正德八年應天府鄉試錄/史 1886

正德八年廣西鄉試錄/史 2115

正德八年順天府鄉試錄/史 1859

正德八年山西鄉試錄/史 1912

正德八年山東鄉試錄/史 1934

正德八年河南鄉試錄/史 1953

正德八年福建鄉試錄/史 2072

正德八年浙江鄉試錄/史 1996

正德八年四川鄉試錄/史 2055

正續文獻通考識大編/史 3904

正續名世文宗/集 0441

正字通/經 1417，經 1418

［乾隆］正定府志/史 2424

正志稿/集 3417

正蒙/子 0120

正蒙集說/子 0122

正蒙會稿/子 0121

正楊/子 2327

正穀堂千字文/經 1461

正學儀型四書語錄/經 1080

正氣齋詩稿/集 5112

1010₂

工部五七古/集 1555

工部爲建殿堂修都城勸民捐款章程/史 4062

工程做法/史 4069

工程算法/史 4070

工尺曲譜/集 5934

1010₂

五唐人詩集/集 0044

五音集韻/經 1496，經 1498

五雜俎/子 2230，子 2231

五訂歷朝捷錄百家評林/史 2295

五石瓠齋文鈔/集 5264

五子近思錄/子 0143，子 0144

五子近思錄發明/子 0145

五子書/子 0001

五千卷書室叢著/叢 0190

五行雜占/子 1614

五經/經 0001

五經文字/經 1349，經 1350

五經讀/經 1147

五經翼/經 1148

五經便覽/經 1158

五經蠡測/經 1140

五經疑問/經 0024，經 0025

五經揭要/經 0039

五經四書/經 0008

五經圖/經 1137

五經算術/子 1300

五經類編/子 2996，子 2997，子 2998

五嶽山人集/集 2987

五嶽山人後集/集 3117

五種秘竅全書/子 1331，子 1332

五代詩話/集 5464，集 5465

五代宋元詞/集 5530

五代七言律詩/集 0305

五代史記/史 0085，史 0086，史 0087，史 0088，史 0089，史 0090，史 0091，史 0092，史 0093，史 0094，史 0095

五代史吳越世家疑辯/史 0614

五代史補/史 0603，史 0604，史 0605

五代史抄/史 2244，史

2245，史 2246，史 2247

五代史闕文／史 0603

五代春秋／史 0419

五代會要／史 3915

五峰集／集 2424，集 2427，
集 2428，集 2429

五峰胡先生文集／集 2038

五倫書／子 0234，子 0235，
子 0236

五福壽爲先／集 5864

五禮備考／經 0683

五禮通考／經 0685

五禮異義／經 0688

五十學詩齋初稿／集 5139

五臺山志／史 2773

五古詩粹／集 0350

五七言今體詩鈔／集 0339

五蓮山志／史 3493

五茸志逸／子 2641

五華纂訂四書大全／經
1085

五桂樓黄氏書目／史 4154

五朝聖訓／史 0849

五朝名家七律英華／集
0319

五朝名臣言行錄／史 1059，
史 1060，史 1061，史
1062，史 1063，史 1064

五朝小説／叢 0016，叢
0017，叢 0018

五胡十六國考鏡／史 0596

五車韻府／經 1544

五車韻瑞／子 2940，子
2941，子 2942，子 2943

五車霏玉／子 2837

五星日月交食坤輿圖視差
全分演算法圖解／子
1289

五國故事／史 0606

五雅／經 1199，經 1200

五合曲印譜／子 1781

五知齋琴譜／子 1904，子
1905

五燈會元／子 3306

1010₃

玉亭集／集 4485

玉塵新譚／子 2444

玉府鉤玄／子 2874

玉音法事／子 3081

玉雪軒主草稿／集 4783

玉雨淙文話／集 5510

[雍正]玉環志／史 3064

玉函真義／子 1479

玉川子詩集／集 1577

玉幾山人書畫涉記／子
1658

[咸淳]玉峰續志／史 2478

[淳祐]玉峰志／史 2478

玉山名勝集／集 1025，集
1026

玉山名勝外集／集 1027

玉峰雍里顧氏六世詩文集
／集 1284

玉紀／子 1978

玉谿生詩詳注／集 1680

玉谿生詩箋注／集 1679

玉谿生年譜會箋／史 1345

玉房集／集 3452

玉窗遺稿／集 3786

玉溪生詩意／集 1678

玉斗山人文集／集 2339

玉池生稿／集 4100，集
4101

玉瀾集／集 2012，集 2013，
集 2014

玉海／子 2786，子 2787，子
2788，子 2789，子 2790

玉海私擷／子 2791，子
2792

玉海纂／子 2794

玉臺新詠／集 0217，集
0218，集 0219，集 0220，
集 0221，集 0222，集
0223，集 0224，集 0225，
集 0226

玉機微義／子 1192，子
1193

玉芝山房稿／集 3029

玉芝堂文集／集 4350

玉芝堂談薈／子 2555，子
2556

玉燕堂四種曲／集 5828

玉蕊辯證／子 2005

玉華洞志／史 3551

玉茗堂集選／集 3260

玉茗堂還魂記／集 5784

玉茗堂批評紅梅記／集
5789

玉茗堂四種傳奇／集 5778，
集 5779，集 5780

玉茗堂全集／集 3256，集
3257

玉楮詩稿／集 2235

玉楮集／集 2234

玉書庭全集／集 3336，集
3337

玉井樵唱／集 2371

玉恩堂集／集 3190

玉田詞／集 5613

玉暉堂詩鈔／集 3666

玉曆通政經／子 1357，子
1358，子 1359，子 1360

玉髓真經／子 1433

[嘉慶]玉門縣志／史 2806

玉尺樓傳奇／集 5831

玉尺堂雜著／集 4977

玉介園存稿／集 3113
玉介園附集／叢 0108
玉甌山館詩鈔文鈔／集 4766，集 4767
玉劍尊聞／子 2449
玉篇／經 1345，經 1346
玉篇廣韻指南／經 1340，經 1341，經 1342，經 1343，經 1344
玉篇殘／經 1339
玉笥集／集 2448
玉堂名翰賦／集 1004
玉堂叢語／子 2439
玉堂校傳如崗陳先生二經精解全編／子 0374

1010_3
璽菴碎築集／史 1144

1010_4
王摩詰集／集 1438
王文韶日記／史 1470
王文蕭公全集／集 3111
王文成公全書／集 2764
王文公集彙選／集 1850
王文恪公集／集 2703，集 2704
王王屋遺稿／集 3477
王元美先生文選／集 3070
王百穀集／叢 0127
王癸源詩／集 3413
王建詩集／集 1576
王季重先生集／叢 0140
王制考／子 2830
王繼香日記／史 1488
王狀元標目唐文類／集 0747
王先生十七史蒙求／子 2749，子 2750

王仲山先生詩選文選／集 3021
王魏公集／集 1803
王徵士集／集 2528
王儀部先生箋釋／史 4038
王注正譌／集 1874
王宇泰先生訂補古今醫鑒／子 1200
［祁門］王源謝氏孟宗譜／史 1669
王浚川所著書／叢 0122
王漁洋遺書／叢 0149
王遵巖集／集 2937
王遵巖先生文選／集 2938
王遵巖家居集／集 2936
王太初先生五嶽遊草／史 3795，史 3796
王太蒙先生類纂批評灼艾集／子 2514
王右丞詩集／集 1440
王右丞集／集 1441
王荊文公詩／集 1848，集 1849
王荊石先生批評韓柳文／集 0080
王荊公唐百家詩選／集 0634，集 0635
王荊公詩補注文集注／集 1851
王黃州小畜集／集 1724，集 1725，集 1726，集 1727
王黃州小畜外集／集 1728
王槐野先生存笥稿／集 3007
王韋合刻／集 0087
王青屏先生詩集／集 2929
王忠文公文集／集 2511，集 2512
王奉常集詩／集 3107

王靜學先生文集／集 2574，集 2575
王輔嗣論易／經 0061
王昭禹周禮詳解／經 0470
王雅宜年譜／史 1383
王氏談錄／子 2134
王氏家藏集／叢 0121
王氏存笥稿／集 3005，集 3006
王氏畫苑／子 1731
王氏畫苑補益／子 1732
王氏書稿／集 3295
王氏脈經／子 0827
王氏醫案三編／子 1158
王氏錄存詩滙草／集 1196
王陽明先生文鈔／集 2770
王陽明先生全集／集 2769
王門宗旨／子 0274
王風／集 5380
王鳳洲先生綱鑑正史全編／史 0379
王鳳洲先生會纂綱鑑歷朝正史全編／史 0378
王艮齋文集詩集／集 4197
王艮齋詩集文集／集 4196
王介軒墓誌銘／史 1323
王弇州先生崇論／集 3072
王半軒集／集 2532
王半軒先生文集／集 2533
王惺所先生文集／集 3323

1010_4
至正集／集 2403
至元譯語／經 1464
至大重修宣和博古圖錄／史 4270，史 4271

1010_6
亘史／子 2857

亘史鈔／子 2858

1010₈
靈衛廟志／史 3766
靈巖志／史 3462
［嘉靖］靈寶縣志／史 2748
［乾隆］靈寶縣志括記／史 2750
靈棋經／子 1516，子 1517，子 1518，子 1519
靈棋經解／子 1520
［康熙］靈壽縣志／史 2427
靈隱子／集 1425

1011₂
琉球國志略／史 3829
琉球入學見聞錄／史 3827

1011₂
疏稿／史 0931
疏影樓題畫詩／集 4504

1017₇
雪廬讀史快編／史 2173
雪齋詩外／集 4661
雪交亭集／史 1134
雪香小草／集 5127
雪川詩稾／集 3962
雪泉詩存／集 4779
雪窗百詠／集 4845
雪潭居醫約／子 1209
雪溪詩／集 2034
雪溪漁唱集／集 2601，集 2602
雪心賦正解／子 1420
雪濤閣集／集 3285
雪帷韻竹詞／集 5643
雪樵齋楹聯雜錄／集 4944
雪莊漁唱／集 4437

雪蕉齋雜抄／子 2470
雪蕉齋詩話／集 5517，集 5518
雪聲軒詩集／集 4267
雪月梅傳／集 6002
雪關和尚語錄／子 3294
雪關答問／子 3295

1020₀
丁辛老屋集／集 4390
丁丙年譜／史 1418
丁鶴年先生詩集／集 2450
丁中丞六條覆議／史 0960
丁隱君手蹟／集 4416
［錢塘］丁氏譜牒／史 1540
丁卯集／集 1668，集 1669

1021₂
兀壺集／集 4140

1021₂
元鹿皮子集／集 2444
元文類／集 0801，集 0802
元音統韻／經 1543
元詩／集 0787
元詩集鈔／集 0797
元詩崇雅／集 0798
元詩選／集 0794，集 0795
元詩四大家／集 0099
元詩體要／集 0793
元詩鈔／集 0796
元韻譜／經 1542
元張文忠公歸田類稿／集 2318
元儒考略／史 1078
元經薛氏傳／史 0276
元豐文集／集 2534
元豐類稿／集 1792，集 1793，集 1794，集 1796

元白長慶集／集 0084
元和郡縣圖志／史 2348，史 2349
［乾隆］元和縣志／史 2476
元包經傳／子 1340，子 1341
元包數總義／子 1340，子 1341
元空秘旨／子 1397
元遺山詩／集 2315
元遺山詩集／集 2313，集 2314
元城語錄／子 2142
元始天尊説北方真武妙經／子 3077
元蓋寓廬偶存／集 5383，集 5384
元聲韻學大成／經 1532
元朝名臣事略／史 1077
元朝人物略／史 1079
元史／史 0247
元史譯文證補／史 0251
元史續編／史 0432
元史紀事本末／史 0508，史 0509
元史氏族表／史 0252
元史節要／史 2251
元史類編／史 0250
元書畫考／子 1649
元曲論／集 5735
元曲選／集 5735
元四明四賢詩抄／集 1110
元人集十種／集 0100

1021₅
雅音會編／集 0662
雅雨堂叢書／叢 0087
雅宜山人集／集 2909
雅趣藏書／集 5744

史 3611

震澤先生集／集 2701，集
　2702

震澤長語／子 2189，子
　2190

[乾隆]震澤縣志／史 2487

1024₇

霞西過眼錄／子 2461

霞山文集／集 2813，集
　2814

霞繼亭集／集 3300

霞外山人書翰／集 5041

霞漪閣校訂史綱評要／史
　2286

霞翠堂集／集 3802

1024₇

覆瓿集／集 2498，集 2546，
　集 3339，集 5241

覆校札記／集 4480

1040₀

干祿字書／經 1348

干常侍易注疏證／經 0053，
　經 0054

1040₀

于役河干稿／集 4402

于清端公政書／集 3632

于忠肅詩集／集 2618

于忠肅公集／集 2617

于少保萃忠全傳／集 5987

1040₀

耳譚／子 2443

1040₇

夏文忠公集／集 3522

夏子松先生函牘／集 5018

夏爲堂別集／叢 0143

[嘉靖]夏津縣志／史 2679

夏桂洲先生文集／集 2885

夏柳倡和詩／集 0953

夏忠靖公遺事／史 1271

夏書禹貢廣覽／經 0318

[嘉靖]夏邑縣志／史 2702

夏氏半閣拾古印遺／子
　1855

夏小正正義／經 0641

夏小正集説／經 0643，經
　0644

夏小正集解／經 0640

夏小正傳註／經 0638

夏小正戴氏傳／經 0637

夏小正求是／經 0642

夏小正輯註／經 0639

1040₉

平庵悔稿／集 2171

平五寨兵事始末／集 3144

平蠻錄／史 0685

平嵐峰先生文稿／集 5031

平山先生詩集／集 3208

[嘉靖]平山縣續錄志／史
　2428

平山堂圖志／史 3693

平德魁先生條陳監利隄工
　九條／史 3672

平泉志朦／史 3386

[康熙]平彝縣志／史 3294

平寇志／史 0731

平津筆記／子 2380

[天啓]平湖縣志／史 2889

[康熙]平湖縣志／史 2890

[乾隆]平湖縣志／史
　2891，史 2892

[嘉慶]平湖縣舊志補遺／

史 2894

平湖陸氏家傳／史 1526

平湖陸氏景賢祠志／史
　3769

平洋秘旨／子 1402

平洋真傳／子 1403

平臺紀略／史 0522

平南恩詔／史 0847

平妖傳／集 6006

平妖紀事／史 0751

平菴悔稿／集 2170

平夷錄／史 0798

平園續稿／集 2082

[乾隆]平原縣志／史 2632

[康熙]平陸縣志／史 2619

平陽汪氏遷杭支譜／史
　1560

[順治]平陽縣志／史 3058

[乾隆]平陽縣志／史 3059

平陽縣志辨誤校正補遺／
　史 3060

平閩紀／史 0790

平叛記／史 0734

1044₁

弄珠樓／集 5790

1044₁

聶氏痘門方旨／子 1080

1044₇

再重訂傷寒集註／子 0767

再增摭古遺文／經 1388，經
　1389，經 1390，經 1391

1050₆

更生詩存／集 5123

1052₇

霸旅詩／集 3910

[嘉靖]霸州志／史 2404

1060₁
吾師錄／集 3496，集 3498
吾汝稿／集 2295，集 2296
吾妻鏡補／史 3825
吾園遺草／集 3592
吾學編／史 0656，史 0657
吾悔集／集 5171，集 5172

1060₁
晉文歸／集 0605
晉文紀／集 0604
晉文春秋／史 0580
晉遊草／集 4953
晉書／史 0183，史 0184，史 0185，史 0186，史 0187，史 0188，史 0189，史 0190
晉書音義／史 0193
晉書識小錄／史 2236
晉書校注／史 0195
晉書鈎玄／史 2235
晉書纂／史 0191
晉陵集／集 3171

1060₁
雷江脞錄／子 2688
雷州公日記／史 1437
雷陽陳清端詩文集／集 3944
雷陽陳清端政蹟／集 3944

1060₂
石齋文稿／集 4858
石齋先生經傳九種／經 0029
石龍庵詩草／集 3037
石龍集／集 3183

石刻鋪敘／史 4295，史 4296
石盂集／集 3142
石矼劉氏四修族譜／史 1662
石函平砂玉尺經／子 1437
石函集／集 4635
石舫園詞鈔／集 5651
石經補攷／經 1192
石經閣集／叢 0192
石經閣叢書／叢 0099
石山醫案／子 0641
石囱先生遺蘽／集 3139
石泉山房文集／集 3103
石室仙機／子 1931
石室秘錄／子 1222，子 1223，子 1224
石室先生年譜／集 1778，集 1779
石室金匱陰符陽契玄澍經／子 1596
石淙詩稿／集 2700
石洞貽芳集／集 1162
石湖居士詩集／集 2137
石幢居士吟稿／集 4210
石柱記箋釋／史 3705
[康熙]石城縣志／史 3267
石鼓齋印鼎／史 4414
石鼓文正誤／史 4309
石鼓文釋存／史 4310
石菴樵唱／集 4190
石林燕語／子 2140，子 2141
石林居士建康集／集 1997，集 1998，集 1999
[康熙]石埭縣志／史 2558
石帆詩鈔／集 4646
石榴記傳奇／集 5841
石墨考異／史 4318

石墨鐫華／史 4308
石園全集／集 3556
石田詩稿／集 2722
石田先生詩鈔文鈔／集 2721
石田先生集／集 2720
石田山人命理微言／子 1559
石匱書／史 0256
石隱山人自訂年譜／史 1414
石門山房詩鈔／集 4945
石門山房賦鈔／集 4946
石門縣各家詩稿／集 1070
[康熙]石門縣志／史 2888
石屋文稿／集 5072
石屋文字／集 5072
石屋雜著／集 5072
石屏詩集／集 2167
[乾隆]石屏州續志／史 3289
[乾隆]石屏州志／史 3288
石臼前集後集／集 3550
石鏡山房四書說統／經 1042
石鏡山房周易說統／經 0132，經 0133
石倉十二代詩選／集 0291，集 0292
石谷達意稿／集 2678
石堂集／集 3777

1060₂
百一集附灘江送別詩／集 4683
百一草堂集唐／集 4260
百一草堂附刻二編集唐三刻／集 4261
百二十三人傳不入社諸賢

傳／史 1206

百正集／集 2294

百川書志／史 4124

百川學海／叢 0001，叢 0002，叢 0003

百仙神方／子 0548

百粵蠻風詩／集 1190

百名家詞鈔／集 5545

百家詞／集 5529

百家名書／叢 0045

百家姓考略／史 1676

百家類纂／子 2524，子 2525

百寶箱／集 5834

百宋一廛書錄／史 4156

百十二家墨緣題詞／集 0961

百花評／子 2016

百花一韻／集 0289

百梅一韻／集 0289

百戰奇法／子 0510

百戰篇補評／子 0551

百陵學山／叢 0028

百尺樓詩餘集句／集 5692

百美新詠／子 1776

百美圖／子 1777

百悔辭／集 5100

1060₄

西亭十二客印紀／子 1818

[康熙]西充縣志／史 3171

西廂記版畫／子 1758

西京雜記／子 2671

西京職官印錄／史 4418

西夏經義／經 0043

西晉文／集 0606

西北域記／史 3420

西磧探梅倡和詩／集 0963

西征日記／史 1432，史

1466

西儒耳目資／經 1541

西崖先生擬古樂府／集 2670

西巖集／集 2182

西山先生真文忠公文章正宗／集 0386，集 0387，集 0388，集 0389，集 0390，集 0391，集 0392，集 0393

西山先生真文忠公文章正宗讀本／集 0400

西山先生真文忠公文集／集 2196，集 2197

西山先生真文忠公讀書記甲集／子 0185

西山日記／子 2438

西魏書／史 0600，史 0601

西吳枝乘／史 3366

西峰山人詩籠／集 4856

西塞雜著／集 4050

[乾隆]西寧府新志／史 2807

[康熙]西寧縣志／史 3278

[乾隆]西安府志／史 2763

[康熙]西安縣志／史 3017

西安懷舊錄／集 1050

西江詩法／集 5435

西江遊草／集 4787

西河文選／集 3759

[蕭山]西河郁氏宗譜／史 1572

西河合集／叢 0157，叢 0158

西州淚／集 3320

西溪詩存／集 4514

西溪叢語／子 2157

西巡盛典／史 3974

西滬櫂歌／集 4829

[吳江]西濛港徐氏家譜／史 1599，史 1600

[吳江]西濛港徐氏宗譜／史 1598

西漢文／集 0591，集 0599，集 0600

西漢文選／集 0592

西漢文苑／集 0590

西漢文鑑／集 0596，集 0597

西漢文類／集 0588，集 0589

西漢以來廟諱陵名考／史 1053

西漢書疏／史 0862

西漢年紀／史 0418

西漢會要／史 3909，史 3910，史 3911

西漢節義傳論／史 2335

西清古鑑／史 4283

西清古鑑錢錄／史 4284

西清閣詩草／集 3401，集 3402

西清筆記／集 4452

西湖詩存／集 5342

西湖百詠／集 2291

西湖麗句／集 1057

西湖名勝圖／史 3700

西湖遊覽志／史 3616，史 3617，史 3618，史 3619

西湖志／史 3620，史 3623，史 3624，史 3625，史 3626

西湖志纂／史 3627，史 3628，史 3629

西湖志類抄／史 3621

西湖老人繁勝錄／史 3346

西湖拾遺／集 5955

西湖賦／集 3631

琴龥/子 1923
琴仙女史吟稿詞稿/集 5329
琴旨/子 1916
琴牕隨筆/子 1922
琴鶴堂藏印/子 1854
琴曹詩存/集 5111
琴學正聲/子 1914
琴學心聲/子 1903
琴竹山莊樂府/集 4717

1121₂
麗句集/子 2936
[光緒]麗江府志/史 3295
麗澤論說集錄/集 2083,集 2084
麗蕥手鈔/叢 0102
麗則遺音/集 2471,集 2472

1121₆
彊識略/子 2887,子 2888
彊邨所刻詞甲編/集 5543

1122₇
[雍正]彌勒州志/史 3296

1123₂
張慶奎詩/集 4941
張文僖公和唐詩/集 2696
張文定公文選/集 2822
張文定公觀光樓集/集 2821
張文定公全集/集 2823
張文敏送朱南崖太夫子入都文/集 4033
張龍湖先生文集/集 2896
張玉娘閨房三清鸚鵡墓貞文記/集 5791

張天如先生彙訂四書人物名物經文合考/經 1050
張子晤蕉詩文選最/集 3627
張子全書/子 0118,子 0119
張待軒先生遺集/集 3434
張仲景傷寒論辨證廣注/子 0765
張仲景金匱要略/子 0778
張仲景金匱要略論註/子 0779
張渠西先生遺稿/集 4225
張深之先生正北西廂秘本/集 5740,集 5741
張太史明道雜志/子 2137
張太素侍郎自著年譜/史 1373
張南湖先生詩集/集 2869
張友伯信稿/集 4754
張右史文集/集 1933
張荃翁貴耳集/子 2173
張夢廬學博醫案/子 1154
張夢羲遺稿/集 4986
張蘭畦詩稿/集 4926
張蒼水詩文集/集 3509
張楊園先生遺集/集 3608
張翰林校正禮記大全/經 0596
張忠烈公來薇吟殘稿/集 3508
張忠烈公年譜/史 1389,集 3507
張素存先生選稿/集 3754
張東海先生詩集文集/集 2684
張東海全集/集 2685
張螾詩集/集 1713
張甫經說/經 1184

張嘯山文鈔/集 4598
[杭州]張氏族譜/史 1626
張氏一家言/集 1235
[蘭溪]張氏重修族譜/史 1631
[餘姚]張氏家譜/史 1630
[當湖]張氏家乘三修/史 1625
[紹興]張氏宗譜/史 1624
[東陽]張氏宗譜/史 1627
張氏醫書/子 0657
張陽和先生不二齋文選/集 3197
張陽和先生不二齋稿/集 3196
張閣學文集/集 3510
張令韶傷寒直解/子 0748
張簡肅公奏議/史 0895
張簣山三種/叢 0148
張小孟日記/史 1509
張尚書集/集 3511

1140₀
斐然集/集 2039

1150₂
挈經室全唐文補遺/集 0755
挈雅堂詩鈔/集 5193

1164₀
研六室文鈔/集 4732
研露樓琴譜/子 1921
研北雜志/子 2178
研北猶存錄/子 2269
研經堂文集/子 2463,集 4677
研經堂春秋事義合註/經 0915

研史／史 1259
研堂詩／集 4099
研精覃思室日鈔／史 1507

1164_0
研山印草／子 1841

1166_2
皕宋樓藏書目／史 4172

1168_6
碩薖集／集 3592

1171_2
琵琶記／集 5765，集 5766，集 5767

1210_8
登西臺痛哭記註／集 2278，集 2279
登西臺慟哭記註／集 2281
［康熙］登州府志／史 2646
登壇必究／子 0526
［康熙］登封縣志／史 2733
［乾隆］登封縣志／史 2734

1211_0
北齊文紀／集 0609
北齊書／史 0210，史 0211，史 0212
［雍正］北新關志附船式圖／史 2834
北郭詩集／集 2447
北郭集／集 2545，集 4723
北郭叢抄／史 3336
北磵文集／集 2244
北上錄／集 2667
北征紀略／史 0789
北征錄／集 3507
北征小草／集 3357，集 3358
北畿疏草／史 0932
北山文續鈔／集 5071
北窗炙輠錄／子 2145
北江全集／叢 0188
北河紀／史 3605
北溪先生字義／子 0206
北湖集／集 1962
北遊記／史 3801
北遊日記／史 1430
北道竹枝詞／集 5668
北狩行錄／史 0623
北狩蒙塵錄／史 0624
北狩見聞錄／史 0623
北藏／子 3132
北史／史 0077，史 0078，史 0079，史 0080，史 0081，史 0082
北史識小錄／史 2243
北史演義／集 5967
北曲聯珠集／集 5877
北園詩集／集 3942
北田詩臆／集 4138，集 4139
北墅遇雨偶集巢青閣詩／集 3880
北墅金先生遺集／集 4692
北黟山人詩／集 3922
北闈賫言／集 3379
北堂書抄／子 2706，子 2707，子 2708

1212_7
瑞安詩存／集 1181
瑞安項氏家乘／史 1633
瑞安鄉土史譚／史 3392
［嘉靖］瑞安縣志／史 3049，史 3050
［乾隆］瑞安縣志／史 3051
［嘉慶］瑞安縣志／史 3052
瑞安縣田賦清册／史 3991
［正德］瑞州府志／史 3104
瑞芍軒詩鈔詞稿／集 4800
［隆慶］瑞昌縣志／史 3093
瑞陽阿集／集 3240
［嘉靖］瑞金縣志／史 3118
［乾隆］瑞金縣志／史 3119
瑞竹堂詞／集 4296

1218_5
璞巘詩鈔／集 4500

1219_4
璪探／叢 0066

1220_0
列子／子 0470，子 0471
列子鬳齋口義／子 0474
列子沖虛真經／子 0466，子 0467，子 0468
列仙酒牌／子 1775
列女傳／史 0987
列女傳考證／史 0986
列朝詩集／集 0834
列朝私紀／史 1051
列國史補／史 0413
列國東坡圖説／經 0831，經 0833，經 0835，經 0836，經 0855，經 0856，經 0857，經 0858，經 0860，經 0861，經 0866，經 0867
列國圖説／經 0863

1223_0
弘治六年進士登科錄／史 1751
弘治二年廣東鄉試錄／史 2093

弘治二年江西鄉試錄／史 2019

弘治三年進士登科錄／史 1750

弘治五年廣西鄉試錄／史 2113

弘治五年順天府鄉試錄／ 史 1853

弘治五年山西鄉試錄／史 1910

弘治五年江西鄉試錄／史 2020

弘治五年湖廣鄉試錄／史 2041

弘治十一年順天府鄉試錄 ／史 1854

弘治十一年河南鄉試錄／ 史 1950

弘治十一年福建鄉試錄／ 史 2069

弘治十一年湖廣鄉試錄／ 史 2042

弘治十一年陝西鄉試錄／ 史 1974

弘治十二年會試錄／史 1752

弘治十五年進士登科錄／ 史 1753

弘治十七年順天府鄉試錄 ／史 1856

弘治十七年陝西鄉試錄／ 史 1975

弘治十四年雲貴鄉試錄／ 史 2126

弘治十四年順天府鄉試錄 ／史 1855

弘治十四年江西鄉試錄／ 史 2021

弘治十四年河南鄉試錄／

史 1951

弘治十四年福建鄉試錄／ 史 2070

弘治十八年進士登科錄／ 史 1754

弘治十八年會試錄／史 1755

弘治八年廣東鄉試錄／史 2094

弘治八年山東鄉試錄／史 1933

弘治八年河南鄉試錄／史 1949

弘治八年福建鄉試錄／史 2068

弘治八年陝西鄉試錄／史 1973

弘治會稽小江董氏家譜／ 史 1648

弘道錄／子 0286

弘藝錄／集 2898

弘簡錄／史 0096，史 0097

弘光實錄鈔附弘光大臣月 表／史 0483

1223₀
弧矢筭術／子 1303，子 1304

1224₇
弢甫五嶽集／集 4229

弢甫集／集 4227，集 4228

1224₇
發藻堂纂輯靈素類言／子 0694

發明證治／子 0899

1240₀
刑統賦／子 0617

刑垣疏稿／史 0942

刑錢必覽／史 3992

1240₁
延露詞／集 3750，集 5621

[嘉靖]延平府志／史 3201

延平李先生師弟子答問／ 子 0148，子 0149

延福寺志略／史 3752

延令季氏宋板書目／史 4149

延令纂／集 3174

1241₀
孔庭摘要／史 1223

孔聖家語圖／子 0038

孔孟聖迹圖／史 0982

孔孟紀年／史 1341

孔子聖蹟圖／史 1225

孔子編年／史 1221

孔子家語／子 0021，子 0022，子 0023，子 0027， 子 0030，子 0031，子 0032，子 0033，子 0034， 子 0035，子 0036，子 0037

孔叢子／子 0055，子 0056， 子 0057，子 0058

孔氏家語／子 0024，子 0028

孔懷錄／史 1440

1241₃
飛龍傳／集 5976

飛鴻堂印譜／子 1827

飛鴻堂印人傳／子 1887

1243₀
孤山夢詞／集 5862

孤竹賓談／子 2237

孤憤集／集 5238

1247₂

聯新事備詩學大成／子
　2809，子 2810

聯經／子 3014

1249₃

孫文恪公集／集 2991

孫衣言日記／史 1456

孫石臺先生遺集／集 3411

孫可之文集／集 1696，集
　1697，集 1698

孫琴西文稿／集 4836

孫琴西詩序跋稿／集 4837

孫琴西詩文稿／集 4835

孫琴西娛老詞稿／集 4839

孫子集註／子 0496

孫子參同／子 0499，子
　0500

孫子注／子 0497

孫子摘廣／子 0501

孫子書／子 0498

孫司空詩鈔／集 3821

孫翼齋先生詩稿／集 5235

孫仲彤日記／史 1508

孫徵君日譜錄存／史 1428

孫宇臺集／集 3643，集
　3644

孫宗伯集／集 3210

孫真人備急千金要方／子
　0866，子 0867，子 0868

孫范合唱集／集 0119

孫敬軒行述／史 1326

孫夫人詩集／集 2992

孫璧聯先生文集／集 3460

孫氏禮記集解校注／經
　0620

孫氏世系表／史 1617

［仁和］孫氏梅東家乘／史
　1613

孫氏醫學叢書／子 0670

孫月峰先生批評漢書／史
　0119

孫月峰先生批評史記／史
　0031

孫月峰先生批點南華真經
　／子 0435

孫尚書內簡尺牘編註／集
　2021

1260₀

副墨／集 3076

1262₁

斫桂山房詩存／集 4253

1263₂

砭真記／集 5854

1264₀

砥庵集／集 2610

1266₉

磻溪詞／集 5614

1280₄

癸辛詞／集 5686

癸未三春雜感疊韻詩／集
　3719

癸卯入闈記附書畫詩夢石
　研屏歌／集 4371

1290₀

水龍經／子 1417

水石緣／集 6005

水西諫疏／史 0903

水西吟／集 4153

水雲集／集 2273，集 2274

水琴詞／集 5693

水師輯要／子 0549

水經／史 3563

水經注／史 3564，史 3565，
　史 3566，史 3567，史
　3568，史 3569，史 3570，
　史 3571，史 3572，史
　3573，史 3574，史 3575，
　史 3576

水經注釋／史 3582，史
　3583

水經注圖／史 3585

水經注箋／史 3577

水經注箋刊誤／史 3582

水巖宮傳奇／集 5866

水窗雜說／子 2283

水澄劉氏家譜／史 1663

［紹興］水澄劉氏家譜／史
　1664

水心文集／集 2150，集
　2151，集 2152，集 2153，
　集 2154，集 2155，集
　2156，集 2157

水心文鈔／集 2162

水心集校注／集 2164

水心先生別集／集 2158，集
　2159，集 2160，集 2161

水滸後傳／集 5981

水道提綱／史 3596，史
　3597，史 3598

水南集／集 2782，集 2783

水南灌叟遺稿／集 4352

水東草堂詩集／集 5477

水東日記／子 2430，子
　2431

水田居文集／集 3582

水明山樓集／集 4509

水月軒漫唫稿／集 3374

1293₀
瓢泉吟稿／集 2412

1311₂
琬琰清音／集 0680

1313₂
琅嬛天文集／子 2608
琅邪代醉編／子 2531

1314₀
武康四先生集／集 1085
[嘉靖]武康縣志／史 2915
[康熙]武康縣志／史 2916，史 2917
[道光]武康縣志／史 2918
[嘉靖]武平志／史 3223
武烈公遺墨／集 5134
武功將軍周公家傳／子 1001
[康熙]武功縣重校續志／史 2796
[雍正]武功縣後志／史 2797
[正德]武功縣志／史 2791，史 2792，史 2793，史 2794
武經三書彙解／子 0483
武經總要／子 0509
武經七書／子 0476
武經七書彙解／子 0482
武經數目全題正解／子 0534
武經節要／子 0484
武經節要孫子兵法／子 0484
武川文鈔／集 1165

武川詩鈔／集 1164
武川備考／史 3009，史 3306
武備志／子 0531，子 0532
武備志略／子 0539
武德全書／子 0525
武侯集／集 1350
[嘉靖]武寧縣志／史 3080
[康熙]武進縣志／史 2499
[嘉靖]武安縣志／史 2711
[嘉靖]武定州志／史 2656
武溪集／集 1746，集 1747
武塘野史／史 0740
[嘉靖]武城縣志／史 2678
武城曾氏家乘／史 1643
武英殿聚珍版書／叢 0083，叢 0084
武林靈隱寺志／史 3731
武林紀遊／集 4847
武林紀略／史 0732
武林遊拾遺／史 3698
武林坊巷總志／史 3341
武林坊巷志／史 3337
武林坊巷志目稿／史 3340
武林志餘／史 2829
武林梵志／史 3730
武林蔣氏族譜／史 1658
武林舊事／史 3331
武林風俗記／史 3343
武林覽勝記／史 3333
武夷山志／史 3546，史 3548，史 3550
武夷九曲志／史 3549
武夷志略／史 3547
[新安]武口王氏統宗譜／史 1541
[乾隆]武昌縣志／史 3121
武原女史陳筠齋詩／集 4681

武學經傳句解／子 0485
[康熙]武岡州志／史 3152

1323₆
強易窗印稿／子 1824

1325₃
殘明詠史詩／集 5061
殘明百官簿／史 2147，史 2148
殘明宰輔表／史 2149
殘明大統曆附宰輔年表／子 1296
殘局類選／子 1938

1345₀
職官述／史 3857

1413₁
聽雪齋詩鈔／集 4585
聽雪軒詩存／集 5068
聽雨齋詩集／集 4742
聽雨樓隨筆／集 5523
聽雨軒雜記／子 2462
聽秋聲館遺詩／集 5227
聽潮居存業／子 2256
聽荷閣唱和詩／集 0977
聽松廬詩抄／集 4885
聽松閣筆記／集 5354
聽風證月樓詩餘／集 5147
聽月樓遺草／集 4515
聽鍾山房集／集 4378
聽雨軒贅紀／子 2635

1419₀
琳清仙館詞稿／集 5681

1420₀
耐廬野唱／集 4937

耐畊堂文集／集 4127

1461$_5$
[嘉靖]確山縣志／史 2743

1464$_7$
破涕吟／集 3990，集 3991
破邪論／子 3326

1468$_8$
硤石山水志／史 3450，史 3451
硤石山水志略／史 3452

1513$_0$
璉川詩集／集 2994

1519$_0$
珠玉詞／集 5588
珠玉遺稿／集 2928
珠樹堂集／集 3407，集 3408

1519$_6$
疎村集／集 4247
疎影樓詞／集 5665

1540$_0$
建文朝野彙編／史 0681
建文書法儗／史 0682
[嘉靖]建平縣志／史 2587
[雍正]建水州志／史 3287
[乾隆]建德縣志／史 3030
[嘉靖]建寧府志／史 3209
建寧粵匪圍城日記／史 1459
[嘉靖]建寧縣志／史 3218
[正德]建昌府志／史 3095
[景泰]建陽縣志／史 3210

[嘉靖]建陽縣志／史 3211，史 3212
[康熙]建陽縣志／史 3213
建炎維揚遺錄／史 0622
建炎以來朝野雜記／史 3917，史 3918
建炎以來繫年要錄／史 0429

1561$_8$
[乾隆]醴泉縣志／史 2771

1564$_3$
磚文考略／史 4375

1569$_0$
硃批諭旨／史 0848
硃批田文鏡奏摺／史 0948，史 0949

1610$_4$
聖訓演／子 0252
聖諭廣訓／子 0325，子 0326
聖諭像解／子 2593
聖和老人文鈔／集 5382
聖濟經解義／子 0875
聖濟總錄纂要／子 0874
聖安皇帝本紀／史 0742
聖宋皇祐新樂圖記／經 0703
聖宋名賢五百家播芳大全文粹／集 0771，集 0772
聖宋名賢四六叢珠／子 2764
聖駕展謁泰陵站圖說／史 3970
聖朝名畫評／子 1722，子 1723

聖典／史 0677
聖門傳詩嫡冢／經 0377
聖門志／史 0983
聖門志考略／史 0984
聖學先難編／子 0319
聖學宗傳／史 1023
聖學嫡派／史 1024
聖母帖考釋／子 1717
聖賢像贊／史 1226

1611$_2$
現行捐官常例／史 3862

1611$_5$
理虛元鑑／子 0964
理學辨／子 0300
理學雜著／子 0290
理學備考／子 0318
理學錄／子 0299
理氣正宗龍水圖說／子 1503
理氣秘訣／子 1509

1613$_2$
環庵先生遺稿／集 3397，集 3398
環龍居詩稿／集 4952
環碧主人賸稿／集 5076
環碧齋尺牘／集 3272
環碧堂集／集 2821
環翠軒南遊寄草／集 5218
環溪集／集 2961
環谷杏山二先生詩稿／集 1206
環筠唫館詩集／集 4996

1623$_6$
強恕齋文鈔／集 4394
強恕齋詩鈔／集 4393

1625₆
彈指詞／集 5633

1643₀
聰聖志／史 1213，子 2546
聰山集／集 3782

1660₂
碧摩亭集／集 4108
碧玉壺天題畫詩／集 3464
碧琅館詩草／集 4797，集
　4798
碧珊詩草／集 5325
碧川文選詩選／集 2706
碧山樂府／集 5878
碧山樓詩稿／集 4482
碧山學士集／集 3199
碧鮮山房指法字母滙參确
　解／子 1922
碧谿賦／集 2772
碧溪詩集／集 2723
碧瀾堂集／集 3888
碧梧潘先生遺稿／集 3144
碧梧軒詩鈔／集 5135

1661₂
硯雲詩稿／集 5214
硯北易鈔／經 0179
硯香詞／集 5674
硯林詩集／集 4417
硯林小品／子 1962
硯農文集／集 4625
硯思集／集 4074
硯疇集／集 3753
硯箋／子 1961

1662₇
［乾隆］碭山縣志／史 2520

1662₇
碣石編／集 3403

1664₀
碑版廣例／史 4323
碑帖臠話／史 4334
碑目／經 1358，經 1359，經
　1360

1710₂
孟晉齋詩集／集 4407
孟子文評／經 0979
孟子章指／經 0968，經
　0969
孟子音義補考證／經 0983
孟子雜記／經 0977
孟子張宣公解／經 0976
孟子集註／經 0973，經
　0974，經 0975
孟子集註攷證／經 1000
孟子生卒年月考／經 1073
孟子漢注／經 0984
孟子考略／經 1090
孟子四考／經 0980，經
　0981，經 0982
孟子時事略／史 1230
孟浩然詩集／集 1449，集
　1450
孟浩然集／集 1451
孟東野詩集／集 1648，集
　1649
［康熙］孟縣志／史 2723
［乾隆］孟縣志／史 2724

1712₀
羽庭集／集 2436，集 2437
羽庭集詩文／集 2435
羽琌逸事／史 1337

1712₇
［嘉慶］邠州志／史 2523

1712₇
弱水集／集 4156

1712₇
瑯嬛文集／集 3558

1712₇
鄧嶧亭墓表／史 1322
［嘉靖］鄧州志／史 2736
鄧析子／子 0590，子 0591，
　子 0592

1714₀
珊瑚木難／子 1619，子
　1620

1714₇
瓊廡集詞選／集 5619
瓊游速藻／集 5173
瓊臺詩文會稿重編／集
　2658
瓊臺稿／集 4295
［正德］瓊臺志／史 3270
瓊臺會稿／集 2656，集
　2657

1717₂
瑤石山人詩稿／集 3012
瑤草堂圖章印譜／子 1845
瑤華集／集 5578，集 5579
瑤華道人詩稿／集 4507，集
　4508
瑤華閣詩草詞草／集 4738

1720₇
了心錄／子 3332

1721₅
翟晴江四書攷異内句讀／
　經 1167

1722₀
刀布釋文／史 4390

1722₇
甬上高僧詩／集 1102
甬上耆舊詩／集 1087
甬上明詩略／集 1109
甬上屠氏遺詩／集 1247
甬東詩括／集 1103
甬東山人藁／集 3146
甬東薛氏世風删／集 1265

1722₇
帚珍齋詩存／集 4962

1722₇
鬻子／子 2038

1723₂
[道光]承德府志／史 2443
承清館印譜／子 1791,子
　1792
承啓堂壽言／集 1013
承吉兄字説／經 1255
承華事略／史 0645

1723₂
聚樂堂藝文目録／史 4180

1723₂
豫章詩話／集 5447
豫章黄先生文集外集别集
　／集 1914,集 1915
豫章羅先生文集／集 2023,

集 2024
豫章既白詩稿／集 3127
豫變紀略／史 0735

1732₇
[嘉靖]鄢陵志／史 2690
[乾隆]鄢陵縣志／史 2691

1733₂
忍草堂印選／子 1797
忍默恕退之齋詩鈔賦草試
　律鈔／集 4950

1734₆
尋樂齋詩集／集 3933
[嘉靖]尋甸府志／史 3293
尋門餘論／經 0164

1740₇
子彙／子 0012
子華子／子 2048,子 2049
子史輯要詩賦題解／子
　2991
子史精華 ／ 子 2983,子
　2984,子 2985
子書類纂／子 2911
子昂集／集 1433

1740₈
翠微山房詩稿／集 5142
翠微南征録／集 2213
翠瀑閣詩集／集 3330
翠娱軒集／集 4780
翠娱閣評選行笈必攜／集
　0114
翠娱閣評選陳眉公文集／
　集 3382
翠娱閣增訂宗方城先生性
　理抄／子 0262

翠屏集／集 2513,集 2514
翠竹紅榴僊館印譜／子
　1873

1742₀
聊齋誌異 ／ 集 5953,集
　5954
聊復閒吟／集 5063
聊存鈔／集 5033

1742₇
邗江雜誌詩餘／集 4528

1742₇
[乾隆]邢臺縣志／史 2430

1742₇
耶律天文輯略／子 1376

1742₇
勇盧閒話／子 0634

1750₆
[天啓]鞏昌府志／史 2803
[嘉靖]鞏縣志／史 2732

1750₇
尹文端公詩集／集 4185
尹文子／子 2050,子 2051,
　子 2052,子 2057

1752₇
弔伐録／史 0639

1752₇
那悉茗軒詩草／集 4940

1760₂
召試博學鴻儒攷略／史

政和五禮新儀／史 3951
政和御製冠禮／史 3951
政監／史 2277

1814₀
致堂先生崇正辨／子 0135

1818₁
璇璣碎錦／集 4245

1824₀
攷工記攷辨／經 0539，經
　0540
攷古正文印藪／史 4402

1833₄
憨士列傳／史 1014

1840₄
婺詩補／史 2999，集 1155
[乾隆]婺源縣志／史 2545
婺源余子疇先生詩草／集
　3530
婺志粹／史 2999
婺學志／史 1196
婺賢文軌／集 1158

1863₂
[嘉靖]磁州志／史 2435
[康熙]磁州志／史 2436

1865₁
群玉樓稿／集 2900
群經音辨／經 1238
群經得寸錄／經 1181
群經字攷／經 1263
群經宮室圖／經 1183
群經補義／經 1155
群芳備藥錄／子 0826

群芳清玩／叢 0072，叢
　0073
群書集事淵海／子 2823，子
　2824
群書備考／子 2879
群書歸正集／子 0267
群書疑辨／子 2347
群書述台／史 3385
群書考索／子 2775，子
　2776
群書拾錄／子 2599
群書會元截江網／子 2771
群書鉤玄／子 2811
群書粹言／子 2573
群賢要語／子 2209
群賢逸響／集 0982
群公帖跋／子 1672
群公投贈詩文／集 4618

1874₀
改亭集／集 3746
改堂先生文鈔／集 4031

1916₆
瑠溪金氏族譜／史 1577，史
　1578

1948₀
耿湋詩集／集 1560

2010₄
壬式兵詮解義／子 1554
壬申紀遊／集 4002
壬時後經／子 1551
壬午匭歲雜感叠韻詩／集
　3719

2010₅
重慶堂隨筆／子 1169

重廣補註黃帝內經素問／
　子 0671，子 0676，子
　0677
重訂唐詩別裁集／集 0727，
　集 0728，集 0729
重訂文選集評／集 0191
重訂詩經疑問／經 0368
重訂王鳳洲先生綱鑑會纂
　／史 0380，史 0381
重訂外科正宗／子 0974
重訂併音連聲韻學集成／
　經 1527
重訂宋詩正體／集 0759
重訂顧亭林先生年譜／史
　1388
重訂選擇集要／子 1589
重訂李義山詩集箋注／集
　1674，集 1675
重訂古史全本／史 0062，史
　0063
重訂七種文選／集 0002
重訂蔡虛齋先生易經蒙引
　／經 0095
重訂增補陶朱公致富奇書
　／子 0627
重訂批點類輯練兵諸書／
　子 0519
重訂路史全本／史 0529，史
　0530
重訂歷朝詩選簡金集／集
　0338
重訂陽宅造福全書／子
　1409
重訂閨麗譜／集 3699
重訂周恭肅公奏議／史
　0922
重訂周忠毅公奏議／史
　0922
重訂駱龍吉內經拾遺方論

/子 0697

重訂丹溪心法/子 1178

重刻京本補註釋音文黄帝
　内經素問/子 0674

重刻説苑新序/子 0083

重刻元奇門遁甲句解煙波
　釣叟歌/子 1598

重刻西山先生真文忠公文
　集/集 2198

重刻西村顧先生省己錄/
　子 0216

重刻山谷先生年譜／集
　1923,集 1924

重刻伐檀集/集 1916

重刻吳淵穎集/集 2392,集
　2394

重刻完菴劉先生詩集／集
　2634

重刻安雅堂文集/集 3693

重刻添補傳家寶俚言新本
　/子 0339

重刻游杭合集/集 1058

重刻内府原板張閣老經筵
　四書直解指南/經 1025

重刻恭簡公志樂/經 0710

重刻韓柳歐蘇文抄／集
　0019

重刻黄文節山谷先生文集
　／集 1916,集 1917,集
　1918,集 1919

重刻歷朝捷錄/史 2292

重刻曆體略/子 1250

重刻全補標題音注歷朝捷
　錄/史 2293

重刻合併官常政要全書/
　叢 0054

重刻會稽三賦/集 2112

重栞宋本十三經注疏／經
　0015

重刊訂正秋蟲譜/子 2029

重刊訂正篇海/經 1392

重刊許氏説文解字五音韻
　譜/經 1287,經 1288,經
　1289,經 1290,經 1291,
　經 1292,經 1293

重刊孫真人備急千金要方
　/子 0865

重刊千家註杜詩全集文集
　/集 1492

重刊經史證類大全本草/
　子 0791,子 0792

重刊巢氏諸病源候總論/
　子 1175

重刊鮑氏戰國策/史 0560

重刊併音連聲韻學集成/
　經 1526

重刊宋文憲公集/集 2495

重刊通鑑集要/史 0364

重刊嘉祐集／集 1837,集
　1838,集 1839

重刊古雋考略/子 2867

重刊校正唐荆川先生文集
　／集 2947,集 2948,集
　2949

重刊校正笠澤叢書／集
　1704,集 1705,集 1706,
　集 1707

重刊荆川先生文集／集
　2951

重刊草木子/子 2186

重刊革象新書/子 1242

重刊黄文獻公文集／集
　2395

重刊蔡虛齋先生四書蒙引
　/經 1012

重刊横浦先生文集／集
　2043

重刊書敍指南/子 2745

重刊單篇大字策學統宗/
　子 2826

重刊人子須知資孝地理心
　學統宗/子 1449

重刊全補古文會編／集
　0422

重刊分類編次李太白文集
　/集 1462

重刊分類補註李詩全集/
　集 1462

重建淨名寺疏/史 3754

重建沈山智標塔院記／史
　3704

重刊痘科扼要/子 1098

重編張仲景傷寒論證治發
　明溯源集／子 0772,子
　0773

重編汲古閣刊書目錄/史
　4135

重編有宋簪纓/集 0774

重編東坡先生外集／集
　1882

重修正文對音捷要真傳琴
　譜大全／子 1891,子
　1892

[乾隆]重修靈寶縣志/史
　2749

[康熙]重修平遙縣志/史
　2608

[寶祐]重修琴川志／史
　2482

[萬曆]重修延平府志/史
　3202

[嘉靖]重修邳州志／史
　2522

重修政和經史證類備用本
　草/子 0787,子 0788,子
　0789,子 0790

[民國]重修秀水縣志稿/

史 2870，史 2871

[成化]重修保定志／史 2405

[康熙]重修宜興縣志／史 2504

重修宣和博古圖錄／史 4272，史 4275

重修濰縣城隍廟碑記／集 4302

重修濟陽江氏族譜／史 1554

重修富桐二縣釋氏宗譜／子 3314

[正統]重修富春志／史 2850

[康熙]重修富陽縣志／史 2849

重修寶山縣志稿／史 2529

重修南溪書院志／史 3786

重修南海普陀山志／史 3504

[乾隆]重修嘉魚縣志／史 3122

[嘉靖]重修如皋縣志／史 2534

重修胡氏冀原西吞派宗譜／史 1586

重修曹溪通志／史 3759

[乾隆]重修景寧縣志／史 3074

[成化]重修毗陵志／史 2496

重修問刑條例／史 4045

[萬曆]重修營山縣志／史 3173

[乾隆]重修臺灣府志／史 3229

重定金石契／史 4246

重遠齋吟稿／集 4881

重選唐音大成／集 0663

重選徐迪功外集／集 2818

重泮紀聞／史 1161

重校唐詩類苑選／集 0675

重校正唐文粹／集 0613，集 0614，集 0615，集 0616，集 0619

重校聖濟總錄／子 0873

重校經史海篇直音／經 1393

重校宋竇太師瘡瘍經驗全書／子 0982

重校古周禮／經 0498

重校堪輿管見／子 1477

重校鶴山先生大全文集／集 2195

重校投筆記／集 5773

重校全補海篇直音／經 1400

重增釋義大明律／史 4039

重輯朱子錄要／子 0176

重雕嘉靖本校宋周禮札記／經 0521

重鐫武經七書集注／子 0477

重鐫香雪文鈔／集 4357

重鐫經史正音切韻指南／經 1509

重鐫繡像今古奇觀／集 5948

重鐫朱青巖先生擬編明紀輯略／史 0458

重鐫官板地理天機會元／子 1422，子 1423

重鐫蘇紫溪先生易經兒説／經 0114

2011₂

乖崖先生文集／集 1723

2021₄

往西郵日記／史 1511

往來函牘／集 5180

2022₁

停雲詩薰／集 5297

2022₇

仿宋相臺五經／經 0006，經 0007

2022₇

秀水朱氏家乘／史 1552

[萬曆]秀水縣志／史 2869

秀水銀米額數／史 3989

秀濯堂詩／集 3982

秀埜草堂詩集／集 4041

[山陰]秀巷徐氏宗譜／史 1604

2022₇

禹貢註節讀／經 0323

禹貢山水總目／經 0322

禹貢彙覽／經 0321

禹貢述略／經 0328

禹貢古今合註／經 0319

禹貢考略／經 0317

禹貢地理考／經 0324

禹貢地名集説／經 0326

禹貢匯疏／經 0317

禹貢錐指／經 0320

禹貢今釋／經 0325

禹貢會箋／經 0322

[乾隆]禹州志／史 2696

2022₇

[嘉靖]喬三石耀州志／史 2773

喬家心易／經 0119
喬氏易俟／經 0168

2022₇
爲可堂初集／集 3621
爲可堂初集詩／集 3620
爲政準則／史 3870
爲善陰隲／子 2507

2023₂
依水園文集／集 3590
依歸草二刻／集 4067

2024₁
辭賦標義／集 0359，集 0360
辭學指南／子 2786，子 2787，子 2788，子 2789，子 2790

2026₁
信天巢遺稿／集 2178
信摭／子 2372，子 2373

2031₆
鱸序璠聞／經 1185

2033₁
焦山鼎銘考／史 4285
焦太史編輯國朝獻徵錄／史 1100
焦明詩／集 4397
焦氏澹園集／集 3265
焦氏易林／子 1521，子 1522，子 1523，子 1524，子 1525
焦氏筆乘／子 2224，子 2225
焦氏類林／子 2536

2039₆
鯨背吟／集 2401

2040₀
千一疏／子 2534
千百年眼／史 2306，史 2307
千頃堂書目／史 4190
千秋金鑑錄／集 1435
千家姓／子 2813
千字文集字槀／經 1463
千金翼方／子 0869，子 0870
千金寶要／子 0871
千首宋人絕句／集 0763

2040₄
委羽山志／史 3511

2040₇
季漢官爵考／史 2144，史 2145
季漢書／史 0180，史 0181，史 0182

2040₇
受宜堂宦遊筆記／子 2266
受祺堂詩／集 3840
受書堂稿／集 4164

2040₇
愛吾盧文集／集 3929
愛珍詩選集／集 0944
愛山居吟稿／集 4935
愛日樓詩／集 4624
愛日堂文集／集 3694
愛日堂文集外集詩集／集 3695

愛日堂吟槀／集 4264
愛影齋詩稿／集 5327
愛竹居詩草／集 4648

2040₇
雙盃記／集 5808
雙雲堂文稿詩稿／集 3924
雙瑞竹館吟鈔／集 5128
雙翠軒詞稿／集 5696
雙峰先生內外服制通釋／經 0570
雙溪文集／集 2118
雙溪詩匯／集 1084
雙溪集／叢 0159，集 2119
雙溪倡和詩／集 0945
雙清閣袖中詩本／集 5283
雙冠誥／集 5810
雙遂堂遺集／集 4012
雙桂軒詩草／集 5221
雙林鎮志新補／史 2904
雙報應／集 5812
雙柳軒文集詩集／集 4338
雙桐齋文稿／集 5141
雙桐齋排律詩／集 5140
雙松閣百壽印／子 1844
雙忠錄／史 1122
雙節詩文初集／集 0910
雙節堂贈言集錄／集 0911
雙節堂全集／叢 0185

2050₀
手鏡摘覽／子 2952

2060₄
舌華錄／子 2545
舌鏡心法／子 0849

2060₅
看山閣樂府棲雲石／集

5844

2060₉
香亭文稿／集 4448
香雪廬稿／集 5225
香雪文鈔／集 4355，集 4356
香雪庵叢書／叢 0198
香山詩抄／集 1655
香泉志／史 3587
香溪先生范賢良文集／集 2049
香消酒醒曲／集 5883
香南居士集／集 4876
香奩詩泐／集 0327
香奩集／集 2476
香坡詩草／集 5121
香草樓詩集文集／集 5281
香樹齋文集／集 4058，集 4059
香樹齋詩集／集 4056
香樹齋詩續集／集 4057
香葉舊草堂詩餘／集 5350
香葉堂詩存／集 4555
香嚴庵雜稿／叢 0201
香嚴齋詞／集 5626
香墅漫鈔／子 2364，子 2365，子 2366
香閨鞋韤典略／子 2621
香月亭詩餘／集 5649
香屑集／集 4051
香聞遺集／集 4449

2061₅
雒閩源流錄／史 1111

2071₅
毛詩註疏／經 0340
毛詩説／經 0390，經 0391，

經 0417
毛詩天文考／經 0432
毛詩稽古編／經 0386
毛詩傳箋／經 0338
毛詩名物略／經 0427
毛詩名物圖説／經 0426
毛詩通説／經 0410
毛詩古音攷／經 0433
毛詩故訓傳／經 0339，經 0413
毛詩本義／經 0342
毛詩日箋／經 0384
毛詩明辨錄／經 0400
毛詩興體説／經 0421
毛詩鄭箋纂疏補協／經 0371
毛西河先生年譜殘稿／史 1391
毛西河蕭山三江閘議原稿／史 3658
毛穉黄先生書／叢 0150
毛馳黄集／集 3656
毛鄭異同考／經 0404

2073₂
么絃獨語／集 5035

2080₄
奚囊便方／子 0911

2090₁
乘槎筆記／史 3820

2090₄
采真篇／集 3175
采芳隨筆／子 2014
采蘭堂詩文稿／集 4479
采芝山人詩存／集 4616
采若編／集 1083

采菊山人詩集／集 4670
采菽堂評選戰國策／史 0575
采菽堂古詩選／集 0242
采柏園古印澤存／史 4443
采昭堂秘書史拾／叢 0057

2090₄
集語／子 0025
集韻／經 1475，經 1476，經 1477，經 1478
集韻正誤合鈔／經 1484
集韻攷正／經 1481
集韻校勘記／經 1483
集韻考正／經 1479，經 1480，經 1482
集珍樓偶鈔／叢 0109
集千家註杜工部詩集／集 1488
集千家註杜工部詩集文集／集 1485，集 1486，集 1487
集千家註批點補遺杜工部詩集／集 1491
集千家註批點杜工部詩集／集 1489，集 1490
集千家註分類杜工部詩／集 1483
集千家註分類杜工部詩文集／集 1484
集虛齋四書口義／經 1083，經 1084
集虛齋學古文附離騷經解略／集 4014，集 4015
集緯／經 1196
集句錄集句後錄／集 2667
集漢隸分韻／經 1374
集古文英／集 0454
集古評釋西山真先生文章

正宗/集 0396,集 0397

集古印譜 / 史 4398,史
4399,史 4400,史 4403,
史 4405

集古印范/史 4409

集古錄/史 4225

集杭諺詩/集 1060

集帖目/子 1698

集桃花源記字詩/集 1186

集易禮註樂/經 0736

集腋成裘/子 2624

集驗良方/子 0920

集錄真西山文章正宗/集
0394

2091₂
統系備覽/史 0407

2091₅
維摩詰所説經/子 3135,子
3136

維摩詰所説經無我疏 / 子
3216

維新志/史 0692

維揚雲貞女史寄夫塞外書
/集 4745

2093₂
絃索辨訛/集 5936

絃索調時劇新譜/子 1918

2108₆
[康熙]順慶府志/史 3170

[乾隆]順德府志/史 3238

[嘉靖]順德志/史 2429

順渠先生文錄/集 2854

順治六年己丑科進士履歷
便覽/史 1823

順治六年進士登科錄 / 史

1822

順治三年丙戌科進士履歷
便覽/史 1819

順治三年丙戌科會試春秋
房同門錄/史 1820

順治十六年己亥科進士履
歷便覽/史 1827

順治十二年乙未科進士履
歷便覽 / 史 1825,史
1826

順治十八年辛丑科進士履
歷便覽/史 1828

順治九年司道職名册/史
2151

順治九年壬辰科進士履歷
便覽/史 1824

順治四年丁亥科進士履歷
便覽/史 1821

順治八年陝西鄉試序齒錄
/史 1986

[正德]順昌邑志/史 3204

[乾隆]順昌縣志/史 3205

2110₀
上諭解義/史 0843

上諭奏議/經 0730

上虞志備稿/史 2976

上虞縣五鄉水利本末/史
3660

[康熙]上虞縣志/史 2975

上清靈寶濟度大成金書/
子 3086

[弘治]上海志/史 2492

[乾隆]上海縣志/史 2493

上蔡先生語錄/子 0134

[乾隆]上猶縣志/史 3117

上醫本草/子 0802

[諸暨]上金胡氏宗譜/史
1587

2110₀
止塵廬詩鈔/集 5353

止齋集/集 2087,集 2088

止齋先生文集/集 2089,集
2090,集 2091

止齋先生奥論/集 2096,集
2097

止止室雜抄/子 2469

止止堂集/集 3167

止菴筆語/集 5046

止焚稿/集 5313

止軒文習初草/集 5098

止軒集/集 5099

止盦日記/史 1457

2120₁
步梅詩鈔續編/集 5196

2121₀
仁端錄雜症 / 子 1067,子
1068

仁山先生金文安公文集/
集 2299

仁山金先生文集/集 2298,
集 2300

[嘉靖]仁化縣志/史 3242

[康熙]仁和縣志/史 2832

[光緒]仁和縣志稿 / 史
2833

仁恕堂筆記/子 2451

2121₂
伍忠襄公事跡鈔略 / 史
1281

2121₂
徑山藏/子 3133

甋甄洞藁／集 3097

2121₂

盧溪先生文集／集 2016

盧遵義文集／集 4094

盧黄州渺粟稿／集 2713

盧月樵集／集 3182

2121₂

儷紫軒偶存／集 4377

儷德偕壽錄／集 0827

2121₄

[弘治]偃師縣志／史 2730

[乾隆]偃師縣志／史 2731

2121₇

虎阜志／史 3467

虎谿漁叟集／集 3606

虎林江氏族譜／史 1548

虎口餘生記／史 0735

虎丘百詠／集 4133

虎丘山志／史 3465

虎丘志總集／史 3464

虎邱綴英志略／史 3466

虎鈐經／子 0511，子 0512

2121₇

虛齋蔡先生四書蒙引初稿
／經 1011

虛白齋詩集／集 4188

虛舟題跋／子 1692

虛直堂文集／集 3800

2121₇

儼巖志／史 3520

[康熙]儼居縣志／史 2994

2121₇

甋甄洞續稿／集 3098

2122₀

何竟山日記／史 1448

何文定公文集／集 2779

何水部詩集／集 1416

何子萬印譜／子 1877

何仲默集／集 2790

何大復先生詩集／集 2791

何大復先生集／集 2787，集
2788，集 2789

何求老人詩／集 3774

何燕泉先生餘冬序錄／子
2194

何氏語林／子 2434，子
2435

何氏集／集 2785

何母陳宜人榮壽序／史
1305

2122₁

行水金鑑／史 3595

行香子詞／集 4892

行朝錄／史 0767，史 0768，
史 0769，史 0770

行素堂集古印存／史 4458

行人司書目／史 4098

行簡錄／史 4052

2122₁

衍石先生未刻稿／集 4724

2122₁

衍香居詩草／集 5057

衍波詞／集 5624

衍芬草堂藏書目錄／史
4160

衍囈語／子 2699

2122₁

街南文集／集 3680

2122₁

衙蟬小錄／子 2027

2122₁

衛生寶鑑／子 1177

衛生易簡方／子 0887，子
0888，子 0889

衛藏圖識蠻語／史 3308

衛藏圖識附蠻語／史 3307

2122₁

衡廬精舍藏稿／集 3106

[乾隆]衡水縣志／史 2445

衡嶽志／史 3543，史 3553

[嘉靖]衡州府志／史 3153

[乾隆]衡州府志／史 3154

衡曲塵譚／集 5876

衡陽吳悍臺先生忠烈遺蹤
／史 1296

[乾隆]衡陽縣志／史 3155

衡門集／集 0210

衡門芹／子 0285

2122₁

[弘治]衢州府志／史 3012

[嘉靖]衢州府志／史 3013

[天啓]衢州府志／史 3014

[康熙]衢州府志／史 3015

[民國]衢縣志稿／史 3016

2122₇

鬳齋三子口義／子 0364

鬳齋考工記解／經 0535

2122₇

儒行集傳／經 0628

儒宗理要／子 0018

儒宗約旨／子 0260

儒志編／子 0115

儒林外史／集 5994

儒林宗派／史 1034，史 1035

儒林錄／史 1112

儒史略／子 0358

2124₁

［成化］處州府志／史 3065

［雍正］處州府志／史 3067

處士任渭長傳／史 1334

2124₆

便產須知／子 1011，子 1012

便於蒐檢／子 2530

2125₃

歲寒堂存稿／集 4071

歲華紀麗／史 2336

歲暮懷人絕句／集 5265

歲時廣記／史 2337，史 2338

歲時雜詠今集／集 0756

歲時碎金／史 2347

歲閩編／史 1409

2128₄

虞山琴譜／子 1925

虞山書院志／史 3777

虞山四子集／集 1031

虞山人詩／集 2553

虞德園先生集／集 3253

［乾隆］虞鄉縣志／史 2600

虞州集／集 3906

虞初新志／集 5944

虞初志／集 5943

虞東學詩／經 0402

虞氏易變表／經 0218

2128₆

須江行草／集 4896

須溪批點選注杜工部詩／集 1494

2128₆

顧頵經／子 1035

2140₆

卓廬初草文／集 4930

卓廬初草詩／集 4931

卓吾先生批評龍谿王先生語錄鈔／子 0258

卓山詩集／集 4332

卓忠毅公遺稿／集 2567

卓氏藻林／子 2875

2155₀

拜經齋日記／史 1429

拜經樓詩話／集 5497

拜經堂叢書／叢 0095

2160₀

占行筆／子 1387

占候六壬遁法／子 1393

2172₇

師讓庵漢銅印存／史 4460

師說／史 1107，史 1108，史 1109

師子林天如和尚語錄／子 3288，子 3289

師子林天如和尚淨土或問／子 3290

師子林紀勝／史 3776

師經室詩存／集 5069

師山先生文集／集 2445

師律／子 0529

師友言行記／子 0357

師古堂印譜／子 1863，子 1871

師陶閣集／集 3538

師竹齋主人信札／集 5075

師竹山房詩餘／集 5708

2180₆

貞一齋集／集 4198

貞可齋集唐／集 3887

貞白先生遺稿／集 2571

貞觀政要／史 0597，史 0598，史 0599

2191₂

紅豆莊雜錄／子 2953

紅豆村人詩稿／集 4460

紅雪山房詩存／集 4974

紅雪樓九種曲／集 5842

紅雪軒稿／集 4126

紅么集／集 3879

紅術軒山水篆册／子 1806

紅崖刻石釋文題詠／史 4327

紅崖古刻釋文卷子／史 4326

紅杏軒合搨錢鑒／史 4391

紅蕚詞／集 4143

紅芙吟館詩鈔詩餘／集 4963

紅藥壇五言律七言律／集 3562

紅樓夢／集 5996，集 5997

紅樓夢論贊／集 5999

紅樓夢戲詠／集 4961

紅樓夢賦／集 6000

紅樓夢問答／集 5999

紅鶴山莊近體詩／集 4583
紅榴書屋詞集／集 5639
紅犀館詩課／集 4830
紅爐點雪／子 0965
紅情言／集 5807

2191₂

經言枝指／經 0026
經訓堂叢書／叢 0094
經讀考異／經 1167
經韻樓文稿／集 4735
經韻樓叢書／叢 0183
經天訣／子 1254
經師經義目錄／史 1156
經制考略／子 2923
經德錄／子 0296
經傳攷證／經 1179
經傳繹義／經 1174
經絡歌訣／子 0815
經微室詞存／集 5666
經濟文集／集 2420
經濟類編／子 2872，子 2873
經迻／經 1187
經世要略／史 0999
經世環應編／子 2554
經世名編／集 0860
經世奇謀／子 2544
經史序錄／集 0526
經史證類大觀本草／子 0786
經史正音切韻指南／經 1498
經史子集合纂類語／子 2944
經史避名彙考／子 2377
經史慧解／子 2265
經史問答／子 2313，集 4308，集 4309，集 4310

經史答問／子 2367，子 2368
經典文字辨正／經 1439
經典釋文／經 1131
經學志餘／經 1152
經驗廣集／子 1229
經驗集方／子 0897
經義齋集／集 3743
經義聚辨／經 1182
經義考／史 4181，史 4182
經義考補正／史 4183
經鉏堂雜誌／子 2164
經鉏堂雜志／子 2165
經籍考／史 3894，史 3895
經籍籑詁／經 1266

2194₀

紆玉樓集／集 2821

2198₆

［乾隆］潁上縣志／史 2575
［成化］潁州志／史 2572
［嘉靖］潁州志／史 2573
潁陽琴譜／子 1919

2199₁

縹緗對類／子 2821

2200₁

鬥弔大全／子 1954

2202₇

片刻餘閒集／子 2271
片玉詞考異／集 5697
片玉堂集古印章／史 4410
片雲集／集 4005

2210₄

坔陽草堂詩集／集 3426

2210₈

豐干拾得詩／集 1453，集 1454
［嘉靖］豐乘／史 3078
豐川續集／集 4161
豐對樓詩選／集 3157
豐湖王氏譜藝文鈔略／史 1545
［康熙］豐城縣志／史 3079
豐草庵雜著／子 2242
豐鎬考信錄／史 2325

2211₀

此木軒春秋闕如編／經 0904
此木軒四書說／經 1081
此觀堂集／集 3463

2220₇

岑嘉州集／集 1476
岑春煊奏稿／史 0969

2221₂

能改齋漫錄／子 2153，子 2154，子 2155

2221₄

任天卿集／集 3353

2221₅

崔寔政論／子 0100
崔東洲集／集 2875
崔氏洹詞／集 2797

2221₅

催徵錢糧降罰事例／史 3984
催官篇／子 1428，子 1429

2222₇

鼎新像圖蟲經／子 2031

鼎新圖／子 2032

鼎刊欽天監戈先生校訂子
　平淵海大全／子 1558

鼎湖山慶雲寺志／史 3761

鼎湖山志／史 3557

鼎雕註釋駱丞文抄評林／
　集 1431

鼎鐫六科奏准御製新頒分
　類註釋刑臺法律／史
　4046

鼎鐫徐筆洞增補睡菴湯太
　史四書脉講意／經 1032

鼎鐫洪武元韻勘正補訂經
　書切字海篇玉鑑／子
　2860

鼎公雜錄／子 2604

鼎鋟鍾伯敬訂正資治綱鑑
　正史大全／史 0394

鼎鍥幼幼集成／子 1053

鼎鍥葉太史彙纂玉堂鑑綱
　／史 0388，史 0389

鼎鍥趙田了凡袁先生編纂
　古本歷史大方綱鑑補／
　史 0390

鼎鍥青螺郭先生注釋小試
　論轂評林／集 0881

2222₇

嵩嶽廟史／史 3763

嵩嶽志／史 3494

嵩山集／集 1945

嵩山志／史 3495

嵩渚文集／集 2867

［乾隆］嵩縣志／史 2735

嵩少山人詩草／集 5148，集
　5149，集 5150

2223₀

觚賸／子 2454

2224₇

後詠懷／集 5034

後山詩／集 1931

後山詩注／集 1928，集
　1929，集 1930

後山先生集／集 1927

後漢書／史 0145，史 0146，
　史 0147，史 0148，史
　0149，史 0150，史 0151，
　史 0152，史 0153，史
　0154，史 0155，史 0156，
　史 0157

後漢書補注／史 0159，史
　0160

後漢書補逸／史 0142

後漢書隨筆／史 2233

後漢書纂／史 2232

後村雜著／集 4118

後村詩話／集 5427

後村詩集／集 4117

後村居士集／集 2231，集
　2232

後場紀年／集 0891

後圃編年稿／集 3995

後甲集／集 4132

後周文紀／集 0610

後分／子 3163

後食堂詩存／集 4642

2224₇

偪山偪心寺志／史 3750，史
　3751

偪山志／史 3507

偪東餓夫傳／史 1298

2226₄

循陔纂聞／子 2597，子
　2598

2227₀

仙霞志略／史 3519

仙巖志／史 3521

仙潭後志／史 2914

仙機纂要／子 1943

仙都志／史 3530

仙屏書屋初集／集 4799

仙居金石補／史 4356

2228₄

嶽遊漫稿／集 2971

2232₇

鷥嘯堂集／集 3633

2233₁

熊勿軒先生文集／集 2288，
　集 2289

熊士選集／集 2747

熊學士詩文集／集 3698

2238₆

嶺海見聞／史 3401

嶺南三大家詩選／集 1192

嶺南集／集 4292，集 4594

嶺南遊草／集 4920

嶺表紀年／史 0753，史
　0754

2241₃

巍巍不動太山深根結果寶
　卷／集 5902

2244₇

艸草／集 3664

2260₂
皆非集／集 3168，集 3169

2265₃
畿輔水利考／史 3637
[雍正]畿輔通志／史 2394
畿輔義倉圖／史 4015

2271₂
[乾隆]崑山新陽合志／史 2480
崑山徐氏傳是樓宋板書目／史 4150
[嘉靖]崑山縣志／史 2479
崑山鄭氏校定薛醫胎産女科經驗方／子 1032
崑岡詩鈔／集 4575

2272₁
斷山吟／集 3534
斷獄／史 4055

2272₇
嶠雅／集 3518

2277₀
[雍正]山西通志／史 2593
山西志輯要／史 2594
山北鄉土集／集 5188
山子詩鈔／集 5293
山響齋別集／集 1324
山房先生遺文／集 2268
山滿樓箋註唐詩七言律／集 0716
山洋指迷原本／子 1442
山海經／子 2655，子 2656，子 2657，子 2658，子 2659

山海經廣注／子 2662，子 2663
山海經釋義／子 2660，子 2661
山海經錯簡／子 2387
山海經箋疏／子 2664
山左詩課／集 1046
山左金石志碑目／史 4344
山志／子 2261，子 2262
山右訪碑錄／史 4343
山木居士外集／集 4472，集 4473
山帶閣註楚辭／集 1332
山藏集／集 2888
山林經濟籍／子 2533
山中讀書印／子 0283
山中集／集 0667，集 2748
山中白雲詞／集 5550，集 5611，集 5612
山書／史 0466
[嘉靖]山東通志／史 2624，史 2625
[雍正]山東通志／史 2626
山東運河備覽／史 3615
山東鹽法志／史 4007
[康熙]山東益都顏神鎮志／史 2642
山曉閣選宋大家蘇潁濱全集／集 1913
山曉閣選古文全集／集 0520，集 0521
山曉閣選明文／集 0893
山曉閣選明文全集／集 0892
山曉閣國語選／史 2191
山曉閣國策選／史 2195
山路十一跆地名竹枝詞／集 5668
山路題壁詩／集 5668

山陽錄／史 0781
山居雜志／子 1959
山居功課／集 3245
山居小玩／叢 0071
山桑宧記／史 1489
山陰沈氏族譜／史 1563
山陰蕭氏家乘／史 1665
山陰樊氏南陽族譜／史 1659
[康熙]山陰縣志／史 2958，史 2959
山谷詩／集 1932
山谷外集詩註／集 1922
山谷先生年譜／集 1914，集 1915
山谷內集詩註／集 1922
山谷老人刀筆／集 1925
山谷題跋／集 1926
山谷別集詩註／集 1922
山堂肆考／子 2892，子 2893

2277₀
幽貞實錄／集 4426
幽溪別志／史 3753

2279₁
嵊州開元周氏宗譜／史 1585
嵊志／史 2979
[乾隆]嵊縣志／史 2980

2285₃
幾亭初集再集／叢 0141
幾亭全書／叢 0142
幾社六子詩選／集 0833

2290₀
[乾隆]利津縣志補／史

2659

2290₀
剩語／集 2332

2290₀
剿平陝甘回匪彙編／史 0966

2290₁
崇文總目／史 4094
崇儒高氏家編／集 1240,集 1241,集 1242
崇川節孝錄／集 4090
[雍正]崇安縣志／史 3214
崇禎六年山東春秋房同門錄／史 1947
崇禎詩集／集 3465
崇禎五十宰相傳初稿／史 1129
崇禎遺錄／史 0709,史 0710,史 0711
崇禎十三年庚辰科進士履歷便覽／史 1818
崇禎十年丁丑科進士履歷便覽／史 1817
崇禎七年甲戌科進士履歷便覽／史 1816
崇禎盡忠錄／史 1131
崇禎四年辛未科進士履歷便覽／史 1815
崇禎長編／史 0708
崇祀鄉賢錄／集 4049
崇祀實紀／集 2564,集 2565
崇孝錄／史 1516
[乾隆]崇明縣志／史 2527

2290₃
紫石詞鈔／集 5685

紫雲詞／集 3791
紫硤文獻錄／史 3356
紫珊詩稿／集 5124
紫峽文獻錄／史 1180
紫鴛詞／集 5658
紫峰陳先生文集／集 2879
紫微雜説／子 2151
紫荊花館詩詞合鈔／集 5350
紫薇軒詩草／集 3612
紫薇堂集／集 3324
紫藤花館詞／集 5690
紫園草／集 3221
紫陽方先生瀛奎律髓／集 0265
紫陽文公先生年譜／史 1351
紫陽朱夫子年譜／史 1352
紫陽真人悟真篇三註／子 3094

2290₄
柴氏古韻通／經 1550
柴氏四隱集／集 1221,集 1222

2290₄
梨雲近稿／集 5002
梨雲館廣清紀／子 2697
梨雲館集／集 3523
梨雲館類定袁中郎全集／集 3286

2290₄
巢經巢金石筆識／史 4264
巢溪詩草／集 5292
巢林集／集 4395
巢青閣詩／集 3880
巢青閣集／集 3879

巢青閣學言／集 3879
[康熙]巢縣志／史 2563
[雍正]巢縣志／史 2564

2290₄
樂府廣序／集 0241
樂府詩集／集 0227,集 0228,集 0229,集 0230
樂府正義／集 0251
樂府傳聲／集 5940
樂府妙聲選／集 0240
樂府指迷／集 5567,集 5611,集 5712
樂府雅詞／集 5554
樂章集／集 5592
樂群堂詩草／集 3409
樂經元義／經 0714
樂律表微／經 0728,子 1915
樂律全書／經 0719,經 0720
樂律纂要／經 0712
[嘉靖]樂安縣志／史 3100
樂清新志後議／史 3057
樂清紅寇／史 0813
[隆慶]樂清縣志／史 3054,史 3055
[康熙]樂清縣志／史 3056
樂壽堂詩稿／集 5070
樂蓮裳詩册／集 4844
樂書／經 0704,經 0705
樂書內編／經 0724
[乾隆]樂陵縣志／史 2658
樂賢堂詩鈔／集 4331
樂閑先生題畫詩跋／子 1751
樂全先生文集／集 1833
樂善堂全集／集 4272
樂善堂全集定本／集 4273,

集 4274

樂餘園百一偶存集／集 3916

2290₄
欒城集／集 1910,集 1911, 集 1912

2291₃
繼軒集／集 2649

2291₅
種痘新書／子 1094
種福堂公選良方／子 0922
種福堂公選溫熱論醫案／ 子 1144
種榆仙館印譜／子 1872
種松園集／集 4208

2292₂
彩繪天象圖／子 1272

2293₂
[上虞]崧里何氏宗譜／史 1571

2294₀
紙書／子 1971

2294₄
綏寇紀略／史 0515
綏寇紀略補遺／史 0514
綏安二布衣詩／集 1188

2294₇
綏慟集／集 2748

2297₇
稻薲集詩鈔／集 4730

稻薲二集詩鈔／集 4731
稻香樓試帖／集 1006
稻香唱和集／集 0975
稻村家稿／集 1248

2299₃
絲綸歷辨成式／史 3943

2300₀
卜歲恒言／史 2345
卜筮全書／子 1534

2320₀
外交闡微／史 4060
外調和弦法／子 1922
外科症治全生集／子 0976
外科寶珍集／子 0979
外科心法／子 0967,子 0968
外科大成／子 0975
外科精要／子 0966
外科精要附錄／子 0969
外紀／史 0299,史 0300
外景經／子 3055
外障／子 1000

2320₂
參讀禮志疑／經 0654
參同契／子 3052
參籌秘書／子 1394

2321₂
允釐堂本奏議／史 0917

2324₀
代言選／史 0842
代耕堂詩集／集 5279

2324₂
傅雪詞三集／集 3879

傅子／子 0107,子 0108
傅子拾遺／子 0109
傅遠度集／集 3399
傅中丞集／集 1364
傅忠肅公文集／集 1980,集 1981
傅氏先世事實編／史 1534
傅與礪詩集／集 2409,集 2410,集 2411

2325₀
伐檀集／集 1914,集 1915, 集 1920

2325₀
戲鴻堂隨筆／子 1632

2328₄
獻瑞詞／史 0872

2333₈
然松閣詩鈔／集 4978
然燈記聞／集 5468

2344₀
弁山久默禪師語錄／子 3291
弁山小隱吟錄／集 2378
弁服釋例／經 0655

2350₀
牟子／子 2121

2355₀
我詩集／集 3580
我詩稿／集 3683
我醒子未定稿／集 5366
我師錄／史 1022

2360₀
台詩三錄 / 集 1142, 集
　　1143, 集 1144
台詩四錄 / 集 1145
台郡文獻補 / 集 1151
台郡識小錄 / 史 3377
台郡藝文目錄 / 史 4215
台嶠文徵 / 集 1150
台山遊草 / 集 4344
台獻疑年錄 / 史 1193
[康熙]台州府志 / 史 2983
台州外書訂 / 史 3379, 史
　　3380
台州續攷 / 史 1192
台州金石錄 / 史 4354
台州金石錄目錄 / 史 4355
台州劄記 / 史 3378
台蕩游草 / 集 5012
台典 / 集 1146
台學統 / 史 1037, 史 1038

2371₂
崆峒集 / 集 2738

2375₀
峨眉山志 / 史 3555

2377₂
岱南閣叢書 / 叢 0098
岱史 / 史 3489, 史 3490

2380₆
貸園叢書初集 / 叢 0096

2390₄
秘訣仙機 / 史 4068
秘傳證治要訣 / 子 1191
秘傳天祿閣寓言外史 / 子

2115, 子 2116
秘傳天錄閣寓言外史 / 子
　　2118
秘傳海陽丁氏家傳小兒科
　　/ 子 1048
秘傳內府經驗外科 / 子
　　0980
秘傳花鏡 / 子 0631
秘傳眼科龍木醫書總論 /
　　子 0995
秘書九種 / 叢 0056
秘書廿一種 / 叢 0076, 叢
　　0077
秘書監志 / 史 3837
秘授男女小兒推拿 / 子
　　1048
秘授驗過良方 / 子 0927
秘圖山館唫草 / 集 4845
秘圖先生遺詩 / 集 3114
秘殿珠林 / 子 1657
秘閣書目 / 史 4097

2392₇
編註醫學入門內集 / 子
　　1190
編集檢擇家傳秘訣 / 子
　　1586
編苦吟 / 集 4160
編年拔秀 / 子 2896

2393₂
稼軒長短句 / 集 5598, 集
　　5599, 集 5600, 集 5601

2395₀
緘石集 / 集 5003

2395₀
織錦回文璇璣圖詩 / 集

1719

2396₁
稽古日鈔 / 經 1161

2397₂
嵇中散集 / 集 1362, 集
　　1363

2408₆
牘雋 / 集 0572

2414₇
歧路燈 / 集 6003

2420₀
付雪詞 / 集 3880

2420₀
射山詩鈔 / 集 3660
射法正宗 / 子 0566
射義新書 / 子 1948

2421₀
[康熙]化州志 / 史 3266

2421₀
仕學規範 / 子 2500

2421₀
壯悔堂文集 / 集 3634, 集
　　3635, 集 3637

2421₂
先府君北湖公年譜 / 史
　　1404
先文節公度歲百詠遺稿 /
　　集 4811
先正小題文敬業編 / 子

0345

先憂叢鈔／史 4014

先天窺管／集 3110

先聖經綸／史 2298

先聖大訓／子 0180，子
0181

先醒齋筆記／子 1205

先儒正修錄齊治錄／子
0320

先儒粹言／子 0343

先進遺風／子 2436

先考少司徒一川府君行述
／史 1290

先芬錄／史 1533

先秦諸子合編／子 0014

先秦宮殿考／史 3718

先撥志始／史 0701，史
0702

先甲集／集 4547

先人老屋記／史 1536

先公少司馬傳／史 1287

2421₂

佐治藥言／史 3875，史
3876

2421₇

仇山村遺集／集 2350

2422₁

倚琴女史事略／集 5165

倚琴閣詩草詞／集 5165

倚劍詩譚／集 5511

2422₇

備用良方／子 1082

2423₁

[嘉靖]德慶州志／史 3264

德音堂琴譜／子 1910，子
1911

[康熙]德化縣志／史 3231

[正德]德安府志／史 3136

[嘉靖]德州志／史 2631

德州田氏叢書／叢 0113

[康熙]德清縣志／史 2912

2424₁

侍御公奏疏／史 0908，集
2982

2424₁

待訪錄／子 0294

2424₁

倖存錄／史 0711

2426₀

佑啓堂詩稿／集 4802

2426₀

貓苑／子 2028

2426₀

儲遯庵文集／集 3816

2426₁

借庵詩／集 4502

借邨消夏錄／子 2649

借月山房彙鈔／叢 0101

2429₀

休休吟／集 4600

休寧率口程氏本宗譜／史
1639

休寧戴氏族譜／史 1668

休寧邑前劉氏族譜／史
1660

休寧厚田吳氏宗譜／史
1567

[康熙]休寧縣志／史 2544

休寧隆阜戴氏荊敦門家譜
／史 1667

休寧金氏族譜／史 1583

2436₁

鮚埼亭詩集／集 4319，集
4320

鮚埼亭集／集 4306，集
4307，集 4308，集 4309，
集 4310，集 4311，集
4312，集 4313

鮚埼亭外編／集 4318

鮚埼亭題跋／集 4325

鮚埼集外編／集 4308，集
4309，集 4310，集 4316

2440₀

升菴文集／集 2844

升菴詩話／集 5440

升菴詩集文集／集 2841

升菴外集／集 2849

升菴先生文集／集 2845

2441₂

勉力集／集 4114

勉益齋偶存稿／集 4781

2444₇

皺水軒詞筌／集 5458

2451₀

牡丹亭還魂記／集 5781，集
5782，集 5783

牡丹詩／集 4149

牡丹唱和詩／集 0964

2451₀
魁本袖珍方大全／子 0886
魁本大字諸儒箋解古文真
　寶／集 0409

2472₇
幼幼集成／子 1054
幼科發揮／子 1072
幼科釋謎／子 1052
幼科彙訣直解／子 1057
幼科推拿秘書／子 1056
幼科摘要／子 1026
幼學津梁／經 1443

2473₂
裝潢志／子 1990

2474₇
［乾隆］岐山縣志／史 2776
岐海璅譚／子 2210

2478₁
嵋山集／集 3298

2478₈
峽石山水志略／史 3448，史
　3449
峽川詩鈔／集 1061
峽川詞鈔／集 1061
［嘉慶］峽川續志校勘記／
　史 2848

2490₀
科名盛事錄／史 1685
科場條例／史 4076
科場漫筆／集 2868

2492₁
綺巖詩鈔／集 4701

綺窗吟草／集 5330
綺樹閣賦稿詩稿／集 3766

2492₇
納書楹玉茗堂四夢全譜／
　集 5927
納書楹西廂記全譜／集
　5930
納書楹西廂全譜／集 5928，
　集 5929
納書楹曲譜／集 5927

2494₇
穫經堂初藁／集 4516

2495₆
緯略／子 2300，子 2301

2496₀
緒言／子 0341，集 3389

2496₁
結一廬書目／史 4170

2497₀
紺珠集／子 2494，子 2495
紺寒亭詩集文集／集 3931

2498₆
續齊魯古印擭／史 4457
續唐三體詩／集 0710
［雍正］續唐縣志略／史
　2409
續文獻通考／史 3903
續文獻通考纂／史 3901
續文選／集 0211，集 0212
續刻溫陵四太史評選古今
　名文珠璣／集 0457
續韻補／經 1489

續記事珠／史 1478
續說郛脫本／叢 0011
續二三場群書備考／子
　2879
續三十五舉／子 1886
續百川學海／叢 0012
續百將傳／子 0555，子
　0556
［同治］續天津縣志／史
　2422
［乾隆］續登州府志／史
　2647
續弘簡錄元史類編／史
　0248，史 0249
續甬上耆舊詩／集 1088，集
　1089，集 1090，集 1091，
　集 1092，集 1093，集
　1094，集 1095，集 1096，
　集 1097，集 1098，集
　1099，集 1100
續采若編／集 1083
續集人名考／史 1395
［萬曆］續處州府志／史
　3066
續經解／經 0020
續後漢書／史 0179
續仙傳／子 3119
續編資治宋元綱目大全／
　史 0336
續豔異編／子 2684
續佐治藥言／史 3875，史
　3876
續自警編／子 2503
續吳先賢讚／史 1163
續吳中往哲記／史 1162
續稗海／叢 0036，叢 0037，
　叢 0038
續修龍虎山志／史 3531
［紹興］續修張氏家譜／史

佛法金湯編／子 3279
佛祖歷代通載／子 3302
佛國記／史 3809

2524₀
健修堂詩錄／集 4994
健松齋集／集 3818
健餘奏議／史 0952

2524₃
傳習錄／子 0247，子 0248
傳經系表／經 1173
傳經室文集／集 4791
傳經室詩存／集 4792，集 4793
傳經表／經 1166
傳奇十一種／集 5819
傳書樓詩稿／集 4743

2532₇
鯖豆集／集 4135

2590₀
朱文端公集／集 4243
朱文端公藏書／叢 0163
朱文懿公文集／集 3192
朱文懿公奏議／史 0924
朱文懿公奏疏／史 0925
朱文公校昌黎先生文集／集 1591，集 1592，集 1593，集 1594，集 1595，集 1596，集 1597，集 1598，集 1599
朱文公校昌黎先生集／集 1600，集 1602，集 1603，集 1605
朱註發明／經 1060
朱一齋先生文集／集 2510
朱子文語纂編／子 0172

朱子文集大全類編／集 2073，集 2074
朱子文抄詩抄／集 2079
朱子語略／子 0164
朱子語類／子 0165，子 0166，子 0167，子 0168，子 0170，子 0171
朱子語類大全／子 0169
朱子讀書法／子 0177
朱子說書綱領／經 0249
朱子論定文鈔／集 2078
朱子經濟文衡類編／子 0160
朱子家訓印譜／子 1838
朱子家禮／經 0695
朱子實紀／史 1266
朱子禮纂／經 0697
朱子遺書／叢 0116，子 0162
朱子古文書疑／經 0289，經 0290
朱子大全／集 2070
朱子大全私抄／子 0174
朱子校昌黎先生集傳／集 1609，集 1610，集 1611，集 1612
朱子四書語類／經 1078
朱子四書或問／經 0996
朱子四書或問小註／經 0998，經 0999
朱子易學啓蒙／經 0200
朱子圖說／經 0091，經 0092
朱子年譜／子 0336
朱子年譜考異／史 1353，史 1354
朱子節要／子 0175
朱翼／子 2920
朱絃集／集 0320

朱止泉先生朱子聖學考略／子 0342
朱衍廬先生遺稿／集 5331
朱衍廬舊藏抄本書目／史 4166
朱宏行軍觀象書歌注／子 0512
朱太復文集／集 3254
朱太復乙集／集 3255
朱楓林集／集 2489
朱東村遺稿／集 4671
［杭州］朱氏族譜／史 1551
［徽婺紫陽闕里］朱氏統宗譜／史 1549
［海寧］朱氏花園支家乘／史 1550
朱陽書院志／史 3778
朱門授受錄／史 1036
朱又笒先生遺文／集 5289
朱飲山千金譜／集 5501
朱竹垞先生年譜／史 1392

2591₇
秋林伐山／子 2323，子 2324，子 2325

2592₇
繡刻演劇十本／集 5763
繡虎軒尺牘／集 3878
繡佛齋草／集 3541
繡傳果報錄／集 5895
繡像京本雲合奇踪玉茗英烈全傳／集 5985
繡像玉連環／集 5901
繡像雲合奇蹤／集 5984
繡像倭袍傳／集 5896
繡鴛詞／集 5706
繡襦記／集 5776
繡谷圖卷題詠彙鈔／集

0965
繡餘吟／集 5306
繡餘吟草／集 5336
繡餘小草／集 5221

2598₆
積石齋詩初集／集 4967
積山先生遺集／集 4254
積古齋鐘鼎彝器款識／史
　4287，史 4288
積書巖宋詩選／集 0760

2598₆
續語堂碑錄目／史 4208
續學堂詩鈔文鈔／集 3790

2599₀
秣陵春傳奇／集 5801

2599₆
練川十二家詩／集 1037
練溪集／集 2908
練中丞遺事／集 2564，集
　2565
練中丞金川集／集 2563
練兵實紀／子 0518
練公文集／集 2564，集
　2565

2600₀
白鹿洞書院志／史 3782
白鹿書院志／史 3783，史
　3784
白毫庵內篇外篇雜篇／集
　3325
白玉蟾海瓊摘稿／集 2202
白雪齋選訂樂府吳騷合編
　／集 5876
白雪樓詩集／集 3040

白石詩集詞集／集 2204，集
　2205，集 2206
白石歌詞別集／集 2210
白石山房集／集 3827
白石山房逸藁／集 2536，集
　2537
白石山志／史 3529
白石山人詩選後編／集
　2984
白石道人詩集歌曲／集
　2209
白石道人歌曲／集 2210
白石道人歌曲別集詩説／
　集 5602
白石樵唱／集 2183，集
　2286
白石野稿／集 2798
白雲集／集 2363，集 4651，
　集 5217
白雲稿／集 2524，集 2525，
　集 2526，集 2527
白雲先生許文懿公傳集／
　集 2361
白雲草堂續集／集 5154
白雲樓摘古／集 3533
白香集／集 2629
白香山詩長慶集／集 1654
白虎通／子 2101
白虎通德論／子 2097，子
　2098，子 2099，子 2100
白虎通校勘補遺／子 2101
白虎通闕文／子 2101
白虎通義考／子 2101
白社詩草／集 2703，集
　2704
白溇集／集 3902
白湖詩稿文稿時文／集
　4714
白沙子全集／集 2639，集

2640，集 2641，集 2642，
　集 2643
白沙先生詩教解／集 2644
白沙先生全集／集 2638
白蒲子詩編經鋤集／集
　4061
白茅堂集／集 3670，集
　3671
白猿經／子 1375
白猿奇書日月風雲占候圖
　説／子 1372
白猿圖／子 1374
白猿圖書／子 1373
白蘇齋類集／集 3262
白華庵刼餘詩草附題／集
　5006
白華絳跗閣詩／集 5087
白華樓藏稿／集 3027
白華前稿／集 4457
白華前稿後稿／集 4458
白莼詩集／集 4645
白榆集／集 3235，集 3236
白榆山人詩／集 4168
白愚濕襟錄摘語／史 0735
白田文集／集 3578
白田草堂存稿／集 4049
白馬神廟小志／史 3768
白氏文集／集 1652，集
　1653
［乾隆］白鹽井志／史 3290

2600₀
自適吟／集 3890
自考集／集 2708
自娛集／集 3346
自警編／子 2501，子 2502
自號錄／子 2504
自監錄／集 3498
自知集／集 4155

自知堂集／集 2983
自敍帖考釋／子 1717
自賞音齋詞存／集 5704
自賞音齋詞草／集 5704
自怡軒詞／集 5647
自怡軒稿／集 4887
自怡軒樂府／集 5881

2602₇
粵西詩載文載叢載／集
　1194
粵東金石略／史 4366，史
　4367

2602₇
粵西奏議／史 0916
粵徼語／史 0762
粵匪始末紀略／史 0800
粵風續九／集 1190
粵省海防圖説／史 3437

2610₄
皇帝陰符經本義／子 3058
皇王大紀／史 0347
皇元聖武親征記／史 0649
皇元聖武親征錄／史 0648
皇元風雅／集 0786
皇霸文紀／集 0382
皇宋十朝綱要／史 0423，史
　0424
皇宋事實類苑／子 2498
皇清文穎／集 0985
皇清詠史樂府／集 0943
皇清職貢圖／史 3818
皇清經解／經 0032
皇祖四大法／史 0676
皇朝文苑傳／史 0269
皇朝六書略／經 1434
皇朝謚法考／史 3975

皇朝謚法考續補編／史
　3975
皇朝儒林傳／史 0269
皇朝編年備要／史 0421，史
　0422
皇朝名臣言行通錄／史
　1081
皇朝名臣言行錄／史 1089
皇朝禮器圖式／史 3976
皇朝通鑑長編紀事本末／
　史 0504
皇朝史概／史 0672
皇朝中興傳信錄／史 0430
皇朝中興紀事本末／史
　0431
皇朝事實類苑／子 2499
皇朝輿地北極高度表／子
　1326
皇極經世索隱／子 1344
皇極經世書／子 1342，子
　1343
皇甫司勳集／集 2970
皇甫持正文集／集 1658
皇甫少玄集／集 2976
皇明應謚名臣／史 1098
皇明廣蒙求／子 2919
皇明文衡／集 0849，集
　0850
皇明文徵／集 0855
皇明文教錄／集 0853
皇明文範／集 0852
皇明詩選／集 0818，集
　0819，集 0820
皇明詩選前集／集 0817
皇明詩抄／集 0808，集
　0809
皇明謚法考／史 3964
皇明二祖十四宗增補標題
　評斷實紀／史 0450

皇明二祖十四宗增補標題
　評斷通紀／史 0451
皇明三元考／史 1685，史
　1686
皇明三異人錄／史 1121
皇明五先生文雋／集 0112
皇明疏議輯略／史 0867，史
　0868
皇明疏鈔／史 0870
皇明平吳錄／史 0678，史
　0679
皇明百家文範／集 0854
皇明百家四書理解集／經
　1029
［嘉靖］皇明天長志／史
　2592
皇明職方兩京十三省地圖
　表／史 2389
皇明功臣封爵考／史 3854
皇明理學名臣言行錄／史
　1083，史 1084，史 1085
皇明經濟文輯／集 0859
皇明經濟文錄／集 0851
皇明經世實用編／史 3928
皇明制書／史 3920
皇明續紀／史 0443，史
　0446
皇明名臣言行錄／史 1099
皇明名臣言行錄新編／史
　1094
皇明名臣琬琰錄／史 1086，
　史 1093
皇明名臣經濟錄／史 0865，
　史 0866
皇明從信錄／史 0449
皇明進士登科考／史 1688，
　史 1689
皇明實錄／史 0472
皇明近體詩抄／集 0810

解學士先生集/集 2568

2726₁
詹氏性理小辨/子 2219
詹養貞先生文集/集 3229

2728₄
侯方域年譜/集 3637
侯鯖集/集 4358
侯鯖錄/子 2135,子 2136
侯朝宗古文遺稿/集 3634
侯夷門詩/集 5494

2729₄
條例全文/史 4042

2730₃
冬集紀程附詩/史 1435
冬心齋研銘/子 1747
冬心先生雜著/子 1748,子 1749
冬心先生集/集 4398,集 4399
冬心先生自度曲/集 5640
冬心先生畫竹題記/子 1747
冬花庵爐餘稿/集 4578
冬青樹引註/集 2278,集 2279,集 2281
冬熙室小集/集 4806

2731₂
鮑雲樓先生詩稿/集 4850
鮑璞堂詩稿/集 4853
鮑明遠集/集 1402
鮑氏集/集 1403,集 1404
鮑氏國策/史 0556,史 0557,史 0558
鮑益齋詩草/集 4757

2732₇
烏石寺歷朝題詠文集/集 1170
烏瀾軒文集/集 4234
烏臺詩案/史 1253
烏青文獻/史 2909

2732₇
鳥鼠山人後集/集 2830,集 2831
鳥鼠山人小集/集 2829,集 2832

2732₇
駕水集/集 4903
駕湖詩文錄/集 1068
鴛鴦湖櫂歌/集 1066,集 1067
鴛鴦小譜/子 3016

2733₆
魚亭詩選/集 4682
魚水緣傳奇/集 5845,集 5846

2733₇
急就篇/經 1274
急就篇補注/子 2786,子 2787,子 2788,子 2789,子 2790
急救良方/子 0901,子 0902

2740₇
[乾隆]阜陽縣志/史 2574

2742₇
芻堯集/集 2588

2742₇
鄒子願學集/集 3238
鄒太史文集/集 3249,集 3250
鄒荻翁集/集 3557
鄒菴精選史記評抄/史 2305
[康熙]鄒縣志/史 2635

2744₀
舟枕山欣賞古文辭/集 0213
舟車集/集 3681

2744₇
般若波羅蜜多心經/子 3147,子 3148
般若波羅蜜多心經略疏小鈔/子 3222

2744₉
彝門詩存/集 4238
彝門詩存文存/集 4649

2746₁
船政/史 4061

2752₀
物理小識/子 2246,子 2247

2752₇
鵝湖講學會編/子 0332

2760₁
響泉集/集 4381

2760₂
名文寶符/集 0508

名山諸勝一覽記／史 3440

名山記選／史 3445

名山藏／史 0254

名山勝槩記／史 3439

名句文身表異錄／子 2908

名家詩法／集 5389

名迹雜錄／子 1699

名媛詩歸／集 0300

名媛璣囊／集 0290

名媛彙詩／集 0301

名世文宗／集 0442，集 0461，集 0462

名世編／史 1013

名世述／史 1019

名恩寺志／史 3723

名蹟錄／史 4303

名原／經 1458，經 1459

名馬記／子 2026

名醫方論／子 0915

名醫疑問集／子 1168

名醫類案／子 1133，子 1134

名賢和題八詠／集 2468

名人占籍今釋／史 0590

名公讚春草集歌詠／集 2550，集 2551

名公筆記／集 2703，集 2704

名劍記／子 1972

2760₃

魯齋王文憲公文集／集 2261

魯齋遺書／集 2352，集 2353

魯文恪公文集／集 2778

魯詩世學／經 0437

魯山木先生文鈔／集 4577

［嘉靖］魯山縣志／史 2756

［乾隆］魯山縣全志／史 2757

魯之春秋／史 0765

魯春秋／史 0761

魯公文集／集 1446

2760₄

各省進呈書目／史 4114

2760₄

督捕則例／史 4051

督撫江西奏議／史 0915

2762₀

句讀敘述／經 1167

［弘治］句容縣志／史 2461

句曲外史詩集／集 2441，集 2442

句無幽芳集／史 1189

句餘八景／集 1111

2762₀

翻譯名義集／子 3316

2762₇

［海寧］邰氏家譜／史 1597

2762₇

鄱陽遺事錄／史 1248，史 1249，集 1752

2762₇

鵠灣集／集 3449

2771₂

包孝肅公奏議／史 0884

包村事實／史 0819，史 0820

2771₇

屺思堂集／集 3697

2772₀

勾章摭逸／史 3367，史 3368

勾江詩緒／集 1229

勾股割圜記／子 1319

勾股筭術／子 1303，子 1304

勾股算術／子 1305

勾餘諸南侯地理精義雪心賦註／子 1421

勾餘土音／集 4321，集 4322，集 4323，集 4324

2772₀

岣嶁叢書／叢 0175

岣嶁删餘文草／集 4301

2772₇

鵑子論／子 2025

2773₂

餐花仙館詩草／集 5338

餐花室詩稿／集 5051

2775₂

嶰谷詞／集 4400

2780₆

負暄集／集 4540

2780₉

炙硯瑣談／集 5519

2782₇

鷄膓續橐／集 4966

經 0482, 經 1356

復古堂舊本／集 1587

復莊文稿／集 4822

復莊文錄／集 4827

復莊詩評／集 5513

復莊詩詞／集 4826

復莊詩詞選／集 4828

復莊詩初稿／集 4824

復莊駢儷文榷二編／集 4823

復莊今樂府選／集 5760

復堂詞／集 5699

復堂詞錄／集 5698

復堂日記／史 1490

2825₃

儀衛先生行狀／子 0356

儀制司郎中松溪戚府君墓誌行實／史 1276

儀注備簡／子 3331

儀宋齋初稿／集 5104

儀逋先生遺稿／集 3911

儀禮／經 0543, 經 0544, 經 0545, 經 0546, 經 0547

儀禮章句／經 0562, 經 0563, 經 0564

儀禮註疏／經 0549, 經 0550

儀禮讀本／經 0567

儀禮石經校勘記／經 1194

儀禮集說／經 0554

儀禮經傳通解／經 0677, 經 0678, 經 0679, 經 0680

儀禮經注疏正譌／經 0566

儀禮釋宮／經 0571

儀禮釋官／經 0572

儀禮約編／經 0558

儀禮注疏／經 0548

儀禮易讀／經 0559, 經

0560, 經 0561

儀禮圖／經 0551, 經 0552, 經 0553, 經 0568

儀禮鄭註句讀／經 0555

儀禮管見／經 0565

[隆慶] 儀真縣志／史 2514

[嘉靖] 儀封縣志／史 2693

2826₈

俗書刊誤／經 1401

2828₁

[雍正] 從化縣新志／史 3239

從祀先賢事蹟錄／史 1007

從祀名賢傳／史 1008

從野堂存稿／集 3345

2829₄

徐文長文集／集 3148, 集 3149, 集 3150

徐文長三集／集 3147

徐文長傳／集 1581, 集 3148, 集 3150

徐文長佚草／集 3152

徐文長逸稿／集 3151

徐霞客遊記／史 3797

徐水南先生遺稿／集 3184

徐位山六種／叢 0164

徐上達法參同／史 4411

徐卓晤歌／集 5568

徐侍郎集／集 1436

[順治] 徐州志／史 2518

徐迪功集／集 2816, 集 2817, 集 2818

徐檀燕先生詩鈔／集 3317

徐孝穆全集／集 1409, 集 1410, 集 1411

徐都講詩／集 4178

徐柳泉詩稿／集 5026

徐幹中論／子 0106

徐昌穀全集／集 2819

徐氏備錄／史 1601

徐氏海隅集／集 3088, 集 3089

徐氏醫書／子 0659

徐氏筆精／子 2331

徐騎省集／集 1721

徐公文集／集 1720

2835₁

鮮虞中山國事表疆域圖說／史 0414

2854₀

牧庵集／集 2364

牧齋初學集／集 3543

牧齋有學集／集 3544, 集 3545

牧齋有學集詩註／集 3546, 集 3547

牧雲和尚嬾齋別集／集 3564

牧牛村舍外集／集 4521

牧鑑／史 3866

2872₀

岵老編年詩鈔／集 3891

2886₈

谿音／集 4405

谿北詩藁／集 5159

谿山琴況／子 1907

谿山聯句／集 0826

谿田文集／集 2857

2892₇

綸扉奏稿／史 0919

綸扉奏草／史 0929，集
　3248

2896₁
繕摺款式／史 0977
繕摺奏式／史 0976

2896₆
繪孟／經 0978
繪心集／集 4143
繪事備考／子 1743
繪事微言／子 1734，子
　1735，子 1736
繪影集謎語／子 1952
繪風亭評第七才子書琵琶
　記／集 5768，集 5769

2921₂
倦庵吟草／集 5324
倦舫碑目／史 4331

2922₇
倘湖手稿／集 3593
倘湖遺稿／集 3594，集
　3595
倘湖樵書／子 2576，子
　2577，子 2578

2925₀
伴梅草堂詩存／集 4630
伴月香廬詞／集 5657

2998₀
秋露詞／集 5706
秋水齋詩／集 4224
秋水集／集 3760，集 3867
秋水菴花影集／集 5880
秋水園印譜／子 1853
秋水吟／集 4103

秋水閣墨副／集 3307
秋崖先生小稿／集 2238
秋崖先生小藁／集 2236，集
　2237
秋巖詩集／集 2369
秋泉居士集／集 3961
秋室遺文／集 4785
秋窗夜雨詞／集 5061
秋江集／集 4011
秋江倚櫂圖題詠／集 4779
秋江漁草詩集／集 5322
秋江漁隱詩草／集 5118
秋心廢稿／集 5067
秋海棠倡和詩集／集 0954
秋坪偶錄／史 3357
秋聲集／集 2270
秋聲館吟稿／集 4269
秋聲館印譜／子 1860
秋槎雜抄／子 2471
秋槎詩鈔／集 4610
秋蟲譜／子 2030
秋蟲吟／集 4498
秋圃詩稿／集 4924
秋園雜佩／史 0781
秋園小草／集 4893
秋影樓詞草／集 5678
秋風三疊／集 5755
秋塍文鈔／集 4053，集
　4054
秋錦山房集／集 3801
秋竹詩稿／集 4631
秋笳集／集 3747，集 3748，
　集 3749
秋籟閣詩／集 4889
秋燈課詩之屋日記／史
　1494

3002₇
穹窿山志／史 3468

3010₂
宜秋館詩餘叢鈔／集 5542
［嘉靖］宜黃縣志考訂／史
　3099
宜焚小疏／史 0940
宜軒印存／子 1875
宜興岳氏族譜／史 1576

3010₂
空山堂史記評註／史 2319
空明子詩集文集雜錄／集
　4090
空同詩選／集 2739
空同子集／集 2737
空同集／集 2733，集 2736
空同先生集／集 2734，集
　2735
空同精華集／集 2740

3010₆
宜靖備史／史 0616，史
　0617，史 0618
［乾隆］宜平縣志／史 3072
宜獻公行狀／經 0247
［乾隆］宜化府志／史 2441
［康熙］宜化縣志／史 2442
宜德五年科會試錄／史
　1718
宜德五年進士登科錄／史
　1717
宜德元年福建鄉試錄／史
　2066
宜德彝器譜／子 1973，子
　1974
宜德八年進士登科錄／史
　1719
宜德八年會試錄／史 1720
宜和集古印史／史 4404

宣和畫譜/子1726
宣室志/子2676
宣城右集/集1042

3011₂
流寇編年始終錄/史0730
流寇志/史0729
流麥山詩稿/集4908

3011₄
注疏瑣語/經1154
注釋評點古今名將傳/子
　0559
注釋古周禮/經0497
注華嚴法界觀門/子3264
注妙法蓮華經/子3232

3011₅
淮鹺本論/史4002
[萬曆]淮安府志/史2508
[乾隆]淮安府志/史2509
淮浦閒草/集5067
淮海集/集1934,集1935,
　集1936,集1937,集
　1938,集1939
淮海居士長短句/集5591
淮南許高二注異同考/子
　2095
淮南許註異同詁補遺/子
　2096
淮南子/子2074,子2081,
　子2082,子2083,子
　2084,子2085,子2086,
　子2087,子2088
淮南集/集3388
淮南參正殘草/史1342
淮南汪廣洋朝宗先生鳳池
　吟藁/集2508
淮南社草/集3266

淮南鴻烈解/子2075,子
　2076,子2077,子2078,
　子2079,子2080,子
　2089,子2090,子2091,
　子2092
淮南鴻烈解輯略/子2093
淮南鴻烈解閒詁/子2094
淮關統志/史3995

3011₅
[乾隆]濰縣志/史2654

3011₇
瀛涯勝覽/史3812
瀛洲社十老小傳/集0824
瀛海長春錄/集0829
瀛奎律髓/集0264,集
　0266,集0267,集0268,
　集0269,集0270
瀛壖百詠/集4220

3012₁
淳溪雜詩/集1064
淳溪老屋自娛集/集5065
淳溪老屋題畫詩/集5066

3012₃
濟北晁先生雞肋集/集
　1946,集1947
濟生産寶論方/子1010
濟生要格/子1109
[乾隆]濟寧直隸州志/史
　2676
[乾隆]濟源縣志/史2722
[婺源]濟溪游氏宗譜/史
　1645
濟麓齋詩稿/集4388
濟陰綱目/子1014,子
　1015

濟美錄/集2445

3012₇
滂喜齋叢書/叢0104

3013₀
汴京遺蹟志/史3687,史
　3688

3013₂
濠梁萬氏家譜內集/史
　1646

3013₆
蜜香樓草/集4181

3013₇
濂溪集/集1816
濂洛風雅/集0758

3014₀
[萬曆]汶上縣志/史2637

3014₆
[嘉靖]漳平縣志/史3233
[康熙]漳州府志/史3195

3014₇
淳化祕閣法帖考正/子
　1715,子1716
淳化帖釋文/子1711,子
　1713
[乾隆]淳化縣志/史2799
淳化閣帖釋文/子1712,子
　1714
淳化閣帖考釋/子1717
[嘉靖]淳安縣志/史3031
[乾隆]淳安縣志/史3032

寒碧山房吟草／集 5361

寒香亭傳奇／集 5824

寒山帚談／子 1682

寒山子詩集／集 1453，集 1454

寒喜集／集 3483

寒村詩文選／集 3930

寒松大師拈來草／集 3678

寒松堂全集／集 3686

3030₄

避寇日記／史 1476，史 1477

避暑山莊五福五代堂記／史 1529

3033₆

憲章錄／史 0436，史 0437

憲章類編／史 3924，史 3925

憲綱事類／史 3863，史 3864

3034₂

守孔約齋雜記／子 2463

守禾日記／史 1438

守山閣叢書／叢 0105

守山閣叢書校勘記／叢 0106

守城救命書／子 0523

守城事宜／史 4026

守坡居士詩集／集 4511

守株集／集 5242

守郇紀略／史 0733

守閒齋公牘／叢 0200

3040₁

宰相列傳／史 1129

宰相年表／史 1129

3040₄

安序堂文鈔／集 3739，集 3740

[正德]安慶府志／史 2537

[嘉靖]安慶府志／史 2538

[康熙]安慶府桐城縣志／史 2539

安龍逸史／史 0752

安溪李文貞公解義／叢 0152，叢 0153

[嘉靖]安溪縣志／史 3194

安遇齋古近體詩／集 4834

安祿山事蹟／史 1245

安道公年譜／史 1387

[嘉靖]安吉州志／史 2919，史 2920

安蔬齋詩詞／集 5189

安老懷幼書／子 1106

安楚錄／史 0686

安拙窩印寄／子 1834

安靜子集／集 3765

安雅堂文集／集 3691

安雅堂文集書啓／集 3690

安雅堂詩／集 3689

安雅堂詩文集／集 3693

安雅堂集／集 2408

安雅堂書啓／集 3693

安雅堂未刻稿／集 3692，集 3693

安岳馮公太師文集／集 1780

安陸集／經 1356

安陽集／集 1748，集 1749，集 1750

安陽韓氏湘南小譜／史 1670

安民實務／子 0524

3040₇

字詁／經 1255，經 1256

字形聲辨／經 1446

字香亭梅花百詠／集 4123

字總錄／經 1433

字彙／經 1405，經 1406，經 1407，經 1408

字彙數求聲／經 1409

字林考逸／經 1235，經 1236，經 1237

字學三正／經 1404

字學三書／經 1203

字學須知／經 1445

字學津梁／經 1423

字學類辨／經 1410

字鑑／經 1366，經 1367，經 1368

3050₂

搴香吟館遺稿／集 4912

3060₂

宮傅楊果勇侯自編年譜／史 1407

宮同蘇館經世文雜鈔／史 4089

宮同蘇館奏疏擬稿／史 0958

宮調譜／集 5933

宮閨小名錄／子 2955

3060₄

客座贅語／子 2441

客建集／集 3038

客皖紀行／史 1436，史 3804

客牕雜詠／集 4098

客遊紀草／集 4172

客杭日記附續記／史 1479
客長日記／史 1423
客閩日記／史 1510
客舍偶聞／子 2450

3060₅
宙合編／子 2220

3060₆
［萬曆］富平縣志／史 2768
［乾隆］富平縣志／史 2769，史 2770
［富陽］富春祥風華氏宗譜／史 1595
富貴神仙／集 5859
富曉山公詩稿／集 4913
富陽縣新舊志校記／史 2851

3060₈
容齋詩集文鈔／集 4687
容齋一筆續筆三筆四筆五筆／子 2148
容齋隨筆／子 2146，子 2147，子 2149，子 2150
容臺文集詩集別集／集 3270，集 3271
容臺題跋／子 1631
容菴集／集 2864，集 2865，集 2866
容春堂前集後集續集別集／集 2711
容膝居雜錄／子 2257
容居堂三種曲／集 5818

3060₉
審音鑒古錄／集 5761
審錄廣東案稿／史 4080

3062₁
寄亭詩稿／集 4708
寄廬吟／集 4955
寄槃詩稿／集 5187
寄傲樓詩／集 5309
寄通齋詩草／集 5130
寄菴遺稿／集 5228
寄蘿菴日識／史 1485
寄園子日記／史 1465
寄園寄所寄／子 2587，子 2588
寄龕文賡／集 5344
寄龕日記／史 1500
寄籬集／集 5242

3071₄
宅譜／子 1411
宅經類纂／子 1410

3072₇
窈聞／集 3537

3073₂
宏所諫疏／史 0903

3073₂
寰宇通志／史 2358

3077₂
窯考摘錄／子 1978

3077₂
密齋筆記／子 2158
密證錄／子 0315

3077₇
官子譜／子 1932
官爵志／史 3831

官制備考／史 3858
官幕須知／史 3877
官品令／史 3838

3080₁
定廬集／集 4763
定齋先生詩集／集 2838，集 2839
定正洪範集說／經 0333
定山先生集／集 2693，集 2694
［嘉靖］定州志／史 2453
［嘉靖］定海縣志／史 2947
［康熙］定海縣志／史 2948
定志編／子 0287
定軒存稿／集 3294
定國誌安邦中集／集 5905
定園詩集文集／集 3613
定盦文集餘集／集 4803，集 4804
定羌吟／集 4604

3080₁
蹇忠定年譜／史 1368

3080₆
賓退錄／子 2168
賓印詩草／集 3280

3080₆
實政錄／史 3867
實踐錄／子 0348

3080₆
賽竹樓詞鈔／集 5183

3080₆
寶石塔藏經妙法蓮華經／子 3173

3080₆

［隆慶］寶應縣志／史 2516

［嘉靖］寶應縣志略／史 2515

［隆慶］寶慶府志／史 3151

寶章待訪錄／史 1259

寶顏堂彙祕笈／叢 0052，叢 0053

寶顏堂續祕笈／叢 0049

寶刻叢編／史 4297

寶刻類編／史 4298，史 4299，史 4300

寶晉山林集拾遺／集 1943

寶晉英光集／集 1941，集 1942

寶硯堂硯辨／子 1966

［乾隆］寶雞縣志／史 2777

寶彝堂藏書目錄／史 4167

寶綸樓集／集 3418

寶祐四年登科錄／史 1714

寶古堂重修宣和博古圖錄／史 4276

寶古堂重考古玉圖／史 4369

寶華山志／史 3456

寶芸齋詩草／集 5049

寶藥栖詩／集 3529

寶素軒自訂初稿／集 5285

寶日堂初集／集 3319

寶閑堂集／集 4486

寶命真銓／子 1116

3080₆

寶光鼐文稿／集 4351

3081₂

窺天史纂／子 1267

窺園吟藁／集 4483

3090₁

宗玄先生文集／集 1442

宗子相集／集 3083

宗子相先生集／集 3084

宗先生子相文集／集 3082

宗伯集／集 3223，集 3224

宗室偶齋先生年譜／史 1420

宗海集／集 2416

3090₂

［嘉靖］永康縣志／史 3005，史 3006

［康熙］永康縣志／史 3007

［弘治］永平府志／史 2413

［乾隆］永平縣志／史 2414

［乾隆］永順縣志／史 3164

［嘉靖］永豐縣志／史 3111

永樂聖政記／史 0683

永樂十二年福建鄉試錄／史 2065

永樂十八年浙江鄉闈小錄／史 1987

永樂大典／子 2816

［乾隆］永福縣志／史 3187

［弘治］永州府志／史 3160

［乾隆］永清縣志附文徵／史 2396

永嘉證道歌／子 3269

永嘉瑞安石刻文字／史 4363

永嘉郡記／史 3046

永嘉集／集 2556

永嘉集外編／集 1180

永嘉集內外編／集 1179

永嘉止齋陳先生八面鋒／集 2099

永嘉禪宗集注／子 3268

永嘉真覺大師證道歌／子 3270

永嘉四靈詩／集 1173

永嘉縣造報貢監生名册稿／史 1710

［萬曆］永嘉縣志／史 3047

［乾隆］永嘉縣志／史 3048

永嘉學案／史 1199

［嘉靖］永城縣志／史 2703

［乾隆］永春州志／史 3230

永思錄／集 2931

［乾隆］永年縣志／史 2432

3090₄

宋方山房先生文集／集 2269

宋文山先生全集／集 2252

宋文選／集 0775

宋文鑑／集 0768

宋端明殿學士蔡忠惠公文集／集 1756

宋誌紀綱安邦後集／集 5906

宋詩紀事／集 5489

宋詩紀事姓氏韻編／史 1681

宋詩選／集 0761

宋詩鈔初集／集 0089

宋詞二家／集 5539

宋詞三百首／集 5585

宋二家詞／集 5540

宋三大臣彙志／叢 0065

宋王忠文公文集／集 2105，集 2106

宋元詩／集 0029，集 0030

宋元詩會／集 0311

宋元詞選／集 5535

宋元綱目經史品藻／史 2283

宋元以來畫人姓氏續錄／子 1752

宋元通鑑／史 0351，史 0352，史 0353

宋元通鑑目錄／史 0355

宋元資治通鑑／史 0354，史 0358

宋元明清精刻善本書頁集錦／史 4224

宋元學案／史 1027，史 1028

宋元學案補遺／史 1030，史 1031

宋元學案校補／史 1029

宋元人詞／集 5531

宋百家詩存／集 0092

宋石經記略／經 1175

宋丞相文山先生別集／集 2253

宋丞相文山先生全集／集 2249，集 2250

宋丞相崔清獻公全錄／史 1267

宋丞相李忠定公奏議／史 0888，史 0889

宋司馬溫國文正公家範／子 0112

宋邵康節先生伊川擊壤集／集 1813，集 1814

宋儒文蕭公黃勉齋先生文集／集 2173

宋代稅錢輯錄／史 3993

宋朱晦菴先生名臣言行錄／史 1065，史 1066

宋稗類鈔／子 2967，子 2968

宋名家詞／集 5537，集 5538

宋徽宗御解道德真經／子 0388

宋僧元淨外傳／史 3349，史 3350

宋濂溪周元公先生集／集 1817，集 1818

宋淳熙敕編古玉圖譜／史 4368，子 1975

宋宰輔編年錄／史 3834，史 3835，史 3836

宋寶章閣直學士忠惠鐵菴方公文選／集 2227

宋宗忠簡公集／集 1983，集 1984

宋宗忠簡公全集／集 1982

宋祕書孫氏太白山齋遺稿／集 2239

宋洪魏公進萬首唐人絕句／集 0637

宋十五家詩選／集 0090

宋太學石經考／經 1193

宋李梅亭先生四六標準／集 2214

宋李忠定公奏議選文集選／集 1988，集 1989，集 1990

宋大家歐陽文忠公文抄／集 1831

宋蘇文忠公集選／集 1893

宋蘇文忠公居儋錄／集 1890

宋黃文節公文集／集 1920

宋蔡忠惠文集／集 1757

宋蔡忠惠別紀／集 1757

宋葉文康公禮經會元／經 0473，經 0474，經 0475

宋杜清獻公集／集 2211

宋林和靖先生詩集／集 1730，集 1734，集 1735

宋朝事實／史 3916

宋史／史 0235，史 0236

宋史新編／史 0239

宋史紀事本末／史 0505，史 0506，史 0507

宋史闡幽／史 2281

宋書／史 0196，史 0197

宋東京考／史 3690，史 3691

宋國錄流塘詹先生集／集 2228

宋四六叢珠彙選／子 2766

宋四六選／集 0776

宋四子抄釋／子 0178

宋四名家詩鈔／集 0091

宋景祐以來名賢生卒譜／史 1053

宋明詩鈔／集 0307

宋明兩蘇先生易說合刪／經 0126

宋氏家傳纂言／子 2557

宋氏養生部／子 1994

宋陳文節公詩集文集／集 2101，集 2102

宋陳同甫文集／集 2192

宋陳少陽先生文集／集 2030

宋學士文集／集 2490

宋學士徐文惠公存稿／集 2233

宋學士夾漈先生六經奧論／經 1133

宋學士全集／集 2493

宋人世系考／史 1076

宋金元詩永／集 0312

宋金元詩選／集 0340

宋金仁山先生大學疏義／經 1000

宋金仁山先生年譜／史 1360

宋會要輯稿／史 3919

3090₄
案頭餘事／集 5886

3092₇
竊憤錄／史 0625

3094₇
寂光境／子 3312

3111₂
江文通集／集 1414
江干雜詠／史 3347
［雍正］江西通志／史 3076
江西賦役紀／史 3983
［嘉靖］江西省大志／史 3075
江西省陶政志／史 4073
江醴陵集／集 1415
江上吟／集 4483
江上怡雲集／集 4392
江止庵遺集／集 3516
江變紀略／史 0755
［康熙］江山縣志／史 3022
［乾隆］江山縣志／史 3023
［康熙］江寧府志／史 2460
［萬曆］江浦縣志／史 2462
江心志／史 3755
江湖客詞／集 4139
江湖長翁文集／集 2169
江湖小集／集 0088
江遊草／集 4644
江左三家滄桑詩選／集 1019
江左三大家詩鈔／集 1018
江南水利考／史 3640
［乾隆］江南通志／史 2458
江南野史／史 0609，史

0610，史 0611
江南防河使者東軒奉答陳撫臺書附詩文稿／史 3639
江右紀變／史 0767，史 0769，史 0770
江蘇採輯遺書目錄／史 4113
江草集／集 0955
江聲草堂詩集／集 4204
江表遺事／史 0749
江東外紀拾殘／史 1247
江東白苧／集 5879
江邨銷夏錄／子 1647
江氏音學十書／經 1586
［江西永豐寧都］江氏初修族譜／史 1555
［乾隆］江陵縣志／史 3139
江月松風集／集 2453
江陰殉難實跡／史 0741
江陰李氏得月樓書目摘錄／史 4132
［嘉靖］江陰縣志／史 2503

3111₂
涇野子外篇／子 0255
涇野先生文集／集 2826
涇野先生五經說／經 0022
［嘉靖］涇縣志／史 2548，史 2549

3111₄
汪文摘謬／集 5474
汪訒庵先生蒲團晏坐圖題詠／集 0966
汪石山醫書／子 0640
汪水雲詩／集 2275
汪子中詮／子 0268
汪虞卿詩／集 3207

汪伯機詩／集 2664
汪右丞詩集／集 2506
汪大呂先生近稿／集 3370
汪樵石印譜／子 1856
汪氏說鈴／子 2582
汪氏珊瑚網名畫題跋／子 1638
汪氏珊瑚網法書題跋／子 1639
［安徽］汪氏統宗譜／史 1559
［安徽］［江西］汪氏統宗正脈／史 1557
［安徽］汪氏統宗正脈／史 1558
［歙州］汪氏淵源錄／史 1556
汪氏漢銅印原／史 4421
汪氏鑒古齋墨藪／子 1970
汪鈍翁題跋／史 4141

3111₆
洰詞／集 2795，集 2796

3112₀
［嘉靖］汀州府志／史 3219

3112₀
河工考／史 3662
河嶽英靈集／集 0623，集 0624
［乾隆］河源縣志／史 3259
河洛精蘊／子 1351
河汾詩集／集 2611
［雍正］河南府續志／史 2682
［康熙］河南府志／史 2681
河南集／集 1738
河南先生文集／集 1753，集

［乾隆］淄川縣志／史 2630

3216₄
活幼便覽／子 1043
活幼心法／子 1081
活幼指南／子 1060
活法啓微／子 1097

3216₉
潘子求仁錄輯要／子 0288
潘氏總論／史 0366
潘銘憲行狀附年譜／史
　　1333

3218₄
溪山遭難志略／史 0815
溪堂集／集 1959

3218₅
濮川詩鈔／集 1080
濮川志略／史 2898
濮川岳氏繼志錄／史 1532
［康熙］濮州續志／史 2672
［嘉靖］濮州志／史 2670
［康熙］濮州志／史 2671
［乾隆］濮州志／史 2673
濮院瑣志／史 2899

3219₀
冰玉集／史 3801
冰雪集／集 4110，集 4111
冰蠶詞／集 5675
冰川詩式／集 5442，集
　　5443，集 5444
冰菴詩鈔／集 3837

3219₄
［嘉靖］灤志／史 2417
灤源問答／子 2371

3222₁
祈神奏格／子 3082

3230₂
近取編／集 2832
近代名臣言行錄／史 1088
近花樓纂釋分類合法百將
　　全傳／子 0561
近事會元／子 2129
近青堂詩／集 0839
近思續錄／子 0142
近思錄集解／子 0138，子
　　0141
近思錄集注／子 0146
近思錄復隅／子 0147
近思錄原本／子 0140
近光集／集 0525，集 2419

3230₃
巡憲楊公保臺實績錄／史
　　3871
巡城疏抄／史 0939
巡按蘇松等處揭帖／史
　　4081

3230₄
返生香／集 3537

3230₆
遁甲發明集／子 1608
遁甲演義／子 1603
遁甲日用涓吉奇門五總龜
　　／子 1602

3230₇
遙集堂新編馬郎俠牟尼合
　　記／集 5793
遙擲槀／集 3684

3230₉
遜業堂稿／集 5211
遜志齋集／集 2576，集
　　2577，集 2578，集 2579
遜學齋文稿／集 4838

3244₇
叢珠館印譜／子 1789
叢碧山房詩文集雜著／集
　　3865，集 3866
叢桂社詩札／集 4862
叢青軒集／集 3306

3260₀
割圜密率捷法／子 1320
割榮集／子 2569

3300₀
心亨書屋存稿／集 4975
心廬集／集 4106
心齋／叢 0186
心政錄／史 0947
心經釋要／子 3219
心遠樓存稿／集 2555
心遠堂遺集／集 3480
心太平軒醫案／子 1157
心印紺珠經／子 0936，子
　　0937，子 0938

3300₄
必讀古文正宗／集 0472

3310₀
［乾隆］沁州志／史 2623

3311₂
浣浦詩鈔／集 4187
浣芳遺稿／集 4947

浣桐詩鈔／集 4427

浣青詩草續草／集 4513

浣竹山堂選註四六排沙集
／集 0873

3311₇

滬城浩劫錄／史 0802

3312₇

[嘉靖]浦江志略／史 3010

浦江鄭氏旌義編／史 1656

3316₀

冶古堂文集附公牘／集
3941

冶父星朗和尚廣錄／子
3296

3316₀

治要錄／史 3869

治平勝算全書／子 0542，子
0543，子 0544，子 0545

治經堂集／集 4699

治修河渠農田書／史 3649

治鄉三約／集 3607

治家略／子 0347

治河總考／史 3588

治河通考／史 3589

治河前策後策／史 3600

治心齋琴學練要／子 1917

治法彙／子 0898

治世正音／集 0805

治鄞政略／史 4083

治小兒金鍼／子 1061

3318₆

演山先生詩／集 1956

演卦詩斷／子 1532

3319₂

泳廣集／集 4653

3320₄

祕册彙函／叢 0043

3322₇

補瘞鶴銘考／史 4316

補亭詩集／集 4626

補辛卯前詩／集 4904

補註釋文黃帝內經素問／
子 0672

補訂坡仙集／集 1888

補刻摘句圖詩／集 4505

補讀齋日記／史 1450

補讀書室自訂年譜／史
1411

補讀軒詩稿／集 5077

補詳字義／經 1442

補三皇本紀／史 0024，史
0025

補三國疆域志／史 0177，史
0178

補天石傳奇八種／集 5852

補琴山房吟草／集 5042

補瓢存稿／集 4414

補後漢書藝文志／史 0162

補後漢書年表／史 0158

補巢書屋詩集／集 4590

補釋戚少保南北兵法要略
／子 0520，子 0521

補修宋金六家術／子 1281

補漢兵志／史 4018

補禪林僧寶傳／子 3304

補勤詩存／集 5044

補勤詩存續編／集 5043

補松廬文稿／集 5093

補松廬雜文／集 5096

補松廬詩／集 5095

補松廬詩錄／集 5094

補輯兵法要略／子 0520

補陀洛迦山傳／子 3307

補盦文鈔／集 5298

補盦詩鈔編存／集 5299

補筆談／子 2131

3330₃

邃翁日記／史 1481

3330₉

述記／子 2596

述職吟／集 4518

述聖圖／史 1025

述古堂文稿／集 5213

述古堂書目／史 4142

述史樓書目／史 4178

述本堂詩集／集 0919

述異記／子 2672

述學／集 4568，集 4569，集
4570

3333₁

崧泉詩漸删存／集 3768

3390₄

梁文忠公書札／集 5085

梁山舟詩／集 4369

梁山舟學士書集杜詩長卷
／集 4370

梁山來知德先生易經集註
／經 0106，經 0107

梁蠍雜記／子 1659

梁谿先生文集／集 1987

梁溪詩鈔／集 1034

梁苣林滄浪詩／集 4719

梁書／史 0200，史 0201，史
0202，史 0203，史 0204

梁園風雅／集 1047
梁昭明文選／集 0172，集
　　0173，集 0174
梁昭明太子集／集 1413
梁公墓誌銘／集 4210

3390₄
榮凥詩鈔／集 5239
榮凥漁唱自怡集／集 5238

3400₀
斗首論萃／子 1482

3410₀
對床吟／集 1236
對制談經／子 2891
對山樓詩詞稿／集 4772
對花餘韻／集 4982
對松哦／集 4624
對類／子 2817，子 2818，子
　　2819，子 2820

3411₂
池北偶談／子 2259
池北書庫記／集 0947
池上樓詩稿輯佚／集 5386
［嘉靖］池州府志／史 2553

3411₂
沈方伯刪定尚書集註／經
　　0279
沈文蕭公別傳／經 1324
沈韻樓先生詩存／集 5116
沈望橋先生瘄科心法／子
　　0960
沈下賢文集／集 1660，集
　　1661
沈子癢業／集 4128
沈何山先生點正玉茗堂尺

牘／集 3261
沈歸愚詩文全集／集 4345
沈甸華先生文／集 4150
沈句章詩選／集 3161
沈朗仲先生病機彙論／子
　　1220，子 1221
沈南疑先生檇李詩繫／集
　　1063
沈嘉則詩選／集 3158，集
　　3159
沈忠敏公龜谿集／集 2008，
　　集 2009，集 2010
沈景修函牘／集 5107
沈景修信札／集 5106
［嘉靖］沈丘縣志／史 2698
沈隱侯集／集 1407
沈氏詩詞稿／集 4943
沈氏詩醒八牋／經 0393，經
　　0394
沈氏三先生文集／集 1207，
　　集 1208
沈氏群峰集／集 4740
沈氏弋説／子 2244
沈氏尊生書／子 0666
沈小詠詩稿／集 4846

3411₅
灌江備考／史 3664
灌園史／子 2010

3411₈
湛甘泉先生文集／集 2807
湛園集目／集 3959
湛園未刻文／集 3959
湛園未定稿／集 3949，集
　　3950，集 3951，集 3952

3412₇
滿洲名臣傳／史 0271

滿漢文金剛經／子 3146
滿漢名臣傳／史 0266

3413₂
法言／子 1333
法藏碎金錄／子 3327
法界安立圖／子 3262

3414₀
［康熙］汝寧府志／史 2741
［正德］汝州志／史 2755
汝南遺事／史 0642

3414₇
凌雪軒詩外集／集 4136
凌霞手稿／集 5251
凌谿先生集／集 2771
凌煙閣功臣圖／史 1057
凌烟閣功臣圖像／史 1058

3414₇
凌煙閣圖敘／子 1774

3416₀
沽上趨庭始存稿／集 4993

3416₀
渚山堂詞話／集 5715

3416₁
浩然詩集／集 1452

3418₁
洪武正韻／經 1513，經
　　1514，經 1515，經 1516，
　　經 1517，經 1518，經
　　1519，經 1520，經 1521，
　　經 1522，經 1523，子
　　2940，子 2941

洪武正韻玉鍵／經 1522
洪武正韻彙編／經 1524
洪武禮制／史 3956
洪武四年進士登科錄／史 1715
洪武四年會試紀錄／史 1716
[嘉靖]洪雅縣志／史 3178
洪氏宗譜／史 1592
洪範正論／經 0334

3418₁
[順治]淇縣志／史 2715, 史 2716
淇竹山房集／集 4489

3418₁
滇遊草／集 4910
滇南礦廠圖略／史 4072
滇考／史 3409, 史 3410
滇中奏議／史 0962
滇省十不平論／集 5180

3418₅
漢唐秘史／史 0532
漢文抄／集 0602
漢晉六朝帝王紀元印史／史 4466
漢晉經籍目錄／史 4179
漢石記目錄／史 4311
漢天師世家／子 3125
漢張仲景先生金匱要略廣註／子 0776
漢丞相諸葛忠武侯集／集 1353
漢雋／史 2215, 史 2216, 史 2217, 史 2218
漢制考／子 2786, 子 2787, 子 2788, 子 2789, 子 2790

漢魏音／經 1581
漢魏六朝詩選／集 0260
漢魏六朝諸家文集／集 0006
漢魏六朝二十一名家集／集 0004
漢魏六朝百三名家集／集 0007, 集 0008
漢魏詩乘／集 0258, 集 0259
漢魏詩集／集 0254, 集 0255
漢魏詩紀／集 0256, 集 0257
漢魏諸名家集／集 0005
漢魏二十一家易注／經 0045
漢魏名文乘／集 0506
漢魏叢書／叢 0039
漢魏別解／叢 0067
漢泉曹文貞公詩集／集 2367, 集 2368
漢名臣言行錄／史 1052
漢官儀／子 1945, 子 1946
漢溪書法通解／子 1695
漢藝文志玫證／子 2786, 子 2787, 子 2788, 子 2789, 子 2790
漢隸字源／經 1359, 經 1360
漢隸分韻／經 1373
漢書／史 0106, 史 0107, 史 0108, 史 0109, 史 0110, 史 0111, 史 0113, 史 0114, 史 0115, 史 0116, 史 0117, 史 0118, 史 0120, 史 0121, 史 0122, 史 0123, 史 0124

漢書評林／史 0125, 史 0126, 史 0127, 史 0128, 史 0129, 史 0130, 史 0131
漢書刊訛／集 4536
漢書雋／史 2225, 史 2226
漢書校勘／史 0133, 史 0134
漢書權參／史 2317
漢書屬辭比事記／史 0135
漢書纂／史 2224
漢書鈔／史 2222
[嘉靖]漢陽府志／史 3125
漢學齋仿古印譜／史 4439
漢學諧聲／經 1580
漢印偶存／史 4452, 史 4453
漢鐃歌十八曲集解／集 0587
漢銅印叢／史 4419
漢銅印粹／史 4444

3421₀
社事本末／史 0700

3426₀
祐山雜說／子 2694

3426₀
褚氏遺書／子 1174

3430₂
邁堂詩存／集 4756

3430₃
遠西奇器圖說錄最／子 1991, 子 1992
遠香閣詩鈔／集 5349
遠山堂詩集／集 3432

遠邨唫藁／集 4654，集 4655

遠邨印譜／子 1847

3430₅
達生編／子 1027
達觀樓集／集 3332

3430₅
違礙書目編韻便覽正續編
　附禁書姓名編韻便覽／
　史 4194
違礙書籍目錄／史 4193

3430₉
遼詩話／集 5502
遼紀／史 0664
遼史拾遺／史 0241
遼史拾遺續／史 0241
遼東行部志／史 3319
遼金元宮詞／集 0349
遼小史／史 0633，史 0634，
　史 0635

3510₆
沖虛至德真經／子 0469，子
　0472，子 0473
沖虛至德真經解／子 0475

3510₇
津逮秘書／叢 0068，叢
　0069，叢 0070
津通鐵路奏議鈔存／史
　0965

3511₈
［嘉靖］澧州志／史 3162

3512₇
［嘉靖］沛縣志／史 2521

3512₇
清庵先生中和集／子 3100
清康熙三十□年縉紳錄／
　史 2152
清文補彙／經 1467
清音閣集／集 3194
清詩初集／集 0916
清聖祠寺／史 3719
清代杭人小傳／史 1177
清代錢塘江營汛圖／史
　3675
清獻公傳略／子 0310
清獻堂集／集 4368
清獻堂全編／叢 0178
清秘藏／子 1637
清泉唫草／集 4942
清名人傳／史 1150
清紀／子 2695，子 2696
清微黃籙大齋科儀／子
　3115
清儀閣古印偶存／史 4435，
　史 4436
［嘉靖］清流縣志／史 3221
清涼山新志／史 3486
清涼山志／史 3485，史
　3487
清寤齋心賞編／子 2484
清容居士集／集 2377
清江貝先生集／集 2529
清河書畫舫／子 1633，子
　1634
清溪遺稿／集 3372
清溪公題詞／集 3372
清湘瑤瑟譜／集 4864
清溫州海島圖／史 3393
清真詞／集 5593
清真詞朱方和韻合刊／集
　2301

清杭郡詞輯／集 5587
［嘉靖］清苑縣志／史 2407
清芬堂存稿詩餘／集 3834
清華集／集 4809
清世祖章皇帝實錄／史
　0488
清朝特典／集 2708
清朝會行禮圖／史 3980
清史稿列傳／史 0267，史
　0268
清素堂集／集 4676
清異錄／子 2496，子 2497
清暉書屋詩存／集 5125
清吟堂全集／集 3901
清風堂文集／集 3736
清閟閣全集／集 2462
清會典官制／史 3855
清籟閣雜錄／集 5522
清光緒間江山農民暴動史
　料／史 0830
清賞錄／子 2535

3514₇
溝洫圖／經 0515

3516₆
漕河圖志／史 3603
漕運議單／史 3996

3519₆
涑水司馬氏源流集略／史
　1514

3520₆
神禹別錄／經 0317
神仙傳／子 3117，子 3118
神仙金汋經／子 3067
神幾火攻秘訣／子 0505
神僧傳／子 3308

神道大編曆宗算會／子
　1306
神機制敵太白陰經／子
　0507
神機制敵陣圖秘法天書白
　猿經／子 0508
神相全編／子 1564
神農本草經疏／子 0785
神器譜／子 0570
神羊遺著／叢 0191

3521₈
禮記／經 0573, 經 0574, 經
　0575
禮記旁訓／經 0593
禮記註疏／經 0576
禮記訓義擇言／經 0612
禮記説統／經 0604
禮記集註／經 0592, 經
　0599
禮記集説／經 0579, 經
　0583, 經 0584, 經 0585,
　經 0586, 經 0587, 經
　0588, 經 0589, 經 0590,
　經 0610
禮記集説大全／經 0594, 經
　0595
禮記集傳／經 0591
禮記集解／經 0615, 經
　0616
禮記衍脱錯考／經 0619
禮記參訂／經 0617, 經
　0618
禮記鰲編／經 0614
禮記日錄／經 0600
禮記明音／經 0598
禮記體註大全／經 0611
禮記纂言／經 0580
禮記纂註／經 0601

禮記纂類／經 0605
禮記省度／經 0606, 經
　0607, 經 0608, 經 0609
禮部韻略七音三十六母通
　攷／經 1502, 經 1503
禮部奏議宗藩事宜／史
　3842
禮經釋例／經 0520
禮經貫／經 0603
禮經會元／經 0471, 經
　0472
禮制異同攷／經 0666
禮山園全集／集 3839
禮樂通考／經 0684
禮樂合編／經 0682
禮緯含文嘉／經 1198
禮儀定式／史 3957
禮書／經 0673, 經 0674, 經
　0675, 經 0676
禮書綱目／經 0686
禮書附錄／經 0668
禮箋／經 0656, 經 0657, 經
　0658
禮堂集義／經 0664, 經
　0665

3526₀
袖珍印賞／子 1829
袖海樓雜著／叢 0194

3530₀
［雍正］連平州志／史 3258
連珠均攷／經 1593
［乾隆］連城縣志／史 3222
連枝圖題詠／集 0956, 集
　0957

3530₆
迪吉錄／子 2570

3530₈
遺山先生文集／集 2310, 集
　2311
遺山先生詩集／集 2312
遺事瑣談／史 0712
遺事錄／集 2563
遺書編／子 0130
遺民詩／集 0839

3610₀
泗源先生岐黃餘議／子
　1170

3610₀
湘麋館遺墨粹存／集 5078
湘山事狀全集／史 3762
湘湖考略／史 3659
湘草／集 4084
湘帆堂集／集 3598
湘管齋寓賞編／子 1660
湘管聯吟／集 0960
湘煙錄／子 2574

3610₂
泊菴文集／集 2573
泊如齋重修宣和博古圖錄
　／史 4273, 史 4274
泊如齋重修考古圖／史
　4267
泊如軒草／集 3789

3611₂
溫庭筠詩集／集 1690
溫文簡公遺像題詞／史
　1315
溫飛卿詩集／集 1692, 集
　1693
溫處海防圖略／史 3435

洞霄宮志／史 3736，史
　3737
洞天奧旨／子 0977

3712₀
［嘉靖］湖廣通志／史 3120
［弘治］湖廣岳州府志／史
　3148
湖上草／集 3639，集 3640
湖山靈秀集／集 1021
湖山便覽／史 3630，史
　3631
湖山類稿／集 2273
湖程紀略／史 3612，史
　3613
［乾隆］湖州府志／史 2902
［康熙］湖州府志纂要／史
　2901
湖心亭題詠／集 1056
湖海集／集 2824
湖海樓詩／集 3842
湖海樓全集／集 3849
湖萍吟記／史 3365
湖路十八跕地名竹枝詞／
　集 5668
湖路題壁詩詞／集 5668
湖錄／史 2905

3712₀
潮災紀略／子 2640
［乾隆］潮州府志／史 3252
［隆慶］潮陽縣志／史 3253

3712₀
澗琴詞學／集 5644

3712₇
滑耀編／集 0458

3712₇
湧幢小品／子 2440

3712₇
［道光］潯陰志略／史 2400
潯陰志略／史 2401

3712₇
漏甕稿／集 5307

3712₇
鴻慶居士文集／集 2020
鴻干集／集 4061
鴻寶應本／集 3421，集
　3422
鴻案珠圍集／集 0912，集
　0913
鴻逸堂稿／集 3679
鴻栖館印選／子 1794
鴻苞／子 2221
鴻臚寺少卿採石何公暨妻
　徐氏墓誌銘／史 1318
鴻猷錄／史 0510

3713₆
漁磯集／集 4665
漁山詩鈔／集 3973
漁渡董氏族譜人物傳／史
　1519
漁洋詩話／集 5470
漁洋山人詩集／集 3727
漁洋山人詩問／集 5468
漁洋山人自撰年譜／史
　1398
漁洋山人精華錄／集 3731
漁洋山人精華錄訓纂／集
　3732，集 3733
漁洋山人精華錄會心偶筆

／集 3735
漁洋山人精華錄箋注／集
　3734
漁洋題跋／史 4195
漁村記傳奇／集 5838
漁邨記／集 5837
漁隱叢話／集 5418，集
　5419

3714₀
淑景堂考訂注解寒熱溫平
　藥性賦／子 0953

3714₆
［乾隆］潯州府志／史 3281

3714₇
汲古閣說文訂／經 1298，經
　1299
汲古堂集／集 3390，集
　3391
汲古堂續集／集 3392，集
　3393，集 3394，集 3395
汲塚周書／史 0535
［乾隆］汲縣志／史 2717

3714₇
潚水草堂詞集／集 5645

3715₂
澥陸詩鈔／集 4662

3715₆
渾天秘書／子 1395
渾天壹統星象全圖論／子
　1260
［弘治］渾源州志／史 2612
渾蓋通憲圖說／子 1248

0360

資治通鑑外紀／史 0294，史 0295，史 0296

資治通鑑總要通論／史 2273

資治通鑑釋文／史 0288

資治通鑑綱目／史 0308，史 0309，史 0310，史 0311，史 0312，史 0319，史 0320，史 0321，史 0322，史 0323，史 0324，史 0327，史 0328

資治通鑑綱目發明／史 0313，史 0314

資治通鑑綱目集説／史 0329

資治通鑑綱目集覽／史 0315，史 0316

資治通鑑綱目前編／史 0299，史 0300，史 0327

資治通鑑綱目舉觀／史 0341

資治通鑑考異／史 0285，史 0286

資治通鑑目錄／史 0287

資治通鑑問疑／史 0287

資治通鑑節要續編／史 0302，史 0349

資治歷朝紀政綱目／史 0385

資暇集／子 2296

3812$_7$
［乾隆］汾州府志／史 2607

3813$_2$
冷齋夜話／子 2139
冷香山館未定稿／集 4465

3813$_2$
泠然齋詩集／集 2230
泠然草詩編／集 3315

3813$_2$
滋溪文稿／集 2415

3814$_0$
［康熙］澔墅關志／史 2477

3814$_0$
［道光］潎水新志／史 2882，史 2883

潎川二布衣詩／集 1069

3814$_0$
漱芳書屋集古印譜／史 4464

3814$_0$
潎水志林／史 3394，史 3395

3814$_1$
洴澼百金方／子 0546，子 0547

3814$_7$
游二嶽草／集 3534
游仙集／集 4081，集 4082
游梁書院講語／子 0323

3815$_1$
洋煙攷述／子 2004

3815$_7$
海石先生文集／集 2981，集 2982

海石先生詩集／集 2980

海珊詩鈔／集 4202

海瓊玉蟾先生文集／集 2199，集 2200

海瓊白真人全集／集 2203

海上同音錄／集 0942

海虞錢氏家乘／史 1666

海川重刻狀元申先生書經主意／經 0276

［嘉靖］海豐縣志／史 3250

［乾隆］海豐縣志／史 3251

海嶽山房存稿／集 3170

海嶽名言／史 1259

海巢集／集 2451

海角遺編／史 0741

海峰文集／集 4423

海峰集／集 2927

海峰堂前稿／集 2924，集 2925，集 2926

海寧經籍志備考／史 4204

海寧倭寇始末／史 0687

海寧倭事始末記／史 0521

海寧巖門高氏家譜／史 1607

海寧將軍固山貝子恢復溫郡並台處事實／史 0793

［乾隆］海寧州志／史 2836，史 2837

海寧州志著述備考／史 4207

海寧志略／史 2840

［康熙］海寧縣志／史 2835

海寧陳太宜人姊妹合稿／集 1243

海寧陳氏家譜／史 1610

海漚賸詞／集 5660

海源閣書目／史 4169

［隆慶］海州志／史 2530

海濱外史／史 0787

海道全圖／史 3812

海塘新志／史 3671

海塘紀略／史 3670

海南雜著／史 3403

海忠介公文集／集 3099,集
　3100

海東載書識／史 4201

海東金石存考／史 4259

海日樓札叢／子 2631

海日堂詩集／集 3715

海國雜記／史 2392

海國聞見錄／史 3815,史
　3816

海愚詩鈔／集 4464

海昌詩淑／集 1062

海昌經籍志略／史 4205

海昌外志／史 2838,史
　2839

海昌叢載／史 3352

海昌查氏遺稿／集 1219

海昌著錄續考／史 4206

海昌勝覽／史 3701,史
　3702,史 3703

海昌人物紀略／史 1179

海防奏疏／史 0926,史
　0927

海防緊要／史 3436

[乾隆]海陽縣志／史 2651

海隅集／集 3087

海隅遺珠錄／集 1064

[嘉慶]海門廳志／史 2536

海門經義／集 5653

海門初集／集 4650

[嘉靖]海門縣志集／史
　2535

海叟集／集 2554

海鷗館詩存／集 5268

海鹽雜記／史 3360

[乾隆]海鹽縣續圖經／史

2887

[嘉靖]海鹽縣志／史 2884

[康熙]海鹽縣志／史 2885

[天啓]海鹽縣圖經／史
　2886

海錄西南諸國／史 3817

海錄碎事／子 2746,子
　2747

海棠居初集／集 3629

3816₇

滄州詩集／集 2677

[萬曆]滄州志／史 2423

滄洲近詩／集 3934,集
　3935

滄浪子退軒集／集 2558

滄浪集／集 1761

滄浪先生吟卷／集 2229

滄溟先生集／集 3041,集
　3042,集 3043,集 3044,
　集 3045,集 3046,集
　3047

滄海遺珠／子 1661

滄螺集／集 2539,集 2540

3818₄

溪陂集／集 2744,集 2745,
　集 2746

3825₁

祥止室詩鈔／集 4832

[乾隆]祥符縣志／史 2685

3826₈

裕齋詩詞／集 4147

3830₃

遂安中洲程氏宗譜／史
　1640

遂安歷劫記／史 0811

[康熙]遂安縣志／史
　3035,史 3036

[康熙]遂溪縣志／史 3269

遂初堂詩集文集別集／集
　3860

遂初堂書目／史 4120

3830₄

逆臣傳／史 0274

逆黨禍蜀記／史 0833

3830₄

遊記附江源考／史 3798

遊譜／史 3799

遊仙詩／集 4704

遊仙百詠註／集 4083

遊名山記／史 3793

遊富春江詩／集 5177

遊梁詩集／集 3163

遊志續編／史 3791,史
　3792

遊楚吳吟／集 4739

遊當湖小説／史 1460

3830₄

遵巖先生文集／集 2933,集
　2934,集 2935

3830₆

道言内外／子 3109

道德經／子 0375,子 0387,
　子 0398,子 0408,子
　0411,子 0412

道德經解／子 0404

道德經注／子 0407

道德經古今本攷正／子
　0377,子 0378

道德經校勘記／子 0413

道德經附注／子 0400

道德南華二經評註合刻／
　子 0366

道德真經註／子 0381，子
　0384

道德真經新注／子 0385

道德真經疏義／子 0393

道德真經集註／子 0392

道德真經集義／子 0399

道德真經解／子 0396

道德真經注疏／子 0382

道德真經直解／子 0390

道德真經藏室纂微開題科
　文疏／子 0397

道德真經全解／子 0394

道德真源／子 3110

道德眼／子 0406

道德會元／子 0395

道秩考／史 3458

道鄉先生鄒忠公文集／集
　1958

道之大源／子 1594

道源／子 3111

道法宗旨圖衍義／子 3101

道南書院錄／史 3780

道古堂文集詩集／集 4289，
　集 4290

道古堂詩集／集 4291

道藏目錄詳注／子 3032

道書／子 3034，子 3035，子
　3036

道書全集／子 3038，子
　3039

道貴堂類稿／集 3833

道援堂詩集／集 3778

道園遺稿／集 2386

道貫真源／子 3033

道光庚子科六省鄉試同年
　譜／史 1700

道光二十四年甲辰科進士
　同年錄／史 1848

道光三年進士登科錄／史
　1843

道光五年選拔明經通譜／
　史 1845

道光元年大同年全錄／史
　1844

道光丙午科鄉試同年錄／
　史 1849

道光洋艘征撫記／史 0799

道光十二年直省同年錄／
　史 1704

道光十二年恩科會試同年
　齒錄／史 1846

道光十五年乙未恩科各省
　鄉試題名錄附丙申戊戌
　庚子辛丑甲辰乙巳六科
　進士題名錄／史 1847

道光十四年直省同年錄／
　史 1705

道光十四年甲午科浙江鄉
　試錄／史 2013

道光閩政全書／史 3878

道光八年直省同年錄／史
　1703

3850₇

［康熙］肇慶府志／史 3260

肇論／子 3256

肇論新疏／子 3257

3860₄

啟蒙對偶續編／子 2842

3912₀

沙河逸老小稿／集 4400

［嘉靖］沙縣志／史 3207

3912₇

消瘦集／集 4567

消夏雜錄／子 2650

3918₉

淡然軒集／集 3228

淡生堂藏書約藏書訓／史
　4129，史 4130

4000₀

十六國春秋／史 0594，史
　0595

十六金符齋周秦漢六朝官
　私印譜／史 4454

十六金符齋印存／史 4455

十誦齋集／集 4367

十二家唐詩／集 0052

十二按摩圖法／子 1118

十三經註疏／經 0011，經
　0012，經 0013，經 0014

十三經解詁／經 0023

十三經古註／經 0010

十三經地名韻編今釋／經
　1190

十三經拾遺／經 1170

十三經異同條辨／經 1171

十三經歷代名文鈔／經
　1151

十經齋元碑釋文／史 4325

十經文字通正書／經 0038

十種唐詩選／集 0059，集
　0060，集 0061

十峰詩選／集 3645

十家唐詩／集 0050

十家宮詞／集 0017

十七帖考釋／子 1717

十七史／史 0001，史 0002

十七史商榷／史 2320

十七史詳節／史 2154，史 2155

十七史百將傳／子 0552，子 0553，子 0554

十駕齋養新錄／子 2369，子 2370

十國春秋／史 0607，史 0608

十鐘山房印舉／史 4447

十笏齋詩／集 4429

4001₆
尰書／子 2294

4001₇
九章算術／子 1299

九靈山房集／集 2457，集 2458

九霞山人集／集 3155，集 3156

九天明鑑神捷奇書／子 1571

九歌圖／集 1320

九經／經 0002，經 0003，經 0004，經 0005

九經補注／經 0035

九經通借字攷／經 1168

九經考異／經 1144

九山類藁詩文近稿偶存／集 4545

九峰文鈔／集 1167

九疑山志／史 3544

九僧詩／集 0757

九宮譜定／子 1902

[嘉靖]九江府志／史 3092

九大家詩選／集 0838

[元豐]九域志／史 2353

九華新譜／子 2015

九華詩集／集 2297

九華山志／史 3482，史 3483

九華草／集 3532

九史同姓名略／史 1679

九曲山房詩鈔／集 4688

九曲漁莊詞／集 5659

九數通考／子 1318

九思堂詩稿續編／集 5161

九畹齋詩餘／集 5637

九畹續集／集 4262

九籥集／集 3200

九省運河水利泉源情形全圖／史 3634

4002₇
力本文集／集 4270

4003₀
[乾隆]太康縣志／史 2700

[嘉靖]太康縣志增定文集／史 2699

太音希聲／子 1900

太玄經／子 1333，子 1334，子 1335，子 1336

太玄經集註／子 1339

太玉山房文稿／集 4753

太玉山房詩集／集 4751

太玉山館詩／集 4752

太霞山館詩抄／集 5132

[康熙]太平府志／史 2560

太平廣記／子 2677，子 2678

太平山房詩集選／集 3239

太平御覽／子 2726，子 2727，子 2728，子 2729，子 2730，子 2731，子 2732

太平寰宇記／史 2350，史 2351，史 2352

太平軍陷海寧始末記／史 0812

[嘉靖]太平縣志／史 2996

[萬曆]太平縣志／史 2552

太乙統宗寶鑑／子 1573，子 1574，子 1575

太乙總論／子 1576

太乙真數／子 1577

太乙數統宗大全／子 1579

太乙命書／子 1578

太函集／集 3075

太上玄靈北斗本命延生真經／子 3077

太上說三官經序／子 3078

太上說平安竈經／子 3077

太上三元賜福赦罪解厄消災延生保命妙經／子 3078

太上正一天尊說鎮宅消災龍虎妙經／子 3077

太上靈寶天尊說禳災度厄真經／子 3077

太上靈寶淨明宗教錄／子 3097

太上元始天尊說三官寶號／子 3078

太上洞玄靈寶無量度人上品妙經／子 3074

太上道德寶章注疏／子 0391

太上九要心印經／子 3084

太上老君說了心經／子 3079

太上老君說常清靜經／子 3079

太上黃庭經發微／子 3058

太上黃庭經注／子 3059

太上黃庭內景玉經／子 3055

太上感應篇／子 3087

太上感應篇箋注／子 3088

太師誠意伯劉文成公集／
　集 2500，集 2501，集
　2503，集 2504

太師張文忠公集／集 2897

太嶽太和山志／史 3538，史
　3539

太嶽太和山紀略／史 3540

太白山人詩／集 2825

太和正音譜／集 5916

太宗皇帝實錄／史 0468

太湖備考／史 3612，史
　3613

太湖用兵紀略／子 0549

太古傳宗／子 1918

太古遺音／子 1896，子
　1897

太鶴山人文集／集 4814，集
　4817

太鶴山人集／集 4816

太鶴山人初稿／集 4815

太鶴山人年譜／史 1408

太極祭煉內法議略／子
　3085

太黔／子 1567

太史文華集／集 2880

太史升庵文集／集 2848

太史升庵全集／集 2847

太史升菴文集／集 2842，集
　2846

太史升菴先生文集／集
　2843

太史藍大宗師鑒定易學集
　成／經 0158

太史范公文集／集 1804，集
　1805

太史范公文集鈔／集 1806

太史屠漸山文集／集 2939

太咸龜書／子 1512

［嘉靖］太原縣志／史 2595

太學重新增修決科截江網
　／子 2770

太學增修聲律資用萬卷菁
　華／子 2773

太醫院經驗奇效良方大全
　／子 0891

太倉文略／集 1035

太倉王公傳略／史 1321

太倉稊米集／集 2051

［嘉靖］太倉州志／史 2526

［乾隆］太谷縣志／史 2596

太常因革禮／史 3949，史
　3950

4010₀

士翼／子 0253

4010₀

土物志／史 3367，史 3368

土苴集／集 2645，集 2646，
　集 2647

土苴續集／集 2648

4010₂

左記／經 0781

左傳童皾／經 0813，經
　0814

左傳文苑／經 0779

左傳評／經 0800

左傳評苑／經 0777

左傳經世鈔／經 0788

左傳字釋／經 0787

左傳選／經 0789

左傳事緯／經 0786，經
　0787

左傳典則／經 0798

左傳分國紀事本末／史

0503

左傳分國纂略／經 0785

左繡／經 0794

左紀／經 0775

左逸／史 0579，史 2274

左汾近槀／子 2348，子
　2349

左氏條貫／經 0790

左氏始末／經 0770，經
　0771

左氏兵法測要／子 0535

左氏節萃／經 0799

左策史漢約選／史 2190

左粹類纂／子 2838

4010₂

直廬稿／集 2800

直庵詩鈔／集 4923

直齋書錄解題／史 4122

直音篇／經 1525

直講李先生文集／集 1776

直督奏議／史 0963

［乾隆］直隸絳州志／史
　2620

［乾隆］直隸達州志／史
　3179

［乾隆］直隸通州志／史
　2398

［乾隆］直隸秦州新志／史
　2804

［乾隆］直隸泰州新志／史
　2517

［弘治］直隸鳳陽府宿州志
　／史 2570

直指玉鑰匙門法／經 1495，
　經 1496，經 1497

直指審音法／子 1922

直指算法統宗／子 1307

4010₂

盍簪集／集 0973

4010₂

壺天玉露／史 1005

壺盧銘／子 1984

壺山集／集 3486

4010₄

圭齋文集／集 2397

圭齋盧先生集／集 2422

圭山近稿／集 2863

圭峰盧先生集／集 2421

圭塘小稿／集 2402

圭美堂集／集 4028

4010₄

臺山文稿／集 4470

［康熙］臺灣府志／史 3227

臺灣外記／集 5990

臺灣外志／集 5991

臺陽剿匪事略／史 0796

4010₆

查他山先生年譜／史 1395

查伊璜東山外紀／史 1300

查浦詩鈔詩餘／集 3966

查浦輯聞／子 2594

查東山先生年譜／史 1394

4016₁

培遠堂詩集／集 4432

培遠堂偶存稿／集 4192

培遠堂存稿／集 4193

培林堂書目／史 4151

4016₅

塘工紀略／史 3669

塘西十六世眼科秘本／子 0997

4020₀

才調集／集 0628，集 0629，集 0630，集 0631

才調集補註／集 0632

才子琵琶寫情篇／集 5769

4021₂

克鼎集釋／史 4290

4021₂

堯山堂外紀／子 2559

堯峰詩文鈔／集 3723

4021₄

在璞堂續稿／集 4549

在璞堂吟稿／集 4548

在山小草／集 5333

在官指南／史 0877

在園雜志／子 2264

在陸草堂文集／集 3939

4021₅

帷幄全書／子 0489

4021₅

幢橋詩稿／集 5027

4022₇

內經類抄／子 0693

內外科經驗奇方／子 0979

內典文藏／子 3321

內方文集／集 2893

內經知要／子 0698

內自訟齋古文稿／集 4748

內臺集／集 2781

［嘉靖］內黃志／史 2713

［乾隆］內黃縣志／史 2714

內閣行實／史 1091

內閣藏書目錄／史 4099

4022₇

布奇儀歌訣／子 1608

4022₇

有正味齋駢體文箋註／集 4481

有不爲齋存稿／集 5155

有象列仙全傳／子 3122

有涯文集／集 3975

有明於越三不朽名賢圖贊／史 1186

有明於越三不朽圖贊／史 1187

有餘地韻語／集 5179

有餘地遺詩／集 5179

有懷堂文集／集 4173

有懷堂文藁詩藁／集 3830

4022₇

希庵公詩稿／集 3252

希聖先生范公變小傳／史 1316

希聖堂唱和詩／集 0946

希古堂書目／史 4177

希壽錄／集 0828

希姓補／子 2829

希姓錄／子 2828

4022₇

南渟集／集 3750

南廱志／史 3853

南齋先生魏文靖公摘藁／集 2609

南齊書／史 0198，史 0199

南唐三隱考／史 1056

南唐書／史 0228，史 0229，史 0230，史 0231，史 0232

南唐書合訂／史 0234

南唐書箋注／史 0233

[正德]南康府志／史 3090

[嘉靖]南康府志／史 3091

[嘉靖]南康縣志／史 3115

[康熙]南康縣志／史 3116

南京禮部編定印藏經號簿／子 3322

南京太僕寺志／史 3848

南京太常寺志／史 3847

南京大理寺志／史 3846

[乾隆]南靖縣志／史 3198

南贛督撫奏議／史 0914

[萬曆]南平縣志／史 3203

南雷文定／集 3601

南雷文定五集／集 3602

南雷詩歷／集 3604

南雪草堂詩集／集 4550

南天痕／史 0265

南疆逸史／史 0262

南疆逸史跋／史 0263，史 0264，集 4785

南北宮雜劇曲譜／集 5931

南北朝存石目／史 4313

南北史合注／史 0083，史 0084

南北曲／集 4441

南武公牘拾存／史 4085

南香草堂詩集／集 4347

南征疏稿／史 0891

南征集／集 3244，集 3489

南征紀略／史 3808

南行稿／集 2667

南行偶筆／集 3597

南行載筆／集 3596

南行日記／史 0767

南豐先生元豐類稿／集 1789

南豐先生元豐類藁／集 1781，集 1782，集 1783，集 1784，集 1785，集 1786，集 1787，集 1788，集 1790，集 1791，集 1795

南豐先生行狀碑誌哀挽／集 1781，集 1782，集 1783，集 1784，集 1787，集 1788

[康熙]南豐縣志／史 3108

南豐曾文昭公曲阜集／集 1799

南豐曾先生文粹／集 1797

南嶽志／史 3554

[嘉靖]南畿志／史 2459

南山黃先生家傳集／集 2621

南山堂近草／集 4170

[康熙]南樂縣志／史 2439

南皋鄒先生會語合編講義合編／子 0275

南疑詩集／集 3713

南濠居士文跋／史 4185，史 4186

南渡錄／史 0744，史 0745

南渡錄大略／史 0625

[嘉靖]南寧府志／史 3282

[嘉靖]南安府志／史 3114

[康熙]南安縣志／史 3192

南窗瑣錄／子 2645

南窗唫草／集 4995

南宮疏略／史 0898

南宮奏議／史 0897

南宮奏牘／史 0910

南宋雜事詩／集 0764

南宋群賢詩選／集 0762

南宋群賢小集補遺／集 0093

南宋大字史記集解殘本劄記／史 0060

南宋書／史 0240

南宋四家律選／集 0094

[乾隆]南滙縣新志／史 2495

南江先生年譜初稿／史 1403

南江札記／子 2363

南河志／史 3606

南河成案／史 3608

南河全考／史 3607

南州草堂集／集 3861

南溪西遊記／史 3802

南溪書院志／史 3785

南溪筆錄群賢詩話／集 5433

南巡詩／集 4344

南巡御試卷／集 1004

南巡盛典／史 3972

南巡勝蹟圖說／史 3692

南浦孅鈔／集 4634

南漪先生遺集／集 4430

南湖詩餘／集 5718

南湖舊話／史 1165

南潯鎮志／史 2908

[乾隆]南澳志／史 3255，史 3256

南遊記／史 3800

南遊剩草／集 5290

南遊紀勝／史 0838

南沙文集／集 3721，集 3722

南臺舊聞／史 3832

南皮張氏族譜／史 1629

[嘉靖]南雄府志／史 3272

[乾隆]南雄府志／史 3273

南坪詩鈔／集 4411，集 4412

南莊類稿／集 4299

南蘭陵孫尚書大全文集／集 2019

南藏／子 3130，子 3131

南華發覆／子 0445，子 0446

南華經／子 0425，子 0428

南華經註疏／子 0424

南華經薈解／子 0442

南華經批評／子 0443

南華山房詩鈔賦／集 4209

南華山人詩鈔／集 4209

南華真經／子 0418，子 0419，子 0420

南華真經旁注／子 0438

南華真經副墨／子 0431，子 0432，子 0433，子 0434

南華真經本義／子 0441

南華真經義海纂微／子 0427

南華本義／子 0461

南華簡鈔／子 0456，子 0457

南村輟耕錄／子 2180，子 2181，子 2182

南村居士集／集 4179

南朝齊文／集 0608

南朝宋文／集 0607

南朝史精語／史 2242

南都死難紀略／史 0747，史 0748

[山陰]南翰徐氏家譜／史 1605

南史／史 0072，史 0073，史 0074，史 0075，史 0076

南史識小錄／史 2243

南史刪／史 2240，史 2241

南書房入直諸臣考略／史 1157

南軒先生詩集／集 2172

南邦黎獻集／集 0909

南邨詩蘐／集 3677

南轅紀程／史 1487

南國疏草／史 0932

南國賢書／史 1692

南圃筆談／子 2281

南禺外史詩／集 2916

南園續稿九種／集 1073

南田記略／史 3990

南田縣風土志／史 3370

[乾隆]南昌府志／史 3077

南昌文考／集 1183

南昌武陽曹氏宗譜／史 1620

南野堂詩集／集 4622，集 4623

南雅堂長沙方歌括／子 0774

南陔雜記／子 2375

南陔堂詩集／集 4186

南雁蕩山全志／史 3524

[雍正]南陵縣志／史 2550

南陽樂傳奇／集 5826

[康熙]南陽縣志／史 2737

南屏行篋錄／子 1663

[乾隆]南翔鎮志／史 2481

南堂詩鈔／集 4391

南堂詩鈔詞賦／集 4087

南爐紀聞錄／史 0625

4023₁

赤水玄珠／子 1201，子 1202

赤牘清裁／集 0559，集 0560

赤城詩集／集 1138

赤城後集／集 1137

赤松山志／史 3517

赤壁賦／集 1889

4024₇

存研樓文集／集 4063

存硯樓二集／集 4064

存幾希齋印存／子 1857

存復齋文集／集 2390

存心堂遺集／集 2391

存存集瓴甋／集 5709

存素堂詩稿駢文／集 5160

存樸齋詩鈔／集 4263

存愚／子 2202

4033₁

志壑堂詩集文集／集 3705

志遠齋史話／史 2330

志雅堂雜鈔／子 2175

志學後錄／子 0334

志學會約／集 3710

志姜堂贈言／集 0830

4033₆

熙朝拾遺雜詠／集 0823

熙朝閹黨禍國錄／史 0706

4040₀

女科／子 1029

女科經綸／子 1021，子 1022，子 1023

女科密錄／子 1028

女科胎產問答要旨／子 1007

女書癡稿／集 5374

女學／子 0321

女範編／史 0989

4040₁

幸魯盛典／史 3973

1776

嘉靖二十六年進士登科錄
／史 1774

嘉靖二十六年會試錄／史
1775

嘉靖二十二年應天府鄉試
錄／史 1892

嘉靖二十二年廣東鄉試錄
／史 2101

嘉靖二十二年順天府鄉試
錄／史 1865

嘉靖二十二年江西鄉試錄
／史 2030, 史 2031

嘉靖二十二年河南鄉試錄
／史 1960

嘉靖二十二年浙江鄉試錄
／史 2000

嘉靖二十二年湖廣鄉試錄
／史 2048

嘉靖二十二年四川鄉試錄
／史 2058

嘉靖二十三武舉錄／史
1773

嘉靖二十三年進士登科錄
／史 1771

嘉靖二十三年會試錄／史
1772

嘉靖二十五年應天府鄉試
錄／史 1893

嘉靖二十五年廣東鄉試錄
／史 2102

嘉靖二十五年雲南鄉試錄
／史 2132

嘉靖二十五年順天府鄉試
錄／史 1866

嘉靖二十五年山西鄉試錄
／史 1917

嘉靖二十五年江西鄉試錄
／史 2032

嘉靖二十五年河南鄉試錄
／史 1961

嘉靖二十五年福建鄉試錄
／史 2078

嘉靖二十五年湖廣鄉試錄
／史 2049

嘉靖二十五年貴州鄉試錄
／史 2136

嘉靖二十五年四川鄉試錄
／史 2059

嘉靖二十九年武舉錄／史
1779

嘉靖二十九年進士登科錄
／史 1777

嘉靖二十九年會試錄／史
1778

嘉靖二十八年應天府鄉試
錄／史 1894

嘉靖二十八年廣西鄉試錄
／史 2128

嘉靖二十八年廣東鄉試錄
／史 2103

嘉靖二十八年順天府鄉試
錄／史 1867

嘉靖二十八年山西鄉試錄
／史 1918

嘉靖二十八年山東鄉試錄
／史 1939

嘉靖二十八年江南武舉鄉
試錄／史 1895

嘉靖二十八年河南鄉試錄
／史 1962

嘉靖二十八年福建鄉試錄
／史 2079

嘉靖二十八年浙江鄉試錄
／史 2001

嘉靖二十八年陝西鄉試錄
／史 1979

嘉靖二十年進士登科錄／

史 1770

嘉靖二年進士登科錄／史
1761

嘉靖二年會試錄／史 1762

嘉靖三十一年應天府鄉試
錄／史 1896

嘉靖三十一年廣東鄉試錄
／史 2104

嘉靖三十一年順天府鄉試
錄／史 1868

嘉靖三十一年山西鄉試錄
／史 1919

嘉靖三十一年江西鄉試錄
／史 2033

嘉靖三十一年河南鄉試錄
／史 1963

嘉靖三十一年福建鄉試錄
／史 2080

嘉靖三十一年湖廣鄉試錄
／史 2050

嘉靖三十一年貴州鄉試錄
／史 2137

嘉靖三十一年陝西鄉試錄
／史 1980

嘉靖三十二年武舉錄／史
1782

嘉靖三十二年進士登科錄
／史 1780

嘉靖三十二年會試錄／史
1781

嘉靖三十三年進士登科錄
／史 1783

嘉靖三十五年武舉錄／史
1786

嘉靖三十五年進士登科錄
／史 1784

嘉靖三十五年會試錄／史
1785

嘉靖三十七年應天府鄉試

錄／史 1897

嘉靖三十七年順天府鄉試
錄／史 1870

嘉靖三十七年山東鄉試錄
／史 1941

嘉靖三十七年河南鄉試錄
／史 1965

嘉靖三十七年湖廣鄉試錄
／史 2051

嘉靖三十七年陝西鄉試錄
／史 1981

嘉靖三十四年順天府鄉試
錄／史 1869

嘉靖三十四年山西鄉試錄
／史 1920

嘉靖三十四年山東鄉試錄
／史 1940

嘉靖三十四年河南鄉試錄
／史 1964

嘉靖三十四年福建武舉鄉
試錄／史 2081

嘉靖三十四年貴州鄉試錄
／史 2138

嘉靖三十八年武舉錄／史
1789

嘉靖三十八年進士登科錄
／史 1787

嘉靖三十八年會試錄／史
1788

嘉靖元年雲貴鄉試錄／史
2128

嘉靖元年山西鄉試錄／史
1915

嘉靖元年江西鄉試錄／史
2024

嘉靖元年河南鄉試錄／史
1955

嘉靖以來首輔傳／史 1123

嘉靖十六年應天府鄉試錄

／史 1891

嘉靖十六年廣西鄉試錄／
史 2117

嘉靖十六年廣東鄉試錄／
史 2099

嘉靖十六年雲南鄉試錄／
史 2131

嘉靖十六年山西鄉試錄／
史 1916

嘉靖十六年江西鄉試錄／
史 2028

嘉靖十六年河南鄉試錄／
史 1958

嘉靖十六年福建鄉試錄／
史 2077

嘉靖十六年四川鄉試錄／
史 2056

嘉靖十六年陝西鄉試錄／
史 1978

嘉靖十一年壬辰科進士同
年序齒錄／史 1767

嘉靖十一年進士登科錄／
史 1765

嘉靖十一年會試錄／史
1766

嘉靖十三年應天府鄉試錄
／史 1890

嘉靖十三年廣東鄉試錄／
史 2098

嘉靖十三年雲貴鄉試錄／
史 2130

嘉靖十三年順天府鄉試錄
／史 1863

嘉靖十三年江西鄉試錄／
史 2027

嘉靖十三年河南鄉試錄／
史 1957

嘉靖十三年福建鄉試錄／
史 2076

嘉靖十三年浙江鄉試錄／
史 1999

嘉靖十九年廣東鄉試錄／
史 2100

嘉靖十九年順天府鄉試錄
／史 1864

嘉靖十九年山東鄉試錄／
史 1938

嘉靖十九年江西鄉試錄／
史 2029

嘉靖十九年河南鄉試錄／
史 1959

嘉靖十九年湖廣鄉試錄／
史 2047

嘉靖十九年四川鄉試錄／
史 2057

嘉靖十七年進士登科錄／
史 1769

嘉靖十四年進士登科錄／
史 1768

嘉靖十年湖廣鄉試錄／史
2046

嘉靖七年應天府鄉試錄／
史 1889

嘉靖七年順天府鄉試錄／
史 1862

嘉靖七年山東鄉試錄／史
1937

嘉靖七年江西鄉試錄／史
2026

嘉靖七年河南鄉試錄／史
1956

嘉靖七年福建鄉試錄／史
2074，史 2075

嘉靖七年浙江鄉試錄／史
1997

嘉靖七年浙江同年錄／史
1998

嘉靖七年湖廣鄉試錄／史

2045

嘉靖四十一年武舉錄／史 1792

嘉靖四十一年進士登科錄／史 1790

嘉靖四十一年會試錄／史 1791

嘉靖四十三年應天府鄉試錄／史 1898

嘉靖四十三年廣西鄉試錄／史 2120

嘉靖四十三年廣東鄉試錄／史 2106

嘉靖四十三年雲南鄉試錄／史 2133

嘉靖四十三年山西鄉試錄／史 1921

嘉靖四十三年山東鄉試錄／史 1942

嘉靖四十三年江西鄉試錄／史 2035

嘉靖四十三年河南鄉試錄／史 1966

嘉靖四十三年福建鄉試錄／史 2082

嘉靖四十四年進士登科錄／史 1793

嘉靖四十四年會試錄／史 1794

嘉靖四十年廣西鄉試錄／史 2119

嘉靖四十年廣東鄉試錄／史 2105

嘉靖四十年江西鄉試錄／史 2034

嘉靖四十年浙江武舉鄉試錄／史 2003

嘉靖四十年浙江鄉試錄／史 2002

嘉靖四十年貴州鄉試錄／史 2139

嘉靖四年雲貴鄉試錄／史 2129

嘉靖四年順天府鄉試錄／史 1861

嘉靖四年山東鄉試錄／史 1936

嘉靖四年江西鄉試錄／史 2025

嘉靖四年陝西鄉試錄／史 1977

嘉靖八年進士登科錄／史 1763

嘉靖八年會試錄／史 1764

嘉禾詩草／集 1065

嘉禾額款簿／史 3988

[至元]嘉禾志／史 2863，史 2864

嘉樂齋三蘇文範／集 1275

嘉定侯氏三忠集／集 1218

嘉定紀事／史 0739

嘉定四先生集／集 1036

[萬曆]嘉定縣志／史 2528

嘉定金氏五世家集／集 1217

嘉樹樓詩鈔／集 4329

[弘治]嘉興府志／史 2865

[康熙]嘉興府志／史 2867，史 2868

嘉興府學生員履歷册／史 2012

[正德]嘉興志補／史 2866

嘉興求減浮糧書／史 3987

[正德]嘉善縣志／史 2877，史 2878

[康熙]嘉善縣志／史 2879

4050₆

韋廬續集／集 4777

韋廬初集續集／集 4775，集 4776

韋齋集／集 2012，集 2013，集 2014

韋孟全集／集 0038

韋蘇州詩集／集 1474，集 1475

韋蘇州集／集 1470，集 1471，集 1472，集 1473

韋觀集／集 0789

4060₀

古唐選屑／子 2889

古文正集／集 0503

古文五删／集 0495

古文翼／集 0543

古文雋／集 0463

古文辭類纂／集 0552，集 0553

古文參同契／子 3046

古文備體奇鈔／集 0476

古文約編／集 0535，集 0536

古文約選／集 0530

古文淵鑒／集 0516

古文選／集 0507

古文選要／集 0473

古文奇艷／集 0479

古文奇賞／集 0490

古文析觀詳解／集 0987

古文析義／集 0512，集 0513，集 0514

古文苑／集 0202，集 0203

古文未曾有集／集 0518

古文提奇／集 0505

古文品外錄／集 0482，集 0483

古文雅正／集 0528

古文斷／集 0531

奇門大全/子 1610
奇賞齋古文彙編/集 0491
奇賞齋廣文苑英華/集
　0490

4064₁
壽親養老新書/子 1105
[康熙]壽寧縣志/史 3226
[嘉靖]壽州志/史 2568
壽者傳/史 1016
壽護堂奏議/史 0965
壽世新編/子 1117
壽世秘典/子 2584
壽松堂錢錄/史 4395
壽養叢書/叢 0046

4071₀
七言律詩鈔/集 4372
七巧八分圖/子 1958
七子詩選/集 0123
七子團圓/集 5853
七經圖/經 1145
七經精義/經 0042
七種文選/集 0001
七緯/經 1197
七修類稿/子 2199
七家名人印譜附秦漢古銅
　印譜/史 4468
七十二行花館詩餘/集
　5700
七十二候表/史 2344
七十二峰足徵集/集 1020
七十二家集/集 0003
七十三壺圖/子 1985,子
　1986
七十以外吟/集 5378
七雄策纂/史 2198
七檩硬山大式做法/史
　4071

七松游/集 3699
七書參同 / 子 0478,子
　0479
七體唐詩正音補註 / 集
　0648
七錄齋文集論略續刻別集
　/集 3474
七錄齋詩文合集/集 3473
七情賦/集 4685

4071₅
[嘉靖]雄乘/史 2411

4071₆
奝史/子 2992

4073₂
袁文箋正 / 集 4336,集
　4337
袁文榮公文集詩集 / 集
　3013
袁文榮公文集詩略 / 集
　3015
袁文榮公詩略/集 3014
袁了凡先生兩行齋集/集
　3264
袁使君集/叢 0137
袁永之集/集 2930
[正德]袁州府志/史 3105
[嘉靖] 袁州府志 / 史
　3106,史 3107
袁柳莊先生神相全編/子
　1565
袁中郎集 / 叢 0135,叢
　0138
袁中郎先生十集/叢 0136
袁中郎先生批評唐伯虎彙
　集/集 2775,集 2776
袁中郎狂言別集/集 3287

袁中郎全集/集 3288
袁氏痘疹叢書/子 1065
袁公像贊/史 1268

4073₂
喪禮餘言/經 0699

4080₀
大方廣佛華嚴經/子 3149,
　子 3150,子 3151
大方廣佛華嚴經淨行品/
　子 3153
大方廣佛華嚴經入不思議
　解脫境界普賢行願品/
　子 3152
大方廣佛華嚴經合論/子
　3224
大方廣圓覺修多羅了義經
　/ 子 3190,子 3191,子
　3210
大方廣圓覺修多羅了義經
　集注/子 3192,子 3241
大方廣圓覺修多羅了義經
　集要/子 3242
大方廣圓覺修多羅了義經
　直解/子 3243,子 3244
大方廣圓覺修多羅了義經
　略疏/子 3245
大方便佛報恩經/子 3154
大唐新語/子 2416
大唐郊祀錄/史 3946,史
　3947,史 3948
大唐開元占經/子 1367,子
　1368,子 1369
大唐開元禮/史 3944,史
　3945
大廣益會玉篇/經 1340,經
　1341,經 1342,經 1344
大意尊聞/子 0356

大明集禮 / 史 3954, 史 3955

大明仁孝皇后勸善書 / 子 2508

大明律 / 史 4036

大明律附例 / 史 4037

大明穆宗莊皇帝實錄 / 史 0480, 史 0481

大明宣宗章皇帝實錄 / 史 0473

大明憲宗純皇帝實錄 / 史 0474

大明清類天文分野之書 / 史 2357

大明神宗顯皇帝實錄 / 史 0482

大明道藏經目錄 / 子 3031

大明太祖高皇帝實錄 / 史 0469, 史 0470, 史 0471

大明嘉靖十九年歲次庚子大統曆 / 子 1295

大明嘉靖十八年歲次己亥大統曆 / 子 1294

大明嘉靖十年歲次辛卯大統曆 / 子 1293

大明嘉靖九年歲次庚寅大統曆 / 子 1292

大明萬曆乙亥重刊改併五音類聚四聲篇 / 經 1497

大明萬曆己丑重刊改併五音類聚四聲篇 / 經 1498

大明世宗肅皇帝實錄 / 史 0478, 史 0479

大明成化庚寅重刊改併五音集韻 / 經 1494

大明成化丁亥重刊改併五音類聚四聲篇 / 經 1492, 經 1493

[弘治]大明興化府志 / 史 3190

大明會典 / 史 3921, 史 3922, 史 3923

大雅集 / 集 0790, 集 0791

大雅題襟 / 集 0981

大雅堂訂正枕中十書 / 叢 0126

大雅堂訂正枕中書 / 子 2214

大雅堂初稿 / 集 4461

大雅堂初稿續稿 / 集 4462

大曆詩略 / 集 0742

大曆二皇甫詩集 / 集 1225

大隱居士集 / 集 2040

大閱錄 / 史 4019

[正德]大同府志 / 史 2610

[乾隆]大同府志 / 史 2611

大學正說 / 經 1027

大學示掌 / 經 0986

大學億 / 經 0985

大學衍義 / 子 0187, 子 0188, 子 0189, 子 0190, 子 0191

大學衍義補 / 子 0192, 子 0193, 子 0194, 子 0195, 子 0196

大學衍義補纂要 / 子 0197, 子 0198, 子 0199

大丹問答 / 子 3067

大金集禮 / 史 3953

大金國志 / 史 0636, 史 0637, 史 0638

大慈寺志略 / 史 3741

大義覺迷錄 / 史 0845

大善寺志稿 / 史 3747

大智度論 / 子 3183, 子 3184

大小宗通繹 / 經 0652

4080₁
走越卮言 / 集 3279

4080₁
真文忠公續文章正宗 / 集 0398, 集 0399

真率先生學譜 / 史 1426

真誥 / 子 3068, 子 3069

真詮 / 子 3104

真西山讀書記乙集上大學衍義 / 子 0186

真西山全集 / 叢 0118

真山民集 / 集 2293

真定集 / 集 3893

真如子醒言 / 子 2532

真蹟日錄 / 子 1635

[嘉靖]真陽縣志 / 史 2742

4080₄
爽籟山房集 / 集 4442

4080₈
夾鏡亭吟草 / 集 4671, 集 4677

4081₅
難經 / 子 0711

難經廣説 / 子 0710

難經經釋 / 子 0708

難經直解 / 子 0707

難經本義 / 子 0701

難易居詩鈔 / 集 4956

4090₀
木刻前賢遺範 / 史 1332

木訥齋文集 / 集 2385

木石居精校八朝偶雋 / 集 5452

木鳶集／集 4413

4090₈
來三峰先生遺稿選訂／集
　2990
來子談經／經 0031
來舜和先生稿／集 3371
來集之先生詩話稿／集
　5456
［雍正］來安縣志／史 2582
來鵠山房詩集／集 4531
來青軒詩鈔／集 5318，集
　5319
來恩堂草／集 3219
來氏家藏冠山逸韻／集
　1215
來禽館集／集 3216，集
　3217

4091₆
檀弓辨誣／經 0626
檀弓記／經 0623
檀弓論文／經 0624，經
　0625
檀弓考工二通／經 0460
檀弓批點／經 0622
檀弓輯註／經 0459
檀孟批點／經 0021，經
　0621
檀氏儀禮韻言塾課藏本／
　經 0569
檀几叢書／叢 0078

4091₇
杭郡塵談／子 2692
［成化］杭州府志／史 2821
［康熙］杭州府志／史
　2822，史 2823
［乾隆］杭州府志／史

2824，史 2825
［光緒］杭州府志／史
　2826，史 2827
杭州三書院紀略／史 3779
杭州織造運部用黃册／史
　4086
杭州各節氣晨昏矇影限表
　／子 1266
杭州進京水程里次／史
　3344
杭大宗七種叢書／叢 0173
杭城辛酉紀事詩／史 0809，
　史 0810
杭城坊巷志／史 3338
杭城坊巷志引用書目韻編
　／史 3339
杭城坊巷志節要／史 3342

4092₇
柿葉齋兩漢印萃／史 4431
柿園詩草／集 4597

4093₁
樵庵詞／集 2356
樵雲詩集／集 3128
樵歌／集 5555，集 5556
樵經閣近抄／集 4737
樵隱昔瓖／集 5038
樵叟備忘雜識／子 2579

4094₁
梓溪文集／集 2870
梓溪文鈔／集 2872，集
　2873，集 2874

4094₈
校訂困學紀聞三箋／子
　2310
校刻傷寒圖歌活人指掌／

子 0719
校正重刊官板宋朝文鑑／
　集 0769，集 0770
校刊史記集解索隱正義札
　記／史 0029
校刊史記集解索隱正義劄
　記／史 0058，史 0059
校讎傷寒論／子 0757
校讐通義／史 2323
校注橘山四六／集 2175
校注晏子春秋／史 1220
校補金石例四種／集 5526
校錄四明志徵／史 2923

4111₄
垤進齋雜纂／子 2616

4111₇
墟中十八詠／集 1125

4128₆
頤宜茨室詩鈔／集 5360
頤宜茨室日記／史 1512

4141₂
姬侍類偶／子 2767，子
　2768

4191₆
桓臺偶紀／集 4893

4192₀
柯齋選稿／集 3881
柯庭餘習／集 3992，集
　3993
柯家山館詞／集 5654
柯春塘先生易說／經 0220

4192₇
樗庵日鈔／叢 0112

苑洛志樂／經 0708，經
　0709，經 0711

4421₂
荒政叢書／史 4012

4421₂
莧園雜説／子 2255

4421₂
菀青集／集 3963

4421₂
蘆艇詩存／集 4522
蘆山寺志／史 3744，史
　3745，史 3746
蘆槎詩稿／集 3535
蘆中秋瑟譜／集 5661

4421₄
花王閣賸稿／集 3404
花信樓文草選詩草策論外
　集／集 5376
花信樓詞稿／集 5711
花信樓散曲／集 5888
花外散吟／集 4099
花宜館文略／集 4729
花宜館詩續鈔／集 4728
花溪備忘錄／史 2847
花溪志補遺／史 2844，史
　2845，史 2846，史 2847
花萼樓集／集 3872，集
　3873，集 3874
花草粹編／集 5567
花史／子 2008，子 2009
［康熙］花縣志／史 3257
花間集／集 5552，集 5553
花間小集樂府／集 5672
花鏡雋聲／集 0302

4421₄
莊靖先生遺集／集 2307，集
　2308，集 2309
莊子／子 0422，子 0423
莊子膏肓／子 0440
莊子旁注／子 0447
莊子郭註／子 0421
莊子翼／子 0370，子 0371，
　子 0372
莊子鬳齋口義／子 0426
莊子釋意／子 0453
莊子解／子 0454
莊子通義／子 0429，子
　0430
莊子内篇注／子 0444
莊子南華經心印／子 0462
莊子南華真經／子 0415，子
　0416，子 0417
莊子考異／子 0455
莊子獨見／子 0458，子
　0459，子 0460
莊子因／子 0448，子 0449，
　子 0450，子 0451，子
　0452
莊渠先生遺書／集 2811，集
　2812
莊氏史案本末／史 0784
莊屈合詁／子 2583

4421₅
薩天錫詩集／集 2406，集
　2407

4421₇
梵網經心地品菩薩戒義疏
　發隱／子 3246

4422₁
荷塘詩集／集 4450

4422₁
［雍正］猗氏縣志／史 2601
猗覺寮雜記／子 2143
猗覺寮襍記／子 2144

4422₂
茅鹿門先生文集／集 3028
茅山志／史 3457，史 3458
茅見滄策學拔萃／集 3016

4422₇
芳蓀書屋存稿制藝／集
　4438

4422₇
莆陽文獻列傳／史 1209
莆陽知稼翁文集詞／集
　2045，集 2046
莆陽知稼翁集／集 2047，集
　2048
莆風清籟集／集 1189

4422₇
帶經堂集／集 3730
帶經堂全集／集 3728，集
　3729

4422₇
蒭園叢書／叢 0197

4422₇
萬充宗先生經學五書／經
　0033
萬方鍼綫／子 0801
萬方鍼線／子 0800
萬文恭公摘集／集 3032，集
　3033
萬言肄雅／經 1438

萬一樓集／集 3118

萬山拜下堂稿／集 3979

萬山綱目／史 3446

萬代公論／史 0688

萬峰閣指法閟箋／子 1907

萬僧問答景德傳燈全錄／
　子 3305

萬密齋醫學全書／子 0649，
　子 0650

萬壽衢歌樂章／集 4439

萬壽盛典初集／史 3969

萬青樓經星譜／子 1268

萬青閣自訂全集／集 3717

萬里海防圖／史 3432

萬里志／集 2685

萬吹樓詩稿／集 4488

萬曆辛亥京察記事始末／
　史 0689

萬曆二十六年戊戌至國朝
　康熙壬戌進士履歷跋後
　／史 1811

萬曆二十六年戊戌科進士
　履歷便覽／史 1810

萬曆二十三年乙未科進士
　履歷便覽／史 1809

萬曆二十九年辛丑科進士
　履歷便覽／史 1813

萬曆二十九年進士登科錄
　／史 1812

萬曆二年武舉錄／史 1801

萬曆二年進士登科錄／史
　1798

萬曆二年會試錄／史 1799，
　史 1800

萬曆三十二年甲辰科進士
　履歷便覽／史 1814

萬曆五年進士登科錄／史
　1802

萬曆五年會試錄／史 1803

萬曆元年應天府鄉試錄／
　史 1901

萬曆元年廣西鄉試錄／史
　2122

萬曆元年廣東鄉試錄／史
　2110

萬曆元年順天府鄉試錄／
　史 1873

萬曆元年山西鄉試錄／史
　1924

萬曆元年河南鄉試錄／史
　1969

萬曆元年福建鄉試錄／史
　2085

萬曆元年浙江武舉鄉試題
　名錄／史 2006

萬曆元年浙江鄉試錄／史
　2005

萬曆元年湖廣鄉試錄／史
　2052

萬曆元年四川鄉試錄／史
　2061

萬曆元年陝西鄉試錄／史
　1983

萬曆己丑重刊改併五音集
　韻／經 1497

萬曆十一年進士登科錄／
　史 1806

萬曆十七年己丑科進士履
　歷便覽／史 1808

萬曆十四年丙戌科進士履
　歷便覽／史 1807

萬曆十年應天府武舉鄉試
　錄／史 1905

萬曆十年應天府鄉試錄／
　史 1904

萬曆十年廣西鄉試錄／史
　2125

萬曆十年廣東鄉試錄／史

2112

萬曆十年雲南鄉試錄／史
　2135

萬曆十年順天府鄉試錄／
　史 1876

萬曆十年山西鄉試錄／史
　1927

萬曆十年山東鄉試錄／史
　1946

萬曆十年江北武舉鄉試錄
　／史 1906

萬曆十年福建鄉試錄／史
　2088

萬曆十年浙江鄉試錄／史
　2009

萬曆十年湖廣鄉試錄／史
　2053

萬曆十年貴州鄉試錄／史
　2143

萬曆十年四川鄉試錄／史
　2062

萬曆十年陝西鄉試錄／史
　1985

萬曆七年應天府鄉試錄／
　史 1903

萬曆七年廣西鄉試錄／史
　2124

萬曆七年廣東鄉試錄／史
　2111

萬曆七年順天府鄉試錄／
　史 1875

萬曆七年山西鄉試錄／史
　1926

萬曆七年山東鄉試錄／史
　1945

萬曆七年江西鄉試錄／史
　2038

萬曆七年福建鄉試錄／史
　2087

萬曆七年浙江鄉試錄／史 2008

萬曆七年陝西鄉試錄／史 1984

萬曆四年應天府鄉試錄／ 史 1902

萬曆四年廣西鄉試錄／史 2123

萬曆四年雲南鄉試錄／史 2134

萬曆四年順天府鄉試錄／ 史 1874

萬曆四年山西鄉試錄／史 1925

萬曆四年山東鄉試錄／史 1944

萬曆四年江西鄉試錄／史 2037

萬曆四年河南鄉試錄／史 1970

萬曆四年福建鄉試錄／史 2086

萬曆四年浙江鄉試錄／史 2007

萬曆四年貴州鄉試錄／史 2142

萬曆甲午科鄉試硃卷／集 3321

萬曆野獲編／子 2445

萬曆八年武舉錄／史 1804

萬曆八年會試錄／史 1805

萬氏家抄痘疹諸家方論／ 子 1075

萬氏家抄濟世良方／子 0900

萬氏婦人科／子 1013

萬年書／子 1297

萬年曆／子 1277

萬年曆歌節解／子 1278

萬首唐人絶句／集 0636

萬卷樓遺集／集 2917

萬卷堂書目／史 4127

4422₇

蒿庵詩鈔／集 3741，集 3742

蒿庵奏疏／史 0946

4422₇

薦舉經學攷略／史 1695

4422₇

蕭天民手錄五稿／叢 0047

蕭山諸湖水利／史 3657

蕭山施文臺墓誌銘／史 1328

蕭山水利／史 3656

蕭山水利三刻／史 3657

蕭山汪氏環碧山房書目／ 史 4153

蕭山來元成先生讀易隅通 ／經 0155

蕭山來氏族譜／史 1573

蕭山縣儒學志／史 3860

［嘉靖］蕭山縣志／史 2964

［萬曆］蕭山縣志／史 2965

［康熙］蕭山縣志／史 2966

［乾隆］蕭山縣志／史 2967

4422₇

勸影堂詞／集 4120

勸學篇末議／子 0354

勸善金科十本／集 5829，集 5830

4422₇

蘭亭廣義／子 1673

蘭亭志／史 3707

蘭亭考／子 1672

蘭言述略／子 2019

蘭韻堂詩集／集 4451

蘭韻堂御覽詩／集 4452

蘭玉堂文集／集 4639

蘭玉堂詩集續集／集 4250

蘭雪齋增訂文致／集 0497

蘭雪堂詩稿／集 3703

蘭雪堂集／集 3347

蘭雪堂古事苑定本／子 2917

蘭舫筆記／子 2279

蘭山課業風騷補編／集 0346

蘭修唅館初藁／集 5249

［弘治］蘭谿縣志／史 3000

［康熙］蘭谿縣志／史 3001

蘭江詩鈔／集 4859

蘭汀存稿／集 3091

蘭叢詩話／集 4391

蘭渚先生遺稿／集 2751

蘭坪遺著／集 5211

蘭蕙真傳／子 2019

蘭輈詩草／集 4663

蘭史／子 2017

蘭曹讀史日記／史 2300

蘭易／子 2017

蘭陔詩集／集 4523，集 4524

［嘉靖］蘭陽縣志／史 2692

蘭當詞／集 5682

蘭忻集詩鈔／集 5019

4422₈

芥子彌禪師鉏斧草／集 3565

芥子園畫傳／子 1764，子 1768

芥子園畫傳二集／子 1765，

草堂詩餘／集 5557，集
　5559，集 5560，集 5565
草堂雅集／集 0788
草堂管窺／集 1182

4440₇
孝順事實／史 0994
孝經／經 0940，經 0941，經
　0942，經 0944，經 0946
孝經詩／經 0943
孝經詳註／子 0155
孝經刊誤淺解／經 1177
孝經翼／經 0943
孝經衍義／子 0302，子
　0303，子 0304，子 0305
孝經通釋／經 0948
孝經大全／經 0943
孝經類解／經 0947
孝友傳／史 1041
孝肅包公奏議／史 0883
[康熙]孝感縣志／史 3126
孝慈備覽／子 0759
孝義礛庵錄／史 3734
[諸暨]孝義青石李氏宗譜
　／史 1564
孝義殳公傳／史 1302

4442₇
荔亭詩草／集 4581
荔村漫筆／集 5045
荔園詩續鈔／集 4979
荔龕詩存／集 4991

4442₇
勃海吟／集 4444

4443₂
菰中隨筆／子 2345

4444₁
葬經翼／子 1462
葬法十論／子 1430

4445₃
戴山劉子詩集／集 3310
戴山學案／史 1110

4445₆
韓文一得／集 1631
韓文選／集 1615
韓文考異外集／集 1601
韓文杜律／集 0082
韓文起／集 1616
韓文公文抄／集 1614
韓文公年譜／集 1616
韓文類纂／集 1627
韓詩外傳／經 0448，經
　0449，經 0451，經 0452，
　經 0453
韓詩遺説／經 0454
韓詩遺説補／經 0455
韓詩內傳攷／經 0440
韓詩內傳徵／經 0439
韓詩內傳并薛君章句考／
　經 0441，經 0442
韓詩敘錄／經 0439
韓非子／子 0597，子 0598，
　子 0599，子 0600，子
　0603，子 0604
韓非子集解／子 0612，子
　0613，子 0614
韓非子校評／子 0611
韓非子纂／子 0610
韓子／子 0601，子 0602
韓子迂評／子 0605，子
　0606，子 0607，子 0608，
　子 0609

韓子粹言／集 1620
韓集點勘／史 0372，集
　1600，集 1626
韓集箋正／集 1629
韓魏公集／集 1751
韓魯齊三家詩異字詁／經
　0458
韓江雅集／集 0951
[乾隆]韓城縣志／史 2788
韓柳文／集 0077，集 0078，
　集 0083
韓柳二先生年譜／史 1344
韓柳全集／集 0079
韓柳合刻／集 0081
韓忠獻公別錄／史 1251
韓昌黎詩集編年箋注／集
　1624，集 1625
韓昌黎先生集攷異／集
　1630
韓氏三禮圖説／經 0645
韓門綴學／子 2273
韓筆酌蠡／集 1617，集
　1618，集 1619

4446₀
姑山遺集／集 3579
姑溪居士文集／集 1957
姑蘇新刻彤管遺編／集
　0283
[正德]姑蘇志／史 2468

4446₀
茹古閣遺集／集 4606

4450₄
[乾隆]華亭縣志／史 2490
華齋詩鈔／集 5295
華黍莊詩槀／集 3976
華嶽志／史 3497

華泉詩集／集 2753

華泉先生集選／集 2757

華海堂詩／集 4614

華夷譯語／經 1465

華夷花木鳥獸珍玩考／子 2006，子 2007

華國編唐賦選／集 0746

華國編文選／集 0529

華嚴法界觀門通玄記／子 3265

華嚴懸談會玄記／子 3266

華野郭公年譜／史 1393

華氏傳芳集／史 1523

華氏家集／集 1250

華陽貞素文集／集 2452

華陽國志／史 0591，史 0592

華陽長短句／集 5594

〔萬曆〕華陰縣志／史 2789，史 2790

華簾詞鈔／集 5669

4450₆

革朝志／史 0680

4450₆

葦間詩集／集 3948

4451₃

蒐集群書紀載萬年壽錄／史 1010

4452₁

〔嘉靖〕蘄州志／史 3132

4454₁

擇石齋詩集／集 4366

4460₀

苗邵二先生六壬針見血／子 1547

4460₁

菩薩戒／子 3193

菩薩戒本經箋要／子 3237

4460₂

茗水再存集／集 4914

茗溪集／集 2003，集 2004，集 2005，集 2006，集 2007

茗溪詹丹林詩稿／集 4957

茗溪漁隱叢話／集 5420

4460₂

茗齋雜著／集 3630

茗齋詩餘／集 5620

茗雪山房二種曲／集 5850

茗洲吳氏家典／經 0700

茗柯文／集 4712

茗柯詩集／集 3761

4460₂

碁經／子 1929

4460₃

苔碕小稿／集 4647

苔岑集／集 0931

4460₃

蓄齋集／集 3909

4460₄

苦功悟道卷／集 5903

4460₄

若菴集／集 4134

4460₄

茜紅吟館詩存／集 5328

4460₈

蓉渡詞／集 5628

蓉洲詩鈔／集 4901

蓉林筆鈔／集 4382

蓉槎蠡說／子 2263

蓉堂詩話／集 5445，集 5446

4462₇

荀子／子 0044，子 0045，子 0046，子 0047，子 0048，子 0049，子 0050，子 0051，子 0052，子 0053

荀子校勘記／子 0054

4464₁

蒔花小築待刪草／集 5365

4464₇

鼓居隨筆／子 2652

4471₂

也安雜著偶鈔／集 5274

也春秋傳奇／集 5847

也園草二集／集 3903

也是園藏書目／史 4143，史 4144

4471₂

老子元翼／子 0405

老子翼／子 0370，子 0371，子 0372

老子集解／子 0403

老子解／子 0386

老子約說／子 0410

老子宗指／子 0409

老子通義／子 0401，子 0402

老子道德經／子 0376，子
　0379，子 0380，子 0389
老子道德經參互／子 0414
老子道德真經／子 0377，子
　0378
老子考異／子 0387
老莊解／子 0373
老莊通／子 0367，子 0368
老莊合刻／子 0369
老學庵筆記／子 2159，子
　2160
老學菴筆記／子 2161
老人言／子 2589
老竹軒詩／集 3793

4471₅
毫餘殘瀋／集 3833

4471₇
世說新語補／子 2402，子
　2405，子 2408，子 2410，
　子 2411
世說補菁華／子 2412
世說通語／子 2413
世說新語／子 2392，子
　2393，子 2394，子 2395，
　子 2396，子 2397，子
　2398，子 2399，子 2401，
　子 2402，子 2403，子
　2404，子 2405，子 2406，
　子 2407
世說新語注／子 2400
世經堂集／集 2911
世綸堂詩集／集 1252
世宗憲皇帝御製文集／集
　4184
世翰堂文集詩集／集 2995
世史正綱／史 0374
世本集覽／史 0577

世書堂稿／集 3714
世恩錄／史 1517

4471₇
苕山先生文集／集 3520

4472₂
［乾隆］鬱林州志／史 3283

4472₂
鬱洲遺稿／集 2707
鬱岡齋筆麈／子 2227

4472₇
劫灰錄／史 0756，史 0757
劫餘紀事詩／史 0828

4472₇
葛端肅公文集／集 2968
葛仙翁肘後備急方／子
　0864
葛莊分體詩鈔／集 3987
葛莊節公增輯兩浙海洋圖
　橅本／史 3433

4473₂
芸齋印譜／子 1849
芸窗瑣錄／子 2642
芸架詩稿／集 3978

4473₂
藝文備覽／經 1442
藝文類聚／子 2701，子
　2702，子 2703，子 2704，
　子 2705
藝香詩草略存／集 4951
藝香詞鈔／集 3764
藝苑名言／集 5500
藝菊志／子 2020

藝風老人遺札／集 5082

4474₁
薛立齋七要／子 0644
薛文清公讀書全錄類編／
　子 0232，子 0233
薛文清公行實／史 1273
薛文清公全集／集 2615
薛許昌詩集／集 1687
薛西原集／集 2858
薛生濕熱條辯／子 0956
薛浪語集／集 2133
薛濤詩／集 1575
薛考功集／集 2859
薛氏醫書／子 0643
薛氏醫按／子 0642

4477₀
廿一史識餘／史 2178
廿一史彈詞註／集 5892，集
　5893
廿二史紀事提要／史 2182
廿二史考異／史 2321

4477₀
甘泉先生文集／集 2802
甘泉先生文錄類選／集
　2805
甘泉先生兩都風詠／集
　2804
甘泉湛子古詩選／集 2806
［乾隆］甘泉縣志／史 2513
甘莊恪公全集／集 4045
甘時望奇門一得／子 1605
甘氏奇門一得／子 1604
甘氏奇門秘竅／子 1606

4477₇
舊編南九宮譜／集 5920

4480₁

楚石大師北遊詩／集 2480

楚辭／集 1288，集 1293，集
　　1294，集 1295，集 1296，
　　集 1315，集 1334，集
　　1335，集 1336

楚辭章句／集 1289，集
　　1290，集 1291，集 1292

楚辭雜論／集 1319

楚辭評林／集 1312

楚辭新集註／集 1333

楚辭疏／集 1319

楚辭聽直／集 1318

楚辭集註／集 1299，集
　　1300，集 1301，集 1302，
　　集 1303，集 1304，集
　　1305，集 1306，集 1307，
　　集 1308，集 1309，集
　　1310，集 1311

楚辭集解／集 1314

楚辭集注／集 1298

楚辭句解評林／集 1297

楚辭約注／集 1329

楚辭注／集 1340

楚辭述註／集 1320

楚辭叶音／集 1335

楚辭燈／集 1325，集 1326

楚紀／史 0533，史 0534

楚遊草／集 5181

楚臺疏略／史 0933

［嘉慶］楚雄縣志／史 3291

楚蒙山房集／叢 0171

楚國文憲公雪樓程先生文
　　集／集 2365，集 2366

楚風補／集 1185

楚騷／集 1285，集 1286

楚懷襄二王在位事蹟考／
　　集 1325，集 1333

4480₄

樊川文集／集 1662，集
　　1663，集 1664，集 1665，
　　集 1666

樊南文集箋注／集 1679

樊榭詩抄／集 4080

樊榭記傳奇／集 5860

樊榭山房文集／集 4079

樊榭山房集續集／集 4075，
　　集 4076，集 4077

樊榭山房續集／集 4078

樊氏南渡遷浙世乘源流攷
　　／史 1531

4480₅

芙蓉山館詩／集 4629

芙蓉蘗樂府／集 5867

芙蓉鏡寓言／子 2686

4480₅

［乾隆］英山縣志／史 2589

4480₆

黄帝内經靈樞注證發微／
　　子 0689

黄帝内經素問／子 0678，子
　　0679，子 0680

黄帝内經素問注證發微／
　　子 0689

黄帝内經素問遺篇／子
　　0673

黄帝内經素問節文註釋／
　　子 0685

黄帝内經素問靈樞運氣音
　　釋補遺／子 0673

黄帝素問靈樞經／子 0672，
　　子 0687

黄帝周書秘奥／子 1506

黄帝陰符經／子 3043

黄帝八十一難經纂圖句解
　　／子 0702

黄庭經考異／子 3057

黄庭内景五臟六腑圖説／
　　子 3055

黄庭内景經／子 3054

黄庭内景玉經／子 3056

黄文簡公介菴集／集 2572

黄詩内篇／集 1921

黄詩全集／集 1923，集
　　1924

黄石齋先生續騷文鈔／集
　　3427

黄石公素書／子 0503，子
　　0505

黄琢山房集／集 4443

黄巖集／史 2991

黄巖集拾遺／集 1135

黄巖集別編／集 1134

黄巖遺集／集 1134

［萬曆］黄巖縣志／史 2988

［康熙］黄巖縣志／史 2989

［乾隆］黄巖縣志／史 2990

［咸豐］黄巖縣志／史 2991

黄山紀游詩／集 4095

黄山遊草／集 4344

黄山十奇／史 3476

黄山志／史 3473，史 3477

黄山志定本／史 3474

黄山草／集 4102

黄山圖／史 3475

黄梨洲先生思舊錄／史
　　1148

黄仲弢先生奏稿／史 0971

黄濟叔印譜／子 1874

［弘治］黄州府志／史 3128

［乾隆］黄州府志／史 3129

黄湄詩選／集 3751

黃漱蘭先生駢文賦鈔／集 5047

黃漱蘭公案牘遺稿／史 4084

黃嫻餘話／子 2272

黃葉村莊詩集／集 3896

黃葉邨莊詩集續集後集／集 3894, 集 3895

黃忠端公文略詩略説略／集 3355

黃忠端公年譜／史 1374

黃忠宣公文集／集 2566

黃四如先生六經四書講藁／經 1139

黃檗山斷際禪師傳心法要／子 3285

黃氏五世吟稿／集 1254

黃氏續錄／史 1527

黃氏祖德錄／史 1272

黃氏擴殘集／集 1253

黃氏畫譜／子 1762

[康熙]黃陂縣志／史 3130

黃門集／集 2883

黃陶菴先生全稿／集 3495

黃公度觀察尺素書／集 5320

黃鍾通韻／經 0733

黃竹山人集／集 3024

4480₆
賁因館詞／集 5689

4480₉
蕡夢詞／集 5694

4480₉
焚餘集／史 0920, 集 3883

焚餘草／集 3850, 集 5695

4490₀
樹經堂詠史詩集注／集 4447

樹滋堂秘傳醫要二十四方／子 0917

4490₁
禁扁／史 3715, 史 3716

禁林集／集 0969

禁書總目／史 4191

4490₁
蔡端明別紀／史 1252, 集 1756

蔡詩船先生詩稿／集 5009

蔡虛齋先生易經蒙引／經 0096

蔡中郎文集／集 1341, 集 1342

蔡中郎集／集 1343, 集 1344, 集 1345, 集 1346

蔡中郎集舉正／集 1347, 集 1348

蔡忠惠公文集／集 1758

[新昌]蔡氏宗譜／史 1653

蔡氏九儒書／集 1262

4490₄
某心雪傳奇／集 5851

4490₄
茶話軒詩集／集 5137

茶山詩鈔／集 4354

茶山集／集 2033

茶紀／子 1978

茶坪詩鈔／集 3969

茶董／子 1996

茶夢盦詞腋／集 5547

[嘉靖]茶陵州志／史 3147

茶餘客話／子 2277

4490₄
菜香齋詩稿／集 4932

菜根譚／子 2223

4490₄
菜堂節錄／子 2275

4490₄
葉文定公年譜／史 1361, 史 1362, 史 1363, 史 1364

葉天士瘟病論／子 0956

葉天士景岳全書發揮摘要／子 1235

葉栗垞詩稿／集 4527

葉水心文集／集 2163

葉海峰文補／集 2927

葉吉臣遺稿／集 5144

葉壎吟室文鈔／集 5212

葉忠節公遺稿／集 3757

葉氏菉竹堂碑目／史 4321

葉篔林詩稿／集 4860

4490₄
藥方類／子 0903

藥房樵唱／集 2432

藥鑑／子 0904

4490₈
[乾隆]萊州府志／史 2652

[嘉靖]萊蕪縣志／史 2666

4490₉
菉庵詩餘／集 5650

菉竹堂書目／史 4123

4490₉
藜照樓明二十四家詩定／

集 0841

4491₀

杜詩／集 1553
杜詩讀本／集 1554
杜詩論文／集 1528
杜詩詳註／集 1529，集 1530，集 1531，集 1532
杜詩集評／集 1545
杜詩集説／集 1547，集 1548
杜詩偶評／集 1544
杜詩通／集 1508，集 1509
杜詩選／集 3584
杜詩選讀／集 1533
杜詩直解／集 1541
杜詩提要／集 1546
杜詩闡／集 1536
杜詩鏡銓／集 1549
杜詩分類／集 1510
杜詩分類全集／集 1511
杜詩會粹／集 1534，集 1535
杜工部詩／集 1556
杜工部詩文集／集 1480
杜工部詩説／集 1527
杜工部詩千家註／集 1493
杜工部詩集文集／集 1524，集 1525，集 1526
杜工部詩選初學讀本／集 1550，集 1551
杜工部五言詩選直解七言詩選直解／集 1543
杜工部集／集 1482，集 1512，集 1513，集 1514，集 1515，集 1516，集 1517，集 1518
杜工部編年詩史譜目／集 1521，集 1522

杜工部七言律詩／集 1495，集 1496，集 1497
杜律註解／集 1506
杜律五言註解／集 1498
杜律五七言／集 1499
杜律詹言／集 1507
杜律演義／集 1503
杜律通解／集 1537
杜律啓蒙／集 1542
杜律單註／集 1505
杜清獻公集校注／集 5604
杜清獻公年譜／史 1359
杜韓詩句集韻／子 2966
杜樊川詩集／集 1667
杜曲集／集 3344
杜氏通典／史 3879
杜少陵詩文／集 1500
杜少陵集／集 1501，集 1502

4491₂

枕琴軒詩草／集 4875
枕戈雜言／子 0514

4491₂

蘊珠室詩稿／集 5157
蘊香齋詞稿／集 5702
蘊愫閣詩集詩續集文集別集／集 4717

4491₄

桂辛山人詩稿／集 4880
桂洲詩集／集 2884
桂苑珠叢／經 1347
桂苑筆耕集／集 1710
桂林風土記／史 3407
桂馨堂集／集 4715
桂隱詩集文集／集 2334，集 2335

4491₅

權衡一書／子 2270
權富日記／史 1503

4491₅

蘿菴游賞小志／史 3807，集 5087
蘿村詩選／集 4218

4491₇

菽林尋到源頭／子 2924

4492₁

薪齋二集／集 3625

4492₇

栳栳山人詩集／集 2433

4492₇

菊譜／子 2021
菊硯小集／集 2179
菊莊詞／集 3861

4492₇

菂園詩藁／集 4157

4492₇

藕華園詩／集 3770
藕欄閒話／集 4783

4494₇

菝畹集／集 4010
菝原堂初集／集 4700

4496₀

枯匏題畫詩／子 1751

4498₀

枕左堂集／集 3927

4498₆

橫雲山人集／集 3831

橫渠經學理窟／子 0123，子 0124

橫渠先生易説／經 0057

橫浦先生文集／集 2042

橫浦先生家傳／集 2042，集 2043

橫塘集／集 1991

橫山詩文鈔／集 4047，集 4048

橫浦心傳錄／集 2042，集 2043

橫浦日新／集 2042，集 2043

4499₀

林下偶談／集 5423，集 5424

林登州遺集／集 2538

林子／子 2213

林子全集／子 2212

林和靖詩集／集 1736，集 1737

林和靖先生詩集／集 1731，集 1732，集 1733

林泉隨筆／子 2509

林寬詩集／集 1709

林茂之詩選／集 3542

林蕙堂文集／集 3764

林蕙堂全集／集 3763

林恭肅公集／集 2652

林艾軒先生文鈔／集 2067

林棟隆奏稿／史 0943

林氏雜記／史 1522，子 2204

［康熙］林縣志／史 2709

［乾隆］林縣志／史 2710

林卧遥集／集 3718

林屋紀游詩／集 5055

林屋民風見聞錄／史 3614

林居尺牘／集 3433

林公迪臣奏議公文／史 0970

4510₆

坤臯鐵筆／子 1840

坤輿圖説／史 3821

4513₆

蟄吟草／集 4854

蟄居閒草／集 5218

4541₀

姓氏辨誤／史 1680

姓氏尋源／史 1680

姓氏急就篇／子 2786，子 2787，子 2788，子 2789，子 2790

姓氏考／子 2814

4546₀

麯志／子 2001

4594₄

［乾隆］棲霞縣志／史 2648

棲雲閣詩／集 3619

棲雲館集／集 3074

棲碧詞／集 5655

棲志浮雲／集 5369

棲里景物略／史 3351

4594₄

樓邨詩集／集 3994

樓居小草／集 4497

4596₀

柚堂筆談／子 2274

4599₆

棟亭藏書／叢 0080

4599₉

棣華雜著／集 2055

4599₉

隸辨／經 1430，經 1431

隸韻／經 1358

隸續／史 4229，史 4230，史 4231，史 4232

隸釋／史 4229，史 4230

隸法彙纂／經 1433

隸楷／經 1435

隸篇／經 1447

4601₀

旭亭氏手摹各經圖譜／經 1188

旭華堂文集／集 3838

4611₀

坦齋詩集／集 2515

坦齋劉先生文集／集 2516

坦菴詞曲六種／集 5756

4614₀

坤雅／經 1239，經 1240，經 1241，經 1242，經 1243

坤倉輯本／經 1234

4621₂

觀文堂詩鈔賸稿／集 4183

觀音玄義記／子 3234

觀音義疏記／子 3234

觀天文太白氣書／子 1398

觀天知兵圖説／子 1379

觀經義疏妙宗鈔證義／子

4772₀
切韻指掌圖／經 1485
切法正指／經 1540
切問齋文鈔／集 0988
切問齋集／集 4512

4772₇
[雍正]邯鄲縣志／史 2433

4780₆
超軼集錄／集 3539

4782₀
期期草／集 3462

4783₂
艱征集／集 2837

4791₀
楓香詞／集 3794, 集 3795,
　集 3796, 集 3798
楓山章文懿公年譜／史
　1369
楓山章先生文集／集 2686,
　集 2687, 集 2688, 集
　2689
楓江漁唱／集 4864
楓江漁父圖題詞／集 3861
楓江草堂文集／集 4866
楓江草堂詩槀／集 4864
楓江草堂詩集／集 4865
楓園詩選／集 4640

4791₂
楹聯新話／子 1667
楹書隅錄／史 4168

4791₇
杞憂集學道心法／子 0352

[乾隆]杞縣志／史 2686

4792₀
柳亭詩話／集 5475
柳文／集 1643
柳崖外編／子 2634
柳待制文集／集 2398, 集
　2399
柳潭遺集／集 3792
柳州詩集／集 1077
柳洲遺藁／集 4409
柳邊紀略／史 3406
柳漁詩鈔／集 4219
柳塘外集／集 2264
柳南文鈔詩鈔／集 4652
柳南隨筆／子 2268
柳莊先生詩集／集 2599, 集
　2600
柳村詩集／集 3815
柳東先生賸稿／集 4733

4792₀
桐廬李氏家集／集 1204
[康熙]桐廬縣志／史 3033
[乾隆]桐廬縣志／史 3034
桐石草堂集／集 4383
桐乳齋詩集／集 4142
桐山老農集／集 2486
桐鄉十二家詩稿／集 1079
[康熙]桐鄉縣志／史 2895
桐江續集／集 2322
桐溪達叟自編年譜／史
　1412
桐城麻溪姚氏詩鈔／集
　1230
桐城地脈記／子 1504
桐埜詩集／集 3943
桐華舸詩稿／集 5061, 集
　5062

桐陰論畫／子 1665

4792₀
栩園詞棄稿／集 5635

4792₇
[萬曆]郴州志／史 3165

4792₇
橘山四六／集 2174
橘巢小藁／集 4037

4793₂
橡繭圖説／子 0632

4794₀
椒丘文集／集 2661

4794₇
穀庵集選／集 2671
穀玉類編／子 3006
穀山筆麈／子 2216, 子
　2217
穀梁傳／經 0738, 經 0820
穀園集／集 3499

4795₉
樗香樓尺牘／集 5305

4796₄
格致要論／子 1069, 子
　1070
格致叢書／叢 0044
格致鏡原／子 2978
格古要論／子 2476

4816₆
增廣音註唐郢州刺史丁卯
　詩集／集 1670

梅村集／集 3585

梅林雜俎／子 2645

梅中丞遺稿／集 3320

梅里雜詠一百首／集 5351

梅里詞／集 3621

梅里詞輯／集 5583

梅里志稿／史 2873

梅里志校勘記／史 2874

梅影盦詩稿／集 5222

梅氏叢書輯要／子 1315

梅會詩選／集 1075

梅谷續稿／集 4693

4898₆

檢蠧隨筆／子 2905

4928₀

［乾隆］狄道州志／史 2802

4942₀

妙一齋醫學正印種子編／
　子 1018

妙一齋醫學院正印種子編
　／子 1017

妙絶古今／集 0401，集
　0402

妙法蓮華經／子 3168，子
　3169，子 3170，子 3171，
　子 3172，子 3174，子
　3175，子 3176，子 3177，
　子 3178，子 3180

妙法蓮華經文句記／子
　3231

妙法蓮華經玄義／子 3228，
　子 3229

妙法蓮華經玄義輯略／子
　3230

妙法蓮華經通義／子 3233

4980₂

趙文懿公文集／集 3187

趙文蕭公文集／集 2993

趙文敏公松雪齋全集／集
　2347

趙徵君東山先生存稿／集
　2466

趙谿叔詩／集 3642

趙進士文論／集 3213

［正德］趙州志／史 2448

［隆慶］趙州志／史 2449

［康熙］趙州志／史 2450

趙浚谷文集詩集疏案／集
　2931

趙清獻公文集／集 1771，集
　1775

趙清獻公集／集 1772，集
　1773，集 1774

趙大司馬文集／集 2996，集
　2997

趙裘萼公剩藁／集 3824

趙恭毅公剩藁／集 3824

趙松雪年譜／史 1366

趙忠毅公儕鶴先生史韻／
　史 2297

趙忠毅公集／集 3215

趙氏家藏集／集 2963，集
　2964，集 2965

趙氏宗祠經費章程／史
　4092

趙凡夫先生印譜／子 1803

5000₆

中立四子集／子 0013

中庸章句大全／經 0988

中庸正説／經 1027

中庸或問／經 0988

中庸輯略／經 0987

中唐十二家詩集／集 0056

中唐八大家詩集／集 0057

中説／子 0111

中論／子 0105

中山傳信録／史 3828

中外和戰議／史 4059

中吳紀聞／史 3322，史
　3323

中寒論辨證廣注／子 0765

中州集／集 0778，集 0779，
　集 0780，集 0781

中州名賢文表／集 1048，集
　1049

中州人物考／史 1172

中州全韻／集 5942

中州金石考／史 4345

［成化］中都志／史 2565

中書典故彙紀／史 3856

中星定時／子 1260

中晚唐詩叩彈集／集 0712

中興禦侮録／史 0626

中興綱目／史 0397

中興以來花菴絶妙詞選／
　集 5605

中興禮書／史 3952

中興禮書續編／史 3952

5000₆

申齋劉先生文集／集 2376

申斗垣校正外科啓玄／子
　0970

申椒集／集 4143

申忠愍詩集／集 3475

申甫先生文集／集 5375

申明憲綱／史 3863

申學士校正古本官板書經
　大全／經 0266

申鑒／子 0101，子 0102，子
　0103，子 0104，子 0105

申公詩説／經 0377

5000₆

史評／史 2282

史評小品／史 2309

史記／史 0006，史 0007，史
　0008，史 0011，史 0012，
　史 0013，史 0014，史
　0015，史 0016，史 0017，
　史 0018，史 0019，史
　0020，史 0021，史 0022，
　史 0023，史 0024，史
　0025，史 0026，史 0027，
　史 0028，史 0029，史
　0030，史 0032，史 0033，
　史 0034，史 0035，史
　0036，史 0037，史 0038，
　史 0039，史 0040，史
　0041，史 0042，史 0043

史記評林／史 0045，史
　0046，史 0047，史 0048

史記論文／史 0050，史
　0051，史 0052

史記補／史 0041，史 0042

史記選／史 2210

史記志疑／史 0055

史記奇鈔／史 2209

史記索隱／史 0009，史
　0010

史記校勘記／史 0056，史
　0057

史記考證／史 0054

史記權參／史 2317

史記摘麗／史 2205

史記末議／史 2329

史記拔奇／史 2208

史記抄／史 2201

史記題評／史 0044

史記纂／史 2206

史記鈔／史 2202，史 2203，
　史 2204

史記半解／史 0053

史論／史 2314

史論五答／史 0246

史觿／史 2172

史外／史 1116，史 1117

史漢方駕／史 0139

史漢文統／集 0501

史漢樵漁／史 2331，史
　2332

史漢愚按／史 2279

史漢合編題評／史 2228

史漢合鈔／史 2229

史測／史 2172

史通／史 2254，史 2255，史
　2256，史 2257，史 2258

史通註／史 2259

史通訓故補／史 2261

史通通釋／史 2262，史
　2263，史 2264

史通會要／史 2260

史姓韻編／史 1678

史忠正公集／集 3469，集
　3470

史書纂略／史 2169

史拾／史 0062

史拾衆斷／史 0063

史拾遺聞／史 0063

史拾載補／史 0063

史抄／史 2186

史異編／子 1392

史略啓蒙／史 2184

史氏譜錄合編／史 1547

史學綱領／史 2284，史
　2285

史義拾遺／史 2274，集
　2476

史懷／史 2302，史 2303，史

2304

5000₆

吏部職掌／史 3839

吏部四司條例／史 3840

5000₆

車微鴻錄／子 2605

車書樓彙輯各名公四六爭
　奇／集 0871，集 0872

車營百八叩／子 0528

5000₇

事物紀原／子 2744

事物紀原集類／子 2743

事物異名錄／子 3011，子
　3012

事類數目攷／子 3010

事類異名／子 2988

事類賦／子 2722，子 2723，
　子 2724，子 2725

5001₅

推豪別錄／史 1208

推背圖説／子 1615

推算要略／子 1324

5001₅

擁翠詞稿／集 5283

擁雙艷三種／集 5809

5001₇

丸經／子 1947

5001₇

抗希堂十六種／叢 0165

5003₇

摭古遺文／經 1388，經

1389,經 1390,經 1391

5004₇
［乾隆］掖縣志／史 2653

5009₄
攈古錄金文／史 4289

5010₆
畫錦堂記／集 5898，集 5899

5010₆
畫舫齋詩十集／集 3836
畫上人集／集 1559
畫禪室隨筆／子 1629
畫苑集成／子 1753
畫苑補益／子 1733
畫墁集／集 1940
畫梅百家小傳／史 1047
畫史會要／子 1739
畫眼／子 1737
畫媵／子 1737

5013₆
蟲天志／子 2034
蟲小志／子 2035

5013₆
蠹齋先生鉛刀編／集 2117
蠹窗詩集／集 4115
蠹食隨編／子 2630

5014₈
蛟川詩話／集 5516
蛟川備志／史 2941
蛟川備志舉要／史 2942
蛟川竹枝詞／集 4902
蛟川耆舊傳／史 1182

蛟川唱和集／集 1112
蛟峰集／集 2268
蛟峰外集／集 2268
蛟峰批點止齋論祖／集 2092,集 2093

5022₇
青立軒詩橐／集 4065
青霞文集／集 3026
青霞草堂詩／集 3737
青要集／集 4032
青瑣高議／子 2680
青瑣疏略／史 0904
青拜廬詩／集 5310
青岑遺稿／集 4421
青巖集／集 3575
青峰集／集 4124
青嶁遺稿／集 4404
青宮樂調／經 0717
［嘉靖］青州府志／史 2640
［康熙］青州府志／史 2641
青溪集／集 3162
青溪遺稿／集 3577
青浦詩傳／集 1033
［嘉靖］青神縣志／史 3180
青泥蓮花記／子 2698
青藤山人路史／子 2330
青華集／集 2469,集 2470
青芙館全集／集 5210
青蘿館詩／集 3092,集 3093
青囊解惑／子 1495
青囊開皇寶照圖經／子 1502
［康熙］青田縣志／史 3068
青原志略／史 3537
青陽先生文集／集 2417
［順治］青陽縣志／史 2556
青門集／集 3861

青邱高季迪先生詩集／集 2543
青錢書／子 1597
青錦園賦草／集 3360
青箱堂文集遺稿續刻／集 3567
青箱堂詩／集 3568
青小樓詩稿／集 5308

5023₀
本語／子 2206
本經逢原／子 0699
本草詩三百首／子 0822
本草要略／子 0904
本草發明／子 0796
本草發明蒙筌／子 0795
本草乘雅半偈／子 0806,子 0807
本草便／子 0905
本草經解要／子 0817
本草彙／子 0811
本草彙言／子 0810
本草彙箋／子 0808
本草綱目／子 0797,子 0798,子 0799,子 0800,子 0801
本草綱目拾遺／子 0801
本草注可／子 0819
本草瀕湖脈學／子 0800
本草栲應／子 0820
本草求真附主治／子 0816
本草權度／子 0805
本草擇要綱目／子 0812
本草思辨錄／子 0821
本草原始／子 0803
本草醫方合編／子 0669
本草類方／子 0813
本草精華／子 0818
本朝應制元音／集 0974

史 4174

5060₈

春雨詩鈔／集 4380

春雨樓文初删稿／集 4620，
集 4621

春雨樓百花吟／集 4619

春雨樓集／集 4628

春夏秋冬四課／集 3456

春到廬詩鈔／集 5304

春水船易學／經 0047

春及堂詩集／集 4211

春及堂初集二集三集四集
／集 4391

春鳬小稿／集 4401

春秋／經 0823

春秋旁訓／經 0884，經
0885

春秋辨義／經 0914

春秋識小錄初刻三書／經
0909

春秋諸國興廢説／經 0838，
經 0839，經 0840，經
0841，經 0842，經 0883

春秋講義衷一／經 0924

春秋詞命／集 0581，集
0582，集 0583，集 0584

春秋説／經 0922

春秋論略／經 0801

春秋二十國年表／經 0855，
經 0856，經 0857，經
0858，經 0860，經 0861，
經 0863，經 0866，經
0867，經 0883

春秋三傳／經 0854

春秋三傳定説／經 0918

春秋三書／經 0740

春秋正宗／經 0907

春秋五論／集 2287

春秋五傳綱領／經 0883

春秋平義／經 0889

春秋不傳／經 0903

春秋列傳／史 0979，史
0980

春秋列國圖説／經 0838，經
0839，經 0840，經 0841，
經 0842

春秋列國卿大夫世系表／
經 0906

春秋刑法義／經 0921

春秋孔義／經 0875

春秋取義測／經 0911

春秋君臣世系圖考／經
0923

春秋集註／經 0843，經
0844

春秋集傳／經 0845

春秋集傳辯疑／經 0825

春秋集傳大全／經 0864，經
0865，經 0866，經 0867

春秋統略删／經 0912

春秋上律表／經 0925

春秋衡庫／經 0881，經
0882

春秋師説／經 0852

春秋經傳集解／經 0742，經
0743，經 0744，經 0745，
經 0746，經 0747

春秋經傳類求／經 0910

春秋私考／經 0869

春秋緯元命苞／經 0928

春秋緒論／經 0927

春秋使帥義／經 0921

春秋傳／經 0829，經 0830，
經 0839，經 0840，經
0841，經 0842

春秋傳註疏／經 0760

春秋傳彙／經 0886

春秋傳綱領／經 0838，經
0839，經 0840，經 0841，
經 0842

春秋傳質疑／經 0913

春秋程傳補／經 0887

春秋名號歸一圖／經 0748，
經 0883

春秋宗朱辨義／經 0899

春秋補傳／經 0908

春秋通鑑中續／史 0373

春秋左翼／經 0774

春秋左傳／經 0749，經
0750，經 0751，經 0752，
經 0753，經 0776

春秋左傳音訓／經 0809

春秋左傳註評測義／經
0778

春秋左傳識小錄／經 0811

春秋左傳詳節句解／經
0765

春秋左傳釋人／經 0803

春秋左傳彙輯／經 0802

春秋左傳補註／經 0793

春秋左傳標釋／經 0783

春秋左傳杜注／經 0795，經
0796，經 0797

春秋左傳杜林合註／經
0754，經 0755，經 0756

春秋左傳典略／經 0782

春秋左傳異義錄聞／經
0812

春秋左傳屬事／經 0772

春秋左傳類解／經 0767，經
0768

春秋左傳類對賦／經 0766

春秋左史捷徑／經 0773

春秋左氏經傳集解／經
0748

春秋左氏傳雜論／經 0761

棗林藝簣／集 3555

5090₃

素文女子遺稿／集 4460
素書／子 0504
素軒集／集 2416
素園詩草／集 5234
素履子／子 3070
素問病機氣宜保命集／子 0688
素問玄機原病式／子 0681
素問六氣玄珠密語／子 1370
素問六氣元珠密語／子 1371
素問靈樞類纂約注／子 0690，子 0691，子 0692
素問運氣圖括定局立成／子 0673
素問鈔補正附滑氏診家樞要／子 0683
素翁續集／集 2708
素賞樓集／集 3990
素賞樓稿／集 3991

5090₄

秦子文諫／史 0887
秦淮四美人詩／集 0106
秦漢文／集 0423，集 0424
秦漢文歸／集 0475
秦漢文定／集 0493
秦漢文尤／集 0492
秦漢文鈔／集 0484，集 0485，集 0486
秦漢六朝文／集 0446
秦漢瓦圖記／史 4372
秦漢瓦當文字／史 4371
秦漢郡國考／史 0590
秦漢魏晉文選／集 0439

秦漢鴻文／集 0481
秦漢十印齋藏書目／史 4175
秦漢書疏／史 0858，史 0859
秦漢印譜／史 4417
秦漢印統／史 4408
秦漢印存／史 4442
秦漢銅章撮集／史 4440
秦邊記略／史 3426
秦韜玉詩集／集 1712

5090₆

東齋詩存／集 4248
東京夢華錄／史 3328
東晉文／集 0606
東西洋考／史 3814
東武山人集／集 2988
東武箏音／集 5688
東理類稿／集 4586
東維子文集／集 2475
東征漫稿／集 3180
東僑雜錄／子 2620
東山外紀／史 1299
東山志／史 3508，史 3509
東山樓詩集／集 4949
東山趙先生文集詩集／集 2467
東崦草堂雜著／集 4972
東使筆記／史 3822
東白草堂集／集 2989
東粵疏草／史 0932
東皋山房集／集 4174
東吳水利考／史 3638
［嘉靖］東鄉縣志／史 3101
［萬曆］東流縣志／史 2559
東瀛遺稿／集 2719
東家雜記／史 1222
［乾隆］東安縣志／史 2397

東宮備覽／子 0182，子 0183，子 0184
東江詩鈔／集 3928
東江疏揭塘報節抄／史 0704
東江集鈔／集 3653，集 3654
東江客問／史 0704
東潛文稿／集 4559
東洲初稿／集 2835
東巡金石錄／史 4238
東濱先生詩集／集 2853
東漢文／集 0599，集 0600
東漢文紀／集 0595
東漢文鑑／集 0596，集 0597
東漢文類／集 0593，集 0594
東漢書疏／史 0861，史 0862
東漢會要／史 3912
東津攟舍日記／史 1513
東湖記／史 3632
東湖叢記／集 5001
［乾隆］東湖縣志／史 3141
東祀錄／集 2667
東海文統／集 0478
東遊記／史 3794
東遊條議／史 4091
東塘集／集 2115
東南水利／史 3641
東嘉詩話／集 5514
東嘉先哲錄／史 1197
［永嘉］東嘉英橋王氏重修宗譜／史 1542
東嘉錄／史 1198
東壽昌寺志略／史 3742
東垣十書／子 0637，子 0638，子 0639

東坪詩集／集 3914

東橋集／集 2749

東城雜記／史 3335

東越證學錄／集 3227

東坡文選／集 1900，集 1901

東坡詩選／集 1863，集 1864，集 1892

東坡詩鈔／集 1881

東坡集／集 1855，集 1887

東坡集選／集 1894

東坡先生詩集文集／集 1872

東坡先生詩集註／集 1869，集 1871

東坡先生詩集注／集 1870

東坡先生編年詩／集 1875，集 1876，集 1877，集 1878

東坡先生和陶淵明詩／集 1865，集 1866

東坡先生紀年錄／集 1872

東坡先生遺事／史 1257

東坡先生志林／子 2132，子 2133

東坡先生全集／集 1861，集 1862，集 1863，集 1864

東坡先生年譜／集 1855，集 1856，集 1857，集 1874

東坡和陶詩／集 1374，集 1394，集 1395

東坡烏臺詩案／史 1254

東坡紀年錄／集 1867，集 1869

東坡禪喜集／集 1891

東坡書傳／經 0246

東坡題跋／集 1909

東坡全集／集 1858，集 1859，集 1860

東坡養生集／集 1907

東華錄／史 0467

東萊先生音註唐鑑／史 2265，史 2266

東萊先生詩集／集 2035，集 2036

東萊先生詩律武庫／子 2748

東萊先生古文關鍵／集 0383

東萊先生校正三國志詳節／史 2234

東萊博議／經 0764

東萊呂先生左氏博議句解／經 0763

東萊呂太史文集／集 2083，集 2084

東萊呂氏西漢精華／史 2213

東林列傳／史 1126

東林同難錄／史 1125

東林小／集 4868

東觀漢記／史 0140，史 0141

東觀餘論／子 2297，子 2298

東欓獻徵錄／史 1210

東都事略／史 0237，史 0238

東軒晚語／子 2453

東里文集／集 2593，集 2594，集 2595

東園詩存／集 4571

東嵒艸堂評訂唐詩鼓吹／集 0642，集 0643

東墅存稿／集 4379

東墅少作／集 4379

[康熙]東阿縣志／史 2667

東甌育嬰堂條規／史 4088

東甌詩集／集 1174

東甌詩存／集 1175，集 1176，集 1177

東甌張文忠公奏對稿／史 0905

東甌備志長編／史 3391

東甌紀遊／史 3801

東甌大事記／史 3389

東甌東掌錄／史 3390

東甌金石志／史 4358，史 4359，史 4360

東甌金石志目錄／史 4362

東甌金石略／史 4361

東陽歷朝詩／集 1163

[隆慶]東陽縣志／史 3002

東周列國攷略／史 0539

東周列國全志／集 5961，集 5962，集 5963

東鷗草堂詞／集 5663

東畬先生詩選／集 2836

東館缶音／集 3361

東堂集／集 1964

5090₉

泰順林氏家傳／史 1535

[崇禎]泰順縣志／史 3061，史 3062

[雍正]泰順縣志／史 3063

泰山志／史 3488

泰山小史／史 3491

泰和袁西埜時文稿／集 4226

泰泉集／集 2894

[乾隆]泰安府志／史 2664

[萬曆]泰安州志／史 2665

泰定養生主論／子 1107

5101₁

排山小集續集後集／集

4421
排悶集／集 4265

5101₂
輥囊叢稿／集 5092

5103₂
振文堂集／集 3031
振衣亭稿／集 3165
振鷺集／集 0822

5103₂
據梧集／集 4182

5104₁
攝政睿忠親王起居注／史 0489
攝山志／史 3461
攝山棲霞寺志／史 3721
攝生衆妙方／子 0901, 子 0902

5106₂
拓菴諸器銘／史 1502

5108₆
擷秀編／集 0558
擷芳集／集 0929
擷芳堂箭説／子 0572

5111₂
[康熙]虹縣志／史 2590

5114₆
蟫史／集 6004
蟫史集／子 2831
蟫史繡像／集 6004

5128₆
顧頷集／集 3651, 集 3652

5131₇
甎文考略／史 4376
甎錄目錄／史 4355

5193₂
耘業堂遺稿／集 4571

5201₀
批選唐詩／集 0694
批選六大家論／集 0880
批選漢書／史 2200
批點崇正文選／集 0459
批點考工記／經 0533, 經 0534
批點楊升菴赤牘清裁／集 0561
批點史記節略／史 2212
批點分類誠齋先生文膾／集 2141, 集 2142

5202₁
折韓／子 0615

5204₇
授時術增解／子 1288
授時曆要法／子 1259
授時曆法撮要／子 1274
授堂金石文字續跋／史 4251

5206₁
指法／子 1912
指法附考／子 1922
指月錄／子 3311

5206₄
括庵先生詩集／集 2773
括蒼金石志／史 4364

5206₉
播琴堂詩集文集／集 4463

5207₂
拙齋集／集 3807
拙吾詩草／集 5224
拙宜日記／史 1475
拙宜園稿／集 4867
拙存堂逸稿／集 3467
拙軒集／集 2302
拙尊園叢藁三編／集 5176
拙怡堂文稿／集 5097

5216₉
蟠實松貞齋詩課／集 4833
蟠桃會／集 5820

5225₇
靜齋至正直記／子 2429
靜香樓醫案／子 1153, 子 1154
靜便齋集／集 4235
靜樂居印娛／子 1832
靜修先生文集／集 2358
靜修先生丁亥集／集 2356, 集 2357
靜完遺草／集 3410
靜泊軒所著書／叢 0202
靜志居詩話／集 5476
靜嘉堂秘笈志／史 4220
靜觀樓詩文集／集 4560
靜觀堂詩集文集／集 3811
靜怡齋藏畫目書目／子 1757
靜惕堂詩集／集 3614
靜惕堂尺牘／集 3615
靜子日記／集 4300
靜寄齋詩稿／集 5216

靜觀室三蘇文選／集 1280
靜觀樓印言／子 1822

5290₀
刺字章程／史 4058

5310₂
盛唐彙詩／集 0687
盛唐四名家集／集 0042
盛世新聲／集 5907
盛朝律楷／集 0968
盛明雜劇二集／集 5737
盛明百家詩／集 0104
盛明十二家詩選／集 0813

5315₀
蛾軒經説／經 1189

5320₀
戊寅草／集 3638
戊申筆記／子 2549
戊戌集／集 4808

5320₀
成化二十二年廣東鄉試錄
　／史 2092
成化二十二年山西鄉試錄
　／史 1909
成化二十二年河南鄉試錄
　／史 1948
成化二十二年浙江鄉試錄
　／史 1994
成化二十三年進士登科錄
　／史 1748
成化二十三年會試錄／史
　1749
成化二十年會試錄／史
　1747
成化二年進士登科錄／史
　1739
成化二年會試錄／史 1740
成化五年進士登科錄／史
　1741
成化元年山東鄉試錄／史
　1929
成化元年四川鄉試錄／史
　2054
成化十六年應天府鄉試錄
　／史 1883
成化十六年順天府鄉試錄
　／史 1852
成化十六年山東鄉試錄／
　史 1931
成化十六年浙江鄉試錄／
　史 1992
成化十六年湖廣鄉試錄／
　史 2040
成化十一年進士登科錄／
　史 1743
成化十三年應天府鄉試錄
　／史 1882
成化十三年順天府鄉試錄
　／史 1851
成化十三年江西鄉試錄／
　史 2018
成化十三年浙江鄉試錄／
　史 1991
成化十九年山東鄉試錄／
　史 1932
成化十九年浙江鄉試錄／
　史 1993
成化十七年進士登科錄／
　史 1745
成化十七年會試錄／史
　1746
成化十四年進士登科錄／
　史 1744
成化十年應天府鄉試錄／

史 1881
成化十年廣東鄉試錄／史
　2091
成化十年順天府鄉試錄／
　史 1850
成化十年山東鄉試錄／史
　1930
成化十年江西鄉試錄／史
　2017
成化十年浙江鄉試錄／史
　1990
成化十年陝西鄉試錄／史
　1972
成化七年應天府鄉試錄／
　史 1880
成化七年廣東鄉試錄／史
　2090
成化七年浙江鄉試錄／史
　1989
成化七年湖廣鄉試錄／史
　2039
成化七年陝西鄉試錄／史
　1971
成化四年應天府鄉試錄／
　史 1879
成化四年廣東鄉試錄／史
　2089
成化八年會試錄／史 1742
成憲錄／史 0434
成裕堂繪像第七才子書／
　集 5772
成邅弆杵鍼／子 2572
成均課講周易／經 0190
成唯識論／子 3187，子
　3188
成唯識論隨疏／子 3239
[乾隆]成縣新志／史 2805

集 3135,集 3136　　　　　/集 0499

4939
耕織圖／子 1770
耕餘剩技／子 0562
耕餘小稿／集 4693
耕煙草廬全集／集 4154

5600₀
扣舷集／集 2543

5602₇
揚子太玄經／子 1337，子 1338
揚子折衷／子 0254
揚舲／集 4594
［雍正］揚州府志／史 2511
［嘉慶］揚州府圖經／史 2512
揚州夢／集 5811
揚州畫舫錄／史 3324
揚州賦／集 1854

5602₇
揭文安公集／集 2388，集 2389
［乾隆］揭陽縣志／史 3254

5602₇
搨本題跋／史 4333

5603₂
輾龍鏡／集 5897

5604₁
輯補詩文／集 2926

5611₂
蜫斗邁樂府本事／集 5956

5619₃
螺江日記／史 1434

5681₂
規家日益編／子 2562

5692₇
耦秦樓初存稿／集 4971
耦耕堂集／集 3450

5698₆
賴軒雜錄／集 5259
賴軒居士初集／集 5260，集 5261

5701₂
抱珠軒詩存／集 4253
抱乙子幼科指掌遺稿／子 1051
抱經齋詩集文集／集 3850
抱經樓淳化祖帖考／子 1719
抱經樓日課編／子 1858
抱經堂叢書／叢 0088
抱犢山房集／集 3803
抱潛詩稿／集 5037
抱朴子／子 3061，子 3064，子 3065
抱朴子外篇／子 3060
抱朴子內篇校勘記外篇校勘記內篇佚文外篇佚文／子 3067
抱朴子別旨／子 3067
抱膝廬筆乘／子 2619

5701₄
握靈本草／子 0809
握機經／子 0491，子 0492
握機經傳附握奇經考異／子 0494
握蘭主人詩草／集 4603

5701₉
拯西廂／集 5855

5702₀
拘幽草／集 3910

5702₂
抒懷操／子 1908

5702₇
掃餘之餘／集 3329

5704₇
投壺詩存／集 0930
投贈詩詞補遺／集 2209
投筆詩集／集 3548
投筆集／集 3549

5704₇
搜集內外大小雜證祕方／子 0924

5704₇
輟耕錄／子 2183

5705₆
揮塵／子 2423

5706₁
擔峰詩／集 3923
擔當和尚詩集／集 3515

5706₂
招隱山房詩草／集 5326

5708₁
撰杖集／集 3603

5708₁
擬瑟譜／子1906
擬續海昌藝文／史4208
擬漢樂府／集2832,集2833
擬古詩／集3066
擬古樂府／集3048,集5242
擬故宮詞／集3527
擬明史樂府／集3863

5709₄
探花姜西溟行卷／集3959
探花姜西溟先生增訂全稿／集3957
探梅詩／集3798

5712₀
蝴蝶夢傳奇／集5822

5712₇
蝸廬隨筆／子2622

5716₁
蟾齋吟稿／集4902

5780₄
契文舉例／經1457
契丹國志／史0629,史0630,史0631,史0632

5790₄
䂂亭金文斠釋／史4333

5794₇
籽香堂詞／集5646

5798₆
賴僴心印／子1463

賴太素龍游縣圖記／史3388
賴古堂詩集／集3617
賴古堂名賢尺牘新鈔／集0574
賴古堂印譜／子1805
賴公衢州府記／史3387

5803₁
撫豫宣化錄／史0950,史0951
撫畿奏疏／史0926,史0927
［康熙］撫寧縣志／史2415
［弘治］撫州府志／史3097
撫臺奏議／史0899
撫本禮記鄭注考異／經0575

5804₆
搏齋先生緣督集／集2120

5806₁
拾雅／經1265

5806₄
輶軒使者絕代語釋別國方言／經1224,經1225

5815₃
蟻術詩選／集2430

5833₆
鰲峰書院講學錄／子0335

5844₀
數術記遺／子1240
數馬集／集3241
數學舉要／子1317

數學鑰／子1312

5894₀
敕修兩淮鹽法志／史4003
敕修兩浙海塘通志／史3665,史3666
敕修兩浙鹽法志／史4009
敕修河東鹽法志／史4005

5902₀
抄存華亭山案卷／史0792

5911₄
螳臂錄／史0764

5918₆
蟦蛣雜記／子2691

6000₀
［康熙］口北三廳志／史2451

6001₅
唯識隨疏翼／子3239
唯識開蒙問答／子3263

6001₅
［康熙］睢寧縣志／史2525

6010₀
日講四書解義／經1057
日講易經解義／經0174
日記／史1454,史1491
日記稿／史1484
日記故事／子2833
日譜／史1444
日下舊聞／史3314,史3315
日涉編／史2340,史2341

國朝律賦凌雲集箋注／集 1007

國朝律賦揀金錄／集 1010

國朝律賦揀金錄初刻／集 1009

國朝稗乘／史 0797

國朝名世類苑／史 1095

國朝名臣言行略／史 1102

國朝名公經濟文鈔／集 0856

國朝紹興詩錄／集 1118

國朝宮史／史 3971

國朝河南進士名錄／史 1707

國朝河南舉人名錄／史 1708

國朝凌雲賦選二集箋注／集 1008

國朝漢學師承記／史 1156

國朝海上詩鈔／集 1028

國朝海寧著述未刊書目略／史 4202

國朝祥符文獻志／史 1171

國朝內閣名臣事略／史 1104

國朝七律詩鈔／集 0936

國朝七名公尺牘／集 0874

國朝杭郡詩輯／集 1053，集 1054

國朝杭郡秀才錄／史 1709

國朝蕭山文學生員錄歷科甲等錄／史 2011

國朝著述未刊書目／史 4202

國朝英烈傳十二集／集 5983

國朝松陵詩徵／集 1032

國朝畫徵錄／子 1744，子 1745

國朝排律詩繩／集 0934

國朝典彙／史 3927

國朝典故／叢 0024

國朝別號錄／子 3019

國朝賦選同聲集／集 1011

國朝歷科題名碑錄初集／史 1693

國朝歷科館選錄／史 1694

國朝閨秀香咳集／集 0935

國朝閨秀摘珠集／集 0941

國朝駢體正宗／集 0991

國朝駢體正聲／集 0992

國史儒林傳擬稿／史 0270

國史經籍志／史 4187，史 4188，史 4189

國史紀聞／史 0438

國史唯疑／史 0667，史 0668

國雅／集 0812

國雅品／集 0812

國策選／史 2197

國策異同／史 0574

國策膾／史 0573

6021₂

四庫闕書／史 4095

四庫闕書目／史 4096

四庫全書總目／史 4101

四庫全書簡明目錄劄本附記／史 4108

四六霞肆／子 2931

四六鴛鴦譜／子 2932

四六叢珠／子 2765

四六法海／集 0361，集 0362，集 0363，集 0364，集 0365，集 0366

四六古事雕龍／子 2930

四六狐白／集 0864

四六纂組／子 2969

四六類編／集 0867

四譯館考／史 3968

四部廣眼錄／史 4197

四部別錄／史 4184

四部類稿／子 3024

四診抉微／子 0848

四王傳／史 1146

四雪草堂重訂通俗隋唐演義／集 5970

四焉齋文集詩集／集 4249

四不如類鈔／子 2543

四聯韻典／子 2815

四聖一心錄／經 0118

四子書／子 0359

四子全書／子 0360，子 0361

四香堂摹印附百壽圖／史 4428

四香堂印餘／史 4427，史 4429

四川經籍志／史 4216

［雍正］四川通志／史 3167

四禘通釋／經 0670

四家宮詞／集 0272

四禮翼／經 0698

四禮疑／經 0699

四禮彙編／經 0681

四禮約言／經 0695

四禮初稿／經 0695

四溟詩話／集 5441

四溟山人全集／集 3129

四友亭集／集 2821

四大家文選／集 0027，集 0126

四大奇書第一種／集 5965，集 5966

四世一品恩命錄／集 2780

四聲猿／集 3147，集 3148，集 5750，集 5751，集

5752

四聲切韻表 / 經 1567

四朝恩典錄 / 史 1521

四松堂集 / 集 4617

四梅軒集 / 集 2531

四史疑年錄 / 史 1003

四本堂座右編 / 子 2592

四本堂自撰編年 / 史 1390

四本堂印譜 / 子 1862

四書註疏大全合纂 / 經 1049

四書註人物攷 / 經 1126

四書六經讀本 / 經 0009

四書語錄 / 經 1051

四書訓蒙字解 / 經 1058

四書講 / 經 1079

四書講義自得錄 / 經 1091

四書講義日孜錄 / 經 1077

四書講義困勉錄 / 經 1072

四書講義尊聞錄 / 經 1092

四書說約 / 經 1052

四書說叢 / 經 1039

四書論 / 經 1035

四書詳說講文 / 經 1058

四書正韻 / 經 1097

四書疏註撮言大全 / 經 1107

四書疏記 / 經 1114

四書玩註詳說 / 經 1061

四書翼註論文 / 經 1104

四書翼傳三義 / 經 1028

四書改錯 / 經 1062

四書集註 / 經 0989, 經 0991, 經 0992, 經 0993, 經 0994

四書集註大全 / 經 1006, 經 1007, 經 1008, 經 1009

四書集註闡微直解 / 經 1026

四書集注 / 經 0990

四書統宗會元 / 經 1105

四書便蒙 / 經 0997

四書經註集證 / 經 1117

四書經典通考 / 經 1118

四書經學考 / 經 1047, 經 1048

四書備考 / 經 1010, 經 1045

四書待問 / 經 1002

四書朱子語類摘鈔 / 經 1064

四書朱子本義匯參 / 經 1086, 經 1087

四書朱子異同條辨 / 經 1075

四書釋地 / 經 1073

四書解 / 經 1110

四書解疑 / 經 1119

四書解義 / 經 1059

四書名物考 / 經 1031

四書約旨 / 經 1090

四書近指 / 經 1054

四書補考 / 經 1116

四書述言 / 經 1127

四書述朱大全 / 經 1074

四書遇 / 經 1055

四書湖南講 / 經 1034

四書左國彙纂 / 經 1108, 經 1109

四書左國輯要 / 經 1089

四書墈解 / 經 1120

四書大全 / 經 1010, 經 1071

四書考 / 經 1044

四書考編修餘 / 經 1040

四書考輯要 / 經 1088

四書考異總考 / 經 1106

四書地理攷 / 經 1123

四書想 / 經 1056

四書攟餘說 / 經 1115

四書或問 / 經 0995

四書典制類聯 / 經 1112

四書典制類聯音註 / 經 1113

四書典林 / 經 1093, 經 1094

四書拾義 / 經 1122

四書圖史合攷 / 經 1013

四書題鏡 / 經 1101, 經 1102, 經 1103

四書所見錄 / 經 1125

四書反身錄 / 經 1063

四書懸解 / 經 1121

四書居閒箋 / 經 1124

四書闡註 / 經 1095

四書問盲 / 經 1128

四書人物考 / 經 1016, 經 1017

四書人物考訂補 / 經 1019, 經 1020

四書針 / 經 1041

四書管窺 / 經 1004, 經 1005

四書類典賦 / 經 1099

四明文獻 / 集 1106

四明文獻集 / 集 2265

四明文獻集摘抄 / 集 1107

四明文徵 / 集 1108

四明談助 / 史 3369

四明山志 / 史 3499

四明它山水利備覽 / 史 3650

四明沈氏宗譜世傳 / 史 1561

[寶慶] 四明志 / 史 2921

[延祐] 四明志 / 史 2922

四明志徵 / 史 2924

6022₇
圃餘詩草／集 4668

6025₃
晟溪漁唱／集 5146
晟舍鎮志／史 2907

6033₀
思玄集／集 2695
思誠堂集／集 4146
思讀誤書室鈔校詞五種／
　集 5548
思元齋集／集 4778
思可堂詩稿／集 4021
思綺堂文集／集 4007，集
　4008，集 4009
思復堂文集／集 3908
［嘉靖］思南府志／史 3300
思古堂集／集 3657，集
　3658
思菴先生文粹／集 2604，集
　2605

6033₀
［嘉慶］恩施縣志／史 3146
［雍正］恩縣續志／史 2639
恩命錄／史 0894，史 1286
恩餘堂經進初藁續藁三藁
　／集 4440
恩光集／集 4200
恩光世紀／史 1525

6033₁
黑龍江外紀／史 2456，史
　2457
黑韃事略／史 0645，史
　0646，史 0647

6033₂
愚囊彙稿／集 3668

6040₀
田水月嘯傲家園／集 5774
田叔禾小集／集 2932
田居詩稿／集 4145
田間詩學／經 0381
田間藏山閣集／集 3618
田間易學／經 0163

6040₀
早歲校讎群書殘稿／集
　2166

6040₄
晏子春秋／史 1214，史
　1215，史 1216，史 1217，
　史 1218，史 1219

6040₇
曼殊沙盒／子 1984
曼殊沙盒三十六壺盧銘／
　集 5074
曼殊留視圖册／史 1317

6044₀
昇雲集／子 2960

6044₇
最樂編／子 2552
最樂堂文集／集 4330

6050₀
甲子會紀／史 0401，集
　0526
甲乙事案／史 0743
甲申傳信錄／史 0715

甲申核真略／史 0767
甲申朝事小紀／史 0723，史
　0724，史 0725，史 0726，
　史 0727，史 0728
甲申日紀／史 0719
甲申野史彙鈔／史 0780
甲申匜歲雜感叠韻詩／集
　3719

6050₄
畢氏祭文鈔／集 3412

6050₆
圍城記／史 0829
圍城日錄／史 0751
圍碁近譜／子 1934
圍爐詩話／集 5459

6060₀
回文詩／集 3808
回文類聚／集 0262
回頭再想／子 2643
回頭再想想／子 2643
回鑾站圖説／史 3970
回生錄／子 0932

6060₀
［隆慶］昌平州志／史 2402
［嘉靖］昌樂縣志／史 2643
［乾隆］昌化縣志／史 2861
［道光］昌化縣志／史 2862
昌黎先生詩集注／集 1622，
　集 1623
昌黎先生集／集 1604，集
　1609，集 1610，集 1611，
　集 1612
昌黎先生全集／集 1613
昌黎先生全集考異／集
　1601

史 0555，史 0559，史
0561，史 0562，史 0563，
史 0564，史 0565，史
0566，史 0568，史 0570，
史 0571，史 0572
戰國策譚概／史 0569
戰國策釋地／史 0576
戰國策選／史 2193，史
2194，史 2196
戰國策校注／史 0567
戰國策全編／史 0574
戰國策纂／史 2199

6368₄
獸經／子 2023

6384₀
賦話／集 5504
賦魚齋雜抄／子 2603
賦苑／集 0357，集 0358
賦日堂詩稿／集 3910
賦鈔箋略／集 0374

6385₀
賊匪始末記／史 0823

6386₀
貽安堂詩集／集 3626
貽令堂家告／史 1530

6400₀
叶韻而已／集 3195

6401₂
曉采居印印／子 1787，子
1788

6402₁
畸譜／集 3151

畸山皇甫宗譜／史 1588

6402₇
晞髮集／集 2276，集 2277，
集 2278，集 2279
晞髮遺集／集 2280

6406₁
嗜退庵語存外編／子 2581

6408₅
嘆世無爲卷／集 5904

6432₇
勠曜室詩存／集 5316

6482₇
勛臣世系／史 1105

6500₀
畊石山農集／集 4566
畊先印譜／子 1861
畊暇堂雜錄／子 2611

6500₆
呻吟語／子 0269，子 0270，
子 0271

6502₇
晴川集／集 4013
晴川八識／叢 0170
晴窻雜詠／集 4955

6502₇
嘯雨草堂集／集 4717
嘯古堂文集／集 4879
嘯夢軒吟箋／集 5357
嘯竹堂集／集 3974
嘯餘譜／集 5923，集 5924

嘯堂集古錄／史 4268，史
4269

6508₀
映雪樓古文練要正編／集
0556
映紅樓文稿／集 5203，集
5204
映紅樓詩稿／集 5205
映紅樓詩稿初存集／集
5200，集 5201
映紅樓詩鈔／集 5202
映紅樓師友手札／集 0995
映紅樓日記／史 1497
映日堂古體詩近體詩／集
3870

6508₁
睫巢集／集 4396
睫巢鏡影／子 1957

6509₀
味詩草堂稿／集 5139
味雪樓詩草／集 4615
味水軒日記／史 1424，史
1425
味和堂詩集／集 3945
味道腴齋詩存／集 4928，集
4929
味梅室題畫隨錄／子 1756
味閒詩詞偶存／集 5274
味義根齋詩稿二集／集
4771
味義根齋詩待刪草／集
4768，集 4769
味義根齋集選／集 4770
味餘書室全集定本／集
4709

6600₀
咽喉指掌／子 1001

6602₇
喟亭文集／集 3820

6602₇
暘谷空音／集 2809

6606₀
唱酬題詠附錄／集 1512，集
　1513，集 1514，集 1515，
　集 1516，集 1517，集
　1518
唱經堂杜詩解／集 1519

6606₄
曙林遺稿／集 4565

6609₉
曝書亭詩錄／集 3855，集
　3856
曝書亭集／集 3852，集
　3854
曝書亭集詩注／集 3857

6621₅
瞿振漢檔案／史 0814

6624₈
嚴石谿詩稿／集 3140
[萬曆]嚴州府志／史 3027
[景定]嚴州續志／史 3026
嚴逸山先生文集／集 3591
嚴太僕先生集／集 3947
嚴禁鴉片煙奏稿／史 0959
嚴氏詩緝／經 0354
嚴氏詩緝補義／經 0415

嚴陵講義／子 0206
嚴陵張九儀地理穿山透地
　真傳／子 1488

6640₄
嬰童百問／子 1044，子
　1045，子 1046
嬰啼記／子 2286

6680₄
哭子錄／集 2667

6682₇
賜硯堂詩稿／集 4297
賜沐紀程／集 0947
賜書樓嶢山集補刻詩集／
　集 3932
賜書堂詩鈔／集 4201
賜閑堂集／集 3109
賜餘草／史 0930
賜餘堂集／集 3201，集
　3348

6701₂
晚唐詩鈔／集 0713，集
　0714
晚唐十二家詩集／集 0058
晚翠堂詩鈔／集 4556
晚香錄／史 1528
晚菘園詩稿／集 5199
晚書訂疑／經 0294
晚邨天蓋樓偶評／集 1001，
　集 1002
晚邨先生家訓真蹟／子
　0306
晚邨先生八家古文精選／
　集 0510
晚晴軒尺牘／集 3967
晚學集／集 4541

晚簏三抄／子 2627
晚笑堂畫傳／子 1771

6702₀
叩頭蟲賦／集 3132
叩鉢齋應酬詩集／子 2959
叩鉢齋應酬全書／集 5484
叩鉢齋纂行廚集／子 2959

6702₀
明文霱／集 0862
明文偶鈔／集 0907
明文案／集 0894，集 0895
明文海／集 0896，集 0897
明文海目錄／集 0898，集
　0899，集 0900，集 0901
明文在／集 0904
明文奇賞／集 0861
明文英華／集 0903
明文授讀／集 0902
明文鈔／集 0905
明文類體／集 0906
明辯亡論／史 0460
明詩正聲／集 0814
明詩綜／集 0842，集 0843，
　集 0844，集 0845
明詩選／集 0811，集 0815，
　集 0816
明詩十二家／集 0105
明詩別裁集／集 0846，集
　0847
明詩鈔／集 0835
明諡考／史 3966
明諡考略／史 3965
明夏赤城先生文集／集
　2718
明聶雙江先生文集／集
　2887
明貢舉錄／史 1687

明刑袞鑑／子 0619

明孫石臺先生質疑稿／子
　0289

明季正氣錄／史 1143

明季北略／史 0713

明季水西紀略／史 0738

明季實錄／史 0722

明季遺聞／史 0772, 史
　0773

明季遺聞辨誣／史 0735

明季南略／史 0774

明季甲乙兩年彙略／史
　0720

明儒學案／史 1107, 史
　1108, 史 1109

明儒學案正編／史 1113

明代實錄／史 0721

明狀元圖考／史 1683

明魏忠節公大中孝子學涉
　畫像傳贊／史 1295

明名臣言行錄／史 1114

明名臣琬琰錄／史 1087

明紀彈詞註／集 5892

明倫大典／史 3959, 史
　3960

明僧弘秀集／集 0821

明徐勿齋自書贈倪鴻寶詩
　卷／集 3471

明永樂甲申會魁禮部左侍
　郎會稽質庵章公文集／
　集 2607

明州福泉山法海禪寺志／
　史 3740

明州阿育王山志／史 3500

明潘無聲書法離鈎摘錄／
　子 1684

明洪武至崇禎各科題名錄
　／史 1693

明禮部右侍郎戚友菊先生

年譜／史 1367

明遺民族祖楚嶼先生家傳
　／史 1515

明初四家詩／集 0102

明道程子年譜／史 1349

明太師張文忠世家／史
　1518

明太祖功臣圖／子 1771

明內廷規制考／史 3967

明女史／史 1115

明大師李文正公年譜／集
　2669

明大禮駁議／史 3982

明朝紀事本末／史 0511

明朝小史／史 0669

明都督施公二華詩／集
　3297

明故户部右侍郎贈尚書一
　川游公行狀／史 1290

明史／史 0258

明史雜詠／集 4203

明史王傳／史 1124

明史列傳稿／史 0257

明史續編／史 1118

明史紀事本末補遺／史
　0512

明史述略／史 0459

明史南都紀略／史 0778

明史南都大略／史 0776, 史
　0777

明史地理志稿／史 0259

明史藁／史 0260, 史 0261

明史曆志／子 1282

明史閣本諸傳／史 1128

明史寧要／史 0371

明末滇南紀略／史 0759

明末遺事／史 0771

明末忠烈紀實／史 1136, 史
　1137

明四家文選／集 0110

明兵部尚書贈太子太保諡
　恭敏青雷薛公傳／史
　1292

明驛遞條例／史 4047

明月篇／集 3173

明閣部史公道鄰全集／集
　3468

明醫雜著／子 1161, 子
　1162

明醫保幼／子 1047

明醫指掌圖／子 0939

明歐陽庸及妻蕭氏誥命墓
　碑傳狀／史 1283

明八大家集／集 0115

明人詩鈔／集 0848

明人尺牘選／集 0877

明年表／史 0460

明堂之祀吉禮郊祭周禮雜
　義鈔／經 0671

明尚書章恭毅公詩集／集
　2633

明黨禍始末記／史 0705

6702₀

唧唧唵／集 5671

6702₀

唧薑集／集 5034

6702₇

鳴秋小草／集 5110

鳴沙山石室秘錄／史 4222

鳴春小草／集 4354

6703₂

眼科秘訣／子 0998

眼科秘書／子 0999

眼科闡微／子 0998

眼科入門／子 0998

6703₂
喙鳴文集詩集敬事草／集
　3193

6704₇
眠綠館雜集／集 5341

6706₁
瞻麓齋古印徵／史 4463

6706₂
〔雍正〕昭文縣志／史 2484
昭代詞選／集 5581，集
　5582
昭代名人尺牘目錄／集
　0997
昭代典則／史 0435
昭代明良錄／史 1101
昭德先生郡齋讀書志／史
　4118，史 4119
昭明文選／集 0128
昭明文選六臣彙註疏解／
　集 0162
昭明文選集成／集 0186
昭明選詩初學讀本／集
　0184
昭明選騷初學讀本／集
　0185
昭陵碑考／史 4346

6706₄
略彙集類／經 1414
〔嘉靖〕略陽縣志／史 2782

6708₂
吹萬閣詩鈔／集 4422
吹景集／子 2245

吹劍藁／集 2547

6708₄
喉科／子 1002
喉科驗方／子 1004

6710₂
盟雞齋詩集／集 3396
盟鷗草／集 4143

6712₂
野老記聞／子 2302
野老紀聞／子 2303
野雲居詩稿／集 4564
野航詩草／集 4805
野變憐史／史 0791
野客叢書／子 2302，子
　2303
野鴻詩的／集 5486
野獲編／子 2446
野趣有聲畫／集 2323
野史九種／史 0791
野史無文／史 0775
野眺樓近草／集 3884，集
　3885
野錄／史 0737

6716₄
路史／史 0524，史 0525，史
　0526，史 0527，史 0528，
　史 0531

6722₇
鄂國金陀粹編／史 1261，史
　1262

6722₇
鵑音／集 2703，集 2704

6733₆
照膽鏡／集 5863

6752₇
鴨言小室偶抄／集 0937

6762₇
邵亭知見傳本書目／史
　4199

6762₇
鄙言／子 1458，子 1459

6772₇
鶡冠子／子 2053，子 2054，
　子 2055，子 2056

6778₂
歇菴集／集 3267，集 3268，
　集 3269

6801₁
昨非菴日纂／子 2564

6801₉
唫花室詩存／集 5151

6802₁
喻林／子 2862
喻林一葉／子 2863
喻中卿稿／集 3302
喻氏醫書／子 0663，子
　0664，子 0665

6802₇
吟碧樓詩稿／集 5311
吟香舫吟稿／集 5275
吟香室詩／集 4992

吟香堂曲譜/集 5925
吟室霏談/子 2681
吟草/集 5276
吟囊一覽/經 1537
吟陸草堂詩/集 5317
吟風嘯月軒詩藁/集 5192
吟風閣/集 5757,集 5758

6805₇
晦庵文抄/集 2076,集 2077
晦庵文抄詩抄/集 2075
晦庵先生詩話/集 5417
晦庵先生朱文公文集/集 2068,集 2069,集 2071,集 2072
晦溪蔣氏宗譜/史 1651
晦菴先生語錄類要/子 0173
晦堂詩稿/集 4493

6832₇
黔語/史 3414
黔行紀程/史 1443
黔中風土志/史 3413
黔書/史 3411,史 3412
[乾隆]黔陽縣志/史 3159
黔類/子 2868,子 2869

6886₆
贈言錄/史 1294
贈行詩/集 0947
贈太僕寺少卿蒼野王公褒忠錄/史 1289

6902₇
哨守條約/史 4028

7010₃
璧水群英待問會元選要/

子 2769
壁經集解/經 0296

7021₅
雕丘雜錄/子 2254

7022₇
防湖論略/子 0549
防海事宜/史 4032

7024₁
辟疆園杜詩註解/集 1523

7034₈
駁五經異義/經 1129

7071₇
甓湖聯吟集/集 1017

7110₆
[諸暨]暨陽唐谷陳氏宗譜/史 1609
暨陽答問/子 2285

7121₁
歷代帝王統系/史 0406
歷代帝王法帖釋文/子 1683,子 1708
歷代帝王法帖釋文考異/子 1709
歷代帝王姓系統譜/子 2852,子 2853
歷代帝王曆祚考/史 0405
歷代帝王年表/史 0410,史 0411
歷代帝都考/史 3710
歷代文選/集 0440
歷代詩話/集 5390,集 5462

歷代詩發/集 0321
歷代詩家/集 0308,集 0309
歷代三元甲子編年/子 1283
歷代正閏考/史 0403,史 0404
歷代玉曆賦占/子 1247
歷代職官考/史 3830
歷代君鑒/史 0996
歷代郡國考略/史 0398
歷代統系表略/史 0398
歷代仙史/子 3123
歷代名媛雜詠/集 0343
歷代名媛遺編/集 0215
歷代名臣奏議/史 0852,史 0853,史 0854,史 0855,史 0856
歷代名醫攷/子 0795
歷代名賢齒譜女齒譜/史 1012
歷代名人年譜/史 1338
歷代紀元彙攷/史 0408
歷代宅京記/史 2380
歷代官制考略/史 0398
歷代河渠考/史 3586
歷代通鑑纂要/史 0362,史 0363
歷代內侍考/史 1006
歷代志略/史 2166
歷代幸臨闕里致祭考/史 0984
歷代古文國瑋集/集 0494
歷代封建考/史 3830
歷代封建史蹟考/史 3908
歷代地理指掌圖/史 2356
歷代舊選詞彙函/集 5532
歷代相臣傳/史 1000
歷代史論/史 2310

歷代史台州約抄／史 3384

歷代史表／史 0402

歷代史腴／史 2315

歷代史纂左編／史 2164, 史 2165

歷代畫家姓氏考／子 1746

歷代忠義錄／史 1039

歷代書家小傳／子 1701

歷代國都／集 0526

歷代賦鈔／集 0370, 集 0373

歷代臣鑒／史 0995

歷代兵制／史 4017

歷代留都考／史 3710

歷代人物論／史 2328

歷代鐘鼎彝器款識／史 4281

歷代鐘鼎彝器款識法帖／史 4279, 史 4280

歷代鍾官圖經／史 4383, 史 4384

歷代小史／史 0578

歷代小史摘編／子 2523

歷官表奏／史 0897

歷世真僊體道通鑑／子 3121

歷朝文／集 0535

歷朝詩選／集 0348

歷朝詩選簡金集／集 0337

歷朝諸家評王右丞詩畫鈔／集 1439

歷朝制帖詩選同聲集／集 0345

歷朝名媛詩詞／集 0341

歷朝名媛尺牘／集 0579, 集 0580

歷朝名人小傳／史 1021

歷朝七言排律遠春集／集 0342

歷朝杭郡詩輯／集 1052

歷朝史印／子 1870

歷朝賦楷／集 0371

歷朝賦格／集 0369

歷朝尺牘／集 0578

歷朝人君考實／子 2878

7121₁

[乾隆]隴州續志／史 2781

[康熙]隴州志／史 2780

隴首集／集 3472

7121₂

阮亭選古詩／集 0243, 集 0244

阮陶合集／集 0012

7121₂

陋草／集 3663

陋巷志／史 3683

陋軒詩／集 3641

7121₅

雁山志／史 3522

雁山志稿／史 3523

雁魚偶錄／集 5247

雁字十詠／集 3513

雁蒼山志／史 3518

雁門集／集 2405

雁門勝跡詩集／集 3243

7122₀

阿育王山志略／史 3501

阿文成公年譜／史 1402

阿計替傳／史 0625

7122₇

厲樊榭先生年譜／史 1401

7122₇

鴈山圖志／史 3525

鴈門集／集 2404

7123₂

[乾隆]辰州府志／史 3158

7123₃

脤阿臏瓠／子 2629

7126₉

曆象本要／子 1284

曆書序說／子 1287

曆學疑問／子 1280

曆學駢枝／子 1279

7128₆

願學編／集 2832

7129₆

原病集／子 1196, 子 1197

[乾隆]原武縣志／史 2726

原上草／集 5695

原善／子 0341

7131₂

驪珠集／集 0915

驪山集／集 3002

7132₇

馬端肅公奏議／史 0894

馬石田文集／集 2384

馬政志／史 4033

[嘉靖]馬湖府志／史 3174

馬鞍山人詩草／集 4855

馬東田漫稿／集 2705

馬吊譜／子 1949

馬氏吟香仙館藏書目／史

4157
馬氏等音分韻／經 1561

7171₁
匡菴文集詩前集詩後集／
　集 3753
匠門書屋文集／集 4035

7171₇
甌北詩鈔／集 4445
甌北全集／叢 0179
甌乘補／史 3045,集 1178
甌江朱東村遺稿／集 4599
甌濱先生摘稿／集 2743
甌海還珠集／子 3020
甌海軼聞／史 1201,史
　1202,史 1203,史 1204
甌東私錄／集 2955,集
　2957,集 2958
甌東錄／集 2956

7173₂
長慶集敬悟選／子 3272
長文襄公自定年譜／史
　1406
長水先生文鈔／集 3191
[乾隆]長武縣志／史 2800
[康熙]長樂縣志／史
　3188,史 3189
長生殿傳奇／集 5813
長物志／子 2483
長安志／史 2764,史 2765
長安圖志／史 2765
[乾隆]長洲縣志／史 2475
[隆慶]長洲縣志藝文志／
　史 2474
[乾隆]長治縣志／史 2603
長沙藥解／子 0814
長真閣詩集詩餘／集 4720

長木齋詩文草／集 5198
[正德]長垣縣志／史 2440
長蘆鹽法志／史 4001
長春真人西遊記／史 3790
[嘉靖]長泰縣志／史
　3199,史 3200
長恩閣叢鈔／子 2613
長嘯齋摹古小技／子 1809
長吟手稿／集 4998
長留閣隨手叢訂／子 2612
[康熙]長興縣志／史 2910
[乾隆]長興縣志／史 2911
長谷詩鈔／集 4190

7178₆
頤齋居士蜀道集／集 4162
頤綵堂文集／集 4466

7210₀
劉文烈公全集／集 3479
劉文成公全集／集 2502
劉雪湖梅譜／子 1759,子
　1760
劉職方詩／集 2520
劉碧鬟記／集 5959
劉子／子 2122
劉子文心雕龍／集 5404
劉子威集／集 3039
劉須溪先生記鈔／集 2262
劉須溪先生集略／集 2263
劉仲修詩集文集／集 2496
劉伯溫先生重纂諸葛忠武
　侯兵法心要／子 0490
劉總戎南巡記略／史 3399
劉向新序／子 0088
劉向說苑／子 0084,子
　0085,子 0086,子 0087
劉向古列女傳／史 0985
劉給諫文集詩集／集 1966

劉給事文集／集 1970
劉給諫文集／集 1967,集
　1968,集 1969
劉賓客文集／集 1646,集
　1647
劉賓客詩集／集 1644
劉河間醫學／子 0636
劉沈合集／集 0034
劉清惠公文集／集 2750
劉左史文集／集 1971,集
　1972,集 1973
劉大司成文集／集 3246
劉萬資詩古文集／集 4667
劉萬吹詩集／集 1260
劉燕庭詩稿／集 4871
劉戢山先生集／集 3308,集
　3309
劉戢山弟子考／史 1145
劉坦齋先生文集／集 2517
劉槎翁先生詩選／集 2521
劉青田奇門八式歌／子
　1600
劉忠介公年譜／史 1382
劉東山招由／史 0875
劉拾遺集／集 1689
劉龍石先生文集／集 3980
劉氏二書／子 0077,子
　0078,子 0079,子 0080,
　子 0081,子 0082
劉氏傳家集／叢 0114
劉氏鴻書／子 2909,子
　2910
劉氏類山／子 2904
劉質夫先生春秋通義／經
　0826
劉隨州詩集／集 1443
劉學博詩／集 1260
劉炫規杜持平／經 0804

1258

7420₀
附釋音禮記註疏／經 0577，
　　經 0578
附釋音春秋左傳註疏／經
　　0757，經 0758，經 0759
附釋音周禮註疏／經 0467，
　　經 0468
附鈔雜體存稿／集 5352

7420₀
［嘉靖］尉氏縣志／史 2689

7421₄
陸放翁全集／叢 0117
陸放翁劍南詩選／集 2148
陸雪莊詩稿／集 4180
陸元鼎同僚親友書札／集
　　0999
陸雲士雜著／叢 0160
陸麗京雪罪雲遊記／史
　　0785
陸子學譜／子 0327
陸子餘集／集 2940
陸稼書先生讀朱隨筆／子
　　0309
陸稼書先生年譜／史 1396
陸稼書先生年譜定本／史
　　1397
陸射山七律詩鈔／集 3661
陸象山先生文集／集 2125
陸象山先生集要／集 2126，
　　集 2127
陸魯望皮襲美二先生集合
　　刻／集 0085
陸宣公集／集 1562，集
　　1571
陸宣公奏議／史 0881

陸宣公全集／集 1570
陸士衡集／集 1365
陸敬身全集／集 3531
陸堂文集／集 4069
陸堂詩集續集／集 4068
陸堂詩學／經 0389
陸堂易學／經 0191

7422₇
隋唐豔史插圖／集 5973
隋經籍志考證／史 0218
隋書／史 0214，史 0215，史
　　0216
隋書論贊／史 2287
隋書經籍志／史 0217
隋書經籍志考證／史 0219，
　　史 0220

7422₇
勵志雜錄／集 3968

7423₂
隨鑾記恩／史 3318
隨漕釋略／史 3998
隨園詩稿／集 4333
隨園續同人集／集 4339
隨園食單／子 1995
隨時問學／子 0292
隨鷗草／集 3373

7424₇
陵寢考／史 3775
陵陽集／集 2271
陵陽先生詩／集 2015
陵陽先生集／集 2272

7425₃
臟腑證治圖說人鏡經／子
　　0844

7428₈
［康熙］陝西通志／史 2760
［雍正］陝西通志／史
　　2761，史 2762

7431₂
駜征集／集 4221

7431₂
驍騎將軍王銘公行實／史
　　1312

7434₀
駁呂留良四書講義／經
　　1082

7520₀
陣紀／子 0515

7521₈
體親樓初稿／集 5007
體仁彙編／子 0895

7529₆
陳文節公年譜／史 1355，史
　　1356，史 1357
陳于階行狀傳略／史 1304
陳雲貞寄外書／子 2611
陳璠詩稿／集 5174
陳司業集／叢 0168
陳止齋先生論祖／集 2094，
　　集 2095
陳止齋先生八面鋒／集
　　2100
陳後主詩集／集 1419
陳伯玉文集／集 1432
陳定宇先生文集／集 2380
陳沈兩先生稿／集 0103

陳迦陵儷體文集／集 3841

陳滄州十種／叢 0161

陳太僕詩草／集 4213

陳太史昭代經濟言／集
　0858

陳太史無夢園初集／集
　3419

陳克齋先生文集／集 2181

陳布衣集句／集 3079

陳檢討集 ／ 集 3844，集
　3845，集 3846，集 3847

陳檢討集詩鈔詞鈔／集
　3843

陳檢討四六／集 3848

陳書／史 0205，史 0206

陳拾遺文集／集 1434

陳思王集／集 1359

陳明卿先生訂正四書人物
　備考／經 1021

陳后岡詩集文集／集 2954

陳剛中詩集／集 2370

陳氏外科家寶／子 0978

陳同甫集／集 2189

陳眉公訂正研北雜誌／子
　2179

陳眉公集／集 3381

陳眉公先生訂正丹淵集／
　集 1778，集 1779

陳眉公先生手評書法離鉤
　／子 1683

陳學士文集／集 4046

陳學士先生初集／集 3283

陳學士吟窗雜錄／集 5422

陳公神道碑銘／史 1329

7538₀
駃雪齋集／集 3313

7621₅
朧軒集／集 2226

7622₇
［嘉靖］陽武縣志／史 2727
［乾隆］陽武縣志／史 2728
［乾隆］陽信縣志／史 2657
陽峰家藏集／集 2852
陽山顧氏文房小說／叢
　0022
陽山志／史 3463
陽宅諸症／子 1416
陽宅要覽／子 1412
陽宅珍藏／子 1408
陽宅集成／子 1415
陽宅大全／子 1405
陽宅真訣／子 1406
陽宅八門精義新書／子
　1413
陽宅合法全書／子 1414
［乾隆］陽湖縣志／史 2500
［康熙］陽春縣志／史 3262
陽明先生文錄／集 2759，集
　2760，集 2761，集 2763
陽明先生文粹／集 2766
陽明先生正錄／集 2762
陽明先生要語／子 0251
陽明先生要書／集 2768
陽明先生集要／子 0249，子
　0250
陽明先生宗印錄／子 1779
陽明先生則言／子 0246
陽明先生年譜／史 1370，史
　1371
陽羨名陶錄／子 1987

7680₈
咫聞錄／子 2625

7700₁
門人錄／集 1776

7710₂
且過居删後詩存／集 4883

7710₄
閏八月考／子 1286

7710₄
閩姓類集儷語／子 3005
閩中詩鈔／集 0353

7712₇
邱至山古近體詩／集 4643

7713₆
閩嶠集／集 4230
閩海紀錄／史 0766
［萬曆］閩大記／史 3182
閩幕紀略／史 0788
閩中金石志／史 4365
閩學宗傳／史 1208
閩省近事竹枝詞／集 5194

7721₀
風雨占候附／子 1384
風雨對吟齋焚餘草／集
　5274
風占／子 1399
風俗通義 ／ 子 2109，子
　2110，子 2111，子 2112，
　子 2113
風俗通義佚文／子 2114
風憲忠告／史 3863
風樹亭稿／集 2727
風雅遺音 ／ 經 0396，經
　0397

風雅逸篇／集 0271

7721₀

鳳研齋詩鈔／集 5145

鳳雙飛彈詞／集 5900

鳳洲筆記／集 3069

鳳池園詩集文集／集 3832

鳳池吟稿／集 2507

[乾隆]鳳臺縣志／史 2569

鳳氏經説／經 1180

[乾隆]鳳陽縣志／史 2566

鳳凰邨印譜／子 1815

[正德]鳳翔府志／史 2775

7721₂

兒科集要／子 1059

兒科十三訣／子 1060

兒科丸散丹方／子 1058

兒科金鍼／子 1062

兒易內儀以／經 0135

7721₂

閱微草堂筆記／子 2689

閱畊集／集 4036

7721₂

覺山先生緒言／子 2203

覺源壇訓／子 3112

覺世名言／集 5952

7721₅

隆慶五年武舉錄／史 1797

隆慶五年進士登科錄／史 1795

隆慶五年會試錄／史 1796

隆慶元年應天府鄉試錄／史 1899

隆慶元年順天府鄉試錄／史 1871

隆慶元年山西鄉試錄／史 1922

隆慶元年河南鄉試錄／史 1967

隆慶元年福建鄉試錄／史 2083

[嘉靖]隆慶志／史 2444

隆慶四年應天府鄉試錄／史 1900

隆慶四年廣西鄉試錄／史 2121

隆慶四年廣東武舉鄉試錄／史 2109

隆慶四年廣東鄉試錄／史 2107,史 2108

隆慶四年順天府鄉試錄／史 1872

隆慶四年山西鄉試錄／史 1923

隆慶四年山東鄉試錄／史 1943

隆慶四年江西鄉試錄／史 2036

隆慶四年河南鄉試錄／史 1968

隆慶四年福建鄉試錄／史 2084

隆慶四年浙江鄉試錄／史 2004

隆慶四年貴州武舉鄉試錄／史 2141

隆慶四年貴州鄉試錄／史 2140

隆慶四年四川鄉試錄／史 2060

隆慶四年陝西鄉試錄／史 1982

隆平集／史 0615

7722₀

月峰先生居業／集 3211

月泉詩派／集 1212,集 1213,集 3397

月峰先生居業次編／集 3212

月波子新編／集 4169

月旦堂仙佛奇蹤合刻／子 2685

月屋樵吟／集 2324,集 2325

月令廣義／史 2339

月令輯要／史 2343

月當樓詩稿／集 3442

7722₀

用藥凡例／子 1204

7722₀

同庵史彙／史 2313

同文千字文／經 1460

同文備攷／經 1387

同文算指／子 1308

同音集釋要／經 1454

同治六年浙江武鄉試錄／史 2015

同治三年甲子京師日記／史 1453

同治癸亥日記／史 1455

同治壬戌日記／史 1452

同壽錄／子 1115

同林倡和／集 0950

同根草／集 1216

同異錄／子 2511

同人集／集 0908

同人吟稿／集 1105

同館書札／集 1000

同光間各大臣密摺／史

鹽鐵論／子 0069，子 0070，子 0071，子 0072，子 0073，子 0074，子 0075，子 0076

7821₂
脫兔書屋雜抄／集 0938

7823₁
陰騭文圖解／子 3128
陰陽五要奇書／子 1330
陰陽備用三元節要／子 1581
陰陽定論／子 1582
陰陽本秘文／子 1583
陰隲文印譜／子 1839
陰符經／子 0412，子 3042，子 3044，子 3052
陰符經注／子 3059
陰符眼／子 0406
陰常侍詩集／集 1418

7834₁
駢枝別集／集 3428，集 3429
駢雅／經 1253，經 1254
駢體文林初目／集 0381
駢體文鈔／集 0375，集 0376，集 0377，集 0378，集 0379，集 0380

7870₀
臥龍崗志／史 1240，史 3695
臥虎山人日記／史 1461
臥虎山人年譜／史 1419

7876₆
臨證條目／子 0929

臨證指南／子 1141
臨證指南醫案／子 1142，子 1143，子 1144，子 1145，子 1146，子 1147，子 1148
臨證指南醫案續編／子 1149
臨諸名家法書／子 1646
臨平記／史 2853
臨平記再續／史 2854
[乾隆]臨晉縣志／史 2602
臨川王先生荊公文集／集 1845
臨川集唐／集 4528
臨川先生文集／集 1842，集 1843，集 1844
[乾隆]臨潼縣志／史 2767
臨濟宗旨／子 3304
[正德]臨漳縣志／史 2707
[乾道]臨安志／史 2819
[咸淳]臨安志／史 2820
[乾隆]臨安縣志／史 2855
[嘉靖]臨江府志／史 3102
[隆慶]臨江府志／史 3103
[新安]臨溪搽圻吳氏宗譜集／史 1569
[乾隆]臨清直隸州志／史 2677
臨海詩輯／集 1133
臨海北岸巖洞圖志／史 3510
[康熙]臨海志補遺初稿／史 2986
[咸豐]臨海縣續志／史 2987
[康熙]臨海縣志／史 2985
[康熙]臨城縣志／史 2452
臨黃庭經／子 3053
[乾隆]臨榆縣志／史 2416

臨嘯閣詞／集 4790，集 4794
臨野堂文集詩集詩餘尺牘／集 3889
[嘉靖]臨朐縣志／史 2644
臨學山堂印譜／子 1831

7922₇
勝蕭曹遺筆／子 0622
勝國傳略／史 1141
勝國遺獻諸人傳／史 1139，史 1140
勝國小史／史 0670

7922₇
隤言／子 2238

7928₆
賸水殘山／集 4633
賸馥續吟／集 5184
賸馥吟續編／集 5183
賸馥吟十種／集 5182

7929₉
[康熙]滕縣志／史 2636

8000₀
八音考略／經 0706
八識規矩頌／子 3238
八旗滿洲氏族通譜／史 1539
八旗通志初集／史 4029
八千卷樓書目／史 4171
八代文抄／集 0018
八代詩乘／集 0282
八代詩洘／集 0330
八編類纂／子 2925
八家詩選／集 0120
八寶箱傳奇／集 5833

八表停雲錄／集 0551

八厓集／集 2855

八陣圖／子 1384

［弘治］八閩通志／史 3181

八叉集／集 1691

八分書辨／經 1432

8000₀

人文爵里／子 1968

人天眼目／子 3273

人代紀要／史 0400

人物志／子 2119, 子 2120

人物概／經 1030

人體經穴臟腑圖／子 0862

人鏡陽秋／史 1011

8000₀

入京山湖路圖／集 5668

入晉稿／集 3065

入魏稿／集 3065

入浙稿／集 3065

入楚稿／集 3065

入畫樓吟草／集 5358

入蜀集／集 3693

入蜀紀程／史 1504

8010₂

益州名畫錄／子 1724

8010₄

全唐試律類箋／集 0736, 集 0737

全唐詩／集 0697

全唐詩話／集 5415, 集 5416

全唐詩逸／集 0738

全唐詩選／集 0669

全唐詩鈔／集 0740

全謝山先生經史問答／子 2362

全謝山先生鮚埼亭集文外／集 4317

全謝山先生鮚埼亭集外編／集 4314, 集 4315

全韻梅花詩／集 4288

全幼心鑑／子 1041

全歸集／集 2548

全宋詩話／集 5505

全浙詩話／集 5496

全活萬世書幼科痘疹／子 1085

全補圖訣平沙玉尺經／子 1434

全真聯集／子 3114

全校水經酈注水道表／史 3579

全校水經注／史 3578

全芳備祖／子 2774

全史論贊／史 2167

全蜀秇文志／集 1187

全氏七校水經注／史 3580, 史 3581

全氏世譜／集 4306, 集 4307, 集 4308, 集 4309, 集 4310

全閩詩話／集 5487

全燬書目／史 4192

8010₉

金庭散人賦梅花詩／集 5011

金詩選／集 0783

金一所先生集／集 2861

金正希先生文集輯略／集 3466

金玉二經圖傳／子 1480

金元忠先生遺集／集 2587

金石文字辨異／史 4249

金石文鈔／史 4252

金石韻府／經 1377, 經 1378, 經 1379, 經 1380, 經 1381, 經 1382

金石三例／集 5525

金石瑣存／史 4261

金石紅文／子 1810

金石經眼錄／史 4243

金石例補／史 4254

金石綜例／史 4254

金石續編／史 4253

金石存／史 4236, 史 4237

金石古文／史 4233, 史 4234

金石萃編元碑／史 4324

金石萃編補跋／史 4266

金石聲閣文集／集 5267

金石甋文闕訪目錄／史 4355

金石契／史 4244, 史 4245, 史 4247

金石圖／史 4258

金石錄／史 4227, 史 4228

金粟齋漫稿／集 3204

金粟逸人逸事／子 1691

金碧古文龍虎上經／子 3045

金川諸番圖説／史 3415

金粦雜著／集 5169

金粦山館／集 5168

金粦山館詩集／集 5170

金粦山館詩稿／集 5167

金山龍遊禪寺志略／史 3722

金山志／史 3471

［嘉靖］金谿縣志／史 3098

金源劄記／史 0246

［衢州］金溪程氏世譜／史 1641

金湯借箸十二籌/子0537,
　子0538
金朗秋寫星躔圖/子1265
金沙江全圖/史3676
金臺集/集2431
金臺草/集4906
金壺記/子1675
金壺字考二集/經1355
金壇十生事略/史1169
[康熙]金壇縣志/史2507
金盦集/集5551
金薤琳琅/史4304,史
　4305,史4306
金蘭論指南集/子0709
金蓮記/集5788
[康熙]金華府志/史
　2997,史2998
金華文統/集1157
金華文略/集1159,集
　1160
金華詩萃/集1153
金華詩錄/集1154
金華正學編/集1156
金華子/子2418
金華徵獻略/史1195
金華十詠/集1161
金華黃先生文集/集2396
金華四先生四書正學淵源
　/經1038
金聲玉振集/叢0027
金毅瑣言/史3994
金史/史0242,史0243,史
　0244
金史補/史0245
金東山文集/集4305
金提控印拓本/史4437
金鰲山集/集0550
金國南遷錄/史0640,史
　0641

金疊子/子2205
金匱玉函傷寒經/子0783
金匱要略/子0775
金匱要略方論本義/子
　0782
金匱要略編注/子0777
金匱要略直解/子0781
金匱心典/子0780
金剛經注釋/子3220
金剛經頌/子3217
金剛般若波羅蜜經/子
　3139,子3140,子3141,
　子3142,子3143,子
　3144,子3145,子3210,
　子3218
金剛般若波羅蜜經破空論
　/子3219
金剛般若波羅蜜經宗通/
　子3221
金剛觀心釋/子3219
金氏精華錄箋注辯訛/集
　3732,集3733
金陵瑣事/史3321
金陵采芹錄/史1706
金陵行紀/史1439
金陵古今圖考/史3320
金陵梵刹志/史3720
金陵野鈔/史0746,史
　0747,史0748
金丹就正篇/子3103
金丹詩訣/子3073
金丹正理大全/子3040,子
　3041
金丹大要/子3102
金丹真指/子3084
金閶卷石子記/集5959
金鏡內臺方議/子0721
金錢會匪紀略/史0836
金小史/史0635,史0643,

　史0644
金光明經/子3164,子
　3165,子3166
金光明最勝王經/子3167
金精廖公秘授地學心法正
　傳畫筴扒砂經/子1427

8011₂
鏡庵詩稿/集3581
鏡香園毛聲山評第七才子
　書/集5770
鏡池樓吟稿/集4789
鏡海樓詩稿文稿/集5676
鏡海樓詞稿/集5687
鏡古錄/史1015
鏡蓮牘筆/集4959
鏡里花傳奇/集5861
鏡圓記/集5857
鏡錄/子1982

8011₅
鐘鼎字源/經1429
鐘鼎款識/史4282

8012₇
翁山詩外/集3780
翁山詩選/集3781
翁山詩鈔/集3779
翁仲仁先生痘科金鏡賦/
　子1095
[慈谿]翁氏家譜/史1606
翁氏家事略記/集4375

8012₇
翕園詩存/集5186

8012₇
鐫于少保萃忠傳/集5988
鐫出像楊家府世代忠勇演

義志傳／集 5977

鐫侗初張先生評選左傳雋
　／經 0780

鐫彙附百名公帷中紫論書
　經講義會編／經 0275

鐫補雷公炮製藥性解／子
　0824，子 0825

鐫李卓吾批點殘唐五代史
　演義傳／集 5974

鐫李相國九我先生評選蘇
　文彙精／集 1282

鐫地理參補評林圖訣全備
　平沙玉尺經／子 1435

鐫蒼霞草／集 3247

鐫昭代名公四六類編／集
　0870

8018₂
羨門山人詩鈔／集 4611

8020₇
今文短篇／集 0983

今言／史 0658，史 0659

今韻三辨／經 1589

今獻備遺／史 1096，史
　1097

今獻彙言／叢 0030，叢
　0031

今白華堂集／集 4721

今白華堂筆記／子 2284

今古文尚書授受源流／經
　0294

今古奇觀／集 5947

今是園文存／集 3752

8021₁
乍川題詠續纂／史 2897

[乾隆]乍浦志／史 2896，
　史 2897

乍浦志續纂／史 2897

8022₀
介石堂集／　叢 0172，集
　4589

介山稿略／集 3003

[乾隆]介休縣志／史 2609

介和堂全集補遺／集 3819

8022₁
俞天池先生痧痘集解／子
　1096

[新昌]俞氏西宅世德祠宗
　譜／史 1589

8022₁
前唐十二家詩／集 0054，集
　0055

前漢書／史 0104，史 0105，
　史 0112

8022₇
分部本草妙用／子 0804

[雍正]分建南匯縣志／史
　2494

分隸偶存／子 1690

分體詩鈔／集 0352

分類經進近思錄集解／子
　0136，子 0137

分類編次李太白文／集
　1460，集 1461

分類字錦／子 2979

分類補註李太白詩／集
　1457，集 1458，集 1459，
　集 1460

分類補注李太白詩／集
　1461

分類楹聯／子 3015

分類尺牘新語廣編／集

0573

8022₇
弟子職／子 0589

8022₇
剪桐載筆／集 3322

剪燈集／集 5584

8022₇
禽經／子 2023

禽宿混元圖經／子 1390

禽書大成／子 1616

8023₇
兼山堂弈譜／子 1935

兼濟堂詩選文選疏稿／集
　3687

兼濟堂纂刻梅勿庵先生曆
　算全書／子 1314

兼濟堂纂梅勿庵先生曆算
　全書／子 1313

8025₁
[嘉靖]舞陽志要／史 2740

8026₇
倉頡篇／經 1271

倉頡篇校證／經 1272，經
　1273

8033₁
無住詞／集 5595

無雙譜／子 1769

無絃琴譜／集 5616

無垢淨光大陀羅尼經／子
　3198

無聲詩史／子 1742

無墨公年譜／史 1405

[萬曆]無錫縣志／史 2501

無錫人物志／史 1166

無悔齋集／集 4242

8033₂

念一史彈詞註／集 5890

念珊詩選／集 0939

念珊詞鈔／集 0939

念修堂七言詩選／集 0351

念菴羅先生集／集 2942，集 2943，集 2944

8033₃

慈雲閣詩存／集 4681

慈悲道場懺法／子 3334

[萬曆]慈利縣志／史 3163

慈幼筏／子 1050

慈佩軒詩／集 5343

慈向集／子 3330

慈谿沈氏宗譜／史 1562

慈谿秦氏宗譜／史 1594

[天啓]慈谿縣志／史 2937

[雍正]慈谿縣志／史 2938

慈溪黃氏日抄分類／子 0207，子 0208，子 0209，子 0210

慈溪姜先生全集補遺／集 3958

慈湖先生遺書抄／集 2129

慈湖遺書／集 2128

慈淑戴太宜人行狀／史 1319

8034₆

尊天爵齋弈譜／子 1944

尊孔錄／子 0276

尊德堂詩鈔／集 4062

尊德性齋集／集 2168

尊生八箋圖／子 1118

8040₀

午亭文編／集 3744，集 3745

午夢堂集／集 1255，集 1256，集 1257

8040₀

父師善誘法／集 5472

8040₄

姜西溟先生文稿／集 3954

姜西溟先生文鈔／集 3953

姜先生全集／集 3955，集 3956

姜白石詩詞合集／集 2207

姜白石集／集 2208

姜柏泉遺集／集 2619

[餘姚]姜氏世譜／史 1591

8040₇

[正德]夔州府志／史 3175

[乾隆]夔州府志／史 3176

8044₆

弇山集錄／集 4144

弇山堂別集／史 0660

弇州山人文抄／集 3071

弇州山人讀書後／集 3067

弇州山人續稿／集 3062，集 3063

弇州山人續稿選／集 3064

弇州山人四部稿／集 3061

弇州史料／史 0661，史 0662

弇園雜著／集 3073

8055₃

義府／經 1255

[萬曆]義烏縣志／史 3004

義谿世稿／集 1239

義莊章程彙編／史 4016

義莊規矩／史 1249，集 1752

義門讀書記／子 2350，子 2351

義門盛衰紀略／史 1652

義門鄭氏奕葉吟集／集 1263

義民包立身事略／史 0818

8060₁

合訂正續注釋群書備考原本／子 2883

合刻三志／叢 0074

合刻周張兩先生全書／子 0116

合刻周秦經書／叢 0062

合刻屠氏家藏二集／集 1246

合刻分體李杜全集／集 0073

合刻管韓二子／子 0574

合諸名家評註三蘇文選／集 1276

合諸名家批點諸子全書／子 0015

合諸名家點評諸子鴻藻／子 2561

合參四書蒙引存疑定解／經 1053

[乾隆]合州志／史 3169

合校水經注／史 3584

合纂真傳羅經消納正宗／子 1486

8060₁

善樂堂音韻清濁鑑／經

1563

善鳴集／集 0326

善卷堂四六／集 3912，集 3913

8060₁

普天慶樂府傳奇／集 5870

普濟方／子 0885

普寧藏／子 3129

［嘉靖］普安州志／史 3301

普勸修行文／子 3325

普陀山志／史 3503

8060₂

含翠軒印存／子 1866

［乾隆］含山縣志／史 2584

含谿詩草／集 4741

8060₆

曾文正公傳略／史 1336

曾文定公全集／集 1798

曾文昭公集／集 1815

曾誌／史 1229

曾樂軒稿／經 1356

8060₆

［紹興府］會試落卷／集 1015

會稽三賦／集 2107，集 2108，集 2109，集 2110，集 2111，集 2113

會稽山齋文／集 5158

會稽山賦／史 3373

會稽山人詩存／集 5220

會稽朱太守事實／史 1231

會稽吳氏家譜／史 1568

會稽名勝賦／史 3371，集 1117

［嘉泰］會稽志／史 2951，

史 2952

會稽董氏名人錄／史 1520

會稽秦太常公年譜／史 1417

會稽掇英總集／集 1114

［萬曆］會稽縣志／史 2960，史 2961，史 2962

［康熙］會稽縣志／史 2963

會稽陶氏族譜／史 1612

會稽周氏宗譜／史 1584

會稽錢武肅王祠堂志／史 3770

會稽小江董氏家譜／史 1647

會心集／集 0555

會心錄／子 0921

會通館集九經韻覽／經 1528

會通館印正緝補古今合璧事類／子 2778，子 2779

會纂兩閣老經筵集解／史 0370

8060₈

谷音／集 0784

谷響集／集 2340，集 2341，集 2342，集 2343

谷園印譜／子 1807

谷含集／集 3753

8060₉

畚經堂文集詩集詩續集／集 4365

8073₂

公孫龍子／子 2057

公穀選／經 0739

公車徵士小錄／史 1152

公是先生遺書／經 0017

公羊傳／經 0738

公羊穀梁春秋合編附註疏纂／經 0876，經 0877，經 0878

公羊義疏／經 0817

公餘百詠／集 5335

8073₂

食物本草／子 0793

食物本草會纂／子 0794

8073₂

茲泉詩鈔／集 4746

8073₂

養一齋詞／集 5667

養正圖解／子 0279，子 0280

養吾齋集／集 2359

養吾先生集略／集 2263

養生說略／子 1110

養生論／子 3067

養生彙抄／子 1119

養心亭集／集 2821

養吉齋叢錄／子 2381

養真集／子 3116

養蒙先生文集／集 2333

養素居詩集存／集 5006

養拙軒筆記／子 2466

養餘叢稿／集 5321

養餘月令／史 2342

8077₂

缶廬信札／集 5385

缶鳴詩集／集 4177

缶鳴集／集 2541

8077₂

岳山前集續集再續集／集

3616

8080₄
美人書／集 5951

8090₄
余文敏公文集／集 3112
余德甫先生集／集 3095
余蕭敏公經略公牘／史 4078
余蕭敏公奏議／史 0893
余忠節公遺文／集 3436

8111₇
鉅鹿東觀集／集 1744，集 1745
鉅文／集 0465
[康熙]鉅野縣志／史 2674

8114₆
鐔津文集／集 1759

8178₆
頌天臚筆／史 0707

8181₈
短長／史 0579，史 2274

8211₅
鍾山獻／集 3459
鍾伯敬評公羊穀梁二傳合刻／經 0737
鍾伯敬先生遺稿／集 3334
鍾嶸詩品／集 5405

8211₈
鐙月閒情／集 5825

8260₀
劄稿／集 3377

8280₀
劍龍吟館雜存／集 5209
劍室銅印集／史 4459
劍溪謾語／集 3116
劍南詩鈔／集 2147
劍嘯閣鸚鵡裘記／集 5800

8315₀
鍼灸聚英／子 0859
鍼灸資生經／子 0858
鍼灸大成／子 0860
鍼灸四書／子 0850，子 0851
鍼灸節要／子 0859

8315₀
鐵立文起／集 5483
鐵石亭詩鈔／集 5114
鐵琴銅劍樓集古印譜／史 4445
鐵琴銅劍樓藏書目錄／史 4163，史 4164
鐵函齋書跋／子 1689
鐵崖文集／集 2477
鐵崖樂府註詠史註逸編註／集 2473
鐵崖先生古樂府／集 2472
鐵網珊瑚／子 1623，子 1624，子 1625，子 1626
鐵網珊瑚書品畫品／子 1621，子 1622
鐵橋詩悔／集 4716
鐵板數／子 1347
鐵如意齋詩稿／集 4546
鐵如意館日記／史 1493
鐵笛清江引／集 2479

8315₃
錢文瑞公進呈詩／集 4055

錢譜／史 4388，史 4389
錢虜爰書／史 0831
錢牧齋先生列朝詩集小傳／史 1106
錢塘紀略／史 2831
錢塘汪氏東軒吟社小傳／史 1178
[康熙]錢塘縣志／史 2830
錢塘縣志補／史 2828
錢考功詩集／集 1479
錢起詩集／集 1478
錢穀刑名便覽／史 4053
錢穀備要／史 3992
錢警石先生筆記手稿／子 2465
錢氏先正事略／史 1537
錢氏四種／經 0038
錢氏小兒直訣／子 1037
錢氏小兒藥證直訣／子 1036
錢錄／史 4283

8376₀
飴山文集／集 3869
飴山詩集／集 3868

8414₁
鑄史駢言／子 3028

8418₁
[康熙]鎮平縣志／史 2738，史 2739
[乾隆]鎮江府志／史 2505
[乾隆]鎮海縣志／史 2939
[嘉慶]鎮海縣志備修／史 2940

8471₂
饒雙峰講義／經 1169

[正德]饒州府志／史 3082
[康熙]饒州府志／史 3083

8490₀
斜川詩集／集 1978
斜川集／集 1977，集 1979

8511₇
鈍齋詩存／集 4557
鈍菴先生文集／集 3081
鈍吟老人雜錄／子 2575
鈍吟老人遺稿／集 3570
鈍吟全集／集 3569
鈍翁全集／叢 0151
鈍筆叢鈔／子 2626

8612₇
錫金識小錄／史 2502
錫金團練始末記／史 0803

8612₇
錦霞閣詩集／集 5340
錦繡萬花谷／子 2751，子
　　2752，子 2753，子 2754
錦江集／集 4898
錦囊印林／子 1828

8660₀
智囊／子 2550
智囊補／子 2551
智品／子 2542

8680₀
知不足齋叢書／叢 0092
知非樓雜綴／子 2287
知聖道齋讀書跋尾／集
　　4440
知止齋得師錄／子 2609
知儒編／子 3333

知我軒近説／集 3417
知畏齋文稿／集 4984

8712₀
釣臺集／集 1168，集 1169
釣臺田産附錄／集 1168

8712₀
[嘉靖]鈞州志／史 2695

8712₀
鈎玄論／子 1464

8712₀
銅弦詞／集 4441
銅絃詞／集 5638
銅僊傳附説鏡／史 4293
[乾隆]銅山志／史 2519
銅鼓書堂遺稿／集 4494
銅鼓書堂藏印／史 4433
[嘉靖]銅陵縣志／史 2557
銅人徐氏針灸合刻／子
　　0856
銅人腧穴分寸圖／子 0863
銅人腧穴鍼灸圖經／子
　　0854，子 0855
銅人鍼灸經／子 0853
銅缾瓦研之藹詞藁／集
　　4783

8713₂
銀海精微／子 0993，子
　　0994

8716₁
[嘉靖]鉛山縣志／史 3088
[康熙]鉛山縣志／史 3089

8718₂
欽定文廟祀位考附文廟彙

考／史 1147
欽定文瀾閣四庫全書目清
　　册／史 4107
欽定訓飭州縣規條／史
　　3872
欽定詩經樂譜全書／經
　　0732
欽定詩經傳説彙纂／經
　　0385
欽定工部軍需則例／史
　　3940
欽定工部則例／史 3942
欽定重刻淳化閣帖／子
　　1718
欽定剿捕臨清逆匪紀略／
　　史 0523
欽定外藩蒙古回部王公表
　　傳／史 1173
欽定科場條例／史 4077
欽定續文獻通考／史 3905，
　　史 3906
欽定皇輿西域圖志／史
　　3302
欽定督捕則例／史 4050
欽定儀象考成／子 1258
欽定户部軍需則例／史
　　3940
欽定選擇曆書／子 1590
欽定軍器則例／史 3941
欽定古今儲貳金鑑／史
　　2324
欽定古今圖書集成／子
　　2981
欽定大清會典／史 3935
欽定大清會典則例／史
　　3936
欽定蒙古源流／史 0651
欽定林鍾英全案／史 0795
欽定吏部則例／史 3938

集 0638,集 0639

箋註陶淵明集／集 1375,集 1376,集 1385,集 1386,集 1387,集 1388

箋釋梅亭先生四六標準／集 2217

箋注牡丹亭／集 5786

箋校水心集殘稿／集 2165

8850₇
筆峰吟草／集 5381
筆叢／子 2222
筆耒齋訂定二奇緣傳奇／集 5792
筆則／子 1678

8851₂
範衍／子 1350
範家集略／子 0301

8856₂
籀廎述林／子 2385
籀經堂集／集 4813
籀述林／子 2386
籀史／史 4226

8860₄
箸石堂新刻幼科直言／子 1049

8860₅
笛漁小稿／集 3852,集 3853,集 3854

8862₇
笥嵒詩剩／集 5294

8864₁
籌邊纂議／史 3425

籌海圖編／史 3427,史 3428,史 3429,史 3430,史 3431

8871₈
篋衍集／集 0917

8872₇
節霞紀逸／集 5958
節婦傳／史 0991
節婦蔣氏存稿／集 3209
節氣圖／子 1118
節錄妙法蓮華經譬喻品／子 3210

8873₂
籑喜廬文初集三集／集 5232
籑喜廬訪金石錄／史 4265
籑喜廬詩橐初集／集 5231
籑喜廬詩初集／集 5230
籑喜廬雜鈔／集 5233

8874₁
鉼室詩卷／集 4869
鉼笙館修簫譜／集 5759

8877₇
管子／子 0577,子 0578,子 0579,子 0580,子 0581,子 0582,子 0583,子 0584,子 0585
管子校正／子 0588
管子權／子 0586
管窺輯要／子 1396
管窺附餘／子 0848
管城碩記／子 2357
管韓合刻／子 0573
管韓合纂／子 0575,子

0576

管村文鈔內編／集 4113
管村編年詩／集 3809
管桐南公行述／史 1327
管輅神書／子 1531
管氏指蒙／子 1401

8879₄
餘諸國主詩／集 0692
餘霞集／集 4903
餘山先生行狀／集 4158
餘山先生遺書／集 4158
餘冬序錄／子 2192,子 2193,子 2195
餘清堂定稿／集 3054
［康熙］餘杭縣志／史 2852
［乾隆］餘姚志／史 2973
［嘉靖］餘姚縣志／史 2972
餘園詩鈔／集 4024
餘園古今體詩精選／集 4025
餘閏／集 0692
餘餘編／集 3205
餘堂詩／集 4116

8880₁
箕城雜綴／史 3326

8880₁
箑莆集／集 1086

8880₆
箑窗集／集 2219,集 2220,集 2221,集 2222,集 2223,集 2224

8890₂
策封雙壽錄／集 0962
策場備覽／子 2832

策學輯略／子 2825
策問存課／集 4440

8890₃
篆刻醒睡編／子 2568
纂集湘山通覽志／史 3542
纂集通覽湘山志／史 3541
纂圖互註荀子／子 0042,子 0043
纂圖互註揚子法言／子 0096
纂丘瓊山先生大學衍義補英華／子 0200

8898₆
籟紀／集 1420

8912₀
鈔南宮詞紀／集 5875

8912₇
銷夏錄／子 1648

9000₀
小方壺文鈔／集 3989
小方壺存藁／集 3988
小豆棚／集 5957
小爾雅廣注／經 1221
小爾雅疏／經 1222
小爾雅疏證／經 1223
小百宋一廛／史 4223
小石山房名印傳真／子 1876
小石帆著錄／集 4376
小信天巢詩草／集 4703
小山詩文全稿／集 4237
小山詩鈔／集 4207
小山詞／集 5589,集 5590
小山館詩賸／集 5117

小山類稿選／集 2886
小柴桑喃喃錄／子 2233
小空同山房詩鈔／集 4697
小瀛洲十老社詩／集 0824
小寒山子集／集 3484
小字錄／子 2772
小窗香雪詩鈔／集 5229
小窗自紀／子 2695,子 2696
小窗艷紀／集 0444
小溪志／史 2936
小補蘿屋吟稿／集 5355
小波詞鈔／集 5641
小通津山房詩稿文稿／集 4618
小遊仙／集 4182
小吉羅庵日紀／史 1483
小柯亭詩集／集 5010
小樹軒詩集／集 4085
小林詩鈔／集 4782
小獨秀齋詩／集 4484
小匏庵雜錄／子 2384
小青傳／集 3406
小青焚餘藁／集 3406
小東山草堂詩存／集 4773
小螺盦病榻憶語／子 2653,子 2654
小四書／叢 0019
小曝書亭學吟稿／集 5185
小眠齋讀書日札／史 4219
小隱堂文稿／集 3600
小兒衛生總微論方／子 1039,子 1040
小兒附遺方論／子 0880
小學／子 0151,子 0152
小學新編摘略／子 0266
小學識餘／經 1590
小學詳註／子 0155
小學發明／子 0316

小學集注大全／子 0154
小學紺珠／子 2786,子 2787,子 2788,子 2789,子 2790,子 2793
小學注／子 0157
小學注解／子 0156
小學內外篇章句／子 0150
小學史斷／史 2271,史 2272,史 2273
小學書註解／子 0153
小學或問／子 0338
小學鉤沈／經 1270
小學纂註／子 0336,子 0337
小倉山房文集外集／集 4335
小倉山房詩文集／集 4334
小倉山房尺牘／集 4340

9001₅
惟適草堂唫稿／集 5125
[嘉靖]惟揚志／史 2510

9003₂
懷歸集／集 5043
懷永堂詩存／集 4572
[嘉靖]懷遠縣志／史 2567
懷遠堂批點燕子箋／集 5794
懷清堂集／集 3925,集 3926
懷古軒詩集詩鈔／集 3669
懷麓堂詩稿文稿／集 2667,集 2668,集 2669
懷舊集／集 0836,集 0837
懷星堂全集／集 2742

9003₆
憶雲詞／集 5664

憶書／子 2460

9020₀
少石集／集 2891,集 2892
少保于公奏議／史 0890
少保兵部尚書姚公傳／史 0787
少泉詩集／集 2941
少微通鑑節要／史 0302
少室山房全稿／叢 0130
少湖徐先生學則辯／集 2121,集 2122,集 2123
少游詩餘／集 5718
少坡先生佳製講解字訓註釋書經新說／經 0268
少華山人詩集／集 2889
少華山人續集／集 2890
少村漫稿／集 2999
少林傷科治法集要／子 0991
少林寺傷科／子 0992
少林棍法闡宗／子 0563,子 0564

9021₂
［嘉靖］光山縣志／史 2751
［正德］光化縣志／史 3140
光緒庚子辛丑上諭／史 0851
光緒重修海學州志藝文分類稿／史 4208
光緒九年歲次癸未琴詠樓主日記／史 1495
光緒朝奏摺雜抄／史 0975
光緒四明邱興龍畫業同人行例十二則／史 4090
光菴集／集 2559

9022₇
尚白齋鐫陳眉公訂正祕笈

／叢 0048
尚白齋鐫陳眉公寶顏堂秘笈／叢 0139
尚志堂文集抄存詩存／集 4861
尚友編／集 0502
尚友錄／子 2937,子 2938
尚史／史 0102
尚書／經 0244
尚書離句／經 0297
尚書註疏／經 0245
尚書註考／經 0282
尚書證義／經 0313
尚書記／經 0310,經 0311
尚書說／經 0247
尚書要旨／經 0280
尚書攷辨／經 0299
尚書後辨附／經 0300
尚書後案／經 0300
尚書私學／經 0304
尚書釋天／經 0305,經 0306
尚書倪文正公傳／史 1297
尚書顧命解／經 0335
尚書漢注／經 0315
尚書逸湯誓考／經 0329,經 0330,經 0331,經 0332
尚書通典略／經 0293
尚書古文疏證／經 0289,經 0290
尚書大傳／經 0336
尚書大傳考纂／經 0337
尚書考異／經 0267
尚書葦籥／經 0283
尚書日記／經 0271,經 0272
尚書晚訂／經 0284
尚書既見／經 0298
尚書人注音疏／經 0307

尚書義粹／經 0258
尚書會解／經 0278

9022₇
［康熙］常熟縣志／史 2483
常建詩集／集 1437
［嘉靖］常德府志／史 3157
［康熙］常州府志／史 2498
［正德］常州府志續集／史 2497

9050₀
半硯閣詩存／集 4706
半舫齋編年詩／集 4222
半舫齋古文／集 4223
半巖廬文鈔／集 4821
半山亭詩集／集 1044
半山藏稿／集 3185
半山吟／集 4525
半船集／集 4239
半江趙先生文集／集 2709
半溪詩草／集 3871
半梧樓吟草／集 4919
半翁詩草／集 5359
半谷居詩話／集 4462

9050₂
掌銓題藁／史 0911

9060₂
省齋詩稿／集 5315
省齋法鐘和尚九會略錄／子 3297
省吾集／子 0351
省吾堂四種／經 0036
省身集要／子 2528
省心錄／集 1730,集 1731,集 1732,集 1733
省軒考古類編／子 2986

省括編/子 2541

9060₆
當湖文繫續編/集 1074
當湖詩彙/集 1071
當湖耆舊詩/集 1072
當湖陸氏祥里世譜/史 1608
當湖金石文存/史 4348

9071₂
卷施閣詩文/集 4537, 集 4538

9080₀
火龍神器陣法/子 0568
火攻玄機/子 0569

9080₆
賞古齋秦漢印存/史 4467

9080₉
炎徼紀聞/史 0513

9084₈
焠掌錄/子 2361

9090₄
米襄陽外紀/史 1260
米襄陽遺集/史 1259
米襄陽志林/史 1259
米堆山人文鈔/集 4016

9090₄
棠陰遥祝/集 0825

9101₆
恒齋文集/集 4268
恒山志/史 3484

9106₁
悟雪子詩草/集 4070
悟真删偽集/子 3093
悟真篇/子 3091
悟真篇三註/子 3092
悟真篇約註/子 3096
悟真篇四註/子 3095
悟樓讀書偶識/子 2389
悟因氏偶存/集 5364

9158₆
頖宮禮樂疏/史 3963

9181₄
煙霞萬古樓文集/集 4544
煙嶼樓詩集/集 5024, 集 5025
煙嶼樓詩初稿/集 5022
煙嶼樓編年詩集/集 5023

9182₇
炳燭觀/子 3017

9188₆
類症普濟本事方/子 0876
類症普濟本事方後集/子 0877
類音/經 1552
類聯集古二編/子 1953
類雋/子 2864
類經/子 0695, 子 0696
類編傷寒活人書括指掌圖論/子 0717
類編古賦/集 0368
類編古今名賢匯語/叢 0059
類編標註文公先生經濟文衡/子 0158

類編標註文公朱先生經濟文衡/子 0159
類編草堂詩餘/集 5558
類編曆法通書大全/子 1580
類編箋釋國朝詩餘/集 5561
類選註釋駱丞全集/集 1429
類選箋釋草堂詩餘/集 5561
類林新詠/子 2980
類書纂要/子 2965
類腋/子 2994, 子 2995
類箋唐王右丞詩集文集/集 1439

9202₁
[乾隆]忻州志/史 2615

9206₄
恬養齋詩/集 5004

9280₀
[嵊州]剡西陳氏宗譜/史 1611
[嵊州穀來]剡北龍山莫氏宗譜/史 1596
剡源先生文鈔/集 2330
剡源戴先生文集/集 2327, 集 2331
剡溪徐氏族譜/史 1603
剡溪漫筆/子 2234
剡中集/集 1113
剡錄/史 2977, 史 2978

9281₈
燈下閒談/子 2682
燈清茶嫩草/集 4958

燈謎／子 1951

9284₆
爝火錄／史 0779

9306₀
怡齋詩集／集 3153
怡山集／集 4915
怡怡堂集／集 5273

9383₈
燃犀集／子 1595

9406₁
惜抱軒全集／叢 0182
惜分軒詩鈔／集 4474
惜分陰齋詩鈔／集 4477

9408₁
慎刑説／史 4037
慎修堂集／集 3053
慎守編／子 0550
慎江文徵／集 1172
慎江詩穎／集 1171
慎獨齋詩集／集 2603

9481₂
燒不盡草／集 5126

9501₀
性理諸家解／子 0256
性理要則／子 0265
性理群書集覽大全／子 0228
性理大全／子 0227
性理大全書／子 0217, 子 0218, 子 0219, 子 0220, 子 0221, 子 0222, 子 0223

性理標題綜要／子 0264
性理指歸／子 0273
性理四書集註／子 0019
性理會通／子 0229
性學李先生古今文章精義／集 5431
性命雙修萬神圭旨／子 3105, 子 3106
性命圭旨／子 3107

9502₇
情郵傳奇／集 5796
情史類略／子 2687
情中義傳奇／集 5817
情田詞附試院懷舊詩／集 5580

9508₀
快雪樓独吟集／集 4641
快雪堂集／集 3222
快書／叢 0063
快軒詩則摘鈔／集 4755

9581₂
燼餘詩存文存／集 5005
燼餘錄／史 0628

9592₇
精刻古今女史詩集／集 0214
精刻卯辰注釋二三場青雲得筏程策／集 0888
精選詩林廣記／集 5430
精選古今詩餘醉／集 5569
精選古今名賢叢話詩林廣記後集／集 5428, 集 5429
精選東萊先生左氏博議句解／經 0762

9601₃
愧郯錄／子 2428

9601₅
惺齋新曲六種／集 5827

9680₀
烟霞萬古樓文集／集 4543
烟嶼樓書目／史 4162
烟草譜／子 2003

9682₇
燭湖詩鈔／集 5152

9701₂
恤刑題稿／史 0921
恤刑錄／史 0892

9705₆
惲氏家集／集 1249

9706₁
憺園文集／集 3822

9708₆
懶雲樓詩草／集 4605
懶梅軒吟稿／集 5371

9721₅
[嘉靖]耀州志／史 2772
[嘉慶]耀州志／史 2774

9725₆
[嘉靖]輝縣志／史 2720

9781₂
炮灸大法／子 1204

	4454	4812

9782₀
灼艾集／子 2513
灼艾別集／子 2512

9782₇
[康熙]郯城縣志／史 2663

9788₂
炊香詞／集 4143

9801₂
悦親樓賡雲集／集 4455
悦親樓詩集／集 4453, 集

9805₇
悔齋集／叢 0155
悔稿後編 ／ 集 2170, 集
　2171
悔存齋詩集／集 5332
悔無聞寓廬詩聽／集 5277
悔堂印外 ／ 史 4424, 子
　1833

9942₇
勞崇光與岑毓英尺牘／集

9960₆
營規／史 4025

9990₂
[乾隆]滎澤縣志／史 2694
滎陽鄭氏統宗譜／史 1657

9990₄
榮哀錄／集 2832
榮忠錄／史 1285

著者筆畫索引

王之偉／史 2686

王之望／集 5542

王之弼／史 3422

王之績／集 5483

王子一／集 5760

王子接／子 0756，子 0918

王子韶／叢 0005，叢 0007，
　叢 0009

王天與／經 0016

王元士／史 2948，史 2949

王元文／子 0345

王元臣／史 2963

王元亮／叢 0098

王元啓／集 1628

王元鼎／子 1407

王元楨／叢 0010

王元勳／集 0877

王太岳／叢 0083

王仁俊／史 4266

王仁裕／叢 0007，叢 0012，
　叢 0016，叢 0017，叢
　0018，子 2417

王化隆／子 2532

王文治／叢 0093，集 4117，
　集 4118，集 4119

王文淳／集 4648

王文祿／叢 0010，叢 0013，
　叢 0031，叢 0075，叢
　0110

王文煥／集 1318

王文韶／史 0963，史 0964，
　史 0965，史 1470

王方慶／叢 0007，史 1243

王心／史 2592

王心一／集 3347

王心宸／史 1545

王心敬／經 1063，集 4161

王引之／叢 0105，經 0032

王以悟／集 3323

王以寧／史 0932

王允深／史 2657

王允嘉／子 2856

王玉生／集 4666

王玉如／子 1825，子 1841

王玉峰／集 5760，集 5763，
　集 5764

王正中／經 0721

王正功／史 3856

王正茂／史 2602

王正蒙／集 2655

王正德／叢 0105

王世茂／集 0868

王世貞／叢 0010，叢 0013，
　叢 0016，叢 0017，叢
　0021，叢 0029，叢 0034，
　叢 0049，叢 0075，叢
　0101，史 0369，史 0370，
　史 0375，史 0378，史
　0379，史 0380，史 0381，
　史 0382，史 0453，史
　0579，史 0660，史 0661，
　史 0662，史 1093，史
　1123，史 1255，史 1256，
　子 0425，子 0487，子
　1731，子 1732，子 2404，
　子 2405，子 2408，子
　2409，子 2410，子 2411，
　子 2684，子 2844，子
　2846，子 3122，集 0104，
　集 0111，集 0112，集
　0441，集 0442，集 0560，
　集 0562，集 0563，集
　1358，集 1894，集 3061，
　集 3062，集 3063，集
　3064，集 3065，集 3066，
　集 3067，集 3068，集
　3069，集 3070，集 3071，
　集 3072，集 3073，集

5760，集 5763，集 5764

王世球／史 4004

王世琛／集 4037

王世德／史 0709，史 0710，
　史 0711，集 1196

王世懋／叢 0010，叢 0013，
　叢 0016，叢 0017，叢
　0034，叢 0050，叢 0051，
　叢 0075，叢 0101，子
　2399，子 2403，子 2406，
　子 2407，子 2408，子
　2409，子 2410，集 0104，
　集 3107，集 3108，集
　5390

王厈／集 3477

王丕烈／集 4263

王石如／集 4140

王石經／史 4462

王申子／經 0016

王由／叢 0108

王伋／子 1401

王令／史 2250，子 2749，子
　2750，集 0089，集 1852，
　集 1853

王令樹／集 3870

王用佐／史 3083

王用章／集 0104，集 5439

王玄／叢 0044

王玄度／集 0117

王永名／史 3257

王永積／集 3480

王弘／子 2262

王弘撰／叢 0078，叢 0103，
　經 0175，子 2261

王幼學／史 0315，史 0316，
　史 0317，史 0318，史
　0319，史 0320，史 0321，
　史 0322，史 0323，史
　0324，史 0325，史 0326，

史 0339

王邦直／經 0718

王邦采／集 2393

王式丹／集 3994

王吉元／集 1573，集 1574

王吉臣／史 2667

王吉武／集 3837

王苊孫／史 4323，集 4535

王在晉／叢 0101，史 0690，
史 3997

王存／叢 0004，叢 0083，史
2353

王至京／叢 0108

王至彪／叢 0108

王光美／叢 0108

王光經／叢 0108

王光魯／叢 0075，叢 0101

王光賡／叢 0108

王光蘊／叢 0108，史 3039，
史 3047

王同／史 3343，史 3779，子
2692

王同軌／子 2443

王先慎／子 0612，子 0613，
子 0614

王先謙／史 0414，史 3584，
子 0076

王廷珏／史 3664

王廷相／叢 0063，叢 0121，
叢 0122，經 0681，史
3863，集 0104，集 0105，
集 2781

王廷陳／集 0104，集 2876，
集 2877，集 2878

王廷曾／集 1983

王廷瑚／史 3459

王廷幹／史 2548，史 2549

王廷榦／集 0104

王廷稷／史 3173

王廷燦／集 3711

王延密／史 3801

王延德／叢 0007

王仲文／集 5760

王仲修／集 0017

王仲舒／子 1922

王仲暉／叢 0007

王自超／集 3792

王行／集 2532，集 2533，集
5525，集 5526

王舟瑤／集 2435

王兆符／叢 0165，集 4019

王兆森／集 5033

王兆鰲／史 2785

王旭／集 5535

王冰／子 0645，子 0656，子
0671，子 0672，子 0673，
子 0674，子 0675，子
0676，子 0677，子 1370，
子 1371

王交／集 3035

王充／叢 0009，叢 0039，叢
0040，叢 0041，叢 0067，
子 2102，子 2103，子
2104，子 2105，子 2106，
子 2107，子 2108

王充耘／經 0016

王江／史 2775

王汲／子 1432

王汝南／史 0453

王汝謙／叢 0010

王宇／史 0871，子 2054，子
2055，子 2056，集 0498

王守／集 1029

王守仁／叢 0010，叢 0075，
叢 0093，史 0375，子
0246，子 0247，子 0248，
子 0249，子 0250，子
1779，集 0104，集 0111，

集 0115，集 2759，集
2760，集 2761，集 2762，
集 2763，集 2764，集
2765，集 2766，集 2767，
集 2768，集 2769，集
2770

王守誠／經 1028

王安中／集 5529，集 5537

王安石／經 0020，史 4223，
集 0020，集 0021，集
0022，集 0023，集 0024，
集 0025，集 0026，集
0028，集 0089，集 0090，
集 0634，集 0635，集
1842，集 1843，集 1844，
集 1845，集 1846，集
1847，集 1848，集 1849，
集 1850，集 1851，集
5529，集 5543

王安舜／經 0124

王安禮／集 1803

王艮／叢 0075

王阮／集 0089

王如辰／史 3279

王如珪／史 2887

王如錫／集 1907

王好古／子 0637，子 0639，
子 0645，子 0784，子
0882，子 0883

王圻／經 0494，史 2368，史
3638，史 3903，子 0485，
子 2855

王孝通／叢 0092，叢 0093，
子 1301

王坊／集 0421

王志長／經 0499，經 0500

王志堅／史 2301，子 2496，
子 2908，集 0361，集
0362，集 0363，集 0364，

集 0365，集 0366

王志遠／叢 0010

王芳／集 4263

王材任／集 1031

王步青／經 1086，經 1087，
集 4191

王佐／叢 0044，子 2477，子
2478，子 2514，集 0104

王作肅／集 1196

王伯大／集 1591，集 1592，
集 1593，集 1594，集
1595，集 1596，集 1597，
集 1598，集 1599，集
1600，集 1601，集 1602，
集 1603，集 1604，集
1605

王希文／史 3559

王希廉／集 5997，集 5998

王孚／叢 0007

王言／集 0104

王灼／叢 0006，叢 0007，叢
0009，叢 0014，叢 0015，
叢 0075，叢 0080，叢
0092，叢 0100，集 5535

王沂孫／叢 0092，集 5531

王完／叢 0028

王宏／叢 0007

王宏翰／子 1130，子 1131，
子 1259

王良／史 3357

王良樞／叢 0035

王初桐／叢 0189，子 2992

王君玉／叢 0001，叢 0004，
叢 0005，叢 0006，叢
0007，叢 0009，叢 0016，
叢 0017，叢 0026，叢
0100

王君榮／子 1404

王孜／集 3165

王玠／子 3084

王坦／子 1916

王者輔／叢 0169，史 0522

王其信／史 0811

王其華／史 2725

王若虛／叢 0092，叢 0097，
經 0258，集 2306

王莘／集 4017，集 4018

王英明／子 1250

王范氏／集 1196

王雨謙／子 2585，集 3592

王協和／史 3801

王奇敉／子 0965

王叔英／集 2574，集 2575

王叔杲／集 3113

王叔果／叢 0108，史 1542，
集 3185

王緯／叢 0010，叢 0013，叢
0016，叢 0017，叢 0018，
叢 0075，叢 0093，史
0348，史 3296，集 0104，
集 2511，集 2512

王叔和／叢 0007，叢 0105，
子 0645，子 0827，子
0828

王叔承／叢 0101

王肯堂／叢 0010，叢 0011，
經 0280，史 4037，史
4038，子 0645，子 0646，
子 0647，子 0648，子
0843，子 0940，子 1008，
子 1009，子 1123，子
1200，子 2227

王尚用／史 3293

王尚絅／集 0104

王昌會／集 5453

王昌學／史 2641

王昌齡／叢 0044，集 0050，
集 0062

王昇／史 2599

王明清／叢 0006，叢 0007，
叢 0009，叢 0014，叢
0015，叢 0016，叢 0017，
叢 0048，叢 0068，叢
0097，叢 0100，子 2423

王明嶅／子 2766

王易／叢 0007，叢 0009

王迪中／集 5214

王秉衡／子 1169

王秉韜／集 4741

王金英／史 2414，集 0344，
集 4465，集 4583

王金範／集 5954

王命新／史 2637

王采藻／集 5104

王念孫／經 0032，經 1232，
經 1233

王周／叢 0007

王炎／集 0089，集 2118，集
2119

王炎午／集 2295，集 2296

王泌／叢 0010，叢 0011，叢
0013

王治／史 2521

王治皡／史 2317

王宗沐／史 0354，史 0356，
史 0357，史 0358，史
3075，子 0174，集 3036

王宗涑／經 0539，經 0540

王宗傳／經 0016，經 0081

王宗稷／集 1855，集 1856，
集 1857，集 1858，集
1859，集 1860，集 1861，
集 1864，集 1873，集
1874，集 1894，集 1908

王定保／叢 0007，叢 0037，
叢 0087，叢 0100

王定祥／史 1497，集 0995，

叢 0067，子 0110，子
0111

王純／經 0418

王納諫／集 0474，集 1902，
集 1903，集 1904

王逵／叢 0007，叢 0012，叢
0037

王培宗／史 2439

王執中／子 0858

王達／叢 0013

王揆／經 0892，經 0893，經
0894，經 0895，經 0896，
經 0897，經 1060，史
1315

王棻／經 0620，經 1126，經
1450，經 1451，史 0460，
史 0972，史 1037，史
1038，史 1147，史 1193，
史 1210，史 1359，史
1419，史 1461，史 1544，
史 2991，史 3982，史
4059，史 4215，史 4356，
子 0615，集 2423，集
2926，集 5029，集 5030，
集 5256，集 5257，集
5258，集 5259，集 5260，
集 5261，集 5262，集
5604

王乾元／子 3004

王乾章／集 0854

王梓材／史 0577，史 1030，
史 1031

王雪香／集 5999

王常／史 4399，史 4400

王野／集 2547

王問／集 0104，集 3021，集
3141

王晦／集 4626

王異／集 5790

王國安／史 2813

王國器／叢 0092

王崧／經 0032

王崑崙／集 0104

王崇／史 2553

王崇右／集 0104

王崇炳／史 1195，集 1159，
集 1160，集 2085，集
3981

王崇德／子 1453

王崇慶／叢 0010，叢 0028，
叢 0075，史 2438，子
2660，子 2661，集 2828

王崇簡／叢 0082，集 3567，
集 3568

王符／叢 0039，叢 0040，叢
0041，子 0098，子 0099

王俔／叢 0075，史 0237，史
0238，集 0104

王得臣／叢 0004，叢 0006，
叢 0009，叢 0092

王象之／叢 0093，史 2354，
史 4301

王象春／集 3338

王象晉／叢 0149，子 2011，
子 2012，子 2484，集
3321，集 3322

王象乾／集 0181

王逸／集 0007，集 1289，集
1290，集 1291，集 1292，
集 1293，集 1294，集
1295，集 1297，集 1315

王庸／集 0648

王章／史 3868

王淶／集 0104

王涯／子 1334，子 1335，子
1336

王惟一／子 0854，子 0855，
子 0856

王惟梅／史 3358，史 3359

王寅／集 1039

王寂／叢 0083，叢 0084，史
3319，集 2302，集 5544

王啓／集 2719

王啓茂／集 0117

王啓胤／史 2906

王陽開／集 4678

王紱／集 0104

王組／史 2434

王紳／叢 0010，史 2284，史
2285

王紹雍／集 2655

王紹蘭／經 0663，經 0664，
經 0665，經 0922，子
2375

王瑛／集 0104，集 4179

王琳／史 2679

王琦／子 0655，集 1467，集
1468，集 1469，集 1586

王琮／史 2629，集 0088，集
0092

王琛／史 2638

王琚／叢 0007

王萬化／子 0998

王堯臣／史 4094

王越／集 2655

王博／史 2694

王逵／叢 0010，叢 0023，叢
0048，集 0104

王尊香／集 5002

王朝／經 1169，經 1170，經
1191，子 1047，子 1162

王朝佐／史 1197，史 1198

王朝雍／集 0273

王植／子 1343，子 2270

王森文／叢 0103

王晳／經 0016

王惠／集 5000

王雄／史 2755

王雲／叢 0004

王雲萬／史 2580

王雱／叢 0007,叢 0057

王棠／子 2353

王鼎／叢 0007,叢 0012,叢
　0048,叢 0068

王晫／叢 0078,集 0517,集
　3802,集 5545

王開／子 0115

王景曾／集 4869

王景義／子 2292

王景韓／子 0849

王貴學／叢 0007,叢 0009,
　叢 0035, 叢 0071, 叢
　0072

王晦／集 4044

王復／集 5760

王復禮／史 3548,史 3549,
　集 0518

王欽臣／叢 0007,子 2134

王欽若／史 4223,子 2733,
　子 2734, 子 2735, 子
　2736,子 2737,子 2738,
　子 2739

王欽豫／叢 0108,史 1378,
　史 1379, 子 0296, 子
　0297

王欽穆／叢 0108

王詠霓／史 1507

王詒壽／史 1467,集 5693

王善／子 1917

王道／經 0367,經 0985,史
　2783,子 3040,集 2854

王道亨／史 2676

王道昆／經 0755,經 0756

王道明／史 4131

王道寧／集 4173

王道輝／史 2749

王曾／叢 0001,叢 0003,叢

0007,叢 0100

王曾祥／集 4235

王焞／集 0873

王湜／經 0016

王惲／叢 0007,叢 0009,叢
　0016,叢 0017,叢 0097,
　叢 0105,史 0645

王榮／叢 0092,集 1686

王弼／叢 0007,叢 0025,叢
　0039,叢 0040,叢 0041,
　叢 0067, 叢 0068, 叢
　0083,叢 0100,經 0006,
　經 0010, 經 0011, 經
　0012,經 0013,經 0014,
　經 0015, 經 0052, 經
　0061,子 0377,子 0378,
　子 0379, 子 0380, 子
　0381

王結／集 2382,集 2383

王頊／集 5545

王頊齡／經 0291,經 0292,
　集 3836

王瑄／史 2583

王載／集 0319

王聖俞／叢 0063

王蓍／子 1765,子 1766,子
　1767,子 1768

王蒔蕙／史 0825

王夢弼／史 2939

王夢簡／叢 0044

王寘／史 1039,史 3098

王椿齡／集 5311

王楚材／史 3579

王概／史 3540

王棥／叢 0004,叢 0007,叢
　0009,叢 0015,叢 0036,
　叢 0037, 叢 0048, 子
　2302,子 2303

王軾／叢 0024,叢 0034

王粲／叢 0007,叢 0040,叢
　0041,集 0003,集 0007

王當／經 0016,史 0978

王煦／經 1222,經 1321

王暐／叢 0001,叢 0006,叢
　0007,叢 0009,叢 0012,
　叢 0016, 叢 0017, 叢
　0100

王皖／史 2441

王嗣槐／叢 0078

王嗣奭／叢 0072,集 3314,
　集 3315

王筠／經 0641,經 1448,集
　0003,集 0007

王與之／經 0016

王與胤／叢 0149,集 3472

王微／史 3445

王義山／集 5542

王義慶／叢 0005

王猷定／集 0127,集 3560,
　集 3561

王煥如／史 2471

王煥雲／經 0953

王煒／集 3679

王溥／叢 0083,史 3914,史
　3915

王源／經 0738,集 0989

王準／集 0051

王慎中／集 0104,集 0111,
　集 0115, 集 2933, 集
　2934,集 2935,集 2936,
　集 2937,集 2938

王愷／史 2990

王福田／史 4374

王禎／子 0624,子 0625,子
　0626

王肅／叢 0007,經 0045,子
　0021,子 0022,子 0023,
　子 0024, 子 0025, 子

0026，子 0027，子 0028，
　子 0029，子 0030，子
　0031，子 0032，子 0033
王㮰／叢 0078，子 1764，子
　1765，子 1766，子 1767，
　子 1768
王殿金／史 3052
王際華／史 3971
王綷／子 1859
王嘉／叢 0004，叢 0006，叢
　0007，叢 0009，叢 0016，
　叢 0017，叢 0036，叢
　0037，叢 0039，叢 0040，
　叢 0041，叢 0042，叢
　0076
王熙／叢 0111
王奪標／集 3713
王睿章／子 1822，子 1823
王墅／集 5760
王蜆／集 5604
王鳴盛／經 0032，經 0300，
　經 0509，經 0510，史
　2320，集 0123，集 0931，
　集 1037，集 4384
王鳴鶴／子 0526
王毓／叢 0108
王毓賢／子 1743
王僖／史 2461
王僧孺／集 0003，集 0007
王鉦／叢 0001，叢 0003，叢
　0005，叢 0006，叢 0007，
　叢 0009，叢 0012，叢
　0016，叢 0017，叢 0026，
　叢 0037，叢 0075，叢
　0092，叢 0100，集 0092，
　集 2034
王銑／史 1541
王鳳采／史 2954
王鳳翔／史 1312

王誦芬／史 2654
王廣心／集 3703
王廣謀／子 0212，子 0213
王廙／經 0045
王韶之／叢 0007，叢 0009
王齊／史 2411
王燁／集 3004
王榮絋／集 2474
王演／史 3133
王演疇／子 0281
王賓／史 3030，史 3464，集
　2559
王寶堅／集 1196
王綺／集 5355
王維／叢 0007，叢 0016，叢
　0017，叢 0018，子 1731，
　子 1733，集 0013，集
　0041，集 0042，集 0045，
　集 0052，集 0053，集
　0055，集 0063，集 0087，
　集 1438，集 1439，集
　1440，集 1441
王維祺／集 5029，集 5030
王維楨／集 0104，集 0111，
　集 3005，集 3006，集
　3007，集 3008
王維德／史 3614
王綸／子 0642，子 0643，子
　1161，子 1162，子 1195
王綏／史 2608
王駉一／集 4177
王撫辰／集 5314
王鞏／叢 0005，叢 0006，叢
　0007，叢 0009，叢 0014，
　叢 0015，叢 0075，叢
　0092，集 1833
王遘／集 2226，集 5542
王樞／史 2650
王賢／子 0845

王醇／集 3529
王醇業／子 1595
王震／經 0774
王震亨／子 0050，子 0471
王儉／集 0007
王儀／叢 0007
王儀鄭／集 5130
王皞／經 1136
王樂胥／集 5166
王質／叢 0004，叢 0007，叢
　0009，叢 0075，叢 0083，
　史 1241
王德信／集 5738，集 5739，
　集 5740，集 5741，集
　5742，集 5743，集 5745，
　集 5746，集 5747，集
　5748，集 5760，集 5763，
　集 5764
王德璉／集 2476
王德維／子 0976
王德馨／子 2470，集 4944，
　集 5517，集 5518
王徵／叢 0105，經 1541，子
　1991，子 1992，集 5351
王磐／叢 0007
王魯曾／集 1029
王褒／叢 0004，集 0003，集
　0007，集 0009
王毅／集 2385
王澍／史 1322，史 4317，子
　1691，子 1692，子 1715，
　子 1716
王澐／集 4151
王銈／經 1123
王履／子 0637，子 0639，子
　0645
王履吉／集 1196
王履道／子 1581
王罃／叢 0092，集 4154

王緝修／集 3978

王緣督／子 2697

王畿／經 0101, 子 0258, 集 2913, 集 2985, 集 2986

王樹英／集 4909

王樵／叢 0110, 經 0271, 經 0272, 經 0871, 史 4037

王融／集 0003, 集 0007

王霖／集 4144

王叡／叢 0004, 叢 0006, 叢 0007, 叢 0009, 叢 0044

王曇／集 4543, 集 4544

王學粲／史 1158

王學謨／史 2784

王㷍／經 0681

王衡／子 2860, 集 1426, 集 3303, 集 3304

王錡／叢 0010, 叢 0016, 叢 0017, 叢 0018, 叢 0024, 叢 0027, 叢 0034, 叢 0059

王錫／叢 0101, 叢 0157, 史 3143, 集 0707, 集 0708, 集 3974

王錫卣／史 3226

王錫命／經 1125

王錫袞／集 0015

王錫琯／史 3040

王錫祺／子 1286

王錫爵／史 0918, 集 0080, 集 0879, 集 1643, 集 3111

王錫闡／叢 0105

王鍵／叢 0007, 叢 0075

王謀文／史 2609

王羲之／叢 0007, 叢 0015, 叢 0016, 叢 0017, 集 0007

王澹／集 5737

王隱／叢 0094

王懋明／集 0104

王懋昭／集 5848

王懋竑／史 1353, 史 1354, 集 4049

王穉登／叢 0010, 叢 0011, 叢 0013, 叢 0049, 叢 0075, 叢 0127, 集 0104, 集 0566, 集 3171, 集 3172, 集 3173, 集 3174, 集 3175, 集 3176, 集 3177, 集 3178, 集 3179

王鍾毅／經 0605

王鎡／集 0092

王謨／叢 0041

王謙吉／史 2715, 史 2716

王謙益／史 2658

王襄／叢 0007

王應山／史 3182

王應奎／叢 0101, 子 2268, 集 4652

王應電／叢 0007, 經 0493, 經 1387

王應遴／集 5737

王應鵬／史 3844, 集 2838, 集 2839

王應麟／叢 0044, 叢 0068, 叢 0087, 叢 0093, 叢 0098, 叢 0100, 經 0045, 經 0050, 經 0051, 經 0365, 經 0457, 經 1274, 史 0290, 子 2307, 子 2308, 子 2309, 子 2310, 子 2786, 子 2787, 子 2788, 子 2789, 子 2790, 子 2791, 子 2792, 子 2793, 集 2265

王鴻緒／經 0385, 史 0260, 史 0261, 集 3831

王鴻儒／叢 0010, 叢 0013, 叢 0075

王濟／叢 0023, 叢 0024

王彌大／叢 0093

王翼鳳／集 5108

王瓊／叢 0010, 叢 0013, 叢 0027, 叢 0031, 史 3603

王鏊／叢 0010, 叢 0016, 叢 0017, 叢 0018, 叢 0024, 叢 0027, 叢 0031, 叢 0051, 叢 0075, 叢 0101, 史 2468, 史 3609, 史 3610, 史 3611, 子 2189, 子 2190, 集 0581, 集 0582, 集 0583, 集 0584, 集 2701, 集 2702, 集 2703, 集 2704

王燾／子 0872, 集 4772

王簡／叢 0049

王謳／集 0104

王爌／史 3041

王鷄／經 1582

王彝／集 2528

王璽／子 0893

王繡／史 4270, 史 4271, 史 4272, 史 4273, 史 4274, 史 4275, 史 4276, 史 4277, 史 4278

王鵬運／集 5536

王鵬翼／史 2785

王麒／史 2775

王瀚／史 2980

王寵／集 0104, 集 1029, 集 2909

王寵懷／史 3138

王繩曾／集 2393

王繹／史 2675

王蘭皋／集 5019

王獻之／集 0007

允祉／經 0727，子 1256，子 1311

允祿／經 0730，經 1569，史 3976，子 1256，子 1258，子 1311，子 2983，子 2984，子 2985

允禮／史 1060，史 4069，集 0530

毋自欺齋主人／子 0771，子 0774

幻真先生／叢 0035，叢 0068，叢 0100

五畫

玉峰道人／子 0228

甘公／叢 0007，叢 0016，叢 0040，叢 0041

甘文蔚／史 2861

甘汝來／集 4045

甘怡／子 1498

甘爲霖／集 0826

甘紱／經 1099，經 1100

甘暘／史 4403

甘霖／子 1331，子 1332，子 1604，子 1605，子 1606

甘澤／史 3132

艾性夫／集 2332

艾南英／叢 0075，經 1051，集 3439，集 3440，集 3441

艾儒略／叢 0105，子 2253

左圭／叢 0001，叢 0002，叢 0003

左光先／集 1988，集 1989，集 1990

左克明／集 0231，集 0232，集 0233，集 0234

左伯溪／經 1583

左宗棠／集 0998

左殷薦／子 1504

左國璣／集 0104

左潢／集 5760

石子章／集 5760

石友蘭／集 5127

石介／叢 0004，叢 0079，集 0089，集 1755

石申／叢 0007，叢 0016，叢 0040，叢 0041

石成金／子 0339，子 2589，子 2590

石延年／叢 0075，史 0596

石孝友／集 5537

石君寶／集 5760

石茂良／叢 0007，叢 0023，叢 0066

石杰／子 2455

石和陽／子 3059

石佩玉／經 0987

石承進／叢 0007，叢 0009

石室道人／叢 0075

石玨／集 0104

石崇階／叢 0078

石梁／子 1707

石琰／集 5760，集 5760

石鈞／集 4676

石嶰／經 0987，子 0162

石曇／史 1050

石韞玉／集 4336，集 4337，集 4536，集 5760

平世增／史 2776，集 4872

平邦佐／集 5290

平步青／叢 0197，叢 0198，經 1269，史 1157，史 1391，史 1487，史 1695，史 2147，史 2148，子 1666，集 5038，集 5039，集 5040，集 5041，集 5510，集 5956

平陳棠／史 2854

平恕／史 2956，史 2957

平遇／史 2989

平嵐峰／集 5031

平焜／集 5218

平德魁／史 3672

平衡／史 3654，史 3655

申用嘉／集 0590

申志廉／集 5330

申甫／集 4607

申伯／史 2606

申佳允／集 3475

申拱宸／子 0970

申時行／叢 0051，經 0273，經 0274，經 0275，經 0276，史 3921，史 3923，集 3109，集 3110

申培／叢 0007，叢 0014，叢 0039，叢 0040，叢 0041，叢 0068，叢 0091，經 0377

申涵光／叢 0101，子 0298，集 3782

申發詳／集 4490

申嘉瑞／史 2514

申毓來／史 3116

申贊皇／子 2987，集 0971

田文鏡／史 0948，史 0949，史 0950，史 0951，史 3872

田本沛／史 2577

田同之／叢 0113，子 2356，集 4074

田汝耒／集 0104

田汝成／叢 0010，叢 0013，叢 0016，叢 0017，叢 0018，叢 0034，叢 0101，史 0513，史 0664，史 3616，史 3617，史 3618，

集 4363

朱永年／集 0104

朱召／史 3233

朱弁／叢 0006，叢 0007，叢
　0009，叢 0016，叢 0017，
　叢 0050，叢 0051，叢
　0092，叢 0100

朱邦相／史 1549

朱有燉／叢 0101，集 5736，
　集 5737，集 5749，集
　5760

朱存理／子 1619，子 1620，
　子 1621，子 1622

朱成鏵／集 3153

朱同／集 2546

朱廷立／史 3999

朱廷煥／史 3332

朱廷模／史 2786

朱仲／叢 0005，叢 0007，叢
　0009，叢 0016，叢 0017

朱兆封／集 4566

朱兆熊／經 1181，集 4746

朱名世／集 2401

朱衣／史 3125

朱衣點／史 2665

朱祁鈺／史 0996

朱孝純／集 4464

朱志復／子 1881

朱芳衡／集 1066

朱吾弼／集 1601

朱佐／叢 0010，叢 0016，叢
　0017，叢 0018

朱佐朝／集 5760

朱希祖／史 0765

朱希晦／集 2463，集 2464

朱珏／史 0796

朱長文／叢 0044，叢 0080，
　叢 0100，史 2466，子
　1668，子 1669，子 1670，

集 1951，集 1952，集
　1953，集 1954

朱長春／子 0584，子 0585，
　子 0586，子 3049，集
　3254，集 3255

朱若水／集 1197

朱松／集 0089，集 2012，集
　2013，集 2014

朱東光／子 0013

朱東觀／集 0750

朱奇齡／集 3807

朱昆田／史 2236，史 2243，
　史 3313，史 3315，集
　3852，集 3853，集 3854

朱昌燕／史 4166，集 5331

朱昇／集 2013，集 4171

朱昂／叢 0007

朱金卿／經 0219

朱受新／集 4413

朱肱／叢 0007，叢 0009，叢
　0092，子 0645

朱河／叢 0021，史 1351

朱宗文／子 1705，子 1706

朱建／史 1552

朱承命／史 2635

朱承弼／集 4890，集 4891

朱承業／集 1198

朱承爵／叢 0010，叢 0023，
　叢 0066，叢 0075，集
　5390

朱孟震／叢 0075

朱珏／集 4889

朱拱梃／集 3128

朱拱㮋／集 3127

朱拱榾／集 0104

朱南杰／集 0092

朱厚煜／叢 0027

朱奎楊／史 2421

朱昱／史 2496

朱思本／史 2387，史 2388

朱修之／史 0355，史 0373

朱衍緒／史 1478，史 1479，
　史 1515

朱奕梁／叢 0101

朱洪／集 4003，集 4004

朱祖文／叢 0092

朱祖義／經 0016

朱祖謀／集 5535，集 5543，
　集 5544，集 5585

朱紃／叢 0027

朱泰游／史 2633

朱泰禎／經 0876，經 0877，
　經 0878

朱珪／史 4303

朱珖／集 0920

朱素仙／集 5901

朱恭壽／集 4997

朱桓／經 0427

朱彧／叢 0001，叢 0003，叢
　0007，叢 0049，叢 0105

朱時新／集 2489

朱倬／經 0016

朱倫／子 2569

朱倫元／史 1551

朱健／史 3930，史 3931，子
　2591

朱健根／集 0104

朱師轍／經 1267，經 1335，
　經 1336，史 1341，集
　2301

朱豹／集 0104

朱記荣／史 4458

朱凌／史 3211，史 3212

朱高熾／子 1380，子 1381，
　子 1382，子 1383，子
　1384，子 1385

朱裒／叢 0010

朱家標／子 1714

1179,子 1180,子 1181,
子 1182,子 1183

朱德遜／史 1552

朱德潤／叢 0007,叢 0020,
史 4277,史 4369,集
2390

朱廣／史 0924,史 0925,集
3192

朱慶餘／叢 0007

朱潮遠／子 2592

朱澂／史 4170

朱鶴林／集 1674,集 1675

朱履貞／叢 0092,子 1696

朱練／子 0697

朱璘／史 0458,集 1352

朱熹／叢 0007,叢 0008,叢
0049,叢 0068,叢 0075,
叢 0079,叢 0100,叢
0105,叢 0116,叢 0163,
經 0002,經 0003,經
0008,經 0009,經 0064,
經 0065,經 0066,經
0067,經 0068,經 0069,
經 0070,經 0071,經
0072,經 0073,經 0074,
經 0075,經 0076,經
0249,經 0343,經 0344,
經 0345,經 0346,經
0347,經 0348,經 0349,
經 0350,經 0351,經
0361,經 0362,經 0363,
經 0365,經 0677,經
0678,經 0679,經 0680,
經 0950,經 0951,經
0973,經 0974,經 0975,
經 0987,經 0989,經
0990,經 0991,經 0992,
經 0993,經 0994,經
0995,經 0996,經 0997,

經 0998,經 0999,史
0308,史 0309,史 0310,
史 0311,史 0312,史
0317,史 0318,史 0319,
史 0320,史 0321,史
0322,史 0323,史 0324,
史 0325,史 0326,史
0327,史 0328,史 0339,
史 0340,史 1059,史
1060,史 1061,史 1062,
史 1063,史 1064,史
1065,史 1066,史 1069,
史 1070,史 1071,史
4223,子 0018,子 0019,
子 0116,子 0118,子
0119,子 0126,子 0128,
子 0129,子 0134,子
0148,子 0149,子 0150,
子 0151,子 0152,子
0153,子 0156,子 0157,
子 0158,子 0159,子
0160,子 0161,子 0162,
子 0163,子 0164,子
0165,子 0166,子 0167,
子 0168,子 0169,子
0170,子 0171,子 0173,
子 0174,子 0175,子
0176,子 1421,集 0089,
集 0090,集 1298,集
1299,集 1300,集 1301,
集 1302,集 1303,集
1304,集 1305,集 1306,
集 1307,集 1308,集
1309,集 1310,集 1311,
集 1312,集 1315,集
1591,集 1592,集 1593,
集 1594,集 1595,集
1596,集 1597,集 1598,
集 1599,集 1600,集

1601,集 1602,集 1603,
集 1604,集 1605,集
2068,集 2069,集 2070,
集 2071,集 2072,集
2073,集 2074,集 2075,
集 2076,集 2077,集
2078,集 2079,集 5417

朱樸／集 2907

朱橒／集 0089,集 2012,集
2013,集 2014

朱霖／史 2505

朱冀／集 1327,集 1328

朱曉／叢 0078

朱衡／叢 0079,叢 0104

朱錦／子 0527,集 0865

朱錦琮／子 0826,集 4699

朱謀㙔／叢 0010,叢 0101,
經 1253,經 1254,史
3577

朱謀亞／子 1680,子 1739,
集 0682,集 0683

朱諫／史 3522,集 0104,集
1465,集 2758

朱燧／集 2434

朱澤澐／子 0342

朱濂／叢 0195

朱駿聲／經 0223,經 0224,
經 0225,經 0226,經
0227,經 0228,經 0229,
經 0811,經 1120,經
1121,經 1267,經 1324,
經 1449,經 1590,史
0590,史 1341,史 1414,
子 0094,子 0611,子
1263,子 1264,子 2367,
子 2368,集 4790,集
4791,集 4792,集 4793,
集 4794

朱橚／子 0885

李天經／子 1290，子 1291

李天馥／集 5545

李天麟／集 0466

李元／經 1584，史 3633

李元正／史 2655

李元芳／史 3149

李元昭／集 0104

李元校／經 0707

李元陽／叢 0010，史 0044

李元鼎／集 3556，集 5545

李元綱／叢 0001，叢 0003，
　叢 0005，叢 0006，叢
　0007，叢 0009，叢 0012，
　叢 0037

李友洙／史 2620

李友棠／集 4358

李尤／集 0007

李日華／叢 0010，叢 0016，
　叢 0017，叢 0018，叢
　0035，叢 0075，叢 0134，
　史 1424，史 1425，史
　3858，子 1737，子 1738，
　集 0867，集 5763，集
　5764

李日景／叢 0078

李曰巽／史 3250

李中／集 0048，集 1717

李中白／史 2605

李中立／子 0803

李中梓／子 0824，子 0825，
　子 0943，子 0944，子
　1111，子 1210，子 1211

李仁／史 3532

李化楠／叢 0093，集 0912，
　集 0913

李公佐／叢 0007，叢 0097

李公煥／集 1375，集 1376

李文／史 2514，子 0776，集
　1204

李文田／史 4290

李文仲／經 1202，經 1203，
　經 1366，經 1367，經
　1368

李文利／經 0707

李文糺／史 1464，集 5370

李文來／子 1139

李文明／史 3148

李文兖／史 3208

李文炳／子 1229

李文炤／叢 0166，集 4268

李文淵／叢 0096，經 0800

李文煒／集 1537

李文蔚／集 5760

李文察／經 0717

李文錦／子 0953

李文燭／叢 0053，子 3037

李文藻／史 2645

李文耀／史 2493

李文麟／集 0104

李斗／史 3324

李冗／叢 0009，叢 0036，叢
　0037

李心傳／叢 0004，叢 0009，
　叢 0083，叢 0093，經
　0016，史 0429，史 3917，
　史 3918

李心學／集 0105

李孔明／史 3243

李以琰／史 2980

李玉／集 5760，集 5805，集
　5806，集 5918，集 5919

李正曜／史 3198

李世民／集 0063，集 0065，
　集 1422

李世熊／史 3220

李世衡／集 4557

李世澤／叢 0010

李本／史 0779

李本固／叢 0101

李本宜／集 0315

李本宣／集 0315

李本緯／子 2889

李石／叢 0004，叢 0007，叢
　0009，叢 0015，叢 0037，
　叢 0076，叢 0103，子
　2670，集 5597

李生寅／集 3414

李仙根／叢 0075

李白／叢 0035，集 0045，集
　0069，集 0070，集 0071，
　集 0073，集 0075，集
　0076，集 1455，集 1456，
　集 1457，集 1458，集
　1459，集 1460，集 1461，
　集 1462，集 1463，集
　1464，集 1465，集 1466，
　集 1467，集 1468，集
　1469

李用梓／子 1219

李幼武／史 1061，史 1062，
　史 1063，史 1064，史
　1065，史 1066

李匡／叢 0009

李匡乂／叢 0006，叢 0007，
　叢 0012，叢 0014，叢
　0044，叢 0075，子 2296

李邦彥／叢 0007

李邦獻／叢 0093

李式玉／叢 0078

李圭／史 0832

李吉甫／叢 0007，叢 0083，
　叢 0098，史 2348，史
　2349

李有／叢 0007，叢 0009，叢
　0026，叢 0075

李百藥／史 0001，史 0003，
　史 0004，史 0005，史

0210,史 0211,史 0212

李石／叢 0042

李存／集 2413,集 2414

李成／子 1733

李成林／史 3170

李光／經 0020

李光地／叢 0152,叢 0153,
叢 0154,經 0169,經
0170,經 0171,經 0172,
經 0173,經 0383,經
0697,經 0725,經 0726,
經 1059,經 1551,史
2343,子 0120,子 0163,
子 0311,子 0312,子
0313,子 0314,子 3052,
集 0313,集 1620,集
3823

李光先／史 2649

李光坡／經 0502

李光昭／史 2397

李光祚／子 2949

李光國／集 1017

李光暎／史 4242

李光縉／史 0047,史 0048,
集 0456

李因／集 3444,集 3445,集
3446

李因培／集 0732

李因篤／集 3840

李先芳／史 2671,集 0104,
集 3080

李先榮／史 2504

李廷芳／史 2604

李廷忠／集 2174,集 2175

李廷琦／史 3063

李廷機／經 0115,經 0116,
經 0873,經 0874,經
1010,史 0386,史 0387,
史 1099,子 2878,集
0467,集 0882,集 0883,

集 1282

李廷寶／史 1007,史 2407,
史 2597,史 2773,史
3679

李延昰／史 1165

李延是／子 0846

李延壽／史 0001,史 0003,
史 0004,史 0005,史
0072,史 0073,史 0074,
史 0075,史 0076,史
0077,史 0078,史 0079,
史 0080,史 0081,史
0082

李仲麟／子 0346

李自明／子 1579

李自榮／集 0868

李向陽／史 2518

李行道／集 5760

李兆洛／經 0324,集 0375,
集 0376,集 0377,集
0378,集 0379,集 0380,
集 5548

李江／叢 0025,叢 0068,叢
0100,史 2918,子 1340,
子 1341

李汛／史 3092

李祁／集 2459

李聿求／史 0765

李如一／叢 0010,叢 0016,
叢 0017,叢 0018

李如圭／叢 0083,叢 0105,
經 0571

李好文／叢 0094,史 2764,
史 2765

李好古／集 5541,集 5760

李孝光／集 0030,集 2424,
集 2425,集 2426,集
2427,集 2428,集 2429

李均／集 5695

李志常／史 3790

李材／叢 0007

李杞／經 0020

李求齡／經 1077

李呈芬／叢 0010

李吳滋／集 0884

李何事／叢 0063

李佑／子 2209

李攸／叢 0083,史 3916

李伯猷／集 0116

李伯瑛／集 0415

李希程／史 2692

李希賢／史 2661

李言恭／集 0104

李言聞／子 0831

李亨特／史 2956,史 2957

李冶／叢 0083,叢 0092

李沛霖／經 1075

李沂／集 3633

李沇度／子 2609

李良年／叢 0075,集 0127,
集 0993,集 1205,集
3801,集 5549

李奉翰／史 2414

李玫／叢 0007

李長祥／史 1130,集 3629

李其旋／史 2412

李其焜／子 1844

李若琳／史 0489

李若蘭／子 1777

李茂春／史 1001

李英／集 0104

李直夫／集 5760

李來章／集 3839

李述來／史 2326

李東甲／史 2782

李東陽／叢 0024,叢 0075,
叢 0092,叢 0101,史
0362,史 0363,集 0104,

集 2667，集 2668，集 2669，集 2670

李叔元／集 1283

李尚白／集 0797

李杲／子 0637，子 0638，子 0639，子 0645，子 0646，子 0793，子 0823

李果／集 4252

李枝昌／史 1416

李昌符／集 0066

李昌齡／叢 0005，叢 0007，叢 0009，叢 0012，叢 0037

李昕／叢 0007，叢 0009

李明復／經 0020

李昂枝／集 0838

李昉／叢 0092，子 2677，子 2678，子 2726，子 2727，子 2728，子 2729，子 2730，子 2731，子 2732，集 0195，集 0196，集 0197，集 0198，集 0199，集 0200，集 0201

李知先／子 0717，子 0719

李牧／集 0086

李季可／叢 0092，子 2138

李秉禮／集 4775，集 4776，集 4777

李侗／叢 0079

李念莪／子 0698

李周翰／集 0153，集 0154，集 0155，集 0156，集 0157，集 0158，集 0159，集 0160，集 0161

李京／叢 0006，叢 0007，叢 0009

李郊／子 1919

李庚／子 3295，集 1136

李泌／叢 0097

李宗元／史 2698

李宗昉／集 4718

李宗蓮／經 1332

李宗樞／經 1374

李宗諤／叢 0006，叢 0007，叢 0009

李宜開／子 1863

李居頤／史 2599

李承昌／史 2184

李承勛／叢 0010，子 1972，子 2026，子 2865

李春芳／集 2913，集 3051，集 3052

李春熙／集 1988，集 1989，集 1990

李春榮／集 6005

李荃／子 1596

李荣曾／子 1861

李軌／子 0003，子 0005，子 0006，子 0007，子 0095，子 0096，子 0097

李咸用／集 0065

李厚建／集 3883

李星瑞／史 3295

李昂英／集 5537

李昭／集 0092

李昭治／史 3171

李昭祥／集 3074

李畋／叢 0005，叢 0006，叢 0007，叢 0009，叢 0016，叢 0017

李重華／集 4198

李保／叢 0007，叢 0009

李俊民／集 2307，集 2308，集 2309，集 5544

李衍／叢 0007，叢 0012，叢 0092，子 1733

李胐／叢 0016，叢 0017

李洪／集 5542

李洞／集 0066

李恒／子 0886

李祖庚／集 5301

李祖陶／集 4756

李祖堯／集 2021

李約／子 0385

李泰／叢 0098

李振裕／集 3827

李華／集 1448

李恭／集 1204

李栻／史 0578

李梴／子 1190

李格非／叢 0004，叢 0005，叢 0006，叢 0007，叢 0009，叢 0022，叢 0042，叢 0051，叢 0068，叢 0100

李原名／史 3957

李原質／集 1431

李致遠／集 5760

李時成／集 2227

李時行／集 0104

李時珍／子 0797，子 0798，子 0799，子 0800，子 0801

李時遇／史 3150

李時漸／集 1139，集 1140，集 1279

李逢申／史 2937

李逢光／集 1193

李逢祥／史 3188

李衷純／集 3072

李益／集 0063

李兼／叢 0015

李海觀／集 6003

李流芳／集 1036

李家坤／史 3523

李書雲／經 1562

李恕／經 0086，經 0087，經

0593

李翀／叢0093,叢0105

李通玄／子3224

李純卿／史0375

李培／史2869

李菊房／集1205

李薹／史0423,史0424

李梅實／集5760,集5762

李堅／集1239

李帶雙／史2779

李處全／集5531

李堂／史2902

李國相／史2585

李國祥／集0569

李符／集1205,集5549

李符清／集5653

李敏／史3206,集3137

李從周／叢0092

李象坤／集3875,集3876

李章堉／史2758

李翊／叢0010,集0344

李商隱／叢0004,叢0007,
　叢0009,叢0016,叢
　0017,叢0018,叢0026,
　集0045,集0048,集
　0057,集0066,集1671,
　集1672,集1673,集
　1674,集1675,集1676,
　集1677,集1679,集
　1680,集1681,集1682,
　集1683,集1684,集
　1685

李清／叢0078,史0083,史
　0084,史0234,史0716,
　史0717,史0718,史
　0719,史0744,史0745,
　史2181,子0477

李清照／叢0004,叢0006,
　叢0007,叢0009,叢

0020,叢0035,集0016

李淑／集0347

李淖／叢0005,叢0007,叢
　0009

李淦／叢0078,集5431

李淳風／叢0005,叢0009,
　叢0068,叢0083,叢
　0092,叢0100,子1240,
　子1299,子1300,子
　1354,子1355,子1356,
　子1357,子1358,子
　1359,子1360,子1361,
　子1362,子1363,子
　1364,子1365,子1405,
　子1615

李涪／叢0001,叢0003,叢
　0007,叢0042,叢0100

李涵／集3883

李惇／經0032

李寅／集2809

李階／集1212,集1213,集
　3397

李陽冰／叢0007

李隆基／經0011,經0012,
　經0013,經0014,經
　0015,經0016,經0941,
　子0383,集0063

李綖／子0327,集0127,集
　4026,集4027

李紳／集0066

李紹文／子2447,子2448

李紹韓／史2796

李琪／經0016

李瑛／集0806

李琯／史0862

李琬／史3042,史3043,史
　3044

李彭年／史3173

李斯佺／史3286

李萬青／集4898

李朝威／叢0007,叢0016,
　叢0017,叢0097

李棟／史2719

李虛中／叢0105

李棠／史3171

李鼎／叢0010,叢0013,叢
　0048

李鼎祚／叢0068,叢0087,
　叢0100,經0055

李開／史3542

李開先／叢0093,集2962,
　集5760

李開鄴／集0392

李遇春／史2782

李遇孫／叢0103,史4364

李景亮／叢0026

李貴／史3078

李凱／經1098,集5760,集
　5824

李筌／叢0105,叢0107,子
　0506,子0507

李傑／史2525,子3032

李集／史1181,集1075

李復言／叢0005,叢0007,
　叢0009,叢0016,叢
　0017,叢0097

李復初／史2410

李循義／史0908,集2928

李爲觀／史3742

李飮冰／集5644

李善／集0131,集0132,集
　0133,集0134,集0135,
　集0136,集0137,集
　0138,集0139,集0140,
　集0141,集0142,集
　0143,集0144,集0145,
　集0146,集0147,集
　0148,集0149,集0150,

集 0151，集 0152，集
0153，集 0154，集 0155，
集 0156，集 0157，集
0158，集 0159，集 0160，
集 0161
李善蘭／集 5068
李道純／叢 0052，叢 0053，
　子 0395，子 3100
李道勳／子 3130
李曾伯／叢 0103，集 0092，
　集 5531
李湛源／子 1944
李湘／史 3126
李湘芝／叢 0189
李湞／史 2714
李湯卿／子 0936，子 0937，
　子 0938
李富孫／經 1318，史 1181
李裕／集 5695
李賀／集 0042，集 0043，集
1578，集 1579，集 1580，
集 1581，集 1582，集
1583，集 1584，集 1585，
集 1586，集 1587，集
1588
李登／經 1388，經 1389，經
1390，經 1391，經 1392
李塨／叢 0097，叢 0157
李遠／叢 0006，叢 0009，集
0066
李夢陽／叢 0010，叢 0013，
叢 0027，叢 0075，集
0042，集 0104，集 0105，
集 0112，集 1358，集
2731，集 2732，集 2733，
集 2734，集 2735，集
2736，集 2737，集 2738，
集 2739，集 2740
李夢熊／史 2423

李楗／集 5112
李楷／史 2760
李楨／集 5529
李當之／叢 0007
李嗣／叢 0007
李嗣真／叢 0007，叢 0012，
　叢 0016，叢 0017，叢
0018，叢 0068，子 1731
李嵩／史 2701
李頎／集 0050，集 0062，集
0063
李鉉／史 1396
李遙／集 3752
李誠／史 3446
李誠父／集 2141，集 2142
李詡／叢 0010，子 2437
李廉／經 0016
李廌／叢 0001，叢 0003，叢
0006，叢 0007，叢 0009，
叢 0053，叢 0100，子
1733，集 0098
李靖／子 1372
李慈銘／史 1462，史 1463，
史 1464，史 2150，史
3807，子 2388，集 5086，
集 5087，集 5088，集
5089，集 5090，集 5091，
集 5884
李愷／史 3197
李福臧／經 1127
李禎／經 1075
李群玉／集 0048，集 0066
李遜／史 2538
李遜之／史 0703
李棻／集 4477
李瑤／集 5526
李嘉祐／集 0048，集 0062，
集 0063
李嘉福／史 1492

李壽朋／史 3374，集 4694
李壽卿／集 5760，集 5760
李蓘／子 2329，集 0104
李臧／經 0328
李鳴春／子 2069
李嵷／史 2430
李槃／史 0375，子 0525
李誠／叢 0007
李端／集 0063，集 0065
李榮／子 0384
李漁／子 2580，集 3610，集
3611，集 5760，集 5802，
集 5803，集 5804，集
5952
李賓／集 0018
李實／叢 0010，叢 0093，史
0684
李肇／叢 0001，叢 0003，叢
0004，叢 0005，叢 0006，
叢 0007，叢 0009，叢
0014，叢 0015，叢 0068，
叢 0092，叢 0100
李肇亨／叢 0075
李綽／叢 0003，叢 0007，叢
0016，叢 0017，叢 0049
李綱／叢 0093，史 0888，史
0889，集 1987，集 1988，
集 1989，集 1990，集
5531
李維／叢 0075
李維楨／叢 0052，叢 0053，
史 2257，史 2258，集
0113，集 1276，集 3189
李維嶠／史 2694
李維樾／史 0935，史 1269，
史 1270
李維繡／經 1509
李維鏞／集 5140，集 5141
李綏／史 3280

李慧／史 3232

李璀／集 1204

李駉／子 0702

李標／史 3468

李樗／經 0016

李樓／叢 0046

李賢／叢 0010，叢 0016，叢 0017，叢 0018，叢 0024，史 0001，史 0003，史 0004，史 0005，史 0146，史 0147，史 0148，史 0149，史 0150，史 0151，史 0152，史 0153，史 0154，史 0155，史 0156，史 0157，史 2359，史 2360，史 2361，史 2362

李碻／集 3551

李鄴嗣／史 2335，集 1087，集 1102，集 3672，集 3673，集 3674

李暹／叢 0075

李嶠／叢 0044，集 0050，集 0062，集 0063

李嶟瑞／集 3995

李稻塍／集 1075

李樂／子 2218

李德／集 0104

李德林／集 0003，集 0007

李德裕／叢 0003，叢 0005，叢 0006，叢 0007，叢 0009，叢 0016，叢 0017，叢 0018，叢 0049，叢 0075，集 0066，集 1656，集 1657

李德儀／集 4834

李德耀／史 2984

李衛／史 2814，史 3872，史 4009，集 4072

李盤／子 0489，子 0536，子 0537，子 0538

李銳／叢 0092，子 1281

李劉／集 2214，集 2215，集 2216，集 2217，集 2218

李調元／叢 0093，集 5504

李遵唐／史 2621

李澄叟／子 1733

李豫亨／叢 0010，叢 0016，叢 0017，叢 0049，叢 0075

李豫康／集 5125

李翰／叢 0010

李翰熙／集 0400

李標／史 2721

李翮／史 4077

李頻／集 0066

李暾／叢 0111，集 1104，集 4092

李默／叢 0010，史 1351，史 2547，史 3839，集 0669，集 2900

李興元／史 3110

李學禮／子 3014

李衡／經 0016，經 0077

李衞／史 2394，史 2815

李錦／史 2718

李龍官／史 3222

李濂／史 1171，史 1707，史 1708，史 2680，史 3687，史 3688，集 0104，集 2867，集 2868，集 5598

李憲喬／集 4776

李壁／集 1848，集 1849

李隱／叢 0005，叢 0006，叢 0007，叢 0009，叢 0013，叢 0016，叢 0017，叢 0026，叢 0075

李紹雲／集 5255

李璵／叢 0072，叢 0073

李靚／集 0089，集 1776，集 1777

李懋泗／史 3122

李懋勛／史 3767

李鍇／史 0102，集 4396，集 4397

李應魁／集 1778，集 1779

李應機／史 3073

李燦／史 3482，史 3483

李燦箕／史 3520，史 3521

李鴻／集 0357，集 0358

李濬／叢 0005，叢 0007，叢 0009，叢 0016，叢 0017，叢 0089

李彌遜／集 0092，集 0093

李贄／叢 0125，叢 0126，史 0100，史 0101，史 1371，史 2194，史 2286，子 0258，子 0478，子 0479，子 0499，子 2039，子 2214，子 2409，子 2518，子 2519，子 2520，子 3281，子 3328，集 0013，集 0107，集 1883，集 1884，集 1885，集 1886，集 1887，集 1888，集 2850，集 2851，集 3104，集 3105，集 5738，集 5946，集 5974

李燾／經 1285，經 1286，經 1287，經 1288，經 1289，經 1290，經 1291，經 1292，經 1293，史 0420，史 2267

李顒／經 1063

李簡／經 0016

李翶／叢 0003，叢 0004，叢 0006，叢 0007，叢 0009，叢 0012，叢 0016，叢

0017，叢 0018，叢 0025，
　叢 0035，叢 0068，集
　0026，集 0039，集 1650，
　集 1651
李鎮海／集 4668
李謹／集 5566
李蘅／叢 0066
李蘇／子 2022
李攀龍／子 2840，子 2841，
　集 0104，集 0105，集
　0111，集 0112，集 0676，
　集 0677，集 0678，集
　0679，集 0811，集 3040，
　集 3041，集 3042，集
　3043，集 3044，集 3045，
　集 3046，集 3047，集
　3048，集 3049，集 3050
李黼／子 2830
李黼平／經 0032
李黼／集 0016
李瀚／叢 0100，子 2717，子
　2718
李繩／經 0302
李繩遠／子 2993，集 1205
李繁／叢 0004，叢 0007，叢
　0009，叢 0016，叢 0017，
　叢 0026，叢 0097
李獻民／叢 0004，叢 0007，
　叢 0009，叢 0097
李獻陽／史 3162
李鶚翀／史 4132
李籍／叢 0068，叢 0100，子
　1240，子 1299
李繼烈／子 1810
李鐸／史 2823，史 2954
李觀／集 1589，集 1590
李鑾宣／集 4539
求那毗地／子 3130
車大任／集 0451

車任遠／集 5737
車若水／叢 0010，叢 0018，
　叢 0050
車垓／經 0570
車清臣／叢 0016
車鼎豐／子 0307
車璽／史 3588
束皙／叢 0007，集 0007
束戴／史 3178
吾丘衍／叢 0007，叢 0013，
　叢 0014，叢 0015，叢
　0035，叢 0048，叢 0100
吾丘端／集 5760，集 5763，
　集 5764
吾衍／史 4226，史 4302，集
　2344，集 2345
吾㝷／史 3012
貝貝香／史 4437
貝瓊／集 0101，集 2529
呂士雄／集 5937
呂大圭／經 0016
呂大忠／叢 0006，叢 0007，
　叢 0009
呂大臨／史 4267，史 4277
呂天芹／史 3205
呂元啓／子 2922
呂元善／叢 0110，史 0983
呂元調／集 1111
呂不韋／叢 0094
呂文檽／經 0907
呂本中／叢 0001，叢 0005，
　叢 0006，叢 0007，叢
　0009，叢 0016，叢 0054，
　叢 0068，叢 0100，子
　2151，集 0092，集 2035，
　集 2036，集 5388，集
　5390
呂邦燿／史 0551，史 2146，
　史 3836

呂延濟／集 0153，集 0154，
　集 0155，集 0156，集
　0157，集 0158，集 0159，
　集 0160，集 0161
呂向／集 0153，集 0154，集
　0155，集 0156，集 0157，
　集 0158，集 0159，集
　0160，集 0161
呂兆祥／史 3684
呂兆禧／叢 0110
呂希哲／叢 0005，叢 0006，
　叢 0007，叢 0009
呂兌／集 3364
呂忱／叢 0007，經 1235，經
　1236，經 1237
呂坤／叢 0101，叢 0124，叢
　0163，經 0698，經 0699，
　經 1536，史 3867，子
　0269，子 0270，子 0271，
　子 0522，子 0523，子
　0524，子 1076，子 2529，
　子 3043，集 3218
呂昌期／史 3028，史 3029
呂居仁／叢 0003，叢 0004
呂柟／經 0022，史 2727，子
　0178，子 0255，集 2826
呂毖／叢 0100，史 0669，史
　0670
呂星垣／集 5760
呂胤基／集 3234
呂洪烈／集 5545
呂祖儉／集 2083，集 2084
呂祖謙／叢 0005，叢 0007，
　叢 0009，叢 0012，叢
　0051，叢 0075，叢 0079，
　叢 0105，叢 0116，叢
　0119，經 0016，經 0020，
　經 0080，經 0352，經
　0762，經 0763，經 0764，

史 2154，史 2155，史 2213，史 2234，史 2265，史 2266，史 4223，子 0162，子 2748，集 0383，集 0765，集 0766，集 0767，集 0768，集 0769，集 0770，集 1873，集 2083，集 2084，集 2085，集 2086

呂飛鵬／經 0527

呂夏卿／叢 0083

呂原明／叢 0007

呂時臣／集 0104，集 3146

呂師濂／集 5545

呂留良／經 1064，經 1065，經 1066，經 1067，經 1068，子 0306，子 0307，子 1208，集 0086，集 0089，集 0510，集 1001，集 1002，集 1003，集 3495，集 3772，集 3773，集 3774，集 3775，集 3776，集 5463

呂陶／叢 0083

呂陽／集 3625

呂葆中／集 0510

呂棠／子 1973，子 1974

呂景蒙／史 2573

呂嵒／集 1699

呂嵓／子 3038，子 3072

呂傑／史 3097

呂道爔／叢 0044

呂曾栦／史 2981

呂溫／集 0066

呂種玉／叢 0081，叢 0082

呂榮義／叢 0007

呂熊／集 5989

呂維祜／經 0943，經 1540

呂維祺／經 0695，經 0943，

經 1539，經 1540

呂履恒／集 3940，集 3941

呂頤浩／叢 0093

呂聲之／集 0092

呂謙恒／集 4032

呂應奎／史 3247

呂濱老／集 5537

呂懷／經 0716

呂獻策／子 1019

呂瀶／史 2617，史 2618

呂巖／叢 0052，叢 0053，子 3073

呂瓚先／史 3289

吳一鷖／史 2576

吳人駒／子 0747

吳人驥／叢 0098

吳九齡／史 2603

吳乃伊／集 4862

吳三錫／集 3810

吳士奇／集 0471

吳士堅／子 2282

吳士權／叢 0010

吳士鑑／史 0195，集 1000

吳大受／集 4038

吳大澂／史 4454，史 4455

吳大職／集 0984

吳山／史 3589

吳山嘉／史 1127

吳之振／集 0089，集 0120，集 3894，集 3895，集 3896

吳之員／史 2566

吳之登／集 5545

吳之瑗／史 1567

吳之騄／經 0947

吳之鯨／史 3730

吳子玉／集 3145

吳子孝／集 0104

吳子良／叢 0007，叢 0014，

叢 0015，叢 0049，叢 0075，集 5423，集 5424

吳天洪／子 1454

吳元治／集 0725

吳元音／叢 0101

吳元滿／經 1402，經 1403

吳日章／史 4415

吳中行／集 3201

吳中情奴／集 5737

吳中衡／集 4234

吳升／子 1778

吳仁度／集 3273

吳仁傑／叢 0083，叢 0092，叢 0097，經 0016，史 1343

吳公／子 1397

吳公遂／子 1329

吳夅／叢 0101

吳六鰲／史 2770

吳文英／集 5537，集 5606

吳文炘／史 2726

吳文華／史 0916

吳文垎／集 5228

吳文煥／史 1296

吳文溥／集 4622，集 4623

吳文緯／史 3033

吳文憲／集 3538

吳允裕／史 4024

吳允嘉／叢 0075，史 2828

吳玉搢／叢 0093，經 1260，經 1296，史 4236，史 4237

吳玉綸／集 4448

吳正／史 2623

吳正子／集 1580

吳正暘／子 1796

吳世尚／子 0409，子 0454

吳本厚／集 4123

吳本泰／集 3487

吳本涵／集 4123

吳可／叢 0092，叢 0093，集 2022

吳可賀／子 1784

吳代／叢 0093

吳立／集 4123

吳必學／史 3202

吳永芳／史 2868

吳弘基／叢 0057，史 0062，史 0063

吳式芬／史 4289

吳开／叢 0006，叢 0009

吳朴／史 0433

吳有性／子 0946，子 0947，子 0948，子 0949

吳成儀／集 0740

吳光西／史 1397

吳光照／集 1083

吳廷華／經 0032，經 0506，經 0562，經 0563，經 0564，史 2421，史 2441

吳廷楨／史 2343，集 4006

吳廷舉／史 3120

吳仲孚／集 0092

吳任臣／經 1543，史 0607，史 0608，子 2662，子 2663

吳仰賢／子 2384

吳自牧／叢 0075，叢 0092，叢 0100，史 3330

吳自高／集 3912，集 3913

吳兆／集 1040

吳兆宜／集 0226，集 1409，集 1410，集 1411，集 1412

吳兆騫／集 3747，集 3748，集 3749

吳名琅／集 4604

吳守一／叢 0075，叢 0101

吳聿／叢 0105

吳如珩／集 5890

吳均／叢 0004，叢 0005，叢 0006，叢 0007，叢 0009，叢 0016，叢 0017，叢 0040，叢 0041，叢 0042，叢 0076，經 1357，集 0003，集 0007，集 1417

吳志淳／集 0104

吳克誠／子 1448

吳見思／史 0050，史 0051，史 0052，集 1528

吳伯朋／史 0914

吳伯宗／子 2813

吳伯通／集 2678

吳伯與／史 1104

吳近山／子 0903

吳希孟／集 1168

吳沆／叢 0007，叢 0075，經 0016

吳宏／叢 0007

吳長元／史 3317，集 1977

吳其濬／史 4072

吳若／叢 0075

吳若準／史 3729

吳苑／集 3922

吳枋／叢 0003，叢 0007，叢 0044

吳東發／叢 0103，經 1263，史 4286

吳協／叢 0007

吳叔元／子 1870

吳尚絅／集 2560

吳尚默／經 0129

吳昌宗／經 1117

吳昌祺／集 0691

吳昌碩／集 5383，集 5384，集 5385

吳昌齡／集 5760

吳昇／子 2015，子 2021

吳昂駒／集 0118，集 4003，集 4004

吳忠／史 2158，子 1794

吳迥／子 1786，子 1787，子 1788

吳秉仁／集 5545

吳秉鈞／集 5545，集 5809

吳宗元／史 2535

吳宗愛／集 4105

吳宗儀／子 0439

吳宗器／史 2638

吳定璋／集 1020

吳承恩／史 1684，集 6007

吳承漸／子 0447，集 0526

吳孟思／叢 0007

吳柄／集 5760

吳省欽／集 4457，集 4458

吳省蘭／叢 0101，子 1718

吳則禮／集 1962

吳昭明／子 2837

吳修／史 1048，史 1050，集 0997

吳修齡／集 4428

吳勉學／子 0010，子 0011，子 0636，子 1405，子 2820，集 0559，集 0687

吳亮／史 1013，子 2543

吳彥匡／子 2008，子 2009

吳美／史 3243

吳炳／史 2781，集 5760，集 5795，集 5796，集 5914

吳炳文／經 0802

吳炯／叢 0007，叢 0009，叢 0092

吳祕／子 0003，子 0005，子 0006，子 0007，子 0095，子 0096，子 0097

吳泰／集 1813，集 1814

吳泰來／集 0123

吳珩／經 1151

吳琯／子 2827

吳振棫／史 0956，史 1443，史 3414，子 2381，集 1054，集 4728，集 4729

吳莫旦／史 2363，史 2364

吳杕／叢 0010，叢 0013

吳桂森／經 0131

吳晟／集 4911

吳恩垿／集 5227

吳峻／子 1936

吳乘權／集 0984

吳俯／集 2055

吳師道／叢 0092，史 0561，史 0562，史 0563，史 0564，史 0565，史 0566，史 0567，史 0568，史 0569，史 1194，集 5432

吳卿瞻／子 1442

吳高增／史 3707，集 4485

吳烶／集 0731

吳海／叢 0079，集 2446

吳悌／集 2979

吳展成／子 2642

吳陳琰／叢 0078，叢 0081

吳恕／子 0717，子 0718，子 0719

吳純／史 3709

吳理／叢 0101

吳執禦／史 0942

吳萊／叢 0004，叢 0005，叢 0006，叢 0007，叢 0009，叢 0012，叢 0013，叢 0026，叢 0075，集 2391，集 2392，集 2393，集 2394

吳棻／史 2911

吳萃／叢 0007，叢 0009

吳彬／叢 0078

吳梅岑／集 5760

吳曹直／集 0761

吳處厚／叢 0005，叢 0007，叢 0009，叢 0014，叢 0037

吳堂／史 2850

吳國倫／叢 0075，叢 0101，集 0104，集 0110，集 3097，集 3098

吳國縉／集 3714

吳崐／子 0678，子 0910

吳崇俊／集 5157

吳偉業／叢 0100，叢 0101，史 0514，史 0515，集 1018，集 3490，集 3585，集 3586，集 3587，集 3588，集 3589，集 5545，集 5760，集 5801

吳從先／叢 0063，子 2695，子 2696，子 2697，集 0444

吳從周／史 3004

吳從謙／史 3152

吳逸／子 1773

吳訥／叢 0075，集 0411，集 0412，集 0413，集 2075，集 2076，集 2077，集 2604，集 2605

吳康泰／叢 0007

吳章綸／史 4439

吳烺／集 5728，集 5729

吳清藻／經 1573

吳淇／集 1190

吳淞／集 5148，集 5149，集 5150

吳淑／叢 0007，叢 0092，叢 0093，叢 0097，子 2722，子 2723，子 2724，子 2725

吳淦／史 3025，集 5310

吳惟英／史 0704

吳啓元／集 3982

吳啓褒／集 1201

吳隆元／叢 0163

吳翌鳳／集 0340，集 0933，集 4576

吳瑛／集 4438

吳琠／集 4146

吳琯／叢 0042，子 0642，集 0681

吳超士／子 0861

吳達可／集 3025

吳敬所／集 5945

吳敬梓／集 5994

吳敬襄／集 5300

吳棫／經 1486，經 1487，經 1488

吳惠元／史 2422

吳雲／史 4262，史 4450，史 4451

吳雲蒸／經 1322

吳雯／集 3892

吳雯清／集 0573

吳斐／集 5650

吳鼎／經 1159，經 1160

吳鼎雯／史 2153

吳鼎新／史 2801

吳開泰／集 1200

吳景旭／集 5462

吳景奎／集 2432

吳景鸞／子 1426

吳喬／叢 0101，集 5459

吳喬齡／史 2719

吳道源／子 0963

吳曾／叢 0004，叢 0006，叢

0007，叢 0009，叢 0075，
　叢 0083，叢 0105，史
　3612，史 3613，子 2153，
　子 2154，子 2155
吳曾淳／子 1753
吳焯／集 4157，集 5636
吳湛／叢 0093
吳渭／叢 0007，集 0016
吳游龍／史 3133
吳運光／史 3071
吳遐齡／經 1559
吳瑞／子 0793
吳瑞登／史 0464
吳載鰲／叢 0010
吳夢暘／集 0117
吳蒼雷／子 1837
吳楚／子 1116
吳楚材／子 2887，子 2888
吳楷／集 4433
吳業偉／史 3468
吳當／經 1053，集 2449
吳照／經 1310，經 1311，集
　4742
吳農祥／集 3788
吳嗣富／史 3184
吳筠／集 1442
吳節／集 2622
吳與弼／集 2679
吳會／集 2560
吳會川／史 3094
吳煊／集 0702
吳煒／集 0534
吳源起／史 2729
吳禎／史 0448
吳禔／子 0875
吳肅公／叢 0075，叢 0078，
　集 3680
吳綏／史 2182
吳瑭／子 1159

吳壽祺／集 0725
吳嘉言／子 0896
吳嘉紀／集 3641，集 3888
吳嘉淦／叢 0107
吳嘉謨／子 0038
吳壽宸／集 4647
吳熙載／子 1879
吳熙／子 1810，集 4520，集
　5276
吳兢／叢 0007，叢 0068，叢
　0100，史 0597，史 0598，
　史 0599
吳榕園／集 5333
吳輔宏／史 2611
吳爾堯／集 0089
吳鳴鳳／史 3031
吳箕／叢 0093
吳儆／集 0089，集 2054，集
　2055，集 2056，集 2057
吳銓／子 3127，集 5211
吳榮光／史 1338
吳寬／叢 0027，叢 0030，叢
　0034，叢 0101，集 2698
吳寧／史 3704，集 1069，集
　5730
吳蕲／史 1036
吳翟／經 0700
吳熊光／子 2458
吳綺／叢 0081，叢 0082，叢
　0097，集 0312，集 3763，
　集 3764，集 5545，集
　5720
吳維嶽／集 0104
吳綬／子 0730，子 0731
吳璜／集 4443
吳璇／史 1451
吳蕃昌／史 1375
吳肅／叢 0101
吳磊／史 1566

吳震元／史 0341
吳震方／叢 0081，叢 0082，
　叢 0097，經 1420，經
　1421，集 2078
吳震生／集 5760，集 5835
吳儀／集 5785
吳儀一／叢 0078
吳儀洛／子 1160
吳德旋／集 4873
吳德器／史 3172
吳論／集 1240，集 1241，集
　1242
吳慶坻／史 0974，史 1504，
　史 1505，子 2289，集
　0980，集 1202，集 1203，
　集 5093，集 5094，集
　5095，集 5096
吳慶雲／史 3051
吳遵／叢 0054
吳潛／史 3175，集 5529
吳澄／叢 0007，叢 0075，叢
　0091，叢 0100，叢 0163，
　經 0016，經 0020，經
　0259，經 0533，經 0534，
　經 0580，經 0581，經
　0582，經 0646，經 0647，
　經 0648，經 0942，集
　0030，集 2349
吳履震／子 2641
吳樹聲／經 1592
吳融／集 0043，集 0066
吳默／史 2231
吳穆／集 5849
吳學山／史 2588
吳學損／子 1086
吳學濂／集 0189
吳衡照／集 1062
吳衡熙／集 4727
吳錫麒／集 4210，集 5760

佘翹／集 5760，集 5762

余子俊／史 0893，史 4078

余元熹／集 0506

余曰德／集 3095

余文儀／史 3228，集 4329

余文龍／子 1392

余允文／叢 0105

余正垣／集 0117

余正葵／集 4641

余永森／集 4388

余有丁／集 3112

余光耿／集 4020

余同光／史 1291

余延甫／子 1457

余志明／史 2518

余知古／叢 0007

余承勛／史 3174

余炳文／子 0358

余恒／子 2924

余恂／史 3020

余祐／子 0161，子 1431

余祐／子 0240

余常吉／叢 0063

余國鼎／集 4856

余象斗／子 2895

余寅／集 3242

余紹宋／史 3021

余集／集 5577

余靖／集 0089，集 1746，集 1747

余煌／集 3436

余慎／集 3828

余穀／集 5709

余蕭客／經 1162，集 0192，集 0193，集 0194

余學鯤／集 4656

余縉／集 3708

余懋槕／集 4218

余鍧／史 2571

余應松／集 4697

余應舉／集 0104

余闕／集 0030，集 2417

余藻／史 4414

余懷／叢 0078，叢 0097

余蘭碩／集 5545

余繼祉／集 3530

余繼登／史 0665，史 0666，集 3228

余鰲／集 4640

余觀復／集 0088

谷子敬／集 5760

谷廷桂／集 4669

谷神子／叢 0004

谷善禾／史 1842

谷際岐／集 4479

谷應泰／叢 0075，叢 0093，史 0511

谷繼宗／集 2833

狄之武／集 0971

狄期進／子 2412，子 2413

狄億／叢 0078，集 5545

言如泗／史 2616，史 2617，史 2618

況叔祺／子 2847

冷謙／叢 0075

辛全／子 0285

辛竟可／史 3186

辛棄疾／叢 0075，史 0625，集 5537，集 5598，集 5599，集 5600，集 5601

汪三益／子 1394

汪士慎／集 4395

汪士漢／叢 0076，叢 0077

汪士賢／子 1959，集 0004

汪士鋐／史 4314，史 4315，集 0525，集 3960，集 3961

汪士鐸／史 3585

汪之元／子 1772

汪之順／集 4148

汪子卿／史 3488

汪子清／集 5209

汪天根／子 1503

汪天榮／子 1910，子 1911

汪元英／集 0289，集 3370

汪元量／叢 0092，集 0089，集 2273，集 2274，集 2275

汪少泉／史 0869

汪曰楨／子 1322，集 5028

汪中／經 0032，集 4568，集 4569，集 4570

汪文／史 2559

汪文柏／子 2966，集 3992，集 3993

汪文漪／子 0998

汪文綺／子 0921

汪心／史 2689

汪以成／經 1460

汪本直／史 2594

汪旦／子 3056

汪由敦／集 0949，集 4194，集 4195

汪立名／經 1429，集 0041，集 1654

汪邦憲／史 2500

汪有典／史 1116，史 1117

汪光被／集 5760

汪廷祖／集 5454

汪廷訥／史 1011，集 0487，集 5760，集 5763，集 5764

汪廷璐／史 1560

汪延元／子 1152

汪仲鈖／集 4383

汪份／經 1076，集 0523

汪兆舒／子 3006

5471

汪機/子 0640,子 0641,子 0684,子 0837

汪鋑/集 5760,集 5763,集 5764

汪錦/子 1472

汪誠/集 0798

汪燧/集 3787

汪璪/史 3325,集 2625

汪懋孝/集 3207

汪懋麟/集 5545

汪脣/叢 0151

汪應婁/集 0117

汪應蛟/史 0926,史 0927,史 2168,子 0268

汪鎬京/叢 0078,叢 0101,子 1806

汪鯉翔/經 1101,經 1102,經 1103

汪韞玉/集 4515

汪藻/叢 0083,集 0089,集 1992,集 5547

汪霦/集 0323,集 3759

汪鏜/集 3054

汪寶鼎/集 1070

汪繼培/子 0099,子 2051

汪顯節/叢 0035

汪觀/集 3571,集 4679

汪灝/史 3318,子 2013

汪□/子 1761

沐璘/集 2649

沙木/經 1442

沙克什/叢 0105

沈一中/經 0279

沈一貫/子 0367,子 0368,子 0404,集 0879,集 3193

沈人俊/集 5178

沈九疇/集 3157,集 3158

沈又彭/子 0714

沈士俙/集 0817

沈士瑛/叢 0078

沈士龍/叢 0043

沈士駿/集 0739

沈士謙/叢 0010,叢 0013

沈大成/集 4424

沈大德/叢 0054

沈山曜/集 1080

沈子來/集 0685

沈天機/集 4846

沈元苞/子 1860

沈元琨/叢 0078

沈巨源/子 1102

沈旡咎/集 4904

沈中楹/叢 0078

沈文/叢 0010,叢 0013

沈玉亮/集 5760

沈正宗/經 0596

沈世培/經 0898

沈世楓/集 4429

沈可培/子 2371

沈丙巽/集 5508

沈甲芳/集 5328

沈仕/叢 0007,叢 0010,叢 0013,叢 0020,叢 0075,集 0104

沈白/集 1892

沈弘正/子 2034,子 2772

沈光厚/史 3070

沈廷文/叢 0075

沈廷芳/史 1694,史 3184,集 0127,集 0725,集 4293,集 4294

沈廷璐/史 3680

沈延銓/子 1780

沈自晉/集 5917,集 5922

沈自徵/集 5760

沈行/集 2629

沈兆奎/集 5315

沈兆琛/集 5350

沈名蓀/史 2243

沈冰壺/經 0393,經 0394,史 1139,史 1140,史 1141,史 1154,史 1155,集 4672

沈汝魁/史 1562

沈守正/經 1039

沈芬/集 0281,集 0449

沈李龍/子 0794

沈李友/集 1063

沈更生/集 5123

沈作喆/叢 0007,叢 0092

沈作賓/史 2951,史 2952

沈近思/集 3968

沈彤/叢 0174,經 0032,史 2487,子 2351

沈亨惠/集 5076

沈汾/叢 0004,叢 0006,叢 0009,叢 0035,子 3119

沈初/史 4110,史 4111,史 4112,集 4451,集 4452

沈青于/集 5270

沈青崖/經 0400,史 2761,史 2762,集 4271

沈杰/史 3012

沈玫/集 5221

沈長卿/子 2244

沈亞之/叢 0007,叢 0097,集 1660,集 1661

沈叔埏/集 4466

沈明臣/史 2533,集 0104,集 3157,集 3158,集 3159,集 3160,集 3161,集 3162

沈明宗/子 0777,子 0778

沈昀/集 4150

沈岸登/集 5549

沈佳胤/集 0570,集 0571

宋存標/史 0574

宋成綏/史 3023

宋廷佐/史 2550,集 2351

宋兆禴/經 0095

宋名立/史 3179

宋祁/叢 0001,叢 0003,叢
　　0004,叢 0007,叢 0009,
　　叢 0014,叢 0068,叢
　　0075,叢 0083,叢 0100,
　　史 0003,史 0004,史
　　0005,史 0223,史 0224,
　　史 0225,集 0092

宋志益/史 3260

宋佐/史 2515

宋伯仁/叢 0007,叢 0092,
　　集 0029,集 0030

宋汴/叢 0006,叢 0009

宋珏/集 1758

宋玫/經 1046

宋長白/集 5475

宋若昭/叢 0007,叢 0016,
　　叢 0017,叢 0097

宋松崖/集 4734

宋秉中/史 2628

宋宗元/集 0741

宋居白/叢 0005,叢 0007,
　　叢 0009

宋珏/叢 0010

宋珍琴/史 4391

宋咸/叢 0042,叢 0044,經
　　1200,子 0003,子 0005,
　　子 0006,子 0007,子
　　0057,子 0058,子 0095,
　　子 0096,子 0097

宋咸熙/經 0080

宋保/經 1317

宋俊/史 3022

宋庠/叢 0009,叢 0083,叢
　　0090,史 0544,史 0545,

史 0546,史 0547,史
　　0548

宋恂/史 2697

宋起鳳/叢 0078

宋華金/集 4065

宋衷/經 0045

宋國用/史 3269

宋國材/集 0042

宋敏求/叢 0001,叢 0003,
　　叢 0004,叢 0005,叢
　　0006,叢 0007,叢 0009,
　　叢 0014,叢 0015,叢
　　0075,叢 0094,叢 0100,
　　史 0841,史 2764,史
　　2765

宋訥/集 2530

宋清壽/經 1185

宋無/叢 0005,叢 0006,叢
　　0007,叢 0009,叢 0016,
　　叢 0017

宋琬/集 0120,集 0122,集
　　3689,集 3690,集 3691,
　　集 3692,集 3693,集
　　5545,集 5622

宋景關/史 2896,史 2897,
　　集 1167

宋景龢/集 1076

宋翔鳳/經 0032,經 0949

宋夢良/集 5196,集 5197

宋楚望/史 3670

宋棽澄/集 3200

宋虞惊/叢 0007

宋詡/子 1994

宋慈/叢 0054,叢 0098

宋經畬/史 4375,史 4376

宋璉/集 5332

宋趙普/子 1598

宋嘉德/經 0522

宋楗/集 4966

宋鳴梧/子 2557

宋鳴瓊/集 4615

宋鳳翔/叢 0075

宋廣業/史 3560

宋端儀/叢 0024,史 1074

宋犖/叢 0075,叢 0078,叢
　　0081,史 1295,集 0121,
　　集 0125,集 0320,集
　　3794,集 3795,集 3796,
　　集 3797,集 3798,集
　　3799,集 5545

宋賓王/集 0502

宋實穎/叢 0078

宋緒/集 0793

宋維祺/史 3901

宋綿初/經 0661,經 0662

宋瑾/叢 0078

宋儀望/集 2766

宋徵璧/子 0535,集 5760

宋魯珍/子 1580

宋濂/叢 0010,叢 0018,叢
　　0027,叢 0030,叢 0034,
　　叢 0075,叢 0092,叢
　　0101,經 1375,經 1513,
　　經 1514,經 1515,經
　　1516,經 1517,經 1518,
　　經 1519,經 1520,經
　　1521,經 1522,經 1523,
　　史 0003,史 0004,史
　　0005,史 0247,集 0104,
　　集 0115,集 2391,集
　　2392,集 2490,集 2491,
　　集 2492,集 2493,集
　　2494,集 2495

宋禧/集 2484

宋駿業/子 1651

宋纁/經 0695

宋鑒/經 0299

宋驤/史 2560

林逋／叢 0006，叢 0007，叢 0009，叢 0012，叢 0049，叢 0075，集 0089，集 1730，集 1731，集 1732，集 1733，集 1734，集 1735，集 1736，集 1737

林栗／經 0063

林時對／史 1144，集 3584

林時躍／集 3583

林師蔵／集 1136

林處／史 0839，史 0840

林從炯／集 4766，集 4767

林章／集 0117

林烴／史 1522，子 2204

林清標／史 3977

林啓／史 0970

林啓享／史 3057

林琨／經 0231

林堯叟／經 0009，經 0749，經 0750，經 0752，經 0753，經 0754，經 0755，經 0756，經 0831，經 0832，經 0833，經 0834，經 0835，經 0836，經 0837，經 0838，經 0839，經 0840，經 0841，經 0842，經 0843，經 0844

林越／叢 0032

林達／集 2708

林朝儀／子 2033

林棟隆／史 0943

林雲程／史 2533

林雲銘／子 0448，子 0449，子 0450，子 0451，子 0452，集 0512，集 0513，集 0514，集 1325，集 1326，集 1333，集 1616，集 3739，集 3740

林景暘／集 3190

林景熙／叢 0092，集 0089，集 2183，集 2283，集 2284，集 2285，集 2286

林貴兆／集 3417

林喬／史 1568

林喬蔭／經 0659，經 0660

林策／史 2964

林滋秀／集 4755

林弼／集 0104，集 2538

林登／叢 0009

林碁／集 2591，集 2592

林楨／子 2809，子 2810

林嗣環／叢 0078

林魁／史 3197，集 2798

林鉞／史 2215，史 2216，史 2217，史 2218，史 2219

林愈蕃／史 3156

林義儒／史 0787

林慎思／叢 0092，叢 0093

林壽圖／史 0966

林熙春／史 3551

林齊鋐／集 4176

林養心／集 3373

林寬／集 1709

林駉／子 2781，子 2782，子 2783

林增志／史 1269，史 1270

林億／子 0645，子 0671，子 0672，子 0673，子 0674，子 0675，子 0676，子 0677，子 0827，子 0828，子 0870

林德謀／集 0504

林慶貽／子 3026

林錫齡／經 0210，經 0398，經 0399

林穎山／史 0807，史 0808

林璐／集 4071

林駿／史 1512，集 5360

林謙光／叢 0081，叢 0097

林應翔／史 3014

林應龍／子 1928

林應麒／集 0104，集 3003

林鴻／集 0104

林鶚／子 1400，子 1924，集 2650，集 2651，集 2652，集 5143

林露／集 5644

林鸞／史 2746

林□／叢 0063

來三聘／集 3252

來日升／集 1214，集 2990

來行學／史 4404

來汝賢／集 2978

來知德／經 0106，經 0107，經 0108，經 0109

來理寬／集 4695

來斯行／叢 0010，子 2235

來景風／經 1594

來集之／叢 0078，經 0031，經 0154，經 0155，子 2576，子 2577，子 2578，子 2579，集 1214，集 3593，集 3594，集 3595，集 3596，集 3597，集 5456，集 5754，集 5755

來欽之／集 1320

來畹蘭／集 1215

來爾繩／經 0034，經 0180，經 0181

來端蒙／史 1573

來燕雯／集 1214

來講／子 0505

來繼韶／集 3371

松濤／子 1260

杭世駿／叢 0092，叢 0173，經 0032，經 0228，經 0613，史 0054，史 0245，

史 1698，史 3333，史 3666，史 3667，史 3668，集 0948，集 0969，集 4288，集 4289，集 4290，集 4291，集 4292，集 5488

杭州府學堂／史 0459

杭淮／集 0104

杭濟／集 0104

東方朔／叢 0004，叢 0006，叢 0007，叢 0009，叢 0016，叢 0017，叢 0035，叢 0039，叢 0040，叢 0041，叢 0042，叢 0050，叢 0097，集 0003，集 0004，集 0005，集 0006，集 0007

東軒主人／叢 0081，叢 0082

東時泰／史 2675

東蔭商／叢 0078

東魯古狂生／集 5950

郁九成／史 1572

郁之章／史 2879，集 0946

郁文／經 1161

郁永河／史 3803

郁逢慶／子 1640，子 1641，子 1642，子 1643

郁豫／子 2626

郅玠／史 2672

卓人月／集 5568

卓孝復／集 5696

卓明卿／子 2875

卓敬／集 2567

卓爾康／叢 0060，子 1249

卓爾堪／集 0839

虎眼禪師／子 3079

尚仲賢／集 5760

尚忻／史 1223

尚崇年／史 3109

尚從善／子 0732

尚雲章／史 2600

昌巖／叢 0063

門無子／子 0605，子 0606，子 0607，子 0608，子 0609

明安圖／子 1320

明珠／史 0484，史 0485

易大艮／子 0655

易可久／史 3202

易祓／經 0020，經 0477

易時中／史 2679

易開緒／集 0329

易順鼎／集 5586

易餘渷／史 1012

易鸞／史 2578

忠滿／集 5208

呼延華國／史 2802

岫雲詞逸／集 5760

迕鶴壽／經 0438

和嶸／子 0616

和菀／叢 0007

和寧／集 4475，集 4476

和凝／子 0616，集 0017

季子兌／集 0828

季本／經 0488，經 0712，經 0713，經 0869，史 3961

季孟蓮／集 3442

季貞／集 0260

季振宜／史 4149

季勣／史 2633

季嬰／叢 0101

季麒光／叢 0081，叢 0097

秉鑒／叢 0004

岳士景／史 1263

岳元聲／叢 0010，叢 0013，叢 0051，叢 0075，史 0444，史 0446

岳正／叢 0010，叢 0027，叢 0075

岳半農／史 1532

岳甫嘉／子 1017，子 1018

岳伯川／集 5760

岳岱／叢 0023，史 3463，集 0104

岳珂／叢 0005，叢 0006，叢 0007，叢 0007，叢 0009，叢 0016，叢 0017，叢 0037，叢 0068，叢 0075，叢 0083，叢 0092，叢 0097，叢 0100，經 1138，史 1261，史 1262，史 1263，子 2424，子 2425，子 2426，子 2427，子 2428，集 0092，集 0093，集 2234，集 2235

岳亭子／史 3153

岳飛／集 2031，集 2032

岳凌霄／集 3447

岳端／集 0743，集 4100，集 4101

岳濬／史 2626

金一所／史 3780

金一疇／子 1821

金人瑞／叢 0078，集 0695，集 1519，集 1520，集 5746，集 5747，集 5748，集 5978，集 5979，集 5980

金三俊／子 2717

金大有／集 1217

金大車／集 0104

金大鐘／子 1693

金之俊／子 2750

金之植／史 3978

金之傑／子 2622

金之翰／史 3397

周滿／叢 0044

周賓所／叢 0010，叢 0011，
　叢 0016，叢 0017

周維棫／經 0908

周綸／集 2081，集 3881，集
　5545

周蕙田／經 0039

周震榮／經 1111，史 2396

周篁／集 3882

周樂清／集 5852

周魯／子 2965

周慶增／史 2749

周遵道／叢 0004，叢 0007，
　叢 0009

周澄／史 3169

周履靖／叢 0035，集 5760，
　集 5763，集 5764

周樽／經 0519，經 0567，經
　1217，集 0346

周勳懋／經 1173，子 2469

周學濬／經 1186

周錫榮／集 5368

周錫瓚／集 4618

周龍官／經 1089

周憲／子 0211

周聲炯／史 0793，史 1309，
　史 1310

周穉廉／集 5818

周應賓／經 1144，史 3503

周應麐／叢 0136

周禮／史 0339

周篔莊／集 4848

周鎬／集 1340

周藹聯／史 3805

周嚴／子 0821

周繼／子 1405

周瓊／史 0861

周權／集 2372，集 2373，集
　2374，集 2375

周體元／史 2558

周鑑／子 0489，子 0536，子
　0537，子 0538

周灝／子 2463，集 4677，集
　4751，集 4752，集 4753

周驤／史 1299，史 1300

周鑾詒／史 4461

周□□／集 0104

京房／叢 0004，叢 0007，叢
　0009，叢 0025，叢 0039，
　叢 0040，叢 0041，叢
　0068，叢 0091，叢 0100，
　經 0045，經 0049

京鏜／史 3919，集 5596

法式善／子 2459

法坤宏／經 0911，集 4353

河上公／子 0003，子 0005，
　子 0006，子 0007，子
　0013，子 0376

河世寧／叢 0092，集 0738

河田羆／史 4220

泗源／子 1170

宗元豫／集 0601

宗臣／叢 0010，子 0262，集
　0104，集 0110，集 3082，
　集 3083，集 3084

宗振譽／史 4304，史 4305，
　史 4306

宗康／集 4947

宗聖垣／史 1437，史 3344，
　集 4688，集 4689

宗稷辰／史 1446，史 1447

宗誼／集 3668

宗曉峰／史 4470

宗澤／集 1982，集 1983，集
　1984

宗懍／叢 0004，叢 0006，叢
　0007，叢 0009，叢 0016，
　叢 0017，叢 0040，叢

0041，叢 0050

宜興／經 1467

郎士元／集 0051，集 0062，
　集 0063，集 0065，集
　0066

郎廷極／叢 0075

郎廷槐／叢 0075

郎兆玉／經 0497，子 2039，
　子 2049

郎奎金／經 1200

郎瑛／叢 0010，叢 0016，叢
　0017，叢 0059，子 2199

郎遂／史 2555

郎曄／史 0879

房千里／叢 0007，叢 0097

房玄齡／史 0001，史 0003，
　史 0004，史 0005，史
　0183，史 0184，史 0185，
　史 0186，史 0187，史
　0188，史 0189，史 0190，
　史 0192，史 0195，子
　0013，子 0573，子 0577，
　子 0578，子 0579，子
　0580，子 0581，子 0582，
　子 0583，子 0584

房祺／集 0016

屈大均／叢 0075，叢 0081，
　史 0752，史 1135，史
　3402，子 2258，集 1192，
　集 3778，集 3779，集
　3780，集 3781

屈成霖／史 2420，子 0350

屈荋纕／集 1216

屈原／集 1285，集 1286，集
　1287，集 1288

屈惠纕／集 1216

屈復／集 1333，集 1334，集
　1678，集 4156

屈曾發／經 1438，子 1318

承天貴／史 2755

孟元老／叢 0005，叢 0007，
　叢 0009，叢 0015，叢
　0043，叢 0068，叢 0100，
　史 3328

孟郊／集 0042，集 0044，集
　0066，集 0743，集 1648，
　集 1649

孟河／子 1049

孟宗寶／叢 0092

孟保／史 0878

孟衍泰／史 3685

孟洋／集 0104

孟琪／叢 0005，叢 0007，叢
　0009，叢 0026

孟浩／子 1420

孟浩然／集 0038，集 0041，
　集 0042，集 0044，集
　0045，集 0052，集 0053，
　集 0055，集 0063，集
　1449，集 1450，集 1451，
　集 1452

孟淮／集 0104

孟絨／史 0887

孟絨華／子 2842

孟喜／經 0045

孟榮／叢 0007，叢 0015，叢
　0016，叢 0017，叢 0042，
　叢 0068，叢 0097

孟稱堯／子 0067

孟稱舜／集 5737，集 5760，
　集 5791

孟漢卿／集 5760

孟繼孔／叢 0046

孤山放鶴人／集 5798

瓱齋居士／子 0655

函蟾子／子 3038，子 3040，
　子 3041

九畫

封演／叢 0004，叢 0007，叢
　0009，叢 0075，叢 0087，
　叢 0100，子 2127，子
　2128

郝天挺／集 0641，集 0642，
　集 0643，集 0644

郝孔昭／子 2859

郝玉麟／史 3183，史 3235

郝良桐／史 2948

郝郊／叢 0010

郝洪範／史 2279

郝浴／史 3279

郝敬／經 0121，史 2279，集
　0694

郝經／史 0179，集 2317

郝鎔量／子 1464

郝懿行／經 0032，經 0741，
　子 2664

荆浩／子 1731，子 1733

荀悅／叢 0039，叢 0040，叢
　0041，叢 0067，史 0415，
　史 0416，子 0012，子
　0101，子 0102，子 0103，
　子 0104，子 0105，集
　0007

荀爽／經 0045

荀勗／集 0007

荀□／叢 0007

胡一中／經 0016，經 0333

胡一桂／經 0016，經 0084

胡九思／史 1151

胡三省／史 0279，史 0280，
　史 0281，史 0282，史
　0283，史 0284，史 0289

胡士行／經 0016

胡大慎／史 1287

胡之玫／子 3097

胡太初／叢 0001，叢 0003，
　叢 0006，叢 0007，叢
　0009，叢 0054，叢 0100

胡介祉／子 1807，集 3905

胡公壽／史 4444

胡公藩／集 5302

胡文英／經 1261，子 0458，
　子 0459，子 0460

胡文煥／叢 0044，叢 0045，
　叢 0046，叢 0064，子
　1388

胡文銓／史 2770

胡文學／史 4000，史 4002，
　集 1087

胡方平／經 0016，經 0083

胡以梅／集 0711

胡玉峰／集 4657

胡正言／子 1804

胡世安／叢 0093，經 0153，
　史 3545，子 2037

胡本淵／子 2991

胡仔／叢 0007，史 1221，集
　5418，集 5419，集 5420

胡用賓／史 3054，史 3055

胡必相／經 0525

胡必選／史 2539

胡永成／史 3272，史 3587

胡匡衷／經 0032，經 0572

胡吉豫／史 1390，子 2969

胡成熊／史 2495

胡仲參／集 0092

胡行簡／集 2465

胡兆龍／集 3685

胡亦堂／集 3886

胡江／叢 0010

胡汝／史 3522

胡汝礪／史 2808

胡安／子 2699，集 0104

胡安國／經 0008，經 0009，

經 0829,經 0830,經 0831,經 0832,經 0833,經 0834,經 0835,經 0836,經 0837,經 0838,經 0839,經 0840,經 0841,經 0842,經 0843,經 0844,史 4223
胡孝思/集 0920
胡志仁/子 1836
胡序/經 0919
胡宏/史 0347,子 0179,集 2038
胡初被/集 2832
胡邵瑛/經 1543,經 1544
胡玠/集 4987
胡直/集 3106
胡林翼/叢 0107,集 0998
胡松/史 2387,史 2388,集 0435,集 0436
胡昌/子 1507
胡昌賢/史 3511
胡秉虔/經 1587,經 1588
胡侍/叢 0051
胡宗洵/子 2528
胡宗憲/史 2812,史 3428,史 3429,子 0487
胡定/史 3273
胡居仁/叢 0079,子 0237,子 0238,子 0239,子 0240,子 0241,集 2725,集 2726
胡居安/史 3242
胡承詔/集 1187
胡承灝/史 3292
胡珏/子 0655
胡南藩/史 3281
胡柯/集 1819,集 1821,集 1822,集 1823
胡貞開/集 3624
胡香昊/集 1038
胡重/經 1308
胡保泰/史 3375
胡胤嘉/子 2911
胡彥昇/經 0728,史 2700,子 1915
胡彥穎/集 4636
胡炳文/經 0016
胡宣濟/史 3005,史 3006
胡祚遠/史 2944
胡晉甡/史 1468
胡時化/集 0460,集 0461,集 0462
胡浚/史 3373,集 0345,集 1011,集 4595,集 4596
胡悟/子 3055
胡容/史 2434
胡納/叢 0004,叢 0009
胡珵/叢 0007
胡掄/經 0684
胡培翬/經 0032,史 1221,集 4732
胡執禮/集 0561
胡國楷/集 4062
胡偉/集 0017
胡釴/史 2517,史 2804
胡衮/史 2573
胡堃壽/集 5307
胡寅/史 2268,史 4223,子 0135,集 2039
胡啓甲/史 3003
胡紹勳/經 1122
胡期恒/集 4162
胡雲/集 5760
胡棠/集 0702
胡開益/史 1701
胡傑人/叢 0199,集 0981,集 5182,集 5183,集 5184
胡道傳/史 2914
胡渭/叢 0105,經 0032,經 0320,經 0334
胡統宗/集 2834
胡瑗/叢 0100,經 0703
胡蓉芝/經 1107
胡煦/經 0186,經 0187,經 0188,經 0189,集 4043
胡嗣廉/子 0656
胡榘/史 2921
胡與宗/子 0411
胡與高/子 0411
胡會恩/集 3834
胡煒/子 0347
胡慎容/集 4583
胡經/叢 0045,經 0100
胡瑶光/經 0898
胡蔚/集 4488
胡鳴玉/子 2358
胡銓/叢 0092,集 2037,集 5541
胡鳳昌/子 0959
胡廣/經 0089,經 0090,經 0091,經 0092,經 0093,經 0094,經 0262,經 0263,經 0264,經 0265,經 0266,經 0361,經 0362,經 0363,經 0364,經 0365,經 0594,經 0595,經 0596,經 0864,經 0865,經 0866,經 0867,經 0988,經 1006,經 1007,經 1008,經 1009,經 1010,史 0469,史 0470,史 0471,史 0472,子 0217,子 0218,子 0219,子 0220,子 0221,子 0222,子 0223,子 0224,子 0225,子

0226
胡粹中／史 0432
胡漢／史 3165
胡肇智／史 1454
胡維新／叢 0033
胡維銓／集 0982
胡維霖／叢 0010
胡震亨／叢 0043，叢 0075，
　　史 2886，史 3896，史
　　3897，史 3898，集 0211，
　　集 0692，集 1508，集
　　1509，集 5455
胡嶠／叢 0007
胡慶豫／集 3914
胡瑩／集 0348
胡學峰／史 2392
胡錡／叢 0001，叢 0007，叢
　　0016，叢 0017，叢 0037
胡濓／子 1419
胡憲仲／叢 0010，叢 0110
胡璩／子 2632，子 2633
胡薰／經 0958
胡應麟／叢 0010，叢 0013，
　　叢 0016，叢 0017，叢
　　0018，叢 0048，叢 0130，
　　子 2222，集 5448，集
　　5449，集 5450
胡淡／子 0890，子 0891，子
　　0892
胡濱／集 5003
胡翼／史 3135
胡獻忠／子 1391，子 1584
胡繼升／史 4008
胡繼宗／子 2784，子 2785
胡儼／叢 0010
胡瓚／經 0476
胡纘宗／史 2537，集 0423，
　　集 0424，集 2829，集
　　2830，集 2831，集 2832，

集 2833，集 2834
胡钁／子 2614
茹昂／史 3464
茹敦和／經 1262
茹綸常／集 4687
茹蘂／集 4765
南呂月／子 1002
南卓／叢 0006，叢 0007，叢
　　0009，叢 0012，叢 0016，
　　叢 0017，叢 0018，叢
　　0050，叢 0105
南宮靖一／叢 0075，史
　　2271，史 2272，史 2273
南軒／史 0327，史 0331，史
　　0332，史 0333
南逢吉／集 2107，集 2108，
　　集 2109，集 2111，集
　　2112，集 2113
南懷仁／叢 0075，叢 0081，
　　叢 0097，史 3821，子
　　1255
柯九思／集 2423
柯汝霖／經 0220
柯尚遷／經 0495
柯挺／史 2298
柯珮／子 1447
柯崇樸／子 0142
柯琴／子 0751，子 0752，子
　　0753，子 0754，子 0755，
　　子 0756，子 0757
柯超／史 0821
柯煜／集 4190
柯榮／集 3524
柯維騏／史 0239
柯德／子 0964
查人渶／子 1741，集 4984
查六其／集 3661
查世佑／集 1219
查有炳／集 1219

查志隆／史 3489，史 3490
查克弘／集 0713，集 0714
查岐昌／集 4491，集 4492
查昌和／集 1219
查星路／子 2645
查祥／史 3666，史 3667，史
　　3668
查琪／叢 0078
查彬／子 2014
查揆／集 4700
查景緩／經 0435
查爲仁／叢 0097，集 5576，
　　集 5577
查嗣庭／集 4012，集 4013
查嗣瑮／子 2594，集 3966，
　　集 3967
查湞鑒／集 0944
查慎行／經 0184，集 0122，
　　集 0270，集 1875，集
　　1876，集 1877，集 1878，
　　集 3996，集 3997，集
　　3998，集 3999，集 4000，
　　集 4001，集 4002，集
　　5485，集 5760
查爾毅／集 5243
查遴／集 2394
查禮／史 4433，集 4494
查繼佐／史 0761，史 0762，
　　子 1902
查繼培／集 5546
查繼超／集 5546，集 5731
查鐸／集 2767
相斗南／史 3265
相國道／叢 0007
柏起宗／叢 0101
柳山居士／集 5760
柳公權／叢 0007，叢 0009，
　　叢 0016，叢 0017
柳正芳／史 3213

施耐菴／集 5978，集 5979，
　集 5980
施彥恪／集 3701
施恩溥／集 4952
施峻／集 2994
施國祁／史 0246
施國鑑／集 1229
施象塈／子 1847
施烺／集 4883
施清／叢 0078
施宿／史 2951，史 2952
施紹莘／集 5880
施紹闇／子 1940
施朝幹／子 1001
施惠／集 5760，集 5763，集
　5764
施雯／子 0667，子 0668
施閏章／史 3537，集 0120，
　集 0122，集 0127，集
　1043，集 3700，集 3701，
　集 3702
施策／集 0459
施補華／集 5052，集 5053，
　集 5054
施嵩／集 0116
施誠／史 2691
施琭／集 3701
施端教／集 0717
施漸／集 0104
施璜／子 0145，子 0316
施樞／集 0092
施德操／叢 0075，叢 0089，
　子 2145，集 2042，集
　2043
施翰／集 3297
施鍠／集 1229
施顯卿／叢 0034
施麟瑞／集 4167
姜之瓏／史 1591

姜丹書／經 0232
姜文衡／史 2991，集 5071
姜廷栢／子 0855
姜任修／集 4061
姜兆錫／經 0035，經 0505，
　經 1213
姜希轍／子 0299，集 3609
姜垚／子 1465
姜南／叢 0010，叢 0026，集
　5445，集 5446
姜思睿／子 2561
姜信／叢 0082
姜炳璋／經 0401，經 0791，
　經 0792，集 1683
姜特立／集 2176，集 2177
姜宸英／叢 0075，叢 0103，
　叢 0111，經 0032，集
　0127，集 3948，集 3949，
　集 3950，集 3951，集
　3952，集 3953，集 3954，
　集 3955，集 3956，集
　3957，集 3958，集 3959，
　集 3974
姜偉／集 2619
姜紹書／叢 0092，子 1742
姜湘雲／集 5373
姜蛻／叢 0007
姜準／子 2210
姜蔣氏／集 3209
姜嶽佐／史 2975
姜應／史 1518
姜夔／叢 0001，叢 0003，叢
　0005，叢 0007，叢 0009，
　叢 0044，叢 0075，子
　1710，集 0092，集 2204，
　集 2205，集 2206，集
　2207，集 2208，集 2209，
　集 2210，集 5390，集
　5529，集 5537，集 5602

洪中正／史 1592
洪文科／叢 0010，叢 0016，
　叢 0017
洪世佺／經 0957
洪吉臣／集 5396
洪朱祉／經 1461
洪自誠／子 2223
洪守一／集 4856
洪守美／經 0147
洪希文／集 2379
洪若皋／叢 0078，史 2985，
　集 3721，集 3722
洪昇／集 3899，集 3900，集
　5760，集 5813
洪炎／集 0092，集 0093
洪泮洙／史 3269
洪垣／子 2203
洪适／叢 0007，史 4229，史
　4230，史 4231，史 4232，
　集 2131，集 2132
洪亮吉／叢 0188，經 0432，
　經 1581，史 0177，史
　0178，史 2386，史 2734，
　史 2799，史 2800，集
　4537，集 4538
洪咨夔／集 5537
洪炳文／史 3392，集 5376，
　集 5711，集 5866，集
　5867，集 5868，集 5869，
　集 5870，集 5888
洪芻／叢 0001，叢 0002，叢
　0003，叢 0005，叢 0006，
　叢 0007，叢 0009，叢
　0014，叢 0015，叢 0016，
　叢 0017，叢 0044，叢
　0100
洪梧／集 4540
洪符孫／經 0326
洪朝選／集 0104

姚大成／史 1324，史 1325

姚之琅／史 2589

姚之駰／史 0142，史 0143，
　史 0144，子 2980

姚之麟／經 1207

姚子莊／史 2558

姚文邠／集 5704

姚文田／經 1315，史 1169

姚文思／集 5369

姚文起／史 3159

姚文然／集 3628

姚文蔚／子 2541

姚文燁／史 2587

姚文變／集 1585

姚世鈺／集 4562

姚本／史 2798

姚可成／叢 0101

姚左垣／史 2495

姚光祚／子 2919

姚光憲／集 5109

姚光縉／集 0968

姚廷傑／叢 0078，史 2944

姚廷謙／子 2986，集 0531，
　集 1881，集 4155

姚廷鑾／子 1415，子 1416

姚合／集 0046，集 0047，集
　0059，集 0066

姚汝能／叢 0075，史 1245

姚孝錫／集 0092

姚良弼／史 3245

姚茂良／集 5760，集 5763，
　集 5764

姚杰／集 4532

姚述堯／集 5705

姚佺／集 1584

姚宗文／史 2937，集 3454

姚宗典／叢 0101

姚承憲／集 4920

姚昺／史 3160

姚思廉／史 0001，史 0003，
　史 0004，史 0005，史
　0200，史 0201，史 0202，
　史 0203，史 0204，史
　0205，史 0206，史 4223

姚思慶／集 1230

姚信／經 0045

姚俊／集 1031

姚勉／集 5531

姚咨／集 0104

姚炳／經 0429

姚祖同／史 1439

姚振宗／史 4156，子 3030

姚桐壽／叢 0007，叢 0012，
　叢 0048，叢 0075，叢
　0110

姚配中／叢 0196

姚時亮／史 2906

姚師錫／子 2623

姚卿／史 2756

姚陶／集 3984，集 3985

姚琅／史 2539

姚培謙／經 0503，經 0795，
　經 0796，經 0797，史
　0371，子 2994，子 2995，
　集 0028，集 1335，集
　1336，集 1676，集 1677，
　集 4275，集 4415

姚章／經 0178

姚淑／集 3629

姚淳龍／史 1593

姚朝翩／集 5219

姚楗／集 1220

姚最／叢 0003，叢 0007，叢
　0016，叢 0017，叢 0068，
　子 1731

姚景瀛／史 2854

姚景夔／史 1495，子 3022，
　集 5162，集 5163

姚循義／史 3198

姚循德／經 0966

姚舜牧／經 0024，經 0025，
　經 0368，子 0273，集
　3219

姚遠翮／史 3497

姚椿／集 1220

姚椿林／集 4912

姚虞／叢 0105

姚虞預／叢 0004

姚鉉／集 0059，集 0611，集
　0612，集 0613，集 0614，
　集 0615，集 0616，集
　0617，集 0618，集 0619，
　集 0620，集 0621，集
　0622

姚廉敬／集 0104

姚靖／史 3620

姚福／叢 0010，叢 0016，叢
　0017，叢 0018，叢 0023，
　叢 0024，叢 0030，叢
　0031，集 2727

姚際恒／叢 0092，經 0177

姚際隆／子 1534

姚璉／叢 0145，集 2485，集
　3608

姚鳴鸞／史 3031

姚廣孝／子 1243，子 1244，
　子 3328，集 0104

姚寬／叢 0004，叢 0005，叢
　0007，叢 0009，叢 0016，
　叢 0017，叢 0037，叢
　0068，叢 0100，子 2157

姚鼐／叢 0182，集 0339，集
　0552，集 0553，集 1627，
　集 4459

姚綬／集 2671

姚德奎／集 4159

姚履旋／經 1388，經 1389，

集 0668

敖陶孫／叢 0007,集 0092

敖繼公／經 0016,經 0554

敖□／子 0655

馬一龍／叢 0010,叢 0013,
　　叢 0051

馬一騰／叢 0112

馬大年／叢 0075

馬大相／史 3462

馬之驦／集 3559

馬元／史 3760

馬元調／集 0084,集 3517

馬日炳／史 3271

馬曰琯／史 1344,集 4400,
　　集 5489

馬中錫／叢 0010,集 2705

馬化龍／子 0998

馬文升／叢 0010,叢 0027,
　　叢 0030,叢 0034,叢
　　0075,史 0894

馬世俊／集 3753,集 4671,
　　集 4677

馬世璘／史 4056,史 4057

馬旦／集 1031

馬生龍／叢 0010

馬令／叢 0015,史 0228

馬永易／叢 0004,叢 0009

馬永卿／叢 0005,叢 0007,
　　叢 0009,叢 0016,叢
　　0017,叢 0036,叢 0037,
　　子 2142

馬弘衛／叢 0072

馬任／子 1920

馬汝驥／集 0104

馬汝驥／史 0663

馬守貞／集 0106

馬如龍／史 2822,史 2823

馬汾／集 4953

馬汶／叢 0092

馬奇／史 2669

馬明瑞／史 2974

馬受曾／史 2945

馬性魯／史 3204

馬宗素／子 0645,子 0646

馬宗璉／經 0032

馬俊良／叢 0097,經 0323

馬恒錫／集 0934

馬宥／集 3753

馬祖常／叢 0030,集 2384

馬致遠／集 5760

馬釗／經 1483

馬容／集 3753

馬朗／叢 0007

馬純／叢 0006,叢 0007,叢
　　0009,叢 0016,叢 0017

馬理／集 2857

馬崇素／子 0636

馬第伯／叢 0007

馬偉／史 2521

馬隆／叢 0007,叢 0012,叢
　　0041,叢 0068

馬揭／史 3307,史 3308

馬斯臧／集 3388

馬森／子 2191

馬聞卿／集 0104

馬道畊／集 0916

馬蒔／子 0689

馬嗣澄／史 2946

馬債／子 1920

馬傳朱／集 5135

馬愈／叢 0075

馬嘉松／集 0302

馬端臨／史 3882,史 3883,
　　史 3884,史 3885,史
　　3886,史 3887,史 3888,
　　史 3889,史 3890,史
　　3891,史 3892,史 3893,
　　史 3894,史 3895,史

3896,史 3897,史 3898,
　　史 3899,史 3900,史
　　3901

馬榮祖／集 4270

馬維銘／史 2169

馬維翰／集 4066

馬騆／經 0559,經 0560,經
　　0561

馬廣良／集 5097

馬遵／叢 0017

馬融／叢 0007,叢 0039,叢
　　0040,叢 0041,叢 0067,
　　叢 0068,叢 0098,叢
　　0100,經 0045,集 0007

馬澤／史 2922

馬縞／叢 0001,叢 0005,叢
　　0007,叢 0009,叢 0012,
　　叢 0042,叢 0076

馬戴／集 0066

馬藎臣／史 0614

馬龠／史 3136

馬績華／子 1567

馬總／叢 0005,叢 0007,叢
　　0008,叢 0009,叢 0100,
　　史 0277,子 2485,子
　　2486,子 2487

馬瀛／史 4157

馬騰霄／史 3058

馬鰲／子 0343

馬歡／叢 0010,叢 0024,叢
　　0053,史 3811,史 3812

馬權奇／經 0145

馬巒／史 1348

馬驢／叢 0093,經 0786,經
　　0787,史 0499

馬觀／叢 0013

貢汝成／經 0650,經 0651

貢性之／集 0030

貢修齡／史 3002

貢師泰／集 0030,集 2434

貢渭濱／經 0205

袁九齡／叢 0010

袁于令／集 5737,集 5760,集 5762,集 5763,集 5764,集 5800

袁士傑／史 1268,集 2130

袁山松／叢 0004,叢 0007,叢 0009

袁天罡／子 1615

袁日省／史 4432

袁中道／叢 0010,集 0113,集 3356

袁仁／叢 0075,叢 0100

袁文／叢 0083

袁去華／集 5531,集 5541

袁世俊／子 2019

袁申儒／叢 0006,叢 0007,叢 0009

袁廷檮／叢 0092

袁守定／子 1494

袁孝政／叢 0009,叢 0039

袁甫／經 0020

袁宏／史 0415,史 0416

袁宏道／叢 0010,叢 0011,叢 0013,叢 0048,叢 0063,叢 0071,叢 0072,叢 0075,叢 0101,叢 0135,叢 0136,叢 0137,叢 0138,子 1999,子 2540,集 0038,集 0113,集 0220,集 1275,集 1581,集 2775,集 2776,集 3148,集 3149,集 3150,集 3286,集 3287,集 3288,集 5752,集 5943

袁枚／叢 0093,子 1995,集 0127,集 4333,集 4334,集 4335,集 4336,集 4337,集 4338,集 4339,集 4340

袁杅／集 4497

袁易／叢 0092

袁昂／叢 0003,叢 0007,叢 0015

袁忠徹／子 1564,子 1565,集 2626

袁采／叢 0003,叢 0007,叢 0015,叢 0052,叢 0053,叢 0092

袁郊／叢 0006,叢 0007,叢 0009,叢 0014,叢 0015,叢 0068,叢 0100

袁宗道／集 3262

袁宗聖／集 4226

袁定遠／叢 0075,史 3170

袁奐／史 3553

袁珙／子 1565,子 1566,集 2599,集 2600

袁袠／叢 0075

袁宮桂／子 0546,子 0547

袁祥增／子 1065

袁彬／叢 0010,叢 0027,叢 0101

袁桷／叢 0007,史 2922,集 2377

袁國梓／史 2867

袁崧／叢 0016,叢 0017

袁袤／叢 0092,集 0104,集 2930

袁康／叢 0040,叢 0041,叢 0042,叢 0067,史 0585,史 0586,史 0587,史 0588

袁淑／集 0007

袁啟／子 1252

袁黄／叢 0051,叢 0075,史 0390,子 2879,子 2880,子 2881,子 2882,子 2883,集 3264

袁棟／子 2278

袁景輅／集 1032

袁凱／集 0104,集 2554

袁鈞／集 1108

袁煒／集 3013,集 3014,集 3015

袁福徵／叢 0010,叢 0035

袁壽／集 4738

袁銛／史 3210

袁説友／集 2115

袁韶／叢 0092

袁樞／史 0490,史 0491,史 0492,史 0493,史 0494,史 0495,史 0496,史 0497,史 4223

袁褧／叢 0007,叢 0014,叢 0015,叢 0027,叢 0037,叢 0050

袁頤／叢 0037

袁樹／集 4460

袁機／集 4460

袁學瀾／集 5021

袁變／叢 0083,經 0247,集 2130

袁應祺／史 2988

袁磧／叢 0050

袁顥／子 1065

袁儼／子 2879,子 2880,子 2881,子 2882,子 2883

都卬／叢 0010,叢 0016,叢 0017,叢 0044,叢 0059

都四德／經 0733

都絜／經 0020

都穆／叢 0010,叢 0016,叢 0017,叢 0031,叢 0051,

叢 0059，叢 0061，叢
0066，叢 0075，叢 0089，
叢 0092，史 3793，史
4185，史 4186，史 4304，
史 4305，史 4306，史
4340，子 1623，子 1624，
子 1625，子 1626，子
2432

耿志煒／集 3342，集 3343

耿定向／叢 0010，叢 0016，
叢 0017，叢 0018，叢
0052，叢 0053，子 2436

耿湋／集 0062，集 0063，集
0066，集 1560

華士方／集 1250

華大琰／史 2995

華之望／集 1250

華天衢／集 1250

華方／史 1523

華永／集 1250

華幼武／集 0104，集 1250，
集 2460

華西植／史 3087

華佗／子 0645

華希閔／子 0019，子 2970，
子 2971，子 2972，子
2973

華岳／集 0092，集 2213

華夏／集 3519

華淑／集 0816

華雲／集 0104

華喦／集 4259

華復蠡／史 0780

華愛／集 3139

華碩修／集 1250

華察／史 1523，集 0104，集
1250

華龍翔／集 1250

華燧／經 1528

華翼綸／史 0803

華鑰／叢 0013

莽鵠立／史 4007

莫友芝／史 4199，史 4326

莫止／集 0104

莫光宗／史 1596

莫休符／叢 0075，史 3407

莫如忠／集 0104

莫叔明／集 0104

莫尚簡／史 3193

莫是龍／叢 0010，叢 0013，
叢 0049，叢 0089，集
0104

莫栻／經 1221，子 2035

莫熺／子 0707

真山民／集 0029，集 0089，
集 2293

真逸／叢 0016

真德秀／叢 0007，叢 0049，
叢 0068，叢 0075，叢
0079，叢 0118，經 0016，
史 4223，子 0185，子
0186，子 0187，子 0188，
子 0189，子 0190，子
0191，集 0386，集 0387，
集 0388，集 0389，集
0390，集 0391，集 0392，
集 0393，集 0394，集
0395，集 0396，集 0397，
集 0398，集 0399，集
0400，集 2196，集 2197，
集 2198

莊元臣／子 2903

莊同生／史 1431

莊有可／經 0517，經 0518，
經 0538，經 0921

莊有恭／史 3642

莊存與／經 0032，經 0298，
經 0508

莊仲方／集 0556

莊仲芳／史 3857

莊杜芬／集 1038

莊述祖／叢 0088，叢 0098，
經 0310，經 0311，經
1178，子 2101

莊忠棫／經 0235

莊季裕／叢 0004，叢 0007

莊昶／集 0104，集 2693，集
2694

莊歆／集 4600

莊綽／叢 0009，叢 0016，叢
0017

莊臻鳳／叢 0078，子 1903

莊學曾／集 3461

莊繼光／子 2018

桂天祥／子 0008

桂萬榮／叢 0075

桂敬順／史 3484

桂馥／叢 0101，經 1304，集
4541

桓寬／叢 0033，叢 0040，叢
0041，叢 0067，子 0069，
子 0070，子 0071，子
0072，子 0073，子 0074，
子 0075，子 0076

桓譚／叢 0007

桓驎／叢 0007，叢 0016，叢
0017

連文鳳／叢 0092，集 2294

連斗山／經 0201，經 0511，
經 0512

連仲愚／史 3669

連曾／子 1612

連繼芳／集 3284

連鑛／史 2587

栗可仕／史 2637

栗永祿／史 2568

栗應宏／集 0104

夏一駒／子 1855

夏大煇／經 0380

夏大霖／集 1337

夏之芳／經 0321，史 1052

夏之蓉／史 2318，史 2398，集 4221，集 4222，集 4223

夏元成／子 2638

夏元鼎／叢 0053，子 3073

夏文彥／叢 0068，子 1729，子 1730

夏文彥／子 1728

夏允彝／經 0319，史 0711，集 3522

夏旦／叢 0010

夏光遠／史 2908

夏同善／集 5018

夏言／史 0902，集 2884，集 2885

夏完淳／史 0755

夏良勝／史 3095，史 3147，集 2835

夏味堂／經 1265

夏秉衡／集 5760，集 5833

夏炘／經 0626

夏春農／子 1003

夏侯陽／叢 0083

夏侯湛／集 0003，集 0007

夏庭芝／叢 0007，叢 0012，叢 0026

夏洪基／史 0406

夏原吉／叢 0010

夏時正／史 2821

夏浚／史 2884

夏基／史 3622

夏惟寧／經 0476

夏寅／史 2277

夏琳／史 0766

夏葆彝／集 5296

夏竦／經 1354，集 1742

夏瑋／史 2583

夏僎／叢 0083

夏賓／史 3766

夏綸／集 5760，集 5826，集 5827

夏震武／史 1420

夏駰／史 0516

夏樹芳／史 1677，子 1996，子 2000，子 2884，子 2885

夏鏌／集 0104，集 2718

夏□□／史 4080

原良／子 2256

柴才／集 4260，集 4261，集 4528

柴升／集 0091

柴望／叢 0050，史 2936，子 1572，集 0092，集 1221，集 1222

柴梁／子 0020

柴紹炳／經 1550，子 2986，集 3631

柴揆／史 2673

柴傑／集 3631，集 4528

柴復貞／集 1221，集 1222

柴應辰／史 2619

時雍／子 0394

時樞／集 4955

時慶萊／集 5114

時瀾／經 0016

畢以珣／叢 0098

畢弘述／經 1411，經 1412

畢仲游／叢 0083

畢仲詢／叢 0004，叢 0005，叢 0007，叢 0009，叢 0016

畢自耘／集 3412

畢沅／叢 0094，經 1166，經 1309，史 0361，史 3694，史 4344，子 2042，子 2043，子 2044，子 2045，子 2070，子 2071，子 2072

畢星海／經 1441

畢效欽／經 1199，集 0050

畢熙暘／叢 0078

畢憲曾／經 0960

晁元禮／集 5530

晁公武／史 4118，史 4119

晁沖之／集 0089，集 1948，集 1949，集 1950

晁迥／叢 0004，叢 0005，叢 0006，叢 0007，叢 0009，子 3327

晁貫之／叢 0007，叢 0012，叢 0014，叢 0035，叢 0068，叢 0080，叢 0100

晁補之／叢 0068，經 0761，集 0089，集 0098，集 1946，集 1947，集 5537

晁載之／叢 0009

晁說之／叢 0001，叢 0005，叢 0006，叢 0007，叢 0009，叢 0075，叢 0103，集 1945

晁邁／叢 0007

晏宏／史 0329

晏彥文／史 2271，史 2272，史 2273

晏殊／集 5537，集 5539，集 5588

晏斯盛／叢 0171

晏幾道／集 5537，集 5539，集 5589，集 5590

晏模／叢 0004，叢 0009

員興宗／子 2156

特通保／史 3941

集 5760

徐石麟/史 3831

徐令/叢 0007

徐用誠/子 0642

徐用儀/集 5075

徐用錫/集 4028

徐立綱/經 0209

徐必達/叢 0115,子 0116

徐永芝/史 2737

徐永宣/集 3969

徐永祐/子 0408

徐弘祖/史 3797,史 3798

徐邦佐/經 1047,經 1048,
　史 3470

徐在漢/經 0165

徐有壬/史 1703

徐有孚/史 1705

徐光文/史 3764,史 3765

徐光祚/史 0475,史 0476,
　史 0477

徐光啓/叢 0060,叢 0105,
　子 1290,子 1291,子
　1309,子 1993

徐光溥/子 2504

徐廷槐/子 0456,子 0457,
　集 4215,集 4216,集
　5484

徐廷琯/史 2415

徐任師/集 3975

徐自明/史 3834,史 3835,
　史 3836

徐向忠/史 3222

徐兆昺/史 3369

徐亦稗/子 1112

徐充/叢 0010

徐汝廉/叢 0063

徐汝璋/史 1605

徐汝瓚/史 2717

徐安貞/集 1436

徐如翰/集 3317

徐赤/子 0745

徐志鼎/史 2892

徐克/集 0688

徐甫宰/史 3223

徐步衢/集 4948

徐我增/史 1599,史 1600,
　史 1602

徐作林/子 3013

徐作肅/集 3634,集 3716

徐孚遠/史 0040,史 0041,
　史 0042,史 0043

徐汧/經 1010,集 3448,集
　3471

徐汾/叢 0078,子 2603

徐沁/叢 0078,史 1365,集
　3152,集 5760

徐即登/經 0496

徐表然/史 3547

徐若階/史 2757

徐苓/史 1604

徐來/集 5545

徐松/史 3919,史 3952,史
　4095,史 4096

徐枋/集 3667

徐昆/子 2634

徐明善/叢 0005,叢 0007,
　叢 0009

徐易/子 1815

徐昂發/子 2352

徐迪惠/集 1231

徐秉元/史 2895

徐秉義/叢 0107,史 1136,
　史 1137,史 4151

徐岳/叢 0007,叢 0068,叢
　0081,叢 0100,子 1240

徐岱/史 2709

徐佩鉞/經 0666

徐金生/史 4072

徐念祖/子 3016

徐夜/叢 0149

徐卷石/叢 0063

徐炬/子 1959,子 2890

徐泮肇/史 1588

徐泓/叢 0007

徐官/叢 0010,叢 0013,叢
　0051,經 1376

徐居仁/集 1483,集 1484

徐春甫/子 1198

徐珊/集 3138

徐南珍/集 4021

徐咸/叢 0007,叢 0110,史
　1082,史 1088,史 1089,
　集 2853

徐威/集 2695

徐貞木/子 1820

徐貞明/史 3636

徐星友/子 1934,子 1935

徐昭華/叢 0157,集 4178

徐昭慶/經 0460

徐修仁/集 0525

徐俟召/史 3008

徐待聘/史 2974

徐勉之/叢 0075,史 0653,
　史 0654

徐亮勳/史 1601

徐度/叢 0004,叢 0005,叢
　0007,叢 0009,叢 0068,
　叢 0100

徐彥/經 0012,經 0013,經
　0014,經 0015,經 0815

徐彥純/子 1192,子 1193

徐炯/集 1684,集 1685

徐炫/叢 0006,叢 0007,叢
　0009,叢 0097

徐洪嶧/集 4172

徐恒林/集 5279

徐陟/子 0909

徐泰／叢 0010，叢 0075，叢 0110，史 2884，史 3172，集 0807

徐真木／集 4168

徐栻／史 0915，子 0197，子 0198，子 0199

徐郴臣／集 0832

徐眘樞／叢 0164

徐晉卿／經 0016，經 0766

徐時作／子 2275

徐時進／集 3292

徐時琪／叢 0035

徐時棟／經 0329，經 0330，經 0331，經 0332，史 1032，史 4162，集 1058，集 1107，集 5022，集 5023，集 5024，集 5025，集 5026，集 5027

徐峻均／史 2317

徐倬／集 0705，集 0706，集 0945，集 3833

徐師曾／經 0599，集 0281，集 0447，集 0448，集 0449

徐釚／叢 0075，集 0314，集 0315，集 0316，集 0317，集 3861，集 5716

徐益之／史 0765

徐炯文／集 2105，集 2106

徐袍／史 1360

徐書成／史 1598

徐陵／叢 0067，集 0003，集 0007，集 0217，集 0218，集 0219，集 0220，集 0221，集 0222，集 0223，集 0224，集 0225，集 0226，集 1409，集 1410，集 1411

徐恕／史 3059

徐務本／集 4707

徐紘／史 1086，史 1087

徐基／集 3983

徐乾學／叢 0075，叢 0107，經 0556，經 0557，經 0683，史 0359，史 0360，史 4150，集 0516，集 3822

徐彬／子 0779

徐梅／集 1038

徐堅／叢 0005，叢 0009，史 4418，子 2710，子 2711，子 2712，子 2713，子 2714，子 2715，子 2716

徐常吉／子 2877

徐常遇／子 1909

徐問／集 0104

徐晅／集 5763，集 5764

徐崑／集 5836

徐從治／史 0751，史 0780

徐象梅／史 1174，史 1191，集 3400

徐寅／叢 0044，子 1820

徐階／史 0478，史 0479，集 0104，集 2121，集 2122，集 2123，集 2911

徐陽輝／集 5737，集 5760

徐紹言／史 0691

徐琴／集 4892

徐賁／集 0102，集 0104，集 2545

徐達源／集 5690

徐葆光／史 3828

徐斐然／集 0127

徐鼎／經 0426

徐開先／子 1217

徐開任／史 1114

徐景休／子 3046

徐景曾／史 3238

徐景熹／史 3185

徐嗜鳳／史 2504

徐無黨／史 0001，史 0003，史 0004，史 0005，史 0085，史 0086，史 0087，史 0088，史 0089，史 0090，史 0091，史 0092，史 0093，史 0094，史 0095

徐傅／集 4972

徐集孫／集 0092

徐復祚／叢 0101，集 5760，集 5763，集 5764

徐善述／子 1449

徐善繼／子 1449

徐湛恩／集 4601

徐渭／叢 0010，子 2330，子 2527，集 0104，集 0108，集 0113，集 0564，集 1581，集 1939，集 3147，集 3148，集 3149，集 3150，集 3151，集 3152，集 3259，集 5750，集 5751，集 5752，集 5760，集 5774，集 5984，集 5985

徐惺／集 5545

徐補／叢 0100

徐裕馨／集 4663

徐祺／子 1904，子 1905

徐媛／集 3384

徐發／子 1257

徐瑟／集 4892

徐瑞／集 4586

徐夢莘／史 0425，史 0426，史 0427，史 0428

徐幹／叢 0039，叢 0040，叢 0041，叢 0067，子 0105，子 0106

徐楚／史 3027，史 3028，史 3029

徐楸／集 5577

徐照／集 0029，集 0089，集 1173

徐嵩高／叢 0111，集 4233

徐與喬／集 0515

徐與稽／經 1410

徐鉉／叢 0004，叢 0005，叢 0007，叢 0009，叢 0017，叢 0068，叢 0100，經 1284，集 0089，集 1720，集 1721

徐祺／子 1907

徐愛／集 2763

徐燉／叢 0010，史 1252，子 2331，集 0117，集 1756，集 1757，集 1758

徐溥／史 3922

徐愷／叢 0007

徐福辰／集 5122

徐禎卿／叢 0010，叢 0013，叢 0016，叢 0017，叢 0018，叢 0023，叢 0024，叢 0034，叢 0035，叢 0044，叢 0075，集 0104，集 0105，集 0256，集 2816，集 2817，集 2818，集 2819，集 5390

徐經孫／叢 0086，集 2233

徐嘉炎／集 3850

徐嘉泰／史 3498

徐聚倫／集 4050

徐兢／叢 0007，叢 0013，叢 0092

徐榛／集 3339

徐碩／史 2863，史 2864

徐爾貞／子 1214

徐霆／史 0645，史 0646，史 0647

徐廣／叢 0007，叢 0009

徐端／史 3663

徐養正／子 0132

徐肇森／集 3850

徐禎卿／叢 0149

徐維則／史 4178，集 3436

徐增／史 3731，集 5460，集 5461

徐標／史 3606，史 3607

徐震／叢 0078，集 5951

徐儀世／叢 0010

徐德元／集 0954

徐德瑜／子 0351

徐慶／叢 0081

徐慶卿／集 5918，集 5919

徐璣／集 0029，集 0089，集 1173

徐樹丕／史 0397

徐樹屏／集 0383

徐樹穀／集 1684，集 1685

徐整／叢 0007

徐奮鵬／經 1032，經 1043

徐霖／集 5763，集 5764

徐霓／史 2742

徐積／集 0089

徐興霖／經 0526

徐學柄／史 1304

徐學詩／集 3037

徐學聚／史 3927

徐學謨／叢 0010，叢 0013，叢 0048，集 3086，集 3087，集 3088，集 3089，集 3090

徐錦／子 1157

徐凝／集 4104

徐璪／集 5932

徐聯奎／集 1184

徐鍇／叢 0093，叢 0097，經 1282，經 1283

徐鍾郎／經 1564

徐謙／子 1067，子 1068

徐應芬／史 0735

徐應秋／子 2555，子 2556，集 0479

徐應豐／集 3208

徐翩／集 5737

徐懷祖／叢 0075

徐獻忠／叢 0010，叢 0011，史 3361，史 3362，集 0064，集 0065

徐繼恩／叢 0078，叢 0144

徐顥／史 3102

徐夔／集 4136

徐鑒／經 0770，經 0771

徐顯／叢 0023，叢 0066

徐麟／史 3080

徐靈期／叢 0009

徐□／叢 0093

殷士儋／子 0261

殷元正／經 1196

殷元勳／集 0632

殷文珪／集 1718

殷邦靖／集 3021

殷仲春／子 1128

殷兆鏞／集 4977

殷芸／叢 0004，叢 0006，叢 0007，叢 0009，叢 0017

殷李堯／集 5077

殷都／子 0487

殷基／叢 0016，叢 0017

殷敬順／叢 0184，子 0472，子 0473

殷雲霄／集 0104

殷欽坤／經 0044

殷璠／集 0046，集 0059，集 0623，集 0624

殷獻臣 / 集 3341

奚岡 / 集 0963, 集 4578

翁之潤 / 集 5548

翁天淇 / 集 0215

翁元圻 / 史 3372

翁介眉 / 集 0916

翁方綱 / 叢 0103, 經 0920, 經 1358, 經 1571, 史 1383, 史 4183, 史 4239, 史 4240, 史 4241, 史 4285, 史 4366, 史 4367, 子 1674, 子 1721, 集 3715, 集 4371, 集 4372, 集 4373, 集 4374, 集 4375, 集 4376

翁正春 / 史 2295

翁平 / 叢 0092, 叢 0109

翁仲仁 / 子 1071, 子 1073, 子 1074

翁叔元 / 叢 0101

翁明莢 / 集 2584, 集 2585

翁卷 / 集 0029, 集 0089, 集 2182

翁相 / 史 2431

翁葆光 / 子 3040

翁廣平 / 史 1394, 史 3825

翁澍 / 史 3646

留元剛 / 集 1445

凌介禧 / 集 5146

凌以棟 / 子 0387

凌廷堪 / 經 0032, 經 0520

凌汝綿 / 史 3084

凌秀 / 叢 0007

凌其楨 / 集 5547

凌迪知 / 叢 0032, 史 1095, 史 2219, 子 2852, 子 2853

凌南榮 / 集 0679

凌棻 / 經 0233

凌雪 / 史 0265

凌魚 / 史 3254

凌紹乾 / 集 0713, 集 0714

凌紹雯 / 經 1419

凌萬才 / 經 1489

凌萬頃 / 史 2478

凌雲 / 集 0668

凌雲翼 / 集 0440

凌遇知 / 子 0200

凌登名 / 叢 0010

凌瑞森 / 集 0679

凌曙 / 經 0032

凌稚隆 / 經 0778, 史 0045, 史 0046, 史 0047, 史 0048, 史 0125, 史 0126, 史 0127, 史 0128, 史 0129, 史 0130, 史 0131, 史 2206, 史 2207, 史 2224, 子 2068, 子 2940, 子 2941, 子 2942, 子 2943

凌筠 / 子 2651

凌義渠 / 子 2574

凌準 / 叢 0007

凌震 / 集 2908

凌德明 / 集 5379

凌壇 / 史 4443

凌樹屏 / 集 4348

凌龍光 / 子 1497

凌濛初 / 經 0377, 史 2232, 集 0182, 集 1891, 集 5737

凌霞 / 集 5251

凌璿王 / 經 0799

凌瀚 / 子 2835

凌瀛初 / 子 0600

凌應增 / 集 0732

衷貞吉 / 經 0681

高一福 / 史 3469

高士奇 / 叢 0075, 叢 0081, 叢 0097, 經 0766, 經 0891, 子 1647, 子 1648, 子 1649, 子 1650, 集 0709, 集 0710, 集 3901

高天鳳 / 史 2399

高文秀 / 集 5760

高文虎 / 叢 0007, 叢 0016, 叢 0017, 叢 0026

高文琰 / 集 5244

高斗魁 / 子 0655

高斗樞 / 史 0733

高心夔 / 史 1474

高允 / 集 0003, 集 0007

高世栻 / 子 0655, 子 1129

高仕謙 / 史 1607

高同雲 / 集 5303

高廷愉 / 史 3301

高仲武 / 集 0046, 集 0059

高自位 / 史 3554

高似孫 / 叢 0001, 叢 0004, 叢 0006, 叢 0007, 叢 0009, 叢 0080, 叢 0100, 叢 0105, 史 2977, 史 2978, 子 1961, 子 2300, 子 2301

高兆 / 叢 0078, 叢 0101

高兆麟 / 叢 0010

高汝行 / 史 2595

高汝栻 / 史 0448

高宇泰 / 史 1134, 史 2930, 史 2931, 史 2932

高如陵 / 集 5297

高孝本 / 集 3936, 集 3937

高克謙 / 集 4908

高岑 / 集 4266

高武 / 子 0859, 子 1078

高其名 / 經 1108, 經 1109

高其倬 / 集 3945

2656，子 2657，子 2658，
　子 2659，子 2665，子
　2666，子 2667，集 0003，
　集 0007
郭薦／史 2950
郭諶／子 1703，子 1704
郭凝之／史 1041
郭義恭／叢 0009
郭澹／子 1405
郭憲／叢 0004，叢 0005，叢
　0007，叢 0009，叢 0016，
　叢 0017，叢 0039，叢
　0040，叢 0041，叢 0042，
　叢 0051，叢 0097
郭鍾儒／集 1162
郭應響／子 0520，子 0521
郭燦／史 3119
郭濬／集 0659，集 0661
郭翼／叢 0093
郭麐／史 4254，集 5526
郭瀚／史 1546
郭□／叢 0009
席世臣／史 0250
席世昌／叢 0101
席玕／集 1021
席吳鳌／叢 0101
席奉乾／史 2787
席佩蘭／集 4720
席啓寓／集 0066
席紹葆／史 3158
唐九經／集 3423
唐于昭／叢 0101
唐士恂／集 3372
唐大烈／子 1231，子 1232
唐文蔚／集 5492
唐世廷／子 2523
唐世濟／集 5619
唐玄度／叢 0090，經 1349
唐式南／子 3007，子 3008

唐交／史 2404，史 2711
唐汝詢／集 0689，集 0690，
　集 0691，集 3375，集
　3376
唐宇昭／集 3527
唐志契／子 1734，子 1735，
　子 1736
唐求／集 1716
唐伯元／子 0133
唐若瀛／史 2973
唐英／子 2989，集 4258，集
　5760，集 5825
唐秉鈞／子 1960
唐周／子 2832
唐庚／叢 0003，叢 0007，叢
　0035，叢 0044，叢 0075，
　叢 0093，集 0089，集
　1974，集 1975，集 1976，
　集 5390
唐宗堯／史 3241
唐胄／史 3270
唐彥謙／集 0066
唐珤／史 2166
唐時升／集 1036
唐時熙／史 2531
唐晅／叢 0026
唐孫華／集 3928
唐球／集 0066
唐執玉／史 2394
唐彪／集 5472，集 5473
唐寅／子 1758，集 0104，集
　2774，集 2775，集 2776，
　集 5760
唐紹祖／集 4031
唐琳／子 0504，子 2669
唐景崧／史 1471，史 1472
唐順之／叢 0027，叢 0075，
　叢 0101，經 0769，經
　0770，經 0771，經 1015，

史 0304，史 0857，史
　2164，史 2165，史 2200，
　史 2220，史 2221，子
　0257，子 0487，子 0513，
　子 2836，集 0104，集
　0111，集 0115，集 0393，
　集 0396，集 0397，集
　0429，集 0430，集 0431，
　集 0432，集 0433，集
　0434，集 2793，集 2947，
　集 2948，集 2949，集
　2950，集 2951，集 2952，
　集 2953
唐焯／史 2584
唐惲宸／集 1038
唐夢賚／集 3705
唐椿／子 1196，子 1197
唐傳鉎／集 2105，集 2106
唐詩／集 0104
唐新／子 2960
唐慎微／史 4223，子 0786，
　子 0787，子 0788，子
　0789，子 0790，子 0791，
　子 0792
唐福履／集 5220
唐蕭／集 0104
唐樞／叢 0010，叢 0052，叢
　0053
唐稷／叢 0007
唐德宜／集 0543
唐劉恂／叢 0009
唐嘯登／集 1081
唐錦／叢 0010，史 2437，史
　2492
唐龍／史 1277
唐臨／叢 0007
唐覲／叢 0010
唐鶴徵／經 0111，經 0112
唐體元／史 0593

唐鑑／經 0701

唐灝儒／叢 0145

烟波釣叟／集 5977

浦南金／子 2839,集 0275

浦泰／經 1095

浦起龍／史 2262,史 2263,
　史 2264,集 0540,集
　1538,集 1539,集 1540

浦源／集 0104

浦銑／集 4683

浦瑾／集 0104

浦應麒／集 0104

海忠／史 2443

海岱清／子 1470

海瑞／叢 0075,集 0109,集
　3099,集 3100

海蘭濤／集 5894,集 5895,
　集 5896

涂天相／史 4029

涂鼎鼐／史 3061,史 3062

涂瀛／集 5999

浮丘公／叢 0007,叢 0016,
　叢 0017

浣雲／集 5222

家鉉翁／經 0016,經 0847

家誠之／集 1778,集 1779

宮大用／集 5760

宮去矜／集 4511

宮夢仁／子 2977,集 0200

宮懋讓／史 2645

朗懷／子 1132

書達／集 4495

書誠／集 4495

剝蕉居士／子 3093

陸九州／集 0104

陸九淵／集 2121,集 2122,
　集 2123,集 2124,集
　2125,集 2126,集 2127

陸士賢／子 1450

陸之裘／集 1035

陸元鼎／集 0999,集 5272

陸元溥／集 4686

陸元輔／經 0382

陸友／叢 0007,叢 0014,叢
　0015,叢 0051,叢 0092,
　子 2178,子 2179

陸友仁／叢 0049,叢 0093

陸文籀／經 1118

陸心源／史 1050,史 4172

陸以誠／集 1066,集 1067

陸以鏵／集 4845

陸世儀／叢 0079,史 0767,
　史 0769,史 0770,集
　3607

陸令貽／集 5631

陸弘祚／集 0111,集 0175

陸西星／子 0431,子 0432,
　子 0433,子 0434,子
　3050,子 3103,集 6009

陸成周／經 0182

陸廷燦／子 2020,集 2528

陸行直／叢 0007,叢 0013,
　叢 0075

陸次雲／叢 0078,叢 0081,
　叢 0082,叢 0097,叢
　0160,集 0326

陸羽／叢 0001,叢 0002,叢
　0003,叢 0006,叢 0007,
　叢 0009,叢 0014,叢
　0015,叢 0016,叢 0017,
　叢 0018,叢 0100,子
　1959

陸圻／叢 0078,叢 0081,子
　1234

陸里／史 2628

陸佃／叢 0044,叢 0083,叢
　0100,經 1200,經 1211,
　經 1212,經 1239,經

1240,經 1241,經 1242,
　經 1243,經 1244,子
　0001,子 0012,子 2053,
　子 2054,子 2055,子
　2056

陸位／子 1563

陸希聲／集 1590

陸灼／叢 0010

陸宏定／集 3536

陸長春／集 0349

陸長源／叢 0005,叢 0006,
　叢 0007,叢 0009

陸果／集 0104

陸明揚／集 3324

陸明睿／經 1196

陸秉乾／子 1845

陸金／子 1073

陸采／叢 0010,集 3131,集
　5760,集 5763,集 5764

陸泳／叢 0007,叢 0009

陸泓／集 0554

陸建／集 4608

陸承憲／叢 0127,集 3186

陸坰／叢 0075

陸柬／史 3151

陸奎勳／經 0191,經 0389,
　經 0633,集 4068,集
　4069

陸秋生／子 2624

陸祚蕃／叢 0081,叢 0082,
　叢 0097

陸昶／集 0341

陸飛／史 3023,集 4609

陸莘行／史 0785

陸時化／子 1654,子 1655,
　子 1656

陸時雍／集 0303,集 1319

陸倕／集 0003,集 0007

陸師鑑／子 1091

子 0423，子 0468
陸慶臻／史 0516
陸履泰／史 1570
陸履敬／史 3079
陸璣／叢 0007，叢 0012，叢
　0014，叢 0041，叢 0051，
　叢 0091，叢 0110
陸樹聲／叢 0010，叢 0013，
　叢 0016，叢 0017，叢
　0035，叢 0048，叢 0049，
　叢 0050，叢 0051，集
　3030
陸機／叢 0007，叢 0016，叢
　0017，叢 0067，集 0003，
　集 0004，集 0005，集
　0006，集 0007，集 0009，
　集 0367，集 1365
陸勳／叢 0007，叢 0015，叢
　0016，叢 0017，叢 0049
陸錫明／子 0872
陸錫熊／史 2491
陸龍騰／史 2563
陸懋勳／史 1499
陸繁弨／集 3912，集 3913
陸龜蒙／叢 0003，叢 0007，
　叢 0008，叢 0012，叢
　0016，叢 0017，叢 0018，
　叢 0035，叢 0036，叢
　0037，叢 0068，集 0085，
　集 0626，集 0627，集
　1703，集 1704，集 1705，
　集 1706，集 1707
陸鍾輝／集 0762
陸應陽／史 2369，史 2370，
　史 2371，史 2372，史
　2373，史 2374，史 2375，
　史 2376
陸燦／叢 0016
陸瀋原／叢 0010

陸績／叢 0025，叢 0039，叢
　0040，叢 0041，叢 0068，
　叢 0100，叢 0110，經
　0045，經 0046，經 0049
陸擷湘／集 4992
陸贄／叢 0079，史 0879，史
　0880，史 0881，集 1561，
　集 1562，集 1563，集
　1564，集 1565，集 1566，
　集 1567，集 1568，集
　1569，集 1570，集 1571，
　集 1572，集 1573，集
　1574
陸簡／集 2683
陸燿／史 3615，集 0988，集
　4512
陸隴其／叢 0075，叢 0079，
　經 0473，經 0474，經
　0475，經 0653，經 1069，
　經 1070，經 1071，經
　1072，史 2427，子 0309，
　子 0310，集 0127，集
　3825，集 3826
陸攀／史 1526
陸攀堯／集 4247
陸翽／叢 0004，叢 0007，叢
　0009，叢 0012，叢 0016，
　叢 0017，叢 0018，叢
　0083
陸穩／史 2193
陸耀遹／史 4253
陸寶／集 3455，集 3456，集
　3531
陸繼尊／史 2734
陸鑨／史 4410
陳一球／集 5822
陳乙／集 5145
陳二白／集 5760，集 5810
陳九德／史 0866

陳三聘／叢 0092，集 5531
陳于廷／集 3294
陳于陛／叢 0010，叢 0016，
　叢 0017，叢 0050
陳士元／叢 0010，叢 0100，
　叢 0101，叢 0105，叢
　0123，經 0102，經 0977，
　史 0103，史 2417，史
　3444
陳士林／集 0536
陳士斌／集 6007
陳士縝／子 0519
陳士鐸／子 0760，子 0761，
　子 0977，子 1222，子
　1223，子 1224
陳士鑛／叢 0075
陳大庚／叢 0101
陳大章／經 0428
陳大斌／子 1900
陳大猷／經 0016
陳之辰／史 2546
陳之伸／史 1260
陳子芝／史 2635
陳子壯／子 2923，集 0858
陳子昂／集 0052，集 0053，
　集 0055，集 0063，集
　1432，集 1433，集 1434
陳子兼／叢 0007
陳子龍／叢 0075，史 0040，
　史 0041，史 0042，史
　0043，集 0811，集 0818，
　集 0819，集 0820
陳天定／集 0499，集 0500
陳天祥／經 0016
陳元祐／叢 0097
陳元素／子 0559
陳元祿／史 1337，集 5037
陳元靚／叢 0075，經 1464，
　史 2337，史 2338

陳元穎／集 4625

陳元龍／史 1610，子 2978，
　集 0372

陳元燮／經 0998，經 0999

陳太初／子 2608

陳友仁／經 0480，經 0481，
　經 0482

陳升／史 2529

陳仁／集 0176

陳仁子／集 0204，集 0205，
　集 0206

陳仁玉／叢 0001，叢 0002，
　叢 0003，叢 0006，叢
　0007，叢 0009，子 1959

陳仁蔭／集 5057

陳仁錫／叢 0075，經 0134，
　經 0498，經 1010，經
　1023，經 1024，經 1044，
　經 1045，史 0034，史
　0035，史 0101，史 0123，
　史 0124，史 0157，史
　0173，史 0174，史 0175，
　史 0284，史 0328，史
　0337，史 0353，史 0380，
　史 0381，史 0401，史
　0549，史 0570，史 2209，
　史 3929，子 0155，子
　0156，子 0157，子 0189，
　子 0196，子 0264，子
　0425，子 2558，子 2925，
　子 2926，子 2927，集
　0103，集 0113，集 0490，
　集 0491，集 0861，集
　1872，集 1906，集 3419，
　集 5561

陳介祺／史 4446，史 4447

陳公綸／集 3533

陳氏／集 3541

陳文中／子 0642，集 5252

陳文述／集 4696

陳文治／子 0985，子 0986，
　子 0987

陳文煜／史 3363

陳文蔚／叢 0079，集 2181

陳文燧／子 2763，集 1850

陳文謨／史 3058

陳文燭／史 2508，集 3117

陳文藻／集 4789

陳方平／集 5769

陳心復／子 1329，子 1330

陳允平／集 0092，集 5530，
　集 5533，集 5541，集
　5608

陳允華／集 5531

陳允恭／集 3942

陳允衡／集 0117

陳玉璂／叢 0078，史 2498，
　史 2499

陳正／史 2687

陳甘雨／史 2666

陳世明／子 1317

陳世倕／史 2887

陳世崇／叢 0004，叢 0007，
　叢 0009，叢 0016，叢
　0017，叢 0037

陳世隆／叢 0075，叢 0092

陳世寶／叢 0010，子 2851，
　集 0451

陳本／經 1568

陳可升／史 2908

陳石麟／集 4703

陳仕林／史 2774

陳立／經 0817

陳立觀／子 0758，子 0819，
　子 0820，子 1030

陳必復／集 0088，集 0092

陳永書／子 3010

陳永清／史 3051

陳民俊／集 3362

陳弘緒／叢 0075

陳弘謀／經 1088，史 3874，
　集 4192，集 4193

陳加儒／史 3072

陳邦彦／集 0324，集 0325

陳邦瞻／史 0505，史 0506，
　史 0507，史 0508，史
　0509，集 0102

陳臣忠／史 0393，集 1615

陳在專／子 1853

陳至言／集 3963

陳光前／史 3163

陳光龍／集 3887

陳同／集 5785

陳廷敬／叢 0075，經 1057，
　史 1150，集 0120，集
　0127，集 0698，集 0947，
　集 3744，集 3745

陳廷煒／叢 0075

陳自明／子 0642，子 0643，
　子 0966，子 1005，子
　1006

陳兆崙／集 4213

陳兆賓／集 4985

陳兆麟／集 5280

陳汝元／集 5737，集 5760，
　集 5764，集 5788

陳玖學／子 0480

陳孝威／集 3486

陳孝逸／集 3486

陳均／史 0421，史 0422

陳志源／集 4969

陳芬／叢 0007

陳芳生／叢 0075，叢 0078，
　叢 0101，史 4014

陳克／叢 0075

陳克昌／子 3124

陳克家／集 4877

陳克恕／子1857

陳束／集0104，集2954

陳步青／史2588

陳見鑼／集5545

陳虬／史4091

陳秀明／叢0075

陳希恕／集4968

陳希曾／集4542

陳希濂／集5645

陳孚／集0030，集2370

陳言／叢0110，子1176，集
3079

陳沂／叢0010，叢0011，叢
0024，叢0059，史2459，
史3320，子2433，集
0104

陳沆／集4730，集4731，集
5641

陳忱／集5981

陳宏己／集3378

陳宏謀／子0270，子0271

陳良弼／子0549

陳良謨／叢0010，叢0016，
叢0017，叢0018，叢
0034，叢0052，叢0053，
叢0061，子2683，集
3478

陳阿寶／集1069

陳玩直／子2784，子2785

陳長方／叢0004，叢0005，
叢0007，叢0009，叢
0105

陳長卿／子0737，子0738

陳坦／史2442

陳其柱／集2608

陳其愫／集0859

陳其榮／子3067

陳直／叢0007，叢0009，叢
0016，叢0017，叢0046

陳枚／經0160，史1684，集
0575，集0576，集0577

陳東／集2030

陳東川／集0104

陳郁／叢0003，叢0004，叢
0007，叢0009，叢0016，
叢0017，叢0026，叢
0075

陳奇生／子1098，子1099

陳叔齊／叢0007，叢0015，
叢0016，叢0017，叢
0035，叢0092，集1420

陳叔寶／集0003，集0007，
集0009，集1419

陳虎文／史1611

陳尚古／叢0082

陳昌齊／史3052

陳明／集1505

陳明善／集0045

陳昉／叢0105

陳和志／史2487

陳侃／叢0010，叢0016，
0017，叢0018

陳所聞／集5874，集5875

陳念祖／子0756，子0774

陳京／叢0007，叢0017

陳法乾／集1122

陳泗／史3005，史3006

陳治／子0658

陳治安／子0441

陳性定／史3530

陳宗海／史3295

陳宜甫／集2369

陳建／叢0079，史0439，史
0440，史0441，史0442，
史0443，史0444，史
0446，史0447，史0448，
史0449，史0450，史
0451

陳函煇／集3482，集3483，
集3484，集3485

陳陔／史1496，集5265，集
5266

陳春／史2559

陳春宇／集4887

陳垣芳／集0222

陳政鍾／集5278

陳威／史2488

陳厚耀／經0900，經0901，
經0902

陳貞淑／集1243

陳貞源／集1243

陳貞慧／史0781

陳則通／經0016

陳思／叢0001，叢0002，叢
0003，叢0005，叢0006，
叢0007，叢0009，史
4297，子1676，子1677，
子2772

陳品閨／集4681

陳禹謨／經0026，經1030，
經1031，子2232，子
2706，子2707

陳後方／史2912

陳亮／叢0093，集1829，集
2187，集2188，集2189，
集2190，集2191，集
2192，集5531，集5537，
集5541

陳奕禧／叢0103，集3906，
集3907

陳奕蘭／經0296

陳洪綬／經0148，子1763，
集1320

陳洪範／集1854

陳洪謨／史3157

陳洎／集0092

陳恬／史3660

陳恂／叢 0075

陳宣／集 4647

陳祖苞／史 0036

陳祖望／子 2293

陳祖範／叢 0168，史 2484

陳祖錫／史 1307

陳祚明／史 0575，集 0242

陳泰／集 2400

陳泰交／經 0282

陳振孫／叢 0083，史 4122，
　集 1654

陳振藻／史 2519

陳起／集 0088，集 0092

陳耆卿／集 2219，集 2220，
　集 2221，集 2222，集
　2223，集 2224

陳華／子 2744

陳恭尹／集 1192，集 3783

陳莢／集 0838

陳真晟／叢 0079

陳桂芳／史 3221

陳致虛／子 3040，子 3041，
　子 3092，子 3093，子
　3094，子 3095，子 3102

陳致烆／經 1452

陳時暘／子 1406

陳員韜／集 2623

陳造／集 0089，集 2169

陳倫烱／史 3815，史 3816

陳皋謨／叢 0078

陳師／叢 0015

陳師文／叢 0100

陳師凱／經 0016，子 1516，
　子 1517，子 1518，子
　1519，子 1520

陳師道／叢 0001，叢 0003，
　叢 0006，叢 0007，叢
　0009，叢 0014，叢 0037，
　叢 0049，叢 0068，叢

0075，叢 0083，集 0089，
　集 0098，集 1927，集
　1928，集 1929，集 1930，
　集 1931，集 5388，集
　5390，集 5537

陳殷／史 2158

陳訐／集 0090，集 0696

陳高／集 2438，集 2439，集
　2440

陳效／史 3190

陳旅／集 2408

陳浩／集 4200

陳朗／集 6002

陳祥道／經 0673，經 0674，
　經 0675，經 0676

陳陶／集 0066

陳恕可／叢 0092

陳能／史 3201

陳規／叢 0105

陳埴／子 0202，子 0203，子
　0204，子 0205

陳培元／史 2990

陳培脈／集 0726

陳基／集 2481，集 2482，集
　2483

陳萇／集 3962

陳著／集 2259，集 2260

陳萊孝／史 4383，史 4384，
　集 4547

陳菜／集 5124

陳樫／史 0299，史 0300，史
　0301，史 0338，史 0340

陳梓／集 1736，集 1737，集
　4241

陳勇／叢 0092，叢 0093，叢
　0097

陳匏／叢 0004

陳常夏／史 2477

陳晦／叢 0007，叢 0016，叢

0017

陳符清／子 1964

陳第／叢 0092，叢 0100，叢
　0128，經 0433，子 2240

陳許廷／經 0782，史 2225，
　史 2226

陳康祺／史 1530

陳章／集 4407

陳淏子／子 0631

陳淳／子 0206，集 0103

陳深／經 0016，經 0023，經
　0489，經 0490，經 0491，
　史 2162，史 2163，子
　2515，集 1296

陳梁／叢 0010

陳悰／集 3527

陳啓源／經 0032，經 0386

陳張翼／史 3259，集 4571

陳組綬／史 2389

陳琳／集 0003，集 0007

陳琮／子 2003

陳琛／叢 0010，集 2879

陳堦／史 2340，史 2341

陳喆／經 0868

陳彭年／叢 0004，叢 0006，
　叢 0009，叢 0026，叢
　0075，經 1201，經 1202，
　經 1340，經 1341，經
　1342，經 1343，經 1344，
　經 1345，經 1346，經
　1471，經 1472

陳達叟／叢 0001，叢 0003，
　叢 0006，叢 0007，叢
　0009，叢 0016，叢 0017，
　叢 0101，子 1959

陳揆／叢 0142

陳黄中／叢 0167

陳敬宗／集 2608

陳敬則／叢 0010，史 2920

陳敬璋／史 1395

陳朝堦／子 0911

陳森年／子 1862

陳棣／集 2114

陳雲貞／子 2611

陳雲客／史 3187

陳雯／子 2958

陳棻／史 2431

陳鼎／叢 0075，叢 0081，叢
　0082，叢 0092，叢 0097，
　史 1020，史 1126，集
　5316

陳開虞／史 2460

陳景元／叢 0184

陳景沛／史 2940，史 2941，
　史 2942

陳景沂／子 2774

陳景雲／叢 0167，史 0343，
　史 0372，集 1600，集
　1626

陳锐／集 5710

陳喬樅／史 3086

陳策／經 1415，經 1416，史
　3082

陳傅良／叢 0068，叢 0105，
　經 0016，史 4017，集
　0089，集 2087，集 2088，
　集 2089，集 2090，集
　2091，集 2092，集 2093，
　集 2094，集 2095，集
　2096，集 2097，集 2098，
　集 2099，集 2100，集
　2101，集 2102

陳皖永／集 3990，集 3991

陳復正／子 1053，子 1054

陳循／史 2358

陳鉅昌／史 4407

陳鈞／集 2558

陳舜俞／叢 0004，叢 0009，

叢 0105

陳舜咨／子 3021，集 5137

陳善／叢 0004，叢 0007，叢
　0009，叢 0014，叢 0015，
　叢 0051，叢 0068

陳道／史 3181

陳焯／子 1660，子 1720，集
　0311，集 0960，集 1112

陳焱／史 3187

陳淵／集 0092，集 2044

陳裕／子 0561

陳絳／叢 0075，子 2205，集
　3154

陳瑋／史 2711，史 3529

陳夢槐／集 1894

陳夢雷／子 2981

陳暘／叢 0007，經 0704，經
　0705，史 4223

陳盟／史 0780

陳與郊／經 0459，集 0180，
　集 5736，集 5760，集
　5777

陳與義／叢 0007，叢 0083，
　集 0029，集 0089，集
　2000，集 2001，集 2002，
　集 5537，集 5543，集
　5595

陳魁士／集 1425，集 1427，
　集 1431

陳詩庭／子 2378

陳詩教／叢 0075，子 2010

陳誠／叢 0075

陳煒／經 1174

陳溥／史 1387

陳源世／集 5692

陳準／叢 0006，叢 0007，叢
　0009

陳愫／集 1584

陳際泰／經 1147，子 0039，

子 0040，集 3486

陳際新／子 1320

陳經／叢 0083，史 4256，史
　4257

陳搏／子 1564，子 1571

陳嘉穀／經 1436

陳嘉璸／子 0662

陳嘉謨／子 0795

陳翥／叢 0004，叢 0006，叢
　0007，叢 0009，叢 0014，
　叢 0015

陳墉／集 4930，集 4931

陳壽／叢 0004，叢 0007，叢
　0009，叢 0016，叢 0017，
　史 0001，史 0004，史
　0005，史 0163，史 0164，
　史 0165，史 0166，史
　0167，史 0168，史 0169，
　史 0170，史 0171，史
　0172，史 0173，史 0174，
　史 0175

陳壽祺／經 0032

陳壽熊／經 0234

陳勰／集 4870

陳模／叢 0075，子 0182，子
　0183，子 0184

陳輔／叢 0007

陳霆／史 0616，史 0617，史
　0618，史 2913，子 2196，
　集 2782，集 2783，集
　5715

陳銘／史 3588

陳銘海／集 4321，集 4322

陳鳳／集 0104

陳豪／集 5177

陳褒／經 0597

陳榮選／集 1890

陳漢卿／子 1329，子 1330

陳賓／叢 0004，叢 0005，叢

0006,叢 0007,叢 0009

陳實功／子 0971,子 0972,
子 0973,子 0974

陳瑚／叢 0010,叢 0016,叢
0017,叢 0018,叢 0059

陳維安／史 0787

陳維崧／叢 0075,史 0990,
集 0126, 集 0917, 集
1018,集 3841,集 3842,
集 3843, 集 3844, 集
3845,集 3846,集 3847,
集 3848, 集 3849, 集
5545,集 5634

陳璜／史 3291

陳瑞／史 2408

陳墫／子 1662

陳增新／集 1077

陳撰／子 1658

陳樞／叢 0092

陳確／叢 0078,集 3573

陳儀／史 2394,集 4046

陳德文／史 3102,史 3106,
子 2237

陳德武／集 5529

陳德裕／集 0577

陳慶門／史 3179

陳慶鏞／集 4813

陳毅／史 3461,集 0928

陳澔／經 0008,經 0583,經
0584,經 0585,經 0586,
經 0587, 經 0588, 經
0589,經 0590,經 0591,
經 0592

陳澈／子 1209

陳履中／史 3305

陳選／子 0154,子 0156,子
0157,集 2666

陳遹聲／集 1019

陳璚／集 5174

陳樹基／集 5955

陳樵／集 2444

陳霖／史 3090

陳興訥／史 0827

陳學海／史 2639

陳鎮／史 3205

陳鍊／子 1850

陳錫路／子 2272

陳錫麟／史 0812

陳錦／史 0818,史 1170,集
5042,集 5043,集 5044

陳錄／叢 0001,叢 0003,叢
0005,叢 0007,叢 0009

陳諨／史 2982

陳諫／集 1129

陳龍正／叢 0075,叢 0141,
叢 0142, 子 0169, 子
0292,集 3281,集 3282

陳龍可／史 0450,史 0451

陳憲／集 5327

陳蓋謨／經 1543,經 1544,
子 1310

陳懋仁／叢 0010,叢 0013,
叢 0052, 叢 0053, 叢
0075,叢 0186,史 1016,
史 3400

陳懋德／子 3295

陳懋齡／經 0032

陳鍊／集 1038

陳鍾炅／史 3011

陳鍾麟／集 5760

陳講／史 4033

陳燮／史 2523

陳襄／叢 0007,叢 0012,叢
0093,叢 0100,集 1763

陳應行／集 5422

陳應賓／史 3224

陳鴻／叢 0007,叢 0016,叢
0017, 叢 0018, 叢 0026,

叢 0097

陳鴻祖／叢 0016

陳鴻壽／子 1872

陳濟／史 0316,史 0318,史
0319,史 0320,史 0321,
史 0322, 史 0323, 史
0324,史 0325,史 0326,
史 0339,子 0310

陳翼飛／集 0477

陳璩／經 1328

陳璸／集 3944

陳贄／集 2291

陳聶恒／集 5545,集 5635

陳藥洲／集 0959

陳鵠／叢 0092

陳鎬／史 3682,集 0822

陳鎏／叢 0101

陳織僊／集 5336

陳騤／叢 0007,叢 0015,叢
0050,史 3919,集 5421

陳藻／集 0092

陳櫟／叢 0004,叢 0005,叢
0007, 叢 0009, 叢 0016,
叢 0017, 叢 0019, 叢
0075,經 0016,集 2380

陳嚴肖／叢 0007

陳鵬年／叢 0161,史 3017,
集 3934,集 3935

陳寶泉／經 0668

陳繹曾／叢 0007,叢 0016,
叢 0017

陳蘭森／史 2352,史 3077

陳獻章／叢 0075,集 0104,
集 2638, 集 2639, 集
2640,集 2641,集 2642,
集 2643,集 2644

陳耀文／史 2743,子 2327,
子 2517, 子 2848, 子
2849,子 2850,集 5567

陳寶善／史 2991

陳繼儒／叢 0010，叢 0011，
叢 0013，叢 0016，叢
0017，叢 0018，叢 0035，
叢 0048，叢 0049，叢
0050，叢 0051，叢 0052，
叢 0053，叢 0075，叢
0132，叢 0139，經 0779，
史 0228，史 0365，史
0392，史 0452，史 0602，
史 1044，史 1258，史
2259，史 2308，子 0627，
子 1683，子 2560，集
0113，集 0441，集 0482，
集 0483，集 1429，集
1888，集 3381，集 3382，
集 3383

陳露／史 2678

陳鶴／集 0104，集 4797，集
4798

陳懿典／叢 0075，史 2231，
子 0374，子 0437，集
3283

陳鑒之／集 0092

陳巖／集 2297

陳巖肖／叢 0001，叢 0009，
叢 0075

陳鑑／叢 0078，集 0596，集
0597，集 4654，集 4655

陳顯微／叢 0105，子 0015，
子 0463，子 0465，子
3041

陳鱣／叢 0103，經 0617，經
0618，經 0959，經 1114，
經 1271，集 4713

陳讓／史 2821

陳驤／史 3216，史 3217

陳鑾／集 1892

陳猷纘／史 2486

陳□／叢 0009

陳□□／集 4914

孫一元／集 0104，集 0105，
集 2825

孫一奎／子 1201，子 1202

孫人龍／集 0184，集 0185，
集 1399，集 1400，集
1550，集 1551

孫又川／子 0670

孫三錫／史 4346

孫大綬／子 1959

孫大濩／集 4610

孫之騄／叢 0170，經 1149，
經 1150，集 1577

孫元衡／史 2859

孫五封／集 1232

孫巨鯨／史 2438

孫升／叢 0001，叢 0005，叢
0007，叢 0009，叢 0012，
叢 0037，叢 0100

孫仁／史 2496

孫仁孺／集 5763，集 5764

孫文胤／子 1136

孫玉甲／集 4551

孫玉田／子 3028

孫世儀／集 4487

孫丕揚／史 2768

孫丕顯／子 2907

孫弘喆／集 0119

孫邦僑／經 0812

孫在豐／集 3821

孫存／史 3138

孫存坊／史 1661

孫存吾／集 0786，集 0787

孫光祀／集 3720

孫光祖／子 1885

孫光陽／史 1595

孫光裕／子 1016

孫光憲／叢 0007，叢 0008，

叢 0009，叢 0037，叢
0087，史 0277

孫同元／經 1589，子 0495，
子 0589

孫廷珪／史 2239

孫廷銓／史 3327，史 3808

孫廷璋／集 5156

孫延釗／史 1361

孫仲章／集 5760

孫兆／子 0645，子 0671，子
0672，子 0673，子 0674，
子 0675，子 0676，子
0677

孫兆麟／集 5151

孫旬／史 0870

孫衣言／史 0836，史 1199，
史 1200，史 1201，史
1202，史 1203，史 1204，
史 1205，史 1362，史
1363，史 1364，史 1456，
史 1614，史 1615，史
1616，史 1681，史 3391，
史 3861，集 1179，集
1180，集 2163，集 2164，
集 2165，集 4835，集
4836，集 4837，集 4838，
集 4839，集 4840，集
4841，集 5666

孫志宏／子 0912，子 0913

孫志祖／經 0032，史 0143，
史 0144

孫甫／叢 0075，叢 0093，叢
0100

孫見龍／經 1085

孫作／集 2539，集 2540

孫希旦／經 0335，經 0615，
經 0616

孫拔／子 1809

孫奇逢／經 0288，經 1054，

史 1172, 史 1428, 史 3799

孫和相/史 2607

孫岳頒/子 1651, 子 1652

孫炌/集 3976

孫治/史 3731, 集 3643, 集 3644

孫宗彝/集 3694, 集 3695

孫宗鑒/叢 0009

孫宗鑑/叢 0007, 叢 0016, 叢 0017, 叢 0075

孫宜/集 0104, 集 2972

孫承宗/子 0528, 集 3316

孫承澤/叢 0092, 叢 0101, 經 0887, 經 1148, 史 0466, 史 1079, 史 3312, 子 1644, 子 1645

孫埏/子 2999, 子 3000, 子 3001

孫柚/集 5763, 集 5764

孫星衍/叢 0094, 叢 0098, 經 0032, 經 1271, 史 1219, 史 2731, 史 2771, 史 4338, 史 4339

孫思敬/史 4464, 史 4465

孫思邈/叢 0007, 子 0865, 子 0866, 子 0867, 子 0868, 子 0869, 子 0870, 子 0871, 子 0993, 子 0994

孫胤光/史 3188

孫奕/叢 0092, 子 2304

孫洊鳴/集 0329

孫佺/集 3923

孫陞/集 2991

孫柔之/叢 0007

孫珮/史 2477

孫致彌/集 3927

孫恩詒/集 5267

孫峻/史 0143, 史 0144, 史 2833, 史 3338, 史 3339, 史 3340, 史 3341, 史 3342, 集 1577

孫逖/集 0056, 集 0057, 集 0063

孫高亮/集 5987, 集 5988

孫淶/史 1326

孫家谷/集 4921, 集 4922

孫能傳/子 2234

孫執升/經 0764

孫彬士/史 1613

孫爽/子 1272

孫盛/叢 0004, 叢 0007

孫堂/經 0045

孫過庭/叢 0001, 叢 0003, 叢 0007

孫范/史 0503

孫偘/經 1216

孫偉/集 0104

孫從添/經 0910

孫清/集 0979

孫強/經 1201, 經 1202, 經 1340, 經 1341, 經 1342, 經 1343, 經 1344, 經 1345, 經 1346

孫紹/史 2435

孫紹遠/叢 0080

孫琮/史 2191, 史 2195, 集 0520, 集 0521, 集 0892, 集 0893, 集 1913

孫堪/史 1278

孫揚/子 0287, 子 0289

孫森/子 2896

孫雲翼/集 2030, 集 2175, 集 2217, 集 2218

孫鼎/經 0366

孫鼎煊/集 5646

孫景烈/史 2787, 史 2793,

史 2794, 史 2795

孫喬年/集 0529

孫復/經 0016, 經 0827

孫詒燕/集 5235

孫詒績/史 1508

孫詒讓/叢 0108, 經 0243, 經 0529, 經 0530, 經 0531, 經 0636, 經 1184, 經 1187, 經 1455, 經 1456, 經 1457, 經 1458, 經 1459, 經 1473, 經 1474, 史 3046, 史 4179, 史 4184, 史 4209, 史 4210, 史 4211, 史 4212, 史 4213, 史 4214, 史 4291, 史 4292, 史 4294, 史 4311, 史 4320, 史 4360, 史 4363, 史 4378, 子 0590, 子 0591, 子 0596, 子 1285, 子 2041, 子 2042, 子 2051, 子 2385, 子 2386, 子 2387, 集 2166, 集 3623, 集 5666

孫道乾/子 2653, 子 2654

孫湄/經 1421

孫榮/叢 0004, 叢 0007, 叢 0009, 叢 0012, 叢 0015, 叢 0016, 叢 0017, 叢 0026

孫搖意/子 2027

孫楚/集 0003, 集 0007

孫楊/集 3411

孫概/史 2877

孫傳曾/集 4482

孫煜/集 4935

孫慎行/集 0857

孫際可/史 1232

孫際昌/子 1708, 子 1711, 子 1712

孫嘉淦／史 3800

孫毅／叢 0105，經 1195

孫廣／叢 0007，叢 0012，叢 0016，叢 0017，叢 0018

孫廣生／史 2696

孫緒／叢 0010，集 2705

孫綽／集 0003，集 0007

孫維城／史 0869

孫奭／叢 0090，經 0011，經 0012，經 0013，經 0014，經 0015，經 0016

孫蕡／集 0104

孫惠／史 3189

孫德之／集 2239

孫德威／集 5891

孫德祖／史 1500，史 2327，集 5344

孫頠／叢 0016，叢 0017，叢 0097

孫廣南／集 1232

孫履元／子 2647

孫樹雲／集 5152

孫樵／集 0026，集 0039，集 1694，集 1695，集 1696，集 1697，集 1698

孫霖／集 4611

孫穆／叢 0004，叢 0007，叢 0009，叢 0016，叢 0017

孫錫／集 5643

孫錦／史 2429

孫燧／史 0892

孫濩孫／經 0624，經 0625，集 0529，集 0746

孫聯泉／史 4020

孫鍾齡／集 5760

孫謙／史 3059

孫應奎／子 0693

孫應時／史 2482

孫燾／經 0417

孫璧／史 2878

孫璧聯／集 3460

孫鏘鳴／經 0616，史 1355，史 1356，史 1357，史 1457，史 1617，史 3389，史 3993，子 2073，集 2087，集 2088，集 5514，集 5666

孫繩祖／史 3556

孫蘭／叢 0078

孫耀祖／集 0211

孫覺／叢 0083，經 0016

孫繼皋／集 3210

孫鐸／史 2756

孫覿／集 0089，集 2019，集 2020，集 2021

孫鑛／經 0753，經 0776，經 0777，經 0820，經 0937，經 0938，經 0939，史 0031，史 0119，子 0015，子 0051，子 0369，子 0435，子 0504，子 1627，子 1628，集 0027，集 0110，集 0177，集 0178，集 0425，集 3211，集 3212

孫麟／集 5706

孫麟祉／子 1509

孫讜／集 1038

陰中夫／子 2797，子 2798，子 2799，子 2800，子 2801，子 2802

陰化陽／子 2932

陰時夫／子 2797，子 2798，子 2799，子 2800，子 2801，子 2802

陰鏗／集 0009，集 1418

陶士龍／叢 0015

陶大年／集 3034

陶及申／集 4107

陶元藻／史 1612，史 3372，集 4496，集 5496

陶方琦／經 0236，經 0455，經 1234，史 1342，子 2097，子 2095，子 2615，集 5078，集 5079，集 5080，集 5081，集 5513，集 5681，集 5682

陶允淳／集 2751

陶允嘉／集 3326

陶正靖／叢 0101

陶弘景／叢 0001，叢 0005，叢 0007，叢 0009，叢 0013，叢 0015，叢 0016，叢 0017，叢 0018，叢 0039，叢 0040，叢 0041，叢 0043，叢 0067，叢 0068，叢 0072，叢 0097，叢 0100，子 0864，子 2058，子 2059，子 3068，子 3069，集 0003，集 0004，集 0005，集 0006，集 0007，集 1408

陶式玉／子 0977，子 1932

陶在新／集 5186

陶在銘／集 5187

陶有容／史 2183

陶成／史 3076

陶安／集 2509

陶圻／叢 0075

陶叔獻／史 0860

陶易／史 3155

陶季／集 3681

陶岳／叢 0007，史 0603，史 0604，史 0605

陶宗儀／叢 0004，叢 0005，叢 0006，叢 0007，叢 0009，叢 0012，叢 0068，

十一畫

黃允交／叢 0010，叢 0016，
　叢 0017，叢 0018
黃世本／子 1878
黃世重／史 3140
黃可師／子 2244，集 3349
黃可潤／史 2451
黃丙垕／史 2946
黃丕烈／經 0464，經 0521，
　史 4156
黃石公／叢 0006，叢 0009，
　叢 0039，叢 0041，子
　0504
黃生／經 1255，經 1256，集
　1527
黃立世／集 4594
黃永年／集 4299，集 4300
黃邦寧／集 2032
黃式三／經 0230，經 0962，
　經 0963，經 1591
黃百家／叢 0078，經 0162，
　子 1282
黃光大／叢 0006，叢 0009
黃光昇／史 0435，集 1506
黃光煦／集 0932
黃廷用／集 2999
黃廷桂／史 3167
黃廷鑑／叢 0101
黃休復／叢 0004，叢 0005，
　叢 0007，叢 0009，叢
　0014，叢 0015，叢 0016，
　叢 0068，叢 0093，叢
　0100，子 1724，子 1731
黃仲元／經 1139
黃仲炎／經 0016
黃仲昭／史 3181，集 2692
黃任／史 3191，集 4011
黃向堅／叢 0092
黃兆森／集 5760
黃兆熊／史 2632

黃汝成／叢 0194
黃汝亨／叢 0010，叢 0052，
　叢 0053，史 1004，集
　0113，集 3301
黃汝良／史 0304
黃汝和／子 1410，子 1588
黃汝琳／子 2411
黃守拙／子 0290
黃安瀾／史 4154
黃如金／集 0422
黃志述／集 4579
黃克纘／集 3241
黃杞孫／集 4863
黃佐／叢 0010，叢 0024，叢
　0027，叢 0101，史 3234，
　史 3237，史 3843，史
　3853，集 0104，集 2894
黃伯思／叢 0001，叢 0003，
　叢 0007，叢 0020，叢
　0068，叢 0100，子 2297，
　子 2298
黃伯恩／子 1989
黃伯淳／子 0736
黃希文／子 1236
黃希憲／子 2503
黃希聲／史 1233
黃青霄／集 5275
黃玠／集 2378
黃叔琳／經 0179，經 0503，
　經 0638，史 2261，集
　5397，集 5398，集 5399，
　集 5400，集 5401，集
　5402
黃叔璥／史 3832，史 4345
黃叔燦／叢 0101，集 0735
黃虎臣／史 2702
黃尚文／史 0989
黃尚質／集 1253
黃昌衢／集 0841

黃昇／集 5527，集 5532，集
　5537，集 5605
黃易／集 4679
黃佾／史 3228
黃金／史 3215
黃金臺／集 0936，集 0937，
　集 0938，集 0992
黃金璽／子 2766
黃周星／叢 0078，叢 0143，
　集 5760
黃庚／集 2324，集 2325
黃炎／史 3087
黃泳／史 2805
黃治／史 1440，史 1441，集
　5111
黃宗炎／經 0164
黃宗智／集 1252
黃宗羲／叢 0075，叢 0078，
　叢 0092，叢 0101，叢
　0111，經 0162，史 0483，
　史 0767，史 0768，史
　0769，史 0770，史 1027，
　史 1028，史 1107，史
　1108，史 1109，史 1148，
　史 3499，子 0294，集
　0894，集 0895，集 0896，
　集 0897，集 0898，集
　0902，集 1131，集 1253，
　集 3372，集 3601，集
　3602，集 3603，集 3604，
　集 5525，集 5526
黃建中／史 2801
黃承乙／史 1331
黃承吉／經 1255
黃承昊／子 0656，子 1215
黃承勳／集 5656
黃孟威／叢 0063
黃挺華／史 3247
黃省曾／叢 0010，叢 0013，

叢 0016，叢 0017，叢 0018，叢 0028，叢 0035，叢 0039，叢 0040，叢 0041，叢 0075，叢 0101，子 0101，子 0102，子 0103，子 2023，集 0104，集 2987，集 5389

黃佽／子 0685

黃俞言／叢 0063

黃度／經 0016，經 0247

黃庭／集 4679

黃庭堅／叢 0007，叢 0068，叢 0083，叢 0092，集 0089，集 0090，集 0091，集 0095，集 0096，集 0097，集 0098，集 1914，集 1915，集 1917，集 1916，集 1918，集 1919，集 1920，集 1921，集 1922，集 1923，集 1924，集 1925，集 1926，集 1932，集 5537

黃炳／史 1527，集 1253

黃炳垕／史 1374

黃洪憲／叢 0075，史 0384，史 0385，史 2869，子 0265，集 3199

黃祖顯／叢 0101

黃珣／集 1253

黃振／集 5760，集 5841

黃哲／集 0104

黃桂／史 2560

黃烈／史 4113

黃恩綬／集 5189

黃峨／集 2910，集 5617，集 5760

黃羨／集 0104

黃倫／經 0020

黃訓／史 0865

黃衷／叢 0052，叢 0053，叢 0100

黃海／集 1253

黃浚／史 2636

黃家鼎／子 0314，集 0677

黃家舒／集 3625

黃家遴／叢 0075，史 3083

黃宮繡／子 0816，子 0847

黃姬水／叢 0010，叢 0013，叢 0048，集 0104

黃邌／集 3911

黃培芳／史 3561

黃執中／史 2984

黃乾行／經 0600

黃梅峰／經 1119

黃堅／集 0409，集 0410

黃晞／叢 0009，叢 0092

黃國奎／史 3276

黃庶／集 0092，集 1914，集 1915，集 1916，集 1920

黃康弼／集 1115

黃淮／史 0852，史 0853，史 0854，史 0855，史 0856，集 2572

黃淦／經 0042

黃淳耀／叢 0075，集 1583，集 3494，集 3495，集 3496，集 3497，集 3498

黃惕齋／子 1026

黃習遠／集 0637

黃貫曾／集 0062

黃紹文／史 2463

黃紹昌／經 0702

黃紹箕／史 0971，集 5083

黃越／集 4034

黃敬修／集 2551

黃朝英／叢 0004，叢 0005，叢 0006，叢 0007，叢 0009，叢 0014，叢 0015，

叢 0052，叢 0053，叢 0075，叢 0105

黃雲岫／集 4560

黃雯／經 1139

黃鼎／子 1396

黃景仁／集 4579

黃景昉／史 0667，史 0668，史 1017

黃鈞／史 2701

黃尊素／經 1041，集 3355

黃道／叢 0093，集 0104

黃道周／經 0029，經 0628，子 0560，子 1512，子 1711，子 1713，子 2934，子 2935，集 0476，集 3427，集 3428，集 3429

黃媛貞／集 3514

黃瑞／史 1367，史 2986，史 4354，集 1133，集 1149，集 1150，集 1254

黃瑞節／叢 0105，叢 0116，子 0162

黃瑜／叢 0010，史 1619

黃槐開／集 1386，集 1387，集 1388，集 1394

黃虞稷／史 4190

黃暐／叢 0024

黃與堅／叢 0075

黃傳祖／集 0304

黃鈺／史 2967

黃鵬揚／叢 0081

黃義仲／叢 0007

黃義尊／史 3139

黃煜／叢 0092

黃潯／叢 0007，叢 0105，集 2395，集 2396

黃溥／叢 0010，叢 0018，叢 0059

黃溥言／叢 0016，叢 0017

黄滔／集 1714,集 1715

黄慎／子 1461

黄福／集 2566

黄嘉仁／集 1253

黄嘉惠／史 0037,集 0097

黄嘉愛／集 1253

黄壽衮／史 4060

黄榦／叢 0079,集 2173

黄裳／集 1956,集 5531

黄鳴俊／史 0732

黄圖珌／集 4426,集 5760,
　　集 5844

黄銑／史 3170

黄鳳池／子 1762

黄鳳翔／集 0457,集 0680

黄廣／經 0682

黄韶／集 1253

黄端伯／經 0139

黄養蒙／史 3839

黄漢／子 2028,集 1178,集
　　4932,集 4933,集 4934

黄漳／史 3099

黄綰／集 3183

黄璋／史 1029

黄標／叢 0010,叢 0013,叢
　　0026,叢 0030,叢 0031,
　　叢 0034,叢 0101

黄震／叢 0092,子 0207,子
　　0208,子 0209,子 0210

黄遅／經 1147

黄德水／集 0681

黄德基／史 3164

黄德巽／史 3292

黄徹／叢 0006,叢 0007,叢
　　0009,叢 0075,叢 0083,
　　叢 0092,集 5413

黄魯曾／叢 0052,叢 0053,
　　史 0985,史 1162,集
　　1029

黄遵憲／集 5320

黄螢／集 1914,集 1915,集
　　1923,集 1924

黄澍／叢 0067

黄潤玉／叢 0010,叢 0075,
　　子 0400,集 2621

黄澄量／史 4154,集 0906

黄履翁／子 2781,子 2782,
　　子 2783

黄璞／叢 0007

黄樹穀／集 4679

黄機／史 2811,集 5537

黄曉峰／子 0920

黄學圯／子 1870

黄儒／叢 0006,叢 0007,叢
　　0009,叢 0016,叢 0017,
　　叢 0035

黄錫蕃／史 4426

黄諫／叢 0101

黄龍吟／子 2906

黄濾／史 3045

黄澤／叢 0083,叢 0103,經
　　0046

黄憲／叢 0040,叢 0041,叢
　　0067,子 2115,子 2116,
　　子 2117,子 2118

黄憲清／集 4867,集 5856

黄爵滋／史 0959,集 4799

黄變清／史 1475,集 5760,
　　集 5760

黄應嵩／經 0421

黄應澄／史 1684

黄應鵬／叢 0044

黄濤／集 3910

黄潛／叢 0102,集 0941,集
　　5511

黄濟之／子 0805

黄濟叔／子 1874

黄璿／史 3210

黄騏／集 1252

黄檪／經 0016

黄鎮成／經 0016

黄懷祖／史 2632

黄鐎／集 5254

黄繼周／經 0268

黄繼善／叢 0019

黄鶴／集 0073,集 1483,集
　　1484,集 1485,集 1486,
　　集 1487,集 1488,集
　　1489,集 1490,集 1491,
　　集 1492,集 1493

黄鑒／叢 0009

黄霽棠／集 5268

黄體芳／史 0831,史 4084,
　　集 5047

黄鑑／叢 0016,叢 0017

琅玕／史 3671

堵景濂／經 0603

勒德洪／史 0484,史 0485,
　　史 0486

菩蔭／集 5352

菰蘆釣叟／集 5915

梅士享／子 0587

梅士勸／集 0117

梅之煥／集 1430,集 3320

梅文鼎／叢 0078,叢 0092,
　　子 1260,子 1279,子
　　1280,子 1313,子 1314,
　　子 1315,集 3790

梅孝己／集 5760,集 5762

梅建／經 1561

梅純／叢 0024,叢 0026,叢
　　0031,叢 0075

梅堯臣／叢 0003,叢 0006,
　　叢 0007,叢 0009,叢
　　0016,叢 0017,叢 0044,
　　子 0497,集 0089,集
　　0090,集 1801,集 1802

曹憲音／叢 0040，叢 0041，
　叢 0042，經 1199，經
　1200

曹應樞／子 2471，集 0939，
　集 4976

曹應鶴／集 3572

曹籀／集 5072

區簡臣／史 3260

區懷年／集 3521

戚元佐／史 1276，史 3842

戚光／叢 0117，史 0229，史
　0230，史 0231，史 0232，
　史 0233

戚雄／集 1158

戚輔之／叢 0004，叢 0005，
　叢 0007，叢 0008，叢
　0009

戚學標／經 1580，史 3386，
　子 2643

戚繼光／叢 0075，叢 0100，
　叢 0105，子 0516，子
　0517，子 0518，子 0519，
　子 0521，集 3167

盛大士／史 0520，子 2379，
　集 4717

盛弘之／叢 0004，叢 0005，
　叢 0007，叢 0009，叢
　0016，叢 0017

盛百二／經 0032，經 0305，
　經 0306，史 2676，史
　3635，子 2274

盛如梓／叢 0092，子 2177

盛治／史 3123

盛時泰／史 4307

盛符升／集 0392

盛熙明／叢 0080，子 3307

盛儀／史 2510

盛徵璵／集 4717

盛樹人／史 4469

盛錦／集 4404

盛繩祖／史 3307，史 3308

盛繼／史 3276

雪樵居士／集 5760

常安／史 1008

常沂／叢 0097

常建／集 0047，集 0050，集
　0051，集 0062，集 0063，
　集 1437

常倫／集 0104

常棠／叢 0110

常鼐／史 4048

常輝／子 2279

常德／子 0636，子 0645，子
　0646

常璩／叢 0004，叢 0007，叢
　0009，叢 0016，叢 0017，
　叢 0040，叢 0041，叢
　0042，叢 0093，史 0591，
　史 0592

常懋／叢 0007

婁元禮／叢 0010，叢 0013，
　子 0629

婁近垣／史 3533，子 3115

婁堅／集 1036

婁樞／集 0853

婁機／叢 0103，經 1359，經
　1360，經 1361，經 1362

曼殊女史／集 0602

鄂爾泰／經 0504，史 3285，
　史 3299，史 4029，集
　0909，集 4286

國史館／史 1173

崔子方／經 0016，經 0020，
　經 0828

崔子璲／史 1267

崔以學／史 1384，史 1385

崔旦／叢 0027

崔旦伯／叢 0101

崔令欽／叢 0004，叢 0007，
　叢 0009，叢 0012，叢
　0016，叢 0017，叢 0026，
　叢 0042

崔邦亮／集 1893

崔邑俊／史 3176

崔述／史 2325

崔秉敬／史 2995

崔昭／史 2797

崔峒／集 0056

崔紀／經 0190

崔桂林／集 5836

崔桐／史 2535，集 2875

崔致遠／集 1710

崔豹／叢 0022，叢 0040，叢
　0042，叢 0076，子 2295

崔淇／史 2694

崔皋宣／史 2738，史 2739

崔敦禮／叢 0093

崔寔／叢 0007，叢 0186，子
　0100

崔與之／史 1267

崔嘉彥／子 0639，子 0645，
　子 0829，子 0830，子
　0831

崔嘉祥／叢 0110

崔銑／子 2142

崔銑／叢 0010，叢 0016，叢
　0017，叢 0027，叢 0030，
　叢 0075，叢 0101，史
　2705，子 0253，集 0419，
　集 0420，集 2077，集
　2795，集 2796，集 2797

崔鳳鳴／集 5366

崔適／經 0670

崔德華／史 1384，史 1385

崔駰／集 0007

崔曉／史 1267

崔學古／叢 0078
崔學履／史 2402
崔錫／史 3048
崔龍見／史 3139
崔懋／史 2859
崔曙／集 0062，集 0063
崔應階／史 3472，史 4238，
　子 1921，集 5760
崔應榴／經 0032
崔鴻／叢 0040，叢 0041，史
　0594，史 0595
崔顥／集 0050，集 0062，集
　0063
崇恩／集 4875，集 4876
崇德輔／叢 0075
過伯齡／子 1930
過庭訓／史 1024，史 1103
過臨汾／經 0910
笪世基／子 1740，集 5247
笪四基／集 5246
笪重光／叢 0092，子 1740，
　子 1741，集 3706
笪蟾光／史 3458
符之恒／集 4269
符兆倫／集 5207
符葆森／集 0350
符曾／集 4401，集 4402
符驗／史 3845
符觀／集 0759
笠華／史 0794
笠閣漁翁／集 5786
偶桓／集 0792
脱脱／史 0003，史 0004，史
　0005，史 0235，史 0236，
　史 0242，史 0243，史
　0244，集 1861
魚豢／叢 0007，叢 0016，叢
　0017
許一績／史 1621

許乃釗／史 1481
許乃穀／集 4800
許三階／集 5760
許三禮／史 2835
許士佐／集 4129
許之吉／子 2936
許子屏／史 0834
許元淮／經 0474，經 0475
許月卿／集 0089
許以忠／子 2914，集 0871，
　集 0872
許正綬／集 1051
許石甫／史 3985
許禾／集 0975
許弘／子 0721
許邦才／集 0104
許有壬／集 2402，集 2403，
　集 5530
許有穀／史 1119
許光治／叢 0103
許光清／叢 0103
許仲琳／集 6010，集 6011
許自昌／集 0054，集 0055，
　集 0071，集 0072，集
　0085，集 5760，集 5763，
　集 5764
許兆金／經 0602
許兆楨／子 0842
許旭／史 0788
許次紓／叢 0010，叢 0013，
　叢 0051
許汝霖／集 0125
許宇／集 5913
許志進／集 3938
許豸／史 2304
許完／史 3000
許良謨／史 2844，史 2845，
　史 2846，史 2847
許英／集 0972

許叔微／子 0876，子 0877
許昌齡／集 4108
許明／子 1469
許昂霄／集 5485
許受頤／史 1482
許治／史 2475，史 2476
許宗魯／集 0104，集 0187，
　集 2889，集 2890
許承宣／叢 0075
許承祖／集 4437
許承基／集 0956，集 0957
許相卿／叢 0110，史 0139，
　史 0680，集 0104，集
　2883
許奎／集 3964
許重熙／史 0720，集 3348
許彦周／集 5388
許洪／叢 0100
許洞／子 0511，子 0512
許恒／集 5792
許祖京／經 0308，經 0309
許胥臣／經 0318，經 1019，
　經 1020
許珩／經 0523，經 0524
許栽／子 0926，集 1069
許晉／史 2575
許浩／史 2281
許容／子 1807，子 1808
許恕／集 2447
許國／史 0384，集 3119
許國年／集 5282
許國忠／史 3066
許進／叢 0027，叢 0034
許琳／集 0066
許琰／史 3504
許琯／史 3020
許堯佐／叢 0016，叢 0097
許敬宗／集 0062，集 0063，

集 0065

許棐／叢 0001，叢 0006，叢 0009，叢 0075，叢 0110，集 0088，集 0092

許棠／叢 0016，叢 0017，集 0066

許開／子 1671

許景迁／叢 0004，叢 0007，叢 0009

許景衡／集 1991

許順義／經 0027，史 0385

許敦俅／史 2847

許渾／集 0048，集 0058，集 0066，集 1668，集 1669，集 1670

許夢閎／史 2834

許楚／集 3575

許傳考／史 1622

許傳囊／集 5128，集 5129

許慎／經 1275，經 1276，經 1277，經 1278，經 1279，經 1284，經 1285，子 2080，子 2091，子 2092

許槤／集 0557

許聞造／集 2883

許遜翁／史 2211

許誥／史 0330

許廣颺／集 5547

許榮勳／史 4250

許肇封／集 4627

許鼐穌／史 4389

許綸／集 2116

許增／史 1049，子 2488，集 5263，集 5694

許穀／子 1931，集 0104

許震蕃／集 1014

許樂善／子 2988

許德士／史 1288

許德裕／史 1502，集 5343

許劍青／集 5353

許論／子 0487

許賡藻／集 5136

許潮／集 5737

許衡／叢 0007，叢 0075，叢 0079，叢 0120，經 0016，集 2352，集 2353，集 2354，集 2355

許獬／集 3305，集 3306

許謙／叢 0075，叢 0119，經 0016，經 1001，集 2361，集 2362，集 2363

許應元／集 0104

許燦／集 4493，集 4499

許鴻遠／集 1141

許顗／叢 0001，叢 0003，叢 0007，叢 0037，叢 0068，集 5390

許瀚／經 1327

許寶善／集 5647，集 5725，集 5881，集 5967

許繼／集 0104

許鐵珊／史 4470

許夔臣／集 0935

許觀／叢 0007，叢 0016，叢 0017，叢 0097

許纘曾／叢 0081，叢 0082，叢 0097

許讚／子 0252

麻三衡／叢 0103

麻衣道者／叢 0025

庾肩吾／叢 0007，叢 0012，叢 0016，叢 0017，叢 0040，叢 0041，叢 0048，集 0003，集 0007

庾信／集 0003，集 0004，集 0005，集 0006，集 0007，集 0009，集 1412，集 1421

庾翼／叢 0007，叢 0009，叢 0012，叢 0016

康乃心／史 2608

康有爲／子 1702

康呂賜／史 2796

康伯／經 0015

康河／史 3112

康愷／子 1960

康海／史 2791，史 2792，史 2793，史 2794，史 2795，集 0104，集 0105，集 2777，集 5871

康基淵／史 2735

康進之／集 5760

康從理／集 0104，集 3206

康紹第／史 2732

康紹鏞／史 0955

康善述／史 3262

康僧會／子 3130

康駢／叢 0009，叢 0068，叢 0100

康應乾／叢 0054

康譽之／叢 0004，叢 0007，叢 0009，叢 0013，叢 0016，叢 0026，叢 0075

康麟／集 0662

鹿善繼／集 3340

章一陽／經 1038

章大吉／經 0781

章大來／集 1125，集 4132

章正宸／史 1298

章世法／史 3507，史 3750，史 3751，集 4124

章世純／子 0291

章平事／史 2968

章占禮／史 1609

章玄恩／集 5857

章弘／史 2674

章邦泰／集 1125

子 0655，子 0695，子 0696，子 1164

張公庠／集 0017

張文介／子 3120

張文郁／史 1373，集 1234

張文虎／史 0029，史 0058，史 0059

張文炎／集 0856

張文柱／子 2408，子 2409，子 2410，子 2411，集 0104

張文海／史 3240

張文瑞／史 3656，史 3657，集 4240

張文熙／史 2796

張文龍／子 3049

張文蘬／史 1434

張文燿／史 0569

張文麟／叢 0101

張方／叢 0007，叢 0016，叢 0017

張方平／集 1833

張方泌／子 1173

張方湛／經 1161

張心其／集 5941

張夬／史 3706

張丑／叢 0010，叢 0013，子 1633，子 1634，子 1635，子 1636

張孔瑛／集 3522

張以寧／經 0016，集 0104，集 2513，集 2514

張允祥／叢 0078

張玉書／經 1419，子 2975，子 2976，集 0323，集 3754，集 3755

張正見／集 0003，集 0007

張正茂／叢 0078

張正宰／集 4597，集 4749

張世仁／集 1236

張世昌／集 1236

張世政／集 5346

張世南／叢 0004，叢 0005，叢 0007，叢 0009，叢 0016，叢 0017，叢 0036，叢 0037，叢 0092

張世瑞／經 1509

張世犖／經 0204

張世賢／子 0703，子 0704，子 0705，子 0706，子 0834，子 0835，子 0836

張世寶／子 1533

張可大／集 3313，集 3365

張可久／集 5877

張可述／史 3178

張平叔／子 3038

張四科／集 4486

張四維／子 0474，集 5760，集 5764

張丘建／叢 0092

張令儀／集 4115

張用修／史 3399

張永年／子 1941

張永祚／子 1269

張永銓／集 3946

張弘至／集 2685

張弘道／史 1685，史 1686

張耒／叢 0004，叢 0007，叢 0009，叢 0012，叢 0014，叢 0015，叢 0068，叢 0075，叢 0083，經 0016，子 2137，集 0089，集 0098，集 1933

張邦奇／集 2821，集 2822，集 2823

張邦基／叢 0007，叢 0016，叢 0036，叢 0037

張邦幾／叢 0007，叢 0016，

叢 0037

張吉／子 0241，集 2710

張在辛／子 1812

張有／經 1356，經 1357

張存中／經 0016

張存紳／子 2332

張成招／經 0762

張成渠／經 1593

張成德／史 2620

張至龍／集 0088，集 0092

張光／叢 0007，集 5531

張光孝／集 2834

張光祖／史 2737

張光第／史 1503，集 5284

張光啓／史 0302，史 0303，史 0317，史 0349

張先／叢 0092，經 1356

張廷玉／史 0005，史 0461，史 0462，史 0463，史 0848，史 3935，史 3936，子 0333，子 1899，子 2982，集 0985，集 3971

張廷枚／集 2433，集 3114，集 4552，集 4553

張廷寀／史 2630

張廷琼／集 4888

張廷琛／史 1113，史 1143，集 1147

張廷登／子 2506

張廷楠／史 1624

張廷榜／史 2552

張廷綱／史 2413

張廷儀／經 0430

張廷濟／史 4250，史 4435，史 4436，集 0964，集 4715

張仲文／叢 0004，叢 0006，叢 0007，叢 0009，叢 0016，叢 0017

張仲遠／叢 0093

張仲璜／集 5892，集 5893

張自烈／叢 0075，經 1417，
　　經 1418，集 1385，集
　　1386，集 1387，集 1388，
　　集 3520

張自超／經 0899

張行成／叢 0007，叢 0025，
　　叢 0068，叢 0093，叢
　　0100，子 1340，子 1341，
　　子 1344

張行孚／經 1330，經 1331

張兆棻／集 5139

張旭初／集 5876

張次仲／集 3434，集 3435

張汝瑚／集 0115

張汝霖／經 0122，史 3404，
　　史 3405，集 1043

張汝璧／子 1251

張淳／叢 0083

張宇初／集 2552

張守／叢 0083，集 0330

張守節／史 0003，史 0004，
　　史 0005，史 0016，史
　　0017，史 0018，史 0019，
　　史 0020，史 0021，史
　　0022，史 0023，史 0024，
　　史 0025，史 0026，史
　　0027，史 0028，史 0029，
　　史 0034，史 0035，史
　　0037，史 0038，史 0040，
　　史 0041，史 0042

張羽／集 0102，集 0104

張戒／叢 0005，叢 0006，叢
　　0007，叢 0009，叢 0075，
　　叢 0083

張圻／經 0196

張孝祥／集 0092，集 5537

張均／集 5131

張志奇／史 2421

張志和／叢 0007，叢 0092，
　　子 0009，子 3071

張志燧／史 1509

張志聰／子 0655，子 0750

張芹／叢 0010，叢 0013，叢
　　0024，叢 0026，叢 0075，
　　叢 0101

張芳／叢 0078

張杏濱／集 0374

張岐然／經 0883

張伯行／叢 0079，史 3648，
　　集 0025，集 2086

張伯淳／集 2333

張伯端／叢 0050，子 3037，
　　子 3091，子 3092，子
　　3093，子 3094，子 3095

張伯樞／經 0138

張位／叢 0010，叢 0053，叢
　　0091，經 1534，子 2526

張希良／集 3738

張希堯／子 1451

張孚敬／史 0905，史 3038，
　　集 2897

張豸冠／叢 0191

張含／集 0075，集 0104，集
　　0665，集 2837

張亨格／集 1234

張沐／史 2684，子 0323

張良／叢 0041

張良臣／集 0092

張良知／史 2745

張君房／叢 0004，叢 0007，
　　叢 0097，子 3089，子
　　3090

張劢／集 0032

張表臣／叢 0001，叢 0003，
　　叢 0007，叢 0009，集
　　5388，集 5390

張坦熊／史 3064

張其文／史 3069

張其維／史 3122

張若／史 2779

張若齡／集 5671

張英／叢 0159，史 2159，子
　　2962，子 2963，子 2964

張松孫／集 5403

張雨／叢 0092，史 3424，集
　　0030，集 2441，集 2442，
　　集 5531

張協／集 0007

張尚瑗／史 3394，史 3395

張杲／子 1122，子 1123，子
　　1124

張果／史 1626，子 3084

張昇／集 2696

張明焜／史 2994

張固／叢 0004，叢 0007，叢
　　0009，叢 0012，叢 0016，
　　叢 0017，叢 0018，叢
　　0051，叢 0075

張知甫／叢 0093，叢 0105

張秉銓／集 5240

張佳胤／集 0104

張岳／史 3193，集 2886

張岱／經 1055，史 0256，史
　　1040，史 1184，史 1185，
　　史 1186，史 1187，子
　　2250，集 3558

張佩芳／史 3477，集 1572

張金圻／集 5248，集 5249

張金吾／叢 0092，史 1413

張采／史 1065，集 0599，集
　　0600，集 0606，集 0607，
　　集 0608

張采田／史 1345

張受孔／子 0905

張受長／史 0952，史 1629

張逢年／集 4572

張逢祚／史 1631

張衮／集 0104

張唐英／叢 0005，叢 0007，叢 0009，叢 0012，叢 0075，叢 0093，叢 0105

張海／史 2589

張海鵬／叢 0100，叢 0101

張浚／叢 0103，經 0016

張家榴／史 3146

張容斿／子 0947

張翀／叢 0051

張能臣／叢 0007，叢 0016，叢 0017

張能鱗／子 1705

張能麟／子 0018

張純／叢 0112，子 2202

張純修／史 2561

張統／叢 0027，叢 0034

張理／經 0016

張逵／史 0904

張掄／叢 0068，集 5607

張著／叢 0007，集 2556

張萊／史 3469

張彬／史 3214

張梯／史 2752

張堅／集 5760，集 5828

張問達／集 2770

張國坺／史 1630

張國祥／史 3531，子 3125

張國寶／集 5760

張崇仁／史 2170

張崇鈞／子 1962

張符升／集 4408

張符驤／集 4067

張敏同／叢 0094

張從正／子 0645

張袞／史 2503

張庸／集 2548

張翊／叢 0007，叢 0016，叢 0017

張翊儁／集 0252，集 5058，集 5059，集 5060

張商英／叢 0009，叢 0039，叢 0040，叢 0041，子 0487，子 0503，子 0504，子 3130，子 3307

張淑載／史 2685

張淏／叢 0003，叢 0006，叢 0007，叢 0009，叢 0016，叢 0017，叢 0026，叢 0083

張淮／集 5217

張淦／叢 0102

張深之／集 5740，集 5741

張梁／集 0240

張惟善／史 1628

張惟登／史 1628

張惟賢／史 0482

張寅／史 2526

張隆孫／子 2995

張習孔／叢 0078，經 0166

張參／叢 0090，經 1349，經 1350

張紳／叢 0035

張紹謙／集 2584，集 2585

張琦／集 0104，集 5548

張琰／子 1094

張琮／史 2738，史 2739

張堯同／叢 0075

張越英／子 3005

張貫／集 4651

張揖／叢 0040，叢 0042，叢 0044，經 1199，經 1200，經 1231，經 1234

張揆方／集 4016

張萬鐘／叢 0078，子 2024

張敬謂／集 4981

張萱／經 1252，史 4099

張朝瑞／史 1692，集 1156

張惠言／經 0032，經 0217，經 0218，經 0568，集 4712

張雲章／集 3915

張雲路／集 0443

張雲璈／集 4739

張雲錦／集 4250，集 4639

張敞／叢 0007，叢 0016，叢 0017，叢 0018

張鼎思／叢 0010，經 0536，子 2531

張開東／集 4645

張開運／史 1631

張景／子 0616

張景祁／集 5193

張景星／史 0371

張惣／叢 0078

張喬／集 0066

張傑夫／史 3200

張鈇／集 2723

張欽／史 2610

張爲／叢 0093

張舜民／叢 0003，叢 0007，叢 0014，叢 0037，叢 0092，集 1940

張詠／集 0089，集 1723

張敦仁／叢 0092，經 0032，經 0575

張敦實／叢 0092

張敦頤／叢 0007，叢 0016，叢 0042，集 1636，集 1637，集 1638，集 1639，集 1640，集 1641，集 1642

張道／史 3298，史 3833，集 5515

張道宗／史 3408

張道洽／集 0092

張道浚／叢 0075

張曾裕／集 3929

張湛／子 0003，子 0005，子 0006，子 0007，子 0469，子 0470，子 0471，子 0472，子 0473

張淵懿／集 5545

張湄／集 4219，集 4220

張運泰／集 0506

張裕穀／集 4642

張祿／集 5908，集 5909

張晝／子 1468

張弼／集 0104，集 2684，集 2685

張登／子 0657，子 0763，子 0764

張登雲／子 0013

張綖／集 2869，集 5527，集 5718

張瑞圖／經 0596，集 3325

張瑗／史 2546

張載／叢 0079，叢 0163，經 0016，經 0057，子 0018，子 0019，子 0116，子 0118，子 0119，子 0120，子 0123，子 0124，子 1869，集 0007

張載華／集 5485

張壎／史 2778，集 4471

張遠／史 2966，集 1534，集 1535，集 3784，集 3785

張聖業／史 2681

張聖誥／史 2733

張夢柏／史 2462

張夢錫／子 1785

張夢義／集 4986

張蔭椿／史 4109

張楚叔／集 5876

張楷／集 4779

張甄陶／經 0918，經 1104

張虞侯／叢 0063

張暘／史 2829

張照／經 0730，子 1657，集 4033，集 5760，集 5829，集 5830

張園真／史 2909

張榘／集 5537

張詩／集 0104

張意／集 0104

張雍敬／集 5823

張煌言／集 3500，集 3501，集 3502，集 3503，集 3504，集 3505，集 3506，集 3507，集 3508，集 3509，集 3510，集 3511

張煌曾／史 4334

張潛／集 1521，集 1522

張溥／經 0285，經 0378，經 0740，經 1010，經 1049，經 1050，史 0074，史 0497，史 0507，史 0509，史 0854，史 0855，史 0856，史 2310，集 0007，集 0008，集 0495，集 0622，集 3473，集 3474

張源／集 4905

張溶／史 0478，史 0479，史 0480，史 0481

張愷／史 2497

張愷勳／集 5760

張福鑌／史 0838

張遜業／集 0052

張際亮／集 4801

張預／子 0552，子 0553，子 0554，子 0555，子 0556，集 5680

張經綸／史 3239

張璉／史 2772

張瑤芝／集 3884，集 3885

張嘉和／經 1375，史 0454

張嘉祿／子 2311

張嘉楨／經 1080，集 2172

張嘉慶／經 1437

張壽／叢 0092，集 0030，集 1031，集 5529

張塿／史 2177，史 2178，集 5396

張壽卿／集 5760

張綦毋／集 4591，集 4592，集 4593

張熙純／集 4614

張蔚然／叢 0010

張榜／經 0820，經 0879，史 2199，子 0575，子 0576，子 0582，子 0583，子 0584，子 0610，子 2093

張輔／史 0473，史 0683

張爾岐／叢 0096，經 0161，經 0555，經 0638

張戩／史 2860

張睿卿／史 0379，史 0393

張鳴鳳／子 1451

張鳴鐸／史 2630

張鳴鸞／叢 0112

張毓翰／史 2789，史 2790

張僧鑒／叢 0004，叢 0007，叢 0009

張銑／集 0153，集 0154，集 0155，集 0156，集 0157，集 0158，集 0159，集 0160，集 0161

張銓／史 0438

張鳳翔／集 0104

張鳳翼／叢 0010，叢 0016，叢 0017，叢 0018，叢 0063，史 2474，集 0165，

集 0166，集 0167，集 0168，集 0169，集 0170，集 0171，集 0172，集 0173，集 0174，集 0175，集 0176，集 1315，集 5760，集 5762，集 5763，集 5764

張鳳藻／子 1421，子 1488

張説／叢 0007，叢 0016，叢 0017，叢 0083，叢 0097，集 0037，集 0050，集 0063

張端義／叢 0004，叢 0007，叢 0009，叢 0016，叢 0050，叢 0068，叢 0100，子 2173

張適／叢 0078

張齊賢／叢 0005，叢 0007，叢 0009，叢 0092

張養浩／叢 0054，叢 0096，史 3863，史 3864，集 2318

張榮／集 4090

張漢／史 2682

張賓／集 1004

張賓鶴／集 4137

張窯／集 2042，集 2043

張寧／叢 0010，叢 0051，叢 0052，叢 0053，叢 0075，叢 0110，集 2660

張實居／叢 0149

張蕭／經 0779，經 0780，史 3777，子 0283，集 0113，集 0472，集 3319

張綱／集 0092，集 5594

張綱孫／叢 0078

張維／經 1356

張維屏／集 4885

張維樞／集 2395

張維霑／子 1853

張綸／叢 0010，叢 0030，叢 0031，子 2509

張資庵／史 1623

張敷華／史 0895

張遺／集 1235

張儉／集 2863

張儋之／史 3502

張德夫／史 2474

張德純／集 1330，集 1331

張德堪／史 1306

張德新／子 1894

張德輝／叢 0010

張德謙／子 1637

張誼／叢 0010

張慶奎／集 4941

張瑩／叢 0007

張澍／史 1680

張潮／叢 0078，集 0826，集 0994，集 5545，集 5944

張澪／叢 0078

張潑／叢 0101

張履／經 1184

張履祥／叢 0075，叢 0145，經 1064，集 3608

張履勳／史 0958，史 4089

張豫章／集 0031

張璠／經 0045

張燕昌／史 4244，史 4245，史 4246，史 4247，史 4310，集 1066，集 1067

張機／子 0642，子 0645，子 0713，子 0714，子 0715，子 0775，子 1160

張輯／集 5529

張融／集 0007

張穆／史 1388，史 1399，史 4260，集 4874

張興權／史 0576

張學舉／集 4411，集 4412

張學戀／史 3657

張學禮／叢 0081，叢 0097，史 4402

張儗／叢 0105

張衡／叢 0007，史 2813，集 0003，集 0007

張錫駒／子 0746

張錫懌／集 5545

張穎／經 1529，史 2740

張諴／史 2891

張凝道／史 1685，史 1686

張燧／史 2306，史 2307

張熷／史 3732，集 4430

張澤／集 3448

張澹煙／史 3541，史 3542

張憲／集 2448

張寰／集 0104

張隱／叢 0007

張縉彥／史 3490，集 3590

張璨／集 0921

張璐／子 0657，子 0699，子 0771

張駿／集 4979

張擬／叢 0007，叢 0012，子 1926，子 1927

張聯元／史 2983，史 3515，史 3516，史 3719

張蓋／叢 0078，史 2997，史 2998

張懋／史 0474

張懋延／集 5516

張懋辰／子 2405

張懋寀／子 0002

張懋賢／叢 0035

張鎡／叢 0003，叢 0007，叢 0035，叢 0092，子 2500，集 5535

張爵／史 3312

0088，叢 0097，經 1224，
經 1225，子 0009，子
0011，子 0095，子 0096，
子 0097，子 1333，子
1334，子 1335，子 1336，
子 1337，子 1338，集
0003，集 0004，集 0005，
集 0006，集 0007，集
1300

喆壽生／集 0558

揭傒斯／叢 0044，集 2388，
集 2389

揭暄／子 0540，子 0541，子
1592

彭大雄／子 1427

彭大雅／史 0645，史 0646，
史 0647

彭大翼／子 2892，子 2893

彭元瑞／叢 0101，經 1571，
史 0095，集 0094，集
0776，集 4439，集 4440

彭文煒／經 0158

彭方周／史 2472

彭以明／史 2174

彭申錫／子 1365

彭用光／子 0895

彭年／叢 0010，叢 0013

彭汝實／叢 0027

彭汝礪／集 0092

彭汝讓／叢 0010，叢 0013，
叢 0050

彭好古／子 1448，子 3109

彭叔夏／叢 0075，叢 0083，
叢 0092

彭采／叢 0004

彭宗因／集 3385

彭宗孟／叢 0110，史 0933

彭定求／子 0315，集 0697，
集 3712

彭時／叢 0010，叢 0016，叢
0017，叢 0018，叢 0024，
叢 0031，叢 0059，叢
0101，史 2358

彭乘／叢 0006，叢 0007，叢
0009，叢 0026，叢 0037，
子 2130

彭孫貽／史 0729，史 0731，
史 2314，史 2885，子
2450，集 3630，集 5620

彭孫遹／叢 0075，集 3750，
集 5621

彭耜／子 0392

彭啓豐／集 4205，集 4206

彭紹升／集 4446

彭期生／集 0118，集 3354

彭寧求／叢 0075

彭劍南／集 5760，集 5850

彭遵泗／叢 0101，史 0736

彭頤／經 0606，經 0607，經
0608，經 0609

彭曉／子 3041

彭澤／史 2542

彭龜年／叢 0083

彭翼宸／史 2590

彭蘊章／史 4255

彭蘊琳／史 1409

彭簪／史 3543

彭鵬／集 3758

達摩／子 1121

揆敍／史 2384，集 3918

斯邁德／史 1564

葉士寬／史 2623

葉士龍／子 0173

葉大椿／子 1084

葉大慶／叢 0083

葉小紈／集 1256，集 1257，
集 5760

葉小鸞／叢 0078，集 1255，

集 1256，集 1257，集
3537

葉子奇／叢 0010，子 2184，
子 2185，子 2186，子
2187，子 2188

葉子穀／子 2568

葉元堦／集 5703

葉少蘊／叢 0004

葉文齡／子 1125

葉方藹／子 0302，子 0303，
子 0304，子 0305

葉以英／史 1634

葉世偁／集 1255，集 1256

葉世俗／集 1255

葉吉臣／集 5144

葉臣遇／史 3871

葉光耀／集 5625

葉先登／史 2642

葉廷珪／叢 0007，子 2746，
子 2747

葉延祥／史 3785

葉向高／叢 0049，經 0874，
史 0387，史 0388，史
0389，史 0929，集 0882，
集 0883，集 3247，集
3248

葉名灃／集 5049

葉如圭／集 5160

葉志淑／史 3066

葉芳／集 0104

葉兊／集 2531

葉忱／集 0718

葉良表／集 5760，集 5787

葉良佩／史 2996，集 2924，
集 2925，集 2926，集
2927

葉長揚／史 2509

葉抱崧／集 1005，集 1006

葉其蓁／子 1051

葉英元/集5211

葉秉敬/叢0010,叢0016,
叢0017,叢0018,叢
0061,經1035,經1036,
史3014,子0440

葉佩蓀/經0208

葉金壽/子1984,集5074

葉采/子0136,子0137,子
0138,子0139,子0140,
子0141

葉宗魯/史3952

葉封/史3495

葉茵/集0092

葉映榴/集3757

葉風/子1027

葉奕苞/叢0103

葉紈紈/集1255,集1256,
集1257

葉泰/子1500

葉恭煥/史4342

葉桂/子0817,子0922,子
1142,子1143,子1144,
子1145,子1146,子
1147,子1148,子1149

葉時/經0016,經0471,經
0472,經0473,經0474,
經0475,經0476

葉逢時/史1022

葉菁/集3903

葉棻/集0771,集0772

葉盛/叢0010,叢0027,叢
0034,史4123,史4321,
子2430,子2431

葉盛篆/子1225

葉堂/集5927,集5928,集
5929,集5930

葉清臣/叢0007

葉淶/史3294

葉隆禮/叢0007,叢0009,

叢0026,叢0042,史
0629,史0630,史0631,
史0632

葉紹泰/叢0067,集0508

葉紹袁/集1255,集1256,
集1257,集3537

葉紹翁/叢0004,叢0005,
叢0006,叢0007,叢
0009,叢0092,集0092

葉森/叢0093

葉棟/集0718

葉蓁/集0745,集4527

葉夢得/叢0001,叢0003,
叢0004,叢0005,叢
0006,叢0007,叢0009,
叢0014,叢0015,叢
0016,叢0017,叢0037,
叢0068,叢0075,叢
0083,叢0100,經0016,
經0020,子2140,子
2141,集0089,集1997,
集1998,集1999,集
5390,集5537

葉蒸雲/史0822

葉煥章/經0912

葉寘/叢0004,叢0006,叢
0009

葉靜宜/集5702

葉嘉楍/史1361,集4860,
集4861

葉銘/史3232

葉適/叢0004,叢0068,子
2162,子2163,集0089,
集2150,集2151,集
2152,集2153,集2154,
集2155,集2156,集
2157,集2158,集2159,
集2160,集2161,集
2162

葉賁/子2764,子2765

葉澐/史0398

葉燕/經0414,集4714

葉翰仙/集5702

葉樾/叢0003

葉樹滋/集4954

葉錦/子1825

葉澹宜/集5702

葉憲祖/集3360,集5737,
集5760,集5763,集
5764

葉聯芳/史3207

葉燮/史2485,集5474

葉濬發/史3902

葉簡裁/史3371,集1117

葉獻論/史3192

葉觀國/集4364

葉□/叢0006,叢0007,叢
0009,叢0105,子1062

萬士和/集0104,集3032,
集3033

萬世德/子0487

萬立鈞/史4085

萬民英/子1562

萬邦孚/子0900,子1075,
集3168,集3169

萬光泰/經1297,集4436

萬廷言/史0999

萬廷樹/史2799

萬廷謙/史3018,史3019

萬廷蘭/集4377

萬全/子0649,子0650,子
1013,子1069,子1070,
子1071,子1072

萬兆龍/史2709

萬安/史2359,史2360,史
2361,史2362

萬言/史1115,集3809

萬表/叢0101,子0900,子

2512,子 2513,子 2514,
　集 0104,集 0667,集
　0851,集 2901
萬亞蘭／史 2882,史 2883
萬尚文／叢 0051
萬育水／子 1452
萬承天／經 1374
萬承勛／叢 0111
萬承勳／集 1104,集 4109,
　集 4110,集 4111,集
　4112,集 4113,集 4114
萬炯／史 2754
萬泰／叢 0078
萬羨／史 2748
萬時華／集 0117
萬釗／集 5691
萬達甫／集 3168,集 3169
萬斯大／叢 0107,經 0032,
　經 0033,史 1646
萬斯同／叢 0101,經 0036,
　史 0257,史 0258,史
　0259,史 0402,史 0408,
　史 1034,史 1035,史
　3586,史 3937,子 1686,
　子 2347,集 3168,集
　3169,集 3808,集 5632
萬虞愷／集 0693
萬經／史 2927,史 2928,子
　1690
萬維翰／史 4052
萬澍／集 4245
萬潛齋／子 1117
萬樹／集 5545,集 5721,集
　5722,集 5723,集 5724,
　集 5760,集 5809
葛天民／集 0092
葛可九／子 0656
葛立方／叢 0007,叢 0075,
　集 0092,集 5390,集

5414,集 5537
葛芝／子 2257
葛臣／史 2752
葛守禮／集 2968
葛長庚／子 0391,集 0005,
　集 2199,集 2200,集
　2201,集 2202,集 2203
葛其仁／經 1223
葛宜／集 3786
葛洪／叢 0004,叢 0006,叢
　0007,叢 0009,叢 0014,
　叢 0015,叢 0016,叢
　0017,叢 0018,叢 0035,
　叢 0037,叢 0039,叢
　0040,叢 0041,叢 0042,
　叢 0049,叢 0053,叢
　0067,叢 0068,叢 0092,
　叢 0097,叢 0100,史
　2269,史 2270,子 0009,
　子 0656,子 0864,子
　2671,子 3060,子 3061,
　子 3062,子 3063,子
　3064,子 3065,子 3066,
　子 3117,子 3118
葛起耕／集 0092
葛臬／集 3363
葛郯／集 5531
葛寅亮／經 0096,經 1034,
　史 3720
葛雲飛／史 3433
葛勝仲／集 5537
葛詠裳／集 5092
葛雍／子 0636,子 0645,子
　0646
葛鳴陽／經 1356
葛鼏／集 0503
葛鼐／經 0010,集 0503,集
　1613
葛錫璠／史 0120

董大倫／集 1038
董天工／史 3550
董天錫／史 3112
董元宿／經 1435
董元愷／集 5627
董曰申／史 2536
董公振／史 4053
董文驥／集 3704
董以寧／集 3771,集 5628
董以謙／集 4907
董正／史 2681
董正國／集 1229
董正揚／集 4768,集 4769,
　集 4770,集 4771
董史／叢 0092
董西園／子 1228
董光宏／集 3307
董廷獻／史 1649
董仲舒／叢 0004,叢 0007,
　叢 0009,叢 0039,叢
　0040,叢 0041,叢 0067,
　叢 0088,經 0929,經
　0930,經 0931,經 0932,
　經 0933,經 0934,經
　0935,經 0936,經 0937,
　經 0938,經 0939,子
　0068,集 0003,集 0004,
　集 0005,集 0006,集
　0007
董份／集 0111
董玘／集 2793,集 2794
董志稷／史 3738
董含／子 2260
董幵／叢 0016,叢 0017
董沛／集 1109,集 5334
董其昌／叢 0010,叢 0075,
　史 3733,史 4133,子
　1629,子 1630,子 1631,
　子 1632,子 2482,集

閔景賢／叢 0063

閔無頗／集 0496

閔夢得／經 0754

閔齊伋／經 0816，經 0821，
　經 0822，經 1411，經
　1412，史 0552，史 0571，
　史 0572

閔齊華／集 0177，集 0178

閔邁德／集 0486

閔聲／子 0487，子 0488

閔鑛／經 1182，史 3710

閔鶚元／史 0953

閔寶樑／史 2907

閔麟嗣／史 3474

喇沙里／經 1057

景日昣／史 3496，史 3763

景芳／史 2707

景星／經 0016，集 4802

景星杓／集 4175

景煥／叢 0004，叢 0006，叢
　0007，叢 0009，叢 0016，
　叢 0017

單本／集 5760，集 5763，集
　5764

單可琪／經 1585

單宇／叢 0010

單祐範／集 1631

單隆周／子 2829

單復／集 1504，集 1505

單爲鏓／集 1631

單瑤田／集 5760

單慶／史 2863，史 2864

單鍔／叢 0105

單鐸／經 0915

單□／集 3409

喻仁／子 0635

喻文偉／史 2524

喻正己／叢 0007

喻成龍／史 3482，史 3483

喻安性／集 3302

喻傑／子 0635

喻昌／子 0663，子 0664，子
　0665，子 1137，子 1138，
　子 1160

喻昌嘉／子 1091

喻冕／子 1475

喻梟／集 0066

喻端士／集 5469

黑璊／子 0147

無如子／叢 0063

無垢子／子 3079，子 3223

嵇永仁／集 3803，集 5760，
　集 5811，集 5812

嵇仰洙／經 1463

嵇含／叢 0001，叢 0003，叢
　0007，叢 0009，叢 0016，
　叢 0017，叢 0040，叢
　0041，叢 0044，叢 0097，
　子 1959

嵇康／叢 0067，集 0003，集
　0004，集 0005，集 0006，
　集 0007，集 0009，集
　1362，集 1363

嵇璜／史 3905，史 3906

程一極／集 3369

程一楨／史 1684

程一礎／子 0376

程士範／史 2659

程大年／子 1811

程大位／子 1307

程大昌／叢 0005，叢 0006，
　叢 0007，叢 0009，叢
　0015，叢 0026，叢 0042，
　叢 0075，叢 0083，叢
　0093，叢 0100，經 0016，
　經 0046，史 3689，子
　2152，子 2299，集 5541

程大約／子 1968

程川／子 0170，子 0171

程之章／集 4442

程天相／史 1618

程元愈／史 3680

程升／集 5362

程化騄／集 0877

程文／史 2461

程文修／集 5760

程文德／集 2945，集 2946

程文憲／叢 0010，叢 0016，
　叢 0029，叢 0059

程以寧／子 0391

程允基／子 1913

程玉潤／經 0125

程正敏／叢 0007

程正揆／集 3577

程世京／集 2365，集 2366

程世錫／史 3764，史 3765

程本立／集 0101

程可中／集 3366

程可則／集 0120，集 3715

程永培／子 0656

程弘賓／經 0277

程弘毅／叢 0078

程邦勳／集 1004

程芝華／史 4438

程有亮／史 1638

程光袒／史 1386

程光禮／史 0944

程回／叢 0004

程廷祚／經 0294，經 0669，
　經 0909

程廷濟／史 3084

程名世／集 5728，集 5729

程充／子 1178，子 1179

程汝繼／經 0123

程羽文／叢 0010，叢 0011，
　叢 0078

程克榮／史 1637

喬億／集 0742，集 4483，集
　4484

喬履信／史 2769

喬懋敬／史 1002

傅大業／史 3476

傅山／子 1029，集 3580

傅王露／史 3623，史 3624，
　史 3625，史 3626，史
　3627，史 3628，史 3629

傅元愷／子 2016

傅文淵／子 1362

傅以綏／集 5165

傅以禮／史 0784，史 1118，
　史 1534，史 2149，史
　2186，史 3965，史 3966，
　子 1296，子 2613

傅世垚／經 1425，經 1426，
　經 1427，經 1428

傅占衡／集 3598

傅玄／叢 0004，叢 0009，叢
　0083，叢 0084，子 0107，
　子 0108，子 0109，集
　0003，集 0007

傅廷鉞／史 3775

傅汝舟／叢 0063，史 3175，
　集 0104，集 3399

傅若金／集 2409，集 2410，
　集 2411

傅肱／叢 0001，叢 0003，叢
　0007

傅宗龍／史 4008

傅咸／集 0003，集 0007，集
　1364

傅禹／子 0539

傅亮／叢 0007，叢 0016，叢
　0017，集 0007

傅恒／經 0206，經 0207，經
　0406，經 0407，經 0916，
　經 1466，史 3302，史

3818

傅冠／集 3418

傅眉／集 3580，集 3683

傅振商／集 0199，集 0473，
　集 1510，集 1511

傅起岩／集 0104

傅起儒／經 1423

傅起巖／集 0104

傅栻／子 1882，子 1884

傅崧卿／經 0016，經 0637

傅寅／叢 0083，叢 0105，經
　0016

傅習／集 0786

傅雲龍／史 4265，集 5230，
　集 5231，集 5232，集
　5233

傅椿／史 2467

傅鉞／子 2521，子 2522

傅遜／經 0772

傅爾英／史 2757

傅察／集 0092，集 1980，集
　1981

傅鼐／史 4031

傅維橒／史 2427

傅德輝／史 1525

傅霖／子 0617

傅澤洪／史 3595，集 0124

傅藻／集 1867，集 1869，集
　1872

傅騰蛟／史 3296

傅麟昭／叢 0078

焦玉／子 0568

焦延壽／叢 0040，叢 0068，
　叢 0100，子 1521，子
　1522，子 1523，子 1524，
　子 1525，子 1526，子
　1527，子 1528，子 1529

焦克菜／集 1258

焦希程／史 2649

焦秉貞／子 1770

焦映漢／集 0109

焦竑／叢 0052，叢 0053，經
　0018，經 0019，經 1018，
　經 1029，經 1401，史
　1100，史 1290，史 4187，
　史 4188，史 4189，子
　0279，子 0280，子 0370，
　子 0371，子 0372，子
　0405，子 2224，子 2225，
　子 2439，子 2536，子
　2537，子 2538，子 2539，
　集 0468，集 0469，集
　0470，集 2849，集 3265

焦袁熹／經 0904，經 1081

焦循／經 0032，經 1183，子
　2460

焦欽寵／史 2733

焦贛／叢 0041

舒化／叢 0054

舒芬／集 0274，集 2870，集
　2871，集 2872，集 2873，
　集 2874

舒位／集 5759，集 5760

舒其紳／史 2763

舒忠讜／集 0117

舒岳祥／集 2266，集 2267

舒琛／集 0274

舒詔／子 0767

舒赫德／史 0523

舒頔／集 2452

舒榮都／子 2236

舒璘／史 1032

舒繼英／子 1568

舒纓／集 0104

欽天監／子 1283

欽虹江／集 5760，集 5762

欽璉／史 2494，集 4188

2594，集 2595

楊士勛／經 0011，經 0012，經 0013，經 0015，經 0819，史 4223

楊士聰／叢 0101，史 0767

楊士瀛／子 0878，子 0879，子 0880

楊大琛／集 4410

楊大雍／史 2612

楊大鶴／集 1655，集 2147

楊天惠／叢 0007

楊元祥／史 4401

楊巨源／叢 0016，叢 0017，叢 0097，集 0066

楊中／集 0104

楊中訥／叢 0111

楊介／史 2549

楊公遠／集 0092，集 2323

楊文言／子 1284

楊文奎／集 5760

楊文獻／史 4224

楊文儷／集 0104，集 2991，集 2992

楊方達／經 0195，經 0293，子 0122

楊引祚／史 2650

楊以貞／史 1335，史 2329，史 2330，子 0353，子 0354，子 0551，集 5313

楊允孚／叢 0092

楊正筍／史 2938

楊世思／集 2129

楊世達／史 2708

楊可學／史 0721

楊旦／史 1282，集 2728

楊甲／經 1135，經 1136，集 0092，集 0093

楊禾書／子 2442

楊民彝／史 2943

楊邦梁／史 2747

楊式傳／叢 0081

楊臣諍／經 0476

楊有慶／經 0412

楊成／集 5438

楊成玉／集 5388

楊廷望／史 3015

楊廷筠／經 0695

楊廷璋／史 3184

楊廷蘊／史 3130

楊延齡／叢 0075

楊仲良／史 0504

楊仲震／史 2728

楊向春／子 1561

楊兆淶／集 4116

楊名時／叢 0162

楊汝江／史 2598

楊汝昇／史 2311

楊守仁／史 3027，史 3028，史 3029

楊守阯／集 2706

楊守陳／集 2653，集 2654

楊芳／史 1407

楊芳燦／集 4629

楊束／集 1169

楊困道／叢 0004，叢 0009

楊作枚／子 1313

楊伯嵒／叢 0001，叢 0003，叢 0004，叢 0007，叢 0009，叢 0016，叢 0042，叢 0091，叢 0097，叢 0100

楊希閔／史 4201

楊宏聲／經 0917

楊表正／子 1889，子 1890，子 1891，子 1892，子 1893

楊坤／史 1125

楊東明／集 3245

楊和甫／叢 0009

楊侃／史 2214

楊炎／集 5537

楊泗／史 3168

楊宗吾／子 2905

楊宗發／集 1038

楊宛／集 3459

楊承鯤／集 3401，集 3402，集 3403

楊春芳／叢 0010

楊珂／集 3114

楊柱／集 4637

楊柱朝／史 3150

楊貞一／叢 0093

楊昱／史 3866

楊保彝／史 4169

楊皇后／集 0016

楊胐／叢 0016，叢 0017

楊奐／叢 0007，集 2351

楊炳南／史 3817

楊炯／集 0036，集 0052，集 0053，集 0055，集 0063，集 0065

楊恂／史 1293

楊柔勝／集 5764

楊珽／集 5760，集 5763，集 5764

楊珮／史 3153

楊珣／子 0736

楊振藻／史 2483

楊起元／叢 0051

楊桓／經 1511，經 1512

楊時／叢 0079，子 0128，子 0129，集 1985，集 1986

楊時偉／經 1523

楊時傳／史 1239

楊恩／史 2803

楊峴／集 5032

楊倫／集 1549

楊倞／子 0003，子 0005，子
　0006，子 0007，子 0042，
　子 0043，子 0044，子
　0045，子 0046，子 0047，
　子 0048，子 0049，子
　0050，子 0051，子 0052，
　子 0053

楊逢春／史 2479，集 0734

楊益／子 1425，子 1448，子
　1466

楊陸榮／叢 0101，史 0517，
　史 0518，史 0519，史
　0780

楊能格／集 4831

楊捷／史 0790

楊掄／子 1895，子 1896

楊培之／史 3145

楊基／集 0104

楊梓／集 0335

楊救貧／子 1471

楊彪／子 0572

楊晨／集 2927

楊晙／史 2605

楊國楨／經 0809

楊崇／史 3176

楊衒之／叢 0004，叢 0007，
　叢 0009，叢 0016，叢
　0017，叢 0040，叢 0041，
　叢 0042，叢 0068，叢
　0100，史 3727，史 3728，
　史 3729

楊淙／集 0274

楊惟休／集 0117

楊紹和／史 4168

楊紹裘／集 2110

楊紹徽／子 3027

楊琢／集 2555

楊越／集 5089

楊博／史 0907

楊萬里／叢 0001，叢 0003，
　叢 0075，叢 0083，叢
　0093，經 0079，集 0089，
　集 0090，集 0094，集
　2140，集 2141，集 2142，
　集 2143，集 2144，集
　2145

楊葆彝／子 2047

楊朝英／集 5872，集 5873

楊雲峰／子 1141

楊鼎／集 4880，集 4881

楊景賢／集 5760

楊無咎／集 5537

楊傑／子 2191，集 0092

楊復／經 0016，經 0551，經
　0552，經 0553

楊復吉／史 0241

楊循吉／叢 0010，叢 0013，
　叢 0016，叢 0017，叢
　0018，叢 0023，叢 0031，
　叢 0034，叢 0059，叢
　0066，叢 0075，史 0633，
　史 0634，史 0635，史
　0643，史 0644，史 1162，
　史 2469，史 2470，史
　2628

楊鉅／叢 0092

楊鈞／史 2567

楊道賓／史 0304

楊淵／史 3097

楊宸／史 2925

楊補／子 1629

楊瑀／叢 0007，叢 0092

楊瑄／叢 0010，叢 0013，叢
　0100

楊載／叢 0044，集 0030，集
　0099，集 5390

楊載鳴／史 3245，史 3246

楊夢袞／叢 0063

楊夢鯉／史 2556

楊暄／叢 0026

楊嗣昌／叢 0010

楊與岑／集 4580

楊詩／史 3060，子 3020

楊廉／叢 0010，史 1073，史
　1082，史 1083，史 1084，
　史 1085，史 2879，子
　0131

楊雍建／史 0945

楊漣／集 3327，集 3328

楊源／集 5356

楊準／史 3013

楊滏／集 4255

楊溶／子 0766

楊慎／叢 0007，叢 0010，叢
　0011，叢 0013，叢 0026，
　叢 0034，叢 0044，叢
　0050，叢 0052，叢 0053，
　叢 0058，叢 0062，叢
　0075，叢 0089，叢 0091，
　叢 0093，經 0021，經
　0028，經 0621，經 0622，
　經 0623，史 0044，史
　4233，史 4234，子 0002，
　子 1681，子 2036，子
　2195，子 2197，子 2314，
　子 2315，子 2316，子
　2317，子 2318，子 2319，
　子 2320，子 2321，子
　2322，子 2323，子 2324，
　子 2325，子 2326，子
　2828，子 2829，集 0014，
　集 0075，集 0104，集
　0271，集 0272，集 0425，
　集 0559，集 0560，集
　0561，集 0665，集 0666，
　集 0808，集 0809，集
　1187，集 1275，集 1276，

集 2739，集 2801，集 2840，集 2841，集 2842，集 2843，集 2844，集 2845，集 2846，集 2847，集 2848，集 2849，集 2850，集 2851，集 2984，集 5393，集 5394，集 5395，集 5396，集 5403，集 5404，集 5440，集 5527，集 5559，集 5560，集 5617，集 5618，集 5713，集 5714，集 5737，集 5890，集 5891，集 5892，集 5893

楊殿材／史 3990

楊際昌／集 4674，集 5490

楊壽／史 2811

楊輔／史 2522

楊爾曾／史 3441，集 6013

楊毓健／史 3786

楊儁卿／史 2889

楊銘／叢 0031

楊胚阿／子 2629

楊鳳苞／史 0263，史 0264，集 4785

楊鳳翰／集 5676，集 5687

楊廣／集 0003，集 0007，集 0009

楊齊賢／集 0071，集 1457，集 1458，集 1459，集 1460，集 1461，集 1462，集 1463

楊榮／叢 0010，叢 0024，叢 0026，叢 0034

楊寬／史 2452

楊賓／叢 0103，史 3406，子 1687，子 1688，子 1689

楊肇祉／集 0067，集 0068

楊翮／史 2822，史 2823

楊維坤／集 4099

楊維屏／集 4961

楊維楨／叢 0007，叢 0010，史 2274，集 0790，集 1055，集 2471，集 2472，集 2473，集 2474，集 2475，集 2476，集 2477，集 2478，集 2479

楊維新／史 2960，史 2961，史 2962

楊維德／子 1541，子 1599

楊維聰／子 0256

楊醇／子 2607

楊霈／經 1203

楊輝／叢 0092

楊億／叢 0004，叢 0007，叢 0009，叢 0016，叢 0017，叢 0075，集 1729

楊儀／叢 0010，叢 0013，叢 0016，叢 0017，叢 0018，叢 0101

楊德周／集 1103

楊潮觀／史 2710，史 3932，集 5757，集 5758，集 5760

楊憮／史 2972

楊豫孫／叢 0049

楊樹本／史 2899，子 2646

楊融博／集 0486

楊穆／叢 0010，叢 0059

楊學可／叢 0075

楊學沆／集 3586

楊錫紱／史 0991

楊錫觀／經 1432

楊澤民／集 5530

楊與立／子 0164

楊鍾羲／史 1328

楊爵／集 2966，集 2967

楊謙／史 1392，集 3857

楊應琚／史 2807

楊濟時／子 0860

楊簡／叢 0111，經 0020，經 0078，子 0180，子 0181，集 2128，集 2129

楊彝／集 3499

楊繩武／史 1321，集 0549

楊巍／集 3078

楊寶鏞／史 4330，史 4335

楊繼益／叢 0075，子 2442

楊繼盛／叢 0075，叢 0079，叢 0101，集 0107，集 3056，集 3057，集 3058，集 3059

楊鶴／史 4008，集 0096

楊懿元／史 4083

楊顯之／集 5760

楊鑾／史 2745

楊鸞／史 3131，史 3177

裘玉／叢 0010，叢 0013

裘象坤／史 1652

裘璉／史 2830，集 4047，集 4048，集 5760

裘鰡／集 3462

甄鸞／叢 0007，叢 0068，叢 0083，叢 0092，叢 0100，子 1240，子 1300

賈三近／集 0458，經 0012，經 0013，經 0014，經 0015

賈公彥／經 0012，經 0013，經 0014，經 0015，經 0467，經 0468，經 0469，經 0548，經 0549，經 0550

賈文召／史 3117

賈永／子 1864

賈仲名／集 5760

賈似道／叢 0004，叢 0007，

0044
趙甸／史 3748，史 3750，史 3751
趙汸／叢 0075，叢 0090，叢 0100，經 0016，經 0852，經 0853，集 1494，集 1498，集 1499，集 2466，集 2467
趙沈壎／集 3793
趙君卿／叢 0100，子 1240
趙長卿／集 5537
趙坦／經 0032
趙叔向／叢 0006，叢 0009，叢 0075，叢 0093
趙叔問／子 2167
趙明誠／史 4227，史 4228
趙迪／集 0104
趙秉文／集 2303，集 2304，集 2305
趙秉忠／叢 0034，集 3298
趙佶／叢 0005，叢 0006，叢 0007，叢 0009，子 0388，子 0873，子 0874，子 1733，集 0016，集 0017
趙采／經 0085
趙宗建／集 5055
趙承謨／經 0979
趙孟頫／集 0030，集 2347，集 2348
趙南星／經 0944，經 1027，史 2185，史 2297，子 0802，集 1316，集 3213，集 3214，集 3215
趙貞吉／集 2993
趙昱／集 4264
趙信／子 2002，集 0950
趙衍／史 3003
趙俞／集 3931
趙彥復／集 1047
趙彥肅／經 0016
趙彥端／集 5537
趙彥衛／叢 0006，叢 0007，叢 0009，叢 0016，叢 0017，叢 0037，叢 0103，子 2166
趙炳煃／集 4481
趙洵／史 4092
趙冠儒／子 1854
趙祜／子 1455，子 1456
趙珪／集 3890
趙珣／叢 0007
趙振芳／經 0165
趙起士／史 1132，史 2543
趙烈文／子 1698
趙時庚／叢 0006，叢 0007，叢 0009
趙時春／集 2931
趙時揖／集 1520
趙師秀／集 0016，集 0029，集 0089
趙師俠／集 5537
趙師夏／叢 0116
趙師雍／集 2996
趙宧光／叢 0075，經 1294，經 1295，子 1682，子 1803，集 0637
趙執信／叢 0096，集 0122，集 3868，集 3869，集 5478，集 5479，集 5480，集 5481
趙爽／叢 0015，叢 0068
趙崇祚／集 5527，集 5532，集 5552，集 5553
趙崇絢／叢 0001，叢 0003，叢 0007，叢 0009，叢 0016，叢 0097
趙崇鉘／集 0092
趙崇禮／集 3642
趙崡／叢 0092，史 4308
趙鈬／叢 0044，子 2328
趙彩姬／集 0106
趙清夫／子 1597
趙淳／史 3290
趙惟勤／史 2426
趙寅／叢 0006，叢 0009
趙紹祖／史 0227，史 0346，史 4252
趙惪／叢 0105，經 0016
趙葵／叢 0007，叢 0012，叢 0026
趙鼎／叢 0093
趙鼎勳／史 0739
趙景良／集 0785
趙順孫／經 0016
趙鈞／史 1442，子 2648
趙善湘／叢 0093
趙善璙／史 4223，子 2501，子 2502
趙善譽／叢 0105
趙道一／子 3121
趙湛／集 3666
趙湘／叢 0083
趙渭陽／子 1413
趙弼／叢 0005，叢 0009
趙統／集 3002
趙瑜／叢 0010
趙載／子 1329，子 1330
趙節／史 3287
趙與旹／叢 0007，叢 0026，子 2168
趙與時／叢 0004，叢 0009，叢 0075
趙與褒／史 0627
趙與虤／叢 0005，叢 0007，叢 0009，叢 0010
趙雍／叢 0092
趙溍／叢 0007，叢 0012，叢

0026, 叢 0075

趙粲/叢 0009

趙殿成/集 1440, 集 1441

趙嘉良/子 3314

趙煆/集 0066

趙構/叢 0001, 叢 0003, 叢 0005, 叢 0007, 叢 0009

趙輔/叢 0010, 叢 0030, 叢 0034

趙輔臨/經 0211

趙曄/叢 0004, 叢 0009, 叢 0016, 叢 0017, 叢 0040, 叢 0041, 叢 0042, 叢 0067, 叢 0076, 史 0581, 史 0582, 史 0583

趙聞禮/集 5532, 集 5533

趙鳴琦/史 4032

趙端/史 2415

趙寬/集 2709

趙寧/叢 0075, 史 3552

趙熊詔/集 3824

趙綱/集 0104

趙維烈/集 0370, 集 5545

趙維寰/史 2173

趙撝謙/子 2505

趙蕤/叢 0025, 叢 0068, 叢 0100

趙蕃/叢 0083, 集 0640

趙震陽/史 3278

趙澐/集 1018

趙憬/叢 0004

趙璘/叢 0004, 叢 0005, 叢 0007, 叢 0009, 叢 0015, 叢 0037

趙樸/叢 0004, 叢 0007, 叢 0009

趙輯寧/史 3856

趙勳/史 3118

趙學昌/子 2290

趙學敏/子 0801

趙錦/史 2503

趙諫/集 1174

趙龍文/叢 0093

趙璧/子 1843

趙駿烈/史 0408

趙磻老/集 5531, 集 5541

趙魏/史 4248

趙應式/史 2747

趙鴻洲/子 0961, 子 0962

趙翼/叢 0093, 叢 0179, 集 4445

趙鏜/史 3013

趙鵬飛/經 0016

趙懷玉/經 0452, 經 0453

趙獻可/子 1206, 子 1207, 子 1208

趙耀/集 0463

趙曦明/叢 0088

趙鶴/集 1156, 集 1157

趙鱥/子 1678

趙□/叢 0004, 叢 0005

嘉興鄉紳公/史 1316

壽莊/集 5153

蔡大節/子 0443

蔡元定/經 0706, 子 1433

蔡升元/子 2975

蔡卞/經 0016

蔡文子/集 0383

蔡方炳/叢 0075, 史 2373, 史 2374, 史 2375, 史 2376, 史 3933, 子 0324, 集 3632

蔡正孫/集 5428, 集 5429, 集 5430

蔡世遠/叢 0163, 史 3195, 集 0528, 集 4029, 集 4030

蔡世源/史 2861

蔡世禎/集 4573

蔡弘勳/集 4661

蔡有鵾/集 1262

蔡廷弼/集 5760

蔡廷鑣/史 3239

蔡廷蘭/史 3403

蔡兆豐/史 3040

蔡名衡/集 0978, 集 5008, 集 5009, 集 5010

蔡汝楠/經 1143, 集 0104, 集 2983, 集 2984

蔡羽/叢 0027, 集 0104, 集 1029

蔡志頤/子 3100

蔡杓/史 2968

蔡伸/集 5537

蔡含生/子 2265

蔡沈/經 0008, 經 0248, 經 0249, 經 0250, 經 0251, 經 0252, 經 0253, 經 0254, 經 0255, 經 0256, 經 0257, 集 2074

蔡松/史 2904

蔡昇/史 3609, 史 3610, 史 3611

蔡采之/叢 0004

蔡京/叢 0007

蔡宗兗/集 2379

蔡昴/集 5962, 集 5963

蔡思德/史 1653

蔡重/集 1262

蔡泰均/史 3117

蔡烈先/子 0800, 子 0801

蔡逢時/史 3435

蔡家挺/集 4574

蔡家琬/集 5495

蔡邕/叢 0001, 叢 0005, 叢 0007, 叢 0009, 叢 0014, 叢 0017, 叢 0039, 叢

0040, 叢 0041, 叢 0042,
　叢 0095, 集 0003, 集
　0004, 集 0005, 集 0006,
　集 0007, 集 1341, 集
　1342, 集 1343, 集 1344,
　集 1345, 集 1346
蔡常雲／子 1496
蔡偉／叢 0007
蔡清／經 0095, 經 0096, 經
　1011, 經 1012, 經 1013
蔡宷之／叢 0005, 叢 0006,
　叢 0009
蔡雲程／集 2959, 集 2960
蔡條／叢 0004, 叢 0006, 叢
　0007, 叢 0009, 叢 0012,
　叢 0016, 叢 0026, 叢
　0075, 叢 0092
蔡詒來／集 4097
蔡焯／史 0886
蔡淵／叢 0083
蔡發／子 1431
蔡蓁春／集 1043
蔡節／經 0016
蔡新／集 4298
蔡模／經 0016, 子 0142
蔡毓榮／史 0500
蔡儁／叢 0075, 史 0623
蔡質／叢 0007
蔡潮／集 2813, 集 2814
蔡履豫／史 2603
蔡錫崑／叢 0200
蔡龍儁／集 4937
蔡懋昭／史 2449
蔡襄／叢 0001, 叢 0002, 叢
　0003, 叢 0006, 叢 0007,
　叢 0009, 叢 0016, 叢
　0017, 集 1756, 集 1757,
　集 1758
蔡應鳳／史 1653

蔡應龍／集 5832
蔡濤／子 0924, 集 5363
蔡礎／集 4128
蔡燏／經 1400
熙時子／叢 0093
蔣一彪／叢 0068, 叢 0100
蔣一葵／叢 0010, 叢 0016,
　叢 0029, 子 2559, 集
　0677, 集 5452
蔣士銓／集 4441, 集 4583,
　集 5638, 集 5760, 集
　5842, 集 5843
蔣大鴻／子 1479
蔣山卿／集 0104
蔣之翹／叢 0075, 叢 0101,
　史 0192, 集 0079, 集
　1307, 集 1308, 集 1309,
　集 1310, 集 1311
蔣子正／叢 0003, 叢 0005,
　叢 0006, 叢 0007, 叢
　0009, 叢 0026, 叢 0037,
　叢 0092, 集 5390
蔣子相／史 1483
蔣仁榮／集 5069
蔣方馨／子 2228
蔣玉虹／史 2422
蔣正／叢 0004
蔣平階／叢 0075, 叢 0101,
　史 1297, 子 1417, 子
　1465
蔣永修／集 3696
蔣弘任／史 3448, 史 3449,
　史 3450, 史 3451, 史
　3452
蔣光焴／史 4160, 史 4161
蔣光弼／經 0036, 史 2857
蔣光煦／叢 0103, 子 1663,
　子 1664, 子 2383, 集
　5001

蔣先庚／子 2846
蔣廷錫／叢 0101, 經 0032,
　子 2981, 集 4005
蔣廷璧／叢 0054
蔣伊／叢 0101, 史 3236, 集
　0674
蔣兆甲／史 2776
蔣兆奎／史 4006
蔣防／叢 0007, 叢 0016, 叢
　0017, 叢 0097
蔣孝／集 0056, 集 5920
蔣彤／子 2285
蔣良騏／史 0467
蔣坦／集 5521
蔣埴／叢 0078
蔣和／經 1305, 經 1306
蔣居祉／子 0812
蔣孟育／集 1431
蔣重光／集 5581, 集 5582
蔣信／集 2973, 集 2974
蔣津／叢 0004, 叢 0007, 叢
　0009, 叢 0016, 叢 0017
蔣恭棐／集 4060
蔣時雍／經 0146
蔣峰／集 4970
蔣悌生／經 0016, 經 1140
蔣書衛／集 0965
蔣捷／集 5537
蔣堂／集 1743
蔣堂徽／子 0355
蔣國祚／史 0416
蔣偕／史 1246
蔣紹宗／經 0416
蔣琦齡／史 0961
蔣超／史 3555
蔣景祁／經 0890, 集 5578,
　集 5579
蔣敦復／集 4828, 集 4879,
　集 5658, 集 5933
蔣善／史 2313

0242,經 0336,經 0338,
經 0339,經 0340,經
0371,經 0462,經 0463,
經 0464,經 0465,經
0466,經 0467,經 0468,
經 0469,經 0533,經
0534,經 0545,經 0546,
經 0547,經 0548,經
0549,經 0550,經 0575,
經 0576,經 0577,經
0578,經 0949,經 1129,
經 1197,史 4223

鄭玄撫／集 0218,集 0219,
集 0220,集 0439

鄭永禧／史 3016,集 1050

鄭弘祖／史 1242

鄭圭／集 1896,集 1897

鄭成中／史 2658

鄭光祖／集 5760

鄭光策／集 0952

鄭先慶／經 0724

鄭廷玉／集 5760

鄭廷誨／叢 0007,叢 0016,
叢 0017,叢 0018

鄭仲／史 1657

鄭仲夔／子 2444

鄭交泰／史 2580

鄭汝諧／經 0016

鄭汝璧／史 3854

鄭如英／集 0106

鄭克／叢 0005,叢 0007,叢
0009,叢 0097,叢 0105

鄭杓／叢 0052

鄭辰／史 3367,史 3368

鄭伯熊／叢 0093

鄭伯謙／叢 0100,叢 0112,
經 0016

鄭谷／集 0058,集 0066,集
1711

鄭含成／集 5760

鄭沇／集 5036

鄭玫／集 3427

鄭坤／集 0104

鄭若庸／子 2864,集 5764

鄭若曾／史 3427,史 3430,
史 3431

鄭茂／叢 0110

鄭林祥／經 0147

鄭构／叢 0007,叢 0012,叢
0053

鄭虎臣／集 1022,集 1023

鄭旻／集 0452

鄭旼／史 1429

鄭知同／經 1453,經 1484

鄭竺／叢 0111,集 4563,集
4564

鄭岳／史 1209

鄭俠如／集 5545

鄭所南／子 3085

鄭性／叢 0111,史 1148,史
3802,集 1104

鄭定遠／集 1711

鄭居中／史 3951

鄭珍／史 4264

鄭相／史 2702

鄭厚／叢 0005,叢 0007,叢
0009

鄭思肖／叢 0092

鄭思聰／集 5245

鄭秋巖／史 4425

鄭重光／子 0949,子 1140

鄭俠／集 0089,集 1944

鄭風／叢 0111

鄭洪／集 2416

鄭恢／史 2403

鄭起／叢 0092,集 0089

鄭起泓／集 1711

鄭真／集 1106

鄭剛中／經 0020,集 2041

鄭師成／經 1108,經 1109

鄭處誨／叢 0005,叢 0009,
叢 0105

鄭常／叢 0004,叢 0007,叢
0009

鄭從風／集 4902

鄭釴／史 3108

鄭望／叢 0007

鄭梁／叢 0111,集 1104,集
3930

鄭琰／叢 0035

鄭達／史 0775

鄭棟／集 0963

鄭雲衢／集 5359

鄭景璧／叢 0007,叢 0026

鄭勛／子 1982,集 1112

鄭嵋／集 0066

鄭喬／史 3144

鄭復亨／史 2530

鄭復初／子 1455,子 1456

鄭善夫／叢 0010,叢 0028,
叢 0075,集 0104,集
2820

鄭善述／史 2395

鄭道乾／集 5587,集 5694

鄭湛／經 0237

鄭棨／叢 0001,叢 0003,叢
0007

鄭瑗／叢 0010,叢 0013,叢
0015,叢 0030,叢 0049,
叢 0075

鄭瑄／子 2564

鄭楷／史 1656

鄭鄤／叢 0065,集 2253,集
3426

鄭廉／史 0735

鄭煜／集 4653

鄭準／史 3002

劉方／集 5762

劉允／史 3142

劉允中／子 1433

劉允鵬／子 2709

劉玉／叢 0010，叢 0013

劉玉麈／經 0032

劉玉麟／史 3283

劉正誼／集 4122

劉世教／叢 0105，叢 0110，
　集 0073

劉世寧／史 3032

劉世儒／子 1759，子 1760

劉仕朝／史 1662

劉仕義／叢 0010，叢 0016，
　叢 0017

劉仕孌／史 1661

劉仙倫／集 0092

劉用章／經 1003

劉永之／集 2496

劉弘毅／史 0299

劉台拱／經 0032

劉吉／史 0474

劉存／叢 0004，叢 0006，叢
　0007，叢 0009

劉成德／集 0254，集 0255，
　集 1225

劉光斗／子 2107

劉光亨／子 3018

劉因／叢 0007，集 0030，集
　2356，集 2357，集 2358

劉廷元／史 1102

劉廷焜／史 1208

劉廷璣／子 2264，集 3987

劉延世／叢 0001，叢 0007，
　叢 0009，叢 0037，叢
　0100

劉仲甫／叢 0007

劉仲達／子 2909，子 2910

劉仲璟／叢 0010，叢 0016，

叢 0017

劉任／史 3236

劉向／叢 0004，叢 0006，叢
　0007，叢 0009，叢 0016，
　叢 0017，叢 0018，叢
　0035，叢 0039，叢 0040，
　叢 0041，叢 0042，叢
　0067，叢 0076，史 0985，
　史 0986，史 0987，史
　4223，子 0077，子 0078，
　子 0079，子 0080，子
　0081，子 0082，子 0083，
　子 0084，子 0085，子
　0086，子 0087，子 0088，
　子 0089，子 0090，子
　0091，子 0092，子 0093，
　集 0007

劉企向／子 1089

劉名芳／史 3456

劉次莊／叢 0001，子 1683，
　子 1708

劉汋／史 1382

劉宇／子 1106

劉宇恭／子 0728

劉守泰／經 0773

劉安／叢 0004，叢 0009，子
　0013，子 2074，子 2075，
　子 2076，子 2077，子
　2078，子 2079，子 2081，
　子 2082，子 2083，子
　2084，子 2085，子 2086，
　子 2087，子 2088，子
　2089，子 2090，子 2091，
　子 2092

劉安上／集 1966，集 1967，
　集 1968，集 1969，集
　1970

劉安節／集 1971，集 1972，
　集 1973

劉祁／叢 0075，叢 0083，叢
　0092

劉如晏／史 2525

劉如基／史 3168

劉孝威／集 0003，集 0007，
　集 0009

劉孝孫／叢 0007，叢 0017，
　叢 0075，叢 0092

劉孝綽／集 0003，集 0007，
　集 0009

劉孝標／叢 0010，叢 0016，
　叢 0093，子 2392，子
　2393，子 2394，子 2395，
　子 2396，子 2397，子
　2398，子 2399，子 2400，
　子 2401，子 2402，子
　2403，子 2404，子 2405，
　子 2406，子 2407，子
　2408，子 2409，子 2410，
　子 2411，集 0003

劉坊／集 3980

劉芳／史 2440，史 3261

劉芳喆／叢 0078，史 3001

劉克／經 0358，經 0359

劉克莊／叢 0007，叢 0068，
　叢 0080，叢 0092，史
　4223，集 0089，集 0094，
　集 2231，集 2232，集
　5427，集 5537，集 5543

劉辰／叢 0024，叢 0027，叢
　0101，史 0675

劉辰翁／經 0632，史 0136，
　史 0137，史 0138，史
　0588，子 0389，子 0425，
　子 2397，子 2398，子
　2403，子 2407，子 3042，
　集 0014，集 0038，集
　0042，集 0074，集 1439，
　集 1449，集 1489，集

1490,集 1491,集 1492, 集 1494,集 1580,集 1867,集 1868,集 2262, 集 2263

劉佑／史 3192

劉佃／史 2656

劉作樑／史 2981

劉伯梁／叢 0114

劉伯祥／子 0838

劉伯躍／史 0906

劉兑／史 2768

劉沛先／史 2667

劉完素／子 0636,子 0645, 子 0646,子 0681,子 0688

劉良／集 0153,集 0154,集 0155,集 0156,集 0157, 集 0158,集 0159,集 0160,集 0161

劉壯國／集 5545

劉邵／叢 0033,叢 0039,叢 0040,叢 0041,叢 0067, 叢 0105,子 2119,子 2120

劉劭／叢 0007

劉奉世／集 1261

劉青芝／叢 0114

劉青蓮／叢 0114

劉青霞／叢 0114

劉表／經 0045

劉長卿／集 0063,集 1443, 集 1444

劉坦／史 2403

劉其暉／子 1326

劉若愚／叢 0100,史 0693, 史 0694,史 0695,史 0696,史 0697

劉茂光／子 1283

劉松／史 3103

劉郁／叢 0012,叢 0026,叢 0075,叢 0100

劉昌／叢 0010,叢 0016,叢 0017,叢 0023,叢 0024, 叢 0031,叢 0034,集 1048,集 1049

劉昌詩／叢 0075,叢 0092

劉旻撰／叢 0007

劉知幾／史 2254,史 2255, 史 2256,史 2257,史 2258

劉牧／經 0016

劉秉忠／子 1434,子 1435, 子 1436,子 1437,子 1438,子 1439,子 1448, 集 2316

劉秉恬／集 4518

劉岳申／集 2376

劉侗／叢 0010,史 3310,史 3311

劉欣期／叢 0007

劉命清／集 3606

劉斧／叢 0007,子 2680

劉攽／叢 0001,叢 0003,叢 0006,叢 0007,叢 0009, 叢 0068,子 1945,子 1946,子 2741,子 2742, 集 1261,集 5388,集 5390

劉庚／經 0093

劉炎／叢 0007

劉宗周／叢 0010,叢 0075, 史 1663,子 0282,集 3308,集 3309,集 3310

劉宗泗／叢 0114

劉宗洙／叢 0114

劉定之／叢 0010,叢 0016, 叢 0017,叢 0031,子 2313,集 2632

劉承幹／史 3919

劉珏／集 2634

劉珍／叢 0083

劉城／集 0117

劉荀／叢 0083

劉奎／子 0951

劉昞／叢 0007,叢 0033,叢 0039,叢 0040,叢 0105, 史 0652,子 2119,子 2120

劉昫／史 0005,史 0221,史 0222

劉昭／史 0001,史 0003,史 0004,史 0005,史 0146, 史 0147,史 0148,史 0149,史 0150,史 0151, 史 0152,史 0153,史 0154,史 0155,史 0156, 史 0157

劉昭文／史 3115

劉思誠／經 1028

劉信嘉／集 1260

劉禹錫／叢 0001,叢 0003, 叢 0007,集 0056,集 0057,集 1644,集 1645, 集 1646,集 1647

劉弇／集 0092,集 1955

劉胤昌／子 2904

劉美之／叢 0005,叢 0006, 叢 0007,叢 0009,叢 0015

劉恂／叢 0005,叢 0006,叢 0007,叢 0016,叢 0017, 叢 0083

劉宣／史 3065

劉祜／集 0450

劉祖憲／子 0632

劉眉錫／史 3524

劉振麟／史 1299,史 1300

劉真人／子 0857

劉真仙／子 3084

劉真遠／子 3111

劉彧／叢 0004, 叢 0007, 叢 0009

劉時舉／叢 0100

劉峻／集 0007

劉健／史 0786

劉逢祿／經 0032

劉訒／史 2690

劉效祖／史 3422

劉旂錫／子 3004

劉剡／史 0303, 史 0349, 史 0350

劉浴德／子 0697

劉家珍／集 4093

劉宰／集 0089, 集 2180

劉恕／史 0294, 史 0295, 史 0296

劉純／子 0720, 子 1192, 子 1193, 子 1194

劉球／經 1358, 集 2616

劉理順／集 3479

劉堉／子 2271

劉培元／集 4667

劉執玉／集 0122

劉基／叢 0010, 叢 0053, 叢 0075, 叢 0100, 史 2357, 子 1329, 子 1330, 子 1366, 子 1373, 子 1377, 子 1378, 子 1379, 子 1434, 子 1435, 子 1436, 子 1437, 子 1438, 子 1439, 子 1441, 子 1516, 子 1517, 子 1518, 子 1519, 子 1520, 子 2474, 子 2475, 集 0104, 集 0115, 集 0367, 集 2498, 集 2499, 集 2500, 集 2501, 集 2502, 集 2503, 集 2504, 集 2505

劉堅／子 1648, 子 2355

劉跂／叢 0004, 叢 0007, 叢 0009, 叢 0016, 叢 0017, 叢 0083

劉崧／集 2520, 集 2521

劉崇遠／叢 0004, 叢 0005, 叢 0007, 叢 0009, 叢 0016, 叢 0017, 叢 0093, 子 2418

劉過／集 0092, 集 2193, 集 2194, 集 5535, 集 5537

劉敏中／叢 0105

劉敏寬／史 2810

劉訥言／叢 0007, 叢 0016, 叢 0017, 叢 0018

劉淇／經 1257, 經 1258

劉啓元／集 3279

劉啓東／史 2464

劉晝／叢 0009, 叢 0039, 叢 0040, 叢 0067, 子 0009, 子 2122, 子 2123

劉將孫／集 2263, 集 2359

劉紹文／史 3091

劉紹攽／集 4262

劉紹蘂／子 1871

劉琳／史 0655

劉琨／集 0007, 集 5180

劉堯錫／史 1660

劉堪／史 2453

劉喜海／史 4126, 史 4259, 集 4871

劉達可／子 2769

劉萬春／史 4074

劉敬叔／叢 0007, 叢 0015, 叢 0016, 叢 0017, 叢 0068, 叢 0100

劉朝鎔／史 0830

劉敞／叢 0075, 叢 0083, 叢 0092, 經 0016, 經 0017, 集 0092, 集 1261

劉開／史 2581, 子 0832

劉閱儒／史 3035, 史 3036

劉智／子 3337

劉道醇／子 1722, 子 1723, 子 1731

劉富曾／史 3919

劉絢／經 0826

劉統勳／史 2316

劉夢興／集 3761

劉蒙／叢 0001, 叢 0003, 叢 0005, 叢 0006, 叢 0007, 叢 0009

劉蒸雯／史 2430

劉楨／集 0007

劉業勤／史 3254

劉暄之／集 4974

劉蛻／叢 0007, 子 0015, 集 0018, 集 1688, 集 1689

劉筠／叢 0075

劉節／史 0979, 史 0980, 史 2572, 史 3114, 子 2812, 集 0208, 集 0209, 集 0588, 集 0589, 集 0593, 集 0594

劉傳祺／集 5115

劉會／史 2965

劉詵／集 2334, 集 2335

劉鷹／集 2596, 集 2597

劉裔炫／史 3262

劉靖／史 3214

劉歆／叢 0017, 叢 0041, 叢 0097, 集 0007

劉義／集 0051

劉義仲／史 0287

劉義慶／叢 0006, 叢 0007, 叢 0009, 叢 0014, 叢

0015，叢 0016，叢 0017，
　子 2392，子 2393，子
　2394，子 2395，子 2396，
　子 2397，子 2398，子
　2399，子 2400，子 2401，
　子 2402，子 2403，子
　2404，子 2405，子 2406，
　子 2407，子 2408，子
　2409，子 2410，子 2411
劉源／史 1057，史 1058，子
　1774
劉蕭／叢 0007，叢 0036，叢
　0037，子 2414，子 2415，
　子 2416
劉埔／史 3859
劉熙／叢 0035，叢 0040，叢
　0041，叢 0042，叢 0044，
　經 1199，經 1200，經
　1226，經 1227，經 1228，
　經 1229，經 1230
劉榛／集 3800
劉鳴玉／集 1122
劉毓盤／集 5717
劉鳳／叢 0034，叢 0035，史
　1163，集 0104，集 0110，
　集 1296，集 3038，集
　3039
劉齊禮／史 1660
劉漢中／集 1260
劉寬／史 2989
劉維謙／經 0434，集 1335
劉綸／集 4287
劉摯／叢 0083
劉增風／集 1260
劉質／叢 0097
劉德新／叢 0078
劉餗／叢 0004，叢 0007，叢
　0009，叢 0012，叢 0016，
　叢 0018，叢 0022

劉魯生／史 2597
劉慶觀／子 1953
劉潛／集 0003，集 0007
劉澄之／叢 0004，叢 0007，
　叢 0009
劉履／集 0163，集 0164
劉履芬／集 5067，集 5547
劉履恂／經 0032
劉勰／叢 0040，叢 0041，叢
　0067，集 5391，集 5392，
　集 5393，集 5394，集
　5395，集 5396，集 5397，
　集 5398，集 5399，集
　5400，集 5401，集 5402，
　集 5403，集 5404
劉鼐／集 5357，集 5760
劉畿／史 3049，史 3050
劉璣／史 3148，子 0121
劉翰／集 0092
劉機／史 0362，史 0363
劉默／子 1218
劉學箕／集 2212
劉錫／子 1043，集 3081
劉錫玄／集 3329
劉諫／史 2549
劉凝／史 3108
劉義仲／叢 0068，叢 0100
劉澤溥／史 2579
劉濂／經 0714
劉禧延／集 5547
劉壎／子 2176，集 5535
劉黻／集 2240，集 2241，集
　2242，集 2243
劉儲／史 3093
劉儲秀／經 0481
劉徽／叢 0083，子 1299
劉謙吉／集 3812
劉應李／子 2805，子 2806
劉應秋／集 3246

劉應時／叢 0092
劉應登／子 2403，子 2407，
　子 2410
劉應賡／集 1260
劉燦／經 0415
劉鴻訓／子 2794
劉濬／集 1545
劉翼／集 0088
劉翼明／集 3581
劉績／叢 0003，叢 0010，叢
　0026，叢 0075，經 0767，
　經 0768，子 0013，子
　0580，子 0581，子 0582，
　子 0583，子 0584，子
　2092
劉燾／叢 0004，叢 0007，叢
　0009，叢 0017
劉翩／叢 0005
劉敳／集 0298，集 0299
劉寶楠／經 0961，經 1268
劉繼先／史 2656
劉繼善／史 3203
劉儼／史 2966
劉爁／集 0093
劉體仁／叢 0092
劉鑑／經 1495，經 1496，經
　1497，經 1498，經 1507，
　經 1508，經 1509，經
　1510
劉鱗長／史 1208
劉麟／集 2750
劉瓛／經 0045
諸九鼎／叢 0078，叢 0101
諸可寶／史 1178
諸匡鼎／集 0983，集 3632
諸如綬／集 0899，集 0900，
　集 0901
諸星杓／史 1349，史 1350
諸重光／集 4533，集 4534

薛濤／集 1575

薛鎧／子 0642,子 0643,子
　　1037,子 1042

蕭士珂／集 0572

蕭士瑋／叢 0047

蕭士贇／集 0071,集 1457,
　　集 1458,集 1459,集
　　1460,集 1461,集 1462,
　　集 1463

蕭大亨／叢 0010,叢 0049

蕭子良／集 0007

蕭子顯／史 0001,史 0003,
　　史 0004,史 0005,史
　　0198,史 0199

蕭吉／叢 0092

蕭廷宣／史 3200

蕭克／子 1473,子 1474

蕭近高／史 4046

蕭良泮／叢 0054

蕭良幹／史 2953

蕭協中／史 3491

蕭治輝／史 2833

蕭衍／叢 0007,叢 0015,叢
　　0016,叢 0017,集 0003,
　　集 0007,集 0009

蕭洪治／子 1480

蕭洵／叢 0092,叢 0097,史
　　0648,史 0650,史 3717

蕭家蕙／史 2721

蕭翀／史 1665

蕭逸／叢 0047

蕭參／叢 0006,叢 0007,叢
　　0009,叢 0012

蕭雲從／經 0159,集 1322,
　　集 1323

蕭統／叢 0007,叢 0012,叢
　　0067,叢 0068,叢 0100,
　　史 4223,集 0003,集
　　0006,集 0007,集 0128,

集 0129,集 0130,集
0131,集 0132,集 0133,
集 0134,集 0135,集
0136,集 0137,集 0138,
集 0139,集 0140,集
0141,集 0142,集 0143,
集 0144,集 0145,集
0146,集 0147,集 0148,
集 0149,集 0150,集
0151,集 0152,集 0153,
集 0154,集 0155,集
0156,集 0157,集 0158,
集 0159,集 0160,集
0161,集 0165,集 0166,
集 0167,集 0168,集
0169,集 0170,集 0171,
集 0172,集 0173,集
0174,集 0175,集 0177,
集 0178,集 0179,集
0180,集 0181,集 0182,
集 0183,集 0186,集
0187,集 0188,集 1413

蕭楚／叢 0083

蕭嵩／史 3944,史 3945

蕭曁／集 0009

蕭該／叢 0095

蕭殿颺／集 0335

蕭綺／叢 0006,叢 0009,叢
　　0041

蕭綱／集 0003,集 0007,集
　　0009

蕭錫珀／史 3416

蕭廩／子 0251

蕭縉／子 1875

蕭壎／子 1021,子 1022,子
　　1023

蕭應植／史 2722

蕭應魁／集 4691

蕭濟／叢 0004

蕭鎰／經 1002

蕭繹／叢 0007,叢 0016,叢
　　0017,叢 0093,子 1733,
　　集 0003,集 0007,集
　　0009

蕭騰麟／史 3416

薩都剌／集 0030,集 2404,
　　集 2405,集 2406,集
　　2407

樸隱子／經 1560

樵川樵叟／叢 0092

橘洲散人／子 1942

賴文俊／子 1428,子 1429,
　　子 1430,子 1448

賴以邠／集 5546,集 5731

賴良／集 0790,集 0791

賴從謙／子 1435,子 1436,
　　子 1437,子 1438

歷畊老農／子 2833

霍冀／史 4019

霍韜／史 0900,集 2856

盧士／史 3236

盧大雅／集 0104

盧之頤／叢 0062,經 0374,
　　經 0623,子 0655,子
　　0806,子 0807,子 0841,
　　子 0945

盧元昌／經 0785,集 0024,
　　集 1536

盧文弨／叢 0087,叢 0088,
　　經 0032,經 0336,經
　　1131,經 1224,史 0158,
　　子 2101

盧世昌／集 4499,集 4505

盧生甫／集 4094

盧仝／叢 0170,集 1577

盧亘／集 0030

盧廷俊／史 3258

盧廷選／經 0281

盧見曾／叢 0087，史 3471，史 4181，史 4182，集 0918，集 1045，集 5525

盧希哲／史 3128

盧言／叢 0005，叢 0007，叢 0009

盧宏啓／子 3013

盧若騰／集 3492

盧和／叢 0046，子 1180，子 1181，子 1182

盧宜／史 1132

盧柚／集 0104，集 3133，集 3134，集 3135，集 3136，集 5760

盧思道／集 0003，集 0007

盧衍仁／集 3411

盧前驥／史 3133

盧炳／集 5529，集 5531，集 5537

盧洪遠／集 3453

盧宣旬／經 0015

盧祖皋／集 5529，集 5537

盧軒／集 1617，集 1618，集 1619

盧效祖／子 2894

盧純學／集 0814

盧崧／史 2706

盧崇興／史 1438

盧象昇／叢 0101，集 0118

盧琳／叢 0007

盧琦／集 2421，集 2422

盧植／叢 0095

盧復／子 0654，子 0655，子 1165

盧舜治／子 3066

盧湛／史 1234，史 1235

盧登焯／子 1719，子 1858

盧照鄰／集 0035，集 0036，集 0052，集 0053，集

0055，集 0063，集 0064

盧漸／史 0921

盧演／集 2584，集 2585

盧綸／集 0057，集 0063

盧標／史 2999，集 1155

盧震／集 3682

盧澐／集 3182

盧鵠／叢 0004

盧襄／叢 0006，叢 0009，叢 0023，叢 0066

盧鴻／叢 0007，叢 0016，叢 0017，叢 0018

盧濬／集 2713

盧鎮／史 2482

盧懷／叢 0007

盧懷慎／叢 0004

盧辯／叢 0040，叢 0041，叢 0083，叢 0087，叢 0163，經 0629，經 0630，經 0631

盧□／叢 0006，叢 0009

曉山老人／子 1573，子 1574，子 1575

閻永齡／史 2450

閻光表／史 2370

閻圻／集 4036

閻孝忠／子 0642，子 0643，子 1036，子 1037

閻秀卿／叢 0034，叢 0066

閻奉恩／史 2798

閻其淵／經 1112，經 1113

閻若璩／叢 0078，經 0032，經 0289，經 0290，經 1073，子 2308，子 2309，子 2310，子 2348，子 2349

閻純／子 1024

閻循觀／叢 0177

閻詠／經 0289，經 0290，子

2348，子 2349

閻爾梅／集 3571

閻選／叢 0097

閻興邦／叢 0147，集 3709，集 3710

閻鶴洲／子 3038，子 3039

戰效曾／史 2836，史 2839

穆文熙／史 0550，史 0568，史 2198，史 2212，集 0453

穆尼閣／叢 0105

穆希文／子 2831

穆修／集 0092，集 1738，集 1739，集 1740，集 1741

學餘居士／子 1978

錢一本／經 0117，經 0118，子 0278，子 1350

錢乙／子 0642，子 1036，子 1037

錢二白／集 3871

錢人龍／集 0736，集 0737

錢士升／經 0128，史 0240，史 1120，子 0143，集 3348

錢士錡／史 2473

錢大昕／叢 0088，叢 0092，叢 0096，叢 0181，經 0032，經 1439，史 0252，史 1048，史 1049，史 1050，史 1339，史 2321，史 2322，史 2935，史 4196，子 2369，子 2370，集 0123

錢大昭／經 1309，子 2605

錢元佑／史 2880

錢中諧／史 3645

錢月齡／集 0104

錢文／集 0104

錢文子／叢 0092，史 4018

戴祖啓／集 4223

戴祚／叢 0004,叢 0007,叢 0009,叢 0097

戴耘／史 0730

戴起宗／子 0641,子 0837, 子 3040

戴晟／集 4089

戴高／集 4612

戴埴／叢 0001,叢 0007,叢 0009,叢 0014,叢 0015, 叢 0044,叢 0100

戴第元／集 0336

戴敏／集 0089

戴望／經 0964,子 0054,子 0588,子 2612

戴啓文／集 5326

戴堯天／史 1668

戴凱之／叢 0001,叢 0003, 叢 0005,叢 0006,叢 0007,叢 0009,叢 0016, 叢 0017,叢 0040,叢 0041,叢 0097

戴策獻／史 3782

戴復古／集 0029,集 0030, 集 0089,集 2167,集 5537

戴鈜／經 1092

戴鈞衡／集 4022,集 4023

戴善夫／集 5760

戴源／子 1321

戴溪／叢 0083

戴殿江／集 2457

戴殿泗／集 2457

戴熙／子 1754,集 0940,集 4805,集 4806,集 4807, 集 4808,集 4809,集 4810,集 4811

戴銑／史 1266,史 2446

戴綬尊／集 5670

戴震／叢 0090,叢 0096,叢 0105,經 0032,經 0537, 經 1225,經 1566,經 1576,史 2607,子 0341, 子 1319,集 1338,集 4480

戴德／叢 0039,叢 0040,叢 0041,叢 0067,叢 0083, 叢 0163,經 0629,經 0630,經 0631,經 0632

戴慶祥／集 5372

戴澳／集 3344

戴璟／史 2283

戴羲／史 2179,史 2342

戴穗孫／子 2382,集 5304

戴應鰲／集 1153

戴鑒／經 1215

戴鯨／史 2923

戴鷺／集 2882

鞠履厚／子 1840,子 1841

藍田／集 2919

藍近任／集 3359

藍浦／史 4373

藍陳略／史 3213

藍瑛／子 1729,子 1730

藍鼎元／叢 0097,叢 0169, 史 0522,史 1133,子 0321,子 0322,集 4236

韓人驥／史 1670

韓天篤／史 2639

韓元吉／叢 0004,叢 0007, 叢 0009,叢 0012,叢 0026,叢 0075

韓太行山人／叢 0006

韓玉／史 2687,集 5529,集 5537

韓邦奇／叢 0075,經 0097, 經 0708,經 0709,經 0710,經 0711,子 1535,

集 2827

韓邦靖／集 0104

韓仲雍／史 1290

韓兆桐／集 1733

韓守益／集 0104

韓作棟／史 3236

韓拙／叢 0006,叢 0009,叢 0093,子 1733

韓若雲／叢 0007,叢 0052, 叢 0053

韓松／經 0200

韓昂／叢 0068,子 1618,子 1728

韓是升／經 1188

韓則愈／叢 0078

韓昱／叢 0007

韓思／叢 0007

韓拜靖／史 2783

韓信同／經 0645

韓奐齋／集 3539

韓奕／叢 0035,叢 0075

韓彦直／叢 0001,叢 0003, 叢 0005,叢 0007,叢 0009

韓彦曾／史 2527

韓忞／子 0656

韓泰青／經 1163,經 1164, 經 1165

韓翃／集 0062,集 0063

韓晃／史 3558

韓浚／史 2528

韓菼／集 3830

韓鄂／叢 0007,叢 0015,叢 0068,叢 0100,史 2336

韓偓／叢 0004,叢 0005,叢 0007,叢 0009,叢 0016, 叢 0017,叢 0018,集 0044,集 0047,集 0066

韓康伯／經 0006,經 0010,

經 0011，經 0012，經 0013，經 0014，經 0052

韓淲／叢 0006，叢 0007，叢 0009，叢 0083，集 0640，集 5531，集 5540

韓琦／叢 0079，集 0089，集 1748，集 1749，集 1750，集 1751

韓欽／集 5547

韓道昭／經 1492，經 1493，經 1494，經 1495，經 1496，經 1497，經 1498

韓愈／叢 0003，叢 0007，叢 0014，叢 0025，叢 0097，集 0019，集 0020，集 0021，集 0022，集 0023，集 0024，集 0025，集 0026，集 0027，集 0028，集 0066，集 0077，集 0078，集 0079，集 0081，集 0082，集 0083，集 0086，集 1591，集 1592，集 1593，集 1594，集 1595，集 1596，集 1597，集 1598，集 1599，集 1600，集 1601，集 1602，集 1603，集 1604，集 1605，集 1606，集 1607，集 1608，集 1609，集 1610，集 1611，集 1612，集 1613，集 1614，集 1615，集 1616，集 1620，集 1621，集 1626

韓雍／史 0685

韓綏之／集 4634

韓維／集 0089

韓駒／集 0089，集 2015

韓霖／子 0489，子 0536，子 0537，子 0538

韓錫／集 0238

韓錫胙／集 5837，集 5838

韓嬰／叢 0004，叢 0006，叢 0009，叢 0039，叢 0040，叢 0041，叢 0067，叢 0068，叢 0100，經 0439，經 0443，經 0444，經 0445，經 0446，經 0447，經 0448，經 0449，經 0450，經 0451，經 0452，經 0453

韓應恒／史 2910

韓騏／集 4414

韓鏐／史 3267

韓□□／史 1391

檀萃／經 0569

檀道鸞／叢 0007

闞莊／叢 0010，叢 0016，叢 0029，叢 0059

魏了翁／叢 0007，叢 0009，叢 0012，叢 0013，叢 0015，叢 0049，叢 0050，叢 0068，叢 0075，叢 0089，叢 0093，經 0082，子 2305，子 2306，集 2195

魏大中／集 3351，集 3352

魏之琇／集 4409

魏元樞／集 4189

魏允升／集 0308，集 0309

魏世傑／集 1269

魏世儌／集 1269

魏世儼／集 1269

魏廷珍／叢 0101

魏仲舉／集 1606，集 1607，集 1608

魏收／史 0001，史 0003，史 0004，史 0005，史 0207，史 0208，史 0209，史

4223，集 0003，集 0007

魏伯陽／叢 0007，叢 0040，叢 0041，叢 0064，叢 0068，子 3046

魏苹華／集 5790

魏直／子 1066

魏荔彤／史 3195，子 0769，子 0770，子 0782，子 1313

魏星杓／集 1083

魏畊／集 3525，集 3526

魏津／史 2730

魏泰／叢 0004，叢 0005，叢 0006，叢 0007，叢 0009，叢 0016，叢 0017，叢 0037，叢 0075，叢 0089，叢 0092，叢 0097，集 5390

魏校／叢 0079，經 1376，集 2811，集 2812

魏峴／叢 0105，史 3650

魏浣初／子 2930

魏堂／史 2964

魏野／集 0092，集 1744，集 1745

魏儔／集 2724

魏象樞／叢 0082，集 3686

魏張／叢 0041

魏嶼／史 2830

魏鈿／史 3124

魏裔介／集 3687

魏裔愨／史 3041

魏煥／史 3421

魏際瑞／叢 0078，集 1269

魏壽延／集 0789

魏裳／集 3085

魏齊賢／集 0771，集 0772

魏徵／史 0001，史 0003，史 0004，史 0005，史 0214，

集 2674，集 2675，集
2676

謝顧／史 3093

謝靈運／叢 0067，集 0003，
集 0004，集 0005，集
0006，集 0007，集 0009，
集 1266，集 1401

謝顗／史 1669

謝譓／集 5760，集 5763，集
5764

應大猷／集 2864，集 2865，
集 2866

應文炳／史 0815

應廷育／經 0099

應劭／叢 0007，叢 0033，叢
0039，叢 0040，叢 0041，
叢 0042，叢 0056，叢
0067，叢 0076，子 2109，
子 2110，子 2111，子
2112，子 2113，子 2114

應時良／集 4878

應得廣／史 3030

應瑒／集 0007

應溯穎／集 4664，集 4665

應撝謙／經 0722，子 0227

應璩／集 0007

應寶時／集 3608

甕秉忠／史 2552

濮孟清／史 2898

濮侶莊／史 2898

濮淙／集 3828

濮陽淶／經 1532

濮潤淞／史 2898

濮龍錫／史 2898

濟齋／子 0335

塞英／史 1368

塞義／史 3840

塞駒／叢 0089，叢 0093

繆存濟／子 0733

繆希雄／子 1462

繆希雍／叢 0068，叢 0100，
子 0785，子 1204，子
1205

繆肜／叢 0075，叢 0078

繆沅／集 4024，集 4025

繆昌期／經 0127，集 3345

繆荃孫／集 5082

繆梓／集 5134

繆國維／集 3312

繆敬持／史 1125

繆襲／叢 0007，叢 0012，叢
0014，叢 0015，叢 0016，
叢 0017，叢 0041

十八畫

瓊尊閣主人／史 1485

聶大年／集 0104

聶田／叢 0004，叢 0009

聶先／集 5545

聶良杞／集 2126，集 2127

聶奉先／叢 0007

聶尚恒／子 1080，子 1081，
子 1212，子 1213

聶豹／集 2887

聶崇義／經 0016

聶際茂／子 1851

豐坊／經 0098，經 0437，經
0870，集 2740，集 2916，
集 2917

豐熙／經 0437

豐稷／經 0437

瞿九思／集 0864

瞿式耜／叢 0101，集 2721

瞿共美／史 0750

瞿汝稷／子 3311

瞿佑／叢 0010，叢 0075，叢
0092，叢 0097，集 0032，
集 5434

瞿昌文／叢 0092

瞿思忠／史 1244

瞿景淳／經 0763

瞿頡／集 5760

瞿曇悉達／子 1367，子
1368，子 1369

瞿鏞／史 4163，史 4164，史
4445

顒琰／集 4709，集 4710，集
4711

曠敏本／叢 0169，叢 0175，
史 3154，史 3554，集
4301

雙梧主人／子 1093

邊大綬／叢 0092，叢 0097，
史 0735

邊汝元／集 3973

邊貢／叢 0149，集 0104，集
0105，集 2753，集 2754，
集 2755，集 2756，集
2757

邊連寶／集 1542

邊浴禮／集 4993，集 4994

邊習／叢 0149

邊實／史 2478

歸子寧／叢 0103

歸有光／叢 0010，叢 0103，
史 0030，子 0016，子
0366，集 0115，集 3120，
集 3121，集 3122，集
3123，集 3124，集 3125，
集 3126

歸起先／經 0156

歸莊／集 5882

歸淑芬／集 5572

歸學周／經 1040

鎦洪／子 0636，子 0645，子
0646

顏真卿／叢 0083

顏之推／叢 0007，叢 0015，
　叢 0016，叢 0017，叢
　0039，叢 0040，叢 0041，
　叢 0050，叢 0067，叢
　0088，叢 0092，叢 0163，
　子 2124，子 2125，子
　2126
顏子推／叢 0012
顏元孫／叢 0007，叢 0035，
　叢 0044，經 1348
顏木／經 0681，史 3137
顏文選／集 1428
顏幼明／子 1516，子 1517，
　子 1518，子 1519，子
　1520
顏延之／集 0003，集 0004，
　集 0005，集 0006，集
　0007，集 1369
顏孝嘉／集 5760
顏希聖／史 3258
顏茂猷／經 1146，子 2570，
　集 0505
顏星／史 3124
顏胤祚／史 3683
顏真卿／叢 0007，史 3705，
　集 1445，集 1446，集
　1447
顏師古／叢 0001，叢 0003，
　叢 0007，叢 0009，叢
　0068，叢 0087，叢 0100，
　經 1274，史 0004，史
　0005，史 0106，史 0107，
　史 0108，史 0109，史
　0110，史 0111，史 0112，
　史 0113，史 0114，史
　0115，史 0116，史 0117，
　史 0118，史 0121，史
　0122，史 0123，史 0124
顏欲章／子 0041，集 1447

顏鼎受／集 5889
顏愍楚／叢 0007
顏璹／史 3230
顏鯨／經 0872
彝卿／史 3376

十九畫

蘋香居士／子 0822
蘇士珉／叢 0063
蘇士潛／叢 0010
蘇天爵／叢 0083，史 1077，
　集 0799，集 0800，集
　0801，集 0802，集 2415
蘇化雨／子 2001
蘇文韓／子 0272，集 0112
蘇平／集 2601，集 2602
蘇如濤／集 4501
蘇伯衡／集 2522，集 2523
蘇茂相／子 1372
蘇林／叢 0004，叢 0007，叢
　0009
蘇東柱／史 2798
蘇昌／史 4011
蘇易簡／叢 0004，叢 0007，
　叢 0009，叢 0075，叢
　0092，子 2740
蘇泂／集 2230
蘇洵／叢 0007，叢 0062，經
　0021，經 0028，經 0970，
　經 0971，經 0972，史
　1672，集 0018，集 0019，
　集 0020，集 0021，集
　0022，集 0023，集 0024，
　集 0025，集 0026，集
　0028，集 1270，集 1271，
　集 1272，集 1273，集
　1274，集 1275，集 1276，
　集 1277，集 1278，集
　1281，集 1282，集 1283，

集 1837，集 1838，集
　1839，集 1840，集 1841
蘇宣／子 1793
蘇祐／叢 0010，叢 0016，叢
　0017，叢 0018，叢 0034，
　史 2469，史 2470，集
　0104
蘇珥／經 1110
蘇耆／叢 0004，叢 0005，叢
　0007，叢 0009，叢 0092
蘇特／叢 0007
蘇乾／史 2444
蘇過／叢 0092，集 1977，集
　1978，集 1979
蘇紫蓋／子 2932
蘇遇龍／史 3070
蘇舜欽／叢 0007，叢 0012，
　叢 0017，叢 0026，集
　0089，集 1760，集 1761
蘇椿／集 4855
蘇軾／叢 0001，叢 0003，叢
　0004，叢 0005，叢 0006，
　叢 0007，叢 0009，叢
　0010，叢 0014，叢 0016，
　叢 0017，叢 0025，叢
　0026，叢 0037，叢 0050，
　叢 0051，叢 0068，叢
　0075，叢 0083，叢 0092，
　叢 0093，叢 0097，叢
　0100，經 0018，經 0019，
　經 0058，經 0059，經
　0060，經 0061，經 0062，
　經 0246，史 0886，史
　2356，史 4223，子 0656，
　子 0881，子 2132，子
　2133，集 0018，集 0020，
　集 0021，集 0022，集
　0023，集 0024，集 0025，
　集 0026，集 0027，集

0028，集 0089，集 0090，集 0091，集 0095，集 0096，集 0097，集 1270，集 1271，集 1272，集 1273，集 1274，集 1275，集 1276，集 1277，集 1278，集 1281，集 1282，集 1283，集 1374，集 1386，集 1387，集 1388，集 1394，集 1395，集 1855，集 1856，集 1857，集 1858，集 1859，集 1860，集 1861，集 1862，集 1863，集 1864，集 1865，集 1866，集 1867，集 1868，集 1869，集 1870，集 1871，集 1872，集 1873，集 1874，集 1875，集 1876，集 1877，集 1878，集 1879，集 1880，集 1881，集 1882，集 1883，集 1884，集 1885，集 1886，集 1887，集 1888，集 1889，集 1890，集 1891，集 1892，集 1893，集 1894，集 1895，集 1896，集 1897，集 1898，集 1899，集 1990，集 1901，集 1902，集 1903，集 1904，集 1905，集 1906，集 1907，集 1908，集 1909，集 5537，集 5543

蘇頌／叢 0068，叢 0105，集 1762

蘇源明／叢 0025，叢 0068，叢 0100，子 1340，子 1341

蘇鳴鶴／史 3291

蘇毓眉／史 2668

蘇廙／叢 0007，叢 0016，叢 0017，叢 0018

蘇蕙／叢 0007，集 1719

蘇頲／叢 0007，叢 0074，集 0050，集 0062，集 0063

蘇霖／子 1679

蘇濬／叢 0010，經 0113，經 0114

蘇馥／子 2621

蘇轍／叢 0001，叢 0007，叢 0036，叢 0037，經 0018，經 0019，史 0061，史 0062，史 0063，史 1075，史 4223，子 0386，子 0387，子 2421，子 2422，集 0020，集 0021，集 0022，集 0023，集 0024，集 0025，集 0026，集 0028，集 0090，集 1270，集 1271，集 1272，集 1273，集 1274，集 1275，集 1276，集 1277，集 1278，集 1281，集 1282，集 1283，集 1856，集 1857，集 1861，集 1872，集 1910，集 1911，集 1912，集 1913

蘇籀／叢 0001，叢 0003，叢 0007，叢 0009

蘇鶚／叢 0004，叢 0007，叢 0009，叢 0013，叢 0016，叢 0017，叢 0026，叢 0036，叢 0037，叢 0093，叢 0100

蘇鶡／叢 0005

關天申／史 3164

關朗／叢 0007，叢 0100，叢 0014，叢 0015，叢 0025，

叢 0041，叢 0068

關涵／經 0040，經 0041

關槐／史 1671，子 3012

關漢卿／集 5740，集 5741，集 5742，集 5743，集 5748，集 5760

嚴之偉／子 1372

嚴元照／經 1218，集 5654

嚴文典／史 2660

嚴正身／史 3034

嚴本／集 5335

嚴可均／叢 0193，經 1315，經 1316，子 0100，集 4716

嚴有穀／子 2581

嚴有禧／叢 0101，經 0387，史 2652

嚴有翼／叢 0007

嚴光祿／集 4646

嚴羽／叢 0003，叢 0007，叢 0050，叢 0068，集 0030，集 1464，集 2229，集 5390

嚴辰／史 1412，集 5020

嚴助／叢 0007，叢 0016，叢 0017

嚴武／集 0062

嚴武順／叢 0010，集 0117

嚴長明／史 2763，集 0551，集 0763

嚴杰／經 0032

嚴怡／集 3140

嚴宗嘉／史 2412

嚴勅／集 0117

嚴思濬／史 3141

嚴保庸／集 5760

嚴信厚／史 4468

嚴書開／集 3591

嚴章福／經 1329

嚴萬里／子 0594，子 0595

嚴紛／史 3365

嚴遂成／集 4202，集 4203

嚴粲／經 0353，經 0354，經
　0355，經 0356，經 0357，
　集 0092

嚴虞惇／經 0387，史 3899，
　史 3900，集 3947

嚴嵩／史 0872，史 0897，史
　0898，史 3105，史 3107，
　集 2799，集 2800，集
　2801

嚴蔚／史 4318

嚴維／集 0051，集 0063，集
　0066

嚴調御／集 0117

嚴遵／叢 0015，叢 0068，叢
　0100

嚴潔／子 0667，子 0668

嚴澄／子 1898

嚴錫康／集 5051

嚴麗正／集 4963

嚴繩孫／集 3867

嚴繼善／史 2458

羅士琳／子 1271，子 1302

羅大振／史 0530

羅大經／叢 0004，叢 0007，
　叢 0009，叢 0037，子
　2169，子 2170，子 2171，
　子 2172

羅小隱／集 5760

羅王常／史 4408

羅天益／子 1177

羅公升／集 0092

羅以智／經 1193，史 1009，
　史 2344，集 1347，集
　1348，集 5509

羅世珍／集 4084

羅本／集 5964，集 5965，集

5966，集 5974，集 6006

羅有高／集 4470

羅先登／叢 0007，叢 0020

羅汝芳／叢 0051，子 0259，
　集 3102

羅玘／集 2714，集 2715，集
　2716，集 2717

羅志仁／叢 0006，叢 0007，
　叢 0009

羅更翁／史 4267

羅虬／叢 0006，叢 0007，叢
　0009，叢 0016，叢 0017，
　叢 0018

羅含／叢 0004，叢 0007，叢
　0009，叢 0016，叢 0017

羅坤／集 5630

羅明祖／集 3476

羅朋／史 3661

羅周彥／子 1203

羅泌／史 0524，史 0525，史
　0526，史 0527，史 0528，
　史 0529，史 0530，史
　0531

羅承順／史 3170

羅美／子 0915，子 1238

羅洪先／叢 0010，史 2387，
　史 2388，集 0104，集
　2942，集 2943，集 2944

羅柔／集 0104

羅振玉／史 4222

羅倫／集 2680

羅逢吉／集 2214

羅通／子 1598

羅國綱／子 1230

羅從彥／叢 0079，集 2023，
　集 2024

羅鹿齡／集 0104

羅萬化／集 3196

羅萬象／集 3663，集 3664，

集 3665

羅萬藻／集 3463

羅森／子 1708，子 1711，子
　1712

羅雅谷／子 1290

羅景／史 1240，史 3695

羅森／集 5198

羅欽順／叢 0079，子 0243，
　子 0244

羅欽德／史 1279

羅榮／集 4127

羅登選／經 0706

羅聘／集 4555

羅虞臣／集 2969

羅與之／集 0092

羅頌／集 2059，集 2060

羅誘／叢 0005，叢 0006，叢
　0007，叢 0009

羅彰彝／史 2780

羅鄴／叢 0016，叢 0017，叢
　0026，叢 0097，集 0066

羅暹春／集 4352

羅廩／叢 0010，集 3416

羅隱／叢 0007，叢 0012，叢
　0050，集 0048，集 0066

羅懋登／集 5766，集 5773，
　集 5986

羅點／叢 0005，叢 0007，叢
　0009

羅謙／史 0782

羅襄／叢 0004

羅濬／史 2921

羅璧／叢 0005，叢 0006，叢
　0007，叢 0009，叢 0075，
　子 2312

羅蘋／史 0530

羅願／叢 0044，叢 0100，經
　1199，經 1247，經 1248，
　經 1249，經 1250，經

顧希深／史 2664

顧兌／史 1674，史 1675

顧沂／集 3832

顧君升／子 0804

顧其志／叢 0010

顧苓／史 0746，史 0747，史 0748

顧苞育／集 4849

顧非熊／叢 0016，叢 0017，叢 0097，集 0066

顧卓／集 4100

顧秉謙／史 0482，史 0691

顧岱／集 3737

顧炎武／叢 0075，叢 0081，叢 0082，叢 0097，叢 0101，叢 0146，經 0032，經 0036，經 1545，經 1546，經 1547，經 1548，經 1549，史 0722，史 0742，史 0780，史 2378，史 2379，史 2380，子 2336，子 2337，子 2338，子 2339，子 2340，子 2341，子 2342，子 2343，子 2344，子 2345，集 0127，集 3622，集 3623

顧況／集 0063，集 0066

顧春／子 0003，子 0004，子 0005

顧奎光／集 0783，集 0796

顧貞觀／叢 0131，集 0760，集 5633

顧修／集 0116

顧彦夫／集 0104

顧施禎／集 0162

顧祖武／集 0454

顧祖禹／史 2382，史 2383

顧祖訓／史 1684，集 4901

顧起元／叢 0010，叢 0013，

經 0370，子 2441，集 3064，集 3299

顧起經／集 1439，集 3155，集 3156

顧起綸／子 2718，集 0812，集 3141

顧時鴻／史 2472

顧宸／集 0775，集 1523

顧野王／叢 0007，叢 0110，經 1201，經 1202，經 1339，經 1340，經 1341，經 1342，經 1343，經 1344，經 1345，經 1346

顧問／經 0640

顧崧齡／集 1795

顧從敬／集 1429，集 5558，集 5561，集 5562，集 5563

顧從義／子 1709

顧從德／史 4398

顧清／史 2488，集 0104

顧瑛／叢 0075，集 0100，集 0788，集 1025，集 1026，集 1027

顧琮／史 0954

顧葵／集 4474

顧棟高／經 0905，經 0906，史 2509

顧梱／集 4630，集 4631

顧棕／集 1013

顧鼎／史 4038

顧鼎臣／史 1683，集 2792

顧景星／集 3670，集 3671

顧詒祿／史 2475，史 2476，集 4422

顧道洪／集 1449

顧湘／子 1876

顧湄／史 3465

顧登／史 2480，集 1284

顧聖之／集 0104

顧夢圭／集 0104

顧夢麟／經 1052

顧槐三／集 4978

顧嗣立／集 0322，集 0794，集 1622，集 1623，集 1692，集 1693，集 4041，集 4042

顧與沐／叢 0131

顧微／叢 0004，叢 0007，叢 0009，叢 0016，叢 0017

顧夐／叢 0026，叢 0097

顧廣圻／經 1319，經 1320，史 0986，子 0603，子 0604，集 5548

顧廣譽／集 5050

顧愨／集 2627，集 2628

顧樞／叢 0131

顧震宇／史 2423

顧磐／史 2532

顧諒／子 0216

顧潛／集 1284

顧璘／叢 0010，叢 0016，叢 0017，叢 0027，集 0014，集 0042，集 0104，集 0418，集 0647，集 2748，集 2749

顧錫疇／史 0395，史 0396，集 0481

顧龍振／集 5507

顧憲成／叢 0131，史 2293

顧禧／集 0093

顧懋宏／史 3726，集 1284

顧應祥／叢 0021，史 0400，子 1274，子 1303，子 1304，集 0664

顧鴻昇／集 5050

顧鎮／經 0402

顧藹吉／經 1430，經 1431

著者四角號碼索引

方應龍／經 1037

方應祥／經 0130

方豪／集 0104

方廉／史 2858

方廣／子 1184，子 1185，子 1186，子 1187，子 1188

方文／集 3616

方新／集 0104

方干／集 0066

方于魯／子 1969

方廷珪／集 0186

方桼如／經 1083，經 1084，史 3032，集 2162，集 4014，集 4015

方千里／集 2301，集 5537

方仁榮／史 3026

方虛名／子 0438

方嶽／叢 0012

方俊／集 4999

方升／叢 0013

方健／史 1546

方象瑛／叢 0075，叢 0078，叢 0081，叢 0097，集 3818

方勺／叢 0004，叢 0005，叢 0007，叢 0009，叢 0012，叢 0016，叢 0017，叢 0026，叢 0037，叢 0075

方攸躋／集 0104

方以智／史 0780，史 1042，子 2246，子 2247，子 2334

方沆／子 2197

方良寅／經 0239

方良永／集 2729

方宗誠／子 0356，子 0357

方溶／史 2882，史 2883

方湛／史 3100

方汝浩／集 5968，集 5969

方瀾／集 2360

方逢振／集 2268，集 2269

方逢辰／叢 0019，集 2092，集 2093，集 2098，集 2268，集 2269

方啓／史 4001

方有執／子 0734，子 0735，子 1140

方熏／集 5293，集 5294

方大琮／集 2227

方大鎮／叢 0010，叢 0016，叢 0017，叢 0052，叢 0053

方楷／史 0194

方式濟／叢 0101，集 0919

方麓／子 2549

方芳佩／集 4548，集 4549

方萬山／史 0869

方薰／叢 0092

方孝孺／叢 0010，叢 0075，叢 0079，集 0107，集 0115，集 2576，集 2577，集 2578，集 2579，集 2580，集 2581，集 2582，集 2583，集 2584，集 2585，集 2586

方若珽／史 3904

方苞／叢 0165，史 1376，子 0017，集 0127，集 0527，集 4019

方世泰／集 4391

方世舉／集 1624，集 1625，集 4391

方其義／集 0117

方觀承／史 3665，史 4015

方觀旭／經 0032

方中／集 2268

方中德／子 2961

方中履／子 2346

方本恭／經 0047

方忠軾／經 0239

方東樹／子 0356，集 4843

方成珪／經 0053，經 0054，經 1368，經 1479，經 1480，經 1481，經 1482，集 1629，集 1630

方咸珪／子 2463

方拱乾／集 3678

方日升／經 1505，經 1506

方回／叢 0007，叢 0016，叢 0017，叢 0026，子 2305，子 2306，集 0264，集 0265，集 0266，集 0267，集 0268，集 0269，集 0270，集 2319，集 2320，集 2321，集 2322

方景濂／史 2983

方昕／叢 0092

方岳／叢 0007，叢 0016，叢 0017，叢 0075，集 0089，集 0090，集 2236，集 2237，集 2238

方岳貢／集 0494

方體／集 4900

方鳳／叢 0007，叢 0012，叢 0013，叢 0015，叢 0052，叢 0053，叢 0075

方鵬／叢 0092，史 2479

方鵬飛／子 2600

方賢／子 0890，子 0891

方智／子 1478

方榮芬／史 0826

0022₇

高彥休／叢 0007，叢 0092，叢 0097

高應科／史 1264

高應冕／集 0104，集 3011

高慶齡／史4456

高文瑔／集5244

高文秀／集5760

高文虎／叢0007,叢0016,
　叢0017,叢0026

高龍光／史2505

高誘／叢0040,叢0087,叢
　0094,子0013,子2060,
　子2061,子2062,子
　2063,子2064,子2065,
　子2066,子2067,子
　2068,子2070,子2071,
　子2072,子2075,子
　2076,子2077,子2078,
　子2079,子2080,子
　2081,子2082,子2083,
　子2084,子2085,子
　2086,子2087,子2088,
　子2089,子2091,子
　2092

高斌／史3639,集4256,集
　4257

高望曾／集5547

高一福／史3469

高晉／史3972

高天鳳／史2399

高珩／集3619

高耻傅／子2811

高登／叢0079

高登先／史2958,史2959

高廷愉／史3301

高崶／叢0093,子2933

高武／子0859,子1078

高瑋／集3619

高承／叢0044,子2743,子
　2744

高承埏／史1131

高嶹／史2229,集0905,集
　0986,集5493

高穉雲／集4988,集4989

高儒／史4124

高岑／集4266

高鼎／集5224

高允／集0003,集0007

高岱／叢0034,史0510

高仕謙／史1607

高德基／叢0010

高仲武／集0046,集0059

高自位／史3554

高綱／集4267

高叔嗣／叢0149,集0037,
　集0104,集0105,集
　2914,集2915

高似孫／叢0001,叢0004,
　叢0006,叢0007,叢
　0009,叢0080,叢0100,
　叢0105,史2977,史
　2978,子1961,子2300,
　子2301

高秋月／子0453,集1329

高瀛洲／史2836,史2839

高濂／叢0010,叢0013,子
　1113,子2479,子2480,
　子2481,集5760,集
　5763,集5764

高適／集0052,集0053,集
　0055,集0063,集1477

高宇泰／史1134,史2930,
　史2931,史2932

高澹／史2404

高祉／史1521

高兆／叢0078,叢0101

高兆麟／叢0010

高心夔／史1474

高斗魁／子0655

高斗樞／史0733

高淹濟／史2429

高汝行／史2595

高汝栻／史0448

高選／集0093

高啓／集0101,集0104,集
　2541,集2542,集2543

高士奇／叢0075,叢0081,
　叢0097,經0766,經
　0891,子1647,子1648,
　子1649,子1650,集
　0709,集0710,集3901

高塘／集0545

高克謙／集4908

高斯得／叢0083

高棅／集0014,集0104,集
　0649,集0650,集0651,
　集0652,集0653,集
　0654,集0655,集0656,
　集0657,集0658,集
　0659,集0660,集0661,
　集2598

高翥／集0090,集2178,集
　2179

高鼓峰／子1233

高孝本／集3936,集3937

高攀龍／叢0133,經0875,
　子0019,子0175,集
　3281,集3282

高攀桂／史1303

高世栻／子0655,子1129

高其倬／集3945

高其名／經1108,經1109

高觀國／集5537

高如陵／集5297

高鶴／集3096

高敬璋／集2178

高搏九／史2579

高拱／叢0049,叢0105,史
　0910,史0911,子2206

高拱京／叢0078

高拱乾／史3227

高昂光／子 2552
高景芳／集 4126
高暄／經 0109
高晙／子 2281
高時／史 0912
高時明／子 3108
高明／集 5760，集 5763，集 5764，集 5765，集 5766，集 5767，集 5768，集 5769，集 5770，集 5771，集 5772
高鳴鳳／叢 0030，叢 0031
高鶚／集 5996
高晦叟／叢 0093
高鳳翰／子 1817，子 1818
高閌／叢 0083
高同雲／集 5303
高鵬飛／集 0093
高鵬年／集 5298，集 5299
高駢／叢 0004
高愈／子 0151，子 0336，子 0337
高頌禾／集 5014
高鉞／子 2283
高銘／子 1163
高懌／叢 0005，叢 0007，叢 0009
高煥文／史 4386，史 4387，史 4392
高□／叢 0025
高□永／史 1607

0022₇
商盤／集 1119，集 1120，集 1121，集 4212
商濬／叢 0036，叢 0037，叢 0038，子 2159
商汝頤／史 1274
商輅／叢 0075，史 0327，史 0335，史 0336，史 0337，史 0339，史 0340，集 2636，集 2637
商企翁／史 3837

0022₇
席玕／集 1021
席吳鏊／叢 0101
席佩蘭／集 4720
席紹葆／史 3158
席啓寓／集 0066
席世昌／叢 0101
席世臣／史 0250
席奉乾／史 2787

0023₀
卞永譽／子 1653
卞彬／叢 0007

0023₁
應文炳／史 0815
應璩／集 0007
應廷育／經 0099
應劭／叢 0007，叢 0033，叢 0039，叢 0040，叢 0041，叢 0042，叢 0056，叢 0067，叢 0076，子 2109，子 2110，子 2111，子 2112，子 2113，子 2114
應瑒／集 0007
應得廣／史 3030
應寶時／集 3608
應溯穎／集 4664，集 4665
應大猷／集 2864，集 2865，集 2866
應撝謙／經 0722，子 0227
應時良／集 4878

0023₇
廉宣／叢 0016
廉布／叢 0005，叢 0007，叢 0009，叢 0013，叢 0026

0026₅
唐彥謙／集 0066
唐庚／叢 0003，叢 0007，叢 0035，叢 0044，叢 0075，叢 0093，集 0089，集 1974，集 1975，集 1976，集 5390
唐文蔚／集 5492
唐交／史 2404，史 2711
唐玄度／叢 0090，經 1349
唐龍／史 1277
唐新／子 2960
唐詩／集 0104
唐于昭／叢 0101
唐孫華／集 3928
唐球／集 0066
唐琳／子 0504，子 2669
唐珤／史 2166
唐秉鈞／子 1960
唐順之／叢 0027，叢 0075，叢 0101，經 0769，經 0770，經 0771，經 1015，史 0304，史 0857，史 2164，史 2165，史 2200，史 2220，史 2221，子 0257，子 0487，子 0513，子 2836，集 0104，集 0111，集 0115，集 0393，集 0396，集 0397，集 0429，集 0430，集 0431，集 0432，集 0433，集 0434，集 2793，集 2947，集 2948，集 2949，集 2950，集 2951，集 2952，集 2953
唐彪／集 5472，集 5473

唐德宜／集 0543

唐傅銌／集 2105，集 2106

唐伯元／子 0133

唐稷／叢 0007

唐紹祖／集 4031

唐宇昭／集 3527

唐寅／子 1758，集 0104，集 2774，集 2775，集 2776，集 5760

唐宗堯／史 3241

唐灝儒／叢 0145

唐福履／集 5220

唐汝詢／集 0689，集 0690，集 0691，集 3375，集 3376

唐九經／集 3423

唐士恂／集 3372

唐志契／子 1734，子 1735，子 1736

唐大烈／子 1231，子 1232

唐樞／叢 0010，叢 0052，叢 0053

唐式南／子 3007，子 3008

唐求／集 1716

唐夢賚／集 3705

唐若瀛／史 2973

唐世廷／子 2523

唐世濟／集 5619

唐英／子 2989，集 4258，集 5760，集 5825

唐執玉／史 2394

唐椿／子 1196，子 1197

唐覲／叢 0010

唐鶴徵／經 0111，經 0112

唐蕭／集 0104

唐胄／史 3270

唐景崧／史 1471，史 1472

唐晅／叢 0026

唐時升／集 1036

唐時熙／史 2531

唐嘯登／集 1081

唐劉恂／叢 0009

唐體元／史 0593

唐周／子 2832

唐臨／叢 0007

唐錦／叢 0010，史 2437，史 2492

唐鑑／經 0701

唐焯／史 2584

唐慎微／史 4223，子 0786，子 0787，子 0788，子 0789，子 0790，子 0791，子 0792

唐惲宸／集 1038

0028₇

庾翼／叢 0007，叢 0009，叢 0012，叢 0016

庾信／集 0003，集 0004，集 0005，集 0006，集 0007，集 0009，集 1412，集 1421

庾肩吾／叢 0007，叢 0012，叢 0016，叢 0017，叢 0040，叢 0041，叢 0048，集 0003，集 0007

0029₄

麻衣道者／叢 0025

麻三衡／叢 0103

0029₉

康應乾／叢 0054

康麟／集 0662

康乃心／史 2608

康伯／經 0015

康紹鏞／史 0955

康紹第／史 2732

康僧會／子 3130

康從理／集 0104，集 3206

康進之／集 5760

康河／史 3112

康海／史 2791，史 2792，史 2793，史 2794，史 2795，集 0104，集 0105，集 2777，集 5871

康有爲／子 1702

康基淵／史 2735

康呂賜／史 2796

康譽之／叢 0004，叢 0007，叢 0009，叢 0013，叢 0016，叢 0026，叢 0075

康駢／叢 0009，叢 0068，叢 0100

康善述／史 3262

康愷／子 1960

0040₀

文彥博／集 0092，集 1807，集 1808，集 1809

文章／史 3240

文震亨／叢 0010，子 2483

文震孟／史 0842，子 0366

文天祥／叢 0079，叢 0089，集 0089，集 0090，集 2245，集 2246，集 2247，集 2248，集 2249，集 2250，集 2251，集 2252，集 2253

文秉／叢 0101，史 0701，史 0702，史 0743

文徵明／叢 0075，集 0104，集 2902，集 2903，集 2904，集 2905，集 2906

文嘉／叢 0092

文彭／叢 0075，子 1802

文苑堂主人／子 1980

文林／叢 0010，叢 0016，叢 0017，叢 0018，叢 0024，叢 0031，叢 0066，叢 0075，集 2699

文同／集 0089，集 1778，集 1779

文谷／叢 0007

文翔鳳／叢 0010，叢 0016，叢 0017，集 0113，集 3335

文惟簡／叢 0004，叢 0007，叢 0009

文光／史 2611

文燦／叢 0078

0040₁
辛竟可／史 3186

辛棄疾／叢 0075，史 0625，集 5537，集 5598，集 5599，集 5600，集 5601

辛全／子 0285

0040₆
章應燨／集 0990

章玄恩／集 5857

章望之／叢 0007

章一陽／經 1038

章正宸／史 1298

章平事／史 2968

章斐然／子 2928，子 2929

章弘／史 2674

章廷楓／史 2536

章碣／集 0066

章占禮／史 1609

章崇望／史 3751

章律／史 2405

章綸／集 2633

章宗源／史 0218，史 0219，史 0220

章宗閔／子 1803

章淵／叢 0006，叢 0007，叢 0009

章溥／集 4983

章黼／經 1525，經 1526，經 1527

章潢／子 1390

章沖／經 0016

章湘雲／集 5118

章深／集 0338

章祖程／叢 0092

章希賢／子 3101

章有誠／集 2094，集 2095

章志宗／集 0104

章嘉禎／集 3244

章壽彭／史 3248，史 3249

章大吉／經 0781

章大來／集 1125，集 4132

章樵／叢 0105，集 0202，集 0203

章藻功／集 4007，集 4008，集 4009

章薇／集 0337，集 0338

章懋／叢 0101，叢 0119，史 3000，子 0242，集 2686，集 2687，集 2688，集 2689

章懋勳／集 0987

章孝基／子 2688

章攀柱／子 1468

章世純／子 0291

章世法／史 3507，史 3750，史 3751，集 4124

章楠／子 0352，子 0956

章如愚／子 2775，子 2776

章鋆／史 1332，集 5015，集 5016

章楹／子 2276

章接／集 2688

章邦泰／集 1125

章國佐／史 2856

章嚴／史 4065，史 4066，史 4067，史 4068

章陶／史 1189

章鵬飛／經 1443

章學誠／叢 0187，史 1160，史 2323，史 2396，子 2372，子 2373

章鑣／史 3135

章炳文／叢 0005，叢 0006，叢 0007，叢 0009，叢 0097

章炳麟／子 2294

章敞／集 2606，集 2607

0060₁
言如泗／史 2616，史 2617，史 2618

0063₁
譙周／叢 0007

0071₇
甕秉忠／史 2552

0073₂
玄燁／史 0843，集 0698，集 3917，集 3918，集 3919，集 3920

0073₂
衷貞吉／經 0681

0080₀
六十七／史 3229

0080₄
奕譞／史 0965，集 5161

奕忻／集 4834

0090₆

京房／叢 0004,叢 0007,叢 0009,叢 0025,叢 0039,叢 0040,叢 0041,叢 0068,叢 0091,叢 0100,經 0045,經 0049

京鏜／史 3919,集 5596

0121₁

龍褒／叢 0012

龍衮／叢 0004,叢 0007,叢 0009

龍袞／史 0609,史 0610,史 0611

龍正／叢 0100

龍繼棟／經 1190

龍從雲／集 0030

龍遵敍／叢 0050

龍大淵／史 4368,子 1975,子 1976

龍輔／叢 0010,集 0016

0128₆

顏之推／叢 0007,叢 0012,叢 0015,叢 0016,叢 0017,叢 0039,叢 0040,叢 0041,叢 0050,叢 0067,叢 0088,叢 0092,叢 0163,子 2124,子 2125,子 2126

顏真卿／叢 0007,叢 0083,史 3705,集 1445,集 1446,集 1447

顏文選／集 1428

顏元孫／叢 0007,叢 0035,叢 0044,經 1348

顏延之／集 0003,集 0004,集 0005,集 0006,集 0007,集 1369

顏璹／史 3230

顏鯨／經 0872

顏師古／叢 0001,叢 0003,叢 0007,叢 0009,叢 0068,叢 0087,叢 0100,經 1274,史 0004,史 0005,史 0106,史 0107,史 0108,史 0109,史 0110,史 0111,史 0112,史 0113,史 0114,史 0115,史 0116,史 0117,史 0118,史 0121,史 0122,史 0123,史 0124

顏胤祚／史 3683

顏鼎受／集 5889

顏幼明／子 1516,子 1517,子 1518,子 1519,子 1520

顏希聖／史 3258

顏木／經 0681,史 3137

顏茂猷／經 1146,子 2570,集 0505

顏孝嘉／集 5760

顏星／史 3124

顏愻楚／叢 0007

顏欲章／子 0041,集 1447

0140₁

魯道人／史 0763

0164₆

譚元春／史 2305,集 0014,集 0117,集 0294,集 0295,集 0296,集 0297,集 0298,集 0299,集 1863,集 1864,集 3448,集 3449

譚瑄／叢 0075

譚秉清／史 3865

譚獻／史 1489,史 1490,子 2488,集 0381,集 0587,集 5697,集 5698,集 5699

譚儀／子 0591

譚綸／史 0913

譚峭／叢 0006,叢 0007,叢 0009,叢 0014,叢 0015,叢 0050,叢 0110,子 0011

譚宗庚／史 1469

譚宗浚／史 4177,集 5045,集 5046

譚肇基／史 2911

譚吉璁／叢 0075,集 1066,集 1067

譚大初／史 3272

譚銓／史 3109

0180₁

龔立本／叢 0101

龔誠／集 1031

龔丙吉／集 5512

龔廷譚／史 1673

龔廷賢／子 0906,子 0907,子 0908,子 1200

龔信／子 1199,子 1200

龔秉德／集 0104

龔鼎臣／叢 0093

龔鼎孳／集 5545,集 5626

龔自珍／叢 0104,集 4803,集 4804

龔心釗／史 4463

龔暹／史 3081

龔在升／子 2957

龔嘉儁／史 2826,史 2827

龔橙／史 4263

龔起矗／史 2590

龔羣／集 0104

龔明之／叢 0004，叢 0006，
叢 0007，叢 0009，叢
0075，叢 0092，史 3322，
史 3323

龔頤正／叢 0003，叢 0004，
叢 0005，叢 0006，叢
0007，叢 0009，叢 0014，
叢 0016，叢 0044，叢
0068，叢 0100

龔居中／子 0942

龔賢／叢 0092

龔翔麟／集 4145，集 5549，
集 5550

0212₇

端木百祿／史 1449，集
4945，集 4946

端木順／集 4947

端木國瑚／經 0221，史
1408，子 1425，子 2464，
集 4814，集 4815，集
4816，集 4817

0242₂

彰寶／史 0962

0344₀

斌椿／史 3820

0365₀

誠全／史 4086

0460₀

計六奇／史 0713，史 0774

計雪香／集 4426

計有功／集 5410，集 5411，
集 5412

計東／集 0127，集 3746

0460₀

謝垼／集 5760

謝應芳／叢 0005，叢 0007，
叢 0009，叢 0105，集
2454，集 2455

謝應芝／集 5158

謝庭桂／史 2444

謝賡昌／集 3877

謝文若／集 1007，集 1008

謝章鋌／史 1323

謝諷／叢 0007

謝韶／集 3452

謝讜／集 5760，集 5763，集
5764

謝一夔／集 2665

謝三秀／集 0117

謝三賓／集 1036

謝靈運／叢 0067，集 0003，
集 0004，集 0005，集
0006，集 0007，集 0009，
集 1266，集 1401

謝元淮／集 5726

謝雲生／史 4432

謝天埈／集 3970

謝弘儀／子 0481

謝廷讚／叢 0010，集 3300

謝廷瓚／叢 0010

謝廷柱／子 1476，子 1477

謝廷薰／史 2491

謝承／叢 0007，叢 0016，叢
0017

謝承舉／集 0104

謝采伯／子 2158

謝秉秀／史 0982

謝維新／子 2777，子 2778，
子 2779，子 2780

謝顳／史 1669

謝綽／叢 0007

謝緒章／叢 0111，集 1104

謝傑／集 1507

謝和卿／子 1476

謝伋／叢 0001，叢 0075，叢
0100

謝翱／叢 0051，叢 0092

謝翱／叢 0007，叢 0016，史
1275，集 0029，集 0089，
集 2276，集 2277，集
2278，集 2279，集 2280，
集 2281

謝紹祖／史 2534

謝絳／子 2057

謝瀠／史 2695

謝濟世／史 3420

謝良／叢 0016，叢 0017，叢
0026

謝良佐／叢 0079，叢 0116，
子 0134，子 0162

謝寶鼎／集 5005

謝察微／叢 0007

謝宗可／集 0032，集 2443

謝顧／史 3093

謝遷／史 0375

謝兆申／集 3405

謝汝韶／子 0009

謝爲雯／集 4764

謝澧蘭／集 5333

謝逸／集 1959，集 5537

謝啓昆／史 0600，史 0601，
史 3077，集 1923，集
4447

謝道承／史 3183

謝肇淛／叢 0010，史 2172，
史 3366，史 3605，子
2229，子 2230，子 2231

謝墉／子 0052，子 0053，集
4378，集 4379

謝希深／叢 0105

謝有輝／集 0524

謝志道／子 1418

謝壽昌／子 1419

謝枋得／叢 0007，叢 0012，
叢 0058，叢 0062，叢
0075，叢 0079，叢 0092，
經 0021，經 0028，經
0621，經 0622，經 0623，
史 0880，集 0403，集
0404，集 0405，集 0406，
集 0407，集 0408，集
0640，集 2254，集 2255，
集 2256，集 2257，集
2258

謝彬／子 1729，子 1730

謝夢覽／集 1267，集 1268

謝莊／叢 0007，集 0003，集
0007

謝赫／叢 0003，叢 0007，叢
0016，叢 0017，叢 0068，
子 1731

謝薖／集 0092，集 1960，集
1961

謝華峰／經 1444

謝榛／叢 0010，集 0104，集
0105，集 0117，集 3129，
集 3130，集 5441

謝朝宣／集 0417

謝起龍／史 3509

謝起秀／史 3476

謝超倫／史 2391

謝惠連／集 0003，集 0004，
集 0005，集 0006，集
0007，集 0009，集 1266

謝春生／史 4442

謝春蘭／集 1007，集 1008

謝東山／經 0021，史 3298，
集 0104，集 0810

謝泰宗／集 3490

謝泰履／集 3877

謝撝贊／史 1311

謝恩黻／集 2258

謝旻／史 3076

謝鳴謙／史 3158

謝朓／集 0003，集 0005，集
0006，集 0007，集 0009，
集 1266，集 1405，集
1406

謝陛／史 0180，史 0181，史
0182

謝鵬年／經 1124

謝學鈔／史 1053

謝開寵／叢 0078

謝闇祚／集 4684

謝公應／史 2478

謝鍾和／史 3508

謝錫命／集 2806

謝鐸／史 1070，史 1071，史
1072，史 3851，集 0104，
集 1137，集 1138，集
2670，集 2672，集 2673，
集 2674，集 2675，集
2676

謝敏行／史 3508

謝少南／集 0104

謝省／集 2663

謝慎修／子 1965

0466₀

諸證／集 4763

諸可寶／史 1178

諸重光／集 4533，集 4534

諸九鼎／叢 0078，叢 0101

諸葛亮／叢 0005，叢 0006，
叢 0007，叢 0009，叢
0014，叢 0015，叢 0040，
叢 0041，叢 0067，叢

0075，叢 0079，子 1384，
集 0003，集 0007，集
1349，集 1350，集 1351，
集 1352，集 1353

諸葛元聲／子 2416

諸葛穎／經 1347

諸葛清／集 1351

諸葛義／集 1353

諸如綬／集 0899，集 0900，
集 0901

諸敷政／子 1421

諸星杓／史 1349，史 1350

諸時寶／集 1730，集 1733

諸匡鼎／集 0983，集 3632

諸錦／經 0390，經 0391，集
4199

諸變／史 0364，史 0365，史
0366，史 0452

0512₇

靖道謨／史 3129，史 3285，
史 3299

0722₇

廓露／叢 0092，叢 0097，集
3518

廓璠／史 3104

廓世培／史 2888

0742₇

郭雍／叢 0083

郭應響／子 0520，子 0521

郭廖／史 4254，集 5526

郭廣武／史 3191

郭文煥／經 0103

郭京／叢 0007，叢 0025，叢
0068，叢 0091，叢 0100

郭諶／子 1703，子 1704

郭一經／經 1404

郭一鶚／史 1289

郭正域／經 0028，史 3962，
　子 0436，集 0082，集
　0179，集 0182，集 0183

郭元釪／集 0782

郭晉／史 2596

郭雲鵬／集 1829

郭登／集 0104，集 1237，集
　1238

郭琇／史 2485

郭璞／叢 0007，叢 0015，叢
　0025，叢 0039，叢 0040，
　叢 0041，叢 0042，叢
　0044，叢 0064，叢 0076，
　叢 0083，叢 0088，叢
　0094，叢 0095，叢 0097，
　叢 0100，經 0010，經
　0011，經 0012，經 0013，
　經 0015，經 1199，經
　1200，經 1204，經 1205，
　經 1206，經 1207，經
　1208，經 1209，經 1210，
　經 1224，經 1225，子
　1330，子 1417，子 1439，
　子 1570，子 2655，子
　2656，子 2657，子 2658，
　子 2659，子 2665，子
　2666，子 2667，集 0003，
　集 0007

郭廷弼／史 2489

郭廷翼／史 1393

郭孔延／史 2257，史 2258

郭孔太／叢 0010

郭瑛／史 4466

郭豫亨／集 2381

郭子章／叢 0050，史 0382，
　史 0383，史 3500，史
　3501，子 2026，子 2868，
　子 2869，集 0881，集

5447

郭子晟／子 1602

郭翼／叢 0093

郭愛／集 0104

郭經／史 2492

郭允蹈／叢 0105，史 0501，
　史 0502

郭稽中／叢 0093

郭偉／經 1033，子 2565，子
　2566

郭仲産／叢 0004

郭傳璞／集 5074，集 5167，
　集 5168，集 5169，集
　5170，集 5171，集 5172，
　集 5173

郭佩蘭／子 0811

郭象／叢 0005，叢 0006，叢
　0009，叢 0016，叢 0026，
　叢 0037，叢 0097

郭象／叢 0007，叢 0025，叢
　0093，子 0003，子 0005，
　子 0006，子 0007，子
　0013，子 0416，子 0417，
　子 0418，子 0419，子
　0420，子 0421，子 0422，
　子 0423，子 0424，子
　0425

郭儀恭／叢 0007

郭之美／叢 0004

郭憲／叢 0004，叢 0005，叢
　0007，叢 0009，叢 0016，
　叢 0017，叢 0039，叢
　0040，叢 0041，叢 0042，
　叢 0051，叢 0097

郭守正／經 1491

郭良翰／子 0442，子 2243

郭宗泰／子 1872

郭宗昌／叢 0092，史 4471

郭濬／集 0659，集 0661

郭汝霖／集 3103

郭造卿／集 3094，集 3170

郭湜／叢 0007，叢 0016，叢
　0017，叢 0097

郭遇熙／史 3239

郭澹／子 1405

郭凝之／史 1041

郭瀚／史 1546

郭祥正／集 0092

郭裕之／史 4457

郭肇昌／史 1192

郭啓翼／子 1865

郭奎／集 0104，集 2417

郭存莊／史 3290

郭志邃／子 0957，子 0958

郭大綸／史 2508

郭協寅／集 4857，集 4858

郭薦／史 2950

郭茂倩／集 0227，集 0228，
　集 0229，集 0230

郭若虛／叢 0068，叢 0100，
　子 1725

郭若繹／史 3001

郭世勳／史 1190

郭楠／史 3282

郭起元／叢 0172，史 2591，
　集 4589

郭松年／叢 0089

郭忠／史 3065

郭忠恕／叢 0007，叢 0014，
　叢 0015，叢 0044，經
　1202，經 1203，經 1351，
　經 1352，經 1353

郭邦藩／集 0777

郭畀／叢 0092，史 1422，史
　1423

郭思／叢 0003，叢 0007，子
　0871，子 1733

郭勛／叢 0024，集 5910，集

5911

郭照／史 1460，集 5216

郭鳳詔／集 5584

郭履恒／史 2776

郭熙／叢 0003，叢 0007，子
　1733

郭益謙／集 5348

郭羲恭／叢 0009

郭羲恭／叢 0004

郭毓／集 1122，集 4685

郭毓秀／史 2507

郭頒／叢 0007，叢 0016，叢
　0017

郭鍾儒／集 1162

郭第／集 0104

郭煒／集 0293

郭燦／史 3119

郭□／叢 0009

0742₇

鄣樵叟／叢 0010

0821₂

施彥恪／集 3701

施端教／集 0717

施誠／史 2691

施於民／集 4133

施麟瑞／集 4167

施元孚／史 3529

施元之／集 1874

施雯／子 0667，子 0668

施琛／集 3701

施廷樞／史 3185

施璜／子 0145，子 0316

施耐菴／集 5978，集 5979，
　集 5980

施仁／子 2838

施何牧／經 1553

施嵩／集 0116

施山／子 2467，子 2468，集
　5070

施峻／集 2994

施德操／叢 0075，叢 0089，
　子 2145，集 2042，集
　2043

施象堃／子 1847

施紹莘／集 5880

施紹闇／子 1940

施宿／史 2951，史 2952

施兆麟／集 1229

施漸／集 0104

施補華／集 5052，集 5053，
　集 5054

施清／叢 0078

施樞／集 0092

施世綸／集 4087

施朝幹／子 1001

施翰／集 3297

施青臣／叢 0007

施惠／集 5760，集 5763，集
　5764

施邦曜／子 0249，子 0250

施國祁／史 0246

施國鑑／集 1229

施恩溥／集 4952

施顯卿／叢 0034

施氏／子 1034

施閏章／史 3537，集 0120，
　集 0122，集 0127，集
　1043，集 3700，集 3701，
　集 3702

施念曾／史 3277，集 1043，
　集 3701

施鍠／集 1229

施策／集 0459

施烺／集 4883

0844₀

敦誠／集 4617

0864₀

許彥周／集 5388

許應元／集 0104

許賡藻／集 5136

許廣颺／集 5547

許誥／史 0330

許讚／子 0252

許敦俅／史 2847

許論／子 0487

許謙／叢 0075，叢 0119，經
　0016，經 1001，集 2361，
　集 2362，集 2363

許一績／史 1621

許三禮／史 2835

許三階／集 5760

許正綬／集 1051

許元淮／經 0474，經 0475

許震蕃／集 1014

許晉／史 2575

許石甫／史 3985

許珩／經 0523，經 0524

許棐／叢 0001，叢 0006，叢
　0009，叢 0075，叢 0110，
　集 0088，集 0092

許弘／子 0721

許琯／史 3020

許琳／集 0066

許乃穀／集 4800

許乃釗／史 1481

許蕭穌／史 4389

許胥臣／經 0318，經 1019，
　經 1020

許承宣／叢 0075

許承祖／集 4437

許承基／集 0956，集 0957

許子屏／史 0834

許琰／史 3504

許重熙／史 0720,集 3348

許豸／史 2304

許受頤／史 1482

許禾／集 0975

許順義／經 0027,史 0385

許顗／叢 0001,叢 0003,叢
　0007,叢 0037,叢 0068,
　集 5390

許衡／叢 0007,叢 0075,叢
　0079,叢 0120,經 0016,
　集 2352,集 2353,集
　2354,集 2355

許樂善／子 2988

許繼／集 0104

許德裕／史 1502,集 5343

許德士／史 1288

許纘曾／叢 0081,叢 0082,
　叢 0097

許仲琳／集 6010,集 6011

許傳霆／集 5128,集 5129

許傳考／史 1622

許自昌／集 0054,集 0055,
　集 0071,集 0072,集
　0085,集 5760,集 5763,
　集 5764

許叔微／子 0876,子 0877

許以忠／子 2914,集 0871,
　集 0872

許綸／集 2116

許完／史 3000

許進／叢 0027,叢 0034

許之吉／子 2936

許宇／集 5913

許容／子 1807,子 1808

許良謨／史 2844,史 2845,
　史 2846,史 2847

許寶善／集 5647,集 5725,

集 5881,集 5967

許宗魯／集 0104,集 0187,
　集 2889,集 2890

許遜翁／史 2211

許兆楨／子 0842

許兆金／經 0602

許治／史 2475,史 2476

許汝霖／集 0125

許浩／史 2281

許洪／叢 0100

許潮／集 5737

許洞／子 0511,子 0512

許鴻遠／集 1141

許渾／集 0048,集 0058,集
　0066,集 1668,集 1669,
　集 1670

許次紓／叢 0010,叢 0013,
　叢 0051

許祖京／經 0308,經 0309

許瀚／經 1327

許肇封／集 4627

許士佐／集 4129

許奎／集 3964

許堯佐／叢 0016,叢 0097

許有壬／集 2402,集 2403,
　集 5530

許有穀／史 1119

許志進／集 3938

許栽／子 0926,集 1069

許夢閎／史 2834

許楚／集 3575

許英／集 0972

許楗／集 0557

許旭／史 0788

許觀／叢 0007,叢 0016,叢
　0017,叢 0097

許恕／集 2447

許相卿／叢 0110,史 0139,
　史 0680,集 0104,集

2883

許獮／集 3305,集 3306

許毅／子 1931,集 0104

許增／史 1049,子 2488,集
　5263,集 5694

許敬宗／集 0062,集 0063,
　集 0065

許邦才／集 0104

許國／史 0384,集 3119

許國忠／史 3066

許國年／集 5282

許昌齡／集 4108

許昂霄／集 5485

許景衡／集 1991

許景迁／叢 0004,叢 0007,
　叢 0009

許明／子 1469

許月卿／集 0089

許聞造／集 2883

許開／子 1671

許夔臣／集 0935

許劍青／集 5353

許鐵珊／史 4470

許光治／叢 0103

許光清／叢 0103

許棠／叢 0016,叢 0017,集
　0066

許恒／集 5792

許慎／經 1275,經 1276,經
　1277,經 1278,經 1279,
　經 1284,經 1285,子
　2080,子 2091,子 2092

許燦／集 4493,集 4499

許榮勳／史 4250

0925₉

麟志／史 4030

0968_9
談諟曾／史 2728
談遷／叢 0075，史 0455，史 0456，史 0457，史 2837，史 2838，子 2248，子 2249，集 3552，集 3553，集 3554，集 3555
談有典／史 3121
談起行／史 2493
談則／集 5785
談金章／子 1090
談鑰／史 2900

1000_0
一壑居士／子 1405
一明道人／史 0783

1010_1
三山樵叟／集 5194

1010_3
玉峰道人／子 0228

1010_4
王充／叢 0009，叢 0039，叢 0040，叢 0041，叢 0067，子 2102，子 2103，子 2104，子 2105，子 2106，子 2107，子 2108
王充耘／經 0016
王亮／集 3237
王彦威／史 1494
王齊／史 2411
王方慶／叢 0007，史 1243
王庸／集 0648
王應麟／叢 0044，叢 0068，叢 0087，叢 0093，叢 0098，叢 0100，經 0045，經 0050，經 0051，經 0365，經 0457，經 1274，史 0290，子 2307，子 2308，子 2309，子 2310，子 2786，子 2787，子 2788，子 2789，子 2790，子 2791，子 2792，子 2793，集 2265
王應電／叢 0007，經 0493，經 1387
王應山／史 3182
王應遴／集 5737
王應奎／叢 0101，子 2268，集 4652
王應鵬／史 3844，集 2838，集 2839
王庭／子 0300，集 5545
王庭珪／集 0089，集 2016
王度／叢 0007，叢 0016，叢 0017，叢 0097
王廙／經 0045
王廣謀／子 0212，子 0213
王廣心／集 3703
王文韶／史 0963，史 0964，史 0965，史 1470
王文淳／集 4648
王文治／叢 0093，集 4117，集 4118，集 4119
王文祿／叢 0010，叢 0013，叢 0031，叢 0075，叢 0110
王文煥／集 1318
王章／史 3868
王交／集 3035
王言／集 0104
王褒／叢 0004，集 0003，集 0007，集 0009
王襄／叢 0007
王玄／叢 0044
王玄度／集 0117
王奕／集 2339
王奕清／集 5719，集 5926
王謳／集 0104
王詒壽／史 1467，集 5693
王詠霓／史 1507
王麒／史 2775
王謨／叢 0041
王謀文／史 2609
王勍／史 3129
王毅／集 2385
王誦芬／史 2654
王韶之／叢 0007，叢 0009
王謙吉／史 2715，史 2716
王謙益／史 2658
王麟書／集 5345
王讜／叢 0007，叢 0105
王一清／子 0464
王三重／子 0710
王三才／子 0905
王三省／集 0428
王正功／史 3856
王正德／叢 0105
王正蒙／集 2655
王正茂／史 2602
王正中／經 0721
王璽／子 0893
王玉生／集 4666
王玉峰／集 5760，集 5763，集 5764
王玉如／子 1825，子 1841
王至京／叢 0108
王至彪／叢 0108
王丕烈／集 4263
王雪香／集 5999
王元亮／叢 0098
王元文／子 0345
王元鼎／子 1407
王元勳／集 0877

王元啓／集 1628

王元士／史 2948，史 2949

王元楨／叢 0010

王元臣／史 2963

王雱／叢 0007，叢 0057

王雨謙／子 2585，集 3592

王震／經 0774

王震亨／子 0050，子 0471

王石經／史 4462

王石如／集 4140

王霨／史 2613，史 2614

王醇／集 3529

王醇業／子 1595

王雲／叢 0004

王雲萬／史 2580

王天與／經 0016

王霖／集 4144

王珂／集 0104

王頊／集 5545

王頊齡／經 0291，經 0292，
　集 3836

王彌大／叢 0093

王引之／叢 0105，經 0032

王弘／子 2262

王弘撰／叢 0078，叢 0103，
　經 0175，子 2261

王廷玨／史 3664

王廷瑚／史 3459

王廷稷／史 3173

王廷相／叢 0063，叢 0121，
　叢 0122，經 0681，史
　3863，集 0104，集 0105，
　集 2781

王廷幹／史 2548，史 2549

王廷榦／集 0104

王廷陳／集 0104，集 2876，
　集 2877，集 2878

王廷曾／集 1983

王廷燦／集 3711

王延德／叢 0007

王延密／史 3801

王孫芸／集 4658

王孫駿／子 2452，子 2453

王孫錫／集 1196

王癸源／集 3413

王瑄／史 2583

王琮／史 2629，集 0088，集
　0092

王珪／子 1107，集 0016，集
　0017

王瓘／叢 0105，史 4467

王琦／子 0655，集 1467，集
　1468，集 1469，集 1586

王瑛／集 0104，集 4179

王瓚／史 3037，集 2743

王琳／史 2679

王融／集 0003，集 0007

王建／集 0016，集 0017，集
　0047，集 0056，集 0057，
　集 0066，集 1576

王建章／子 3123

王建常／經 0723

王聖俞／叢 0063

王瓊／叢 0010，叢 0013，叢
　0027，叢 0031，史 3603

王琚／叢 0007

王琛／史 2638

王弼／叢 0007，叢 0025，叢
　0039，叢 0040，叢 0041，
　叢 0067，叢 0068，叢
　0083，叢 0100，經 0006，
　經 0010，經 0011，經
　0012，經 0013，經 0014，
　經 0015，經 0052，經
　0061，子 0377，子 0378，
　子 0379，子 0380，子
　0381

王承烈／史 1054

王子韶／叢 0005，叢 0007，
　叢 0009

王子一／集 5760

王子接／子 0756，子 0918

王鞏／叢 0092，集 4154

王鞏／叢 0005，叢 0006，叢
　0007，叢 0009，叢 0014，
　叢 0015，叢 0075，叢
　0092，集 1833

王君玉／叢 0001，叢 0004，
　叢 0005，叢 0006，叢
　0007，叢 0009，叢 0016，
　叢 0017，叢 0026，叢
　0100

王君榮／子 1404

王翼鳳／集 5108

王玠／子 3084

王政／史 2408

王政敏／史 0453

王孜／集 3165

王禹偁／史 0603，集 0089，
　集 1724，集 1725，集
　1726，集 1727，集 1728

王禹聲／集 2703，集 2704

王千仞／經 0405

王千秋／集 5537

王隼／經 0388，集 1192

王孚／叢 0007

王皜／經 1136

王采藻／集 5104

王秉衡／子 1169

王秉韜／集 4741

王維／叢 0007，叢 0016，叢
　0017，叢 0018，子 1731，子
　1733，集 0013，集 0041，集
　0042，集 0045，集 0052，集
　0053，集 0055，集 0063，集
　0087，集 1438，集 1439，集

1440,集 1441

王維德/史 3614

王維祺/集 5029,集 5030

王維楨/集 0104,集 0111,
集 3005,集 3006,集
3007,集 3008

王步青/經 1086,經 1087,
集 4191

王仁俊/史 4266

王仁裕/叢 0007,叢 0012,
叢 0016,叢 0017,叢
0018,子 2417

王衡/子 2860,集 1426,集
3303,集 3304

王行/集 2532,集 2533,集
5525,集 5526

王衍梅/集 4762,集 4980

王肯堂/叢 0010,叢 0011,
經 0280,史 4037,史
4038,子 0645,子 0646,
子 0647,子 0648,子
0843,子 0940,子 1008,
子 1009,子 1123,子
1200,子 2227

王倬/史 3000

王睿章/子 1822,子 1823

王槩/叢 0078,子 1764,子
1765,子 1766,子 1767,
子 1768

王川/史 1019

王鼎/叢 0007,叢 0012,叢
0048,叢 0068

王俰/叢 0075,史 0237,史
0238,集 0104

王巖/集 3578

王巖叟/叢 0004,叢 0009,
史 1250,史 1251,集
1748,集 1749,集 1750,
集 1751

王畿/經 0101,子 0258,集
2913,集 2985,集 2986

王崑崙/集 0104

王崇/史 2553

王崇慶/叢 0010,叢 0028,
叢 0075,史 2438,子
2660,子 2661,集 2828

王崇德/子 1453

王崇右/集 0104

王崇簡/叢 0082,集 3567,
集 3568

王崇炳/史 1195,集 1159,
集 1160,集 2085,集
3981

王樂胥/集 5166

王繼香/史 1488,子 1967,
集 5098,集 5099,集
5100,集 5101,集 5102,
集 5683,集 5684

王繼和/集 5103,集 5689

王繼祖/史 2398

王繼善/集 5761

王崧/經 0032

王綬/史 2608

王允深/史 2657

王允嘉/子 2856

王獻之/集 0007

王俅/史 4268,史 4269

王峻/集 4196,集 4197

王紱/集 0104

王化隆/子 2532

王先謙/史 0414,史 3584,
子 0076

王先慎/子 0612,子 0613,
子 0614

王佐/叢 0044,子 2477,子
2478,子 2514,集 0104

王德璉/集 2476

王德信/集 5738,集 5739,
集 5740,集 5741,集
5742,集 5743,集 5745,
集 5746,集 5747,集
5748,集 5760,集 5763,
集 5764

王德維/子 0976

王德馨/子 2470,集 4944,
集 5517,集 5518

王僖/史 2461

王特選/史 2636

王幼學/史 0315,史 0316,
史 0317,史 0318,史
0319,史 0320,史 0321,
史 0322,史 0323,史
0324,史 0325,史 0326,
史 0339

王綺/集 5355

王納諫/集 0474,集 1902,
集 1903,集 1904

王綍/子 1859

王結/集 2382,集 2383

王仲文/集 5760

王仲修/集 0017

王仲暉/叢 0007

王仲舒/子 1922

王健/集 3017,集 3018,集
3019,集 3020

王紳/叢 0010,史 2284,史
2285

王純/經 0418

王自超/集 3792

王伯大/集 1591,集 1592,
集 1593,集 1594,集
1595,集 1596,集 1597,
集 1598,集 1599,集
1600,集 1601,集 1602,
集 1603,集 1604,集
1605

王得臣／叢 0004，叢 0006，
　叢 0009，叢 0092
王皞／經 0681
王梟／子 1765，子 1766，子
　1767，子 1768
王緝修／集 3978
王繹／史 2675
王修／史 4370
王修玉／叢 0078，集 0371
王象晉／叢 0149，子 2011，
　子 2012，子 2484，集
　3321，集 3322
王象之／叢 0093，史 2354，
　史 4301
王象乾／集 0181
王象春／集 3338
王伋／子 1401
王雞／經 1582
王舟瑤／集 2435
王彝／集 2528
王磐／叢 0007
王魯曾／集 1029
王叡／叢 0004，叢 0006，叢
　0007，叢 0009，叢 0044
王奐曾／集 3838
王粲／叢 0007，叢 0040，叢
　0041，集 0003，集 0007
王組／史 2434
王繩曾／集 2393
王約／經 0419
王緣督／子 2697
王叔承／叢 0101
王叔和／叢 0007，叢 0105，
　子 0645，子 0827，子
　0828
王叔英／集 2574，集 2575
王叔杲／集 3113
王叔果／叢 0108，史 1542，
　集 3185

王緯／叢 0010，叢 0013，叢
　0016，叢 0017，叢 0018，
　叢 0075，叢 0093，史
　0348，史 3296，集 0104，
　集 2511，集 2512
王稺登／叢 0010，叢 0011，
　叢 0013，叢 0049，叢
　0075，叢 0127，集 0104，
　集 0566，集 3171，集
　3172，集 3173，集 3174，
　集 3175，集 3176，集
　3177，集 3178，集 3179
王紹雍／集 2655
王紹蘭／經 0663，經 0664，
　經 0665，經 0922，子
　2375
王作肅／集 1196
王微／史 3445
王徵／叢 0105，經 1541，子
　1991，子 1992，集 5351
王復／集 5760
王復禮／史 3548，史 3549，
　集 0518
王儀／叢 0007
王儀鄭／集 5130
王僧孺／集 0003，集 0007
王儉／集 0007
王以寧／史 0932
王以悟／集 3323
王綸／子 0642，子 0643，子
　1161，子 1162，子 1195
王塗／經 1123
王濟／叢 0023，叢 0024
王寵／集 0104，集 1029，集
　2909
王寵懷／史 3138
王完／叢 0028
王家瑞／史 4347
王家士／史 2644，史 2751

王家屏／集 3188
王之望／集 5542
王之弼／史 3422
王之偉／史 2686
王之績／集 5483
王之垣／叢 0149
王之厚／史 4282
王守／集 1029
王守誠／經 1028
王守仁／叢 0010，叢 0075，
　叢 0093，史 0375，子
　0246，子 0247，子 0248，
　子 0249，子 0250，子
　1779，集 0104，集 0111，
　集 0115，集 2759，集
　2760，集 2761，集 2762，
　集 2763，集 2764，集
　2765，集 2766，集 2767，
　集 2768，集 2769，集
　2770
王宇／史 0871，子 2054，子
　2055，子 2056，集 0498
王準／集 0051
王安石／經 0020，史 4223，
　集 0020，集 0021，集
　0022，集 0023，集 0024，
　集 0025，集 0026，集
　0028，集 0089，集 0090，
　集 0634，集 0635，集
　1842，集 1843，集 1844，
　集 1845，集 1846，集
　1847，集 1848，集 1849，
　集 1850，集 1851，集
　5529，集 5543
王安舜／經 0124
王安禮／集 1803
王安中／集 5529，集 5537
王宏／叢 0007
王宏翰／子 1130，子 1131，

子 1259

王良／史 3357

王良樞／叢 0035

王定勳／集 4498

王定保／叢 0007, 叢 0037, 叢 0087, 叢 0100

王定祥／史 1497, 集 0995, 集 3955, 集 3956, 集 5200, 集 5201, 集 5202, 集 5203, 集 5204, 集 5205, 集 5206

王寶書／集 5226

王賓／史 3030, 史 3464, 集 2559

王實堅／集 1196

王寅／集 1039

王宗傳／經 0016, 經 0081

王宗稷／集 1855, 集 1856, 集 1857, 集 1858, 集 1859, 集 1860, 集 1861, 集 1864, 集 1873, 集 1874, 集 1894, 集 1908

王宗沐／史 0354, 史 0356, 史 0357, 史 0358, 史 3075, 子 0174, 集 3036

王宗涑／經 0539, 經 0540

王永積／集 3480

王永名／史 3257

王寂／叢 0083, 叢 0084, 史 3319, 集 2302, 集 5544

王江／史 2775

王涇／史 3946, 史 3947, 史 3948

王涯／子 1334, 子 1335, 子 1336

王澐／集 4151

王源／經 0738, 集 0989

王福田／史 4374

王禎／子 0624, 子 0625, 子

0626

王兆森／集 5033

王兆鰲／史 2785

王兆符／叢 0165, 集 4019

王沂孫／叢 0092, 集 5531

王冰／子 0645, 子 0656, 子 0671, 子 0672, 子 0673, 子 0674, 子 0675, 子 0676, 子 0677, 子 1370, 子 1371

王心／史 2592

王心一／集 3347

王心宸／史 1545

王心敬／經 1063, 集 4161

王泌／叢 0010, 叢 0011, 叢 0013

王溥／叢 0083, 史 3914, 史 3915

王治／史 2521

王治皞／史 2317

王演／史 3133

王演疇／子 0281

王韼／史 4270, 史 4271, 史 4272, 史 4273, 史 4274, 史 4275, 史 4276, 史 4277, 史 4278

王逋／叢 0081

王澍／史 1322, 史 4317, 子 1691, 子 1692, 子 1715, 子 1716

王汝謙／叢 0010

王汝南／史 0453

王淶／集 0104

王遶／叢 0007, 叢 0012, 叢 0037

王邁／集 2226, 集 5542

王達／叢 0013

王達／叢 0010, 叢 0023, 叢 0048, 集 0104

王洙／叢 0007, 叢 0014, 叢 0015, 叢 0050, 子 1511

王迪中／集 5214

王湜／經 0016

王昶／集 0123, 集 1033

王鴻儒／叢 0010, 叢 0013, 叢 0075

王鴻緒／經 0385, 史 0260, 史 0261, 集 3831

王汲／子 1432

王澹／集 5737

王初桐／叢 0189, 子 2992

王逸／集 0007, 集 1289, 集 1290, 集 1291, 集 1292, 集 1293, 集 1294, 集 1295, 集 1297, 集 1315

王通／叢 0005, 叢 0006, 叢 0009, 叢 0040, 叢 0041, 叢 0067, 子 0110, 子 0111

王逢／叢 0092, 經 0360, 集 2456

王瀚／史 2980

王祚之／叢 0004

王祚禎／經 1563

王祚昌／叢 0112, 經 0149, 集 3407, 集 3408

王道／經 0367, 經 0985, 史 2783, 子 3040, 集 2854

王道亨／史 2676

王道寧／集 4173

王道昆／經 0755, 經 0756

王道明／史 4131

王道輝／史 2749

王啓／集 2719

王啓胤／史 2906

王啓茂／集 0117

王榮／叢 0092, 集 1686

王十朋／集 0030, 集 0090,

集 0747, 集 1867, 集
1869, 集 1870, 集 1871,
集 1872, 集 1873, 集
2103, 集 2104, 集 2105,
集 2106, 集 2107, 集
2108, 集 2109, 集 2110,
集 2111, 集 2112, 集
2113

王九齡／集 5545

王九思／叢 0105, 集 0104,
集 2744, 集 2745, 集
2746, 集 5737, 集 5760,
集 5878

王九疇／史 2789, 史 2790

王太岳／叢 0083

王士端／子 3116

王士俊／子 0328

王士禧／叢 0149

王士禛／叢 0075, 叢 0078,
叢 0081, 叢 0082, 叢
0097, 叢 0149, 史 1043,
史 1398, 史 4195, 子
2259, 子 2962, 子 2963,
子 2964, 集 0059, 集
0060, 集 0061, 集 0120,
集 0121, 集 0122, 集
0243, 集 0244, 集 0245,
集 0246, 集 0247, 集
0700, 集 0701, 集 0702,
集 0703, 集 0704, 集
0918, 集 0947, 集 1040,
集 2757, 集 3338, 集
3727, 集 3728, 集 3729,
集 3730, 集 3731, 集
3732, 集 3733, 集 3734,
集 3735, 集 5464, 集
5465, 集 5466, 集 5467,
集 5468, 集 5469, 集
5470, 集 5545, 集 5624,

集 5953

王士祿／叢 0149, 集 0120

王士雄／子 0925, 子 1158

王士點／叢 0080, 史 3715,
史 3716, 史 3837

王士驤／集 3338

王士騏／子 0487

王士性／叢 0047, 叢 0075,
史 3795, 史 3796

王坊／集 0421

王培宗／史 2439

王堯臣／史 4094

王在晉／叢 0101, 史 0690,
史 3997

王南珍／史 2180

王希廉／集 5997, 集 5998

王希文／史 3559

王存／叢 0004, 叢 0083, 史
2353

王志遠／叢 0010

王志長／經 0499, 經 0500

王志堅／史 2301, 子 2496,
子 2908, 集 0361, 集
0362, 集 0363, 集 0364,
集 0365, 集 0366

王燾／子 0872, 集 4772

王奪標／集 3713

王嘉／叢 0004, 叢 0006, 叢
0007, 叢 0009, 叢 0016,
叢 0017, 叢 0036, 叢
0037, 叢 0039, 叢 0040,
叢 0041, 叢 0042, 叢
0076

王吉元／集 1573, 集 1574

王吉武／集 3837

王吉臣／史 2667

王奇敉／子 0965

王雄／史 2755

王大晉／叢 0189

王樵／叢 0110, 經 0271, 經
0272, 經 0871, 史 4037

王梓材／史 0577, 史 1030,
史 1031

王森文／叢 0103

王概／史 3540

王樞／史 2650

王圻／經 0494, 史 2368, 史
3638, 史 3903, 子 0485,
子 2855

王晢／經 0016

王博／史 2694

王式丹／集 3994

王載／集 0319

王越／集 2655

王梣／叢 0001, 叢 0003, 叢
0005, 叢 0007, 叢 0009,
叢 0014, 叢 0015, 叢 0100

王萬化／子 0998

王萼香／集 5002

王協和／史 3801

王范氏／集 1196

王夢弼／史 2939

王夢簡／叢 0044

王芳／集 4263

王蘭皋／集 5019

王恭／集 0104

王恭椿／史 1651

王懋竑／史 1353, 史 1354,
集 4049

王懋明／集 0104

王懋昭／集 5848

王孝通／叢 0092, 叢 0093,
子 1301

王莘／集 4017, 集 4018

王勃／子 3135, 子 3307, 集
0036, 集 0052, 集 0053,
集 0055, 集 0063

王荔／子 2856, 集 2929

王華齋／史 0801，集 5295

王者輔／叢 0169，史 0522

王蓍／子 1765，子 1766，子 1767，子 1768

王若虛／叢 0092，叢 0097，經 0258，集 2306

王蒔蕙／史 0825

王芑孫／史 4323，集 4535

王世球／史 4004

王世琛／集 4037

王世貞／叢 0010，叢 0013，叢 0016，叢 0017，叢 0021，叢 0029，叢 0034，叢 0049，叢 0075，叢 0101，史 0369，史 0370，史 0375，史 0378，史 0379，史 0380，史 0381，史 0382，史 0453，史 0579，史 0660，史 0661，史 0662，史 1093，史 1123，史 1255，史 1256，子 0425，子 0487，子 1731，子 1732，子 2404，子 2405，子 2408，子 2409，子 2410，子 2411，子 2684，子 2844，子 2846，子 3122，集 0104，集 0111，集 0112，集 0441，集 0442，集 0560，集 0562，集 0563，集 1358，集 1894，集 3061，集 3062，集 3063，集 3064，集 3065，集 3066，集 3067，集 3068，集 3069，集 3070，集 3071，集 3072，集 3073，集 5760，集 5763，集 5764

王世德／史 0709，史 0710，史 0711，集 1196

王世茂／集 0868

王世懋／叢 0010，叢 0013，叢 0016，叢 0017，叢 0034，叢 0050，叢 0051，叢 0075，叢 0101，子 2399，子 2403，子 2406，子 2407，子 2408，子 2409，子 2410，集 0104，集 3107，集 3108，集 5390

王賞／史 1039，史 3098

王楚材／史 3579

王其信／史 0811

王其華／史 2725

王英明／子 1250

王材任／集 1031

王樹英／集 4909

王棻／經 0620，經 1126，經 1450，經 1451，史 0460，史 0972，史 1037，史 1038，史 1147，史 1193，史 1210，史 1359，史 1419，史 1461，史 1544，史 2991，史 3982，史 4059，史 4215，史 4356，子 0615，集 2423，集 2926，集 5029，集 5030，集 5256，集 5257，集 5258，集 5259，集 5260，集 5261，集 5262，集 5604

王植／子 1343，子 2270

王楙／叢 0004，叢 0007，叢 0009，叢 0015，叢 0036，叢 0037，叢 0048，子 2302，子 2303

王執中／子 0858

王椿齡／集 5311

王旭／集 5535

王坦／子 1916

王觀／叢 0001，叢 0002，叢 0003，叢 0005，叢 0006，叢 0007，叢 0009，集 1854

王恕／集 5433

王如珪／史 2887

王如辰／史 3279

王如錫／集 1907

王相／史 1676

王柏／叢 0119，經 0016，集 2261

王柏心／史 1329

王懿／史 2450

王懿榮／史 4313

王朝／經 1169，經 1170，經 1191，子 1047，子 1162

王朝雍／集 0273

王朝佐／史 1197，史 1198

王好古／子 0637，子 0639，子 0645，子 0784，子 0882，子 0883

王韋／集 0104

王翃／子 0809，集 5760，集 5807

王起／集 5672，集 5673，集 5674

王格／集 0104，集 2941

王乾章／集 0854

王乾元／子 3004

王申子／經 0016

王蕭／叢 0007，經 0045，子 0021，子 0022，子 0023，子 0024，子 0025，子 0026，子 0027，子 0028，子 0029，子 0030，子 0031，子 0032，子 0033

王惠／集 5000

王由／叢 0108

王貴學／叢 0007，叢 0009，叢 0035，叢 0071，叢 0072

王素／叢 0001

王泰徵／子 2739

王振綱／史 2976

王軾／叢 0024，叢 0034

王邦采／集 2393

王邦直／經 0718

王蜺／集 5604

王撫辰／集 5314

王鏊／叢 0010，叢 0016，叢 0017，叢 0018，叢 0024，叢 0027，叢 0031，叢 0051，叢 0075，叢 0101，史 2468，史 3609，史 3610，史 3611，子 2189，子 2190，集 0581，集 0582，集 0583，集 0584，集 2701，集 2702，集 2703，集 2704

王揀／經 0892，經 0893，經 0894，經 0895，經 0896，經 0897，經 1060，史 1315

王國安／史 2813

王國器／叢 0092

王易／叢 0007，叢 0009

王思任／叢 0010，叢 0013，叢 0052，叢 0053，叢 0063，叢 0071，叢 0072，叢 0140，子 1760，集 0113，集 0478，集 1374，集 1386，集 1387，集 1388，集 1394，集 3295，集 3296

王思永／叢 0189

王思義／史 2368

王昇／史 2599

王昌齡／叢 0044，集 0050，集 0062

王昌學／史 2641

王昌會／集 5453

王曇／集 4543，集 4544

王異／集 5790

王景韓／子 0849

王景義／子 2292

王景曾／集 4869

王晫／叢 0078，集 0517，集 3802，集 5545

王顯曾／史 2490

王畹／史 2441

王時翔／集 4237

王時敏／子 1774

王暐／叢 0001，叢 0006，叢 0007，叢 0009，叢 0012，叢 0016，叢 0017，叢 0100

王明清／叢 0006，叢 0007，叢 0009，叢 0014，叢 0015，叢 0016，叢 0017，叢 0048，叢 0068，叢 0097，叢 0100，子 2423

王明嶅／子 2766

王鳴鶴／子 0526

王鳴盛／經 0032，經 0300，經 0509，經 0510，史 2320，集 0123，集 0931，集 1037，集 4384

王昭禹／經 0470

王昭嗣／集 0963

王墅／集 5760

王野／集 2547

王嗣奭／叢 0072，集 3314，集 3315

王嗣槐／叢 0078

王鶚／史 0642

王煦／經 1222，經 1321

王曦／集 5760

王晦／集 4626

王晦／集 4044

王阮／集 0089

王厈／集 3477

王厚之／叢 0007，叢 0020

王原祁／史 3969

王隱／叢 0094

王驥德／集 5739，集 5935

王質／叢 0004，叢 0007，叢 0009，叢 0075，叢 0083，史 1241

王陽開／集 4678

王鳳采／史 2954

王鳳翔／史 1312

王覺／經 0598

王陶／叢 0006，叢 0007，叢 0009，叢 0016

王同／史 3343，史 3779，子 2692

王同軌／子 2443

王用章／集 0104，集 5439

王用佐／史 3083

王周／叢 0007

王鵬翼／史 2785

王鵬運／集 5536

王闓之／叢 0004，叢 0007，叢 0009，叢 0016，叢 0037，叢 0092，子 2419，子 2420

王殿金／史 3052

王履／子 0637，子 0639，子 0645

王履道／子 1581

王履吉／集 1196

王居正／史 2622，集 0970

王際華／史 3971

王駉一／集 4177

王熙／叢 0111

王又華／集 5546

王又槐／史 3992

王又旦／集 3751

王又曾／集 4390

王學謨／史 2784

王學粲／史 1158

王開／子 0115

王問／集 0104,集 3021,集 3141

王譽昌／叢 0101

王留／集 0117

王艮／叢 0075

王與胤／叢 0149,集 3472

王與之／經 0016

王覺／集 5960

王賢／子 0845

王益之／史 0418

王金英／史 2414,集 0344,集 4465,集 4583

王金範／集 5954

王羲之／叢 0007,叢 0015,叢 0016,叢 0017,集 0007

王令／史 2250,子 2749,子 2750,集 0089,集 1852,集 1853

王令樹／集 3870

王念孫／經 0032,經 1232

王義慶／叢 0005

王義山／集 5542

王善／子 1917

王曾／叢 0001,叢 0003,叢 0007,叢 0100

王曾祥／集 4235

王命新／史 2637

王毓／叢 0108

王毓賢／子 1743

王鑨／集 3562,集 3563

王銓／叢 0001,叢 0003,叢

0005,叢 0006,叢 0007,叢 0009,叢 0012,叢 0016,叢 0017,叢 0026,叢 0037,叢 0075,叢 0092,叢 0100,集 0092,集 2034

王鍾毅／經 0605

王猷定／集 0127,集 3560,集 3561

王銑／史 1541

王錡／叢 0010,叢 0016,叢 0017,叢 0018,叢 0024,叢 0027,叢 0034,叢 0059

王鍵／叢 0007,叢 0075

王錫／叢 0101,叢 0157,史 3143,集 0707,集 0708,集 3974

王錫袞／集 0015

王錫珀／史 3040

王錫爵／史 0918,集 0080,集 0879,集 1643,集 3111

王錫卣／史 3226

王錫祺／子 1286

王錫闡／叢 0105

王錫命／經 1125

王鐸／史 0842,集 3562

王欽豫／叢 0108,史 1378,史 1379,子 0296,子 0297

王欽穆／叢 0108

王欽若／史 4223,子 2733,子 2734,子 2735,子 2736,子 2737,子 2738,子 2739

王欽臣／叢 0007,子 2134

王筠／經 0641,經 1448,集 0003,集 0007

王鑰／集 3243

王鎡／集 0092

王簡／叢 0049

王符／叢 0039,叢 0040,叢 0041,子 0098,子 0099

王惟一／子 0854,子 0855,子 0856

王惟梅／史 3358,史 3359

王光廣／叢 0108

王光經／叢 0108

王光魯／叢 0075,叢 0101

王光蘊／叢 0108,史 3039,史 3047

王光美／叢 0108

王常／史 4399,史 4400

王尚絅／集 0104

王尚用／史 3293

王當／經 0016,史 0978

王炎／集 0089,集 2118,集 2119

王炎午／集 2295,集 2296

王焞／集 0873

王爌／史 3041

王棠／子 2353

王恒／史 2891

王炳虎／史 3357

王愷／史 2990

王慎中／集 0104,集 0111,集 0115,集 2933,集 2934,集 2935,集 2936,集 2937,集 2938

王燁／集 3004

王煒／集 3679

王憚／叢 0007,叢 0009,叢 0016,叢 0017,叢 0097,叢 0105,史 0645

王恪／史 2409

王炯／史 2433

王灼／叢 0006,叢 0007,叢

0009，叢 0014，叢 0015，
叢 0075，叢 0080，叢
0092，叢 0100，集 5535
王煥雲／經 0953
王煥如／史 2471
王悅／集 4103
王榮絃／集 2474

1010₈
巫慧／史 2622

1011₂
疏筤／史 2918

1017₇
雪樵居士／集 5760

1020₀
丁立誠／史 1536，集 5380
丁立中／史 1418
丁度／經 1201，經 1475，經
1476，經 1477，經 1478，
子 0509
丁文衡／集 4149
丁文晢／史 1581
丁文蔚／集 5655
丁玄煥／子 2108
丁謂／叢 0003，叢 0009
丁一中／集 0104
丁元薦／子 1204，子 1205，
子 2438
丁丙／史 2826，史 2827，史
3336，史 3337，史 3338，
史 3340，史 3342，史
3347，史 4171，史 4460，
子 1883，集 1052，集
5056
丁雲鵬／子 0279，子 0280
丁廷彦／集 4392

丁廷楗／史 2543
丁瓚／子 0683
丁繼嗣／集 3251
丁允和／集 0113，集 0114
丁特起／叢 0075，叢 0100，
史 0619，史 0620，史
0621
丁甡／集 3789
丁紹恩／集 5520
丁從堯／子 0277
丁進／子 0284
丁之賢／集 1188
丁寶書／史 1076
丁業／史 0764
丁克揚／史 3123
丁杰／經 1178
丁奇遇／叢 0010
丁雄飛／叢 0078
丁其譽／子 2584
丁葉／史 3772
丁觀堂／史 2523
丁鶴年／集 0030，集 2450，
集 2451
丁敬／集 4416，集 4417
丁易／史 3557，史 3761
丁易東／子 1348
丁晏／經 0420，子 1530
丁明登／史 3014
丁巨／叢 0092
丁用晦／叢 0004，叢 0005，
叢 0007，叢 0009，叢
0016，叢 0017
丁居晦／叢 0007，叢 0092
丁鍇／集 1044
丁愷曾／史 2661
丁煒／集 3791
丁□□／史 0960

1021₂
兀欽仄／叢 0035，叢 0068，
叢 0100

1021₂
元結／集 0046，集 0059，集
1557，集 1558
元積／叢 0007，叢 0016，叢
0017，叢 0092，叢 0097，
集 0084
元革／叢 0012，叢 0035，叢
0068
元好問／叢 0089，集 0030，
集 0100，集 0641，集
0642，集 0643，集 0644，
集 0778，集 0779，集
0780，集 0781，集 0782，
集 2310，集 2311，集
2312，集 2313，集 2314，
集 2315，集 5532
元明善／史 3531
元舒／叢 0007
元懷／叢 0005，叢 0007，叢
0009，叢 0016，叢 0026，
叢 0075

1021₅
霍冀／史 4019
霍韜／史 0900，集 2856

1021₅
雅爾圖／史 0947
雅爾哈善／史 2467
雅德／史 2594

1022₃
霽園主人／子 2690

1040₀

干寶／叢 0004，叢 0007，叢 0009，叢 0016，叢 0017，叢 0037，叢 0040，叢 0041，叢 0068，叢 0097，叢 0100，叢 0110，經 0045，經 0046

1040₀

于奕正／史 3310，史 3311，集 0117

于謙／史 0890，史 0891，集 0107，集 0108，集 2617，集 2618

于琨／史 2498

于卜熊／史 3251

于鵠／集 0066

于叔通／叢 0068

于倫／子 2542

于守緒／子 1886

于準／子 0320

于潛／史 2627

于濆／集 0066

于鄴／叢 0016，叢 0017，叢 0097，集 0066

于肇／叢 0007，叢 0016

于逖／叢 0007，叢 0016，叢 0017

于士達／史 3659

于大猷／史 2697

于始瞻／史 2653

于萬培／史 2566

于燕芳／叢 0051，叢 0052，叢 0053

于成龍／集 3632

于鳳喈／史 2866

于覺世／史 2563

于學／史 3263

于義方／叢 0016，叢 0017，叢 0097

于欽／史 2627

于敏中／史 3316，史 3971，史 4115，史 4116，史 4117

于光華／子 2602，集 0190，集 0191，集 0546，集 0547，集 0548

于尚齡／史 2862

于慎行／史 3794，子 2216，子 2217

1040₇

夏庭芝／叢 0007，叢 0012，叢 0026

夏文彥／叢 0068，子 1728，子 1729，子 1730

夏言／史 0902，集 2884，集 2885

夏竦／經 1354，集 1742

夏一駒／子 1855

夏元鼎／叢 0053，子 3073

夏元成／子 2638

夏震武／史 1420

夏瑋／史 2583

夏琳／史 0766

夏秉衡／集 5760，集 5833

夏允彝／經 0319，史 0711，集 3522

夏僎／叢 0083

夏侯湛／集 0003，集 0007

夏侯陽／叢 0083

夏綸／集 5760，集 5826，集 5827

夏完淳／史 0755

夏之芳／經 0321，史 1052

夏之蓉／史 2318，史 2398，集 4221，集 4222，集 4223

夏良勝／史 3095，史 3147，集 2835

夏賓／史 3766

夏寅／史 2277

夏浚／史 2884

夏洪基／史 0406

夏大霖／集 1337

夏大輝／經 0380

夏基／史 3622

夏葆彝／集 5296

夏樹芳／史 1677，子 1996，子 2000，子 2884，子 2885

夏春農／子 1003

夏旦／叢 0010

夏時正／史 2821

夏味堂／經 1265

夏原吉／叢 0010

夏駰／史 0516

夏同善／集 5018

夏鍭／集 0104，集 2718

夏惟寧／經 0476

夏光遠／史 2908

夏炘／經 0626

夏□□／史 4080

1040₉

平步青／叢 0197，叢 0198，經 1269，史 1157，史 1391，史 1487，史 1695，史 2147，史 2148，子 1666，集 5038，集 5039，集 5040，集 5041，集 5510，集 5956

平衡／史 3654，史 3655

平嵐峰／集 5031

平德魁／史 3672

平遇／史 2989

平世增／史 2776，集 4872

平恕／史 2956，史 2957

平邦佐／集 5290

平陳棠／史 2854

平焜／集 5218

1044₁

聶崇義／經 0016

聶先／集 5545

聶豹／集 2887

聶良杞／集 2126，集 2127

聶大年／集 0104

聶奉先／叢 0007

聶田／叢 0004，叢 0009

聶際茂／子 1851

聶尚恒／子 1080，子 1081，
　　子 1212，子 1213

1060₁

吾衍／史 4226，史 4302，集
　　2344，集 2345

吾㕧／史 3012

吾丘端／集 5760，集 5763，
　　集 5764

吾丘衍／叢 0007，叢 0013，
　　叢 0014，叢 0015，叢
　　0035，叢 0048，叢 0100

1060₁

雷亮功／史 0780

雷琳／集 0374

雷行／子 1414

雷禮／史 1091，史 1092，史
　　1276，史 3848

雷次宗／叢 0004，叢 0005，
　　叢 0007，叢 0008，叢
　　0009，叢 0016，叢 0017

雷葆廉／集 5707

雷國楫／集 0973

雷思齊／經 0016

1060₂

石巪／經 0987，子 0162

石延年／叢 0075，史 0596

石承進／叢 0007，叢 0009

石子章／集 5760

石君寶／集 5760

石珤／集 0104

石琰／集 5760

石崇階／叢 0078

石和陽／子 3059

石佩玉／經 0987

石室道人／叢 0075

石梁／子 1707

石杰／子 2455

石友蘭／集 5127

石茂良／叢 0007，叢 0023，
　　叢 0066

石孝友／集 5537

石韞玉／集 4336，集 4337，
　　集 4536，集 5760

石申／叢 0007，叢 0016，叢
　　0040，叢 0041

石成金／子 0339，子 2589，
　　子 2590

石曇／史 1050

石介／叢 0004，叢 0079，集
　　0089，集 1755

石鈞／集 4676

1060₄

西吳空洞主人／子 0622

西清／史 2456，史 2457

西湖漫史／集 5914

西湖散人／子 2948

1066₂

磊道人／集 5760

1073₂

雲溪老漁／集 5194

1080₄

天台野人／叢 0063

天和子／叢 0006，叢 0007，
　　叢 0009

天花才子／集 6008

天都山臣／叢 0053

天眉／子 0566

1080₆

貢師泰／集 0030，集 2434

貢修齡／史 3002

貢汝成／經 0650，經 0651

貢渭濱／經 0205

貢性之／集 0030

1080₆

賈文召／史 3117

賈言／史 2782

賈誼／叢 0033，叢 0039，叢
　　0040，叢 0041，叢 0067，
　　叢 0088，子 0012，子
　　0062，子 0063，子 0064，
　　子 0065，子 0066，子
　　0067，集 0003，集 0007，
　　集 1288

賈敦艮／史 1415，集 5688

賈三近／集 0458

賈璚升／集 5545

賈仲名／集 5760

賈島／叢 0044，叢 0075，集
　　0048，集 0057，集 0066，
　　集 0743

賈似道／叢 0004，叢 0007，
　　叢 0009，叢 0016，叢
　　0017，叢 0035，子 2029，

子 2030, 子 2031, 子
2032
賈宗魯／史 2464
賈永／子 1864
賈漢復／史 2760
賈靜完／集 3410
賈思勰／叢 0007, 叢 0016,
叢 0017, 叢 0043, 叢
0068, 叢 0100, 子 0623
賈昌朝／經 1202, 經 1203,
經 1238
賈開宗／集 3634
賈善翔／叢 0004, 叢 0007,
叢 0009, 叢 0016, 叢
0017
賈公彥／經 0012, 經 0013,
經 0014, 經 0015, 經
0467, 經 0468, 經 0469,
經 0548, 經 0549, 經
0550
賈銘／叢 0075

1090₀
不經先生／集 5972
不食肉者／集 4925

1090₄
栗應宏／集 0104
栗可仕／史 2637
栗永祿／史 2568

1090₄
栗永祿／史 3494

1111₄
班固／叢 0005, 叢 0006, 叢
0007, 叢 0009, 叢 0016,
叢 0017, 叢 0026, 叢
0039, 叢 0040, 叢 0041,

叢 0042, 叢 0056, 叢
0067, 叢 0076, 叢 0088,
叢 0097, 叢 0105, 史
0004, 史 0005, 史 0104,
史 0105, 史 0106, 史
0107, 史 0108, 史 0109,
史 0110, 史 0111, 史
0112, 史 0113, 史 0114,
史 0115, 史 0116, 史
0117, 史 0118, 史 0120,
史 0121, 史 0122, 史
0123, 史 0124, 史 0132,
史 4223, 子 2096, 子
2098, 子 2099, 子 2100,
子 2101, 集 0003, 集
0007, 集 0367
班昭／叢 0007

1111₇
甄鸞／叢 0007, 叢 0068, 叢
0083, 叢 0092, 叢 0100,
子 1240, 子 1300

1113₂
璩子溫／叢 0004
璩崑玉／子 2950
璩之燦／史 1255, 史 1256
璩之璞／集 1894

1118₆
項應祥／史 0573
項詠／史 2993
項元汴／叢 0075
項霽／集 5012
項天瑞／子 1115
項霦／叢 0101, 叢 0102
項瓛／集 5685, 集 5686
項喬／集 2955, 集 2956, 集
2957, 集 2958

項維仁／集 4936
項維貞／叢 0075
項崧／史 1501
項傅梅／集 4938, 集 4939,
集 4940
項德楨／集 2635
項傅霖／史 1633, 史 1811
項綢／集 0087
項家達／集 0036
項安世／叢 0083, 經 0016,
集 2170, 集 2171
項溶／集 4571
項鴻祚／集 5664
項燾／史 1632
項斯／集 0066
項芳蘭／集 5375
項世芳／叢 0035
項世榮／史 2582
項忠／集 2635
項篤壽／史 1096, 史 1097,
史 2167, 史 2287
項懷述／經 1433
項煜／經 1046

1123₂
張泉／史 1164
張亨格／集 1234
張雍敬／集 5823
張彥遠／叢 0007, 叢 0012,
叢 0068, 叢 0100, 子
1731
張齊賢／叢 0005, 叢 0007,
叢 0009, 叢 0092
張方／叢 0007, 叢 0016, 叢
0017
張方平／集 1833
張方泌／子 1173
張方湛／經 1161
張商英／叢 0009, 叢 0039,

叢 0040, 叢 0041, 子 0487, 子 0503, 子 0504, 子 3130, 子 3307

張庸/集 2548

張應文/子 1637, 子 2018

張應登/史 3767

張應武/史 2528

張應煦/集 4854

張應辰/史 2754

張應午/史 2674

張應爔/集 5305

張庭學/集 5017

張度/經 1334, 史 2677

張慶奎/集 4941

張唐英/叢 0005, 叢 0007, 叢 0009, 叢 0012, 叢 0075, 叢 0093, 叢 0105

張庚/史 0344, 史 0345, 子 1744, 子 1745, 子 1746, 集 1659, 集 4393, 集 4394

張庚星/集 3365

張意/集 0104

張文龍/子 3049

張文麟/叢 0101

張文瑞/史 3656, 史 3657, 集 4240

張文虎/史 0029, 史 0058, 史 0059

張文海/史 3240

張文柱/子 2408, 子 2409, 子 2410, 子 2411, 集 0104

張文薖/史 1434

張文郁/史 1373, 集 1234

張文熙/史 2796

張文介/子 3120

張文炎/集 0856

張文燧/史 0569

張袞/集 0104

張袞/史 2503

張奕光/經 0176

張京顔/史 1404

張京元/集 1317

張端義/叢 0004, 叢 0007, 叢 0009, 叢 0016, 叢 0050, 叢 0068, 叢 0100, 子 2173

張誼/叢 0010

張誡/史 2891

張詠/集 0089, 集 1723

張詩/集 0104

張讀/叢 0006, 叢 0007, 叢 0009, 叢 0037, 子 2676

張翊/叢 0007, 叢 0016, 叢 0017

張翊儁/集 0252, 集 5058, 集 5059, 集 5060

張施仁/史 2758

張鷟/叢 0004, 叢 0007, 叢 0009, 叢 0012, 叢 0013, 叢 0016, 叢 0017, 叢 0026, 叢 0051, 叢 0100, 子 2709

張敦仁/叢 0092, 經 0032, 經 0575

張敦實/叢 0092

張敦頤/叢 0007, 叢 0016, 叢 0042, 集 1636, 集 1637, 集 1638, 集 1639, 集 1640, 集 1641, 集 1642

張説/叢 0007, 叢 0016, 叢 0017, 叢 0083, 叢 0097, 集 0037, 集 0050, 集 0063

張謙德/叢 0050

張一中/集 0876

張三俊/史 2663

張三異/集 5892, 集 5893

張三錫/子 0651, 子 0898

張正宰/集 4597, 集 4749

張正茂/叢 0078

張正見/集 0003, 集 0007

張五典/集 4450

張玉書/經 1419, 子 2975, 子 2976, 集 0323, 集 3754, 集 3755

張至龍/集 0088, 集 0092

張丁/史 1275, 集 2278, 集 2279, 集 2281, 集 2536, 集 2537

張元諭/子 2207

張元彪/集 4597, 集 4598

張元汴/子 2861

張元灝/經 0216

張元啓/集 4926

張元聲/集 1234

張元幹/集 0089, 集 5537

張元善/集 1073, 集 1074

張元忭/叢 0079, 史 2953, 史 2960, 史 2961, 史 2962, 集 3196, 集 3197

張爾岐/叢 0096, 經 0161, 經 0555, 經 0638

張雨/叢 0092, 史 3424, 集 0030, 集 2441, 集 2442, 集 5531

張夏/史 1111

張平叔/子 3038

張晉生/史 3167

張可久/集 5877

張可述/史 3178

張可大/集 3313, 集 3365

張雲章/集 3915

張雲璈/集 4739

張雲路/集 0443

張雲錦／集 4250,集 4639

張天復／史 2366

張天真／史 2720

張甄陶／經 0918,經 1104

張麗生／史 0828

張預／子 0552,子 0553,子
0554,子 0555,子 0556,
集 5680

張登／子 0657,子 0763,子
0764

張登雲／子 0013

張瑞圖／經 0596,集 3325

張珽／史 2408

張瑗／史 2546

張璠／經 0045

張弘至／集 2685

張弘道／史 1685,史 1686

張弧／叢 0025,叢 0093,子
3070

張烈／叢 0079

張廷玉／史 0005,史 0461,
史 0462,史 0463,史
0848,史 3935,史 3936,
子 0333,子 1899,子
2982,集 0985,集 3971

張廷登／子 2506

張廷琮／集 4888

張廷琛／史 1113,史 1143,
集 1147

張廷綱／史 2413

張廷儀／經 0430

張廷濟／史 4250,史 4435,
史 4436,集 0964,集
4715

張廷寀／史 2630

張廷榜／史 2552

張廷楠／史 1624

張廷枚／集 2433,集 3114,
集 4552,集 4553

張孔瑛／集 3522

張聯元／史 2983,史 3515,
史 3516,史 3719

張琮／史 2738,史 2739

張戩／史 2860

張琦／集 0104,集 5548

張瓚／叢 0024,史 2860,史
2925

張劭／集 0032

張翀／叢 0051

張璉／史 2772

張融／集 0007

張聖誥／史 2733

張聖業／史 2681

張理／經 0016

張丑／叢 0010,叢 0013,子
1633,子 1634,子 1635,
子 1636

張孟寅／經 0681

張羽／集 0102,集 0104

張璐／子 0657,子 0699,子
0771

張瑤芝／集 3884,集 3885

張璨／集 0921

張弼／集 0104,集 2684,集
2685

張乃孚／史 3169

張彌／經 0779,經 0780,史
3777,子 0283,集 0113,
集 0472,集 3319

張承先／史 2481

張豫章／集 0031

張習孔／叢 0078,經 0166

張君房／叢 0004,叢 0007,
叢 0097,子 3089,子
3090

張珍懷／集 5386

張琰／子 1094

張位／叢 0010,叢 0053,叢

0091,經 1534,子 2526

張豸冠／叢 0191

張喬／集 0066

張爲／叢 0093

張舜民／叢 0003,叢 0007,
叢 0014,叢 0037,叢
0092,集 1940

張千里／子 1154

張孚敬／史 0905,史 3038,
集 2897

張受孔／子 0905

張受長／史 0952,史 1629

張爵／史 3312

張采／史 1065,集 0599,集
0600,集 0606,集 0607,
集 0608

張采田／史 1345

張秉銓／集 5240

張維／經 1356

張維霈／子 1853

張維樞／集 2395

張維屏／集 4885

張仁熙／叢 0078

張仁美／叢 0101

張衡／叢 0007,史 2813,集
0003,集 0007

張衢／集 4780,集 5760

張行孚／經 1330,經 1331

張行成／叢 0007,叢 0025,
叢 0068,叢 0093,叢
0100,子 1340,子 1341,
子 1344

張倬／子 0657

張虞侯／叢 0063

張睿卿／史 0379,史 0393

張師顔／叢 0075,史 0640,
史 0641

張師正／叢 0004,叢 0005,
叢 0006,叢 0007,叢

0009,叢0016,叢0017
張貞/集3805,集3806
張貞生/叢0148
張經綸/史3239
張縉彥/史3490,集3590
張穎/經1529,史2740
張鑾/集3599
張能麟/子0018
張能鱗/子1705
張能臣/叢0007,叢0016,叢0017
張鼎思/叢0010,經0536,子2531
張鸞/叢0006,叢0009
張山來/子1950
張崇仁/史2170
張崇鈞/子1962
張綖/集2869,集5527,集5718
張參/叢0090,經1349,經1350
張允祥/叢0078
張獻翼/叢0010,經0110,經1535,集0104
張岱/經1055,史0256,史1040,史1184,史1185,史1186,史1187,子2250,集3558
張先/叢0092,經1356
張佳胤/集0104
張德新/子1894
張德謙/子1637
張德純/集1330,集1331
張德堪/史1306
張德夫/史2474
張德輝/叢0010
張岐然/經0883
張紞/叢0027,叢0034
張仲文/叢0004,叢0006,叢0007,叢0009,叢0016,叢0017
張仲璜/集5892,集5893
張仲遠/叢0093
張傑夫/史3200
張紳/叢0035
張純/叢0112,子2202
張純修/史2561
張自烈/叢0075,經1417,經1418,集1385,集1386,集1387,集1388,集3520
張自超/經0899
張皇輔/史3068
張伯端/叢0050,子3037,子3091,子3092,子3093,子3094,子3095
張伯行/叢0079,史3648,集0025,集2086
張伯淳/集2333
張伯樞/經0138
張儼/叢0016,叢0017
張保衡/集5004
張保祉/集5007
張穆/史1388,史1399,史4260,集4874
張佩芳/史3477,集1572
張儋之/史3502
張僎/叢0105
張惣/叢0078
張峰/史2530
張綱/集0092,集5594
張綱孫/叢0078
張紹謙/集2584,集2585
張僧鑒/叢0004,叢0007,叢0009
張從正/子0645
張儉/集2863
張以寧/經0016,集0104,集2513,集2514
張綸/叢0010,叢0030,叢0031,子2509
張宣猷/經0724
張淮/集5217
張寧/叢0010,叢0051,叢0052,叢0053,叢0075,叢0110,集2660
張家棉/史3146
張適/叢0078
張之鼐/史3351
張之象/叢0032,叢0040,叢0041,子0070,子0071,子0072,子0073,集0104,集0236,集0262,集0670,集0671,集0672,集0673,集3132
張之紀/史2723
張之綱/史4333,集5386
張之絢/經0604
張憲/集2448
張守/叢0083,集0330
張守節/史0003,史0004,史0005,史0016,史0017,史0018,史0019,史0020,史0021,史0022,史0023,史0024,史0025,史0026,史0027,史0028,史0029,史0034,史0035,史0037,史0038,史0040,史0041,史0042
張宇初/集2552
張容旃/子0947
張寰/集0104
張良/叢0041
張良臣/集0092
張良知/史2745

張定／叢 0010,叢 0013

張寶和／集 4910

張賓／集 1004

張賓鶴／集 4137

張寶居／叢 0149

張寅／史 2526

張宗讓／史 1628

張宗祥／叢 0009,史 0687,
　史 1220,史 4223,集
　5760

張永祚／子 1269

張永年／子 1941

張永銓／集 3946

張窯／集 2042,集 2043

張淳／叢 0083

張澐／叢 0078

張潸／集 1521,集 1522

張灝／子 1791,子 1792,子
　1798,子 1799

張源／集 4905

張福鑌／史 0838

張淵懿／集 5545

張兆菜／集 5139

張泓／史 3156

張潑／叢 0101

張遜業／集 0052

張心其／集 5941

張泌／叢 0007,叢 0016,叢
　0017,叢 0097

張溥／經 0285,經 0378,經
　0740,經 1010,經 1049,
　經 1050,史 0074,史
　0497,史 0507,史 0509,
　史 0854,史 0855,史
　0856,史 2310,集 0007,
　集 0008,集 0495,集
　0622,集 3473,集 3474

張浚／叢 0103,經 0016

張治／史 3147,集 2895,集

2896

張治具／經 0278

張溶／史 0478,史 0479,史
　0480,史 0481

張梁／集 0240

張澍／史 1680

張湛／子 0003,子 0005,子
　0006,子 0007,子 0469,
　子 0470,子 0471,子
　0472,子 0473

張汝霖／經 0122,史 3404,
　史 3405,集 1043

張汝瑚／集 0115

張汝璧／子 1251

張濤／子 2436

張洪／子 0177

張漢／史 2682

張沐／史 2684,子 0323

張祜／集 0066

張逵／史 0904

張遠／史 2966,集 1534,集
　1535,集 3784,集 3785

張禮／叢 0007,叢 0050,叢
　0075

張遺／集 1235

張洎／叢 0004,叢 0005,叢
　0007,叢 0009,叢 0105

張澤／集 3448

張淏／叢 0003,叢 0006,叢
　0007,叢 0009,叢 0016,
　叢 0017,叢 0026,叢
　0083

張潮／叢 0078,集 0826,集
　0994,集 5545,集 5944

張洞玄／子 1433

張鴻／集 5547

張鴻磐／叢 0010,叢 0016,
　叢 0017,叢 0018

張鴻寓／史 2908

張淑載／史 2685

張澹煙／史 3541,史 3542

張湄／集 4219,集 4220

張凝道／史 1685,史 1686

張次仲／集 3434,集 3435

張深之／集 5740,集 5741

張祖翼／史 4332

張祖年／史 1196,史 3788

張祿／集 5908,集 5909

張逢祚／史 1631

張逢年／集 4572

張運泰／集 0506

張淦／叢 0102

張瀚／史 0867,史 0868

張海／史 2589

張海鵬／叢 0100,叢 0101

張洽／經 0016,經 0845

張裕穀／集 4642

張道／史 3298,史 3833,集
　5515

張道宗／史 3408

張道浚／叢 0075

張道洽／集 0092

張九一／集 0104

張九齡／集 0037,集 0050,
　集 0063,集 0064,集
　1435

張九華／史 3074

張九成／叢 0005,叢 0009,
　集 0089,集 2042,集
　2043

張九鉞／集 5760

張力行／史 2892

張士俊／經 1202

張士佩／經 1385,經 1386,
　經 1522

張士浩／史 2606

張士瀹／集 0104

張士鎬／史 3085

張墉／史 2177，史 2178，集 5396

張才／史 2405

張堯同／叢 0075

張在辛／子 1812

張南英／史 3059，史 3787，集 4225

張希良／集 3738

張希堯／子 1451

張有／經 1356，經 1357

張存紳／子 2332

張存中／經 0016

張志聰／子 0655，子 0750

張志和／叢 0007，叢 0092，子 0009，子 3071

張志奇／史 2421

張志焕／史 1509

張友伯／集 4754

張嘉慶／經 1437

張嘉和／經 1375，史 0454

張嘉祿／子 2311

張嘉楨／經 1080，集 2172

張吉／子 0241，集 2710

張杏濱／集 0374

張壽卿／集 5760

張大亨／經 0020

張大受／集 4035

張大復／叢 0010，叢 0011，集 5760

張大昌／史 3725，集 5321

張賁／集 4651

張賚庵／史 1623

張榜／經 0820，經 0879，史 2199，子 0575，子 0576，子 0582，子 0583，子 0584，子 0610，子 2093

張圻／經 0196

張彬／史 3214

張機／子 0642，子 0645，子 0713，子 0714，子 0715，子 0775，子 1160

張楷／集 4779

張弋／集 0092

張載／叢 0079，叢 0163，經 0016，經 0057，子 0018，子 0019，子 0116，子 0118，子 0119，子 0120，子 0123，子 0124，子 1869，集 0007

張載華／集 5485

張越英／子 3005

張栻／叢 0079，叢 0100，經 0016，經 0976，集 2172

張協／集 0007

張蓋／叢 0078，史 2997，史 2998

張萱／經 1252，史 4099

張翥／叢 0092，集 0030，集 1031，集 5529

張藻／集 4431，集 4432

張夢柏／史 2462

張夢羲／集 4986

張夢錫／子 1785

張芹／叢 0010，叢 0013，叢 0024，叢 0026，叢 0075，叢 0101

張芳／叢 0078

張萬鐘／叢 0078，子 2024

張蔭椿／史 4109

張蔚然／叢 0010

張燕昌／史 4244，史 4245，史 4246，史 4247，史 4310，集 1066，集 1067

張戀／史 0474

張戀延／集 5516

張戀宾／子 0002

張戀辰／子 2405

張戀賢／叢 0035

張孝祥／集 0092，集 5537

張勃／叢 0004，叢 0007，叢 0009

張華／叢 0001，叢 0003，叢 0004，叢 0005，叢 0006，叢 0007，叢 0009，叢 0014，叢 0015，叢 0016，叢 0017，叢 0035，叢 0037，叢 0040，叢 0041，叢 0042，叢 0076，叢 0097，子 2023，子 2668，子 2669，子 2670，集 0007

張若／史 2779

張若齡／集 5671

張著／叢 0007，集 2556

張世瑞／經 1509

張世政／集 5346

張世仁／集 1236

張世寶／子 1533

張世南／叢 0004，叢 0005，叢 0007，叢 0009，叢 0016，叢 0017，叢 0036，叢 0037，叢 0092

張世昌／集 1236

張世賢／子 0703，子 0704，子 0705，子 0706，子 0834，子 0835，子 0836

張世犖／經 0204

張楚叔／集 5876

張其文／史 3069

張其維／史 3122

張英／叢 0159，史 2159，子 2962，子 2963，子 2964

張綦毋／集 4591，集 4592，集 4593

張萊／史 3469

張蘊／集 0092

張桂芬／集 5306

張旭初／集 5876

張坦熊／史 3064

張塤／史 2778,集 4471

張觀光／集 2338

張均／集 5131

張朝瑞／史 1692,集 1156

張起鱗／集 0947

張桐／史 2652

張根／叢 0083,經 0046

張敬諝／集 4981

張梯／史 2752

張松孫／集 5403

張畫／子 1468

張惠言／經 0032,經 0217,
　經 0218,經 0568,集
　4712

張表臣／叢 0001,叢 0003,
　叢 0007,叢 0009,集
　5388,集 5390

張夬／史 3706

張耒／叢 0004,叢 0007,叢
　0009,叢 0012,叢 0014,
　叢 0015,叢 0068,叢
　0075,叢 0083,經 0016,
　子 2137,集 0089,集
　0098,集 1933

張素仁／史 2885

張泰／集 2677

張泰交／叢 0075

張泰來／叢 0092

張泰青／集 4773

張泰階／集 3357,集 3358

張振河／史 1626

張振淵／經 0132,經 0133,
　經 1042

張振夔／集 5073

張揆方／集 4016

張輔／史 0473,史 0683

張蠙／集 1713

張成德／史 2620

張成渠／經 1593

張成招／經 0762

張戒／叢 0005,叢 0006,叢
　0007,叢 0009,叢 0075,
　叢 0083

張拱端／子 1394

張輯／集 5529

張揖／叢 0040,叢 0042,叢
　0044,經 1199,經 1200,
　經 1231,經 1234

張邦幾／叢 0007,叢 0016,
　叢 0037

張邦奇／集 2821,集 2822,
　集 2823

張邦基／叢 0007,叢 0016,
　叢 0036,叢 0037

張擬／叢 0007,叢 0012,子
　1926,子 1927

張掄／叢 0068,集 5607

張敷華／史 0895

張國坅／史 1630

張國寶／集 5760

張國祥／史 3531,子 3125

張四維／子 0474,集 5760,
　集 5764

張四科／集 4486

張園真／史 2909

張思齊／史 2852

張思勉／史 2653

張昇／集 2696

張固／叢 0004,叢 0007,叢
　0009,叢 0012,叢 0016,
　叢 0017,叢 0018,叢
　0051,叢 0075

張杲／子 1122,子 1123,子
　1124

張果／史 1626,子 3084

張景／子 0616

張景祁／集 5193

張景星／史 0371

張顯周／史 1625

張時／史 3143,集 1233

張時徹／史 2926,史 2947,
　子 0901,子 0902,子
　2201,集 0104,集 0852,
　集 2920,集 2921,集
　2922,集 2923

張時樞／集 4884

張時泰／史 0339

張映斗／集 4224

張晹／史 2829

張曜孫／子 1020

張明焜／史 2994

張鳴鸞／叢 0112

張鳴鳳／子 1451

張鳴鐸／史 2630

張躍鱗／史 2893,史 2894

張照／經 0730,子 1657,集
　4033,集 5760,集 5829,
　集 5830

張畋／叢 0006,叢 0009

張璧／集 2852

張丘建／叢 0092

張隱／叢 0007

張岳／史 3193,集 2886

張駿／集 4979

張堅／集 5760,集 5828

張鳳翼／叢 0010,叢 0016,
　叢 0017,叢 0018,叢
　0063,史 2474,集 0165,
　集 0166,集 0167,集
　0168,集 0169,集 0170,
　集 0171,集 0172,集
　0173,集 0174,集 0175,
　集 0176,集 1315,集
　5760,集 5762,集 5763,
　集 5764

張鳳藻/子 1421,子 1488
張鳳翔/集 0104
張隆孫/子 2995
張用修/史 3399
張鵬/史 2713
張鵬翀/集 4209
張鵬翮/叢 0075,史 0789,史 1237,史 1238,史 3601,集 2172
張履/經 1184
張履勳/史 0958,史 4089
張履祥/叢 0075,叢 0145,經 1064,集 3608
張居正/經 0269,經 0270,經 1025,經 1026,史 0367,史 0368,史 0480,史 0481,史 0997,史 0998,史 4019,集 3055
張際亮/集 4801
張熙純/集 4614
張又新/叢 0001,叢 0002,叢 0006,叢 0007,叢 0009,叢 0012,叢 0016,叢 0017,叢 0018
張學禮/叢 0081,叢 0097,史 4402
張學懋/史 3657
張學舉/集 4411,集 4412
張開運/史 1631
張開東/集 4645
張問達/集 2770
張卿子/史 1629
張興權/史 0576
張騰/史 3293
張人綱/集 3627
張金吾/叢 0092,史 1413
張金圻/集 5248,集 5249
張介/集 1233
張介賓/子 0652,子 0653,子 0655,子 0695,子 0696,子 1164
張令儀/集 4115
張含/集 0075,集 0104,集 0665,集 2837
張曾裕/集 3929
張毓翰/史 2789,史 2790
張公庠/集 0017
張養浩/叢 0054,叢 0096,史 3863,史 3864,集 2318
張美和/史 2251
張榘/集 5537
張銑/集 0153,集 0154,集 0155,集 0156,集 0157,集 0158,集 0159,集 0160,集 0161
張鎮/史 1236
張鈇/集 2723
張錫駒/子 0746
張錫懌/集 5545
張知甫/叢 0093,叢 0105
張欽/史 2610
張敘/經 0392
張鑑/叢 0010,叢 0044,叢 0075,史 4336,史 4337
張銓/史 0438
張鎡/叢 0003,叢 0007,叢 0035,叢 0092,子 2500,集 5535
張符升/集 4408
張符驤/集 4067
張敏同/叢 0094
張籍/集 0056,集 0057,集 0066
張惟登/史 1628
張惟賢/史 0482
張惟善/史 1628
張懷瓘/叢 0001,叢 0003,叢 0006,叢 0007,叢 0009
張懷泄/叢 0093
張光/叢 0007,集 5531
張光祖/史 2737
張光啓/史 0302,史 0303,史 0317,史 0349
張光孝/集 2834
張光第/史 1503,集 5284
張尚瑗/史 3394,史 3395
張炎/叢 0010,叢 0013,叢 0049,叢 0075,叢 0105,集 5533,集 5611,集 5612,集 5613,集 5712
張炎道/史 3250
張恒/史 1112
張炳/集 4531
張愷/史 2497
張愷勳/集 5760
張性/集 1503
張煌言/集 3500,集 3501,集 3502,集 3503,集 3504,集 3505,集 3506,集 3507,集 3508,集 3509,集 3510,集 3511
張煌曾/史 4334
張燭/史 2964
張恂/集 0655
張耀璧/史 2654
張敞/叢 0007,叢 0016,叢 0017,叢 0018
張燧/史 2306,史 2307
張熷/史 3732,集 4430
張瑩/叢 0007
張燮/史 2857,史 3814,集 0003,集 0035,集 1234,集 1359
張榮/集 4090
張陛/叢 0075,叢 0078

1164₀
研石山樵／集 5975

1168₆
碩園／集 5763，集 5764

1173₂
裴庭裕／叢 0004，叢 0005，
　叢 0007，叢 0009，叢
　0012，叢 0014，叢 0015，
　叢 0036，叢 0037
裴庚／集 1240，集 1241，集
　1242
裴休／子 3285
裴迪／叢 0007
裴啓／叢 0007，叢 0016，叢
　0017
裴孝源／叢 0007，叢 0012，
　叢 0015，叢 0018，子
　1731
裴松之／史 0001，史 0004，
　史 0005，史 0163，史
　0164，史 0165，史 0166，
　史 0167，史 0168，史
　0169，史 0170，史 0171，
　史 0172，史 0173，史
　0174，史 0175
裴駰／史 0001，史 0003，史
　0004，史 0005，史 0007，
　史 0008，史 0011，史
　0012，史 0013，史 0014，
　史 0015，史 0016，史
　0017，史 0018，史 0019，
　史 0020，史 0021，史
　0022，史 0023，史 0024，
　史 0025，史 0026，史
　0027，史 0028，史 0029，
　史 0034，史 0035，史

0037，史 0038，史 0040，
　史 0041，史 0042
裴鉉／子 3035

1223₀
弘旺／子 2456
弘昕／集 4507，集 4508
弘曆／子 0329，子 0330，子
　0331，集 0331，集 0332，
　集 0333，集 0334，集
　0541，集 0542，集 4272，
　集 4273，集 4274，集
　4275，集 4276，集 4277，
　集 4278，集 4279，集
　4280，集 4281，集 4282，
　集 4283，集 4284，集
　4285，集 4286

1240₁
延豐／史 4010
延陵青山子／子 3220

1241₀
孔齊／子 2429
孔廣森／經 0032，經 0634，
　經 0635，經 1575
孔廣棣／史 2432
孔廣居／經 1307
孔文仲／集 0089，集 1195
孔彰／經 1220
孔靈符／叢 0004，叢 0009
孔元體／史 3189
孔平仲／叢 0004，叢 0006，
　叢 0007，叢 0009，叢
　0015，叢 0026，叢 0049，
　叢 0051，叢 0075，叢
　0105，集 0089，集 1195
孔天胤／集 0104
孔延之／集 1114

孔武仲／集 0089，集 1195
孔融／集 0003，集 0007
孔璐華／集 4788
孔稚珪／集 0007
孔衍／叢 0007
孔衍梅／史 1227
孔貞瑄／叢 0081，叢 0082，
　叢 0097
孔貞叢／史 3681
孔貞運／叢 0054
孔穎達／經 0011，經 0012，
　經 0013，經 0014，經
　0015，經 0052，經 0245，
　經 0340，經 0576，經
　0577，經 0578，經 0757，
　經 0758，經 0759，經
　0760，史 4223
孔胤植／史 3682
孔繼序／史 2562
孔繼涵／叢 0090，集 5639
孔繼汾／史 1228
孔鮒／叢 0005，叢 0007，叢
　0009，叢 0012，叢 0039，
　叢 0040，叢 0041，叢
　0042，叢 0067，叢 0091，
　叢 0097，經 1200，子
　0014，子 0055，子 0056，
　子 0057，子 0058
孔傳／史 1222，子 2719，子
　2720，子 2721
孔傳鐸／集 4143
孔偁／叢 0006，叢 0009
孔憲采／集 1084
孔安／經 0245
孔安國／叢 0092，經 0006，
　經 0010，經 0012，經
　0013，經 0014，經 0015
孔邇／叢 0010
孔林／叢 0100

孔晁／叢 0039，叢 0040，叢 0041，叢 0042，叢 0076，叢 0088，史 0535，史 0536

孔曄／叢 0007，叢 0016，叢 0017

孔興訓／史 3551

孔毓圻／史 3973

孔尚任／集 5760，集 5814，集 5815

孔恒／叢 0054

1243₀

孤山放鶴人／集 5798

1249₃

孫高亮／集 5987，集 5988

孫應奎／子 0693

孫應時／史 2482

孫廣南／集 1232

孫廣／叢 0007，叢 0012，叢 0016，叢 0017，叢 0018

孫廣生／史 2696

孫文胤／子 1136

孫衣言／史 0836，史 1199，史 1200，史 1201，史 1202，史 1203，史 1204，史 1205，史 1362，史 1363，史 1364，史 1456，史 1614，史 1615，史 1616，史 1681，史 3391，史 3861，集 1179，集 1180，集 2163，集 2164，集 2165，集 4835，集 4836，集 4837，集 4838，集 4839，集 4840，集 4841，集 5666

孫奕／叢 0092，子 2304

孫詒讓／叢 0108，經 0243，

經 0529，經 0530，經 0531，經 0636，經 1184，經 1187，經 1455，經 1456，經 1457，經 1458，經 1459，經 1473，經 1474，史 3046，史 4179，史 4184，史 4209，史 4210，史 4211，史 4212，史 4213，史 4214，史 4291，史 4292，史 4294，史 4311，史 4320，史 4360，史 4363，史 4378，子 0590，子 0591，子 0596，子 1285，子 2041，子 2042，子 2051，子 2385，子 2386，子 2387，集 2166，集 3623，集 5666

孫詒績／史 1508

孫詒燕／集 5235

孫謙／史 3059

孫麟／集 5706

孫麟祉／子 1509

孫讜／集 1038

孫一元／集 0104，集 0105，集 2825

孫一奎／子 1201，子 1202

孫三錫／史 4346

孫五封／集 1232

孫玉田／子 3028

孫玉甲／集 4551

孫丕揚／史 2768

孫丕顯／子 2907

孫元衡／史 2859

孫雲翼／集 2030，集 2175，集 2217，集 2218

孫霖／集 4611

孫弘喆／集 0119

孫廷璋／集 5156

孫廷珪／史 2239

孫廷銓／史 3327，史 3808

孫延釗／史 1361

孫聯泉／集 4020

孫琮／史 2191，史 2195，集 0520，集 0521，集 0892，集 0893，集 1913

孫強／經 1201，經 1202，經 1340，經 1341，經 1342，經 1343，經 1344，經 1345，經 1346

孫珮／史 2477

孫承宗／子 0528，集 3316

孫承澤／叢 0092，叢 0101，經 0887，經 1148，史 0466，史 1079，史 3312，子 1644，子 1645

孫柔之／叢 0007

孫致彌／集 3927

孫喬年／集 0529

孫維城／史 0869

孫仁／史 2496

孫仁孺／集 5763，集 5764

孫頎／叢 0016，叢 0017，叢 0097

孫綽／集 0003，集 0007

孫胤光／史 3188

孫能傳／子 2234

孫鼎／經 0366

孫鼎煊／集 5646

孫繼皋／集 3210

孫峻／史 0143，史 0144，史 2833，史 3338，史 3339，史 3340，史 3341，史 3342，集 1577

孫德之／集 2239

孫德祖／史 1500，史 2327，集 5344

孫德威／集 5891

孫偉／集 0104

孫升／叢 0001,叢 0005,叢 0007,叢 0009,叢 0012,叢 0037,叢 0100

孫緒／叢 0010,集 2705

孫仲章／集 5760

孫傅曾／集 4482

孫俒／經 1216

孫和相／史 2607

孫穆／叢 0004,叢 0007,叢 0009,叢 0016,叢 0017

孫旬／史 0870

孫繩祖／史 3556

孫紹／史 2435

孫紹遠／叢 0080

孫作／集 2539,集 2540

孫復／經 0016,經 0827

孫從添／經 0910

孫宜／集 0104,集 2972

孫家谷／集 4921,集 4922

孫之騄／叢 0170,經 1149,經 1150,集 1577

孫宗彝／集 3694,集 3695

孫宗鑒／叢 0009

孫宗鑑／叢 0007,叢 0016,叢 0017,叢 0075

孫兆／子 0645,子 0671,子 0672,子 0673,子 0674,子 0675,子 0676,子 0677

孫兆麟／集 5151

孫治／史 3731,集 3643,集 3644

孫濩孫／經 0624,經 0625,集 0529,集 0746

孫浡鳴／集 0329

孫清／集 0979

孫涑／史 1326

孫湄／經 1421

孫過庭／叢 0001,叢 0003,叢 0007

孫淦／集 3923

孫道乾／子 2653,子 2654

孫棨／叢 0004,叢 0007,叢 0009,叢 0012,叢 0015,叢 0016,叢 0017,叢 0026

孫逖／集 0056,集 0057,集 0063

孫在豐／集 3821

孫希旦／經 0335,經 0615,經 0616

孫存／史 3138

孫存吾／集 0786,集 0787

孫存坊／史 1661

孫志宏／子 0912,子 0913

孫志祖／經 0032,史 0143,史 0144

孫燾／經 0417

孫嘉淦／史 3800

孫奇逢／經 0288,經 1054,史 1172,史 1428,史 3799

孫大綬／子 1959

孫大濩／集 4610

孫爽／子 1272

孫奭／叢 0090,經 0011,經 0012,經 0013,經 0014,經 0015,經 0016

孫樵／集 0026,集 0039,集 1694,集 1695,集 1696,集 1697,集 1698

孫森／子 2896

孫概／史 2877

孫埏／子 2999,子 3000,子 3001

孫彬士／史 1613

孫堪／史 1278

孫蘭／叢 0078

孫蕙／史 3189

孫蓀意／子 2027

孫世儀／集 4487

孫楚／集 0003,集 0007

孫賁／集 0104

孫樹雲／集 5152

孫執升／經 0764

孫柚／集 5763,集 5764

孫覿／集 0089,集 2019,集 2020,集 2021

孫楊／集 3411

孫毅／叢 0105,經 1195

孫拔／子 1809

孫盛／叢 0004,叢 0007

孫甫／叢 0075,叢 0093,叢 0100

孫揚／子 0287,子 0289

孫邦僑／經 0812

孫星衍／叢 0094,叢 0098,經 0032,經 1271,史 1219,史 2731,史 2771,史 4338,史 4339

孫見龍／經 1085

孫恩詒／集 5267

孫思邈／叢 0007,子 0865,子 0866,子 0867,子 0868,子 0869,子 0870,子 0871,子 0993,子 0994

孫思敬／史 4464,史 4465

孫景烈／史 2787,史 2793,史 2794,史 2795

孫璧／史 2878

孫璧聯／集 3460

孫巨鯨／史 2438

孫岳頒／子 1651,子 1652

孫陞／集 2991

孫覺／叢 0083,經 0016

孫同元／經 1589，子 0495，子 0589
孫履元／子 2647
孫際可／史 1232
孫際昌／子 1708，子 1711，子 1712
孫又川／子 0670
孫人龍／集 0184，集 0185，集 1399，集 1400，集 1550，集 1551
孫鑛／經 0753，經 0776，經 0777，經 0820，經 0937，經 0938，經 0939，史 0031，史 0119，子 0015，子 0051，子 0369，子 0435，子 0504，子 1627，子 1628，集 0027，集 0110，集 0177，集 0178，集 0425，集 3211，集 3212
孫鍾齡／集 5760
孫錦／史 2429
孫錫／集 5643
孫鐸／史 2756
孫鏘鳴／經 0616，史 1355，史 1356，史 1357，史 1457，史 1617，史 3389，史 3993，子 2073，集 2087，集 2088，集 5514，集 5666
孫笵／史 0503
孫堂／經 0045
孫光憲／叢 0007，叢 0008，叢 0009，叢 0037，叢 0087，史 0277
孫光祖／子 1885
孫光祀／集 3720
孫光裕／子 1016
孫光陽／史 1595
孫慎行／集 0857
孫煜／集 4935
孫耀祖／集 0211
孫烋／集 3976
孫燧／史 0892

1290_0
水佳胤／集 3430
水之文／史 3162
水鏡山房／集 0579，集 0580

1313_2
琅玕／史 3671

1314_0
武元衡／集 0062，集 0063
武平一／叢 0007，叢 0009
武珪／叢 0004，叢 0007，叢 0009
武億／經 0032，經 1167，史 4251
武衍／集 0088，集 0092
武俊／史 2499
武緯子／子 2860
武穆淳／史 4251
武之望／子 1014，子 1015，集 0885
武漢臣／集 5760
武攀龍／史 2729
武林逸史／集 5527
武林蒿目生／史 0809，史 0810
武昌國／史 2700
武陵逸史／集 5565
武周／子 3133

1323_6
強至／叢 0001，叢 0006，叢 0009，叢 0083，史 1250，集 1748，集 1749，集 1750，集 1751
強行健／子 1824
強兆統／史 3265
強仕／集 0104

1420_0
耐得翁／叢 0004，叢 0016

1467_0
酣子／集 0367

1519_0
珠江寓舫／史 0756，史 0757

1550_1
甦菴道人／史 0829

1710_2
孟郊／集 0042，集 0044，集 0066，集 0743，集 1648，集 1649
孟元老／叢 0005，叢 0007，叢 0009，叢 0015，叢 0043，叢 0068，叢 0100，史 3328
孟珙／叢 0005，叢 0007，叢 0009，叢 0026
孟衍泰／史 3685
孟繼孔／叢 0046
孟稱舜／集 5737，集 5760，集 5791
孟稱堯／子 0067
孟紱／史 0887
孟紱華／子 2842
孟保／史 0878
孟淮／集 0104

孟宗寶／叢 0092

孟河／子 1049

孟浩／子 1420

孟浩然／集 0038，集 0041，集 0042，集 0044，集 0045，集 0052，集 0053，集 0055，集 0063，集 1449，集 1450，集 1451，集 1452

孟漢卿／集 5760

孟洋／集 0104

孟棨／叢 0007，叢 0015，叢 0016，叢 0017，叢 0042，叢 0068，叢 0097

孟喜／經 0045

1710₄

亟齋居士／子 0655

1712₀

刁峻巖／子 1849

刁包／經 0152

1712₇

鄧慶寀／叢 0010

鄧文憲／經 0715

鄧文明／集 3266

鄧文原／集 2336，集 2337

鄧章漢／集 1939

鄧玉函／叢 0105，子 1991，子 1992

鄧元錫／經 0104，經 0649，經 0696，史 0098，史 0099，史 0253

鄧德明／叢 0004，叢 0007，叢 0009

鄧凱／史 0782

鄧名世／叢 0105

鄧儀／集 0104

鄧牧／叢 0092

鄧以讚／史 0036，集 3198

鄧淮／史 3037

鄧漢儀／集 0914

鄧深／集 2040

鄧逢光／子 2267

鄧士龍／叢 0024

鄧希賢／叢 0035

鄧志謨／子 2915，子 2916，子 2917

鄧析／子 0590

鄧軺／史 2670

鄧夢琴／史 2777

鄧苑／子 0996

鄧林／集 0092

鄧柟／子 3101

鄧椿／叢 0068，叢 0100，子 1731

鄧肅／集 0092，集 2011

鄧愷／子 3009

1712₇

郅玠／史 2672

1714₇

瓊尃閣主人／史 1485

1721₅

翟玄／經 0045

翟雲升／經 1447

翟良／子 1079

翟灝／叢 0093，經 0032，經 1106，經 1259，史 3630，史 3631

翟汝文／集 1993

翟瀚／史 3630，史 3631

翟耆年／叢 0105，史 4226

翟思忠／叢 0083

1722₇

酈琥／叢 0051，集 0283

酈道／史 3565

酈道元／叢 0083，叢 0084，史 3564，史 3566，史 3567，史 3568，史 3569，史 3570，史 3571，史 3572，史 3573，史 3574，史 3575，史 3576，史 3578

1722₇

鬻熊／子 0001

1723₂

承天貴／史 2755

1732₇

鄂桂枝／史 2598

1742₇

耶律純／子 1560

耶律楚材／子 1376

1742₇

邢讓／史 3850

邢雲路／叢 0010，叢 0013，叢 0050，子 1276

邢璹／叢 0025，叢 0039，叢 0040，叢 0041，叢 0068，叢 0100，經 0006，經 0010，經 0011，經 0012，經 0014

邢邵／集 0003，集 0007

邢德厚／子 1838，子 1839

邢凱／叢 0004，叢 0005，叢 0006，叢 0007，叢 0009，叢 0016，叢 0017，叢

0105
邢侗／集 3216，集 3217
邢澍／史 4249
邢址／史 3216
邢昉／集 3550
邢昺／經 0011，經 0012，經 0013，經 0014，經 0015，經 1208，經 1209，經 1210，史 4223
邢居實／叢 0003

1750₆
鞏豐／叢 0004，叢 0006，叢 0007，叢 0009

1750₇
尹商／子 0506
尹廷高／集 2371
尹繼善／集 0537，集 0538，集 0539，集 4038，集 4185
尹守衡／史 0255
尹洙／叢 0075，史 0419，集 1753，集 1754
尹直／叢 0010，叢 0024，叢 0031，叢 0101，史 1081
尹臺／集 0104
尹壇／集 2107，集 2108，集 2109，集 2111，集 2112，集 2113
尹嘉銓／子 0152，子 0338，子 0349
尹真人／子 3107
尹報逵／史 3259
尹起莘／史 0313，史 0314，史 0317，史 0318，史 0319，史 0320，史 0321，史 0322，史 0323，史 0324，史 0325，史 0326，

史 0339
尹耕／史 3423
尹曄／子 1901
尹會一／史 0952，史 1026，史 2511，史 3907，子 0349
尹篤任／集 4602
尹焞／叢 0079，集 2025，集 2026，集 2027，集 2028，集 2029

1752₇
那彥成／史 1402

1760₂
習鑿齒／叢 0004，叢 0007，叢 0009，叢 0016，叢 0017，叢 0186

1762₀
司靈鳳／史 3460
司空圖／叢 0007，叢 0012，叢 0016，叢 0017，叢 0018，叢 0068，叢 0097，叢 0100，集 0066，集 1708，集 5390，集 5406
司空曙／集 0062，集 0063
司農司／叢 0083，叢 0084
司馬承禎／叢 0004，叢 0007，叢 0009，叢 0035，叢 0046，子 3070
司馬貞／史 0003，史 0004，史 0005，史 0006，史 0009，史 0010，史 0011，史 0012，史 0013，史 0014，史 0015，史 0016，史 0017，史 0018，史 0019，史 0020，史 0021，史 0022，史 0023，史

0024，史 0025，史 0026，史 0027，史 0028，史 0029，史 0034，史 0035，史 0037，史 0038，史 0040，史 0041，史 0042
司馬彪／叢 0004，叢 0007，叢 0009，叢 0016，叢 0017，史 0001，史 0003，史 0004，史 0005，史 0145，史 0146，史 0147，史 0148，史 0149，史 0150，史 0151，史 0152，史 0153，史 0154，史 0155，史 0156，史 0157
司馬遷／史 0001，史 0003，史 0004，史 0005，史 0006，史 0007，史 0008，史 0011，史 0012，史 0013，史 0014，史 0015，史 0016，史 0017，史 0018，史 0019，史 0020，史 0021，史 0022，史 0023，史 0024，史 0025，史 0026，史 0027，史 0028，史 0029，史 0030，史 0031，史 0032，史 0033，史 0034，史 0035，史 0036，史 0037，史 0038，史 0039，史 0040，史 0041，史 0042，史 0043，史 2201，集 1285，集 1286，集 1316，集 1319，集 1325
司馬相如／集 0003，集 0004，集 0005，集 0006，集 0007
司馬扎／集 0066
司馬晰／史 1514
司馬光／叢 0001，叢 0003，

叢 0004，叢 0005，叢
0006，叢 0007，叢 0009，
叢 0014，叢 0015，叢
0017，叢 0025，叢 0068，
叢 0075，叢 0079，叢
0083，叢 0092，叢 0100，
叢 0163，經 0016，經
0689，經 1201，經 1485，
史 0278，史 0279，史
0280，史 0281，史 0282，
史 0283，史 0284，史
0285，史 0286，史 0287，
史 0291，史 0292，史
0293，史 4223，子 0003，
子 0005，子 0006，子
0007，子 0095，子 0096，
子 0097，子 0112，子
0113，子 0114，子 1337，
子 1338，子 1339，集
0092，集 1764，集 1765，
集 1766，集 1767，集
1768，集 1769，集 1770，
集 5388，集 5390
司膳內人／叢 0007

1762₇
邵亨貞／集 2430
邵雍／叢 0001，叢 0003，叢
0004，叢 0005，叢 0006，
叢 0007，叢 0009，叢
0115，子 1342，子 1343，
集 1810，集 1811，集
1812，集 1813，集 1814
邵齊然／史 2824
邵齊燾／集 4350
邵廉／集 2610
邵衷赤／集 3804
邵諤／叢 0007
邵謁／集 0066

邵晉涵／經 0032，經 0440，
經 1214，史 0359，史
2825，史 2973，子 2363
邵天和／集 0663
邵璠／集 3804
邵廷采／史 3781，集 3908
邵璸／集 5580
邵珪／史 1576
邵瑛／經 0804，經 1302，經
1303
邵建韋／子 2625
邵璨／集 5760，集 5763，集
5764
邵子存／史 1280
邵經邦／史 0096，史 0097，
子 0286，集 2898
邵勳／集 0693
邵自祐／史 2688
邵伯溫／叢 0068，叢 0100，
經 0020
邵以正／叢 0046
邵寶／經 1141，經 1142，史
0864，史 2278，史 2744，
集 0104，集 2711，集
2712
邵遠平／史 0248，史 0249，
史 0250，史 2832，子
0286
邵漁訪／史 1484
邵遐齡／史 3121
邵士／史 2662
邵有道／史 3219
邵大業／史 2480，史 2696
邵博／叢 0068，叢 0100
邵菫／經 0813，經 0814
邵蘭蓀／子 1155
邵若愚／子 0390
邵世昌／史 2673
邵桂子／叢 0006，叢 0009

邵懿辰／史 1811，集 4818，
集 4819，集 4820，集
4821
邵成旱／子 0762
邵思／叢 0006，叢 0007，叢
0009
邵昂霄／子 1268
邵景堯／子 2894
邵時敏／史 2592
邵鳴岐／史 2753
邵嗣堯／子 1906
邵長蘅／經 1555，經 1556，
經 1557，集 0121，集
0127，集 1874，集 3804
邵陛／史 0923
邵飁／集 0343
邵闇生／叢 0064
邵錫榮／集 5545
邵鋒／集 4680
邵光祖／經 1485

1777₂
函蟾子／子 3038，子 3040，
子 3041

1790₄
桑調元／集 4158，集 4227，
集 4228，集 4229，集
4230
桑喬／史 3534，子 3104
桑貞白／叢 0035
桑世昌／叢 0009，子 1672，
集 0262
桑欽／叢 0007，叢 0016，叢
0040，叢 0041，史 3563
桑悅／叢 0010，叢 0075，集
0104，集 2695

1948₀
耿定向／叢 0010，叢 0016，

叢 0017, 叢 0018, 叢
0052,叢 0053,子 2436

耿湋／集 0062,集 0063,集
0066,集 1560

耿志煒／集 3342,集 3343

2022₇

喬已百／史 2452

喬億／集 0742,集 4483,集
4484

喬之文／經 0119

喬寅／集 3888

喬吉／集 5760

喬懋敬／史 1002

喬世寧／史 2773,集 0104

喬萊／經 0168,集 3817

喬中和／經 0144,經 1542

喬時敏／集 3070

喬履信／史 2769

喬光烈／集 4330

2022₇

禹之鼎／集 0947

2033₁

焦竑／叢 0052,叢 0053,經
0018,經 0019,經 1018,
經 1029,經 1401,史
1100,史 1290,史 4187,
史 4188,史 4189,子
0279,子 0280,子 0370,
子 0371,子 0372,子
0405,子 2224,子 2225,
子 2439,子 2536,子
2537,子 2538,子 2539,
集 0468,集 0469,集
0470,集 2849,集 3265

焦贛／叢 0041

焦玉／子 0568

焦延壽／叢 0040,叢 0068,
叢 0100,子 1521,子
1522,子 1523,子 1524,
子 1525,子 1526,子
1527,子 1528,子 1529

焦秉貞／子 1770

焦循／經 0032,經 1183,子
2460

焦克萊／集 1258

焦希程／史 2649

焦袁熹／經 0904,經 1081

焦映漢／集 0109

焦欽寵／史 2733

2040₇

季麒光／叢 0081,叢 0097

季孟蓮／集 3442

季子兌／集 0828

季貞／集 0260

季本／經 0488,經 0712,經
0713,經 0869,史 3961

季振宜／史 4149

季勛／史 2633

季嬰／叢 0101

2040₇

雙梧主人／子 1093

2061₅

雒居仁／子 0317

2071₅

毛亨／經 0006,經 0010,經
0011,經 0012,經 0013,
經 0014,經 0338,經
0339,經 0340

毛應龍／經 0020

毛文龍／史 0704

毛端士／集 4163

毛調元／史 1015

毛一鷺／史 1347,集 1226

毛一公／史 1006

毛元仁／叢 0010,叢 0016,
叢 0017

毛晉／叢 0068,叢 0069,叢
0070,叢 0071,叢 0072,
叢 0100,叢 0101,經
0009,史 0001,史 0002,
史 1075,史 4134,史
4135,子 2018,集 0016,
集 0039,集 0040,集
0043,集 0044,集 0046,
集 0047,集 0048,集
0049,集 0099,集 0100,
集 0821,集 1372,集
5527,集 5528,集 5537,
集 5538,集 5763,集
5764

毛雲孫／史 1400,集 4895,
集 4896

毛霦／史 0780

毛霖／史 0734

毛开／集 5537

毛瑞／史 0877

毛珝／集 0092

毛承斗／史 0704

毛先舒／叢 0075,叢 0078,
叢 0150,集 3655,集
3656,集 3657,集 3658,
集 3738,集 5546

毛德京／史 2943

毛德琦／史 3535,史 3536,
史 3783,史 3784

毛德遴／集 4135

毛升芳／史 3035,史 3036

毛以南／集 5242

毛以煦／經 0193

毛滂／集 1964,集 5537

毛宗崗／集 5768，集 5769，集 5770，集 5771，集 5965，集 5966

毛遠公／集 4010

毛昶熙／史 1493

毛在／叢 0052，叢 0053，子 2436

毛奇齡／叢 0075，叢 0078，叢 0097，叢 0157，叢 0158，經 0032，經 0652，經 1062，經 1554，史 1305，史 1314，史 1317，史 3658，集 0707，集 3759，集 5760

毛大倫／子 1729，子 1730

毛懋宗／集 0682，集 0683

毛著／史 2247

毛蕃／集 1077

毛邦翰／經 1135

毛晃／叢 0083，經 1490，史 4223

毛鵑／史 2723

毛鳳韶／史 3010

毛居正／經 0016，經 1132，經 1490

毛際可／叢 0078，集 0127，集 3738，集 3739，集 3740，集 5545

毛勝／叢 0007，叢 0016，叢 0017

毛念恃／經 1056

2080₄

奚岡／集 0963，集 4578

2090₄

采九德／叢 0110

2090₇

秉鑒／叢 0004

2110₀

上官融／叢 0006，叢 0007，叢 0009，叢 0014，叢 0016，叢 0017

上官德興／史 4088

上官周／子 1771

上陽子／子 3048

2121₀

仁孝皇后徐氏／叢 0009，子 2508

2121₂

盧文弨／叢 0087，叢 0088，經 0032，經 0336，經 1131，經 1224，史 0158，子 2101

盧辯／叢 0040，叢 0041，叢 0083，叢 0087，叢 0163，經 0629，經 0630，經 0631

盧言／叢 0005，叢 0007，叢 0009

盧襄／叢 0006，叢 0009，叢 0023，叢 0066

盧效祖／子 2894

盧亘／集 0030

盧元昌／經 0785，集 0024，集 1536

盧震／集 3682

盧登焯／子 1719，子 1858

盧廷俊／史 3258

盧廷選／經 0281

盧琦／集 2421，集 2422

盧琳／叢 0007

盧舜治／子 3066

盧衍仁／集 3411

盧崇興／史 1438

盧崧／史 2706

盧生甫／集 4094

盧純學／集 0814

盧和／叢 0046，子 1180，子 1181，子 1182

盧儁／叢 0004

盧象昇／叢 0101，集 0118

盧復／子 0654，子 0655，子 1165

盧綸／集 0057，集 0063

盧宜／史 1132

盧宣旬／經 0015

盧之頤／叢 0062，經 0374，經 0623，子 0655，子 0806，子 0807，子 0841，子 0945

盧宏啓／子 3013

盧澐／集 3182

盧潛／集 2713

盧漸／史 0921

盧演／集 2584，集 2585

盧湛／史 1234，史 1235

盧洪遠／集 3453

盧鴻／叢 0007，叢 0016，叢 0017，叢 0018

盧祖皐／集 5529，集 5537

盧士／史 3236

盧希哲／史 3128

盧大雅／集 0104

盧標／史 2999，集 1155

盧若騰／集 3492

盧世昌／集 4499，集 4505

盧植／叢 0095

盧柟／集 0104，集 3133，集 3134，集 3135，集 3136，集 5760

盧軒／集 1617，集 1618，集 1619

盧見曾／叢 0087，史 3471，

史 4181，史 4182，集 0918，集 1045，集 5525
盧思道／集 0003，集 0007
盧照鄰／集 0035，集 0036，集 0052，集 0053，集 0055，集 0063，集 0064
盧仝／叢 0170，集 1577
盧前驥／史 3133
盧鎮／史 2482
盧懷／叢 0007
盧懷慎／叢 0004
盧炳／集 5529，集 5531，集 5537
盧□／叢 0006，叢 0009

2121₂
伍守虛／子 3113
伍守陽／子 3113
伍涵芬／集 5482
伍袁萃／史 0692
伍斯璸／史 2582
伍騭／史 1281
伍餘福／叢 0010，叢 0016，叢 0027，叢 0029，叢 0059，叢 0075，叢 0101，史 2919

2121₇
虎眼禪師／子 3079

2122₀
何應龍／集 0092
何應彪／子 2333
何文銓／集 4086
何文煥／集 5390
何京／子 0923
何麟／史 2742
何三畏／子 2876
何五雲／集 5545

何瑭／叢 0075，集 2779
何元瑛／經 0395
何震／子 1797
何晉槐／集 4995
何西堰／集 0744
何雲／史 3219
何璿／子 0334
何琇／叢 0105
何孟倫／史 3218
何孟春／叢 0010，叢 0075，子 0033，子 0034，子 0035，子 0036，子 0037，子 2192，子 2193，子 2194，子 2195，集 1389，集 2670
何璨／子 0015
何承天／子 1516，子 1517，子 1518，子 1519，子 1520，集 0007
何承鋸／集 4906
何豫才／史 1486
何子祥／集 4382
何喬新／經 0486，經 0487，史 1271，子 0555，子 0556，集 2661，集 2662
何喬遠／史 0254，史 0391，集 0855
何采／集 5545
何經／子 0899
何經方／史 1405
何鼎亨／子 1097
何鼎勳／集 4960
何允中／叢 0040
何化南／集 1533
何先／叢 0007，叢 0009，叢 0016，叢 0017
何德潤／史 3009，史 3306，集 1164，集 1165
何偉然／叢 0047，子 2931，

集 3523
何休／經 0010，經 0011，經 0012，經 0013，經 0014，經 0015，經 0815
何傳瑤／子 1966
何白／史 3754，集 3390，集 3391，集 3392，集 3393，集 3394，集 3395
何㠔／子 1877
何紹基／史 4446
何復漢／集 4165
何儀／史 2524
何秋濤／史 0649
何宇度／叢 0075
何良俊／叢 0034，子 2402，子 2405，子 2408，子 2409，子 2410，子 2411，子 2434，子 2435，集 0104
何良臣／子 0515
何遷／集 0104
何遜／集 0003，集 0007，集 0009，集 1416
何法盛／叢 0007
何汝賓／子 0533
何洪／史 2631
何遠／史 2726
何洵／史 1571
何通／子 1795
何澂／史 1448，子 1752
何士晉／史 0930
何士信／集 5557
何士泰／子 1580
何士錦／史 3079
何志高／經 0043
何去非／叢 0107
何大成／集 2774
何楷／經 0136，經 0137
何始昇／經 1097

何基／叢 0119
何夢瑤／集 4217，子 1227
何夢桂／集 0089，集 2282，集 5531
何薳／叢 0006，叢 0007，叢 0009，叢 0016，叢 0017，叢 0051，叢 0068，叢 0075，叢 0100
何世勳／史 2601
何世守／史 1285
何世基／集 5468
何世學／史 2506
何英／經 0360
何棟如／史 0676
何坦／叢 0001，叢 0003，叢 0006，叢 0007，叢 0009
何如漋／經 1091
何超／史 0003，史 0004，史 0005，史 0183，史 0184，史 0185，史 0186，史 0187，史 0188，史 0189，史 0190，史 0193
何耕／集 0093
何國祥／史 2906
何晏／叢 0007，叢 0092，經 0010，經 0011，經 0012，經 0013，經 0015
何昆玉／史 4448，史 4449
何是非／史 0780
何異孫／經 0016
何景明／叢 0010，叢 0027，史 2759，集 0104，集 0105，集 2785，集 2786，集 2787，集 2788，集 2789，集 2790，集 2791
何晦／叢 0018
何所子／子 3057
何堅／叢 0112
何同化／史 1352
何無適／集 0263
何愈／史 2947
何養純／集 1730，集 1733
何簡／史 1571
何鏜／史 3438
何光遠／叢 0004，叢 0005，叢 0006，叢 0007，叢 0009，叢 0016，叢 0075，叢 0092，叢 0100
何棠／子 0029
何炳奎／史 3094
何焯／叢 0101，叢 0103，子 2308，子 2310，子 2350，子 2351，子 2979，集 0083，集 0150，集 0151，集 0152
何剡／叢 0007

2122_1
行人司／史 4098

2122_1
衛立鼎／史 2418
衛元嵩／叢 0007，叢 0025，叢 0064，叢 0068，叢 0100，子 1340，子 1341
衛衡／叢 0015
衛勳／集 0598
衛宗武／集 2270
衛泳／叢 0063
衛湜／經 0016，經 0579
衛萇／史 2648
衛哲治／史 2509
衛金章／史 3247
衛鑠／叢 0012，叢 0015
衛恒／叢 0007，叢 0016，叢 0017

2128_4
虞預／叢 0007，叢 0009
虞廷寀／集 4782
虞集／叢 0044，叢 0075，叢 0093，集 0099，集 1494，集 1495，集 1496，集 1497，集 2386，集 5529
虞德升／經 1409，經 1422
虞翻／經 0045
虞淳熙／叢 0010，叢 0051，叢 0075，子 3310，集 0113，集 3253
虞宗瑶／經 0883
虞兆漋／叢 0081，叢 0082
虞汝明／叢 0007
虞祖南／集 0773
虞裕／叢 0007
虞九章／子 0050，子 0471，集 1424
虞喜／叢 0007，叢 0017
虞載／子 2778，子 2779，子 2780
虞堪／集 2553
虞荔／叢 0007，叢 0012，叢 0016，叢 0017，叢 0040，叢 0041，叢 0049，叢 0072，叢 0097
虞世南／叢 0007，叢 0015，子 2706，子 2707，子 2708，集 0062，集 0063
虞搏／子 1126，子 1127，子 1217
虞鳴球／史 2500
虞嗣集／經 1422
虞原璩／集 3397，集 3398
虞夔／集 0773
虞光祚／史 2949

2140_6
卓爾康／叢 0060，子 1249
卓爾堪／集 0839

卓孝復／集 5696

卓敬／集 2567

卓明卿／子 2875

卓人月／集 5568

2172₇

師曠／子 2023

2201₀

胤禛／史 0845，子 0325，子
　0326，子 3282，子 3298，
　子 3301，集 4184

胤祥／集 4184

2210₈

豐稷／經 0437

豐坊／經 0098，經 0437，經
　0870，集 2740，集 2916，
　集 2917

豐熙／經 0437

2220₇

岑應麐／集 5679

岑應麟／集 4991

岑雯／集 4708

岑參／集 0052，集 0053，集
　0054，集 0055，集 0063，
　集 1476

岑傅／史 4070

岑象求／叢 0004，叢 0007，
　叢 0009，叢 0097

岑安卿／集 2433

岑春煊／史 0969

岑原道／史 2972

岑毓英／集 5180

2221₄

任廣／子 2745

任文田／叢 0186

任端書／子 1591

任天冶／集 3353

任璿／史 2646

任瑞良／集 5274

任弘烈／史 2665

任豫／叢 0007，叢 0009

任熊／子 1775

任德裕／子 2987

任自垣／史 3538，史 3539

任以治／集 0352，集 4915，
　集 5732

任渠／集 1199

任淵／叢 0083，集 1922，集
　1923，集 1924，集 1928，
　集 1929，集 1930，集
　1931

任兆麟／叢 0186，經 0410，
　史 0334，史 1230，史
　3467，子 2596

任瀚／集 0104

任道南／集 4403

任啓運／經 0192，經 1090

任士林／集 2346

任壽世／史 2581

任大椿／叢 0184，經 0032，
　經 0627，經 0655，經
　1235，經 1236，經 1237，
　經 1270

任蕃／叢 0007，叢 0008，叢
　0015，叢 0016，叢 0017，
　叢 0018，叢 0026，叢
　0097

任相／史 2660

任中宜／史 3294

任昉／叢 0004，叢 0007，叢
　0009，叢 0016，叢 0017，
　叢 0035，叢 0037，叢
　0039，叢 0040，叢 0041，
　叢 0075，叢 0097，叢

0186，子 2672，集 0003，
　集 0004，集 0005，集
　0006，集 0007

任辰旦／集 3819

任煥／史 2672

2221₅

崔應榴／經 0032

崔應階／史 3472，史 4238，
　子 1921，集 5760

崔龍見／史 3139

崔敦禮／叢 0093

崔子方／經 0016，經 0020，
　經 0828

崔子璲／史 1267

崔致遠／集 1710

崔秉敬／史 2995

崔德華／史 1384，史 1385

崔皋宣／史 2738，史 2739

崔豹／叢 0022，叢 0040，叢
　0042，叢 0076，子 2295

崔峒／集 0056

崔紀／經 0190

崔以學／史 1384，史 1385

崔適／經 0670

崔寔／叢 0007，叢 0186，子
　0100

崔述／史 2325

崔淇／史 2694

崔鴻／叢 0040，叢 0041，史
　0594，史 0595

崔嘉彥／子 0639，子 0829，
　子 0645，子 0830，子
　0831

崔嘉祥／叢 0110

崔懋／史 2859

崔桂林／集 5836

崔桐／史 2535，集 2875

崔邦亮／集 1893

崔旦／叢 0027

崔旦伯／叢 0101

崔邑俊／史 3176

崔顥／集 0050，集 0062，集
　0063

崔曉／史 1267

崔曙／集 0062，集 0063

崔昭／史 2797

崔駰／集 0007

崔鳳鳴／集 5366

崔學古／叢 0078

崔學履／史 2402

崔與之／史 1267

崔令欽／叢 0004，叢 0007，
　叢 0009，叢 0012，叢
　0016，叢 0017，叢 0026，
　叢 0042

崔銑／叢 0010，叢 0016，叢
　0017，叢 0027，叢 0030，
　叢 0075，叢 0101，史
　2705，子 0253，集 0419，
　集 0420，集 2077，集
　2795，集 2796，集 2797

崔錫／史 3048

崔銑／子 2142

2222₇

鼎泰／子 2604

2222₇

嵩貴／史 2683

2224₈

巖鎮主一齋／集 2880

2233₁

熊方／史 0158

熊三拔／叢 0060，叢 0105，
　子 1249

熊廷弼／史 0931

熊璉／集 4744

熊禾／叢 0079，集 2287，集
　2288，集 2289

熊卓／集 0104，集 2747

熊峻運／子 3002，子 3003

熊伯龍／集 2551，集 3698

熊家振／史 2778

熊良輔／經 0016

熊宗立／叢 0059，子 0717，
　子 0966，子 1419，子
　1580

熊汝嶽／子 1454

熊浹／史 3959，史 3960

熊士伯／經 1558

熊立品／子 0950

熊壽試／子 0749

熊大木／集 5975

熊載陞／史 2562

熊蕃／叢 0006，叢 0007，叢
　0009，叢 0016，叢 0017

熊相／史 2406，史 3104

熊忠／經 1501，經 1502，經
　1503，經 1504

熊賜履／叢 0082，史 1033，
　子 0163，子 0308，集
　3743

熊明遇／叢 0010

熊剛大／子 0201

熊朋來／經 0016

熊會貞／史 0060

熊節／子 0201

熊尚文／史 2300

2277₀

山謙之／叢 0004，叢 0007，
　叢 0009

山濤／叢 0007

山井鼎／叢 0093

山臣／叢 0052

山陰樵叟／子 1776

2290₀

利瑪竇／叢 0010，叢 0013，
　叢 0050，叢 0060，叢
　0105，子 1308，子 1309，
　子 1993，子 3336

利登／集 0092

利類思／叢 0075，子 2025

2290₁

崇德輔／叢 0075

崇恩／集 4875，集 4876

2290₃

紫紅道人／集 5760

紫樓逸老／集 5847

2290₄

柴應辰／史 2619

柴望／叢 0050，史 2936，子
　1572，集 0092，集 1221，
　集 1222

柴升／集 0091

柴傑／集 3631，集 4528

柴紹炳／經 1550，子 2986，
　集 3631

柴復貞／集 1221，集 1222

柴梁／子 0020

柴才／集 4260，集 4261，集
　4528

柴揆／史 2673

2290₄

巢玉庵／叢 0010

巢元方／子 1175

巢鳴盛／叢 0075

2290₄

樂韶鳳／經 1513，經 1514，
　　經 1515，經 1516，經
　　1517，經 1518，經 1519，
　　經 1520，經 1521，經
　　1522，經 1523
樂玉聲／史 2436
樂雷發／集 0092
樂史／叢 0004，叢 0007，叢
　　0009，叢 0016，叢 0017，
　　叢 0018，叢 0097，史
　　2350，史 2351，史 2352
樂鈞／集 4844

2291₃
繼昌／子 3067

2300₀
卜應天／子 1418，子 1419，
　　子 1420，子 1422，子
　　1423，子 1424
卜大有／史 0441，史 0442，
　　史 0443，史 0445
卜大同／叢 0051，叢 0075
卜世昌／史 0443，集 0110
卜國賓／集 5341
卜陳彝／叢 0075
卜鎔／集 5512

2321₂
允祉／經 0727，子 1256，子
　　1311
允禮／史 1060，史 4069，集
　　0530
允祿／經 0730，經 1569，史
　　3976，子 1256，子 1258，
　　子 1311，子 2983，子
　　2984，子 2985

2324₂
傅亮／叢 0007，叢 0016，叢
　　0017，集 0007
傅應奎／史 2788
傅文淵／子 1362
傅玄／叢 0004，叢 0009，叢
　　0083，叢 0084，子 0107，
　　子 0108，子 0109，集
　　0003，集 0007
傅麟昭／叢 0078
傅王露／史 3623，史 3624，
　　史 3625，史 3626，史
　　3627，史 3628，史 3629
傅元愷／子 2016
傅爾英／史 2757
傅雲龍／史 4265，集 5230，
　　集 5231，集 5232，集
　　5233
傅霖／子 0617
傅廷鉽／史 3775
傅鼏／史 4031
傅習／集 0786
傅禹／子 0539
傅維橒／史 2427
傅占衡／集 3598
傅山／子 1029，集 3580
傅崧卿／經 0016，經 0637
傅德輝／史 1525
傅以綏／集 5165
傅以禮／史 0784，史 1118，
　　史 1534，史 2149，史
　　2186，史 3965，史 3966，
　　子 1296，子 2613
傅寅／叢 0083，叢 0105，經
　　0016
傅察／集 0092，集 1980，集
　　1981
傅宗龍／史 4008

傅遜／經 0772
傅汝舟／叢 0063，史 3175，
　　集 0104，集 3399
傅澤洪／史 3595，集 0124
傅冠／集 3418
傅大業／史 3476
傅杕／子 1882，子 1884
傅藻／集 1867，集 1869，集
　　1872
傅若金／集 2409，集 2410，
　　集 2411
傅世垚／經 1425，經 1426，
　　經 1427，經 1428
傅椿／史 2467
傅起儒／經 1423
傅起巖／集 0104
傅起岩／集 0104
傅振商／集 0199，集 0473，
　　集 1510，集 1511
傅咸／集 0003，集 0007，集
　　1364
傅肱／叢 0001，叢 0003，叢
　　0007
傅眉／集 3580，集 3683
傅騰蛟／史 3296
傅鉽／子 2521，子 2522
傅恒／經 0206，經 0207，經
　　0406，經 0407，經 0916，
　　經 1466，史 3302，史
　　3818

2325₀
臧庸／叢 0092，叢 0095，經
　　0032，經 0050，經 0454
臧應桐／史 2766
臧琳／叢 0095，經 0032
臧吉康／集 4795，集 4796
臧壽恭／經 0810
臧懋循／史 0180，史 0508，

史 0509，集 0287，集
0288，集 0686，集 5735，
集 5779，集 5780
臧岳／集 0733
臧眉錫／集 3820

2328₄
伏琛／叢 0004，叢 0007，叢
0009，叢 0017

2344₀
弁山念道人／子 1412

2350₀
牟廷相／史 1340，史 3718
牟融／子 2121
牟巘／集 2271，集 2272
牟汝忠／史 2988
牟巇／集 0715
牟欽元／集 0715

2397₂
嵇康／叢 0067，集 0003，集
0004，集 0005，集 0006，
集 0007，集 0009，集
1362，集 1363
嵇璜／史 3905，史 3906
嵇仰洙／經 1463
嵇永仁／集 3803，集 5760，
集 5811，集 5812
嵇含／叢 0001，叢 0003，叢
0007，叢 0009，叢 0016，
叢 0017，叢 0040，叢
0041，叢 0044，叢 0097，
子 1959

2421₂
先著／集 4120

2421₇
仇天民／史 2428
仇廷模／經 1565
仇俊卿／叢 0010，叢 0110
仇兆鰲／集 1529，集 1530，
集 1531，集 1532，集
1533
仇汝瑚／史 2724
仇遠／叢 0004，叢 0007，叢
0009，叢 0083，叢 0092，
集 2350，集 5616
仇英／史 0987

2423₁
德保／集 4331
德沛／經 0202，經 0203，子
0348

2426₀
儲方慶／集 3816
儲珊／史 2718
儲乃塘／經 1189
儲罐／集 2310，集 2311
儲泳／叢 0001，叢 0003，叢
0005，叢 0007，叢 0009，
叢 0037，叢 0100
儲在陸／集 0534
儲右文／集 0761
儲大文／史 2593，集 4063，
集 4064
儲孝則／子 1486
儲嗣宗／集 0066
儲欣／經 0739，經 0789，經
0890，史 2192，史 2196，
史 2197，史 2210，集
0001，集 0002，集 0026，
集 0127，集 0532，集
0533，集 0592，集 3939

儲光羲／集 0050，集 0063
儲掌文／集 4403

2426₁
借村居士／子 2649

2454₁
特通保／史 3941

2472₇
帥家相／集 4332
帥機／集 3260

2492₇
納新／叢 0105
納蘭常安／子 2266
納蘭性德／集 3835

2500₀
牛衷／經 1245，經 1246
牛弘／集 0003，集 0007
牛僧孺／叢 0004，叢 0005，
叢 0007，叢 0016，叢
0017，叢 0018，叢 0097
牛斗星／經 1031
牛運震／史 2319，史 4243，
史 4258
牛若麟／史 2471
牛鈕／經 0174

2520₆
仲开／集 5542
仲弘道／史 2185，史 2895
仲振奎／集 5760
仲振履／集 5760
仲長統／叢 0067
仲恒／集 5546
仲耀政／集 5349
仲□□／集 4581

經 1253，經 1254，史 3577

經 1382

2520₇
律例館／子 0618

朱謀埀／子 1680，子 1739，集 0682，集 0683

朱雲龍／子 1352

2522₇
佛陀扇多／子 3129

朱諫／史 3522，集 0104，集 1465，集 2758

朱霖／史 2505

朱翊釨／集 0813

朱珏／集 4889

2528₀
佚名／史 3387，史 3388

朱記荣／史 4458

朱珏／史 0796

朱敦毅／子 0414，子 0462，集 4959

朱廷立／史 3999

朱廷模／史 2786

2576₀
岫雲詞逸／集 5760

朱敦儒／集 5555，集 5556

朱廷煥／史 3332

朱一新／經 1454，經 1462

朱孔彰／經 0315，經 0967，經 0984，經 1324，經 1335，經 1336，經 1337，經 1338，史 0268，史 1336，集 5382

朱一蜚／集 4427

2590₀
朱方／集 4923

朱一飛／集 0974，集 1009，集 1010

朱冀／集 1327，集 1328

朱方藹／叢 0092

朱珪／史 4303

朱高熾／子 1380，子 1381，子 1382，子 1383，子 1384，子 1385

朱一是／史 1550，集 1666，集 3620，集 3621

朱建／史 1552

朱三錫／集 0642，集 0643

朱孟震／叢 0075

朱裔昌／集 5185

朱玉／集 2073，集 2074

朱翌／叢 0007，叢 0075，叢 0083，叢 0092，子 2143，子 2144

朱應登／集 0104，集 2771

朱玉岑／史 2211

朱應鎬／子 1667

朱元璋／叢 0010，叢 0011，叢 0016，叢 0017，叢 0018，叢 0024，叢 0027，叢 0034，史 4040，史 4041，集 2487，集 2488

朱弼／史 1151

朱慶餘／叢 0007

朱承弼／集 4890，集 4891

朱賡／史 0924，史 0925，集 3192

朱承爵／叢 0010，叢 0023，叢 0066，叢 0075，集 5390

朱元弼／叢 0110

朱康壽／子 2617，子 2618，子 2619

朱元昇／經 0016

朱承業／集 1198

朱元炅／史 0539，史 4108

朱承命／史 2635

朱文治／集 0488，集 0489

朱震／經 0016，子 1446

朱召／史 3233

朱文藻／史 1401，史 4324，集 0930

朱震亨／叢 0035，子 0637，子 0639，子 0642，子 0645，子 0833，子 1008，子 1009，子 1178，子 1179，子 1180，子 1181，子 1182，子 1183

朱翼中／子 1997

朱讓栩／叢 0101

朱珖／集 0920

朱袞／叢 0010

朱璘／史 0458，集 1352

朱袞／史 3553

朱霞／集 1188

朱琰／叢 0097，子 1691，子 1988，集 0848，集 1154，集 4469

朱襄／集 4100

朱吾弼／集 1601

朱衣／史 3125

朱爲弼／史 4287，史 4288

朱衣點／史 2665

朱雲／經 1377，經 1378，經 1379，經 1380，經 1381，

朱受新／集 4413

朱奕梁／叢 0101

朱維熊／史 2890

朱謹／史 3007

朱維城／子 3037

朱謀埤／叢 0010，叢 0101，

朱虛／子 2954

朱衡／叢 0079，集 0104

朱衍緒／史 1478，史 1479，
　　史 1515

朱倬／經 0016

朱師轍／經 1267，經 1335，
　　經 1336，史 1341，集
　　2301

朱綽／史 3049，史 3050

朱鼎／集 5760，集 5763，集
　　5764

朱鼎祚／史 3660

朱熊／子 1756

朱崇正／子 0878，子 0880

朱紫貴／集 4864，集 4865，
　　集 4866

朱繼芳／集 0088，集 0092

朱綬／集 2216，集 4996

朱允倩／集 5928

朱允中／子 2616

朱弁／叢 0006，叢 0007，叢
　　0009，叢 0016，叢 0017，
　　叢 0050，叢 0051，叢
　　0092，叢 0100

朱仕琇／集 4361，集 4362，
　　集 4363

朱仕玠／集 4405

朱佐／叢 0010，叢 0016，叢
　　0017，叢 0018

朱佐朝／集 5760

朱德潤／叢 0007，叢 0020，
　　史 4277，史 4369，集
　　2390

朱德遜／史 1552

朱升／叢 0019，集 2489

朱緒曾／集 1357，集 1360

朱仲／叢 0005，叢 0007，叢
　　0009，叢 0016，叢 0017

朱健／史 3930，史 3931，子
　　2591

朱健根／集 0104

朱純嘏／子 0656

朱紈／叢 0027

朱練／子 0697

朱得之／叢 0010，子 0401，
　　子 0402，子 0429，子
　　0430

朱凱／叢 0045

朱豹／集 0104

朱修之／史 0355，史 0373

朱象賢／子 1669，集 0262

朱彝尊／史 4181，史 4182，
　　集 3855，叢 0075，叢
　　0099，叢 0101，史 3313，
　　史 3315，史 3705，史
　　4181，史 4182，集 0122，
　　集 0127，集 0842，集
　　0843，集 0844，集 0845，
　　集 0947，集 1066，集
　　1067，集 1078，集 3801，
　　集 3851，集 3852，集
　　3854，集 3855，集 3856，
　　集 3857，集 5476，集
　　5549，集 5570，集 5571，
　　集 5760

朱彝爵／集 3858，集 3859

朱彝敘／史 1320

朱名世／集 2401

朱倫／子 2569

朱倫元／史 1551

朱徽／史 3931

朱濂／叢 0195

朱家標／子 1714

朱之弼／子 0140，子 0175

朱之蕃／史 0049，子 2537，
　　子 2538，集 0057，集
　　0058，集 0459，集 0470，
　　集 1895

朱寅贊／史 3146

朱察卿／集 0104

朱宗文／子 1705，子 1706

朱永年／集 0104

朱河／叢 0021，史 1351

朱福詵／集 5084

朱福清／集 5283

朱兆熊／經 1181，集 4746

朱兆封／集 4566

朱補庭／史 3994

朱凌／史 3211，史 3212

朱洪／集 4003，集 4004

朱逵／集 4681

朱達／集 4251

朱澤澐／子 0342

朱潮遠／子 2592

朱鴻瞻／經 1058，子 0117，
　　集 4125

朱淑真／集 0016，集 0029

朱漱芳／集 4917

朱祖文／叢 0092

朱祖謀／集 5535，集 5543，
　　集 5544，集 5585

朱祖義／經 0016

朱祁鈺／史 0996

朱澂／史 4170

朱肇濟／史 3067

朱啓勳／集 5289

朱奎楊／史 2421

朱埔／子 0482

朱南杰／集 0092

朱希祖／史 0765

朱希晦／集 2463，集 2464

朱有燉／叢 0101，集 5736，
　　集 5737，集 5749，集
　　5760

朱卉／集 5760，集 5831

朱存理／子 1619，子 1620，
　　子 1621，子 1622

朱志復／子 1881

朱朝瑛／經 0030，子 0293，
　集 3576

朱楓／史 4235，史 4372，史
　4385，史 4430，集 4421

朱楹／史 3647

朱乾／集 0251

朱警／集 0064，集 0065

朱檜／集 4421

朱松／集 0089，集 2012，集
　2013，集 2014

朱梂／集 5133

朱申／經 0016，經 0478，經
　0479，經 0765

朱惠明／子 0656

朱惠民／子 1066

朱由檢／集 3465

朱素仙／集 5901

朱東觀／集 0750

朱東光／子 0013

朱泰禎／經 0876，經 0877，
　經 0878

朱泰游／史 2633

朱揆／叢 0007

朱輔／叢 0004，叢 0007，叢
　0009，叢 0012，叢 0026，
　叢 0035，叢 0044，叢
　0075

朱軾／叢 0163，經 1082，史
　4048，集 4243

朱彧／叢 0001，叢 0003，叢
　0007，叢 0049，叢 0105

朱成鋒／集 3153

朱拱梃／集 3128

朱拱榣／集 3127

朱拱樋／集 0104

朱邦相／史 1549

朱曰藩／集 0104

朱昱／史 2496

朱國源／史 3063

朱國禎／子 2440

朱國漢／集 1188

朱國楨／史 0672

朱國盛／史 3606，史 3607

朱思本／史 2387，史 2388

朱昇／集 2013，集 4171

朱昌燕／史 4166，集 5331

朱昆田／史 2236，史 2243，
　史 3313，史 3315，集
　3852，集 3853，集 3854

朱昂／叢 0007

朱景玄／子 1731

朱景英／集 2669，集 4365

朱顯槐／集 0104

朱曉／叢 0078

朱睦／叢 0091，集 0827

朱睦㮮／叢 0010，史 0677，
　史 4127，史 4180

朱晞顏／叢 0006，集 2412

朱時新／集 2489

朱暉／叢 0006，叢 0007，叢
　0009

朱瞻基／叢 0010，叢 0016，
　叢 0017，叢 0018，史
　0995，子 0234，子 0235，
　子 0236

朱鷺／叢 0010，叢 0016，叢
　0017，叢 0018，史 0682

朱厚煜／叢 0027

朱願爲／集 3612

朱長文／叢 0044，叢 0080，
　叢 0100，史 2466，子
　1668，子 1669，子 1670，
　集 1951，集 1952，集
　1953，集 1954

朱長春／子 0584，子 0585，
　子 0586，子 3049，集
　3254，集 3255

朱駿聲／經 0223，經 0224，

經 0225，經 0226，經
0227，經 0228，經 0229，
經 0811，經 1120，經
1121，經 1267，經 1324，
經 1449，經 1590，史
0590，史 1341，史 1414，
子 0094，子 0611，子
1263，子 1264，子 2367，
子 2368，集 4790，集
4791，集 4792，集 4793，
集 4794

朱肱／叢 0007，叢 0009，叢
　0092，子 0645

朱陵／集 2148

朱鳳台／史 3024

朱陶峰／子 1868

朱同／集 2546

朱履貞／叢 0092，子 1696

朱勝非／叢 0007

朱金卿／經 0219

朱鏡物／集 4599，集 4671

朱鏡清／集 5701

朱鎬／子 1594

朱無瑕／集 0106

朱善／經 0016，集 2510

朱公遷／經 0016，經 0360

朱公節／集 2988

朱養純／經 0632

朱奠培／集 5437

朱鍾／史 2677

朱錦／子 0527，集 0865

朱錦琮／子 0826，集 4699

朱鑑／經 0016

朱簡／史 4412

朱懷幹／史 2510

朱常漣／集 3361

朱當／叢 0024

朱煜／集 1533

朱焯／經 1017，經 1019，經

1020，經 1021，集 5760

朱煥／史 4341

朱燧／集 2434

朱變／集 5501

朱變元／史 1551

2599₆

練子寧／集 0104，集 2563，
　集 2564，集 2565

2600₀

白龍躍／史 2715，史 2716

白玉蟾／叢 0052，叢 0053

白雲霽／子 3032

白珽／叢 0092

白行簡／叢 0004，叢 0007，
　叢 0009，叢 0016，叢
　0017，叢 0018，叢 0097

白樸／集 5615，集 5760

白芬／子 1705，子 1706

白履忠／子 3055

白居易／叢 0007，叢 0016，
　叢 0017，叢 0035，叢
　0044，子 2719，子 2720，
　子 2721，子 3272，集
　0084，集 1652，集 1653，
　集 1654，集 1655

白輝／史 2341

2610₄

皇侃／叢 0092

皇都風月主人／集 5949

皇甫謐／叢 0004，叢 0007，
　叢 0009，叢 0016，叢
　0017，叢 0040，叢 0041，
　叢 0042，叢 0076，史
　0409，子 0645，子 0646

皇甫嵩／子 0796

皇甫鯤／子 1693

皇甫汸／史 2474，集 0104，
　集 2970，集 2971，集
　3080

皇甫濂／集 0104

皇甫涍／叢 0035，集 0104，
　集 2976

皇甫沖／子 0514，集 0104

皇甫湜／集 0039，集 1658

皇甫相／子 0796

皇甫松／叢 0006，叢 0007，
　叢 0009，叢 0016，叢
　0017，叢 0018

皇甫枚／叢 0005，叢 0006，
　叢 0007，叢 0009，叢
　0026，叢 0097

皇甫中／子 0939，子 0940

皇甫冉／集 0062，集 0063，
　集 1225

皇甫曾／集 0062，集 0063，
　集 0066，集 1225

皇甫錄／叢 0010，叢 0016，
　叢 0018，叢 0059，叢
　0075

皇甫□／叢 0007

2622₇

偶桓／集 0792

2629₄

保清／史 2455

2633₀

息齋居士／叢 0075

2641₃

魏峴／史 2830

魏齊賢／集 0771，集 0772

魏裔愨／史 3041

魏裔介／集 3687

魏慶之／集 5425，集 5426

魏元樞／集 4189

魏張／叢 0041

魏廷珍／叢 0101

魏了翁／叢 0007，叢 0009，
　叢 0012，叢 0013，叢
　0015，叢 0049，叢 0050，
　叢 0068，叢 0075，叢
　0089，叢 0093，經 0082，
　子 2305，子 2306，集
　2195

魏儒勳／史 1295

魏偁／集 2724

魏允升／集 0308，集 0309

魏仲舉／集 1606，集 1607，
　集 1608

魏伯陽／叢 0007，叢 0040，
　叢 0041，叢 0064，叢
　0068，子 3046

魏峴／叢 0105，史 3650

魏象樞／叢 0082，集 3686

魏徵／史 0001，史 0003，史
　0004，史 0005，史 0214，
　史 0215，史 0216，史
　2287，史 4223

魏收／史 0001，史 0003，史
　0004，史 0005，史 0207，
　史 0208，史 0209，史
　4223，集 0003，集 0007

魏之琇／集 4409

魏浣初／子 2930

魏禧／叢 0075，叢 0105，經
　0788，子 2586，集 0125，
　集 0127，集 1269，集
　3676

魏津／史 2730

魏禮／集 1269

魏直／子 1066

魏壽延／集 0789

魏大中／集 3351，集 3352

魏校／叢 0079，經 1376，集 2811，集 2812

魏苹華／集 5790

魏荔彤／史 3195，子 0769，子 0770，子 0782，子 1313

魏世傑／集 1269

魏世儼／集 1269

魏世傚／集 1269

魏泰／叢 0004，叢 0005，叢 0006，叢 0007，叢 0009，叢 0016，叢 0017，叢 0037，叢 0075，叢 0089，叢 0092，叢 0097，集 5390

魏星杓／集 1083

魏顯國／史 0413，史 1000

魏畊／集 3525，集 3526

魏野／集 0092，集 1744，集 1745

魏驥／集 2609

魏際瑞／叢 0078，集 1269

魏學禮／集 0104

魏鑠／叢 0007

魏鈿／史 3124

魏錫曾／子 0413，子 1879

魏鑑／子 1057

魏堂／史 2964

魏裳／集 3085

魏耀／史 3139

魏煥／史 3421

2680₄

吳立／集 4123

吳亮／史 1013，子 2543

吳彥匡／子 2008，子 2009

吳高增／史 3707，集 4485

吳應蓮／集 4489

吳應箕／史 0780

吳慶雲／史 3051

吳慶坻／史 0974，史 1504，史 1505，子 2289，集 0980，集 1202，集 1203，集 5093，集 5094，集 5095，集 5096

吳康泰／叢 0007

吳文緯／史 3033

吳文憲／集 3538

吳文溥／集 4622，集 4623

吳文華／史 0916

吳文英／集 5537，集 5606

吳文塏／集 5228

吳文炘／史 2726

吳文煥／史 1296

吳章綸／史 4439

吳襄／子 2983，子 2984，子 2985

吳六鰲／史 2770

吳龍翰／集 0092，集 2290

吳龍曾／集 5119

吳訥／叢 0075，集 0411，集 0412，集 0413，集 2075，集 2076，集 2077，集 2604，集 2605

吳論／集 1240，集 1241，集 1242

吳謙／子 0661

吳麟珠／集 5165

吳麟徵／叢 0075

吳一鸞／史 2576

吳三錫／集 3810

吳正／史 2623

吳正子／集 1580

吳正暘／子 1796

吳玉綸／集 4448

吳玉搢／叢 0093，經 1260，經 1296，史 4236，史 4237

吳琬／子 2827

吳瑭／子 1159

吳元音／叢 0101

吳元治／集 0725

吳元滿／經 1402，經 1403

吳爾堯／集 0089

吳震方／叢 0081，叢 0082，叢 0097，經 1420，經 1421，集 2078

吳震元／史 0341

吳震生／集 5760，集 5835

吳雯／集 3892

吳雯清／集 0573

吳可／叢 0092，叢 0093，集 2022

吳可賀／子 1784

吳磊／史 1566

吳雲／史 4262，史 4450，史 4451

吳雲蒸／經 1322

吳天洪／子 1454

吳霖／史 3995

吳珩／經 1151

吳璿／集 5976

吳斐／集 5650

吳开／叢 0006，叢 0009

吳瑞／子 0793

吳瑞登／史 0464

吳弘基／叢 0057，史 0062，史 0063

吳廷楨／史 2343，集 4006

吳廷華／經 0032，經 0506，經 0562，經 0563，經 0564，史 2421，史 2441

吳廷舉／史 3120

吳琯／叢 0042，子 0642，集

吳之瑗／史 1567

吳之鯨／史 3730

吳之振／集 0089，集 0120，集 3894，集 3895，集 3896

吳之員／史 2566

吳之騄／經 0947

吳騫／史 0408，史 0521，史 0687，史 0705，史 1339，史 3447，史 4204，史 4312，子 1987，集 4558，集 5497

吳守一／叢 0075，叢 0101

吳宏／叢 0007

吳定璋／集 1020

吳寶儉／集 5317

吳宗元／史 2535

吳宗愛／集 4105

吳宗儀／子 0439

吳宗器／史 2638

吳永芳／史 2868

吳潛／史 3175，集 5529

吳源起／史 2729

吳禎／史 0448

吳兆／集 1040

吳兆宜／集 0226，集 1409，集 1410，集 1411，集 1412

吳兆騫／集 3747，集 3748，集 3749

吳澄／叢 0007，叢 0075，叢 0091，叢 0100，叢 0163，經 0016，經 0020，經 0259，經 0533，經 0534，經 0580，經 0581，經 0582，經 0646，經 0647，經 0648，經 0942，集 0030，集 2349

吳近山／子 0903

吳業偉／史 3468

吳必學／史 3202

吳祕／子 0003，子 0005，子 0006，子 0007，子 0095，子 0096，子 0097

吳湛／叢 0093

吳淇／集 1190

吳達可／集 3025

吳清藻／經 1573

吳渭／叢 0007，集 0016

吳提／子 0875

吳淑／叢 0007，叢 0092，叢 0093，叢 0097，子 2722，子 2723，子 2724，子 2725

吳逸／子 1773

吳迥／子 1786，子 1787，子 1788

吳遐齡／經 1559

吳運光／史 3071

吳淦／史 3025，集 5310

吳瀚／集 1813，集 1814

吳淞／集 5148，集 5149，集 5150

吳游龍／史 3133

吳海／叢 0079，集 2446

吳遵／叢 0054

吳道源／子 0963

吳啓襃／集 1201

吳啓元／集 3982

吳九齡／史 2603

吳士奇／集 0471

吳士權／叢 0010

吳士堅／子 2282

吳士鑑／史 0195，集 1000

吳克誠／子 1448

吳希孟／集 1168

吳有性／子 0946，子 0947，子 0948，子 0949

吳鼎／叢 0101

吳志淳／集 0104

吳嘉言／子 0896

吳嘉謨／子 0038

吳嘉紀／集 3641，集 3888

吳嘉淦／叢 0107

吳壽宸／集 4647

吳大職／集 0984

吳大受／集 4038

吳大澂／史 4454，史 4455

吳枋／叢 0003，叢 0007，叢 0044

吳柄／集 5760

吳彬／叢 0078

吳楷／集 4433

吳式芬／史 4289

吳載鰲／叢 0010

吳朴／史 0433

吳杕／叢 0010，叢 0013

吳棫／經 1486，經 1487，經 1488

吳榕園／集 5333

吳協／叢 0007

吳藻／集 5669，集 5760

吳夢暘／集 0117

吳兢／叢 0007，叢 0068，叢 0100，史 0597，史 0598，史 0599

吳苑／集 3922

吳蘭庭／叢 0092，集 4550

吳蘭珍／史 1452

吳蒼雷／子 1837

吳懋謙／集 3599

吳懋祺／集 5223

吳萃／叢 0007，叢 0009

吳若／叢 0075

吳若準／史 3729

吳蕃昌／史 1375

吳世尚／子 0409，子 0454

吳鍾奇／集 5013

吳鍾駿／集 0754

吳鎮／叢 0075，史 2802

吳鑛／集 3163

吳錫麒／集 4210，集 5760

吳錫麟／集 4481

吳銓／子 3127，集 5211

吳筠／集 1442

吳鐩／史 1568

吳節／集 2622

吳箕／叢 0093

吳鐙／集 5728，集 5729

吳惟英／史 0704

吳堂／史 2850

吳光西／史 1397

吳光照／集 1083

吳尚絅／集 2560

吳尚默／經 0129

吳省蘭／叢 0101，子 1718

吳省欽／集 4457，集 4458

吳當／經 1053，集 2449

吳炳／史 2781，集 5760，集 5795，集 5796，集 5914

吳炳文／經 0802

吳焯／集 4157，集 5636

吳烶／集 0731

吳煊／集 0702

吳烺／集 5728，集 5729

吳煒／集 0534

吳炯／叢 0007，叢 0009，叢 0092

吳悌／集 2979

吳爛文／集 4434

吳榮光／史 1338

吳□／叢 0101

2690₀

和嶸／子 0616

和寧／集 4475，集 4476

和凝／子 0616，集 0017

和菟／叢 0007

2691₄

程充／子 1178，子 1179

程齋聖／史 4416

程應旌／子 0742，子 0743，子 0744

程庭／集 4134

程文／史 2461

程文德／集 2945，集 2946

程文修／集 5760

程文憲／叢 0010，叢 0016，叢 0029，叢 0059

程端禮／叢 0075，叢 0079，子 0214，子 0215

程端蒙／叢 0075

程端學／經 0016，經 0020，經 0848，經 0849，經 0850，經 0851

程敦／史 4371

程一礎／子 0376

程一楨／史 1684

程一極／集 3369

程正揆／集 3577

程正敏／叢 0007

程玉潤／經 0125

程元愈／史 3680

程晉芳／經 0404

程可中／集 3366

程可則／集 0120，集 3715

程雲衢／子 1800

程雲鵬／子 1050

程天相／史 1618

程霖／史 2987，集 5882

程瑟／子 1487

程瑞祊／集 4095，集 4096

程瑤田／經 0032，經 0037

程弘毅／叢 0078

程弘賓／經 0277

程廷濟／史 3084

程廷祚／經 0294，經 0669，經 0909

程珌／集 0092，集 2184，集 2185，集 2186，集 5537

程羽文／叢 0010，叢 0011，叢 0078

程琰／集 1006

程維伊／史 3071

程衍道／子 0978

程師恭／集 3844，集 3845，集 3846，集 3847

程川／子 0170，子 0171

程崟／叢 0165，集 4019

程允基／子 1913

程我齋／史 1459

程化騄／集 0877

程升／集 5362

程穆衡／叢 0101，史 1168，史 1433，史 3326，子 1717，集 3586

程俱／叢 0005，叢 0006，叢 0007，叢 0009，叢 0083，集 0089，集 0093

程名世／集 5728，集 5729

程攸熙／史 2481

程復心／叢 0075

程從龍／史 4417

程以寧／子 0391

程之章／集 4442

程良玉／子 1536，子 1537

程宗猷／子 0562

程永培／子 0656

程汝繼／經 0123

程洪／集 5720

程遠／史 4406

程沖斗／子 0563，子 0564

程涓／子 2534

程洵／叢 0092，集 1005，集 1006，集 2168

程鴻詔／經 0643，經 0644

程鴻烈／叢 0010

程祿／子 1316

程迥／叢 0006，叢 0007，叢 0009，叢 0025

程通／集 2571

程遵／史 2448

程道生／子 0491，子 0492，子 1603，子 1948

程肇修／史 1640

程榮／叢 0007，叢 0009，叢 0016，叢 0017

程士範／史 2659

程垓／集 5537

程克榮／史 1637

程有亮／史 1638

程嘉燧／集 0117，集 1036，集 1040，集 3450，集 3451

程雄／叢 0078，子 1908

程大位／子 1307

程大約／子 1968

程大昌／叢 0005，叢 0006，叢 0007，叢 0009，叢 0015，叢 0026，叢 0042，叢 0075，叢 0083，叢 0093，叢 0100，經 0016，經 0046，史 3689，子 2152，子 2299，集 5541

程大年／子 1811

程真如／叢 0101

程楷／史 2889

程夢元／子 3004

程夢星／集 1674，集 1675

程芝華／史 4438

程若庸／叢 0019，叢 0044

程世京／集 2365，集 2366

程世錫／史 3764，史 3765

程林／子 0781，子 0874，子 0914，子 1167

程楊／史 0405

程鶴壽／史 3651，史 3652，史 3653

程枚／集 5760

程本立／集 0101

程哲／子 2263

程盛修／集 4214

程拱宸／經 0622

程邦勳／集 1004

程昌期／集 4522

程回／叢 0004

程顥／叢 0079，子 0018，子 0125，子 0126，子 0127，子 0128，子 0129，子 0130

程明善／集 5923，集 5924

程嗣功／史 2915

程原／子 1797

程頤／叢 0007，叢 0016，經 0067，經 0068，經 0069，經 0070，經 0071，經 0072，經 0073，經 0074，經 0075，經 0076，史 4223，子 0018，子 0125，子 0126，子 0127，子 0128，子 0129，子 0130

程際盛／集 0226

程曾／史 1639

程鉅夫／集 2365，集 2366

程鍾齡／子 1226

程鎔／集 4706

程竑時／史 3476

程智／子 1607

程知／子 0783

程敏政／叢 0092，子 0179，集 0849，集 0850，集 1041，集 1806，集 2681，集 2682

程光裀／史 1386

程光禮／史 0944

程尚濂／集 4704

程尚寬／史 1538

程煥／史 2706

程榮／叢 0039，叢 0041

2692₂

穆文熙／史 0550，史 0568，史 2198，史 2212，集 0453

穆修／集 0092，集 1738，集 1739，集 1740，集 1741

穆希文／子 2831

穆尼閣／叢 0105

2692₇

綿初／經 0439

綿榜／子 3146

2694₁

釋彥悰／叢 0068，子 1731

釋彥琪／子 3270

釋齊己／叢 0007，叢 0068，叢 0100，集 0040

釋方澤／集 0104

釋廓庵／集 3769

釋慶老／子 3304

釋摩騰／子 3235

釋廣承／子 3278

釋廣莫／子 3213

釋廣益／子 3238

釋文琇／子 3133

釋文才／子 3257

釋文瑩／叢 0004，叢 0006，叢 0007，叢 0009，叢 0016，叢 0017，叢 0068，

叢 0075，叢 0092，叢 0100，叢 0105

釋辯機／叢 0105

釋玄應／子 3315

釋玄奘／叢 0004，叢 0105，子 3129，子 3130，子 3186，子 3187，子 3188，子 3189

釋玄機／叢 0112

釋玄覺／叢 0112，子 3267，子 3268，子 3269，子 3270

釋諸大法師／子 3334

釋靖邁／子 3130

釋施護／子 3130

釋一休／史 3696

釋一如／子 3133

釋正葦／史 3752

釋畺良耶舍／子 3158，子 3159，子 3160

釋靈澈／叢 0016，叢 0017

釋雪莊／史 3475

釋元玉／集 3777

釋元璟／集 3986

釋元奇／史 3755

釋元賢／子 3293

釋元粹／子 3192，子 3241

釋石農／史 3724

釋雲峰／子 3263

釋天竺波羅頗密多羅／子 3133

釋不空／子 3199，子 3200，子 3201，子 3205

釋不退和尚／子 0991

釋彌伽釋迦／子 3130，子 3206，子 3207，子 3208，子 3209，子 3210，子 3211，子 3212，子 3248，子 3249

釋彌陀山／子 3198

釋弘眉／史 3473

釋延一／子 3307

釋延壽／子 3131

釋聖堅／子 3129

釋了童／子 3235

釋子璿／子 3133，子 3247

釋住想／子 0656，子 0662

釋受汰／子 3323

釋皎然／叢 0007，叢 0012，叢 0015，叢 0044，叢 0075，集 0040，集 1559，集 5390

釋乘旹／子 3254

釋仁潮／子 3262

釋仁顯／叢 0007

釋虛中／叢 0044

釋行溥／集 0117

釋行海／史 3722

釋行均／叢 0093，經 1363

釋行素／史 3735

釋卓禪師／史 3749

釋睿略／集 2620

釋豐干／集 1453，集 1454

釋德立／集 3770

釋德行／叢 0035

釋德洪／叢 0068，子 3133

釋德清／史 3759，子 0444，子 3214，子 3215，子 3233，子 3243，子 3244，子 3275

釋德介／史 3739

釋贊寧／叢 0001，叢 0002，叢 0003，叢 0004，叢 0006，叢 0007，叢 0009，叢 0014，叢 0015，叢 0016，叢 0017，子 1959，子 3130

釋續行／子 1852

釋仲仁／叢 0007，叢 0012，子 1733

釋佛彥／史 3756

釋佛臬／史 3756

釋佛海／史 3466

釋佛陀多羅／子 3130，子 3190，子 3191，子 3192，子 3210，子 3241，子 3242，子 3243，子 3244

釋佛馱跋陀羅／子 3149

釋佛第／集 3977

釋傳鵬／史 3492

釋傳善／子 3294

釋傳燈／史 3513，史 3514，史 3753，子 3216，子 3230，子 3258，子 3268

釋績法／子 3247

釋自彥／史 4413

釋伽梵達摩／子 3203

釋保暹／叢 0044

釋般若／子 3152

釋般刺密帝／子 1120，子 3130，子 3206，子 3207，子 3208，子 3209，子 3210，子 3211，子 3212，子 3248，子 3249

釋魯山／集 0104

釋紹德／子 3130

釋僧肇／叢 0093，子 3136，子 3256

釋適之／叢 0007，叢 0057，叢 0091，經 1355，子 1675

釋寒山子／集 1453，集 1454

釋寒松／集 3678

釋守仁／集 0104

釋守倫／子 3232

釋守遂／叢 0068，子 3235

危積／集 0092

危大有／子 0399

危素／叢 0075, 集 2518, 集 2519

2721₂

倪謙／叢 0010, 叢 0011, 叢 0016, 叢 0017, 叢 0018

倪元璐／叢 0075, 經 0135, 史 0842, 史 0937, 集 0492, 集 0493, 集 3420, 集 3421, 集 3422, 集 3423, 集 3424, 集 3425

倪晉卿／經 0120

倪璣／史 2453, 史 2877, 史 2878

倪瓚／集 0030, 集 0100, 集 0104, 集 2461, 集 2462

倪珣／集 3415

倪承天／集 4545, 集 4546

倪承茂／集 0535, 集 0536

倪維德／子 0642

倪倬／經 1264

倪師孟／史 2487

倪繼宗／集 1132

倪稻孫／集 5660, 集 5661, 集 5662

倪允昌／叢 0063

倪峻／集 0104

倪朱謨／子 0810

倪象占／經 0213, 經 0214, 子 2457, 集 5652

倪守約／史 3517

倪宗正／集 1253, 集 2808

倪灃／集 4951

倪祖喜／集 4673

倪士毅／經 1003

倪士奇／子 1135

倪希程／集 0263

倪敬／集 0104

倪東溟／子 1025

倪國璉／集 4211

倪思／叢 0007, 史 0136, 史 0137, 史 0138, 子 2164, 子 2165

倪思寬／子 2374

倪會鼎／史 1377

倪鎔／集 5155

倪燦／集 0017

2722₀

向球／史 3468

向孟／叢 0005, 叢 0007, 叢 0009, 叢 0016, 叢 0017, 叢 0035

向子諲／集 5529, 集 5537

向秀／經 0045

向滈／集 5531

向洪上／史 1553

2723₃

佟世南／集 5545

佟世思／集 3897

佟世男／經 1424

佟企聖／史 2668

2724₇

殷文珪／集 1718

殷元正／經 1196

殷元勳／集 0632

殷雲霄／集 0104

殷璠／集 0046, 集 0059, 集 0623, 集 0624

殷獻臣／集 3341

殷仲春／子 1128

殷兆鏞／集 4977

殷士儋／子 0261

殷李堯／集 5077

殷基／叢 0016, 叢 0017

殷芸／叢 0004, 叢 0006, 叢 0007, 叢 0009, 叢 0017

殷都／子 0487

殷敬順／叢 0184, 子 0472, 子 0473

殷邦靖／集 3021

殷欽坤／經 0044

2725₂

解縉／叢 0010, 叢 0013, 叢 0053, 史 0988, 子 2816, 集 0104, 集 2568, 集 2569, 集 2570

解楨／叢 0046

解蒙／經 0020

2726₁

詹玠／叢 0007, 叢 0097

詹伯麒／集 3377

詹仰庇／集 0680

詹淮／子 0263, 子 0264

詹兆泰／史 3089

詹初／集 2228

詹道傳／經 0016

詹奎光／集 1281

詹嘉瑞／集 5234

詹相廷／史 3100

詹事講／集 3229

詹景鳳／子 1732, 子 1733, 子 2219, 集 0451

詹嗣曾／集 5048

詹熙／集 1775

詹丹林／集 4957

詹爕錫／集 1395

詹惟聖／史 3544

詹惟修／史 2208, 集 0445

詹□□／集 4174

2728₄

侯方域／集 0125，集 0126，集 0127，集 3634，集 3635，集 3636，集 3637

侯一元／叢 0075，史 3054，史 3055，集 0104，集 3022，集 3023

侯元棐／史 2912

侯震暘／集 1218

侯延慶／叢 0007，叢 0009

侯岐曾／集 1218

侯白／叢 0007，叢 0012，叢 0015，叢 0097

侯甸／叢 0010，叢 0016，叢 0017

侯峒曾／集 1218

侯寧極／叢 0007，叢 0016，叢 0017，叢 0018

侯寅／集 5537，集 5541

侯洵／集 3637

侯嘉璠／集 4649

侯嘉繙／集 4238，集 4239，集 5494

侯鶴齡／子 0232

2731₂

鮑廉／史 2482

鮑康／史 3975

鮑謙／集 4757

鮑一朋／子 1929

鮑雲龍／子 1349

鮑瑞駿／集 5061，集 5062

鮑廷博／叢 0092

鮑衡／集 0001

鮑彪／史 0556，史 0557，史 0558，史 0559，史 0560，史 0561，史 0562，史 0563，史 0564，史 0565，史 0566，史 0567，史 0568，史 0569

鮑梟／集 4650

鮑作雨／經 0222，集 4850，集 4851，集 4852

鮑作瑞／集 1182，集 4853

鮑寧／子 1349

鮑溶／集 0047，集 0066

鮑存曉／史 3822，集 5271

鮑松／集 0069，集 0070

鮑泰／子 1246

鮑照／集 0003，集 0004，集 0005，集 0006，集 0007，集 0009，集 1402，集 1403，集 1404

鮑堅／叢 0007

鮑鎔／子 2452

2732₇

烏獻明／集 2550

烏程溫／叢 0075

烏斯道／集 2549，集 2550，集 2551

2733₆

魚豢／叢 0007，叢 0016，叢 0017

2742₇

鄒方鍔／集 4461，集 4462

鄒文郁／史 2665

鄒一桂／叢 0101，集 4207

鄒元標／子 0275，集 3197，集 3238，集 3239，集 5982

鄒天嘉／子 2354

鄒登龍／集 0092

鄒聖脉／集 5742

鄒珵／史 2564

鄒季友／經 0249，經 0256，經 0257

鄒維璉／集 3332

鄒衡／史 2866

鄒山／集 3916

鄒德溥／集 3249，集 3250

鄒德沛／史 0039

鄒德中／叢 0045

鄒泉／子 2834

鄒淮／叢 0075

鄒之麟／叢 0010，叢 0016，叢 0017，叢 0018

鄒守愚／史 2680，集 0669

鄒守益／經 0681

鄒漪／史 0772，史 0773

鄒浩／集 0089，集 1958

鄒漢勛／史 4327

鄒迪光／叢 0010，集 0464

鄒澤／集 5291

鄒祖蔭／子 1302

鄒淦／子 2610，子 2611

鄒在衡／集 5164

鄒存淦／經 1347，史 2841，史 2842，史 4176，史 4202，史 4207，史 4208，集 5378

鄒志路／集 4787

鄒枚／集 3557

鄒思明／集 0188

鄒璧／集 0104

鄒頤賢／集 2833

鄒閎甫／叢 0007，叢 0009

鄒金生／集 5938，集 5939

鄒鉉／子 1105

鄒錫秬／集 5154

2744₉

彝卿／史 3376

2760₃

魯應龍／叢 0007，叢 0013，叢 0015，叢 0016，叢 0036，叢 0037，叢 0110，子 2679

魯至剛／叢 0046

魯可藻／史 0753，史 0754

魯蒲／子 1912

魯承齡／集 5675

魯重民／史 3858，子 2944，集 0867

魯貞／集 2486

魯仕驥／集 4472，集 4473

魯伯嗣／子 1044，子 1045，子 1046

魯之裕／集 4073

魯士驥／集 4577

魯超／子 0652

魯敬莊／集 4750

魯點／史 3479，史 3480，史 3726

魯明善／叢 0035

魯學孟／經 1171

魯曾煜／史 2685，史 3185，史 3235，集 4053，集 4054

魯鐸／集 2778

魯燮光／史 1161，史 3860，史 4034，史 4343

2762₇

郶然／史 1597

郶相／史 2419

2771₂

包元嗣／集 5668

包瑜／子 2803

包何／集 0062，集 0063

包衡／子 2535

包佶／集 0062，集 0063

包湑／叢 0007

包大方／史 3061，史 3062

包大中／集 3180

包大烔／集 3181

包大爟／史 2633

包蘭瑛／集 5340

包桂／史 2651

包拯／史 0883，史 0884

包嘻／集 5126

包節／集 0104，集 0276

2772₀

幻真先生／叢 0035，叢 0068，叢 0100

2790₉

黎立武／叢 0075

黎庶昌／史 4093，集 5176

黎靖德／子 0165，子 0166，子 0167，子 0168

黎利寶／子 0483

黎久／叢 0010，叢 0030，叢 0075

黎澄／叢 0010，叢 0016，叢 0017

黎遂球／叢 0010，叢 0078，集 0117

黎士弘／子 2451，集 3724，集 3725，集 3726

黎士宏／叢 0075

黎堯卿／子 2510

黎日昇／史 3265

黎晨／史 2547

黎民表／集 0104，集 3012

2791₇

紀元／史 2803

紀廷譽／史 3785

紀君祥／集 5760

紀容舒／叢 0105

紀大奎／經 0734，子 0410

紀大婁／子 0410

紀坤／集 3404

紀惠庵／集 5241

紀振倫／集 5977

紀昀／叢 0085，叢 0086，叢 0101，史 4100，史 4101，史 4102，史 4103，史 4104，史 4105，史 4106，子 2689，集 0633，集 0730，集 0926，集 4385，集 5402

紀鑑／子 0565

2792₂

繆襲／叢 0007，叢 0012，叢 0014，叢 0015，叢 0016，叢 0017，叢 0041

繆沅／集 4024，集 4025

繆希雍／叢 0068，叢 0100，子 0785，子 1204，子 1205

繆希雄／子 1462

繆存濟／子 0733

繆梓／集 5134

繆荃孫／集 5082

繆敬持／史 1125

繆國維／集 3312

繆昌期／經 0127，集 3345

繆肜／叢 0075，叢 0078

2823₂

伶玄／叢 0005，叢 0007，叢 0009，叢 0016，叢 0017，叢 0039，叢 0040，叢 0041，叢 0042，叢 0097

2824₇
復文彥／子 1618

2826₆
僧虔／叢 0007
僧伽跋澄／子 3130

2829₄
徐立綱／經 0209
徐充／叢 0010
徐亮勳／史 1601
徐彥／經 0012，經 0013，經 0014，經 0015，經 0815
徐彥純／子 1192，子 1193
徐方廣／經 0998，經 0999
徐亦稑／子 1112
徐應豐／集 3208
徐應秋／子 2555，子 2556，集 0479
徐應芬／史 0735
徐度／叢 0004，叢 0005，叢 0007，叢 0009，叢 0068，叢 0100
徐慶／叢 0081
徐慶卿／集 5918，集 5919
徐夜／叢 0149
徐廣／叢 0007，叢 0009
徐文靖／叢 0164，經 0322，史 0275，子 2357
徐文弼／史 3873，子 1114，集 5498，集 5499
徐文昭／史 0321，史 0322，史 0323，史 0324，史 0325，史 0326，史 0339
徐文駒／集 0127
徐端／史 3663
徐謙／子 1067，子 1068
徐麟／史 3080

徐一夔／史 3954，史 3955，集 2534，集 2535
徐靈期／叢 0009
徐霓／史 2742
徐元／集 5760，集 5763，集 5764
徐元正／集 0705，集 0706，集 3833
徐元灝／集 1030
徐元潤／史 4293
徐元太／子 2862，子 2863
徐元掄／史 1366
徐元美／叢 0078
徐元第／集 1058
徐爾貞／子 1214
徐震／叢 0078，集 5951
徐霆／史 0645，史 0646，史 0647
徐晉卿／經 0016，經 0766
徐石麒／叢 0075，集 5756，集 5760
徐石麟／史 3831
徐天麟／叢 0083，史 3909，史 3910，史 3911，史 3912
徐天祐／叢 0040，叢 0041，叢 0042，史 0581，史 0582，史 0583
徐天祐／叢 0076
徐天民／集 3184
徐霖／集 5763，集 5764
徐琴／集 4892
徐瑟／集 4892
徐斐然／集 0127
徐碩／史 2863，史 2864
徐瑞／集 4586
徐璣／集 0029，集 0089，集 1173
徐弘祖／史 3797，史 3798

徐發／子 1257
徐廷瑨／史 2415
徐廷槐／子 0456，子 0457，集 4215，集 4216，集 5484
徐聯奎／集 1184
徐璪／集 5932
徐珊／集 3138
徐務本／集 4707
徐聚倫／集 4050
徐子平／叢 0105
徐子熙／集 2815
徐子光／叢 0100，子 2718
徐愛／集 2763
徐孚遠／史 0040，史 0041，史 0042，史 0043
徐集孫／集 0092
徐秉元／史 2895
徐秉義／叢 0107，史 1136，史 1137，史 4151
徐維則／史 4178，集 3436
徐上達／史 4411
徐步衢／集 4948
徐倬／集 0705，集 0706，集 0945，集 3833
徐師曾／經 0599，集 0281，集 0447，集 0448，集 0449
徐貞木／子 1820
徐貞明／史 3636
徐經孫／叢 0086，集 2233
徐任師／集 3975
徐鼎／經 0426
徐嵩高／叢 0111，集 4233
徐崑／集 5836
徐繼恩／叢 0078，叢 0144
徐傅／集 4972
徐俟召／史 3008
徐獻忠／叢 0010，叢 0011，

史 3361，史 3362，集 0064，
集 0065

徐我增／史 1599，史 1600，
史 1602

徐峻均／史 2317

徐岱／史 2709

徐化民／史 3056

徐德元／集 0954

徐德瑜／子 0351

徐待聘／史 2974

徐升／子 1557

徐勉之／叢 0075，史 0653，
史 0654

徐紘／史 1086，史 1087

徐積／集 0089

徐自明／史 3834，史 3835，
史 3836

徐佩鉞／經 0666

徐翽／集 5737

徐向忠／史 3222

徐修仁／集 0525

徐象梅／史 1174，史 1191，
集 3400

徐紹言／史 0691

徐作林／子 3013

徐作肅／集 3634，集 3716

徐復祚／叢 0101，集 5760，
集 5763，集 5764

徐儀世／叢 0010

徐從治／史 0751，史 0780

徐以升／集 4186

徐以清／叢 0063

徐之凱／史 3017

徐之鏌／子 1422，子 1423，
子 1435，子 1458，子
1459

徐安貞／集 1436

徐官／叢 0010，叢 0013，叢

0051，經 1376

徐寅／叢 0044，子 1820

徐永宣／集 3969

徐永祐／子 0408

徐永芝／史 2737

徐汧／經 1010，集 3448，集
3471

徐福辰／集 5122

徐禎卿／叢 0010，叢 0013，
叢 0016，叢 0017，叢
0018，叢 0023，叢 0024，
叢 0034，叢 0035，叢
0044，叢 0075，集 0104，
集 0105，集 0256，集
2816，集 2817，集 2818，
集 2819，集 5390

徐兆昺／史 3369

徐泓／叢 0007

徐必達／叢 0115，子 0116

徐沁／叢 0078，史 1365，集
3152，集 5760

徐溥／史 3922

徐補／叢 0100

徐湛恩／集 4601

徐汝廉／叢 0063

徐汝璋／史 1605

徐汝瓚／史 2717

徐洪嶧／集 4172

徐祺／子 1904，子 1905

徐禎卿／叢 0149

徐達源／集 5690

徐迪惠／集 1231

徐渭／叢 0010，子 2330，子
2527，集 0104，集 0108，
集 0113，集 0564，集
1581，集 1939，集 3147，
集 3148，集 3149，集
3150，集 3151，集 3152，
集 3259，集 5750，集

5751，集 5752，集 5760，
集 5774，集 5984，集
5985

徐凝／集 4104

徐袍／史 1360

徐汾／叢 0078，子 2603

徐裕馨／集 4663

徐肇森／集 3850

徐泮肇／史 1588

徐士鑾／史 3975

徐士俊／叢 0078，集 5568，
集 5799

徐士燕／史 2875，集 4847

徐士愷／子 1880

徐克／集 0688

徐在漢／經 0165

徐南珍／集 4021

徐有壬／史 1703

徐有孚／史 1705

徐赤／子 0745

徐志鼎／史 2892

徐嘉泰／史 3498

徐嘉炎／集 3850

徐奮鵬／經 1032，經 1043

徐眷樞／叢 0164

徐大奎／史 3812

徐大菼／子 3286

徐大椿／子 0412，子 0659，
子 0708，子 0756，子
0987，集 5940

徐大焯／史 0628

徐真木／集 4168

徐賁／集 0102，集 0104，集
2545

徐來／集 5545

徐枋／集 3667

徐標／史 3606，史 3607

徐媛／集 3384

徐彬／子 0779

徐栻／史 0915，子 0197，子 0198，子 0199

徐基／集 3983

徐夢莘／史 0425，史 0426，史 0427，史 0428

徐兢／叢 0007，叢 0013，叢 0092

徐葆光／史 3828

徐苓／史 1604

徐若階／史 2757

徐世溥／史 0755，史 0780

徐世蔭／史 3024

徐楚／史 3027，史 3028，史 3029

徐樹丕／史 0397

徐樹穀／集 1684，集 1685

徐樹屏／集 0383

徐楸／集 5577

徐榛／集 3339

徐恕／史 3059

徐如翰／集 3317

徐郴臣／集 0832

徐增／史 3731，集 5460，集 5461

徐乾學／叢 0075，叢 0107，經 0556，經 0557，經 0683，史 0359，史 0360，史 4150，集 0516，集 3822

徐幹／叢 0039，叢 0040，叢 0041，叢 0067，子 0105，子 0106

徐松／史 3919，史 3952，史 4095，史 4096

徐梅／集 1038

徐中行／集 0104，集 0110，集 3092，集 3093，集 3094

徐中道／集 0955

徐本／史 4050，史 4051

徐書成／史 1598

徐春甫／子 1198

徐表然／史 3547

徐泰／叢 0010，叢 0075，叢 0110，史 2884，史 3172，集 0807

徐威／集 2695

徐咸／叢 0007，叢 0110，史 1082，史 1088，史 1089，集 2853

徐甫宰／史 3223

徐邦佐／經 1047，經 1048，史 3470

徐整／叢 0007

徐日璉／集 0739

徐日久／史 1426，子 2238

徐星友／子 1934，子 1935

徐易／子 1815

徐昆／子 2634

徐昂發／子 2352

徐景休／子 3046

徐景熹／史 3185

徐景曾／史 3238

徐昄／集 5763，集 5764

徐顯／叢 0023，叢 0066

徐顥／史 3102

徐喈鳳／史 2504

徐時琪／叢 0035

徐時作／子 2275

徐時進／集 3292

徐時棟／經 0329，經 0330，經 0331，經 0332，史 1032，史 4162，集 1058，集 1107，集 5022，集 5023，集 5024，集 5025，集 5026，集 5027

徐明善／叢 0005，叢 0007，叢 0009

徐昭慶／經 0460

徐昭華／叢 0157，集 4178

徐照／集 0029，集 0089，集 1173

徐陟／子 0909

徐階／史 0478，史 0479，集 0104，集 2121，集 2122，集 2123，集 2911

徐岳／叢 0007，叢 0068，叢 0081，叢 0100，子 1240

徐陵／叢 0067，集 0003，集 0007，集 0217，集 0218，集 0219，集 0220，集 0221，集 0222，集 0223，集 0224，集 0225，集 0226，集 1409，集 1410，集 1411

徐陽輝／集 5737，集 5760

徐堅／叢 0005，叢 0009，史 4418，子 2710，子 2711，子 2712，子 2713，子 2714，子 2715，子 2716

徐用誠／子 0642

徐用儀／集 5075

徐用錫／集 4028

徐月汀／集 3374

徐居仁／集 1483，集 1484

徐學詩／集 3037

徐學謨／叢 0010，叢 0013，叢 0048，集 3086，集 3087，集 3088，集 3089，集 3090

徐學聚／史 3927

徐學柄／史 1304

徐開任／史 1114

徐開先／子 1217

徐問／集 0104

徐即登／經 0496

徐興霖／經 0526

徐與喬/集 0515

徐與稽/經 1410

徐鑒/經 0770,經 0771

徐益之/史 0765

徐金生/史 4072

徐鉉/叢 0004,叢 0005,叢 0007,叢 0009,叢 0017,叢 0068,叢 0100,經 1284,集 0089,集 1720,集 1721

徐令/叢 0007

徐無黨/史 0001,史 0003,史 0004,史 0005,史 0085,史 0086,史 0087,史 0088,史 0089,史 0090,史 0091,史 0092,史 0093,史 0094,史 0095

徐念祖/子 3016

徐午/史 2352,史 2381,集 1183

徐夔/集 4136

徐善繼/子 1449

徐善述/子 1449

徐養正/子 0132

徐鍾郎/經 1564

徐鍇/叢 0093,叢 0097,經 1282,經 1283

徐釚/叢 0075,集 0314,集 0315,集 0316,集 0317,集 3861,集 5716

徐祺/子 1907

徐錦/子 1156

徐懷祖/叢 0075

徐光文/史 3764,史 3765

徐光溥/子 2504

徐光祚/史 0475,史 0476,史 0477

徐光啓/叢 0060,叢 0105,

子 1993, 子 1290, 子 1291,子 1309

徐常遇/子 1909

徐常吉/子 2877

徐卷石/集 0063

徐炫/叢 0006,叢 0007,叢 0009,叢 0097

徐恒林/集 5279

徐炬/子 1959,子 2890

徐愷/叢 0007

徐燉/叢 0010,史 1252,子 2331,集 0117,集 1756,集 1757,集 1758

徐惺/集 5545

徐炯/集 1684,集 1685

徐炯文/集 2105,集 2106

徐□/叢 0093

2835₁

鮮于綽/史 0430

鮮于樞/叢 0005,叢 0006,叢 0007,叢 0009,叢 0010,叢 0092,集 0030

2891₂

稅與權/經 0016

2921₂

倦圃野老/史 0805,史 0806

3010₂

宜興/經 1467

3010₆

宣元順/史 3505

宣元仁/子 1489,子 1499

3012₃

濟齋/子 0335

3014₁

澔綖道人/子 0490

3014₇

淳于叔通/子 3046

3019₆

涼劉昞/叢 0041

3020₁

寧一玉/叢 0010

寧戚/叢 0016,叢 0017

寧源/叢 0046

3021₂

完顏偉/子 1694

3021₄

寇平/子 1041

寇宗奭/子 0787,子 0788,子 0789,子 0790,子 0791,子 0792

3022₇

房玄齡/史 0001,史 0003,史 0004,史 0005,史 0183,史 0184,史 0185,史 0186,史 0187,史 0188,史 0189,史 0190,史 0192,史 0195,子 0013,子 0573,子 0577,子 0578,子 0579,子 0580,子 0581,子 0582,子 0583,子 0584

房千里/叢 0007,叢 0097

房祺/集 0016

3022₇

寓山居士/集 5737

3023_2

家誠之／集 1778，集 1779

家鉉翁／經 0016，經 0847

3040_1

宇文紹奕／叢 0009

宇文士及／叢 0007

宇文懋昭／叢 0007，叢
0009，叢 0026，叢 0042，
史 0636，史 0637，史
0638

宇文毓／集 0009

3040_4

安致遠／集 3765

安紹芳／集 3367，集 3368

安希范／集 3263

安世高／子 3130

安世鳳／經 0369，子 0276

安都／史 2699

安泰／子 1590

安□／集 3766

3060_2

宮去矜／集 4511

宮大用／集 5760

宮夢仁／子 2977，集 0200

宮懋讓／史 2645

3060_6

富玹／史 3656

富大用／子 2755，子 2756，
子 2757，子 2758，子
2759，子 2760，子 2761

富□□／集 4913

3062_1

寄傲生／集 3205

3073_2

寰宇顯聖公／集 5797

3073_2

良樞／叢 0010

3080_1

蹇英／史 1368

蹇駒／叢 0089，叢 0093

蹇義／史 3840

3080_6

竇子偁／子 0620，子 0621

竇臮／叢 0007

竇容邃／史 2615

竇漢卿／子 0984

竇克勤／史 3778

竇夢麟／子 0982，子 0983

竇苹／叢 0001，叢 0003，叢
0005，叢 0006，叢 0007，
叢 0009，叢 0014，叢
0015

竇材／子 0655

竇默／子 0982，子 0983

竇光鼐／史 3316，集 4351

竇常／集 0043

3081_2

窺天子／子 1241

3090_1

察罕／叢 0027，叢 0101

3090_1

宗康／集 4947

宗誼／集 3668

宗元豫／集 0601

宗聖垣／史 1437，史 3344，

集 4688，集 4689

宗稷辰／史 1446，史 1447

宗澤／集 1982，集 1983，集
1984

宗振譽／史 4304，史 4305，
史 4306

宗曉峰／史 4470

宗臣／叢 0010，子 0262，集
0104，集 0110，集 3082，
集 3083，集 3084

宗懍／叢 0004，叢 0006，叢
0007，叢 0009，叢 0016，
叢 0017，叢 0040，叢
0041，叢 0050

3090_2

永亨／叢 0036，叢 0037

永瑢／叢 0085，叢 0086，經
0732，史 1529

永禄／史 3113

永嘉縣署／史 4087

永泰／史 2647

3090_4

宋庠／叢 0009，叢 0083，叢
0090，史 0544，史 0545，
史 0546，史 0547，史
0548

宋廣業／史 3560

宋衷／經 0045

宋端儀／叢 0024，史 1074

宋訥／集 2530

宋詡／子 1994

宋玉／集 0003，集 1288

宋玉朗／史 3116

宋旡／集 0100

宋珏／叢 0010

宋玨／集 1758

宋廷佐／史 2550，集 2351

宋琬／集 0120，集 0122，集 3689，集 3690，集 3691，集 3692，集 3693，集 5545，集 5622

宋瑾／叢 0078

宋璡／集 5332

宋子安／叢 0001，叢 0002，叢 0003，叢 0007

宋珍琴／史 4391

宋玫／經 1046

宋秉中／史 2628

宋維祺／史 3901

宋虞惇／叢 0007

宋經畬／史 4375，史 4376

宋纁／經 0695

宋俊／史 3022

宋佐／史 2515

宋緒／集 0793

宋白／集 0017

宋伯仁／叢 0007，叢 0092，集 0029，集 0030

宋保／經 1317

宋綿初／經 0661，經 0662

宋名立／史 3179

宋魯珍／子 1580

宋徵璧／子 0535，集 5760

宋儀望／集 2766

宋汴／叢 0006，叢 0009

宋濂／叢 0010，叢 0018，叢 0027，叢 0030，叢 0034，叢 0075，叢 0092，叢 0101，經 1375，經 1513，經 1514，經 1515，經 1516，經 1517，經 1518，經 1519，經 1520，經 1521，經 1522，經 1523，史 0003，史 0004，史 0005，史 0247，集 0104，集 0115，集 2391，集

2392，集 2490，集 2491，集 2492，集 2493，集 2494，集 2495

宋之樹／史 2601

宋之問／集 0052，集 0053，集 0055，集 0064

宋賓王／集 0502

宋實穎／叢 0078

宋宗元／集 0741

宋兆禴／經 0095

宋必選／史 3678

宋禧／集 2484

宋清壽／經 1185

宋祁／叢 0001，叢 0003，叢 0004，叢 0007，叢 0009，叢 0014，叢 0068，叢 0075，叢 0083，叢 0100，史 0003，史 0004，史 0005，史 0223，史 0224，史 0225，集 0092

宋存標／史 0574

宋志益／史 3260

宋嘉德／經 0522

宋大樽／叢 0092，經 1211，經 1212，集 4521

宋夢良／集 5196，集 5197

宋華金／集 4065

宋若昭／叢 0007，叢 0016，叢 0017，叢 0097

宋世犖／史 3377，集 1142，集 1143，集 1144，集 1145，集 1146

宋楚望／史 3670

宋林澄／集 3200

宋槤／集 4966

宋起鳳／叢 0078

宋松崖／集 4734

宋趙普／子 1598

宋成緩／史 3023

宋咸／叢 0042，叢 0044，經 1200，子 0003，子 0005，子 0006，子 0007，子 0057，子 0058，子 0095，子 0096，子 0097

宋咸熙／經 0080

宋邦綏／集 0632

宋國用／史 3269

宋國材／集 0042

宋景關／史 2896，史 2897，集 1167

宋景穌／集 1076

宋鳴瓊／集 4615

宋鳴梧／子 2557

宋驤／史 2560

宋長白／集 5475

宋駿業／子 1651

宋圣衛／子 1844

宋鳳翔／叢 0075

宋居白／叢 0005，叢 0007，叢 0009

宋鑒／經 0299

宋無／叢 0005，叢 0006，叢 0007，叢 0009，叢 0016，叢 0017

宋慈／叢 0054，叢 0098

宋翔鳳／經 0032，經 0949

宋敏求／叢 0001，叢 0003，叢 0004，叢 0005，叢 0006，叢 0007，叢 0009，叢 0014，叢 0015，叢 0075，叢 0094，叢 0100，史 0841，史 2764，史 2765

宋恂／史 2697

宋犖／叢 0075，叢 0078，叢 0081，史 1295，集 0121，集 0125，集 0320，集 3794，集 3795，集 3796，

集 3797，集 3798，集 3799，集 5545

3111₂

江誠／子 0822

江一麟／史 2920

江天一／集 3516

江瓘／子 1133，子 1134

江盈科／叢 0010，叢 0016，叢 0017，叢 0018，集 3285

江承詩／集 0522

江承之／經 0218

江山／史 3481

江休復／叢 0004，叢 0007，叢 0009，叢 0012，叢 0015，叢 0037，叢 0052，叢 0053，叢 0075

江總／集 0003，集 0007

江峰青／集 5365

江紹華／集 5292

江微／叢 0004，叢 0007，叢 0009

江鎏／史 1548

江之寶／經 0142

江之蘭／叢 0078

江之棟／子 1329，子 1330

江永／叢 0096，叢 0101，叢 0102，叢 0105，經 0032，經 0507，經 0612，經 0686，經 0731，經 0953，經 0954，經 0955，經 0956，經 1093，經 1094，經 1155，經 1566，經 1567，子 1351，子 1399，子 1608

江淹／集 0003，集 0004，集 0005，集 0006，集 0007，集 0009，集 1414，集

1415

江湛然／叢 0130

江湛若／子 1405

江汝璧／史 3085

江浩然／集 1547，集 1548，集 3855，集 4138，集 4139

江洵／叢 0007

江逌／子 0475

江啟球／史 1555

江士式／集 5545

江南小臣／集 0823

江有誥／經 1586

江右遺民／史 0706

江大鍵／史 2706

江來岷／史 1554

江榕／史 0881

江藍／集 5323，集 5324，集 5708

江藩／經 0032，史 1156，史 2512

江萬里／叢 0005，叢 0006，叢 0007，叢 0009，叢 0012，叢 0026

江縈／史 3968

江贄／史 0302，史 0303，史 0304，史 0305，史 0306，史 0307

江旭奇／史 0447，子 2920

江聲／叢 0098，叢 0101，經 0032，經 0307

江中淮／史 1554

江東偉／子 2686

江東之／集 3240

江昉／集 5728，集 5729

江日昇／集 5990，集 5991

江昱／經 0304，經 1574

江用世／史 2309

江留篇／史 3008

江騰蛟／經 0409

江少虞／叢 0005，叢 0007，叢 0009，子 2498，子 2599

江炳炎／集 5642

江敞／叢 0004，叢 0009

3111₄

汪堃／史 0833

汪立名／經 1429，集 0041，集 1654

汪亮／集 4616

汪脢／叢 0151

汪應蛟／史 0926，史 0927，史 2168，子 0268

汪應婁／集 0117

汪度／集 1151

汪慶舟／史 3274

汪廣復／史 0780

汪廣洋／集 0104，集 2506，集 2507，集 2508

汪文／史 2559

汪文綺／子 0921

汪文漪／子 0998

汪文柏／子 2966，集 3992，集 3993

汪誠／集 0798

汪於雍／史 2805

汪三益／子 1394

汪元英／集 0289，集 3370

汪元量／叢 0092，集 0089，集 2273，集 2274，集 2275

汪晉徵／史 2544

汪雲程／叢 0007

汪雲鵬／子 3122

汪天根／子 1503

汪天榮／子 1910，子 1911

汪霦／集 0323，集 3759

汪琥/子 0765

汪砢玉/子 1638, 子 1639

汪瑀/史 3194

汪瑗/集 1314

汪廷訥/史 1011, 集 0487, 集 5760, 集 5763, 集 5764

汪廷璐/史 1560

汪廷祖/集 5454

汪延元/子 1152

汪琬/叢 0078, 叢 0151, 史 1150, 史 4141, 子 2582, 集 0125, 集 0127, 集 3723, 集 3828

汪建封/子 2959, 集 5484

汪璪/史 3325, 集 2625

汪孟鋗/史 3349, 史 3350

汪子清/集 5209

汪子卿/史 3488

汪喬年/集 3464

汪舜民/史 2542

汪師韓/子 2273

汪彪/集 5454

汪循/子 0245

汪繼培/子 0099, 子 2051

汪紱/經 0654

汪德元/集 0485

汪佑/子 0144

汪仲玢/集 4383

汪純粹/子 0759

汪佃/史 3209

汪鯉翔/經 1101, 經 1102, 經 1103

汪皋/集 5339

汪份/經 1076, 集 0523

汪以成/經 1460

汪淮/集 2664

汪沆/史 2824, 史 3048, 史 4219, 子 1495, 集 4435

汪之元/子 1772

汪之順/集 4148

汪守愚/集 5700

汪定國/子 2571

汪寶鼎/集 1070

汪宗元/史 3847

汪宗尼/集 0654

汪灝/史 3318, 子 2013

汪源澤/史 2933, 史 2934

汪兆舒/子 3006

汪心/史 2689

汪汝升/子 1856

汪汝懋/叢 0046

汪浩/史 3022

汪浩然/集 3828

汪洪度/叢 0092

汪淇/集 0573

汪洼/集 4516

汪禔/叢 0035

汪汲/叢 0176

汪啓淑/史 4419, 史 4420, 史 4421, 史 4422, 史 4423, 史 4424, 子 1827, 子 1828, 子 1829, 子 1830, 子 1831, 子 1832, 子 1833, 子 1834, 子 1837, 子 1887, 子 2361, 集 0929, 集 0958

汪道昆/叢 0010, 史 0987, 子 2837, 集 0111, 集 0112, 集 0445, 集 0446, 集 3075, 集 3076, 集 3077

汪士漢/叢 0076, 叢 0077

汪士賢/子 1959, 集 0004

汪士鋐/史 4314, 史 4315, 集 0525, 集 3960, 集 3961

汪士鐸/史 3585

汪士慎/集 4395

汪奎/史 1558

汪克寬/經 0016, 史 0317, 史 0318, 史 0319, 史 0320, 史 0321, 史 0322, 史 0323, 史 0324, 史 0325, 史 0326, 史 0339

汪有典/史 1116, 史 1117

汪志瑞/子 2959

汪柱/集 5858

汪森/集 0845, 集 1194, 集 3988, 集 3989, 集 5545, 集 5570, 集 5571

汪桓/史 0370

汪樞/集 2664

汪梧鳳/集 1338, 集 4588

汪機/子 0640, 子 0641, 子 0684, 子 0837

汪越/史 2550, 史 3680

汪基/經 0558

汪藻/叢 0083, 集 0089, 集 1992, 集 5547

汪夢斗/集 1206

汪薇/叢 0083, 集 0318, 集 5471

汪懋麟/集 5545

汪懋孝/集 3207

汪莘/集 0092

汪若海/叢 0007, 叢 0012, 叢 0051, 叢 0064

汪坦/集 3142

汪觀/集 3571, 集 4679

汪韞玉/集 4515

汪楫/叢 0155, 史 3826

汪鋆/史 4316

汪極/子 1248

汪敬/史 3325, 集 2625

汪松壽/史 1556

汪中/經 0032, 集 4568, 集

4569,集 4570

汪本直／史 2594

汪由敦／集 0949,集 4194,
集 4195

汪挺／叢 0075

汪軔／集 4682

汪邦憲／史 2500

汪旦／子 3056

汪曰楨／子 1322,集 5028

汪思／集 2881

汪昂／史 0351,史 0352,子
0669,子 0690,子 0691,
子 0692,子 0815,子
0916,子 1139

汪暉／集 5603

汪顯節／叢 0035

汪畹香／史 3994

汪時躍／集 0870

汪明際／史 0369

汪鳴珂／子 0873

汪嗣聖／史 2614

汪熙敬／集 5678

汪賢衢／集 0342

汪金順／集 4743

汪鎬京／叢 0078,叢 0101,
子 1806

汪劍室／史 4459

汪鋐／集 2780

汪�／集 4083

汪錂／集 5760,集 5763,集
5764

汪錦／子 1472

汪筠／叢 0151

汪鏜／集 3054

汪惟憲／集 4254

汪少泉／史 0869

汪光被／集 5760

汪尚賡／子 1401

汪炎昶／集 2292

汪輝祖／叢 0092,叢 0185,
史 1678,史 1679,史
3875,史 3876,史 4153,
集 0910,集 0911,集
4478

汪燧／集 3787

汪□／子 1761

3112₀

河上公／子 0003,子 0005,
子 0006,子 0007,子
0013,子 0376

河世寧／叢 0092,集 0738

河田羆／史 4220

3112₇

馮應京／史 2339,史 3928

馮應榴／集 1879,集 1880

馮應京／子 0176

馮賡雪／集 0550

馮廣文／史 1636

馮文燦／史 1642

馮京第／叢 0078,子 2017

馮翊／叢 0004,叢 0007,叢
0009,叢 0012,叢 0016,
叢 0017,叢 0018,叢
0049

馮一梅／集 5213

馮一鵬／叢 0101

馮三華／子 3025

馮元／史 3098

馮元仲／叢 0010,叢 0111,
集 3457,集 3458

馮元颺／集 3493

馮可參／史 2663

馮可賓／叢 0010,叢 0013

馮可鏞／集 5215

馮雲濠／史 1030,史 1031

馮雲驤／集 5545

馮班／叢 0101,子 2575,集
3569,集 3570

馮登府／叢 0099,叢 0192,
經 0032,經 0457,經
0458,經 1192,史 4254,
史 4365,史 4377,集
4733,集 5583

馮瑞／集 5545

馮延巳／叢 0016,叢 0017,
集 5530,集 5536

馮延年／集 5760

馮武／子 1685,集 3684

馮琦／史 0505,史 0506,史
0507,子 2872,子 2873,
集 1251,集 3223,集
3224,集 3225,集 3226

馮甦／史 0946,史 1528,史
3409,史 3410,史 3795,
史 3796,集 3741,集
3742

馮聖澤／史 2916,史 2917

馮子振／叢 0035

馮取洽／集 5541

馮孜／子 0557

馮孚之／集 0831

馮衍／集 0003,集 0007

馮貞群／史 1218,集 3958

馮鼎高／史 2490

馮鼎調／經 1413

馮山／集 1780

馮繼先／經 0006,經 0016,
經 0748

馮繼科／史 3211,史 3212

馮勉齋／集 4897

馮保青／集 3955

馮紹功／史 1642

馮紹祖／集 1297

馮紹樞／集 4736

馮復京／經 0425

馮從吾／史 1078，集 3274，
　集 3275，集 3276，集
　3277，集 3278
馮宗城／史 3011
馮福京／史 2950
馮兆張／子 0660
馮澍／集 5309
馮汝弼／叢 0010，叢 0051，
　子 2694
馮浩／集 1679，集 1680，集
　4359
馮鴻模／史 2938
馮祚泰／史 3600
馮裕／集 1251
馮士標／集 3760
馮有翼／集 0484，集 0485
馮李驊／經 0794
馮大位／集 4244
馮夢龍／叢 0010，經 0880，
　經 0881，經 0882，子
　2550，子 2551，子 2687，
　集 0875，集 5760，集
　5762，集 5763，集 5764，
　集 5961，集 5962，集
　5963，集 6006
馮夢禎／叢 0010，叢 0016，
　叢 0017，叢 0075，叢
　0089，子 0014，集 3222
馮夢周／叢 0006，叢 0009
馮芳／集 5238，集 5239
馮世雍／叢 0027，集 0104
馮桂芬／經 1326
馮椅／經 0020
馮鷟／叢 0016，叢 0017
馮贄／叢 0004，叢 0005，叢
　0006，叢 0007，叢 0009，
　叢 0010，叢 0014，叢
　0015，叢 0018，叢 0097，
　子 2493

馮如京／集 3760
馮起鳳／集 5925
馮楣／子 2620
馮景／經 0032，集 0127，集
　1874
馮時雍／集 2566
馮時可／叢 0010，叢 0016，
　叢 0017，叢 0018，叢
　0050，叢 0075，叢 0129，
　經 0105
馮時化／叢 0051，子 1998
馮時寧／子 0558
馮明期／集 0117
馮厚／集 0415
馮念祖／集 4644
馮曾／叢 0007，叢 0018，史
　3092
馮茲文／史 2750
馮智舒／史 0322，史 0323，
　史 0324，史 0325，史
　0326，史 0339
馮舒／叢 0092，集 0836，集
　0837
馮鑑／叢 0004，叢 0006，叢
　0007，叢 0009
馮敏昌／史 2724
馮小青／集 3406
馮惟訥／史 2640，集 0104，
　集 0256，集 0257，集
　0277，集 0278，集 0279，
　集 0280，集 1251
馮惟重／集 1251
馮惟健／集 1251
馮惟敏／集 0104，集 1251，
　集 5737，集 5760
馮煐／子 1267

3116₁
潛説友／史 2820，史 4223

3126₆
福隆安／史 3976
福賢／子 1331
福臨／經 0945，子 0295

3128₆
顧充／史 2288，史 2289，史
　2290，史 2291，史 2292，
　史 2293，史 2294，史
　2295，子 2865，子 2866，
　子 2867，集 0408，集
　3195
顧彦夫／集 0104
顧應祥／叢 0021，史 0400，
　子 1274，子 1303，子
　1304，集 0664
顧廣圻／經 1319，經 1320，
　史 0986，子 0603，子
　0604，集 5548
顧廣譽／集 5050
顧文／叢 0004
顧文彬／集 4868
顧文薦／叢 0006，叢 0007，
　叢 0009，叢 0010，叢
　0016，叢 0017
顧諒／子 0216
顧龍振／集 5507
顧詒祿／史 2475，史 2476，
　集 4422
顧施禎／集 0162
顧正誼／史 2296
顧玉英／集 5329
顧元慶／叢 0010，叢 0016，
　叢 0017，叢 0018，叢
　0021，叢 0022，叢 0023，
　叢 0031，叢 0066，叢
　0075，叢 0101，子 1959，
　集 5390

集 0481
顧光旭／集 1034，集 4381
顧炎武／叢 0075，叢 0081，
　叢 0082，叢 0097，叢
　0101，叢 0146，經 0032，
　經 0036，經 1545，經
　1546，經 1547，經 1548，
　經 1549，史 0722，史
　0742，史 0780，史 2378，
　史 2379，史 2380，子
　2336，子 2337，子 2338，
　子 2339，子 2340，子
　2341，子 2342，子 2343，
　子 2344，子 2345，集
　0127，集 3622，集 3623

3130₃
遯園居士／叢 0047

3130₆
迺賢／集 0030，集 2431

3214₇
浮丘公／叢 0007，叢 0016，
　叢 0017

3216₉
潘高／集 3677
潘應斗／史 3152
潘府／叢 0010，叢 0030
潘庭楠／史 2736
潘文淵／集 0565，集 0567
潘音／叢 0075
潘奕雋／經 1300
潘敦田／史 1466
潘正煒／史 4440
潘爾夔／史 2908
潘平格／叢 0111，子 0288
潘可選／史 1302

潘可藻／史 3073
潘雲杰／史 4409
潘廷章／集 5743
潘瑛／子 2812
潘璁／集 0012，集 1369
潘承焯／史 1159
潘子真／叢 0007
潘季彤／史 4434
潘季馴／史 3590，史 3591，
　史 3592，史 3593，史
　3594
潘維城／經 0965
潘衍桐／史 1176，集 5524
潘貞／經 0143
潘鼎珪／叢 0081，叢 0097
潘繼善／史 2545
潘德輿／集 5667
潘緯／集 0104，集 1636，集
　1637，集 1638，集 1639，
　集 1640，集 1641，集
　1642
潘自牧／子 2762，子 2763
潘之淙／子 1683，子 1684
潘之恒／叢 0010，叢 0013，
　子 2857，子 2858，集
　0117
潘永季／集 4403
潘永圜／史 2312
潘永因／子 2967，子 2968
潘江／集 3669
潘福禧／史 1333
潘潢／集 2899
潘遠／叢 0005，叢 0007，叢
　0009
潘遇莘／史 2661
潘祖蔭／叢 0104，史 4290
潘朗／集 5181
潘游龍／叢 0010，叢 0016，
　叢 0017，叢 0018，史

1018，史 3869，子 2945，
　集 5569
潘肇豐／經 1440
潘士瑞／史 3089
潘士遜／經 0283
潘有仁／史 3072
潘有爲／史 4440
潘大復／史 3591
潘大鍋／集 0536
潘基慶／子 0398，子 0428，
　集 0480
潘若同／叢 0007
潘世仁／史 2574
潘世遑／集 4147
潘塤／叢 0007，史 0899，史
　1211
潘相／經 0614，史 2634，史
　3827
潘楫／子 0829，子 0830，子
　0831
潘均／史 2686
潘耒／叢 0075，經 1552，集
　3860
潘素心／集 4918
潘恩／經 1530，經 1531，集
　0104
潘昌／史 2395
潘昂霄／叢 0006，叢 0007，
　叢 0009，叢 0075，集
　5525，集 5526
潘是仁／集 0029，集 0030
潘鳴時／集 3144
潘辰／集 2670
潘氏／集 0104
潘岳／叢 0004，叢 0007，叢
　0009，叢 0067，集 0003，
　集 0004，集 0005，集
　0006，集 0007
潘尼／集 0003，集 0007

潘眉／集 1528
潘丹辰／子 1873
潘問奇／集 0124
潘閬／叢 0092,集 5529
潘鍾瑞／集 5547
潘耒／史 2619
潘炳綱／經 0411
潘㨿／集 5547
潘榮／史 0366,史 2273

3218₅
濮龍錫／史 2898
濮孟清／史 2898
濮侶莊／史 2898
濮淙／集 3828
濮潤淞／史 2898
濮陽淶／經 1532

3219₀
冰華居士／叢 0074

3311₂
浣雲／集 5222

3312₇
浦應麒／集 0104
浦瑾／集 0104
浦源／集 0104
浦南金／子 2839,集 0275
浦起龍／史 2262,史 2263,
　史 2264,集 0540,集
　1538,集 1539,集 1540
浦泰／經 1095
浦銑／集 4683

3390₄
梁文濂／集 4142
梁章鉅／經 1272,經 1273,
　集 4719

梁衮／子 1782,子 1783
梁詩正／史 3627,史 3628,
　史 3629,史 4283,史
　4284,史 4382,子 1720,
　集 4210
梁一儒／集 0117
梁玉繩／史 0055
梁元／集 4786
梁元帝／叢 0092,叢 0097
梁廷柟／集 5760
梁延年／子 2593
梁承恩／經 1333
梁孜／集 0104
梁億／叢 0010,叢 0031
梁維樞／子 2449
梁鼎芬／集 5085
梁巘／子 1659
梁儲／集 2707
梁傑／子 2057
梁佩蘭／集 1192
梁紀恩／經 1333
梁份／史 3426,史 3773
梁齡增／集 5651
梁宏勛／史 3273
梁賓／集 1414
梁寅／經 0016,史 2156,史
　2157,史 2158,史 3954,
　史 3955,集 2497
梁潛／集 2573
梁清泉／集 4942
梁清遠／子 2254
梁清標／史 1318,集 3662,
　集 5545
梁啓心／集 4347
梁有譽／集 0104,集 3091
梁橋／集 5442,集 5443,集
　5444
梁棟／史 2584,集 0089

梁國標／史 2554
梁辰魚／集 0104,集 5760,
　集 5763,集 5764,集
　5879
梁鳳翔／史 3126
梁同書／集 4369,集 4370
梁學孟／子 0941
梁善長／集 1191

3410₀
對齋／史 2252

3411₂
池上客／子 3332,集 0290
池生春／史 1349,史 1350
池紀／子 1598
池顯方／集 3438

3411₂
沈亨惠／集 5076
沈應魁／史 1094
沈應奎／集 5147
沈文／叢 0010,叢 0013
沈該／經 0016
沈端節／集 5537
沈謐／集 0104
沈麒禎／集 0189
沈望橋／子 0960
沈説／集 0092
沈謙／叢 0078,史 2853,集
　3653,集 3654
沈謙三／集 1210
沈麟趾／史 2958,史 2959,
　史 2997,史 2998
沈一中／經 0279
沈一貫／子 0367,子 0368,
　子 0404,集 0879,集
　3193

沈正宗／經 0596

沈亞之／叢 0007，叢 0097，
　集 1660，集 1661

沈玉亮／集 5760

沈元琨／叢 0078

沈元苞／子 1860

沈丙巽／集 5508

沈爾燝／集 5545

沈旡咎／集 4904

沈更生／集 5123

沈可培／子 2371

沈雲翔／集 1312

沈天機／集 4846

沈斐／集 1840，集 1841

沈頣／子 1220

沈弘正／子 2034，子 2772

沈廷文／叢 0075

沈廷璐／史 3680

沈廷芳／史 1694，史 3184，
　集 0127，集 0725，集
　4293，集 4294

沈延銓／子 1780

沈琯／子 1914

沈㦤毅／史 2914

沈璟／集 5760，集 5763，集
　5764，集 5917，集 5921，
　集 5922

沈孟化／史 2462

沈珣／史 0903

沈子來／集 0685

沈翼機／史 2814，史 2815

沈玫／集 5221

沈重華／子 1593

沈鯨／集 5763，集 5764

沈受先／集 5760，集 5763，
　集 5764

沈受宏／集 3902，集 5760

沈采／集 5760，集 5763，集
　5764

沈行／集 2629

沈師昌／集 0117

沈經／集 4232

沈豐岐／集 1012

沈岸登／集 5549

沈山臞／集 1080

沈嵊／集 5760

沈繼孫／叢 0083

沈彩／集 4628

沈岱瞻／集 3622

沈仕／叢 0007，叢 0010，叢
　0013，叢 0020，叢 0075，
　集 0104

沈佳胤／集 0570，集 0571

沈德潛／史 2818，史 3627，
　史 3628，史 3629，集
　0123，集 0248，集 0249，
　集 0250，集 0544，集
　0726，集 0727，集 0728，
　集 0729，集 0846，集
　0847，集 0922，集 0923，
　集 0924，集 0925，集
　0970，集 1544，集 4341，
　集 4342，集 4343，集
　4344，集 4345，集 4346

沈德涓／史 0984

沈德祖／子 0709

沈德符／叢 0075，史 0403，
　史 0404，子 2445，子
　2446

沈科／史 2204

沈白／集 1892

沈自晉／集 5917，集 5922

沈自徵／集 5760

沈鯉／史 0919，子 2215，集
　3115

沈皞日／集 5549

沈鑒／經 0268

沈俶／叢 0007，叢 0009，叢

0026，叢 0075

沈名蓀／史 2243

沈約／叢 0007，叢 0016，叢
　0017，叢 0025，叢 0040，
　叢 0041，叢 0042，叢
　0076，史 0001，史 0003，
　史 0004，史 0005，史
　0196，史 0197，集 0003，
　集 0007，集 0009，集
　0034，集 1407

沈叔埏／集 4466

沈級／史 1563

沈紹慶／史 2751

沈紹姬／集 3904

沈作賓／史 2951，史 2952

沈作喆／叢 0007，叢 0092

沈佺期／集 0052，集 0053，
　集 0055，集 0063，集
　0064

沈復粲／史 1231，史 3747，
　史 4350，史 4351，子
　2461，子 3019，集 1126

沈宜修／集 1255，集 1256，
　集 1257

沈淮／子 2769

沈寵綏／集 5936

沈寬／史 3142

沈守正／經 1039

沈寶瑚／集 5190，集 5191

沈寶禾／集 4950

沈寅烈／子 2650

沈宗騫／子 1750

沈宗敬／子 2982

沈潛／集 3535

沈源／子 0930

沈兆琛／集 5350

沈兆奎／集 5315

沈泓／經 0140

沈冰壺／經 0393，經 0394，

史 1139，史 1140，史 1141，史 1154，史 1155，集 4672

沈近思／集 3968

沈汝魁／史 1562

沈濤／經 1323，史 4325，集 5659

沈漢／史 0903

沈禧／集 5529

沈遼／集 0089，集 1207

沈津／叢 0020，子 2524，子 2525

沈清瑞／集 4740

沈遘／集 0089，集 1207

沈潮／集 4998

沈淑／叢 0004，經 1154

沈祖禹／集 1209

沈祖壽／集 5338

沈初／史 4110，史 4111，史 4112，集 4451，集 4452

沈朗仲／子 1221

沈汾／叢 0004，叢 0006，叢 0009，叢 0035，子 3119

沈淞／集 4943

沈啓／史 3643

沈啓原／集 1407

沈九疇／集 3157，集 3158

沈士龍／叢 0043

沈士謙／叢 0010，叢 0013

沈士瑛／叢 0078

沈士俁／集 0817

沈士駿／集 0739

沈杰／史 3012

沈奎／集 4962

沈垚／集 4916

沈堯中／子 2874

沈李龍／子 0794

沈李友／集 1063

沈嘉轍／集 0764

沈壽世／史 0712

沈壽民／集 3579

沈雄／集 5545

沈大德／叢 0054

沈大成／集 4424

沈梓／史 1476，史 1477，子 2466

沈樞／史 2187，史 2188，史 2189

沈彬／集 1085

沈枃／經 1105

沈荃／集 0120

沈菫／集 3164

沈藻／史 3007

沈夢蘭／經 0515，經 0516

沈芬／集 0281，集 0449

沈蘭徵／集 4447

沈葆元／集 5192

沈葆楨／史 0957

沈蕉青／集 4958

沈蕙纕／叢 0075

沈懋允／集 0860

沈懋孝／集 3191

沈懋學／集 3220

沈華／史 2797

沈荀蔚／叢 0092

沈世培／經 0898

沈世楓／集 4429

沈樹本／集 4038

沈椿齡／史 2969，史 2970，史 2971

沈恕／集 5116

沈朝陽／史 0498

沈起／史 1394

沈起潛／子 2255

沈起鳳／集 5760

沈翰卿／集 0104

沈梅／史 2557

沈中楹／叢 0078

沈青于／集 5270

沈青崖／經 0400，史 2761，史 2762，集 4271

沈泰／集 5737

沈泰鴻／子 3330

沈虹／集 4121

沈括／叢 0004，叢 0006，叢 0007，叢 0009，叢 0015，叢 0016，叢 0017，叢 0036，叢 0037，叢 0052，叢 0053，叢 0068，叢 0083，叢 0092，叢 0100，子 0656，子 0881，子 1731，子 2131，集 1207

沈揆／叢 0092

沈國元／史 0449，史 0465，史 2175，史 2176，集 5988

沈思孝／叢 0075

沈甲芳／集 5328

沈景旋／史 1562

沈景修／集 5106，集 5107

沈顥／叢 0010，叢 0013

沈時棟／集 5573

沈明宗／子 0777，子 0778

沈明臣／史 2533，集 0104，集 3157，集 3158，集 3159，集 3160，集 3161，集 3162

沈昀／集 4150

沈鳴／史 0776，史 0777，史 0778

沈既濟／叢 0097

沈巨源／子 1102

沈長卿／子 2244

沈彤／叢 0174，經 0032，史 2487，子 2351

沈騏／集 0281，集 0449

沈鳳／子 1816

沈周／叢 0010,叢 0016,叢 0024,叢 0029,叢 0031,叢 0059,叢 0075,集 0103,集 0104,集 2720,集 2721,集 2722

沈際飛／集 3258,集 5562,集 5563,集 5783

沈又彭／子 0714

沈閶崑／集 5318,集 5319

沈與求／集 0089,集 2008,集 2009,集 2010

沈人俊／集 5178

沈金麒／集 5347

沈金鰲／子 0666,子 1052

沈鎬／子 1484

沈義父／集 5536,集 5567

沈曾植／史 2816,史 2817,子 2631

沈鍾／史 3160

沈鍊／集 3026

沈錫庚／集 6000

沈鈞德／集 0373

沈欽韓／經 0805,經 0806,經 0807,經 0808,集 1851

沈筠／集 5760

沈節甫／叢 0034

沈策銘／子 1842

沈懷遠／叢 0004,叢 0007,叢 0009,叢 0016,叢 0017

沈光厚／史 3070

沈棠臣／經 1446

沈炳震／集 0723,集 0724

沈炳垣／史 4165,集 4832,集 4833

沈愷／集 0104,集 2961

沈愷曾／史 3641

沈煒／集 5236,集 5237

沈炯／集 0003,集 0007

沈燧／集 5417

沈瑩／叢 0004,叢 0007,叢 0009

沈榮鍇／集 4613

沈□／叢 0075,叢 0092,叢 0097,叢 0145

3411₄

灌園耐得翁／叢 0007,叢 0009,叢 0013,叢 0080

3411₈

湛若水／叢 0075,子 0254,集 0104,集 2639,集 2644,集 2802,集 2803,集 2804,集 2805,集 2806,集 2807

3413₂

法式善／子 2459

法坤宏／經 0911,集 4353

3414₇

凌龍光／子 1497

凌雪／史 0265

凌震／集 2908

凌霞／集 5251

凌雲／集 0668

凌雲翼／集 0440

凌璿王／經 0799

凌登名／叢 0010

凌瑞森／集 0679

凌廷堪／經 0032,經 0520

凌秀／叢 0007

凌稚隆／經 0778,史 0045,史 0046,史 0047,史 0048,史 0125,史 0126,史 0127,史 0128,史

0129,史 0130,史 0131,史 2206,史 2207,史 2224,子 2068,子 2940,子 2941,子 2942,子 2943

凌德明／集 5379

凌魚／史 3254

凌紹雯／經 1419

凌紹乾／集 0713,集 0714

凌以棟／子 0387

凌瀛初／子 0600

凌準／叢 0007

凌濛初／經 0377,史 2232,集 0182,集 1891,集 5737

凌汝綿／史 3084

凌迪知／叢 0032,史 1095,史 2219,子 2852,子 2853

凌遇知／子 0200

凌瀚／子 2835

凌壇／史 4443

凌南榮／集 0679

凌萬才／經 1489

凌其楨／集 5547

凌樹屏／集 4348

凌茶／經 0233

凌介禧／集 5146

凌義渠／子 2574

凌筠／子 2651

3418₁

洪亮吉／叢 0188,經 0432,經 1581,史 0177,史 0178,史 2386,史 2734,史 2799,史 2800,集 4537,集 4538

洪應明／子 2685,子 3312

洪文科／叢 0010,叢 0016,

叢 0017

洪震煊／經 0032

洪璆／集 5537

洪德常／史 2190

洪皓／叢 0007，叢 0009，叢 0042，叢 0100

洪朱祉／經 1461

洪自誠／子 2223

洪芻／叢 0001，叢 0002，叢 0003，叢 0005，叢 0006，叢 0007，叢 0009，叢 0014，叢 0015，叢 0016，叢 0017，叢 0044，叢 0100

洪守一／集 4856

洪守美／經 0147

洪适／叢 0007，史 4229，史 4230，史 4231，史 4232，集 2131，集 2132

洪邁／叢 0004，叢 0005，叢 0006，叢 0007，叢 0009，叢 0016，叢 0017，叢 0068，叢 0075，史 2242，子 2146，子 2147，子 2148，子 2149，子 2150，集 0636，集 0637

洪咨夔／集 5537

洪遂／叢 0007，叢 0012，叢 0016

洪遵／叢 0007，叢 0020，叢 0068，叢 0075，叢 0092，叢 0100，史 4379，史 4380，史 4381

洪泮洙／史 3269

洪希文／集 2379

洪吉臣／集 5396

洪榜／集 4886

洪垣／子 2203

洪梧／集 4540

洪若皋／叢 0078，史 2985，集 3721，集 3722

洪世佺／經 0957

洪朝選／集 0104

洪中正／史 1592

洪昇／集 3899，集 3900，集 5760，集 5813

洪景修／子 2807

洪照／經 1163，經 1164

洪頤煊／叢 0092，史 2333，史 3378，史 4328，史 4331，子 2380

洪興祖／集 1293，集 1294，集 1295，集 1296

洪巽／叢 0005，叢 0007，叢 0009，叢 0016，叢 0017

洪鍾／集 4349

洪鈞／史 0251

洪符孫／經 0326

洪炎／集 0092，集 0093

洪焱祖／叢 0100，經 1250，經 1251

洪炳文／史 3392，集 5376，集 5711，集 5866，集 5867，集 5868，集 5869，集 5870，集 5888

3419₀
沐璘／集 2649

3426₀
褚峻／史 4258

褚廷璋／史 3302

褚聖恩／史 0823

褚維培／集 5277

褚峻／史 4243

褚伯秀／子 0427

褚宦／史 2692

褚寅亮／經 0565

褚澄／叢 0005，叢 0007，叢 0009，叢 0013，叢 0016，叢 0017，叢 0046，子 0656，子 1174

褚遂良／叢 0074

褚人穫／集 5970

褚少孫／史 0006，集 0007

3430₅
達摩／子 1121

3512₇
清涼道人／子 2462，子 2635

3530₀
連文鳳／叢 0092，集 2294

連繼芳／集 3284

連仲愚／史 3669

連斗山／經 0201，經 0511，經 0512

連鑛／史 2587

連曾／子 1612

3610₀
泗源／子 1170

3611₂
況叔祺／子 2847

3611₂
混沌子／子 3034

3611₂
溫庭筠／叢 0007，叢 0097，集 0066，集 1690，集 1691，集 1692，集 1693，集 5551

溫新／集 0104

0356
祝堯之／史 2331，史 2332，
　子 2291，子 2472
祝蕘煥／史 2671
祝萬祉／史 2450
祝懋正／集 4758
祝世祿／叢 0053，叢 0063，
　子 2226，集 3272
祝明／子 2812

3630₂
邊貢／叢 0149，集 0104，集
　0105，集 2753，集 2754，
　集 2755，集 2756，集
　2757
邊習／叢 0149
邊實／史 2478
邊汝元／集 3973
邊連寶／集 1542
邊浴禮／集 4993，集 4994
邊大綬／叢 0092，叢 0097，
　史 0735

3712₀
湖上逸人／集 5760

3712₇
滑壽／子 0640，子 0641，子
　0642，子 0645，子 0682，
　子 0684，子 0701，子
　0884
滑惟善／叢 0010，叢 0016，
　叢 0017，叢 0018，叢
　0023

3713₆
漁陽公／叢 0007

3721₂
祖詠／集 0050，集 0062，集

0063
祖台之／叢 0007
祖士衡／叢 0004，叢 0007，
　叢 0009
祖無擇／集 1800

3722₇
祁元孺／集 5737
祁理孫／史 1380，史 1381，
　集 3432
祁承爜／叢 0092，史 4128，
　史 4129，史 4130
祁彪佳／史 0714，史 0938，
　史 0939，史 0940，史
　0941，史 1427，史 3506，
　史 4013，史 4081，集
　3431，集 3432，集 3433
祁熊佳／集 3600
祁坤／子 0975
祁敬／子 1324
祁敬德／子 2627
祁駿佳／集 3574
祁光宗／史 3774

3730₂
過庭訓／史 1024，史 1103
過伯齡／子 1930
過臨汾／經 0910

3730₄
遐周氏／叢 0061

3730₅
逢行珪／叢 0005，叢 0009，
　叢 0105，子 0001，子
　0012，子 2038

3730₉
遝中立／叢 0101

3772₇
朗懷／子 1132

3772₇
郎廷槐／叢 0075
郎廷極／叢 0075
郎瑛／叢 0010，叢 0016，叢
　0017，叢 0059，子 2199
郎兆玉／經 0497，子 2039，
　子 2049
郎遂／史 2555
郎士元／集 0051，集 0062，
　集 0063，集 0065，集
　0066
郎奎金／經 1200
郎曄／史 0879

3811₄
洤謙／子 3110

3813₂
冷謙／叢 0075

3814₀
澂道人／集 5750

3814₇
游丕基／史 1056
游元潤／史 1290
游璉／史 3686
游受之／子 2946
游永／史 1645
游潛／叢 0075
游心濟／子 0997
游藝／集 5491
游輪／史 1638
游日章／叢 0051，子 2843
游居敬／集 0077，集 0078
游悅易／史 1372

3815₇

海瑞／叢 0075，集 0109，集
　3099，集 3100
海岱清／子 1470
海蘭濤／集 5894，集 5895，
　集 5896
海忠／史 2443

3819₄

涂天相／史 4029
涂鼎鼐／史 3061，史 3062
涂瀛／集 5999

3826₈

裕謙／集 4781
裕瑞／集 4778

3830₁

连鶴壽／經 0438

3830₆

道人蜨莽／子 2693

3912₀

沙克什／叢 0105
沙木／經 1442

4003₀

太平老人／叢 0044，叢
　0075
太上隱者／叢 0097
太行山人／叢 0009
太宰純／叢 0092
太常寺／史 3952

4010₂

左伯溪／經 1583
左殷薦／子 1504

左宗棠／集 0998
左潢／集 5760
左圭／叢 0001，叢 0002，叢
　0003
左克明／集 0231，集 0232，
　集 0233，集 0234
左國璣／集 0104
左光先／集 1988，集 1989，
　集 1990

4010₆

查六其／集 3661
查爾毅／集 5243
查爲仁／叢 0097，集 5576，
　集 5577
查繼佐／史 0761，史 0762，
　子 1902
查繼培／集 5546
查繼超／集 5546，集 5731
查岐昌／集 4491，集 4492
查湜鑒／集 0944
查禮／史 4433，集 4494
查祥／史 3666，史 3667，史
　3668
查遴／集 2394
查克弘／集 0713，集 0714
查有炳／集 1219
查志隆／史 3489，史 3490
查彬／子 2014
查琪／叢 0078
查世佑／集 1219
查揆／集 4700
查星路／子 2645
查昌和／集 1219
查景綏／經 0435
查嗣庭／集 4012，集 4013
查嗣瑮／子 2594，集 3966，
　集 3967
查人渶／子 1741，集 4984

查鐸／集 2767
查慎行／經 0184，集 0122，
　集 0270，集 1875，集
　1876，集 1877，集 1878，
　集 3996，集 3997，集
　3998，集 3999，集 4000，
　集 4001，集 4002，集
　5485，集 5760

4022₇

南卓／叢 0006，叢 0007，叢
　0009，叢 0012，叢 0016，
　叢 0017，叢 0018，叢
　0050，叢 0105
南宮靖一／叢 0075，史
　2271，史 2272，史 2273
南逢吉／集 2107，集 2108，
　集 2109，集 2111，集
　2112，集 2113
南軒／史 0327，史 0331，史
　0332，史 0333
南呂月／子 1002
南懷仁／叢 0075，叢 0081，
　叢 0097，史 3821，子
　1255

4024₇

皮日休／叢 0007，叢 0075，
　子 0012，子 0015，集
　0085，集 0626，集 0627，
　集 1700，集 1701，集
　1702

4040₀

女史□□／集 4971

4040₇

李亨特／史 2956，史 2957
李商隱／叢 0004，叢 0007，

叢 0009，叢 0016，叢 0017，叢 0018，叢 0026，集 0045，集 0048，集 0057，集 0066，集 1671，集 1672，集 1673，集 1674，集 1675，集 1676，集 1677，集 1679，集 1680，集 1681，集 1682，集 1683，集 1684，集 1685

李廌／叢 0001，叢 0003，叢 0006，叢 0007，叢 0009，叢 0053，叢 0100，子 1733，集 0098

李應魁／集 1778，集 1779

李應機／史 3073

李廉／經 0016

李庚／子 3295，集 1136

李文／史 2514，子 0776，集 1204

李文兗／史 3208

李文麟／集 0104

李文利／經 0707

李文紅／史 1464，集 5370

李文仲／經 1202，經 1203，經 1366，經 1367，經 1368

李文察／經 0717

李文淵／叢 0096，經 0800

李文來／子 1139

李文藻／史 2645

李文蔚／集 5760

李文田／史 4290

李文明／史 3148

李文錦／子 0953

李文炳／子 1229

李文煒／集 1537

李文燭／叢 0053，子 3037

李文耀／史 2493

李文炤／叢 0166，集 4268

李章堉／史 2758

李言恭／集 0104

李言聞／子 0831

李衷純／集 3072

李京／叢 0006，叢 0007，叢 0009

李龍官／史 3222

李龏／集 0016

李端／集 0063，集 0065

李誠／史 3446

李誠父／集 2141，集 2142

李誠／叢 0007

李謹／集 5566

李靖／子 1372

李翊／叢 0010，集 0344

李郊／子 1919

李調元／叢 0093，集 5504

李翊／叢 0010，子 2437

李一公／集 1905

李三才／集 4606

李正曜／史 3198

李覃／史 0423，史 0424

李玉／集 5760，集 5805，集 5806，集 5918，集 5919

李王熊／集 5125

李璀／集 1204

李石／叢 0042

李元／經 1584，史 3633

李元正／史 2655

李元鼎／集 3556，集 5545

李元綱／叢 0001，叢 0003，叢 0005，叢 0006，叢 0007，叢 0009，叢 0012，叢 0037

李元校／經 0707

李元芳／史 3149

李元昭／集 0104

李元陽／叢 0010，史 0044

李百藥／史 0001，史 0003，

史 0004，史 0005，史 0210，史 0211，史 0212

李石／叢 0004，叢 0007，叢 0009，叢 0015，叢 0037，叢 0076，叢 0103，子 2670，集 5597

李天麟／集 0466

李天經／子 1290，子 1291

李天馥／集 5545

李天植／史 1229

李彌遜／集 0092，集 0093

李登／經 1388，經 1389，經 1390，經 1391，經 1392

李廷琦／史 3063

李廷寶／史 1007，史 2407，史 2597，史 2773，史 3679

李廷機／經 0115，經 0116，經 0873，經 0874，經 1010，史 0386，史 0387，史 1099，子 2878，集 0467，集 0882，集 0883，集 1282

李廷芳／史 2604

李廷忠／集 2174，集 2175

李延壽／史 0001，史 0003，史 0004，史 0005，史 0072，史 0073，史 0074，史 0075，史 0076，史 0077，史 0078，史 0079，史 0080，史 0081，史 0082

李延昰／史 1165

李延是／子 0846

李孔明／史 3243

李琬／史 3042，史 3043，史 3044

李琯／史 0862

李琪／經 0016

李瑛/集 0806
李碻/集 3551
李翀/叢 0093,叢 0105
李瑶/集 5526
李璵/叢 0072,叢 0073
李翩/史 4077
李承昌/史 2184
李承勛/叢 0010,子 1972,
　子 2026,子 2865
李豫亨/叢 0010,叢 0016,
　叢 0017,叢 0049,叢
　0075
李豫康/集 5125
李子願/史 1358
李群玉/集 0048,集 0066
李玫/叢 0007
李致遠/集 5760
李槃/集 4477
李重華/集 4198
李爲觀/史 3742
李季可/叢 0092,子 2138
李集/史 1181,集 1075
李秉禮/集 4775,集 4776,
　集 4777
李維/叢 0075
李維繡/經 1509
李維楨/叢 0052,叢 0053,
　史 2257,史 2258,集
　0113,集 1276,集 3189
李維嬌/史 2694
李維樾/史 0935,史 1269,
　史 1270
李維鏞/集 5140,集 5141
李上交/叢 0105,子 2129
李仁/史 3532
李虛中/叢 0105
李何事/叢 0063
李衡/經 0016,經 0077
李衎/叢 0007,叢 0012,叢

0092,子 1733
李衛/史 2394,史 2814,史
　2815,史 3872,史 4009,
　集 4072
李行道/集 5760
李處全/集 5531
李頻/集 0066
李綽/叢 0003,叢 0007,叢
　0016,叢 0017,叢 0049
李縉雲/集 5255
李鑾宣/集 4539
李鼎/叢 0010,叢 0013,叢
　0048
李鼎祚/叢 0068,叢 0087,
　叢 0100,經 0055
李嵩/史 2701
李循義/史 0908,集 2928
李仙根/叢 0075
李嶠/叢 0044,集 0050,集
　0062,集 0063
李樂/子 2218
李繼烈/子 1810
李綏/史 3280
李稻塍/集 1075
李俊民/集 2307,集 2308,
　集 2309,集 5544
李臧/經 0328
李獻陽/史 3162
李獻民/叢 0004,叢 0007,
　叢 0009,叢 0097
李綍/子 0327,集 0127,集
　4026,集 4027
李化楠/叢 0093,集 0912,
　集 0913
李先芳/史 2671,集 0104,
　集 3080
李先榮/史 2504
李德/集 0104
李德儀/集 4834

李德裕/叢 0003,叢 0005,
　叢 0006,叢 0007,叢
　0009,叢 0016,叢 0017,
　叢 0018,叢 0049,叢
　0075,集 0066,集 1656,
　集 1657
李德林/集 0003,集 0007
李德耀/史 2984
李佑/子 2209
李幼武/史 1061,史 1062,
　史 1063,史 1064,史
　1065,史 1066
李生寅/集 3414
李仲麟/子 0346
李傑/史 2525,子 3032
李紳/集 0066
李純卿/史 0375
李白/叢 0035,集 0045,集
　0069,集 0070,集 0071,
　集 0073,集 0075,集
　0076,集 1455,集 1456,
　集 1457,集 1458,集
　1459,集 1460,集 1461,
　集 1462,集 1463,集
　1464,集 1465,集 1466,
　集 1467,集 1468,集
　1469
李自明/子 1579
李自榮/集 0868
李伯璵/集 0415
李伯猷/集 0116
李保/叢 0007,叢 0009
李吳滋/集 0884
李盤/子 0489,子 0536,子
　0537,子 0538
李凱/經 1098,集 5760,集
　5824
李侗/叢 0079
李向陽/史 2518

叢 0007，叢 0009，叢 0020，叢 0035，集 0016

李湘／史 3126

李湘芝／叢 0189

李湯卿／子 0936，子 0937，子 0938

李暹／叢 0075

李遇孫／叢 0103，史 4364

李遇春／史 2782

李汛／史 3092

李洞／集 0066

李鴻／集 0357，集 0358

李漁／子 2580，集 3610，集 3611，集 5760，集 5802，集 5803，集 5804，集 5952

李淑／集 0347

李涵／集 3883

李祖庚／集 5301

李祖堯／集 2021

李祖陶／集 4756

李冗／叢 0009，叢 0036，叢 0037

李祁／集 2459

李通玄／子 3224

李逢祥／史 3188

李逢申／史 2937

李逢光／集 1193

李遙／集 3752

李鄴嗣／史 2335，集 1087，集 1102，集 3672，集 3673，集 3674

李淦／叢 0078，集 5431

李瀚／叢 0100，子 2717，子 2718

李海觀／集 6003

李裕／集 5695

李遵唐／史 2621

李道勳／子 3130

李道純／叢 0052，叢 0053，子 0395，子 3100

李肇／叢 0001，叢 0003，叢 0004，叢 0005，叢 0006，叢 0007，叢 0009，叢 0014，叢 0015，叢 0068，叢 0092，叢 0100

李肇亨／叢 0075

李士麟／集 0519

李士元／史 2557

李士允／集 2888

李士模／史 2418

李士瞻／集 2420

李直夫／集 5760

李圭／史 0832

李培／史 2869

李希程／史 2692

李希賢／史 2661

李有／叢 0007，叢 0009，叢 0026，叢 0075

李存／集 2413，集 2414

李志常／史 3790

李燾／經 1285，經 1286，經 1287，經 1288，經 1289，經 1290，經 1291，經 1292，經 1293，史 0420，史 2267

李友洙／史 2620

李友棠／集 4358

李嘉福／史 1492

李嘉祐／集 0048，集 0062，集 0063

李吉甫／叢 0007，叢 0083，叢 0098，史 2348，史 2349

李壽朋／史 3374，集 4694

李壽卿／集 5760，集 5760

李大蘭／子 1398

李大成／史 2800

李來章／集 3839

李樗／經 0016

李檟／史 2721

李楨／集 5529

李標／史 3468

李彭年／史 3173

李斯佺／史 3286

李梃／子 1190

李楷／史 2760

李尤／集 0007

李式玉／叢 0078

李求齡／經 1077

李杕／史 0578

李荃／子 1596

李塨／叢 0097，叢 0157

李夢熊／史 2423

李夢陽／叢 0010，叢 0013，叢 0027，叢 0075，集 0042，集 0104，集 0105，集 0112，集 1358，集 2731，集 2732，集 2733，集 2734，集 2735，集 2736，集 2737，集 2738，集 2739，集 2740

李蘅／叢 0066

李帶雙／史 2779

李萬青／集 4898

李茂春／史 1001

李恭／集 1204

李懋泗／史 3122

李懋勳／集 3767

李蘇／子 2022

李孝光／集 0030，集 2424，集 2425，集 2426，集 2427，集 2428，集 2429

李攀龍／子 2840，子 2841，集 0104，集 0105，集 0111，集 0112，集 0676，集 0677，集 0678，集

0679, 集 0811, 集 3040,
集 3041, 集 3042, 集
3043, 集 3044, 集 3045,
集 3046, 集 3047, 集
3048, 集 3049, 集 3050
李華／集 1448
李若琳／史 0489
李若蘭／子 1777
李世衡／集 4557
李世熊／史 3220
李世澤／叢 0010
李世民／集 0063, 集 0065,
集 1422
李裒／子 2329, 集 0104
李其旋／史 2412
李其焜／子 1844
李英／集 0104
李材／叢 0007
李蘩／叢 0004, 叢 0007, 叢
0009, 叢 0016, 叢 0017,
叢 0026, 叢 0097
李荣曾／子 1861
李�桂／集 5112
李菊房／集 1205
李贄／叢 0125, 叢 0126, 史
0100, 史 0101, 史 1371,
史 2194, 史 2286, 子
0258, 子 0478, 子 0479,
子 0499, 子 2039, 子
2214, 子 2409, 子 2518,
子 2519, 子 2520, 子
3281, 子 3328, 集 0013,
集 0107, 集 1883, 集
1884, 集 1885, 集 1886,
集 1887, 集 1888, 集
2850, 集 2851, 集 3104,
集 3105, 集 5738, 集
5946, 集 5974
李樓／叢 0046

李棟／史 2719
李觀／集 1589, 集 1590
李恕／經 0086, 經 0087, 經
0593
李如一／叢 0010, 叢 0016,
叢 0017, 叢 0018
李如圭／叢 0083, 叢 0105,
經 0571
李賀／集 0042, 集 0043, 集
1578, 集 1579, 集 1580,
集 1581, 集 1582, 集
1583, 集 1584, 集 1585,
集 1586, 集 1587, 集
1588
李均／集 5695
李朝威／叢 0007, 叢 0016,
叢 0017, 叢 0097
李好文／叢 0094, 史 2764,
史 2765
李好古／集 5541, 集 5760
李杞／經 0020
李格非／叢 0004, 叢 0005,
叢 0006, 叢 0007, 叢
0009, 叢 0022, 叢 0042,
叢 0051, 叢 0068, 叢
0100
李翰／叢 0010
李翰熙／集 0400
李梅實／集 5760, 集 5762
李中／集 0048, 集 1717
李中立／子 0803
李中白／史 2605
李中梓／子 0824, 子 0825,
子 0943, 子 0944, 子
1111, 子 1210, 子 1211
李聿求／史 0765
李本／史 0779
李本緯／子 2889
李本宜／集 0315

李本宣／集 0315
李本固／叢 0101
李奉翰／史 2414
李書雲／經 1562
李春芳／集 2913, 集 3051,
集 3052
李春熙／集 1988, 集 1989,
集 1990
李春榮／集 6005
李貴／史 3078
李東甲／史 2782
李東陽／叢 0024, 叢 0075,
叢 0092, 叢 0101, 史
0362, 史 0363, 集 0104,
集 2667, 集 2668, 集
2669, 集 2670
李泰／叢 0098
李振裕／集 3827
李成／子 1733
李成林／史 3170
李咸用／集 0065
李軌／子 0003, 子 0005, 子
0006, 子 0007, 子 0095,
子 0096, 子 0097
李慧／史 3232
李覯／集 0089, 集 1776, 集
1777
李邦彥／叢 0007
李邦獻／叢 0093
李昉／叢 0092, 子 2677, 子
2678, 子 2726, 子 2727,
子 2728, 子 2729, 子
2730, 子 2731, 子 2732,
集 0195, 集 0196, 集
0197, 集 0198, 集 0199,
集 0200, 集 0201
李日華／叢 0010, 叢 0016,
叢 0017, 叢 0018, 叢
0035, 叢 0075, 叢 0134,

史 1424，史 1425，史 3858，子 1737，子 1738，集 0867，集 5763，集 5764

李日景／叢 0078

李曰巽／史 3250

李呈芬／叢 0010

李星瑞／史 3295

李國祥／集 0569

李國相／史 2585

李昌齡／叢 0005，叢 0007，叢 0009，叢 0012，叢 0037

李枝昌／史 1416

李昌符／集 0066

李昂枝／集 0838

李昴英／集 5537

李因／集 3444，集 3445，集 3446

李因培／集 0732

李因篤／集 3840

李杲／子 0637，子 0638，子 0639，子 0645，子 0646，子 0793，子 0823

李果／集 4252

李景亮／叢 0026

李顒／經 1063

李昕／叢 0007，叢 0009

李默／叢 0010，史 1351，史 2547，史 3839，集 0669，集 2900

李時珍／子 0797，子 0798，子 0799，子 0800，子 0801

李時行／集 0104

李時漸／集 1139，集 1140，集 1279

李時遇／史 3150

李時成／集 2227

李明復／經 0020

李鳴春／子 2069

李昭／集 0092

李昭治／史 3171

李昭祥／集 3074

李嗣／叢 0007

李嗣真／叢 0007，叢 0012，叢 0016，叢 0017，叢 0018，叢 0068，子 1731

李鶚翀／史 4132

李畋／叢 0005，叢 0006，叢 0007，叢 0009，叢 0016，叢 0017

李暾／叢 0111，集 1104，集 4092

李壁／集 1848，集 1849

李厚建／集 3883

李頎／集 0050，集 0062，集 0063

李原名／史 3957

李原質／集 1431

李匡／叢 0009

李匡乂／叢 0006，叢 0007，叢 0012，叢 0014，叢 0044，叢 0075，子 2296

李長祥／史 1130，集 3629

李劉／集 2214，集 2215，集 2216，集 2217，集 2218

李隱／叢 0005，叢 0006，叢 0007，叢 0009，叢 0013，叢 0016，叢 0017，叢 0026，叢 0075

李階／集 1212，集 1213，集 3397

李朏／叢 0016，叢 0017

李陽冰／叢 0007

李堅／集 1239

李隆基／經 0011，經 0012，經 0013，經 0014，經

0015，經 0016，經 0941，子 0383，集 0063

李用梓／子 1219

李周翰／集 0153，集 0154，集 0155，集 0156，集 0157，集 0158，集 0159，集 0160，集 0161

李居頤／史 2599

李駒／子 0702

李學禮／子 3014

李開／史 3542

李開先／叢 0093，集 2962，集 5760

李開鄴／集 0392

李興元／史 3110

李賢／叢 0010，叢 0016，叢 0017，叢 0018，叢 0024，史 0001，史 0003，史 0004，史 0005，史 0146，史 0147，史 0148，史 0149，史 0150，史 0151，史 0152，史 0153，史 0154，史 0155，史 0156，史 0157，史 2359，史 2360，史 2361，史 2362

李益／集 0063

李鉉／史 1396

李兼／叢 0015

李念莪／子 0698

李慈銘／史 1462，史 1463，史 1464，史 2150，史 3807，子 2388，集 5086，集 5087，集 5088，集 5089，集 5090，集 5091，集 5884

李善／集 0131，集 0132，集 0133，集 0134，集 0135，集 0136，集 0137，集 0138，集 0139，集 0140，

集 0141，集 0142，集 0143，集 0144，集 0145，集 0146，集 0147，集 0148，集 0149，集 0150，集 0151，集 0152，集 0153，集 0154，集 0155，集 0156，集 0157，集 0158，集 0159，集 0160，集 0161

李善蘭／集 5068

李曾伯／叢 0103，集 0092，集 5531

李公佐／叢 0007，叢 0097

李公煥／集 1375，集 1376

李鍇／史 0102，集 4396，集 4397

李鎮海／集 4668

李錦／史 2718

李鐸／史 2823，史 2954

李知先／子 0717，子 0719

李飲冰／集 5644

李筌／叢 0105，叢 0107，子 0506，子 0507

李銳／叢 0092，子 1281

李簡／經 0016

李符／集 1205，集 5549

李符清／集 5653

李敏／史 3206，集 3137

李籍／叢 0068，叢 0100，子 1240，子 1299

李惇／經 0032

李堂／史 2902

李光／經 0020

李光縉／史 0047，史 0048，集 0456

李光先／史 2649

李光祚／子 2949

李光地／叢 0152，叢 0153，叢 0154，經 0169，經

0170，經 0171，經 0172，經 0173，經 0383，經 0697，經 0725，經 0726，經 1059，經 1551，史 2343，子 0120，子 0163，子 0311，子 0312，子 0313，子 0314，子 3052，集 0313，集 1620，集 3823

李光坡／經 0502

李光國／集 1017

李光暎／史 4242

李光昭／史 2397

李尚白／集 0797

李當之／叢 0007

李棠／史 3171

李恒／子 0886

李愷／史 3197

李燦／史 3482，史 3483

李燦箕／史 3520，史 3521

李榮／子 0384

4040₇

支允堅／子 2241

支華平／叢 0063

4046₁

嘉興鄉紳公／史 1316

4050₆

韋應物／集 0014，集 0038，集 0041，集 0045，集 0047，集 0063，集 0066，集 0087，集 1470，集 1471，集 1472，集 1473，集 1474，集 1475

韋端符／叢 0007，叢 0016，叢 0017，叢 0018

韋瓘／叢 0022

韋孟／叢 0007

韋行規／叢 0007

韋處厚／叢 0004，叢 0092

韋續／叢 0005，叢 0007，叢 0009，叢 0015

韋皋／叢 0074

韋絢／叢 0004，叢 0007，叢 0009，叢 0012，叢 0016，叢 0017，叢 0018，叢 0075

韋述／叢 0004，叢 0007

韋漢卿／叢 0100

韋莊／叢 0007，集 0059，集 0066

韋縠／集 0046，集 0059，集 0628，集 0629，集 0630，集 0631，集 0632

韋昭／史 0542，史 0543，史 0544，史 0545，史 0546，史 0547，史 0548，史 0549，史 4223

韋巨源／叢 0007，叢 0016，叢 0017，叢 0018

韋居安／叢 0007

4060₁

吉天保／叢 0098

吉雅謨丁／集 2451

4060₉

杏花樵子／史 0800

4064₁

壽莊／集 5153

4071₀

七十一／史 3417，史 3418

4073₂

袁應祺／史 2988

袁康／叢 0040，叢 0041，叢 0042，叢 0067，史 0585，史 0586，史 0587，史 0588

袁文／叢 0083

袁裒／叢 0092，集 0104，集 2930

袁衷／叢 0075

袁郊／叢 0006，叢 0007，叢 0009，叢 0014，叢 0015，叢 0068，叢 0100

袁韶／叢 0092

袁説友／集 2115

袁于令／集 5737，集 5760，集 5762，集 5763，集 5764，集 5800

袁天罡／子 1615

袁廷檮／叢 0092

袁珙／子 1565，子 1566，集 2599，集 2600

袁裒／叢 0007，叢 0014，叢 0015，叢 0027，叢 0037，叢 0050

袁采／叢 0003，叢 0007，叢 0015，叢 0052，叢 0053，叢 0092

袁仁／叢 0075，叢 0100

袁山松／叢 0004，叢 0007，叢 0009

袁崧／叢 0016，叢 0017

袁儼／子 2879，子 2880，子 2881，子 2882，子 2883

袁凱／集 0104，集 2554

袁奐／史 3553

袁守定／子 1494

袁宮桂／子 0546，子 0547

袁宏／史 0415，史 0416

袁宏道／叢 0010，叢 0011，叢 0013，叢 0048，叢

0063，叢 0071，叢 0072，叢 0075，叢 0101，叢 0135，叢 0136，叢 0137，叢 0138，子 1999，子 2540，集 0038，集 0113，集 0220，集 1275，集 1581，集 2775，集 2776，集 3148，集 3149，集 3150，集 3286，集 3287，集 3288，集 5752，集 5943

袁定遠／叢 0075，史 3170

袁宗聖／集 4226

袁宗道／集 3262

袁福徵／叢 0010，叢 0035

袁淑／集 0007

袁祥增／子 1065

袁啓／子 1252

袁九齡／叢 0010

袁士傑／史 1268，集 2130

袁壽／集 4738

袁去華／集 5531，集 5541

袁樞／史 0490，史 0491，史 0492，史 0493，史 0494，史 0495，史 0496，史 0497，史 4223

袁彬／叢 0010，叢 0027，叢 0101

袁機／集 4460

袁孝政／叢 0009，叢 0039

袁世俊／子 2019

袁黄／叢 0051，叢 0075，史 0390，子 2879，子 2880，子 2881，子 2882，子 2883，集 3264

袁樹／集 4460

袁棟／子 2278

袁杼／集 4497

袁桷／叢 0007，史 2922，集

2377

袁枚／叢 0093，子 1995，集 0127，集 4333，集 4334，集 4335，集 4336，集 4337，集 4338，集 4339，集 4340

袁申儒／叢 0006，叢 0007，叢 0009

袁中道／叢 0010，集 0113，集 3356

袁忠徹／子 1564，子 1565，集 2626

袁甫／經 0020

袁日省／史 4432

袁國梓／史 2867

袁易／叢 0092

袁昂／叢 0003，叢 0007，叢 0015

袁景輅／集 1032

袁顥／子 1065

袁頤／叢 0037

袁磧／叢 0050

袁學瀾／集 5021

袁銛／史 3210

袁鈞／集 1108

袁煒／集 3013，集 3014，集 3015

袁變／叢 0083，經 0247，集 2130

4080₁

真山民／集 0029，集 0089，集 2293

真德秀／叢 0007，叢 0049，叢 0068，叢 0075，叢 0079，叢 0118，經 0016，史 4223，子 0185，子 0186，子 0187，子 0188，子 0189，子 0190，子

0191，集 0386，集 0387，
集 0388，集 0389，集
0390，集 0391，集 0392，
集 0393，集 0394，集
0395，集 0396，集 0397，
集 0398，集 0399，集
0400，集 2196，集 2197，
集 2198
真逸／叢 0016

4090₈
來端蒙／史 1573
來講／子 0505
來三聘／集 3252
來爾繩／經 0034，經 0180，
經 0181
來理寬／集 4695
來集之／叢 0078，經 0031，
經 0154，經 0155，子
2576，子 2577，子 2578，
子 2579，集 1214，集
3593，集 3594，集 3595，
集 3596，集 3597，集
5456，集 5754，集 5755
來行學／史 4404
來繼韶／集 3371
來汝賢／集 2978
來斯行／叢 0010，子 2235
來燕雯／集 1214
來日升／集 1214，集 2990
來景風／經 1594
來畹蘭／集 1215
來知德／經 0106，經 0107，
經 0108，經 0109
來欽之／集 1320

4091₆
檀道鸞／叢 0007
檀萃／經 0569

4091₇
杭淮／集 0104
杭濟／集 0104
杭州府學堂／史 0459
杭世駿／叢 0092，叢 0173，
經 0032，經 0228，經
0613，史 0054，史 0245，
史 1698，史 3333，史
3666，史 3667，史 3668，
集 0948，集 0969，集
4288，集 4289，集 4290，
集 4291，集 4292，集
5488

4093₁
樵川樵叟／叢 0092

4191₆
桓譚／叢 0007
桓寬／叢 0033，叢 0040，叢
0041，叢 0067，子 0069，
子 0070，子 0071，子
0072，子 0073，子 0074，
子 0075，子 0076
桓驎／叢 0007，叢 0016，叢
0017

4192₀
柯琴／子 0751，子 0752，子
0753，子 0754，子 0755，
子 0756，子 0757
柯珮／子 1447
柯維騏／史 0239
柯崇樸／子 0142
柯德／子 0964
柯汝霖／經 0220
柯九思／集 2423
柯超／史 0821

柯挺／史 2298
柯尚遷／經 0495
柯煜／集 4190
柯榮／集 3524

4212₂
彭方周／史 2472
彭文煒／經 0158
彭元瑞／叢 0101，經 1571，
史 0095，集 0094，集
0776，集 4439，集 4440
彭孫遹／叢 0075，集 3750，
集 5621
彭孫貽／史 0729，史 0731，
史 2314，史 2885，子
2450，集 3630，集 5620
彭翼宸／史 2590
彭乘／叢 0006，叢 0007，叢
0009，叢 0026，叢 0037，
子 2130
彭采／叢 0004
彭龜年／叢 0083
彭叔夏／叢 0075，叢 0083，
叢 0092
彭紹升／集 4446
彭以明／史 2174
彭寧求／叢 0075
彭定求／子 0315，集 0697，
集 3712
彭宗孟／叢 0110，史 0933
彭宗因／集 3385
彭汝讓／叢 0010，叢 0013，
叢 0050
彭汝礪／集 0092
彭汝實／叢 0027
彭澤／史 2542
彭遵泗／叢 0101，史 0736
彭啓豐／集 4205，集 4206
彭大翼／子 2892，子 2893

彭大雄／子 1427

彭大雅／史 0645，史 0646，
　史 0647

彭蘊章／史 4255

彭蘊琳／史 1409

彭好古／子 1448，子 3109

彭期生／集 0118，集 3354

彭申錫／子 1365

彭耜／子 0392

彭曉／子 3041

彭時／叢 0010，叢 0016，叢
　0017，叢 0018，叢 0024，
　叢 0031，叢 0059，叢
　0101，史 2358

彭頤／經 0606，經 0607，經
　0608，經 0609

彭用光／子 0895

彭鵬／集 3758

彭年／叢 0010，叢 0013

彭劍南／集 5760，集 5850

彭簪／史 3543

4220₀
蒯康公／叢 0004

4240₀
荊浩／子 1731，子 1733

4241₃
姚廉敬／集 0104

姚廣孝／子 1243，子 1244，
　子 3328，集 0104

姚文邟／集 5704

姚文然／集 3628

姚文蔚／子 2541

姚文起／史 3159

姚文思／集 5369

姚文田／經 1315，史 1169

姚文燁／史 2587

姚文爕／集 1585

姚章／經 0178

姚靖／史 3620

姚可成／叢 0101

姚廷謙／子 2986，集 0531，
　集 1881，集 4155

姚廷鑾／子 1415，子 1416

姚廷傑／叢 0078，史 2944

姚琅／史 2539

姚璉／叢 0145，集 2485，集
　3608

姚鼐／叢 0182，集 0339，集
　0552，集 0553，集 1627，
　集 4459

姚承憲／集 4920

姚子莊／史 2558

姚配中／叢 0196

姚舜牧／經 0024，經 0025，
　經 0368，子 0273，集
　3219

姚信／經 0045

姚虞／叢 0105

姚虞預／叢 0004

姚師錫／子 2623

姚循德／經 0966

姚循義／史 3198

姚綬／集 2671

姚俊／集 1031

姚德奎／集 4159

姚勉／集 5531

姚鵠／集 0066

姚佺／集 1584

姚淳龍／史 1593

姚寬／叢 0004，叢 0005，叢
　0007，叢 0009，叢 0016，
　叢 0017，叢 0037，叢
　0068，叢 0100，子 2157

姚之麟／經 1207

姚之琅／史 2589

姚之駰／史 0142，史 0143，
　史 0144，子 2980

姚良弼／史 3245

姚宗文／史 2937，集 3454

姚宗典／叢 0101

姚福／叢 0010，叢 0016，叢
　0017，叢 0018，叢 0023，
　叢 0024，叢 0030，叢
　0031，集 2727

姚韛／集 2671

姚述堯／集 5705

姚汝能／叢 0075，史 1245

姚遠翿／史 3497

姚禮／史 3348

姚淑／集 3629

姚祖同／史 1439

姚咨／集 0104

姚士麟／叢 0110

姚左垣／史 2495

姚培謙／經 0503，經 0795，
　經 0796，經 0797，史
　0371，子 2994，子 2995，
　集 0028，集 1335，集
　1336，集 1676，集 1677，
　集 4275，集 4415

姚杰／集 4532

姚大成／史 1324，史 1325

姚茂良／集 5760，集 5763，
　集 5764

姚孝錫／集 0092

姚世鈺／集 4562

姚樫／集 1220

姚椿／集 1220

姚椿林／集 4912

姚覲元／經 1315，史 1458，
　史 4452，史 4453

姚朝翽／集 5219

姚桐壽／叢 0007，叢 0012，
　叢 0048，叢 0075，叢

0110

姚本／史 2798

姚振宗／史 4156，子 3030

姚昺／史 3160

姚思廉／史 0001，史 0003，史 0004，史 0005，史 0200，史 0201，史 0202，史 0203，史 0204，史 0205，史 0206，史 4223

姚思慶／集 1230

姚最／叢 0003，叢 0007，叢 0016，叢 0017，叢 0068，子 1731

姚景瀛／史 2854

姚景夔／史 1495，子 3022，集 5162，集 5163

姚時亮／史 2906

姚鳴鸞／史 3031

姚頤／集 4467

姚體傑／子 2562

姚陶／集 3984，集 3985

姚履旋／經 1388，經 1389，經 1390，經 1391，集 2580，集 2581

姚際隆／子 1534

姚際恒／叢 0092，經 0177

姚學顏／子 0905

姚學瑛／史 2623

姚學甲／史 2623

姚卿／史 2756

姚鏞／集 0092

姚鉉／集 0059，集 0611，集 0612，集 0613，集 0614，集 0615，集 0616，集 0617，集 0618，集 0619，集 0620，集 0621，集 0622

姚合／集 0046，集 0047，集 0059，集 0066

姚光緝／集 0968

姚光憲／集 5109

姚光祚／子 2919

姚炳／經 0429

姚燧／叢 0007，叢 0083，集 2364

姚變／經 0327，經 0642，史 1182，史 4158，史 4159，子 2004，集 4822，集 4823，集 4824，集 4825，集 4826，集 4827，集 4828，集 4829，集 4830，集 5665，集 5760，集 5851，集 5883

4252₁

靳治揚／史 3227

靳學顏／集 3009，集 3010

靳榮藩／子 2280，集 3587，集 3588，集 3589，集 4360

4282₁

斯邁德／史 1564

4298₅

樸隱子／經 1560

4301₂

尤袤／叢 0004，叢 0005，叢 0006，叢 0007，叢 0009，叢 0068，史 4120，史 4121，集 5390，集 5415，集 5416

尤麒／史 2678

尤玘／叢 0075，叢 0092

尤珍／叢 0097，集 3863

尤乘／叢 0101

尤侗／叢 0078，叢 0097，叢

0156，子 2955，集 3862，集 3863，集 3864，集 5545，集 5760

尤淑孝／史 2655

尤怡／子 1153，子 1157，子 1171

尤怡集／子 0780

4355₀

載澧／史 0968

4373₂

裘玉／叢 0010，叢 0013

裘璉／史 2830，集 4047，集 4048，集 5760

裘象坤／史 1652

裘黼／集 3462

4385₀

戴高／集 4612

戴應鰲／集 1153

戴慶祥／集 5372

戴文明／史 2965

戴文光／經 0783

戴望／經 0964，子 0054，子 0588，子 2612

戴二球／史 1319

戴元禮／子 0641，子 0645，子 1191

戴震／叢 0090，叢 0096，叢 0105，經 0032，經 0537，經 1225，經 1566，經 1576，史 2607，子 0341，子 1319，集 1338，集 4480

戴天章／子 0952，子 0954

戴延之／叢 0016

戴璟／史 2283

戴君恩／經 0376，經 0978

戴鯨／史 2923

戴孚／叢 0009，叢 0097

戴秉清／史 1667

戴任／史 2339

戴綬尊／集 5670

戴德／叢 0039，叢 0040，叢 0041，叢 0067，叢 0083，叢 0163，經 0629，經 0630，經 0631，經 0632

戴穗孫／子 2382，集 5304

戴凱之／叢 0001，叢 0003，叢 0005，叢 0006，叢 0007，叢 0009，叢 0016，叢 0017，叢 0040，叢 0041，叢 0097

戴侗／叢 0112，經 1364，經 1365

戴名世／叢 0109，集 4022，集 4023

戴叔倫／集 0063

戴復古／集 0029，集 0030，集 0089，集 2167，集 5537

戴以恒／子 1755，子 2286，集 5273

戴良／集 2457，集 2458

戴良齊／史 3708

戴源／子 1321

戴兆佳／史 4082

戴兆祚／叢 0101

戴溪／叢 0083

戴澳／集 3344

戴祖啓／集 4223

戴冠／叢 0010，叢 0103，集 0104

戴祁／史 3134

戴祚／叢 0004，叢 0007，叢 0009，叢 0097

戴啓文／集 5326

戴堯天／史 1668

戴有祺／集 3933

戴埴／叢 0001，叢 0007，叢 0009，叢 0014，叢 0015，叢 0044，叢 0100

戴起宗／子 0641，子 0837，子 3040

戴表元／集 2327，集 2328，集 2329，集 2330，集 2331

戴束／子 2639

戴耘／史 0730

戴咸弼／史 4358，史 4359，史 4360，史 4361

戴昺／集 0029，集 0030，集 0089

戴晟／集 4089

戴明説／集 0308，集 0309，集 0675，集 3613

戴驫／集 2882

戴長庚／經 0735

戴殿江／集 2457

戴殿泗／集 2457

戴熙／子 1754，集 0940，集 4805，集 4806，集 4807，集 4808，集 4809，集 4810，集 4811

戴金／史 0901

戴羲／史 2179，史 2342

戴善夫／集 5760

戴銑／史 1266，史 2446

戴鈜／經 1092

戴鈞衡／集 4022，集 4023

戴第元／集 0336

戴敏／集 0089

戴策獻／史 3782

戴鋆／經 1215

4390₉

求那毗地／子 3130

4410₀

封演／叢 0004，叢 0007，叢 0009，叢 0075，叢 0087，叢 0100，子 2127，子 2128

4410₂

藍瑛／子 1729，子 1730

藍鼎元／叢 0097，叢 0169，史 0522，史 1133，子 0321，子 0322，集 4236

藍近任／集 3359

藍浦／史 4373

藍田／集 2919

藍陳略／史 3213

4410₅

董荅／叢 0007

董廢翁／集 1396

董文驥／集 3704

董章甫／集 4130

董訥／集 3815

董誥／史 3974，集 0753

董詔／史 2777

董㫋／集 5132

董説／叢 0105，經 0167，子 2242

董正／史 2681

董正揚／集 4768，集 4769，集 4770，集 4771

董正國／集 1229

董元宿／經 1435

董元愷／集 5627

董弦／史 2713

董西園／子 1228

董天工／史 3550

董天錫／史 3112

董廷獻／史 1649

董瑒／史 3781

董孟汾／集 6002

董玘／集 2793，集 2794

董承詔／子 0519

董承勛／史 3637，史 3640

董豫／史 1647

董儁／子 2652

董采／集 0086

董秉純／經 0408，集 4306，
　集 4307，集 4308，集
　4309，集 4310，集 4317，
　集 4619，集 4620，集
　4621

董衝／史 0003，史 0004，史
　0005，史 0224

董豐垣／經 0337，子 2360

董鼎／經 0016

董德彰／子 1419

董德寧／子 3033，子 3058

董德鏞／子 2547，子 2548

董仲舒／叢 0004，叢 0007，
　叢 0009，叢 0039，叢
　0040，叢 0041，叢 0067，
　叢 0088，經 0929，經
　0930，經 0931，經 0932，
　經 0933，經 0934，經
　0935，經 0936，經 0937，
　經 0938，經 0939，子
　0068，集 0003，集 0004，
　集 0005，集 0006，集
　0007

董傳策／叢 0010

董解元／集 5760

董份／集 0111

董復表／史 0661，史 0662

董以謙／集 4907

董以寧／集 3771，集 5628

董澐／集 2824

董逎／叢 0007，叢 0068，子

1727

董漢策／經 0886

董祐誠／集 4882

董達章／集 5760

董沛／集 1109，集 5334

董遇／經 0045

董潮／史 2500

董遹／叢 0009

董逢元／子 0360，子 0361

董裕／集 3203

董遵／子 0242

董肇勳／集 1163

董棨／子 1751，集 5006

董志稷／史 3738

董大倫／集 1038

董真卿／經 0016

董斯張／史 2903，子 2245，
　子 2912，子 2913，集
　1082，集 3389

董彬／集 4903

董楷／經 0016

董越／史 3823

董榕／集 5760

董懋策／集 1581

董其昌／叢 0010，叢 0075，
　史 3733，史 4133，子
　1629，子 1630，子 1631，
　子 1632，子 2482，集
　0113，集 3270，集 3271

董穀／叢 0010，叢 0016，叢
　0017，叢 0052，叢 0110，
　史 2881，子 2683

董穀士／子 2335，子 2974

董史／叢 0092

董暲／集 4928，集 4929

董曰申／史 2536

董嗣杲／集 2291

董金鑑／史 1410

董念菜／集 1422，集 5006

董㲅／叢 0016，叢 0017

董含／子 2260

董毓琦／子 1325

董公振／史 4053

董劍鍔／集 3675

董銖／叢 0075

董錫／史 2612

董欽德／史 2963，集 4106

董光宏／集 3307

董炳文／子 2335，子 2974

董熠／叢 0105

董熜／集 1259

董耀／子 1751

董燿／經 0423

4411₂

范方／子 0478，子 0479

范文若／集 5760

范龍／子 0832

范端昂／集 0327

范端杲／集 2050

范端臣／集 2050

范望／子 1334，子 1335，子
　1336

范鄗鼎／子 0318

范正輅／史 3231

范正敏／叢 0005，叢 0007，
　叢 0009

范玉衡／史 3025

范王孫／經 0379

范弘嗣／史 1213，子 2546

范廷謀／集 1541，集 1543

范廷謁／叢 0111

范理／史 2161，集 2624

范孟嘉／子 1801

范承謨／叢 0081，集 3707

范承勳／史 3562

范子安／集 5760

范致明／叢 0003，叢 0007，

叢 0042

范季存／集 4894

范季隨／叢 0006，叢 0007，
　　叢 0009

范上林／史 1574

范處義／經 0016

范嵩／史 3209

范仲淹／叢 0007，史 0882，
　　集 1226，集 1227，集
　　1752

范純仁／史 0885，集 1226，
　　集 1227，集 1752，集
　　1834，集 1835，集 1836

范純粹／集 1752

范從徹／集 4670

范甯／經 0010，經 0011，經
　　0012，經 0013，經 0015，
　　經 0819，史 4223

范家相／叢 0105，經 0403，
　　經 0456，經 0639，經
　　1572，集 4386，集 4387

范泓／子 2854

范浚／集 0089，集 2049，集
　　2050

范汝梓／子 2500，集 3318

范汝植／集 3513

范汝桐／史 4405

范淶／子 2854

范溫／叢 0007

范祖禹／經 0016，史 2265，
　　史 2266，集 1804，集
　　1805，集 1806

范逸／集 1228

范士楫／集 0308，集 0309

范壺貞／集 3443

范希哲／集 5819

范有學／子 1460

范大沖／史 2299

范大澈／史 2205

范大士／集 0321

范梈／叢 0044，叢 0075，集
　　0030，集 0099，集 1493，
　　集 2387

范梧／集 5824

范懋敏／史 4322

范世勳／子 1937

范其鑄／史 2959

范觀濂／集 5188

范楗／集 0511

范坰／叢 0100，史 0612，史
　　0613，史 0614

范超／集 1228

范表／叢 0027

范攄／叢 0004，叢 0007，叢
　　0009，叢 0036，叢 0037，
　　叢 0097

范成大／叢 0001，叢 0002，
　　叢 0003，叢 0005，叢
　　0006，叢 0007，叢 0009，
　　叢 0012，叢 0014，叢
　　0015，叢 0026，叢 0042，
　　叢 0050，叢 0051，叢
　　0075，叢 0076，叢 0092，
　　叢 0105，史 3789，集
　　0016，集 0089，集 0090，
　　集 0091，集 0094，集
　　2137，集 2138，集 2139，
　　集 5531

范咸／史 3229，集 4187

范慧蓮／集 5361

范邦瑗／史 1575

范景文／子 0529

范景福／經 0925

范晞文／叢 0075，叢 0092

范曄／史 0001，史 0003，史
　　0004，史 0005，史 0145，
　　史 0146，史 0147，史
　　0148，史 0149，史 0150，

史 0151，史 0152，史
　　0153，史 0154，史 0155，
　　史 0156，史 0157

范明泰／史 1259，史 1260

范照藜／經 0803

范驤／史 2840

范長生／經 0045

范與良／集 0310

范鎬／史 2551

范公偁／叢 0007

范公稱／叢 0037

范鈺／史 3528

范鎮／叢 0005，叢 0009，叢
　　0105

范欽／叢 0025，史 0909，史
　　1687，集 2975

范纂／叢 0009

范惟一／集 0104，集 3031

范惟丕／集 0104

范光文／集 0239，集 0835，
　　集 3699，集 5623

范光宙／史 2282

范光陽／集 3924

范光燮／集 0119，集 0946

4412₇

蒲處貫／叢 0007，叢 0009

蒲積中／集 0261，集 0756

蒲松齡／集 5953，集 5954

4416₀

堵景濂／經 0603

4421₄

花蕊夫人／集 0016，集
　　0017，集 0029

花尚／子 0406

4421₄

莊歊／集 4600

莊元臣／子 2903

莊臻鳳／叢 0078，子 1903

莊季裕／叢 0004，叢 0007

莊綽／叢 0009，叢 0016，叢 0017

莊繼光／子 2018

莊仲方／集 0556

莊仲芳／史 3857

莊述祖／叢 0088，叢 0098，經 0310，經 0311，經 1178，子 2101

莊昶／集 0104，集 2693，集 2694

莊有可／經 0517，經 0518，經 0538，經 0921

莊有恭／史 3642

莊存與／經 0032，經 0298，經 0508

莊杜芬／集 1038

莊忠棫／經 0235

莊同生／史 1431

莊學曾／集 3461

4421₅

薩都剌／集 0030，集 2404，集 2405，集 2406，集 2407

4422₂

茅一桂／史 2228

茅一相／叢 0010，叢 0021

茅元儀／叢 0010，子 0531，子 0532

茅雲貞／集 4745

茅瑞徵／經 0317

茅瓚／集 3016

茅維／集 3379

茅復／集 0993

茅溱／經 1538

茅式周／經 0212

茅坤／叢 0027，叢 0101，史 2202，史 2203，史 2222，史 2223，史 2244，史 2245，史 2246，史 2247，史 2248，史 2249，子 2089，子 2090，子 2435，集 0020，集 0021，集 0022，集 0023，集 0104，集 0111，集 0115，集 0408，集 1278，集 1614，集 1830，集 1831，集 1898，集 1899，集 3011，集 3027，集 3028，集 3029

茅星來／子 0146，集 0127

茅國縉／史 2240，史 2241

4422₇

蘭雪軒主人／集 0016

蘭陵笑笑生／集 5992，集 5993

4422₇

芮挺章／集 0046，集 0059，集 0625

芮日松／經 0325

芮長恤／史 0342

4422₇

萬立鈞／史 4085

萬育水／子 1452

萬言／史 1115，集 3809

萬亞蘭／史 2882，史 2883

萬廷言／史 0999

萬廷謙／史 3018，史 3019

萬廷蘭／集 4377

萬廷樹／史 2799

萬承天／經 1374

萬承勳／集 1104，集 4109，集 4110，集 4111，集 4112，集 4113，集 4114

萬承勛／叢 0111

萬維翰／史 4052

萬虞愷／集 0693

萬經／史 2927，史 2928，子 1690

萬安／史 2359，史 2360，史 2361，史 2362

萬潛齋／子 1117

萬兆龍／史 2709

萬澍／集 4245

萬達甫／集 3168，集 3169

萬士和／集 0104，集 3032，集 3033

萬斯大／叢 0107，經 0032，經 0033，史 1646

萬斯同／叢 0101，經 0036，史 0257，史 0258，史 0259，史 0402，史 0408，史 1034，史 1035，史 3586，史 3937，子 1686，子 2347，集 3168，集 3169，集 3808，集 5632

萬表／史 2748

萬世德／子 0487

萬樹／集 5545，集 5721，集 5722，集 5723，集 5724，集 5760，集 5809

萬表／叢 0101，子 0900，子 2512，子 2513，子 2514，集 0104，集 0667，集 0851，集 2901

萬泰／叢 0078

萬邦孚／子 0900，子 1075，集 3168，集 3169

萬時華／集 0117

萬民英／子 1562

萬全／子 0649，子 0650，子
　1013，子 1069，子 1070，
　子 1071，子 1072
萬釗／集 5691
萬光泰／經 1297，集 4436
萬尚文／叢 0051
萬炯／史 2754

4422₇
蕭應魁／集 4691
蕭應植／史 2722
蕭廩／子 0251
蕭該／叢 0095
蕭雲從／經 0159，集 1322，
　集 1323
蕭廷宣／史 3200
蕭翀／史 1665
蕭子良／集 0007
蕭子顯／史 0001，史 0003，
　史 0004，史 0005，史
　0198，史 0199
蕭統／叢 0007，叢 0012，叢
　0067，叢 0068，叢 0100，
　史 4223，集 0003，集
　0006，集 0007，集 0128，
　集 0129，集 0130，集
　0131，集 0132，集 0133，
　集 0134，集 0135，集
　0136，集 0137，集 0138，
　集 0139，集 0140，集
　0141，集 0142，集 0143，
　集 0144，集 0145，集
　0146，集 0147，集 0148，
　集 0149，集 0150，集
　0151，集 0152，集 0153，
　集 0154，集 0155，集
　0156，集 0157，集 0158，
　集 0159，集 0160，集
　0161，集 0165，集 0166，

集 0167，集 0168，集
0169，集 0170，集 0171，
集 0172，集 0173，集
0174，集 0175，集 0177，
集 0178，集 0179，集
0180，集 0181，集 0182，
集 0183，集 0186，集
0187，集 0188，集 1413
蕭衍／叢 0007，叢 0015，叢
　0016，叢 0017，集 0003，
　集 0007，集 0009
蕭繹／子 1875
蕭嵩／史 3944，史 3945
蕭參／叢 0006，叢 0007，叢
　0009，叢 0012
蕭綺／叢 0006，叢 0009，叢
　0041
蕭繹／叢 0007，叢 0016，叢
　0017，叢 0093，子 1733，
　集 0003，集 0007，集
　0009
蕭詧／集 0009
蕭綱／集 0003，集 0007，集
　0009
蕭濟／叢 0004
蕭家蕙／史 2721
蕭良泮／叢 0054
蕭良幹／史 2953
蕭近高／史 4046
蕭治輝／史 2833
蕭洪治／子 1480
蕭洵／叢 0092，叢 0097，史
　0648，史 0650，史 3717
蕭逸／叢 0047
蕭士贇／集 0071，集 1457，
　集 1458，集 1459，集
　1460，集 1461，集 1462，
　集 1463
蕭士珂／集 0572

蕭士瑋／叢 0047
蕭克／子 1473，子 1474
蕭吉／叢 0092
蕭大亨／叢 0010，叢 0049
蕭壎／子 1021，子 1022，子
　1023
蕭協中／史 3491
蕭楚／叢 0083
蕭殿颺／集 0335
蕭騰麟／史 3416
蕭錫珀／史 3416
蕭鎰／經 1002

4424₂
蔣方馨／子 2228
蔣謹／史 2274
蔣敦復／集 4828，集 4879，
　集 5658，集 5933
蔣一彪／叢 0068，叢 0100
蔣一葵／叢 0010，叢 0016，
　叢 0029，子 2559，集
　0677，集 5452
蔣正／叢 0004
蔣玉虹／史 2422
蔣平階／叢 0075，叢 0101，
　史 1297，子 1417，子
　1465
蔣弘任／史 3448，史 3449，
　史 3450，史 3451，史
　3452
蔣廷璧／叢 0054
蔣廷錫／叢 0101，經 0032，
　子 2981，集 4005
蔣琦齡／史 0961
蔣孟育／集 1431
蔣子正／叢 0003，叢 0005，
　叢 0006，叢 0007，叢
　0009，叢 0026，叢 0037，
　叢 0092，集 5390

蔣子相／史 1483

蔣重光／集 5581，集 5582

蔣信／集 2973，集 2974

蔣仁榮／集 5069

蔣穎叔／叢 0007

蔣偕／史 1246

蔣山卿／集 0104

蔣先庚／子 2846

蔣德璟／叢 0010

蔣德鋐／子 1323

蔣和／經 1305，經 1306

蔣伊／叢 0101，史 3236，集 0674

蔣峰／集 4970

蔣紹宗／經 0416

蔣濟／叢 0016，叢 0017

蔣之翹／叢 0075，叢 0101，史 0192，集 0079，集 1307，集 1308，集 1309，集 1310，集 1311

蔣良騏／史 0467

蔣永修／集 3696

蔣兆奎／史 4006

蔣兆甲／史 2776

蔣溥／史 3455，史 4283，史 4284，子 0633

蔣津／叢 0004，叢 0007，叢 0009，叢 0016，叢 0017

蔣瀾／集 5500

蔣士銓／集 4441，集 4583，集 5638，集 5760，集 5842，集 5843

蔣壽齡／史 1658

蔣大鴻／子 1479

蔣薰／集 1391，集 1392，集 1393，集 1394，集 3605

蔣恭棐／集 4060

蔣孝／集 0056，集 5920

蔣坦／集 5521

蔣埴／叢 0078

蔣超／史 3555

蔣書銜／集 0965

蔣捷／集 5537

蔣擢／史 2436

蔣國祚／史 0416

蔣景祁／經 0890，集 5578，集 5579

蔣時雍／經 0146

蔣鳴珂／集 5506

蔣防／叢 0007，叢 0016，叢 0017，叢 0097

蔣驥／叢 0101，集 1332

蔣彤／子 2285

蔣騏昌／史 2771

蔣鳳藻／史 4175

蔣鵬翮／集 0720，集 0721

蔣居祉／子 0812

蔣學堅／經 0983，史 4206

蔣學鏞／叢 0111，經 1172，子 2595，集 4690

蔣善／史 2313

蔣鑑／集 0916

蔣劍人／集 5547

蔣鑱／叢 0010

蔣簡／集 4919

蔣堂／集 1743

蔣堂徽／子 0355

蔣光弼／經 0036，史 2857

蔣光煦／叢 0103，子 1663，子 1664，子 2383，集 5001

蔣光焴／史 4160，史 4161

蔣悌生／經 0016，經 1140

4428₆

蘋香居士／子 0822

4429₄

葆光道人／子 0995

4430₂

芝秀軒主人／集 5120

4433₁

燕客／叢 0101

4439₄

蘇廣／叢 0007，叢 0016，叢 0017，叢 0018

蘇文韓／子 0272，集 0112

蘇平／集 2601，集 2602

蘇天爵／叢 0083，史 1077，集 0799，集 0800，集 0801，集 0802，集 2415

蘇霖／子 1679

蘇珥／經 1110

蘇頲／叢 0007，叢 0074，集 0050，集 0062，集 0063

蘇舜欽／叢 0007，叢 0012，叢 0017，叢 0026，集 0089，集 1760，集 1761

蘇紫蓋／子 2932

蘇化雨／子 2001

蘇特／叢 0007

蘇伯衡／集 2522，集 2523

蘇馥／子 2621

蘇宣／子 1793

蘇濬／叢 0010，經 0113，經 0114

蘇源明／叢 0025，叢 0068，叢 0100，子 1340，子 1341

蘇祐／叢 0010，叢 0016，叢 0017，叢 0018，叢 0034，史 2469，史 2470，集

0104

蘇遇龍／史 3070

蘇泂／集 2230

蘇洵／叢 0007，叢 0062，經 0021，經 0028，經 0970，經 0971，經 0972，史 1672，集 0018，集 0019，集 0020，集 0021，集 0022，集 0023，集 0024，集 0025，集 0026，集 0028，集 1270，集 1271，集 1272，集 1273，集 1274，集 1275，集 1276，集 1277，集 1278，集 1281，集 1282，集 1283，集 1837，集 1838，集 1839，集 1840，集 1841

蘇過／叢 0092，集 1977，集 1978，集 1979

蘇士琨／叢 0063

蘇士潛／叢 0010

蘇茂相／子 1372

蘇蕙／叢 0007，集 1719

蘇耆／叢 0004，叢 0005，叢 0007，叢 0009，叢 0092

蘇林／叢 0004，叢 0007，叢 0009

蘇椿／集 4855

蘇如漆／集 4501

蘇乾／史 2444

蘇束柱／史 2798

蘇軾／叢 0001，叢 0003，叢 0004，叢 0005，叢 0006，叢 0007，叢 0009，叢 0010，叢 0014，叢 0016，叢 0017，叢 0025，叢 0026，叢 0037，叢 0050，叢 0051，叢 0068，叢 0075，叢 0083，叢 0092，

叢 0093，叢 0097，叢 0100，經 0018，經 0019，經 0058，經 0059，經 0060，經 0061，經 0062，經 0246，史 0886，史 2356，史 4223，子 0656，子 0881，子 2132，子 2133，集 0018，集 0020，集 0021，集 0022，集 0023，集 0024，集 0025，集 0026，集 0027，集 0028，集 0089，集 0090，集 0091，集 0095，集 0096，集 0097，集 1270，集 1271，集 1272，集 1273，集 1274，集 1275，集 1276，集 1277，集 1278，集 1281，集 1282，集 1283，集 1374，集 1386，集 1387，集 1388，集 1394，集 1395，集 1855，集 1856，集 1857，集 1858，集 1859，集 1860，集 1861，集 1862，集 1863，集 1864，集 1865，集 1866，集 1867，集 1868，集 1869，集 1870，集 1871，集 1872，集 1873，集 1874，集 1875，集 1876，集 1877，集 1878，集 1879，集 1880，集 1881，集 1882，集 1883，集 1884，集 1885，集 1886，集 1887，集 1888，集 1889，集 1890，集 1891，集 1892，集 1893，集 1894，集 1895，集 1896，集 1897，集 1898，集 1899，集

1990，集 1901，集 1902，集 1903，集 1904，集 1905，集 1906，集 1907，集 1908，集 1909，集 5537，集 5543

蘇轍／叢 0001，叢 0007，叢 0036，叢 0037，經 0018，經 0019，史 0061，史 0062，史 0063，史 1075，史 4223，子 0386，子 0387，子 2421，子 2422，集 0020，集 0021，集 0022，集 0023，集 0024，集 0025，集 0026，集 0028，集 0090，集 1270，集 1271，集 1272，集 1273，集 1274，集 1275，集 1276，集 1277，集 1278，集 1281，集 1282，集 1283，集 1856，集 1857，集 1861，集 1872，集 1910，集 1911，集 1912，集 1913

蘇易簡／叢 0004，叢 0007，叢 0009，叢 0075，叢 0092，子 2740

蘇昌／史 4011

蘇鳴鶴／史 3291

蘇鶚／叢 0004，叢 0007，叢 0009，叢 0013，叢 0016，叢 0017，叢 0026，叢 0036，叢 0037，叢 0093，叢 0100

蘇鵑／叢 0005

蘇毓眉／史 2668

蘇頌／叢 0068，叢 0105，集 1762

蘇籀／叢 0001，叢 0003，叢 0007，叢 0009

4440₀
艾儒略／叢 0105,子 2253
艾南英／叢 0075,經 1051,
　集 3439,集 3440,集
　3441
艾性夫／集 2332

4442₇
孏孏道人／集 5371

4443₂
菰蘆釣叟／集 5915

4444₈
莽鵠立／史 4007

4445₆
韓雍／史 0685
韓彥直／叢 0001,叢 0003,
　叢 0005,叢 0007,叢
　0009
韓彥曾／史 2527
韓應恒／史 2910
韓康伯／經 0006,經 0010,
　經 0011,經 0012,經
　0013,經 0014,經 0052
韓奕／叢 0035,叢 0075
韓玉／史 2687,集 5529,集
　5537
韓元吉／叢 0004,叢 0007,
　叢 0009,叢 0012,叢
　0026,叢 0075
韓天篤／史 2639
韓霖／子 0489,子 0536,子
　0537,子 0538
韓恧／子 0656
韓琦／叢 0079,集 0089,集
　1748,集 1749,集 1750,

集 1751
韓信同／經 0645
韓維／集 0089
韓拜靖／史 2783
韓綬之／集 4634
韓仲雍／史 1290
韓偓／叢 0004,叢 0005,叢
　0007,叢 0009,叢 0016,
　叢 0017,叢 0018,集
　0044,集 0047,集 0066
韓奐齋／集 3539
韓作棟／史 3236
韓守益／集 0104
韓滮／叢 0006,叢 0007,叢
　0009,叢 0083,集 0640,
　集 5531,集 5540
韓兆桐／集 1733
韓浚／史 2528
韓道昭／經 1492,經 1493,
　經 1494,經 1495,經
　1496,經 1497,經 1498
韓太行山人／叢 0006
韓若雲／叢 0007,叢 0052,
　叢 0053
韓菼／集 3830
韓翃／集 0062,集 0063
韓松／經 0200
韓泰青／經 1163,經 1164,
　經 1165
韓拙／叢 0006,叢 0009,叢
　0093,子 1733
韓邦靖／集 0104
韓邦奇／叢 0075,經 0097,
　經 0708,經 0709,經
　0710,經 0711,子 1535,
　集 2827
韓昱／叢 0007
韓晃／史 3558
韓思／叢 0007

韓昂／叢 0068,子 1618,子
　1728
韓是升／經 1188
韓則愈／叢 0078
韓嬰／叢 0004,叢 0006,叢
　0009,叢 0039,叢 0040,
　叢 0041,叢 0067,叢
　0068,叢 0100,經 0439,
　經 0443,經 0444,經
　0445,經 0446,經 0447,
　經 0448,經 0449,經
　0450,經 0451,經 0452,
　經 0453
韓鄂／叢 0007,叢 0015,叢
　0068,叢 0100,史 2336
韓騏／集 4414
韓駒／集 0089,集 2015
韓人驥／史 1670
韓愈／叢 0003,叢 0007,叢
　0014,叢 0025,叢 0097,
　集 0019,集 0020,集
　0021,集 0022,集 0023,
　集 0024,集 0025,集
　0026,集 0027,集 0028,
　集 0066,集 0077,集
　0078,集 0079,集 0081,
　集 0082,集 0083,集
　0086,集 1591,集 1592,
　集 1593,集 1594,集
　1595,集 1596,集 1597,
　集 1598,集 1599,集
　1600,集 1601,集 1602,
　集 1603,集 1604,集
　1605,集 1606,集 1607,
　集 1608,集 1609,集
　1610,集 1611,集 1612,
　集 1613,集 1614,集
　1615,集 1616,集 1620,
　集 1621,集 1626

韓錫／集 0238
韓錫胙／集 5837，集 5838
韓鏐／史 3267
韓欽／集 5547
韓□□／史 1391

4446₀
茹敦和／經 1262
茹綸常／集 4687
茹藥／集 4765
茹昂／史 3464

4450₄
華方／史 1523
華龍翔／集 1250
華夏／集 3519
華西植／史 3087
華雲／集 0104
華天衢／集 1250
華碩修／集 1250
華翼綸／史 0803
華愛／集 3139
華佗／子 0645
華幼武／集 0104，集 1250，
　集 2460
華復蠡／史 0780
華之望／集 1250
華察／史 1523，集 0104，集
　1250
華永／集 1250
華淑／集 0816
華士方／集 1250
華希閔／子 0019，子 2970，
　子 2971，子 2972，子
　2973
華大琰／史 2995
華嵒／集 4259
華岳／集 0092，集 2213
華鏞／叢 0013

華燧／經 1528

4452₇
勒德洪／史 0484，史 0485，
　史 0486

4460₀
苗于京／史 2725
苗公達／子 1384

4460₁
菩蔭／集 5352

4460₈
蓉鷗漫叟／集 5760

4462₇
苟汝安／史 2748

4462₇
荀爽／經 0045
荀勗／集 0007
荀悅／叢 0039，叢 0040，叢
　0041，叢 0067，史 0415，
　史 0416，子 0012，子
　0101，子 0102，子 0103，
　子 0104，子 0105，集
　0007
荀□／叢 0007

4466₁
喆壽生／集 0558

4472₇
葛立方／叢 0007，叢 0075，
　集 0092，集 5390，集
　5414，集 5537
葛雍／子 0636，子 0645，子
　0646

葛詠裳／集 5092
葛可九／子 0656
葛雲飛／史 3433
葛天民／集 0092
葛枲／集 3363
葛宜／集 3786
葛守禮／集 2968
葛寅亮／經 0096，經 1034，
　史 3720
葛洪／叢 0004，叢 0006，叢
　0007，叢 0009，叢 0014，
　叢 0015，叢 0016，叢
　0017，叢 0018，叢 0035，
　叢 0037，叢 0039，叢
　0040，叢 0041，叢 0042，
　叢 0049，叢 0053，叢
　0067，叢 0068，叢 0092，
　叢 0097，叢 0100，史
　2269，史 2270，子 0009，
　子 0656，子 0864，子
　2671，子 3060，子 3061，
　子 3062，子 3063，子
　3064，子 3065，子 3066，
　子 3117，子 3118
葛鼏／集 0503
葛蕭／經 0010，集 0503，集
　1613
葛芝／子 2257
葛其仁／經 1223
葛起耕／集 0092
葛鳴陽／經 1356
葛臣／史 2752
葛長庚／子 0391，集 0005，
　集 2199，集 2200，集
　2201，集 2202，集 2203
葛勝仲／集 5537
葛錫璠／史 0120
葛郯／集 5531

4472₇

茆泮林／史 2346

4474₁

薛應旂／叢 0010，叢 0051，
　叢 0075，經 1010，經
　1016，經 1017，經 1018，
　經 1019，經 1020，經
　1021，經 1022，經 1023，
　經 1024，史 0351，史
　0352，史 0353，史 0401，
　史 0436，史 0437，史
　0992，史 0993，史 1074，
　史 2812，集 0104，集
　0526，集 0878，集 3000，
　集 3001

薛章憲／集 0104

薛調／叢 0007，叢 0016，叢
　0017，叢 0097

薛三省／集 3311

薛雪／子 0700，集 4253

薛廷文／集 4585，集 5583

薛瑄／叢 0010，叢 0027，叢
　0050，叢 0075，叢 0079，
　史 3863，子 0230，子
　0231，子 0232，子 0233，
　集 2611，集 2612，集
　2613，集 2614，集 2615

薛己／子 0642，子 0643，子
　0644，子 0966，子 0967，
　子 0968，子 0969，子
　1005，子 1006，子 1162，
　子 1215

薛致玄／子 0397

薛季宣／經 0016，集 0089，
　集 2133，集 2134，集
　2135，集 2136

薛虞畿／叢 0105

薛師石／集 0092，集 2183

薛能／集 0048，集 1687

薛俊／叢 0010

薛傳源／史 3436

薛仲邕／集 0071，集 0073，
　集 1458，集 1459

薛嵎／集 0092，集 2183

薛將仕／子 1007

薛綱／史 3120

薛收／叢 0039，叢 0040，叢
　0041，叢 0067，史 0276

薛宮／經 0801

薛寀／經 1021

薛福成／史 4125

薛近兗／集 5776

薛濤／集 1575

薛漢／集 2416

薛道衡／集 0003，集 0007

薛道光／子 3092，子 3093，
　子 3094，子 3095

薛士學／集 4131

薛蕙／叢 0010，子 0403，子
　2198，集 0104，集 0105，
　集 2858，集 2859，集
　2860

薛起鳳／集 4449

薛格／集 0104

薛據／叢 0015，叢 0025，子
　0025

薛旦／集 5760，集 5808

薛甲／集 0104，集 0437，集
　0438

薛鳳祚／叢 0105

薛鳳翔／叢 0010

薛用弱／叢 0004，叢 0006，
　叢 0007，叢 0009，叢
　0012，叢 0014，叢 0015，
　叢 0016，叢 0017，叢
　0018，叢 0042，叢 0076

薛居正／史 0005

薛熙／集 0904

薛岡／叢 0010，叢 0016，叢
　0018，史 1183，集 0117，
　集 1265，集 3386，集
　3387

薛鎧／子 0642，子 0643，子
　1037，子 1042

薛尚功／史 4279，史 4280，
　史 4281

薛尚質／叢 0075

薛瑩／叢 0016，叢 0017，叢
　0026，叢 0097

4477₀

甘文蔚／史 2861

甘霖／子 1331，子 1332，子
　1604，子 1605，子 1606

甘紱／經 1099，經 1100

甘汝來／集 4045

甘爲霖／集 0826

甘澤／史 3132

甘暘／史 4403

甘公／叢 0007，叢 0016，叢
　0040，叢 0041

甘怡／子 1498

4480₄

樊玉衝／子 2542

樊王家／史 1294，集 1615

樊廷緒／集 4698

樊廷英／史 0135

樊延英／子 2389

樊維城／叢 0110，史 2886

樊紹述／叢 0170

樊宗師／子 0015，集 1659

樊兆程／史 2531

樊深／史 2419

樊士斌／史 1659

樊士鋒／史 2800
樊恭／經 1234
樊鵬／集 0104
樊學淮／史 1531
樊開周／集 5195

4480₄
莫止／集 0104
莫休符／叢 0075，史 3407
莫叔明／集 0104
莫友芝／史 4199，史 4326
莫栻／經 1221，子 2035
莫如忠／集 0104
莫是龍／叢 0010，叢 0013，
　叢 0049，叢 0089，集
　0104
莫光宗／史 1596
莫尚簡／史 3193
莫熺／子 0707

4480₅
芙蓉山樵／集 5760

4480₅
英廉／集 4231

4480₆
黃立世／集 4594
黃應嵩／經 0421
黃應澄／史 1684
黃應鵬／叢 0044
黃庶／集 0092，集 1914，集
　1915，集 1916，集 1920
黃庭／集 4679
黃庭堅／叢 0007，叢 0068，
　叢 0083，叢 0092，集
　0089，集 0090，集 0091，
　集 0095，集 0096，集
　0097，集 0098，集 1914，

集 1915，集 1917，集
1916，集 1918，集 1919，
集 1920，集 1921，集
1922，集 1923，集 1924，
集 1925，集 1926，集
1932，集 5537
黃度／經 0016，經 0247
黃廣／經 0682
黃庚／集 2324，集 2325
黃康弼／集 1115
黃文玉／子 1923
黃文鷟／史 3096
黃文蓮／經 0303，集 0123
黃文煥／經 1046，集 1390
黃衷／叢 0052，叢 0053，叢
　0100
黃龍吟／子 2906
黃端伯／經 0139
黃訓／史 0865
黃諫／叢 0101
黃韶／集 1253
黃一龍／史 3253
黃一鳳／子 1409，子 1589
黃丕烈／經 0464，經 0521，
　史 4156
黃璋／史 1029
黃元御／子 0814
黃元治／叢 0078，史 3286，
　集 4102
黃元釜／集 1253
黃霽棠／集 5268
黃丙堅／史 2946
黃震／叢 0092，子 0207，子
　0208，子 0209，子 0210
黃雯／經 1139
黃百家／叢 0078，經 0162，
　子 1282
黃石公／叢 0006，叢 0009，
　叢 0039，叢 0041，子

0504
黃可師／子 2244，集 3349
黃可潤／史 2451
黃雲岫／集 4560
黃天策／史 3119
黃璿／史 3210
黃瑞／史 1367，史 2986，史
　4354，集 1133，集 1149，
　集 1150，集 1254
黃瑞節／叢 0105，叢 0116，
　子 0162
黃璞／叢 0007
黃烈／史 4113
黃廷桂／史 3167
黃廷用／集 2999
黃廷鑑／叢 0101
黃孔昭／史 1272
黃孔照／集 1138
黃建中／史 2801
黃孟威／叢 0063
黃珣／集 1253
黃承乙／史 1331
黃承勳／集 5656
黃承吉／經 1255
黃承昊／子 0656，子 1215
黃子雲／集 5486
黃子發／叢 0007
黃習遠／集 0637
黃玠／集 2378
黃瑜／叢 0010，史 1619
黃爵滋／史 0959，集 4799
黃虎臣／史 2702
黃儒／叢 0006，叢 0007，叢
　0009，叢 0016，叢 0017，
　叢 0035
黃虞稷／史 4190
黃任／史 3191，集 4011
黃鼎／子 1396
黃犮／集 0104

黄義仲／叢 0007

黄義尊／史 3139

黄公度／集 0089，集 2045，
集 2046，集 2047，集
2048，集 5529，集 5537，
集 5541

黄養蒙／史 3839

黄鈺／史 2967

黄銑／史 3170

黄鎮成／經 0016

黄錫蕃／史 4426

黄鈞／史 2701

黄鑑／叢 0016，叢 0017

黄懷祖／史 2632

黄光大／叢 0006，叢 0009

黄光昇／史 0435，集 1506

黄光煦／集 0932

黄尚文／史 0989

黄尚質／集 1253

黄省曾／叢 0010，叢 0013，
叢 0016，叢 0017，叢
0018，叢 0028，叢 0035，
叢 0039，叢 0040，叢
0041，叢 0075，叢 0101，
子 0101，子 0102，子
0103，子 2023，集 0104，
集 2987，集 5389

黄裳／集 1956，集 5531

黄炎／史 3087

黄炳／史 1527，集 1253

黄炳垕／史 1374

黄慎／子 1461

黄惕齋／子 1026

黄煜／叢 0092

黄燮清／史 1475，集 5760，
集 5760

黄畬／集 1914，集 1915，集
1923，集 1924

4490₁

蔡方炳／叢 0075，史 2373，
史 2374，史 2375，史
2376，史 3933，子 0324，
集 3632

蔡卞／經 0016

蔡應龍／集 5832

蔡應鳳／史 1653

蔡文子／集 0383

蔡襄／叢 0001，叢 0002，叢
0003，叢 0006，叢 0007，
叢 0009，叢 0016，叢
0017，集 1756，集 1757，
集 1758

蔡京／叢 0007

蔡龍儕／集 4937

蔡新／集 4298

蔡詒來／集 4097

蔡正孫／集 5428，集 5429，
集 5430

蔡元定／經 0706，子 1433

蔡雲程／集 2959，集 2960

蔡弘勳／集 4661

蔡發／子 1431

蔡烈先／子 0800，子 0801

蔡廷弼／集 5760

蔡廷蘭／史 3403

蔡廷鏵／史 3239

蔡礎／集 4128

蔡羽／叢 0027，集 0104，集
1029

蔡重／集 1262

蔡采之／叢 0004

蔡邕／叢 0001，叢 0005，叢
0007，叢 0009，叢 0014，
叢 0017，叢 0039，叢
0040，叢 0041，叢 0042，
叢 0095，集 0003，集

0004，集 0005，集 0006，
集 0007，集 1341，集
1342，集 1343，集 1344，
集 1345，集 1346

蔡偉／叢 0007

蔡升元／子 2975

蔡仲／集 5537

蔡絛／叢 0075，史 0623

蔡條／叢 0004，叢 0006，叢
0007，叢 0009，叢 0012，
叢 0016，叢 0026，叢
0075，叢 0092

蔡名衡／集 0978，集 5008，
集 5009，集 5010

蔡家琬／集 5495

蔡家挺／集 4574

蔡宗兗／集 2379

蔡宷之／叢 0005，叢 0006，
叢 0009

蔡淵／叢 0083

蔡兆豐／史 3040

蔡沈／經 0008，經 0248，經
0249，經 0250，經 0251，
經 0252，經 0253，經
0254，經 0255，經 0256，
經 0257，集 2074

蔡汝楠／經 1143，集 0104，
集 2983，集 2984

蔡濤／子 0924，集 5363

蔡清／經 0095，經 0096，經
1011，經 1012，經 1013

蔡潮／集 2813，集 2814

蔡逢時／史 3435

蔡有鵾／集 1262

蔡志頤／子 3100

蔡大節／子 0443

蔡懋昭／史 2449

蔡世源／史 2861

蔡世禎／集 4573

葉賛／子 2764，子 2765

葉樹滋／集 4954

葉茱／集 0771，集 0772

葉蓁／集 0745，集 4527

葉桂／子 0817，子 0922，子 1142，子 1143，子 1144，子 1145，子 1146，子 1147，子 1148，子 1149

葉棟／集 0718

葉觀國／集 4364

葉如圭／集 5160

葉翰仙／集 5702

葉泰／子 1500

葉盛／叢 0010，叢 0027，叢 0034，史 4123，史 4321，子 2430，子 2431

葉盛篆／子 1225

葉抱崧／集 1005，集 1006

葉靜宜／集 5702

葉時／經 0016，經 0471，經 0472，經 0473，經 0474，經 0475，經 0476

葉映榴／集 3757

葉臣遇／史 3871

葉長揚／史 2509

葉風／子 1027

葉隆禮／叢 0007，叢 0009，叢 0026，叢 0042，史 0629，史 0630，史 0631，史 0632

葉金壽／子 1984，集 5074

葉兌／集 2531

葉錦／子 1825

葉銘／史 3232

葉簡裁／史 3371，集 1117

葉小鸞／叢 0078，集 1255，集 1256，集 1257，集 3537

葉小紈／集 1256，集 1257，

集 5760

葉堂／集 5927，集 5928，集 5929，集 5930

葉少蘊／叢 0004

葉光耀／集 5625

葉忱／集 0718

葉煥章／經 0912

葉燮／史 2485，集 5474

葉□／叢 0006，叢 0007，叢 0009，叢 0105，子 1062

4491₀

杜應芳／集 1187

杜庭珠／集 0712，集 2079

杜詔／史 2626，集 0712，集 4040

杜斿／集 0088，集 0092

杜預／叢 0083，叢 0090，叢 0098，經 0006，經 0010，經 0011，經 0012，經 0013，經 0014，經 0015，經 0742，經 0743，經 0744，經 0745，經 0746，經 0747，經 0748，經 0749，經 0750，經 0751，經 0752，經 0753，經 0754，經 0755，經 0756，經 0757，經 0758，經 0759，經 0760，史 4223，集 0007

杜登春／史 0700

杜臻／叢 0075

杜季揚／叢 0004

杜綰／叢 0006，叢 0007，叢 0009，叢 0014，叢 0015，叢 0072，叢 0092，叢 0100，子 1977

杜佑／史 3879，史 3880

杜崐／史 2717

杜綱／集 5967

杜牧／叢 0016，叢 0017，經 0490，子 0496，子 0502，集 0066，集 0086，集 1662，集 1663，集 1664，集 1665，集 1666，集 1667

杜安世／集 5537

杜審言／集 0052，集 0053，集 0055，集 0063

杜寶／叢 0006，叢 0007，叢 0009

杜涇／子 2891

杜濬／集 5952

杜冠英／史 3370

杜臺卿／叢 0007

杜吉相／集 5342

杜大珪／史 1067，史 1068

杜茂才／史 2562

杜荀鶴／叢 0004，叢 0007，叢 0009，叢 0016，叢 0017，集 0043，集 0066

杜堮／集 4517

杜栓／子 1109

杜本／子 0643，子 0655，集 0016，集 0784

杜春生／史 4352

杜甫／史 4223，集 0045，集 0070，集 0071，集 0073，集 0074，集 0075，集 0076，集 0082，集 1480，集 1481，集 1482，集 1483，集 1484，集 1485，集 1486，集 1487，集 1488，集 1489，集 1490，集 1491，集 1492，集 1493，集 1494，集 1495，集 1496，集 1497，集 1498，集 1499，集 1500，

集 1501，集 1502，集 1506，集 1510，集 1511，集 1512，集 1513，集 1514，集 1515，集 1516，集 1517，集 1518，集 1521，集 1522，集 1523，集 1524，集 1525，集 1526，集 1528，集 1529，集 1530，集 1531，集 1532，集 1534，集 1535，集 1543，集 1545，集 1550，集 1551，集 1552，集 1553，集 1554，集 1556

杜鰲／集 4638

杜思／史 2640

杜昌丁／史 1432

杜煦／史 4353，集 5648

杜巽才／叢 0010

杜知耕／子 1312

杜範／集 0092，集 2211，集 5604

杜光庭／叢 0001，叢 0003，叢 0004，叢 0007，叢 0009，叢 0016，叢 0017，叢 0018，叢 0043，叢 0068，叢 0097

杜悔隅／集 5199

4491₄

桂天祥／子 0008

桂馥／叢 0101，經 1304，集 4541

桂萬榮／叢 0075

桂敬順／史 3484

4491₅

權衡／叢 0050，叢 0075，叢 0100

權德輿／集 0062，集 0063，集 0066

4499₀

林齊鋐／集 4176

林亦之／叢 0086，集 0092

林應龍／子 1928

林應麒／集 0104，集 3003

林應翔／史 3014

林庭機／集 2995

林慶貽／子 3026

林文懋／史 2945

林章／集 0117

林謙光／叢 0081，叢 0097

林一璘／子 1653

林正青／史 3398

林至／經 0016

林露／集 5644

林元盛／史 1098

林元炯／集 4624

林可成／集 2954

林雲程／史 2533

林雲銘／子 0448，子 0449，子 0450，子 0451，子 0452，集 0512，集 0513，集 0514，集 1325，集 1326，集 1333，集 1616，集 3739，集 3740

林栗／經 0063

林登／叢 0009

林廷奎／集 3279

林孔哲／集 5264

林琨／經 0231

林璐／集 4071

林弼／集 0104，集 2538

林子中／叢 0006，叢 0007，叢 0009

林子卿／史 0500

林豸冠／集 1621

林喬／史 1568

林喬蔭／經 0659，經 0660

林禹／叢 0100，史 0612，史 0613，史 0614

林億／子 0645，子 0671，子 0672，子 0673，子 0674，子 0675，子 0676，子 0677，子 0827，子 0828，子 0870

林上梓／集 4561

林虎榜／史 3232

林虙／史 0839，史 0840

林師蒇／集 1136

林穎山／史 0807，史 0808

林鷥／史 2746

林允楫／史 3056

林俊／集 2708

林德謀／集 0504

林佶／叢 0149

林魁／史 3197，集 2798

林仲懿／子 0461

林向／史 1513

林從炯／集 4766，集 4767

林以寧／集 5760

林寬／集 1709

林之奇／叢 0103，經 0016

林之翰／子 0848

林之松／集 4705

林兆珂／子 2220

林兆恩／子 2212，子 2213

林逋／叢 0006，叢 0007，叢 0009，叢 0012，叢 0049，叢 0075，集 0089，集 1730，集 1731，集 1732，集 1733，集 1734，集 1735，集 1736，集 1737

林汝淞／史 0795

林洪／叢 0004，叢 0006，叢 0007，叢 0008，叢 0009，

叢 0020，叢 0035

林達／集 2708

林清標／史 3977

林鴻／集 0104

林滋秀／集 4755

林啓／史 0970

林啓享／史 3057

林堯叟／經 0009，經 0749，
　經 0750，經 0752，經
　0753，經 0754，經 0755，
　經 0756，經 0831，經
　0832，經 0833，經 0834，
　經 0835，經 0836，經
　0837，經 0838，經 0839，
　經 0840，經 0841，經
　0842，經 0843，經 0844

林希元／叢 0105，經 1014，
　史 3268，史 3846，集
　0088，集 0426

林希逸／經 0016，經 0535，
　經 0536，子 0363，子
　0364，子 0365，子 0425，
　子 0426，子 0474，集
　0092

林希恩／叢 0010

林有席／史 3141

林有麟／叢 0047

林有彬／史 3141

林有年／史 3118，史 3194

林友王／史 3518，史 3723

林古度／集 3542

林右／集 2589，集 2590

林壽圖／史 0966

林大有／史 3841

林大椿／史 0813，集 2242，
　集 5137

林大春／史 3253

林楨／子 2809，子 2810

林越／叢 0032

林芳／叢 0097

林芳春／子 1467

林碁／集 2591，集 2592

林世遠／史 2468

林世勤／叢 0051

林世璧／集 0104

林坤／叢 0068

林棟隆／史 0943

林朝儀／子 2033

林增志／史 1269，史 1270

林表民／集 1136

林貴兆／集 3417

林東明／集 4070

林咸吉／史 3186

林昉／叢 0005，叢 0007，叢
　0009

林昺／子 0267

林景暘／集 3190

林景熙／叢 0092，集 0089，
　集 2183，集 2283，集
　2284，集 2285，集 2286

林昕／史 1535

林則徐／集 4726

林時對／史 1144，集 3584

林時躍／集 3583

林嗣環／叢 0078

林鶚／子 1400，子 1924，集
　2650，集 2651，集 2652，
　集 5143

林駿／史 1512，集 5360

林同／叢 0075

林用霖／史 1247

林駉／子 2781，子 2782，子
　2783

林熙春／史 3551

林岊／經 0020

林愈蕃／史 3156

林義儒／史 0787

林養心／集 3373

林鉞／史 2215，史 2216，史
　2217，史 2218，史 2219

林錫齡／經 0210，經 0398，
　經 0399

林策／史 2964

林光世／經 0016

林光朝／集 0089，集 2062，
　集 2063，集 2064，集
　2065，集 2066，集 2067

林尚仁／集 0092

林尚葵／經 1383，經 1384

林烴／史 1522，子 2204

林慎思／叢 0092，叢 0093

林□／叢 0063

4550₂

摯虞／叢 0007，集 0007

4594₄

樓璹／叢 0007，叢 0092，叢
　0097

樓卜瀍／史 2969，史 2970，
　史 2971，集 2473

樓英／子 0933，子 0934，子
　0935

樓春／經 0194

樓昉／叢 0009，史 0839，史
　0840，集 0384，集 0385

樓鑰／叢 0083，叢 0092，史
　1346，史 1347，集 0089，
　集 1226，集 1752

4596₈

椿園／史 3419

4599₉

棣華館主／史 0459

4622₇

獨孤及／集 0056，集 0057，

集 0066

4640₀
如平時／叢 0004
如如居士／子 3325

4680₆
賀仲軾／叢 0051，叢 0075
賀復徵／集 0414
賀寬／集 1324
賀宿／史 0767
賀逢聖／史 1292
賀泰／集 0748
賀貽孫／集 3582
賀岳／子 0904
賀鑄／集 0092，集 1963，集
　5536
賀欽／叢 0010，叢 0016，叢
　0017，叢 0030，叢 0034，
　集 2690，集 2691
賀光烈／集 0032，集 0033
賀裳／集 5458
賀燦然／集 3293

4690₀
相斗南／史 3265
相國道／叢 0007

4690₂
柏起宗／叢 0101

4692₇
楊脧阿／子 2629
楊雍建／史 0945
楊齊賢／集 0071，集 1457，
　集 1458，集 1459，集
　1460，集 1461，集 1462，
　集 1463
楊方達／經 0195，經 0293，

子 0122
楊應琚／史 2807
楊廉／叢 0010，史 1073，史
　1082，史 1083，史 1084，
　史 1085，史 2879，子
　0131
楊廣／集 0003，集 0007，集
　0009
楊文言／子 1284
楊文儷／集 0104，集 2991，
　集 2992
楊文獻／史 4224
楊文奎／集 5760
楊詩／史 3060，子 3020
楊謙／史 1392，集 3857
楊一清／叢 0010，叢 0013，
　叢 0034，史 0896，史
　3959，史 3960，集 2700
楊二和／史 1284
楊正筍／史 2938
楊霈／經 1203
楊元祥／史 4401
楊爾曾／史 3441，集 6013
楊于宸／史 3266
楊可學／史 0721
楊醇／子 2607
楊雲峰／子 1141
楊天惠／叢 0007
楊珂／集 3114
楊琢／集 2555
楊瑀／叢 0007，叢 0092
楊珽／集 5760，集 5763，集
　5764
楊引祚／史 2650
楊廷望／史 3015
楊廷璋／史 3184
楊廷蘊／史 3130
楊廷筠／經 0695
楊延齡／叢 0075

楊瑄／叢 0010，叢 0013，叢
　0100
楊融博／集 0486
楊珮／史 3153
楊珣／子 0736
楊㺹／史 2822，史 2823
楊承鯤／集 3401，集 3402，
　集 3403
楊豫孫／叢 0049
楊柔勝／集 5764
楊儁卿／史 2889
楊億／叢 0004，叢 0007，叢
　0009，叢 0016，叢 0017，
　叢 0075，集 1729
楊倞／子 0003，子 0005，子
　0006，子 0007，子 0042，
　子 0043，子 0044，子
　0045，子 0046，子 0047，
　子 0048，子 0049，子
　0050，子 0051，子 0052，
　子 0053
楊爵／集 2966，集 2967
楊禾書／子 2442
楊維新／史 2960，史 2961，
　史 2962
楊維聰／子 0256
楊維德／子 1541，子 1599
楊維楨／叢 0007，叢 0010，
　史 2274，集 0790，集
　1055，集 2471，集 2472，
　集 2473，集 2474，集
　2475，集 2476，集 2477，
　集 2478，集 2479
楊維坤／集 4099
楊維屏／集 4961
楊衒之／叢 0004，叢 0007，
　叢 0009，叢 0016，叢
　0017，叢 0040，叢 0041，
　叢 0042，叢 0068，叢

楊桓／經 1511, 經 1512

楊博／史 0907

楊式傳／叢 0081

楊載／叢 0044, 集 0030, 集 0099, 集 5390

楊載鳴／史 3245, 史 3246

楊越／集 5089

楊基／集 0104

楊夢袞／叢 0063

楊夢鯉／史 2556

楊芳／史 1407

楊芳燦／集 4629

楊萬里／叢 0001, 叢 0003, 叢 0075, 叢 0083, 叢 0093, 經 0079, 集 0089, 集 0090, 集 0094, 集 2140, 集 2141, 集 2142, 集 2143, 集 2144, 集 2145

楊葆彝／子 2047

楊世達／史 2708

楊世思／集 2129

楊樹本／史 2899, 子 2646

楊坤／史 1125

楊懿元／史 4083

楊鶴／史 4008, 集 0096

楊朝英／集 5872, 集 5873

楊起元／叢 0051

楊救貧／子 1471

楊中／集 0104

楊中訥／叢 0111

楊春芳／叢 0010

楊表正／子 1889, 子 1890, 子 1891, 子 1892, 子 1893

楊東明／集 3245

楊束／集 1169

楊振藻／史 2483

楊輔／史 2522

楊成／集 5438

楊成玉／集 5388

楊捷／史 0790

楊邦梁／史 2747

楊掄／子 1895, 子 1896

楊旦／史 1282, 集 2728

楊昱／史 3866

楊國楨／經 0809

楊晨／集 2927

楊恩／史 2803

楊甲／經 1135, 經 1136, 集 0092, 集 0093

楊囦道／叢 0004, 叢 0009

楊景賢／集 5760

楊顯之／集 5760

楊暄／叢 0026

楊晙／史 2605

楊時／叢 0079, 子 0128, 子 0129, 集 1985, 集 1986

楊時偉／經 1523

楊時傅／史 1239

楊嗣昌／叢 0010

楊臣諍／經 0476

楊巨源／叢 0016, 叢 0017, 叢 0097, 集 0066

楊朏／叢 0016, 叢 0017

楊陸榮／叢 0101, 史 0517, 史 0518, 史 0519, 史 0780

楊鳳苞／史 0263, 史 0264, 集 4785

楊鳳翰／集 5676, 集 5687

楊殿材／史 3990

楊際昌／集 4674, 集 5490

楊學可／叢 0075

楊學沆／集 3586

楊民彝／史 2943

楊與立／子 0164

楊與岑／集 4580

楊益／子 1425, 子 1448, 子 1466

楊介／史 2549

楊無咎／集 5537

楊毓健／史 3786

楊公遠／集 0092, 集 2323

楊鉅／叢 0092

楊鍾羲／史 1328

楊錫紱／史 0991

楊錫觀／經 1432

楊鈞／史 2567

楊銘／叢 0031

楊簡／叢 0111, 經 0020, 經 0078, 子 0180, 子 0181, 集 2128, 集 2129

楊惟休／集 0117

楊炎／集 5537

楊炳南／史 3817

楊慎／叢 0007, 叢 0010, 叢 0011, 叢 0013, 叢 0026, 叢 0034, 叢 0044, 叢 0050, 叢 0052, 叢 0053, 叢 0058, 叢 0062, 叢 0075, 叢 0089, 叢 0091, 叢 0093, 經 0021, 經 0028, 經 0621, 經 0622, 經 0623, 史 0044, 史 4233, 史 4234, 子 0002, 子 1681, 子 2036, 子 2195, 子 2197, 子 2314, 子 2315, 子 2316, 子 2317, 子 2318, 子 2319, 子 2320, 子 2321, 子 2322, 子 2323, 子 2324, 子 2325, 子 2326, 子 2828, 子 2829, 集 0014, 集 0075, 集 0104, 集 0271, 集 0272, 集 0425, 集 0559, 集 0560, 集

0561,集 0665,集 0666,
集 0808,集 0809,集
1187,集 1275,集 1276,
集 2739,集 2801,集
2840,集 2841,集 2842,
集 2843,集 2844,集
2845,集 2846,集 2847,
集 2848,集 2849,集
2850,集 2851,集 2984,
集 5393,集 5394,集
5395,集 5396,集 5403,
集 5404,集 5440,集
5527,集 5559,集 5560,
集 5617,集 5618,集
5713,集 5714,集 5737,
集 5890,集 5891,集
5892,集 5893
楊恂／史 1293
楊輝／叢 0092
楊炯／集 0036,集 0052,集
0053,集 0055,集 0063,
集 0065
楊憮／史 2972
楊榮／叢 0010,叢 0024,叢
0026,叢 0034

4722_7
郁文／經 1161
郁豫／子 2626
郁之章／史 2879,集 0946
郁永河／史 3803
郁逢慶／子 1640,子 1641,
子 1642,子 1643
郁九成／史 1572

4722_7
郝郊／叢 0010
郝玉麟／史 3183,史 3235
郝天挺／集 0641,集 0642,

集 0643,集 0644
郝孔昭／子 2859
郝經／史 0179,集 2317
郝良桐／史 2948
郝洪範／史 2279
郝浴／史 3279
郝懿行／經 0032,經 0741,
子 2664
郝敬／經 0121,史 2279,集
0694
郝鎔量／子 1464

4752_0
鞠履厚／子 1840,子 1841

4762_0
胡堃壽／集 5307
胡序／經 0919
胡彥昇／經 0728,史 2700,
子 1915
胡彥穎／集 4636
胡方平／經 0016,經 0083
胡亦堂／集 3886
胡應麟／叢 0010,叢 0013,
叢 0016,叢 0017,叢
0018,叢 0048,叢 0130,
子 2222,集 5448,集
5449,集 5450
胡慶豫／集 3914
胡廣／經 0089,經 0090,經
0091,經 0092,經 0093,
經 0094,經 0262,經
0263,經 0264,經 0265,
經 0266,經 0361,經
0362,經 0363,經 0364,
經 0365,經 0594,經
0595,經 0596,經 0864,
經 0865,經 0866,經
0867,經 0988,經 1006,

經 1007,經 1008,經
1009,經 1010,史 0469,
史 0470,史 0471,史
0472,子 0217,子 0218,
子 0219,子 0220,子
0221,子 0222,子 0223,
子 0224,子 0225,子
0226
胡文英／經 1261,子 0458,
子 0459,子 0460
胡文學／史 4000,史 4002,
集 1087
胡文銓／史 2770
胡文煥／叢 0044,叢 0045,
叢 0046,叢 0064,子
1388
胡袞／史 2573
胡一桂／經 0016,經 0084
胡一中／經 0016,經 0333
胡三省／史 0279,史 0280,
史 0281,史 0282,史
0283,史 0284,史 0289
胡正言／子 1804
胡玉峰／集 4657
胡震亨／叢 0043,叢 0075,
史 2886,史 3896,史
3897,史 3898,集 0211,
集 0692,集 1508,集
1509,集 5455
胡晉甡／史 1468
胡雲／集 5760
胡珏／子 0655
胡璩／子 2632,子 2633
胡瑗／叢 0100,經 0703
胡瑤光／經 0898
胡瓚／經 0476
胡珵／叢 0007
胡承詔／集 1187
胡承灝／史 3292

胡邵瑛／經 1543,經 1544

胡翼／史 3135

胡玠／集 4987

胡重／經 1308

胡香昊／集 1038

胡秉虔／經 1587,經 1588

胡統宗／集 2834

胡維新／叢 0033

胡維霖／叢 0010

胡維銓／集 0982

胡行簡／集 2465

胡貞開／集 3624

胡經／叢 0045,經 0100

胡胤嘉／子 2911

胡嶠／叢 0007

胡繼升／史 4008

胡繼宗／子 2784,子 2785

胡獻忠／子 1391,子 1584

胡侍／叢 0051

胡偉／集 0017

胡納／叢 0004,叢 0009

胡纘宗／史 2537,集 0423,
　集 0424,集 2829,集
　2830,集 2831,集 2832,
　集 2833,集 2834

胡仲參／集 0092

胡傑人／叢 0199,集 0981,
　集 5182,集 5183,集
　5184

胡儼／叢 0010

胡保泰／史 3375

胡仔／叢 0007,史 1221,集
　5418,集 5419,集 5420

胡紹勳／經 1122

胡以梅／集 0711

胡宣濟／史 3005,史 3006

胡濂／子 1419

胡之玟／子 3097

胡憲仲／叢 0010,叢 0110

胡安／子 2699,集 0104

胡安國／經 0008,經 0009,
　經 0829,經 0830,經
　0831,經 0832,經 0833,
　經 0834,經 0835,經
　0836,經 0837,經 0838,
　經 0839,經 0840,經
　0841,經 0842,經 0843,
　經 0844,史 4223

胡容／史 2434

胡宏／史 0347,子 0179,集
　2038

胡定／史 3273

胡寅／史 2268,史 4223,子
　0135,集 2039

胡宗憲／史 2812,史 3428,
　史 3429,子 0487

胡宗洄／子 2528

胡永成／史 3272,史 3587

胡江／叢 0010

胡兆龍／集 3685

胡必選／史 2539

胡必相／經 0525

胡浚／史 3373,集 0345,集
　1011,集 4595,集 4596

胡濱／集 5003

胡汝／史 3522

胡汝礪／史 2808

胡漢／史 3165

胡渭／叢 0105,經 0032,經
　0320,經 0334

胡初被／集 2832

胡祚遠／史 2944

胡道傳／史 2914

胡肇智／史 1454

胡啓甲／史 3003

胡溁／子 0890,子 0891,子
　0892

胡九思／史 1151

胡太初／叢 0001,叢 0003,
　叢 0006,叢 0007,叢
　0009,叢 0054,叢 0100

胡士行／經 0016

胡直／集 3106

胡培翬／經 0032,史 1221,
　集 4732

胡南藩／史 3281

胡志仁／子 1836

胡吉豫／史 1390,子 2969

胡大慎／史 1287

胡柯／集 1819,集 1821,集
　1822,集 1823

胡蔚／集 4488

胡薰／經 0958

胡孝思／集 0920

胡蓉芝／經 1107

胡世安／叢 0093,經 0153,
　史 3545,子 2037

胡林翼／叢 0107,集 0998

胡執禮／集 0561

胡期恒／集 4162

胡松／史 2387,史 2388,集
　0435,集 0436

胡本淵／子 2991

胡成熊／史 2495

胡掄／經 0684

胡國楷／集 4062

胡昌／子 1507

胡昌賢／史 3511

胡時化／集 0460,集 0461,
　集 0462

胡鳴玉／子 2358

胡嗣廉／子 0656

胡煦／經 0186,經 0187,經
　0188,經 0189,集 4043

胡匡衷／經 0032,經 0572

胡鳳昌／子 0959

胡用賓／史 3054,史 3055

胡居仁／叢 0079，子 0237，子 0238，子 0239，子 0240，子 0241，集 2725，集 2726
胡居安／史 3242
胡學峰／史 2392
胡開益／史 1701
胡與高／子 0411
胡與宗／子 0411
胡介祉／子 1807，集 3905
胡會恩／集 3834
胡公壽／史 4444
胡公藩／集 5302
胡榘／史 2921
胡釴／史 2517，史 2804
胡錡／叢 0001，叢 0007，叢 0016，叢 0017，叢 0037
胡钁／子 2614
胡銓／叢 0092，集 2037，集 5541
胡棠／集 0702
胡粹中／史 0432
胡悟／子 3055
胡炳文／經 0016
胡慎容／集 4583
胡煒／子 0347
胡瑩／集 0348

4762_7
都穆／叢 0010，叢 0016，叢 0017，叢 0031，叢 0051，叢 0059，叢 0061，叢 0066，叢 0075，叢 0089，叢 0092，史 3793，史 4185，史 4186，史 4304，史 4305，史 4306，史 4340，子 1623，子 1624，子 1625，子 1626，子 2432
都絜／經 0020
都四德／經 0733
都卬／叢 0010，叢 0016，叢 0017，叢 0044，叢 0059

4772_7
邯鄲綽／叢 0007
邯鄲淳／叢 0007

4792_0
柳正芳／史 3213
柳瑛／史 2565
柳珵／叢 0004，叢 0007，叢 0009，叢 0016，叢 0017，叢 0018
柳琰／史 2865
柳山居士／集 5760
柳宗元／叢 0001，叢 0005，叢 0006，叢 0007，叢 0009，叢 0016，叢 0017，叢 0037，子 0003，子 0005，子 0006，子 0007，子 0095，子 0096，子 0097，集 0019，集 0020，集 0021，集 0022，集 0023，集 0024，集 0025，集 0026，集 0027，集 0028，集 0041，集 0045，集 0066，集 0077，集 0078，集 0079，集 0080，集 0081，集 0083，集 0086，集 1632，集 1633，集 1634，集 1635，集 1636，集 1637，集 1638，集 1639，集 1640，集 1641，集 1642，集 1643
柳永／集 5537，集 5592
柳冠群／子 1157
柳樊丘／子 1077
柳是／集 3638，集 3639，集 3640
柳開／集 1722
柳貫／叢 0007，集 2398，集 2399
柳公權／叢 0007，叢 0009，叢 0016，叢 0017

4792_7
橘洲散人／子 1942

4892_7
梯月主人／集 5912

4893_2
松濤／子 1260

4895_7
梅膺祚／經 1405，經 1406，經 1407，經 1408，經 1409
梅慶生／集 5393，集 5394，集 5395，集 5404
梅文鼎／叢 0078，叢 0092，子 1260，子 1279，子 1280，子 1313，子 1314，子 1315，集 3790
梅調元／集 3762
梅鷟／經 0267
梅建／經 1561
梅鼎祚／子 2698，子 2900，集 0237，集 0258，集 0259，集 0282，子 2901，集 0382，集 0455，集 0595，集 0603，集 0604，集 0609，集 0610，集 1043，集 5753，集 5760，集 5763，集 5764

梅純／叢 0024，叢 0026，叢
　0031，叢 0075
梅之煥／集 1430，集 3320
梅窗主人／集 5834
梅士享／子 0587
梅士勸／集 0117
梅堯臣／叢 0003，叢 0006，
　叢 0007，叢 0009，叢
　0016，叢 0017，叢 0044，
　子 0497，集 0089，集
　0090，集 1801，集 1802
梅孝己／集 5760，集 5762
梅毅成／子 1315
梅羹／集 3382

4928₀
狄億／叢 0078，集 5545
狄之武／集 0971
狄期進／子 2412，子 2413

4942₀
妙有山人／集 5837，集
　5838

4980₂
趙雍／叢 0092
趙彥衞／叢 0006，叢 0007，
　叢 0009，叢 0016，叢
　0017，叢 0037，叢 0103，
　子 2166
趙彥端／集 5537
趙彥復／集 1047
趙彥蕭／經 0016
趙應式／史 2747
趙文／史 3210，集 2603，集
　5542
趙文華／史 2227，集 2963，
　集 2964，集 2965
趙文哲／集 0123，集 4510

趙龍文／叢 0093
趙端／史 2415
趙諫／集 1174
趙一清／史 0176，史 3582，
　史 3583，集 4559
趙震陽／史 3278
趙烈文／子 1698
趙廷璣／史 3226
趙廷健／史 2527
趙磻老／集 5531，集 5541
趙玨／集 3890
趙孟頫／集 0030，集 2347，
　集 2348
趙珣／叢 0007
趙予信／集 2584，集 2585
趙弼／叢 0005，叢 0009
趙承謨／經 0979
趙子謙／史 1389
趙子櫟／集 0070
趙君卿／叢 0100，子 1240
趙翼／叢 0093，叢 0179，集
　4445
趙瑜／叢 0010
趙璘／叢 0004，叢 0005，叢
　0007，叢 0009，叢 0015，
　叢 0037
趙信／子 2002，集 0950
趙采／經 0085
趙秉文／集 2303，集 2304，
　集 2305
趙秉忠／叢 0034，集 3298
趙鯤／子 1678
趙統／集 3002
趙維烈／集 0370，集 5545
趙維寰／史 2173
趙順孫／經 0016
趙衍／史 3003
趙師雍／集 2996
趙師夏／叢 0116

趙師秀／集 0016，集 0029，
　集 0089
趙師俠／集 5537
趙貞吉／集 2993
趙槩／叢 0009
趙鼎／叢 0093
趙鼎勳／史 0739
趙熊詔／集 3824
趙崇絢／叢 0001，叢 0003，
　叢 0007，叢 0009，叢
　0016，叢 0097
趙崇禮／集 3642
趙崇祚／集 5527，集 5532，
　集 5552，集 5553
趙崇鉘／集 0092
趙彩姬／集 0106
趙獻可／子 1206，子 1207，
　子 1208
趙台鼎／叢 0049
趙先第／史 2758
趙佑／叢 0178，經 0431，子
　2990，集 4368
趙佶／叢 0005，叢 0006，叢
　0007，叢 0009，子 0388，
　子 0873，子 0874，子
　1733，集 0016，集 0017
趙勳／史 3118
趙升／叢 0083，叢 0092
趙岐／叢 0004，叢 0007，叢
　0009，叢 0016，叢 0017，
　叢 0090，經 0010，經
　0011，經 0012，經 0013，
　經 0014，經 0015，經
　0968，經 0969
趙魏／史 4248
趙旬／史 3748，史 3750，史
　3751
趙崡／叢 0092，史 4308
趙綱／集 0104

趙叔向／叢 0006，叢 0009，
　叢 0075，叢 0093

趙叔問／子 2167

趙紹祖／史 0227，史 0346，
　史 4252

趙以文／集 4421

趙汸／叢 0075，叢 0090，叢
　0100，經 0016，經 0852，
　經 0853，集 1494，集
　1498，集 1499，集 2466，
　集 2467

趙淳／史 3290

趙寧／叢 0075，史 3552

趙寬／集 2709

趙之謙／子 0634，子 1881，
　子 1882

趙之珩／史 2856

趙之壁／史 3693

趙宧光／叢 0075，經 1294，
　經 1295，子 1682，子
　1803，集 0637

趙寅／叢 0006，叢 0009

趙宗建／集 5055

趙澐／集 1018

趙潛／叢 0007，叢 0012，叢
　0026，叢 0075

趙沈壎／集 3793

趙湛／集 3666

趙汝礪／叢 0006，叢 0007，
　叢 0009，叢 0017

趙汝适／叢 0093，叢 0100，
　史 3810

趙汝楳／經 0016

趙汝愚／史 0863，史 4223

趙汝鐩／集 0092

趙祜／子 1455，子 1456

趙清夫／子 1597

趙迪／集 0104

趙湘／叢 0083

趙渭陽／子 1413

趙洵／史 4092

趙鴻洲／子 0961，子 0962

趙冠儒／子 1854

趙道一／子 3121

趙士麟／集 3814

趙士楨／子 0570

趙士介／史 1655

趙在翰／經 1197

趙南星／經 0944，經 1027，
　史 2185，史 2297，子
　0802，集 1316，集 3213，
　集 3214，集 3215

趙希／集 0092

趙希鵠／叢 0007，叢 0009，
　叢 0014，叢 0015，叢
　0044

趙惠／叢 0105，經 0016

趙志泉／子 2526，集 3187

趙志堅／子 0393

趙友欽／子 1242

趙嘉良／子 3314

趙古則／子 2506

趙吉士／子 2587，子 2588，
　集 1186，集 3717，集
　3718，集 3719，集 5545

趙大佑／集 2996，集 2997，
　集 2998

趙大浣／經 0972

趙爽／叢 0015，叢 0068

趙樸／叢 0004，叢 0007，叢
　0009

趙載／子 1329，子 1330

趙朴／叢 0005

趙㵾／叢 0025，叢 0068，叢
　0100

趙蕃／叢 0083，集 0640

趙世傑／集 0214

趙世安／史 2832

趙葵／叢 0007，叢 0012，叢
　0026

趙執信／叢 0096，集 0122，
　集 3868，集 3869，集
　5478，集 5479，集 5480，
　集 5481

趙構／叢 0001，叢 0003，叢
　0005，叢 0007，叢 0009

趙坦／經 0032

趙如升／子 3128

趙如源／經 0755，經 0756，
　子 1337，子 1338

趙鶴／集 1156，集 1157

趙崱／集 0066

趙起士／史 1132，史 2543

趙申喬／集 3824

趙抃／叢 0075，集 0089，集
　1771，集 1772，集 1773，
　集 1774，集 1775

趙本學／子 0498

趙振芳／經 0165

趙撝謙／子 2505

趙輔／叢 0010，叢 0030，叢
　0034

趙輔臨／經 0211

趙輯寧／史 3856

趙昱／集 4264

趙景良／集 0785

趙時庚／叢 0006，叢 0007，
　叢 0009

趙時春／集 2931

趙時㨂／集 1520

趙曄／叢 0004，叢 0009，叢
　0016，叢 0017，叢 0040，
　叢 0041，叢 0042，叢
　0067，叢 0076，史 0581，
　史 0582，史 0583

趙明誠／史 4227，史 4228

趙鳴琦／史 4032

趙曦明／叢 0088
趙璧／子 1843
趙臣瑗／集 0305，集 0716
趙長卿／集 5537
趙駿烈／史 0408
趙用賢／史 3921，史 3923，子 0573，子 0585，集 3202
趙鵬飛／經 0016
趙殿成／集 1440，集 1441
趙聞禮／集 5532，集 5533
趙學昌／子 2290
趙學敏／子 0801
趙民洽／史 2855
趙與虤／叢 0005，叢 0007，叢 0009，叢 0010
趙與旹／叢 0007，叢 0026，子 2168
趙與袞／史 0627
趙與時／叢 0004，叢 0009，叢 0075
趙俞／集 3931
趙令畤／叢 0006，叢 0007，叢 0009，叢 0037，叢 0092，子 2135，子 2136
趙善璙／史 4223，子 2501，子 2502
趙善湘／叢 0093
趙善譽／叢 0105
趙公豫／集 0093
趙釴／叢 0044，子 2328
趙錦／史 2503
趙鈞／史 1442，子 2648
趙節／史 3287
趙鏜／史 3013
趙惟勤／史 2426
趙懷玉／經 0452，經 0453
趙光裕／子 0555，子 0556
趙炳煃／集 4481
趙憬／叢 0004
趙耀／集 0463
趙□／叢 0004，叢 0005

5000_6
車璽／史 3588
車任遠／集 5737
車鼎豐／子 0307
車清臣／叢 0016
車垓／經 0570
車大任／集 0451
車若水／叢 0010，叢 0018，叢 0050

5000_6
申發詳／集 4490
申佳允／集 3475
申贊皇／子 2987，集 0971
申伯／史 2606
申涵光／叢 0101，子 0298，集 3782
申培／叢 0007，叢 0014，叢 0039，叢 0040，叢 0041，叢 0068，叢 0091，經 0377
申志廉／集 5330
申嘉瑞／史 2514
申甫／集 4607
申拱宸／子 0970
申時行／叢 0051，經 0273，經 0274，經 0275，經 0276，史 3921，史 3923，集 3109，集 3110
申用嘉／集 0590
申毓來／史 3116

5000_6
史正志／叢 0001，叢 0002，叢 0003，叢 0005，叢 0006，叢 0007，叢 0009
史元調／經 0284
史震林／子 2636，子 2637
史可法／集 3468，集 3469，集 3470
史彌寧／集 2225
史璞庵／史 1547
史弼／叢 0006，叢 0009
史致蕃／史 1844
史季溫／集 1922，集 1923，集 1924
史維堡／經 0284
史虛白／叢 0080
史崧／子 0671，子 0672，子 0686，子 0687
史仲彬／叢 0010，叢 0013，叢 0075
史傳遠／史 2767
史伯璿／經 1004，經 1005，集 2469，集 2470
史得威／叢 0101
史磐／集 5762
史槃／集 5760
史繩祖／叢 0001，叢 0002，叢 0006，叢 0007，叢 0009，叢 0037，叢 0100
史徵／叢 0083，經 0046，經 0056
史容／集 1922，集 1923，集 1924
史浩／叢 0007，集 2052，集 2053
史達祖／集 5536，集 5537
史游／叢 0068，叢 0100，經 1274
史啓英／子 0153
史大成／史 1301
史樹駿／史 3260
史本／史 3251

5090₆
束皙／叢 0007，集 0007
束戴／史 3178

5090₉
泰不花／集 0030

5208₄
揆敘／史 2384，集 3918

5225₇
靜菴／集 5760

5300₀
戈豐年／子 1558
戈守智／子 1695
戈汕／叢 0072
戈直／史 0597，史 0598，史 0599
戈地賓／集 4556
戈鳴岐／史 2880

5310₂
盛百二／經 0032，經 0305，經 0306，史 2676，史 3635，子 2274
盛弘之／叢 0004，叢 0005，叢 0007，叢 0009，叢 0016，叢 0017
盛繼／史 3276
盛繩祖／史 3307，史 3308
盛徵璵／集 4717
盛儀／史 2510
盛治／史 3123
盛大士／史 0520，子 2379，集 4717
盛樹人／史 4469
盛如梓／叢 0092，子 2177

盛時泰／史 4307
盛熙明／叢 0080，子 3307
盛錦／集 4404
盛符升／集 0392

5310₂
盝盝居士／集 3406

5320₀
成玄英／子 0424
成諧／子 1577
成鷟／子 0407
成廷珪／集 0030
成德／經 0016
成伯璵／經 0016
成城／史 2664，集 4444
成無己／子 0645，子 0716
成公綏／集 0007
成性／叢 0078

5320₀
戚元佐／史 1276，史 3842
戚繼光／叢 0075，叢 0100，叢 0105，子 0516，子 0517，子 0518，子 0519，子 0521，集 3167
戚雄／集 1158
戚輔之／叢 0004，叢 0005，叢 0007，叢 0008，叢 0009
戚學標／經 1580，史 3386，子 2643
戚光／叢 0117，史 0229，史 0230，史 0231，史 0232，史 0233

5340₀
戎金銘／集 5159

5508₀
扶安／史 0329

5560₆
曹應樞／子 2471，集 0939，集 4976
曹應鶴／集 3572
曹庭樞／集 4327
曹庭棟／經 0687，經 0948，史 1046，史 3806，子 0340，集 0092，集 4425
曹度／史 1295
曹文安／史 1620
曹章／集 4088
曹一鯤／子 1789
曹一士／集 4249
曹三德／集 0578
曹丕／叢 0044，集 0003，集 0007
曹霑／集 5996
曹雪芹／集 5997，集 5998
曹爾堪／集 0120，集 5545
曹雲慶／史 3661
曹天膺／經 0409
曹璘／史 3140
曹秉仁／史 2927，史 2928
曹仁虎／史 3905，史 3906，集 0123
曹貞吉／集 3813，集 5629
曹胤儒／子 0493
曹自守／史 2469，史 2470
曹伯啓／集 2367，集 2368
曹紹／叢 0006，叢 0007，叢 0007，叢 0009
曹家甲／子 1490，子 1491，子 1492，子 1493
曹之／叢 0078
曹之升／經 1115

曹憲／經 1231,經 1232,經
　1233

曹憲音／叢 0040,叢 0041,
　叢 0042, 經 1199, 經
　1200

曹安／叢 0010,叢 0052,叢
　0053,史 1212

曹安行／史 1620

曹寅／叢 0080,經 1201,集
　0697,集 5545,集 5760

曹宗載／史 1180,史 3356,
　集 1061,集 4949

曹永齡／集 5364

曹溶／叢 0075,叢 0092,叢
　0101,史 1129,集 0993,
　集 3614, 集 3615, 集
　5545

曹冠／集 5531,集 5541

曹鄴／叢 0007,叢 0009,叢
　0016,叢 0017,叢 0097,
　集 0066

曹裕嗣／經 0729

曹道振／集 2023,集 2024

曹士瑋／經 0611

曹士冕／叢 0001,叢 0003,
　叢 0005, 叢 0007, 叢
　0009

曹土瑋／經 0034

曹志／集 2468

曹大章／叢 0010,叢 0011,
　集 3101

曹大經／集 5034,集 5035

曹大同／集 0104

曹斯棟／子 2601

曹基／經 0790

曹蕃／叢 0010

曹植／叢 0067,集 0003,集
　0004,集 0005,集 0006,
　集 0007, 集 0009, 集

1354,集 1355,集 1356,
　集 1357, 集 1358, 集
　1359

曹振鏞／叢 0109,集 0776

曹操／子 0496,集 0003,集
　0007

曹掄彬／史 3067

曹日瑋／子 0483

曹毗／叢 0004,叢 0007,叢
　0009

曹勛／叢 0075,叢 0100,史
　0623,集 0092,集 1994,
　集 1995, 集 1996, 集
　5531

曹昭／叢 0009,叢 0035,叢
　0044,子 2476,子 2477,
　子 2478

曹臣／子 2545

曹同春／集 1329

曹聞禮／史 3018,史 3019

曹學詩／集 4355,集 4356,
　集 4357,集 5229

曹學佺／叢 0010,史 3396,
　史 3442, 史 3443, 子
　3313,集 0113,集 0291,
　集 0292,集 5404

曹毓秀／集 5547

曹錫辰／集 1028

曹籀／集 5072

曹恒吉／集 3898

曹燁／集 3572

曹煜／集 3878

5580₆

費袞／叢 0004,叢 0007,叢
　0009,叢 0016,叢 0017,
　叢 0075,叢 0092

費元祿／叢 0010,叢 0016,
　叢 0017, 叢 0018, 叢

0050,集 3380

費廷珍／史 2517,史 2804

費信／叢 0024,叢 0026,叢
　0075,叢 0101

費維章／叢 0202

費宏／史 0475,史 0476,史
　0477

費寅／史 4166

費寀／史 3088

費啓泰／子 1082,子 1083

費樞／叢 0007

費著／叢 0007,叢 0012,叢
　0050,叢 0075

費氏／集 0089

費念慈／史 4294

5602₇

揭傒斯／叢 0044,集 2388,
　集 2389

揭暄／子 0540,子 0541,子
　1592

5602₇

揚雄／叢 0005,叢 0006,叢
　0007,叢 0009,叢 0016,
　叢 0017, 叢 0039, 叢
　0040,叢 0041,叢 0042,
　叢 0044, 叢 0083, 叢
　0088,叢 0097,經 1224,
　經 1225, 子 0009, 子
　0011,子 0095,子 0096,
　子 0097, 子 1333, 子
　1334,子 1335,子 1336,
　子 1337, 子 1338, 集
　0003,集 0004,集 0005,
　集 0006, 集 0007, 集
　1300

5701₂

抱甕老人／集 5947,集

5948

抱陽生／史 0723，史 0724，
　史 0725，史 0726，史
　0727，史 0728

5798₆

賴文俊／子 1428，子 1429，
　子 1430，子 1448

賴從謙／子 1435，子 1436，
　子 1437，子 1438

賴以邠／集 5546，集 5731

賴良／集 0790，集 0791

5824₀

敖繼公／經 0016，經 0554

敖英／叢 0010，叢 0016，叢
　0017，叢 0018，叢 0031，
　叢 0049，叢 0050，叢
　0059，叢 0063，集 0104，
　集 0668

敖陶孫／叢 0007，集 0092

敖□／子 0655

6008₆

曠敏本／叢 0169，叢 0175，
　史 3154，史 3554，集
　4301

6011₃

晁説之／叢 0001，叢 0005，
　叢 0006，叢 0007，叢
　0009，叢 0075，叢 0103，
　集 1945

晁元禮／集 5530

晁補之／叢 0068，經 0761，
　集 0089，集 0098，集
　1946，集 1947，集 5537

晁邁／叢 0007

晁冲之／集 0089，集 1948，

集 1949，集 1950

晁迥／叢 0004，叢 0005，
　叢 0006，叢 0007，叢 0009，
　子 3327

晁載之／叢 0009

晁貫之／叢 0007，叢 0012，
　叢 0014，叢 0035，叢
　0068，叢 0080，叢 0100

晁公武／史 4118，史 4119

6015₃

國史館／史 1173

6022₇

易可久／史 3202

易順鼎／集 5586

易鸞／史 2578

易祓／經 0020，經 0477

易大艮／子 0655

易時中／史 2679

易開繻／集 0329

易餘湉／史 1012

6033₁

黑瑪／子 0147

6033₂

愚谷老人／叢 0075

6034₂

團昇／集 4499

6034₃

團維墉／經 0924

6040₀

田文鏡／史 0948，史 0949，
　史 0950，史 0951，史

3872

田需／史 0113，集 5477

田霖／叢 0113，集 4166

田雯／叢 0113，史 3411，史
　3412

田頊／史 3208

田登／集 0124

田從典／集 3932

田秋／史 3300

田汝棘／集 0104

田汝成／叢 0010，叢 0013，
　叢 0016，叢 0017，叢
　0018，叢 0034，叢 0101，
　史 0513，史 0664，史
　3616，史 3617，史 3618，
　史 3619，史 3620，集
　0104，集 2928，集 2932

田況／叢 0004，叢 0007，叢
　0009，叢 0016，叢 0017，
　叢 0037

田肇麗／叢 0113，子 2269

田嘉生／集 3491

田藝蘅／叢 0010，叢 0011，
　叢 0013，叢 0034，叢
　0049，叢 0051，子 2239

田朝恒／經 1355

田本沛／史 2577

田易／集 0707

田同之／叢 0113，子 2356，
　集 4074

田錫／叢 0007

6040₄

晏彦文／史 2271，史 2272，
　史 2273

晏殊／集 5537，集 5539，集
　5588

晏幾道／集 5537，集 5539，
　集 5589，集 5590

晏宏／史 0329

晏斯盛／叢 0171

晏模／叢 0004，叢 0009

6040₇

曼殊女史／集 0602

6050₄

畢效欽／經 1199，集 0050

畢弘述／經 1411，經 1412

畢仲詢／叢 0004，叢 0005，叢 0007，叢 0009，叢 0016

畢仲游／叢 0083

畢自耘／集 3412

畢以珣／叢 0098

畢憲曾／經 0960

畢沅／叢 0094，經 1166，經 1309，史 0361，史 3694，史 4344，子 2042，子 2043，子 2044，子 2045，子 2070，子 2071，子 2072

畢星海／經 1441

畢熙暘／叢 0078

6060₀

昌巖／叢 0063

6060₀

冒襄／集 0908

冒起宗／集 3467

冒丹書／史 0990

冒愈昌／集 0106

6060₂

呂應奎／史 3247

呂文橪／經 0907

呂謙恒／集 4032

呂元調／集 1111

呂元啓／子 2922

呂元善／叢 0110，史 0983

呂夏卿／叢 0083

呂天芹／史 3205

呂不韋／叢 0094

呂延濟／集 0153，集 0154，集 0155，集 0156，集 0157，集 0158，集 0159，集 0160，集 0161

呂飛鵬／經 0527

呂瓚先／史 3289

呂維祜／經 0943，經 1540

呂維祺／經 0695，經 0943，經 1539，經 1540

呂師濂／集 5545

呂胤基／集 3234

呂巖／叢 0052，叢 0053，子 3073

呂熊／集 5989

呂愻／叢 0100，史 0669，史 0670

呂嵒／子 3038，子 3072

呂種玉／叢 0081，叢 0082

呂獻策／子 1019

呂傑／史 3097

呂向／集 0153，集 0154，集 0155，集 0156，集 0157，集 0158，集 0159，集 0160，集 0161

呂兆禧／叢 0110

呂兆祥／史 3684

呂濱老／集 5537

呂洪烈／集 5545

呂溫／集 0066

呂祖謙／叢 0005，叢 0007，叢 0009，叢 0012，叢 0051，叢 0075，叢 0079，叢 0105，叢 0116，叢

0119，經 0016，經 0020，經 0080，經 0352，經 0762，經 0763，經 0764，史 2154，史 2155，史 2213，史 2234，史 2265，史 2266，史 4223，子 0162，子 2748，集 0383，集 0765，集 0766，集 0767，集 0768，集 0769，集 0770，集 1873，集 2083，集 2084，集 2085，集 2086

呂祖儉／集 2083，集 2084

呂瀾／史 2617，史 2618

呂道爔／叢 0044

呂士雄／集 5937

呂希哲／叢 0005，叢 0006，叢 0007，叢 0009

呂大圭／經 0016

呂大忠／叢 0006，叢 0007，叢 0009

呂大臨／史 4267，史 4277

呂葆中／集 0510

呂坤／叢 0101，叢 0124，叢 0163，經 0698，經 0699，經 1536，史 3867，子 0269，子 0270，子 0271，子 0522，子 0523，子 0524，子 1076，子 2529，子 3043，集 3218

呂柟／經 0022，史 2727，子 0178，子 0255，集 2826

呂聲之／集 0092

呂本中／叢 0001，叢 0005，叢 0006，叢 0007，叢 0009，叢 0016，叢 0054，叢 0068，叢 0100，子 2151，集 0092，集 2035，集 2036，集 5388，集

5390

呂邦燿／史 0551，史 2146，
　史 3836

呂星垣／集 5760

呂昌期／史 3028，史 3029

呂喦／集 1699

呂景蒙／史 2573

呂時臣／集 0104，集 3146

呂原明／叢 0007

呂頤浩／叢 0093

呂陽／集 3625

呂陶／叢 0083

呂履恒／集 3940，集 3941

呂居仁／叢 0003，叢 0004

呂留良／經 1064，經 1065，
　經 1066，經 1067，經
　1068，子 0306，子 0307，
　子 1208，集 0086，集
　0089，集 0510，集 1001，
　集 1002，集 1003，集
　3495，集 3772，集 3773，
　集 3774，集 3775，集
　3776，集 5463

呂兌／集 3364

呂曾枏／史 2981

呂懷／經 0716

呂棠／子 1973，子 1974

呂忱／叢 0007，經 1235，經
　1236，經 1237

呂榮義／叢 0007

6060₄

圖爾兵／史 3273

圖理琛／叢 0101

圖海／史 0486，史 0487

6080₀

貝瓊／集 0101，集 2529

貝貝香／史 4437

6080₆

員興宗／子 2156

6090₆

景芳／史 2707

景日眕／史 3496，史 3763

景星／經 0016，集 4802

景星杓／集 4175

景煥／叢 0004，叢 0006，叢
　0007，叢 0009，叢 0016，
　叢 0017

6091₅

羅鹿齡／集 0104

羅廩／叢 0010，集 3416

羅襄／叢 0004

羅彰彝／史 2780

羅誘／叢 0005，叢 0006，叢
　0007，叢 0009

羅謙／史 0782

羅王常／史 4408

羅更翁／史 4267

羅天益／子 1177

羅登選／經 0706

羅森／集 5198

羅聘／集 4555

羅玘／集 2714，集 2715，集
　2716，集 2717

羅承順／史 3170

羅柔／集 0104

羅虞臣／集 2969

羅先登／叢 0007，叢 0020

羅倫／集 2680

羅從彥／叢 0079，集 2023，
　集 2024

羅以智／經 1193，史 1009，
　史 2344，集 1347，集
　1348，集 5509

羅寶書／史 2455

羅濬／史 2921

羅泌／史 0524，史 0525，史
　0526，史 0527，史 0528，
　史 0529，史 0530，史
　0531

羅汝芳／叢 0051，子 0259，
　集 3102

羅洪先／叢 0010，史 2387，
　史 2388，集 0104，集
　2942，集 2943，集 2944

羅暹春／集 4352

羅通／子 1598

羅逢吉／集 2214

羅鄴／叢 0016，叢 0017，叢
　0026，叢 0097，集 0066

羅榮／集 4127

羅士琳／子 1271，子 1302

羅有高／集 4470

羅志仁／叢 0006，叢 0007，
　叢 0009

羅大經／叢 0004，叢 0007，
　叢 0009，叢 0037，子
　2169，子 2170，子 2171，
　子 2172

羅大振／史 0530

羅森／子 1708，子 1711，子
　1712

羅萬化／集 3196

羅萬象／集 3663，集 3664，
　集 3665

羅萬藻／集 3463

羅蘋／史 0530

羅懋登／集 5766，集 5773，
　集 5986

羅世珍／集 4084

羅坤／集 5630

羅本／集 5964，集 5965，集
　5966，集 5974，集 6006

羅振玉／史 4222

羅虬／叢 0006，叢 0007，叢 0009，叢 0016，叢 0017，叢 0018

羅國綱／子 1230

羅景／史 1240，史 3695

羅點／叢 0005，叢 0007，叢 0009

羅明祖／集 3476

羅璧／叢 0005，叢 0006，叢 0007，叢 0009，叢 0075，子 2312

羅雅谷／子 1290

羅願／叢 0044，叢 0100，經 1199，經 1247，經 1248，經 1249，經 1250，經 1251，史 2540，史 2541，集 2059，集 2060，集 2061

羅隱／叢 0007，叢 0012，叢 0050，集 0048，集 0066

羅朋／史 3661

羅周彥／子 1203

羅與之／集 0092

羅含／叢 0004，叢 0007，叢 0009，叢 0016，叢 0017

羅公升／集 0092

羅美／子 0915，子 1238

羅頌／集 2059，集 2060

羅欽順／叢 0079，子 0243，子 0244

羅欽德／史 1279

羅小隱／集 5760

6148₆
顒琰／集 4709，集 4710，集 4711

6200₀
喇沙里／經 1057

6204₉
呼延華國／史 2802

6292₂
影園灌者／集 5859

6355₀
戰效曾／史 2836，史 2839

6401₁
曉山老人／子 1573，子 1574，子 1575

6402₇
噶爾泰／史 4003

6404₁
時雍／子 0394

時慶萊／集 5114

時瀾／經 0016

時樞／集 4955

6621₅
瞿佑／叢 0010，叢 0075，叢 0092，叢 0097，集 0032，集 5434

瞿汝稷／子 3311

瞿九思／集 0864

瞿頡／集 5760

瞿式耜／叢 0101，集 2721

瞿共美／史 0750

瞿思忠／史 1244

瞿昌文／叢 0092

瞿曇悉達／子 1367，子 1368，子 1369

瞿景淳／經 0763

瞿鏞／史 4163，史 4164，史 4445

6624₈
嚴文典／史 2660

嚴章福／經 1329

嚴調御／集 0117

嚴正身／史 3034

嚴元照／經 1218，集 5654

嚴可均／叢 0193，經 1315，經 1316，子 0100，集 4716

嚴麗正／集 4963

嚴武／集 0062

嚴武順／叢 0010，集 0117

嚴羽／叢 0003，叢 0007，叢 0050，叢 0068，集 0030，集 1464，集 2229，集 5390

嚴信厚／史 4468

嚴維／集 0051，集 0063，集 0066

嚴虞惇／經 0387，史 3899，史 3900，集 3947

嚴嵩／史 0872，史 0897，史 0898，史 3105，史 3107，集 2799，集 2800，集 2801

嚴繼善／史 2458

嚴保庸／集 5760

嚴粲／經 0353，經 0354，經 0355，經 0356，經 0357，集 0092

嚴繩孫／集 3867

嚴之偉／子 1372

嚴宗嘉／史 2412

嚴澄／子 1898

嚴潔／子 0667，子 0668

嚴遂成／集 4202，集 4203

嚴遵／叢 0015，叢 0068，叢 0100

嚴有翼／叢 0007

嚴有禧／叢 0101,經 0387,
　史 2652

嚴有榖／子 2581

嚴杰／經 0032

嚴萬里／子 0594,子 0595

嚴蔚／史 4318

嚴本／集 5335

嚴書開／集 3591

嚴勑／集 0117

嚴思濬／史 3141

嚴辰／史 1412,集 5020

嚴長明／史 2763,集 0551,
　集 0763

嚴助／叢 0007,叢 0016,叢
　0017

嚴錫康／集 5051

嚴鈖／史 3365

嚴光祿／集 4646

嚴怡／集 3140

6650₆

單屺／集 3409

單慶／史 2863,史 2864

單可琪／經 1585

單瑤田／集 5760

單爲鏓／集 1631

單復／集 1504,集 1505

單宇／叢 0010

單祐範／集 1631

單本／集 5760,集 5763,集
　5764

單隆周／子 2829

單鍔／叢 0105

單鐸／經 0915

6702₀

明珠／史 0484,史 0485

明安圖／子 1320

6710₄

堅西逸叟／子 2640

6716₄

路進／史 0354

路邁／史 3706

路振／叢 0105

路鐓／史 2893,史 2894

6722₇

鄂爾泰／經 0504,史 3285,
　史 3299,史 4029,集
　0909,集 4286

6802₁

喻文偉／史 2524

喻端士／集 5469

喻正己／叢 0007

喻仁／子 0635

喻梟／集 0066

喻安性／集 3302

喻傑／子 0635

喻成龍／史 3482,史 3483

喻冕／子 1475

喻昌／子 0663,子 0664,子
　0665,子 1137,子 1138,
　子 1160

喻昌嘉／子 1091

7110₆

暨用其／集 1261

7120₉

歷畊老農／子 2833

7121₁

阮龍光／史 2688

阮元／經 0015,經 0032,經

0541,經 0542,經 1194,
　經 1266,史 0270,史
　2512,史 4155,史 4287,
　史 4288,史 4344,集
　1046,集 4529,集 4530

阮元聲／集 0034,集 1153

阮瑀／集 0007

阮福／經 0032

阮述／集 3396

阮逸／叢 0039,叢 0040,叢
　0041,叢 0100,經 0703,
　史 0276,子 0003,子
　0005,子 0006,子 0007,
　子 0111

阮大鋮／集 3350,集 5760,
　集 5793,集 5794

阮葵生／子 2277

阮春畬／集 0977

阮咸／叢 0041

阮國權／史 1506,子 2630

阮鶚／史 1369,集 2688

阮閱／集 5407,集 5408,集
　5409,集 5541

阮學濬／集 0967

阮學浩／集 0967

阮籍／叢 0067,集 0003,集
　0004,集 0005,集 0006,
　集 0007,集 0009,集
　1361

7122₀

阿桂／史 3940

阿思哈／史 2683

7122₇

厲荃／子 3011,子 3012

厲鶚／史 0241,史 2513,史
　3334,史 3335,史 3732,
　集 4075,集 4076,集

4077，集 4078，集 4079，
集 4080，集 4081，集
4082，集 4083，集 4346，
集 5489，集 5576，集
5577，集 5760

7129₆
原良／子 2256

7132₇
馬廣良／集 5097
馬文升／叢 0010，叢 0027，
叢 0030，叢 0034，叢
0075，史 0894
馬端臨／史 3882，史 3883，
史 3884，史 3885，史
3886，史 3887，史 3888，
史 3889，史 3890，史
3891，史 3892，史 3893，
史 3894，史 3895，史
3896，史 3897，史 3898，
史 3899，史 3900，史
3901
馬一龍／叢 0010，叢 0013，
叢 0051
馬一騰／叢 0112
馬元／史 3760
馬元調／集 0084，集 3517
馬弘衛／叢 0072
馬融／叢 0007，叢 0039，叢
0040，叢 0041，叢 0067，
叢 0068，叢 0098，叢
0100，經 0045，集 0007
馬理／集 2857
馬致遠／集 5760
馬受曾／史 2945
馬維翰／集 4066
馬維銘／史 2169
馬縞／叢 0001，叢 0005，叢

0007，叢 0009，叢 0012，
叢 0042，叢 0076
馬任／子 1920
馬巒／史 1348
馬崇素／子 0636
馬俊良／叢 0097，經 0323
馬化龍／子 0998
馬偉／史 2521
馬生龍／叢 0010
馬傳朱／集 5135
馬債／子 1920
馬純／叢 0006，叢 0007，叢
0009，叢 0016，叢 0017
馬績華／子 1567
馬總／叢 0005，叢 0007，叢
0008，叢 0009，叢 0100，
史 0277，子 2485，子
2486，子 2487
馬瀛／史 4157
馬汶／叢 0092
馬宥／集 3753
馬之騄／集 3559
馬守貞／集 0106
馬容／集 3753
馬宗璉／經 0032
馬宗素／子 0645，子 0646
馬永易／叢 0004，叢 0009
馬永卿／叢 0005，叢 0007，
叢 0009，叢 0016，叢
0017，叢 0036，叢 0037，
子 2142
馬汝驥／集 0104
馬汝驤／史 0663
馬澤／史 2922
馬祖常／集 0030，集 2384
馬朗／叢 0007
馬汾／集 4953
馬遵／叢 0017
馬道畔／集 0916

馬嘉松／集 0302
馬奇／史 2669
馬大相／史 3462
馬大年／叢 0075
馬森／子 2191
馬斯臧／集 3388
馬戴／集 0066
馬蓋臣／史 0614
馬蒔／子 0689
馬世璘／史 4056，史 4057
馬世俊／集 3753，集 4671，
集 4677
馬權奇／經 0145
馬觀／叢 0013
馬如龍／史 2822，史 2823
馬歡／叢 0010，叢 0024，叢
0053，史 3811，史 3812
馬中錫／叢 0010，集 2705
馬揭／史 3307，史 3308
馬鰲／子 0343
馬旦／集 1031
馬日炳／史 3271
馬曰琯／史 1344，集 4400，
集 5489
馬明瑞／史 2974
馬嗣澄／史 2946
馬驌／叢 0093，經 0786，經
0787，史 0499
馬隆／叢 0007，叢 0012，叢
0041，叢 0068
馬閎卿／集 0104
馬駉／經 0559，經 0560，經
0561
馬騰霄／史 3058
馬龠／史 3136
馬令／叢 0015，史 0228
馬愈／叢 0075
馬釗／經 1483
馬第伯／叢 0007

馬恒錫／集 0934
馬性魯／史 3204
馬榮祖／集 4270

7171₆
區簡臣／史 3260
區懷年／集 3521

7173₂
長孫無忌／叢 0098，史 0217，史 4035，史 4223
長齡／史 1406
長湖外史／集 5562，集 5563
長谷真逸／叢 0010，叢 0017，叢 0018，叢 0050

7210₀
劉齊禮／史 1660
劉方／集 5762
劉裔炫／史 3262
劉鳶／集 2596，集 2597
劉應廣／集 1260
劉應登／子 2403，子 2407，子 2410
劉應秋／集 3246
劉應李／子 2805，子 2806
劉應時／叢 0092
劉慶觀／子 1953
劉庚／經 0093
劉文蔚／集 0722，集 0752
劉文如／史 1003
劉詵／集 2334，集 2335
劉訥言／叢 0007，叢 0016，叢 0017，叢 0018
劉靖／史 3214
劉諫／史 2549
劉訒／史 2690
劉歆／叢 0017，叢 0041，叢

0097，集 0007
劉旂錫／子 3004
劉效祖／史 3422
劉謙吉／集 3812
劉麟／集 2750
劉一止／集 0092，集 2003，集 2004，集 2005，集 2006，集 2007
劉一清／叢 0004，叢 0007，叢 0009
劉一相／集 0284
劉一中／子 3084
劉三吾／經 0260，經 0261，集 2515，集 2516，集 2517
劉正誼／集 4122
劉玉／叢 0010，叢 0013
劉玉麐／經 0032
劉玉麟／史 3283
劉王愛／史 2520
劉元震／集 0829
劉元霖／集 0829
劉元慧／集 3725
劉元卿／叢 0010，叢 0049，子 0266
劉于義／史 2761，史 2762
劉天和／叢 0027
劉天相／史 3757
劉珏／集 2634
劉璣／史 3148，子 0121
劉弘毅／史 0299
劉廷元／史 1102
劉廷璣／子 2264，集 3987
劉廷焜／史 1208
劉延世／叢 0001，叢 0007，叢 0009，叢 0037，叢 0100
劉瓛／經 0045
劉球／經 1358，集 2616

劉琳／史 0655
劉劭／叢 0007
劉琨／集 0007，集 5180
劉理順／集 3479
劉承幹／史 3919
劉子翬／集 0089，集 2017，集 2018
劉子壯／集 3697
劉子寰／集 5541
劉鼉／集 5357，集 5760
劉邵／叢 0033，叢 0039，叢 0040，叢 0041，叢 0067，叢 0105，子 2119，子 2120
劉翼／集 0088
劉翼明／集 3581
劉珍／叢 0083
劉禹錫／叢 0001，叢 0003，叢 0007，集 0056，集 0057，集 1644，集 1645，集 1646，集 1647
劉信嘉／集 1260
劉秉忠／子 1434，子 1435，子 1436，子 1437，子 1438，子 1439，子 1448，集 2316
劉秉恬／集 4518
劉統勳／史 2316
劉維謙／經 0434，集 1335
劉仁本／集 2435，集 2436，集 2437
劉胤昌／子 2904
劉任／史 3236
劉仙倫／集 0092
劉幾／史 3049，史 3050
劉崇遠／叢 0004，叢 0005，叢 0007，叢 0009，叢 0016，叢 0017，叢 0093，子 2418

劉繼先／史 2656

劉繼善／史 3203

劉崧／集 2520，集 2521

劉允／史 3142

劉允中／子 1433

劉允鵬／子 2709

劉台拱／經 0032

劉峻／集 0007

劉仕彎／史 1661

劉仕朝／史 1662

劉仕義／叢 0010，叢 0016，叢 0017

劉壯國／集 5545

劉德新／叢 0078

劉儲／史 3093

劉儲秀／經 0481

劉佑／史 3192

劉仲璟／叢 0010，叢 0016，叢 0017

劉仲達／子 2909，子 2910

劉仲甫／叢 0007

劉健／史 0786

劉傳祺／集 5115

劉純／子 0720，子 1192，子 1193，子 1194

劉績／叢 0003，叢 0010，叢 0026，叢 0075，經 0767，經 0768，子 0013，子 0580，子 0581，子 0582，子 0583，子 0584，子 2092

劉佃／史 2656

劉伯祥／子 0838

劉伯梁／叢 0114

劉伯躍／史 0906

劉儼／史 2966

劉侗／叢 0010，史 3310，史 3311

劉翽／叢 0005

劉向／叢 0004，叢 0006，叢 0007，叢 0009，叢 0016，叢 0017，叢 0018，叢 0035，叢 0039，叢 0040，叢 0041，叢 0042，叢 0067，叢 0076，史 0985，史 0986，史 0987，史 4223，子 0077，子 0078，子 0079，子 0080，子 0081，子 0082，子 0083，子 0084，子 0085，子 0086，子 0087，子 0088，子 0089，子 0090，子 0091，子 0092，子 0093，集 0007

劉將孫／集 2263，集 2359

劉名芳／史 3456

劉魯生／史 2597

劉絢／經 0826

劉紹文／史 3091

劉紹藜／子 1871

劉紹攽／集 4262

劉作樑／史 2981

劉徽／叢 0083，子 1299

劉牧／經 0016

劉綸／集 4287

劉鱗長／史 1208

劉宣／史 3065

劉濂／經 0714

劉完素／子 0636，子 0645，子 0646，子 0681，子 0688

劉寬／史 2989

劉家珍／集 4093

劉之連／集 4582

劉守泰／經 0773

劉宇／子 1106

劉宇恭／子 0728

劉宰／集 0089，集 2180

劉安／叢 0004，叢 0009，子 0013，子 2074，子 2075，子 2076，子 2077，子 2078，子 2079，子 2081，子 2082，子 2083，子 2084，子 2085，子 2086，子 2087，子 2088，子 2089，子 2090，子 2091，子 2092

劉安上／集 1966，集 1967，集 1968，集 1969，集 1970

劉安節／集 1971，集 1972，集 1973

劉富曾／史 3919

劉良／集 0153，集 0154，集 0155，集 0156，集 0157，集 0158，集 0159，集 0160，集 0161

劉定之／叢 0010，叢 0016，叢 0017，叢 0031，子 2313，集 2632

劉寶楠／經 0961，經 1268

劉宗洙／叢 0114

劉宗泗／叢 0114

劉宗周／叢 0075，叢 0010，史 1663，子 0282，集 3308，集 3309，集 3310

劉永之／集 2496

劉潛／集 0003，集 0007

劉濆／集 1545

劉源／史 1057，史 1058，子 1774

劉澄之／叢 0004，叢 0007，叢 0009

劉業勤／史 3254

劉攽／集 2240，集 2241，集 2242，集 2243

劉淇／經 1257，經 1258

劉漢中／集 1260

劉祜／集 0450

劉禧延／集 5547

劉達可／子 2769

劉沛先／史 2667

劉澤溥／史 2579

劉汋／史 1382

劉鴻訓／子 2794

劉凝／史 3108

劉次莊／叢 0001,子 1683,子 1708

劉祖憲／子 0632

劉祁／叢 0075,叢 0083,叢 0092

劉過／集 0092,集 2193,集 2194,集 5535,集 5537

劉逢祿／經 0032

劉浴德／子 0697

劉道醇／子 1722,子 1723,子 1731

劉啓元／集 3279

劉啓東／史 2464

劉士銘／史 2613

劉士鏻／集 0496,集 0497,集 0498,集 0862

劉奎／子 0951

劉坊／集 3980

劉墉／史 3859

劉培元／集 4667

劉克／經 0358,經 0359

劉克莊／叢 0007,叢 0068,叢 0080,叢 0092,史 4223,集 0089,集 0094,集 2231,集 2232,集 5427,集 5537,集 5543

劉堯錫／史 1660

劉存／叢 0004,叢 0006,叢 0007,叢 0009

劉燾／叢 0004,叢 0007,叢 0009,叢 0017

劉友益／史 0321,史 0322,史 0323,史 0324,史 0325,史 0326,史 0339

劉吉／史 0474

劉喜海／史 4126,史 4259,集 4871

劉大夏／集 0104

劉大彬／史 3457

劉大櫆／集 1555,集 4423

劉大申／史 1664

劉真仙／子 3084

劉真遠／子 3111

劉真人／子 0857

劉楨／集 0007

劉壎／子 2176,集 5535

劉機／史 0362,史 0363

劉城／集 0117

劉基／叢 0010,叢 0053,叢 0075,叢 0100,史 2357,子 1329,子 1330,子 1366,子 1373,子 1377,子 1378,子 1379,子 1434,子 1435,子 1436,子 1437,子 1438,子 1439,子 1441,子 1516,子 1517,子 1518,子 1519,子 1520,子 2474,子 2475,集 0104,集 0115,集 0367,集 2498,集 2499,集 2500,集 2501,集 2502,集 2503,集 2504,集 2505

劉堪／史 2453

劉夢興／集 3761

劉芳／史 2440,史 3261

劉芳喆／叢 0078,史 3001

劉萬春／史 4074

劉蒙／叢 0001,叢 0003,叢 0005,叢 0006,叢 0007,叢 0009

劉茂光／子 1283

劉燕雯／史 2430

劉孝孫／叢 0007,叢 0017,叢 0075,叢 0092

劉孝綽／集 0003,集 0007,集 0009

劉孝標／叢 0010,叢 0016,叢 0093,子 2392,子 2393,子 2394,子 2395,子 2396,子 2397,子 2398,子 2399,子 2400,子 2401,子 2402,子 2403,子 2404,子 2405,子 2406,子 2407,子 2408,子 2409,子 2410,子 2411,集 0003

劉孝威／集 0003,集 0007,集 0009

劉若愚／叢 0100,史 0693,史 0694,史 0695,史 0696,史 0697

劉荀／叢 0083

劉世儒／子 1759,子 1760

劉世寧／史 3032

劉世教／叢 0105,叢 0110,集 0073

劉其暉／子 1326

劉堉／子 2271

劉執玉／集 0122

劉摯／叢 0083

劉榛／集 3800

劉坦／史 2403

劉恕／史 0294,史 0295,史 0296

劉如基／史 3168

劉如晏／史 2525

劉勰／叢 0040,叢 0041,叢

0067,集 5391,集 5392,
集 5393,集 5394,集
5395,集 5396,集 5397,
集 5398,集 5399,集
5400,集 5401,集 5402,
集 5403,集 5404

劉郁／叢 0012,叢 0026,叢
0075,叢 0100

劉朝鎔／史 0830

劉增風／集 1260

劉翰／集 0092

劉敬叔／叢 0007,叢 0015,
叢 0016,叢 0017,叢
0068,叢 0100

劉松／史 3103

劉中柱／集 3893

劉晝／叢 0009,叢 0039,叢
0040,叢 0067,子 0009,
子 2122,子 2123

劉肅／叢 0007,叢 0036,叢
0037,子 2414,子 2415,
子 2416

劉青霞／叢 0114

劉青芝／叢 0114

劉青蓮／叢 0114

劉奉世／集 1261

劉表／經 0045

劉振麟／史 1299,史 1300

劉彧／叢 0004,叢 0007,叢
0009

劉成德／集 0254,集 0255,
集 1225

劉蛻／叢 0007,子 0015,集
0018,集 1688,集 1689

劉日惺／史 1662

劉曰寧／史 0857

劉思誠／經 1028

劉旻撰／叢 0007

劉昌／叢 0010,叢 0016,叢

0017,叢 0023,叢 0024,
叢 0031,叢 0034,集
1048,集 1049

劉昌詩／叢 0075,叢 0092

劉因／叢 0007,集 0030,集
2356,集 2357,集 2358

劉昞／叢 0007,叢 0033,叢
0039,叢 0040,叢 0105,
史 0652,子 2119,子
2120

劉暄之／集 4974

劉默／子 1218

劉時舉／叢 0100

劉跂／叢 0004,叢 0007,叢
0009,叢 0016,叢 0017,
叢 0083

劉昫／史 0005,史 0221,史
0222

劉鳴玉／集 1122

劉昭／史 0001,史 0003,史
0004,史 0005,史 0146,
史 0147,史 0148,史
0149,史 0150,史 0151,
史 0152,史 0153,史
0154,史 0155,史 0156,
史 0157

劉昭文／史 3115

劉辰／叢 0024,叢 0027,叢
0101,史 0675

劉辰翁／經 0632,史 0136,
史 0137,史 0138,史
0588,子 0389,子 0425,
子 2397,子 2398,子
2403,子 2407,子 3042,
集 0014,集 0038,集
0042,集 0074,集 1439,
集 1449,集 1489,集
1490,集 1491,集 1492,
集 1494,集 1580,集

1867,集 1868,集 2262,
集 2263

劉長卿／集 0063,集 1443,
集 1444

劉岳申／集 2376

劉質／叢 0097

劉體仁／叢 0092

劉堅／子 1648,子 2355

劉鳳／叢 0034,叢 0035,史
1163,集 0104,集 0110,
集 1296,集 3038,集
3039

劉用章／經 1003

劉履／集 0163,集 0164

劉履芬／集 5067,集 5547

劉履恂／經 0032

劉眉錫／史 3524

劉欣期／叢 0007

劉熙／叢 0035,叢 0040,叢
0041,叢 0042,叢 0044,
經 1199,經 1200,經
1226,經 1227,經 1228,
經 1229,經 1230

劉學箕／集 2212

劉開／史 2581,子 0832

劉閱儒／史 3035,史 3036

劉攽／集 0298,集 0299

劉企向／子 1089

劉兌／史 2768

劉斧／叢 0007,子 2680

劉羲仲／叢 0068,叢 0100

劉弇／集 0092,集 1955

劉義／集 0051

劉義慶／叢 0006,叢 0007,
叢 0009,叢 0014,叢
0015,叢 0016,叢 0017,
子 2392,子 2393,子
2394,子 2395,子 2396,
子 2397,子 2398,子

2399,子 2400,子 2401,
子 2402,子 2403,子
2404,子 2405,子 2406,
子 2407,子 2408,子
2409,子 2410,子 2411
劉義仲／史 0287
劉會／史 2965
劉命清／集 3606
劉毓盤／集 5717
劉美之／叢 0005,叢 0006,
叢 0007,叢 0009,叢
0015
劉鍊／叢 0004,叢 0007,叢
0009,叢 0012,叢 0016,
叢 0018,叢 0022
劉錫／子 1043,集 3081
劉錫玄／集 3329
劉智／子 3337
劉知幾／史 2254,史 2255,
史 2256,史 2257,史
2258
劉鑑／經 1495,經 1496,經
1497,經 1498,經 1507,
經 1508,經 1509,經
1510
劉筠／叢 0075
劉攽／叢 0001,叢 0003,叢
0006,叢 0007,叢 0009,
叢 0068,子 1945,子
1946,子 2741,子 2742,
集 1261,集 5388,集
5390
劉節／史 0979,史 0980,史
2572,史 3114,子 2812,
集 0208,集 0209,集
0588,集 0589,集 0593,
集 0594
劉敏寬／史 2810
劉敏中／叢 0105

劉光亨／子 3018
劉光斗／子 2107
劉炎／叢 0007
劉剡／史 0303,史 0349,史
0350
劉恂／叢 0005,叢 0006,叢
0007,叢 0016,叢 0017,
叢 0083
劉燦／經 0415
劉敞／叢 0075,叢 0083,叢
0092,經 0016,經 0017,
集 0092,集 1261
劉爌／集 0093

7210₂
丘齊山／子 1955
丘璿／叢 0001,叢 0002,叢
0003,叢 0005,叢 0006,
叢 0007,叢 0009
丘處機／叢 0075,集 5614
丘象隨／集 1584
丘綸／集 4153
丘宓／集 5530,集 5531
丘江山／叢 0046
丘濬／叢 0010,叢 0016,叢
0017,叢 0018,叢 0024,
叢 0075,叢 0079,叢
0097,叢 0101,經 0691,
經 0692,經 0693,經
0694,經 0695,史 0374,
子 0192,子 0193,子
0194,子 0195,子 0196,
子 1601,集 0109,集
2656,集 2657,集 2658,
集 2659
丘兆麟／集 0869,集 3336,
集 3337
丘昶／叢 0007
丘遲／集 0007

丘克承／集 3829
丘葵／經 0483,經 0484,集
2326
丘聞之／史 0978
丘光庭／叢 0004,叢 0007,
叢 0009,叢 0052,叢
0053

7277₂
岳亭子／史 3153
岳端／集 0743,集 4100,集
4101
岳正／叢 0010,叢 0027,叢
0075
岳元聲／叢 0010,叢 0013,
叢 0051,叢 0075,史
0444,史 0446
岳珂／叢 0005,叢 0006,叢
0007,叢 0009,叢 0016,
叢 0017,叢 0037,叢
0068,叢 0075,叢 0083,
叢 0092,叢 0097,叢
0100,經 1138,史 1261,
史 1262,史 1263,子
2424,子 2425,子 2426,
子 2427,子 2428,集
0092,集 0093,集 2234,
集 2235
岳飛／集 2031,集 2032
岳岱／叢 0023,史 3463,集
0104
岳伯川／集 5760
岳濬／史 2626
岳凌霄／集 3447
岳士景／史 1263
岳甫嘉／子 1017,子 1018
岳半農／史 1532

7290₀
剝蕉居士／子 3093

7420₀

尉遲偓／叢 0004，叢 0005，叢 0007，叢 0009，叢 0016，叢 0017

尉遲樞／叢 0005，叢 0007，叢 0009，叢 0016，叢 0017

7421₄

陸應陽／史 2369，史 2370，史 2371，史 2372，史 2373，史 2374，史 2375，史 2376

陸慶臻／史 0516

陸廣微／史 2465

陸文籀／經 1118

陸龍騰／史 2563

陸韶／集 5712

陸元鼎／集 0999，集 5272

陸元溥／集 4686

陸元輔／經 0382

陸震徵／史 1396

陸西星／子 0431，子 0432，子 0433，子 0434，子 3050，子 3103，集 6009

陸雲／集 0003，集 0004，集 0005，集 0006，集 0007，集 0009

陸雲慶／子 3024

陸雲龍／子 0262，集 0113，集 0114，集 0866，集 3382

陸雲錦／子 2606

陸賈／叢 0039，叢 0040，叢 0041，子 0012，子 0059，子 0060，子 0061

陸璣／叢 0007，叢 0012，叢 0014，叢 0041，叢 0051，

叢 0091，叢 0110

陸弘祚／集 0111，集 0175

陸廷燦／子 2020，集 2528

陸飛／史 3023，集 4609

陸翀之／集 0885，集 0886

陸建／集 4608

陸羽／叢 0001，叢 0002，叢 0003，叢 0006，叢 0007，叢 0009，叢 0014，叢 0015，叢 0016，叢 0017，叢 0018，叢 0100，子 1959

陸瑤林／集 5637

陸弼／集 0104，集 5760，集 5762

陸承憲／叢 0127，集 3186

陸位／子 1563

陸舜臣／史 3264

陸采／叢 0010，集 3131，集 5760，集 5763，集 5764

陸秉乾／子 1845

陸統／史 3081

陸行直／叢 0007，叢 0013，叢 0075

陸師鑑／子 1091

陸倕／集 0003，集 0007

陸繼蕚／史 2734

陸穩／史 2193

陸德明／叢 0068，叢 0087，叢 0088，經 0006，經 0010，經 0011，經 0012，經 0013，經 0014，經 0015，經 0016，經 0245，經 0340，經 0465，經 0466，經 0467，經 0468，經 0469，經 0548，經 0549，經 0550，經 0575，經 0576，經 0577，經 0578，經 0742，經 0743，

經 0744，經 0745，經 0746，經 0747，經 0748，經 0752，經 0753，經 0754，經 0755，經 0756，經 0757，經 0758，經 0759，經 0760，經 0815，經 0819，經 1131，經 1206，經 1208，經 1214，子 0003，子 0005，子 0006，子 0007，子 0013，子 0418，子 0419，子 0420，子 0421，子 0422，子 0423，子 0468

陸勳／叢 0007，叢 0015，叢 0016，叢 0017，叢 0049

陸績／叢 0025，叢 0039，叢 0040，叢 0041，叢 0068，叢 0100，叢 0110，經 0045，經 0046，經 0049

陸佃／叢 0044，叢 0083，叢 0100，經 1200，經 1211，經 1212，經 1239，經 1240，經 1241，經 1242，經 1243，經 1244，子 0001，子 0012，子 2053，子 2054，子 2055，子 2056

陸龜蒙／叢 0003，叢 0007，叢 0008，叢 0012，叢 0016，叢 0017，叢 0018，叢 0035，叢 0036，叢 0037，叢 0068，集 0085，集 0626，集 0627，集 1703，集 1704，集 1705，集 1706，集 1707

陸翽／叢 0004，叢 0007，叢 0009，叢 0012，叢 0016，叢 0017，叢 0018，叢 0083

陸粲／叢 0010，叢 0016，叢
　0017，叢 0018，叢 0031，
　集 0019，集 0104，集
　2940

陸紹珩／子 2553

陸微／叢 0007，叢 0012，叢
　0015，叢 0016，叢 0017，
　叢 0042，叢 0075，叢
　0100，叢 0110

陸儀／子 1781

陸以誠／集 1066，集 1067

陸以鏵／集 4845

陸秋生／子 2624

陸淳／叢 0075，叢 0100，經
　0824，經 0825

陸進／史 3390，集 3879，集
　3880

陸之裘／集 1035

陸容／叢 0010，叢 0016，叢
　0024，叢 0029，叢 0031，
　叢 0034，叢 0105

陸宏定／集 3536

陸寶／集 3455，集 3456，集
　3531

陸濆原／叢 0010

陸泓／集 0554

陸心源／史 1050，史 4172

陸泳／叢 0007，叢 0009

陸浩／經 0794

陸昶／集 0341

陸次雲／叢 0078，叢 0081，
　叢 0082，叢 0097，叢
　0160，集 0326

陸深／叢 0010，叢 0013，叢
　0016，叢 0017，叢 0018，
　叢 0027，叢 0030，叢
　0034，叢 0049，叢 0050，
　叢 0051，叢 0075，史
　2260，子 2511，集 0104，

集 2810

陸游／叢 0003，叢 0004，叢
　0006，叢 0007，叢 0009，
　叢 0012，叢 0016，叢
　0017，叢 0026，叢 0037，
　叢 0050，叢 0068，叢
　0092，叢 0100，叢 0117，
　史 0229，史 0230，史
　0231，史 0232，史 0233，
　子 2068，子 2159，子
　2160，子 2161，集 0029，
　集 0089，集 0090，集
　0091，集 0094，集 2146，
　集 2147，集 2148，集
　2149，集 5537

陸祚蕃／叢 0081，叢 0082，
　叢 0097

陸道元／子 1073

陸道之／子 1074

陸道興／子 1074

陸道光／子 1073

陸肇域／史 3467

陸啓／史 3342

陸九州／集 0104

陸九淵／集 2121，集 2122，
　集 2123，集 2124，集
　2125，集 2126，集 2127

陸士賢／子 1450

陸奎勳／經 0191，經 0389，
　經 0633，集 4068，集
　4069

陸希聲／集 1590

陸友／叢 0007，叢 0014，叢
　0015，叢 0051，叢 0092，
　子 2178，子 2179

陸友仁／叢 0049，叢 0093

陸嘉淑／史 1430，集 3659，
　集 3660，集 3661

陸梳山／叢 0010

陸森／子 1511

陸圻／叢 0078，叢 0081，子
　1234

陸機／叢 0007，叢 0016，叢
　0017，叢 0067，集 0003，
　集 0004，集 0005，集
　0006，集 0007，集 0009，
　集 0367，集 1365

陸槭／集 4181

陸基忠／史 3769

陸夢龍／集 0081

陸蒨／集 5337

陸懋勳／史 1499

陸莘行／史 0785

陸攀／史 1526

陸攀堯／集 4247

陸世儀／叢 0079，史 0767，
　史 0769，史 0770，集
　3607

陸樹聲／叢 0010，叢 0013，
　叢 0016，叢 0017，叢
　0035，叢 0048，叢 0049，
　叢 0050，叢 0051，集
　3030

陸菜／史 2890，集 0369，集
　3759

陸贄／叢 0079，史 0879，史
　0880，史 0881，集 1561，
　集 1562，集 1563，集
　1564，集 1565，集 1566，
　集 1567，集 1568，集
　1569，集 1570，集 1571，
　集 1572，集 1573，集
　1574

陸楫／叢 0010，叢 0016，叢
　0017，叢 0026，叢 0034

陸坿／叢 0075

陸惠綢／集 4701

陸柬／史 3151

陸擷湘／集 4992

陸成周／經 0182

陸費墀／史 0412

陸里／史 2628

陸果／集 0104

陸景龍／集 0030

陸貽典／集 0644

陸時雍／集 0303，集 1319

陸時化／子 1654，子 1655，
　子 1656

陸明睿／經 1196

陸明揚／集 3324

陸墅／子 3092，子 3093，子
　3094，子 3095

陸隴其／叢 0075，叢 0079，
　經 0473，經 0474，經
　0475，經 0653，經 1069，
　經 1070，經 1071，經
　1072，史 2427，子 0309，
　子 0310，集 0127，集
　3825，集 3826

陸長源／叢 0005，叢 0006，
　叢 0007，叢 0009

陸長春／集 0349

陸鳳池／集 4249

陸履敬／史 3079

陸履泰／史 1570

陸金／子 1073

陸令貽／集 5631

陸善經／叢 0093

陸曾禹／集 3879

陸籠／史 4410

陸鍾輝／集 0762

陸釴／叢 0010，叢 0016，叢
　0017，叢 0018，叢 0024，
　叢 0031，叢 0034，史
　2624，史 2625，集 2891，
　集 2892

陸錫熊／史 2491

陸錫明／子 0872

陸簡／集 2683

陸繁弨／集 3912，集 3913

陸烜／叢 0089

陸煊／集 4693

陸耀遹／史 4253

陸耀／史 3615，集 0988，集
　4512

陸灼／叢 0010

陸燦／叢 0016

陸榮科／集 4180

7529₆

陳立／經 0817

陳立觀／子 0758，子 0819，
　子 0820，子 1030

陳亮／叢 0093，集 1829，集
　2187，集 2188，集 2189，
　集 2190，集 2191，集
　2192，集 5531，集 5537，
　集 5541

陳方平／集 5769

陳高／集 2438，集 2439，集
　2440

陳應行／集 5422

陳應賓／史 3224

陳豪／集 5177

陳慶門／史 3179

陳慶鏞／集 4813

陳康祺／史 1530

陳文謨／史 3058

陳文治／子 0985，子 0986，
　子 0987

陳文述／集 4696

陳文藻／集 4789

陳文蔚／叢 0079，集 2181

陳文中／子 0642，集 5252

陳文煜／史 3363

陳文燭／史 2508，集 3117

陳文燧／子 2763，集 1850

陳章／集 4407

陳言／叢 0110，子 1176，集
　3079

陳讓／史 2821

陳襄／叢 0007，叢 0012，叢
　0093，叢 0100，集 1763

陳褒／經 0597

陳奕禧／叢 0103，集 3906，
　集 3907

陳奕蘭／經 0296

陳京／叢 0007，叢 0017

陳龍正／叢 0075，叢 0141，
　叢 0142，子 0169，子
　0292，集 3281，集 3282

陳龍可／史 0450，史 0451

陳訏／集 0090，集 0696

陳諨／史 2982

陳誠／叢 0075

陳詩庭／子 2378

陳詩教／叢 0075，子 2010

陳講／史 4033

陳諫／集 1129

陳毅／史 3461，集 0928

陳旅／集 2408

陳效／史 3190

陳許廷／經 0782，史 2225，
　史 2226

陳一球／集 5822

陳二白／集 5760，集 5810

陳三聘／叢 0092，集 5531

陳璪／經 1328

陳正／史 2687

陳玉瑻／叢 0078，史 2498，
　史 2499

陳猷纕／史 2486

陳至言／集 3963

陳露／史 2678

陳元龍／史 1610，子 2978，

集 0372

陳元穎／集 4625

陳元祐／叢 0097

陳元祿／史 1337，集 5037

陳元素／子 0559

陳元靚／叢 0075，經 1464，
　史 2337，史 2338

陳元燮／經 0998，經 0999

陳雯／子 2958

陳于廷／集 3294

陳于陛／叢 0010，叢 0016，
　叢 0017，叢 0050

陳霆／史 0616，史 0617，史
　0618，史 2913，子 2196，
　集 2782，集 2783，集
　5715

陳聶恒／集 5545，集 5635

陳石麟／集 4703

陳可升／史 2908

陳雲貞／子 2611

陳雲客／史 3187

陳天定／集 0499，集 0500

陳天祥／經 0016

陳霖／史 3090

陳玩直／子 2784，子 2785

陳張翼／史 3259，集 4571

陳棐／史 2431

陳弘謀／經 1088，史 3874，
　集 4192，集 4193

陳弘緒／叢 0075

陳廷敬／叢 0075，經 1057，
　史 1150，集 0120，集
　0127，集 0698，集 0947，
　集 3744，集 3745

陳廷煒／叢 0075

陳瓆／集 3944

陳琮／子 2003

陳瑋／史 2711，史 3529

陳璜／史 3291

陳琳／集 0003，集 0007

陳確／叢 0078，集 3573

陳建／叢 0079，史 0439，史
　0440，史 0441，史 0442，
　史 0443，史 0444，史
　0446，史 0447，史 0448，
　史 0449，史 0450，史
　0451

陳璩／集 5174

陳玖學／子 0480

陳琛／叢 0010，集 2879

陳鼎／叢 0010，叢 0016，叢
　0017，叢 0018，叢 0059

陳子龍／叢 0075，史 0040，
　史 0041，史 0042，史
　0043，集 0811，集 0818，
　集 0819，集 0820

陳子壯／子 2923，集 0858

陳子芝／史 2635

陳子昂／集 0052，集 0053，
　集 0055，集 0063，集
　1432，集 1433，集 1434

陳子兼／叢 0007

陳乙／集 5145

陳函煇／集 3482，集 3483，
　集 3484，集 3485

陳翼飛／集 0477

陳政鍾／集 5278

陳致虛／子 3040，子 3041，
　子 3092，子 3093，子
　3094，子 3095，子 3102

陳致煐／經 1452

陳瑞／史 2408

陳喬樅／史 3086

陳秀明／叢 0075

陳禹謨／經 0026，經 1030，
　經 1031，子 2232，子
　2706，子 2707

陳舜咨／子 3021，集 5137

陳舜俞／叢 0004，叢 0009，
　叢 0105

陳鱣／叢 0103，經 0617，經
　0618，經 0959，經 1114，
　經 1271，集 4713

陳孚／集 0030，集 2370

陳維崧／叢 0075，史 0990，
　集 0126，集 0917，集
　1018，集 3841，集 3842，
　集 3843，集 3844，集
　3845，集 3846，集 3847，
　集 3848，集 3849，集
　5545，集 5634

陳維安／史 0787

陳步青／史 2588

陳仁／集 0176

陳仁玉／叢 0001，叢 0002，
　叢 0003，叢 0006，叢
　0007，叢 0009，子 1959

陳仁子／集 0204，集 0205，
　集 0206

陳仁蔭／集 5057

陳仁錫／叢 0075，經 0134，
　經 0498，經 1010，經
　1023，經 1024，經 1044，
　經 1045，史 0034，史
　0035，史 0101，史 0123，
　史 0124，史 0157，史
　0173，史 0174，史 0175，
　史 0284，史 0328，史
　0337，史 0353，史 0380，
　史 0381，史 0401，史
　0549，史 0570，史 2209，
　史 3929，子 0155，子
　0156，子 0157，子 0189，
　子 0196，子 0264，子
　0425，子 2558，子 2925，
　子 2926，子 2927，集
　0103，集 0113，集 0490，

集 0491，集 0861，集 1872，集 1906，集 3419，集 5561

陳虎文／史 1611

陳師／叢 0015

陳師文／叢 0100

陳師凱／經 0016，子 1516，子 1517，子 1518，子 1519，子 1520

陳師道／叢 0001，叢 0003，叢 0006，叢 0007，叢 0009，叢 0014，叢 0037，叢 0049，叢 0068，叢 0075，叢 0083，集 0089，集 0098，集 1927，集 1928，集 1929，集 1930，集 1931，集 5388，集 5390，集 5537

陳貞源／集 1243

陳貞淑／集 1243

陳貞慧／史 0781

陳經／叢 0083，史 4256，史 4257

陳鑾／集 1892

陳能／史 3201

陳鼎／叢 0075，叢 0081，叢 0082，叢 0092，叢 0097，史 1020，史 1126，集 5316

陳後方／史 2912

陳巖／集 2297

陳巖肖／叢 0001，叢 0009，叢 0075

陳循／史 2358

陳繼儒／叢 0010，叢 0011，叢 0013，叢 0016，叢 0017，叢 0018，叢 0035，叢 0048，叢 0049，叢 0050，叢 0051，叢 0052，

叢 0053，叢 0075，叢 0132，叢 0139，經 0779，史 0228，史 0365，史 0392，史 0452，史 0602，史 1044，史 1258，史 2259，史 2308，子 0627，子 1683，子 2560，集 0113，集 0441，集 0482，集 0483，集 1429，集 1888，集 3381，集 3382，集 3383

陳允平／集 0092，集 5530，集 5533，集 5541，集 5608

陳允衡／集 0117

陳允恭／集 3942

陳允華／集 5531

陳傅良／叢 0068，叢 0105，經 0016，史 4017，集 0089，集 2087，集 2088，集 2089，集 2090，集 2091，集 2092，集 2093，集 2094，集 2095，集 2096，集 2097，集 2098，集 2099，集 2100，集 2101，集 2102

陳獻章／叢 0075，集 0104，集 2638，集 2639，集 2640，集 2641，集 2642，集 2643，集 2644

陳皖永／集 3990，集 3991

陳織僊／集 5336

陳仕林／史 2774

陳德文／史 3102，史 3106，子 2237

陳德武／集 5529

陳德裕／集 0577

陳升／史 2529

陳魁士／集 1425，集 1427，

集 1431

陳自明／子 0642，子 0643，子 0966，子 1005，子 1006

陳侃／叢 0010，叢 0016，叢 0017，叢 0018

陳皋謨／叢 0078

陳和志／史 2487

陳繹曾／叢 0007，叢 0016，叢 0017

陳殷／史 2158

陳鵠／叢 0092

陳組綬／史 2389

陳叔齊／叢 0007，叢 0015，叢 0016，叢 0017，叢 0035，叢 0092，集 1420

陳叔寶／集 0003，集 0007，集 0009，集 1419

陳絳／叢 0075，子 2205，集 3154

陳倫烱／史 3815，史 3816

陳復正／子 1053，子 1054

陳儀／史 2394，集 4046

陳宜甫／集 2369

陳宣／集 4647

陳鎏／叢 0101

陳沆／集 4730，集 4731，集 5641

陳濟／史 0316，史 0318，史 0319，史 0320，史 0321，史 0322，史 0323，史 0324，史 0325，史 0326，史 0339，子 0310

陳淳／子 0206，集 0103

陳之伸／史 1260

陳之辰／史 2546

陳憲／集 5327

陳準／叢 0006，叢 0007，叢 0009

陳宏謀／子 0270，子 0271

陳宏己／集 3378

陳良謨／叢 0010，叢 0016，叢 0017，叢 0018，叢 0034，叢 0052，叢 0053，叢 0061，子 2683，集 3478

陳良弼／子 0549

陳寶泉／經 0668

陳寶善／史 2991

陳賓／叢 0004，叢 0005，叢 0006，叢 0007，叢 0009

陳實功／子 0971，子 0972，子 0973，子 0974

陳宗海／史 3295

陳永清／史 3051

陳永書／子 3010

陳源世／集 5692

陳淵／集 0092，集 2044

陳兆麟／集 5280

陳兆崙／集 4213

陳兆賓／集 4985

陳沂／叢 0010，叢 0011，叢 0024，叢 0059，史 2459，史 3320，子 2433，集 0104

陳心復／子 1329，子 1330

陳必復／集 0088，集 0092

陳溥／史 1387

陳治／子 0658

陳治安／子 0441

陳梁／叢 0010

陳法乾／集 1122

陳汝元／集 5737，集 5760，集 5764，集 5788

陳浩／集 4200

陳澔／經 0008，經 0583，經 0584，經 0585，經 0586，經 0587，經 0588，經 0589，經 0590，經 0591，經 0592

陳洪謨／史 3157

陳洪綬／經 0148，子 1763，集 1320

陳洪範／集 1854

陳漢卿／子 1329，子 1330

陳達叟／叢 0001，叢 0003，叢 0006，叢 0007，叢 0009，叢 0016，叢 0017，叢 0101，子 1959

陳造／集 0089，集 2169

陳泗／史 3005，史 3006

陳洎／集 0092

陳淏子／子 0631

陳鴻／叢 0007，叢 0016，叢 0017，叢 0018，叢 0026，叢 0097

陳鴻祖／叢 0016

陳鴻壽／子 1872

陳深／經 0016，經 0023，經 0489，經 0490，經 0491，史 2162，史 2163，子 2515，集 1296

陳祖望／子 2293

陳祖苞／史 0036

陳祖錫／史 1307

陳祖範／叢 0168，史 2484

陳逢聲／集 1019

陳選／子 0154，子 0156，子 0157，集 2666

陳朗／集 6002

陳澈／子 1209

陳祚明／史 0575，集 0242

陳祥道／經 0673，經 0674，經 0675，經 0676

陳裕／子 0561

陳道／史 3181

陳啓源／經 0032，經 0386

陳九德／史 0866

陳太初／子 2608

陳士斌／集 6007

陳士元／叢 0010，叢 0100，叢 0101，叢 0105，叢 0123，經 0102，經 0977，史 0103，史 2417，史 3444

陳士縝／子 0519

陳士林／集 0536

陳士鑛／叢 0075

陳士鐸／子 0760，子 0761，子 0977，子 1222，子 1223，子 1224

陳直／叢 0007，叢 0009，叢 0016，叢 0017，叢 0046

陳埔／集 4930，集 4931

陳培元／史 2990

陳培脈／集 0726

陳克／叢 0075

陳克家／集 4877

陳克恕／子 1857

陳克昌／子 3124

陳在專／子 1853

陳希濂／集 5645

陳希恕／集 4968

陳希曾／集 4542

陳志源／集 4969

陳友仁／經 0480，經 0481，經 0482

陳嘉謨／子 0795

陳嘉璪／子 0662

陳嘉穀／經 1436

陳奇生／子 1098，子 1099

陳壽／叢 0004，叢 0007，叢 0009，叢 0016，叢 0017，史 0001，史 0004，史 0005，史 0163，史 0164，史 0165，史 0166，史

0167,史0168,史0169,
史 0170, 史 0171, 史
0172,史0173,史0174,
史0175

陳壽熊／經0234

陳壽祺／經0032

陳大庚／叢0101

陳大章／經0428

陳大斌／子1900

陳大猷／經0016

陳真晟／叢0079

陳樵／集2444

陳梓／集1736,集1737,集
4241

陳森年／子1862

陳垣芳／集0222

陳桱／史0299,史0300,史
0301,史0338,史0340

陳栖／叢0092

陳彭年／叢0004,叢0006,
叢 0009, 叢 0026, 叢
0075,經1201,經1202,
經 1340, 經 1341, 經
1342,經1343,經1344,
經 1345, 經 1346, 經
1471,經1472

陳堦／史2340,史2341

陳櫟／叢0004,叢0005,叢
0007,叢0009,叢0016,
叢 0017, 叢 0019, 叢
0075,經0016,集2380

陳薀謨／經1543,經1544,
子1310

陳基／集2481,集2482,集
2483

陳埴／子0202,子0203,子
0204,子0205

陳壽／叢0004,叢0006,叢
0007,叢0009,叢0014,

叢0015

陳藻／集0092

陳夢雷／子2981

陳夢槐／集1894

陳芳生／叢0075,叢0078,
叢0101,史4014

陳芬／叢0007

陳蘭森／史2352,史3077

陳勰／集4870

陳恭尹／集1192,集3783

陳懋仁／叢0010,叢0013,
叢 0052, 叢 0053, 叢
0075,叢0186,史1016,
史3400

陳懋德／子3295

陳懋齡／經0032

陳孝逸／集3486

陳孝威／集3486

陳華／子2744

陳眉卿／集2219,集2220,
集 2221, 集 2222, 集
2223,集2224

陳著／集2259,集2260

陳喆／經0868

陳世倕／史2887

陳世崇／叢0004,叢0007,
叢 0009, 叢 0016, 叢
0017,叢0037

陳世寶／叢0010,子2851,
集0451

陳世明／子1317

陳世隆／叢0075,叢0092

陳葰／集3962

陳甘雨／史2666

陳其柱／集2608

陳其愫／集0859

陳其榮／子3067

陳黃中／叢0167

陳葵／集0838

陳樹基／集5955

陳茱／集5124

陳藥洲／集0959

陳萊孝／史4383,史4384,
集4547

陳桂芳／史3221

陳模／叢0075,子0182,子
0183,子0184

陳贄／集2291

陳棣／集2114

陳加儒／史3072

陳坦／史2442

陳恕可／叢0092

陳均／史0421,史0422

陳懿典／叢0075,史2231,
子 0374, 子 0437, 集
3283

陳匏／叢0004

陳鶴／集0104,集4797,集
4798

陳郁／叢0003,叢0004,叢
0007,叢0009,叢0016,
叢 0017, 叢 0026, 叢
0075

陳朝塈／子0911

陳起／集0088,集0092

陳塿／子1662

陳增新／集1077

陳敬璋／史1395

陳敬宗／集2608

陳敬則／叢0010,史2920

陳枚／經0160,史1684,集
0575,集0576,集0577

陳本／經1568

陳春／史2559

陳春宇／集4887

陳柬／集2030

陳東川／集0104

陳束／集0104,集2954

陳泰／集 2400

陳泰交／經 0282

陳振孫／叢 0083，史 4122，
集 1654

陳振藻／史 2519

陳揆／叢 0142

陳虬／史 4091

陳輔／叢 0007

陳威／史 2488

陳夐／叢 0092，叢 0093，叢
0097

陳搏／子 1564，子 1571

陳規／叢 0105

陳邦彥／集 0324，集 0325

陳邦瞻／史 0505，史 0506，
史 0507，史 0508，史
0509，集 0102

陳撰／子 1658

陳昉／叢 0105

陳見鑼／集 5545

陳思／叢 0001，叢 0002，叢
0003，叢 0005，叢 0006，
叢 0007，叢 0009，史
4297，子 1676，子 1677，
子 2772

陳昌齊／史 3052

陳品闈／集 4681

陳員韜／集 2623

陳景元／叢 0184

陳景雲／叢 0167，史 0343，
史 0372，集 1600，集
1626

陳景沂／子 2774

陳景沛／史 2940，史 2941，
史 2942

陳顯微／叢 0105，子 0015，
子 0463，子 0465，子
3041

陳則通／經 0016

陳時暘／子 1406

陳暘／叢 0007，經 0704，經
0705，史 4223

陳嚴肖／叢 0007

陳明／集 1505

陳明善／集 0045

陳盟／史 0780

陳晦／叢 0007，叢 0016，叢
0017

陳陔／史 1496，集 5265，集
5266

陳驥／史 3216，史 3217

陳阿寶／集 1069

陳厚耀／經 0900，經 0901，
經 0902

陳臣忠／史 0393，集 1615

陳長方／叢 0004，叢 0005，
叢 0007，叢 0009，叢
0105

陳長卿／子 0737，子 0738

陳所聞／集 5874，集 5875

陳驛／叢 0007，叢 0015，叢
0050，史 3919，集 5421

陳氏／集 3541

陳鳳／集 0104

陳陶／集 0066

陳同／集 5785

陳鵬年／叢 0161，史 3017，
集 3934，集 3935

陳履中／史 3305

陳際新／子 1320

陳際泰／經 1147，子 0039，
子 0040，集 3486

陳學海／史 2639

陳開虞／史 2460

陳民俊／集 3362

陳興汭／史 0827

陳與郊／經 0459，集 0180，
集 5736，集 5760，集

5777

陳與義／叢 0007，叢 0083，
集 0029，集 0089，集
2000，集 2001，集 2002，
集 5537，集 5543，集
5595

陳鑒之／集 0092

陳鎬／史 3682，集 0822

陳介祺／史 4446，史 4447

陳念祖／子 0756，子 0774

陳善／叢 0004，叢 0007，叢
0009，叢 0014，叢 0015，
叢 0051，叢 0068

陳公綸／集 3533

陳鉅昌／史 4407

陳鍾麟／集 5760

陳鍾炅／史 3011

陳鍈／史 3205

陳鍊／子 1850

陳鍊／集 1038

陳錦／史 0818，史 1170，集
5042，集 5043，集 5044

陳錫麟／史 0812

陳錫路／子 2272

陳鈞／集 2558

陳銘／史 3588

陳銘海／集 4321，集 4322

陳錄／叢 0001，叢 0003，叢
0005，叢 0007，叢 0009

陳鑑／叢 0078，集 0596，集
0597，集 4654，集 4655

陳第／叢 0092，叢 0100，叢
0128，經 0433，子 2240

陳符清／子 1964

陳銳／集 5710

陳策／經 1415，經 1416，史
3082

陳光龍／集 3887

陳光前／史 3163

陳常夏／史 2477

陳尚古／叢 0082

陳焱／史 3187

陳焯／子 1660,子 1720,集 0311,集 0960,集 1112

陳恬／史 3660

陳悰／集 3527

陳忱／集 5981

陳煒／經 1174

陳性定／史 3530

陳憬／集 1584

陳恂／叢 0075

陳耀文／史 2743,子 2327, 子 2517, 子 2848, 子 2849,子 2850,集 5567

陳燮／史 2523

陳榮選／集 1890

陳□／叢 0009

陳□□／集 4914

7622₇

陽瑪若／叢 0060

7700₁

門無子／子 0605,子 0606, 子 0607, 子 0608, 子 0609

7712₇

邱孫錦／集 5179

邱濬／集 5773

邱迥／集 4141

邱桂山／史 3283

邱園／集 5760

邱學敏／集 0961,集 4643

邱岡／集 5381

邱光普／史 4090

邱性善／史 2439

7721₀

鳳韶／經 1116,經 1180

鳳在元／子 1956

鳳林書院／集 5532,集 5533

7721₆

覺羅石麟／史 2593,史 4005

7722₀

朋九萬／叢 0007,叢 0093

7722₀

陶方琦／經 0236,經 0455, 經 1234, 史 1342, 子 2095,子 2097,子 2615, 集 5078, 集 5079, 集 5080,集 5081,集 5513, 集 5681,集 5682

陶諧／集 2751,集 2752

陶望齡／叢 0010,子 0259, 子 0373, 子 0436, 集 0470,集 0864,集 1581, 集 2113, 集 3267, 集 3268,集 3269

陶正靖／叢 0101

陶元藻／史 1612,史 3372, 集 4496,集 5496

陶晉英／叢 0075

陶珽／叢 0010,史 2302,史 2303,史 2304

陶弘景／叢 0001,叢 0005, 叢 0007, 叢 0009, 叢 0013,叢 0015,叢 0016, 叢 0017, 叢 0018, 叢 0039,叢 0040,叢 0041, 叢 0043, 叢 0067, 叢

0068,叢 0072, 叢 0097, 叢 0100, 子 0864, 子 2058, 子 2059, 子 3068, 子 3069, 集 0003, 集 0004, 集 0005, 集 0006, 集 0007,集 1408

陶承喜／子 0919

陶承學／經 1533

陶及申／集 4107

陶季／集 3681

陶貞一／集 4039

陶允淳／集 2751

陶允嘉／集 3326

陶叔獻／史 0860

陶齡／子 2233

陶安／集 2509

陶宗儀／叢 0004,叢 0005, 叢 0006, 叢 0007, 叢 0009,叢 0012,叢 0068, 叢 0092, 史 1080, 史 3791,史 3792,子 1680, 子 2180, 子 2181, 子 2182,子 2183,集 5735

陶潛／叢 0007,叢 0009,叢 0014,叢 0015,叢 0016, 叢 0017, 叢 0018, 叢 0035,叢 0040,叢 0041, 叢 0043, 叢 0067, 叢 0068,叢 0097,叢 0100, 集 0003, 集 0005, 集 0006,集 0007,集 0012, 集 0013, 集 0014, 集 0015,集 1367,集 1368, 集 1369, 集 1370, 集 1371,集 1372,集 1373, 集 1374, 集 1375, 集 1376,集 1377,集 1378, 集 1379, 集 1380, 集 1381,集 1382,集 1383,

集 1384，集 1385，集 1386，集 1387，集 1388，集 1389，集 1390，集 1391，集 1392，集 1393，集 1394，集 1396，集 1397，集 1398

陶濬宣／史 3632，子 1696，子 1697，集 1118，集 5105

陶淑／史 2445

陶涵中／叢 0075

陶滋／史 4309

陶士龍／叢 0015

陶在新／集 5186

陶在銘／集 5187

陶有容／史 2183

陶大年／集 3034

陶圻／叢 0075

陶式玉／子 0977，子 1932

陶越／叢 0075

陶夢陽／史 2583

陶葆廉／史 2334，子 1327，子 1328

陶華／子 0642，子 0645，子 0722，子 0723，子 0724，子 0725，子 0726，子 0727，子 0728，子 0729

陶模／史 0967

陶穀／叢 0006，叢 0007，叢 0009，叢 0015，叢 0052，叢 0053，子 2496，子 2497

陶素耜／子 3051，子 3096

陶振／集 2557

陶輔／叢 0010，叢 0030

陶成／史 3076

陶易／史 3155

陶思曾／叢 0190

陶岳／叢 0007，史 0603，史

0604，史 0605

陶開虞／集 5457

陶愈隆／集 4565

陶錦／史 2641

陶銓／集 1244，集 1245

陶煊／集 0921

陶煒／叢 0075

7722₀

周立勳／集 0117，集 0833

周亮工／叢 0081，叢 0082，叢 0097，子 2251，子 2252，集 0574，集 3617

周彥質／集 0017

周高起／叢 0078

周亦魯／經 1074

周應麐／叢 0136

周應賓／經 1144，史 3503

周慶增／史 2749

周廣業／經 0968，經 0969，經 0980，經 0981，經 0982，經 1175，經 1176，史 1435，史 1436，史 2144，史 2586，史 3353，史 3354，史 3355，史 3804，史 2145，史 4197，史 4198，史 4203，子 2376，子 2377，子 2488，子 2489，子 2490，子 2491，子 2597，子 2598，子 2599，子 3083，集 4525，集 4526

周文／叢 0006，叢 0007，叢 0009

周文龍／史 2435

周文璞／集 0092

周文玘／子 2700

周文采／子 0892

周文煒／子 2947

周文煥／子 2947

周京／集 4242

周龍官／經 1089

周詩／集 0104

周詩雅／集 0815

周靖篆／叢 0151

周旋／集 2630，集 2631

周敦頤／叢 0079，子 0018，子 0019，集 1816，集 1817，集 1818

周一鵬／集 5285

周元瑛／集 4575

周元懋／集 3528

周震榮／經 1111，史 2396

周于漆／子 1262

周于蕃／子 1048

周天度／集 4367

周天賜／集 3873，集 3874

周天錫／叢 0112，史 1051，集 1171，集 1172，集 3872

周斐／叢 0004，叢 0007，叢 0009

周碩勳／史 3252

周裴／叢 0016，叢 0017

周登瀛／集 3025

周廷佐／子 1813

周廷祚／史 0934

周廷用／集 2855

周孔教／叢 0105，史 0928

周瓏／史 0861

周瑛／史 3190

周建鼎／史 2489

周建屏／集 4924

周羽翀／叢 0006，叢 0007，叢 0009，叢 0012，叢 0026，叢 0075

周弼／集 0092，集 0638，集 0639

周子幹／子 0662
周子愚／叢 0060，子 1249
周子義／子 0012
周召／集 4164
周致中／叢 0035
周琰／史 2397
周孚／叢 0103，集 0092，集
　2117
周孚先／集 2805
周季鳳／史 3284，集 1914，
　集 1915
周采／集 0511
周維椷／經 0908
周稚廉／集 5545，集 5760
周順昌／叢 0101，集 3341
周上治／集 4084
周行己／叢 0083，集 1965
周處／叢 0004，叢 0007，叢
　0009，叢 0016，叢 0017
周師濂／子 1661
周師厚／叢 0005，叢 0006，
　叢 0007，叢 0009
周鑾詒／史 4461
周鼎／集 2645，集 2646，集
　2647，集 2648
周紫芝／叢 0001，叢 0003，
　叢 0006，叢 0007，叢
　0009，叢 0068，叢 0075，
　集 0092，集 2051，集
　5388，集 5390，集 5537
周樂清／集 5852
周繼／子 1405
周偉／史 3782
周勳懋／經 1173，子 2469
周伯琦／經 1369，經 1370，
　經 1371，經 1372，集
　2418，集 2419
周凱／集 4748
周魯／子 2965

周紀／子 0818
周紀常／集 4859
周稞廉／集 5818
周作淵／集 1552
周復俊／集 0104
周徐彩／史 2955
周綸／集 2081，集 3881，集
　5545
周家棟／經 1524
周之謨／經 0126
周之鱗／集 0091
周憲／子 0211
周守中／叢 0046
周守忠／叢 0063，子 2767，
　子 2768
周宇／子 2211
周容／集 3646，集 3647，集
　3648，集 3649，集 3650
周密／叢 0004，叢 0007，叢
　0009，叢 0015，叢 0016，
　叢 0017，叢 0037，叢
　0048，叢 0050，叢 0068，
　叢 0075，叢 0083，叢
　0091，叢 0092，叢 0100，
　史 3331，史 3332，子
　2174，子 2175，子 2681，
　集 5530，集 5531，集
　5532，集 5574，集 5575，
　集 5576，集 5577，集
　5609，集 5610
周賓所／叢 0010，叢 0011，
　叢 0016，叢 0017
周宗建／經 0952，史 0922，
　史 0934
周宗臣／史 3267
周永年／叢 0096
周灝／子 2463，集 4677，集
　4751，集 4752，集 4753
周源／集 1211

周澄／史 3169
周冰鶴／集 5855
周業／叢 0103
周必大／叢 0001，叢 0003，
　叢 0005，叢 0006，叢
　0007，叢 0009，叢 0012，
　叢 0016，叢 0068，叢
　0075，叢 0100，子 2005，
　集 0089，集 2080，集
　2081，集 2082，集 5390，
　集 5537
周淙／史 2819
周述學／子 1306
周滿／叢 0044
周汝登／史 1023，子 0274，
　集 0684，集 3227
周洪謨／史 0936
周沐潤／經 1325
周達觀／叢 0003，叢 0006，
　叢 0007，叢 0009，叢
　0026，叢 0042
周沛／集 0104
周清原／叢 0081，叢 0097，
　集 5545
周禮／史 0339
周泗／史 2732
周視／子 1582
周遇緣／集 2100
周游／集 5960
周祚／集 0104
周啓嶲／集 3688
周祥鈺／集 5938，集 5939
周裕／叢 0101
周遵道／叢 0004，叢 0007，
　叢 0009
周道遵／經 0314，經 0422，
　經 0926，經 1219
周士佐／史 2526
周士德／子 1781

周士英／史 3004

周士顯／經 0094

周在延／經 1078

周在浚／史 0233，子 1805

周南瑞／集 0803，集 0804

周南性／史 1586

周希哲／史 2926

周有科／集 0830

周嘉胄／叢 0075，叢 0080，
　子 1990

周嘉猷／史 2627，集 0216

周壽昌／史 1453

周去非／叢 0092

周大儒／史 2600

周大業／集 4523，集 4524，
　集 4525

周大榜／集 5113

周大樞／集 0971

周柯雲／集 4567

周埰／史 3280

周斯盛／集 3756

周城／史 3690，史 3691

周越／叢 0007，叢 0009，叢
　0016，叢 0017

周朴／集 0066

周夢彪／子 1813

周夢秀／子 3333

周夢暘／經 0533，經 0534

周萬清／子 1001

周茂蘭／叢 0092

周芝沅／集 5138

周蕙田／經 0039

周藹聯／史 3805

周世緒／集 4783，集 4784

周世樟／子 2996，子 2997，
　子 2998

周世敬／集 4618

周世厚／叢 0004

周權／集 2372，集 2373，集

2374，集 2375

周枝戀／叢 0151

周塤／集 0104

周楊俊／子 0768

周聲烔／史 0793，史 1309，
　史 1310

周朝俊／集 5760，集 5789

周起渭／集 3943

周起鳳／史 1584

周樽／經 0519，經 0567，經
　1217，集 0346

周書／集 5760，集 5845，集
　5846

周春／叢 0180，經 0301，史
　3405，史 3701，史 3702，
　史 3703，集 4389，集
　5502

周拱辰／集 1321

周耕墨／集 5253

周邦彥／集 2301，集 5537，
　集 5593

周邦傑／史 2501

周日用／叢 0037，叢 0040，
　叢 0041，叢 0042，叢
　0076，子 2668，子 2669，
　子 2670

周曰漣／集 1006

周星詒／史 1473，史 4173，
　史 4174，集 5175

周星譽／集 5663

周昱／集 4747

周思／集 3060

周思得／子 3086，集 0104

周思兼／子 2208

周昂／集 5942

周是修／集 2588

周因嚴／集 4632

周景一／子 1442

周時雍／子 2951

周嚴／子 0821

周鳴桐／集 5287，集 5288

周暉／史 3321

周驤／史 1299，史 1300

周臣／叢 0046

周長發／集 4201

周長源／史 1584

周體元／史 2558

周鳳岐／史 2526

周用／史 0922，集 2784

周用錫／經 0313

周履靖／叢 0035，集 5760，
　集 5763，集 5764

周熙文／集 1113

周學濬／經 1186

周金／集 0104

周金紳／集 4603

周金壇／史 2315

周鎬／集 1340

周介玉／集 4982

周念祖／史 0689

周毓芳／集 4973

周銑詒／史 4461

周錫瓚／集 4618

周錫榮／集 5368

周鈞／史 1587

周簾莊／集 4848

周篁／集 3882

周鑑／子 0489，子 0536，子
　0537，子 0538

周鉁／集 0216

周敘／集 5436

周少菴／史 1480

周怡／集 3025

周惕／經 0032

周煌／史 3829，集 0322

周煇／叢 0004，叢 0005，叢
　0006，叢 0007，叢 0009，
　叢 0012，叢 0026，叢

0036,叢 0037,叢 0092

周□□/集 0104

7726₄

屠應峻/集 0104

屠應埈/集 1246,集 2939

屠端/集 4169

屠誦清/史 1450

屠廷楣/集 3512

屠倬/集 4725

屠繼序/子 2310,集 1105,
　集 1247

屠勳/集 1246,集 2697

屠紳/集 6004

屠叔方/史 0681

屠述濂/史 3297

屠本畯/叢 0010,叢 0011,
　叢 0013,叢 0016,叢
　0017,叢 0018,叢 0071,
　叢 0072,叢 0100,經
　0371,經 0536,史 0981,
　史 1014,子 1587,子
　2533,集 1086,集 3365

屠隆/叢 0010,叢 0013,叢
　0048,叢 0075,叢 0097,
　叢 0105,子 2221,子
　2871,集 0112,集 0113,
　集 0465,集 0874,集
　1421,集 3178,集 3230,
　集 3231,集 3232,集
　3233,集 3234,集 3235,
　集 3236,集 5760,集
　5763,集 5764,集 5943

屠釣主人/子 2902

屠粹忠/子 2956

7727₀

尸佼/叢 0186

7727₂

屈復/集 1333,集 1334,集
　1678,集 4156

屈大均/叢 0075,叢 0081,
　史 0752,史 1135,史
　3402,子 2258,集 1192,
　集 3778,集 3779,集
　3780,集 3781

屈苣纕/集 1216

屈惠纕/集 1216

屈成霖/史 2420,子 0350

屈原/集 1285,集 1286,集
　1287,集 1288

屈曾發/經 1438,子 1318

7733₁

熙時子/叢 0093

7736₄

駱文盛/史 2915,集 0104,
　集 1085

駱龍吉/子 0697

駱登高/子 1166

駱維恭/史 2916,史 2917

駱賓王/集 0036,集 0052,
　集 0053,集 0055,集
　0063,集 1423,集 1424,
　集 1425,集 1426,集
　1427,集 1428,集 1429,
　集 1430,集 1431

駱如龍/子 1056

駱問禮/集 3118

7740₀

閔齊伋/經 0816,經 0821,
　經 0822,經 1411,經
　1412,史 0552,史 0571,
　史 0572

閔齊華/集 0177,集 0178

閔文振/叢 0007,叢 0010,
　叢 0016,叢 0017,叢
　0034,叢 0059,史 3224,
　史 3225

閔奕仕/集 0076

閔麟嗣/史 3474

閔元京/子 2574

閔元衢/叢 0061

閔于忱/子 0500

閔師孔/集 0865

閔寶樑/史 2907

閔邁德/集 0486

閔夢得/經 0754

閔華/集 4406

閔如霖/集 2977

閔聲/子 0487,子 0488

閔景賢/叢 0063

閔昭明/集 0496

閔鶚元/史 0953

閔無頗/集 0496

閔敘/叢 0097,叢 0081,叢
　0082

閔鑛/經 1182,史 3710

閔光德/經 0754

7740₁

聞龍/叢 0010

聞廷綸/子 1515

聞啓祥/叢 0010,集 0074,
　集 0117

聞人詮/史 2459,史 2515

聞人儒/史 3736,史 3737

聞人佟/集 0245,集 0246,
　集 0247

聞人規/子 1063,子 1064

聞性道/史 2933,史 2934,
　史 3739,史 3741,史
　3752,集 3768

7740₇

學餘居士／子 1978

7744₇

段玉裁／叢 0095，叢 0183，
　經 0032，經 0413，經
　0513，經 0514，經 1280，
　經 1281，經 1298，經
　1299，經 1577，經 1578，
　經 1579，集 4480，集
　4735

段廷選／史 2665

段龜龍／叢 0007，叢 0009

段安節／叢 0004，叢 0007，
　叢 0009，叢 0012，叢
　0016，叢 0017，叢 0018，
　叢 0026，叢 0042，叢
　0075，叢 0105

段克己／集 1223，集 1224，
　集 5544

段志熙／叢 0163

段成己／集 1223，集 1224，
　集 5544

段成式／叢 0003，叢 0006，
　叢 0007，叢 0009，叢
　0017，叢 0037，叢 0068，
　叢 0097，叢 0100，子
　2673，子 2674，子 2675，
　集 0066

段國／叢 0007

段昌武／叢 0092

段公路／叢 0004，叢 0007，
　叢 0009，叢 0012，叢
　0016，叢 0017，叢 0026，
　叢 0044，叢 0075

7755₀

毋自欺齋主人／子 0771，子

0774

7760₂

留元剛／集 1445

7771₇

巴樹穀／史 4427

巴泰／史 0487

巴慰祖／史 4427，史 4428，
　史 4429

7772₀

印光任／史 3405

7772₇

鷗波亭長／集 5760

7777₂

關天申／史 3164

關漢卿／集 5740，集 5741，
　集 5742，集 5743，集
　5748，集 5760

關涵／經 0040，經 0041

關朗／叢 0100，叢 0007，叢
　0014，叢 0015，叢 0025，
　叢 0041，叢 0068

關槐／史 1671，子 3012

7777₇

閻詠／經 0289，經 0290，子
　2348，子 2349

閻爾梅／集 3571

閻秀卿／叢 0034，叢 0066

閻循觀／叢 0177

閻純／子 1024

閻永齡／史 2450

閻選／叢 0097

閻圻／集 4036

閻孝忠／子 0642，子 0643，

子 1036，子 1037

閻若璩／叢 0078，經 0032，
　經 0289，經 0290，經
　1073，子 2308，子 2309，
　子 2310，子 2348，子
　2349

閻其淵／經 1112，經 1113

閻鶴洲／子 3038，子 3039

閻奉恩／史 2798

閻興邦／叢 0147，集 3709，
　集 3710

閻光表／史 2370

7778₂

歐良／集 5540

歐大任／集 0104

歐陽主生／史 3110

歐陽忞／叢 0083

歐陽玄／叢 0016，叢 0075，
　集 2397

歐陽詢／叢 0012，叢 0016，
　叢 0017，叢 0018，子
　2701，子 2702，子 2703，
　子 2704，子 2705

歐陽雲／集 2772

歐陽德／集 2912，集 2913

歐陽德隆／經 1491

歐陽修／叢 0001，叢 0002，
　叢 0003，叢 0004，叢
　0005，叢 0006，叢 0007，
　叢 0009，叢 0016，叢
　0037，叢 0068，叢 0097，
　叢 0100，經 0016，經
　0341，經 0342，史 0001，
　史 0003，史 0004，史
　0005，史 0085，史 0086，
　史 0087，史 0088，史
　0089，史 0090，史 0091，
　史 0092，史 0093，史

0094，史 0095，史 0223，史 0224，史 0225，史 3949，史 3950，史 4223，史 4225，集 0019，集 0020，集 0021，集 0022，集 0023，集 0024，集 0025，集 0026，集 0027，集 0028，集 0089，集 0090，集 1819，集 1820，集 1821，集 1822，集 1823，集 1824，集 1825，集 1826，集 1827，集 1828，集 1829，集 1830，集 1831，集 1832，集 5388，集 5390，集 5537

歐陽詹／集 0066
歐陽潘／集 0805
歐陽違／史 3281
歐陽清／子 0001
歐陽束／子 0290

7780₆
貫雲石／集 0030

7790₆
闌莊／叢 0010，叢 0016，叢 0029，叢 0059

7810₂
監灘遊藝生／子 1954

7821₂
脫脫／史 0003，史 0004，史 0005，史 0235，史 0236，史 0242，史 0243，史 0244，集 1861

7823₂
陰化陽／子 2932

陰中夫／子 2797，子 2798，子 2799，子 2800，子 2801，子 2802
陰時夫／子 2797，子 2798，子 2799，子 2800，子 2801，子 2802
陰鏗／集 0009，集 1418

7922₇
勝輔／叢 0006，叢 0009

7929₉
滕康／叢 0007
滕珙／子 0158，子 0159，子 0160

8010₄
全順／史 3677
全祖望／叢 0092，經 0032，史 1027，史 1028，史 1152，史 3578，史 3580，史 3581，子 2310，子 2362，集 0951，集 1088，集 1089，集 1090，集 1091，集 1092，集 1093，集 1094，集 1095，集 1096，集 1097，集 1098，集 1099，集 1100，集 1101，集 3507，集 4306，集 4307，集 4308，集 4309，集 4310，集 4311，集 4312，集 4313，集 4314，集 4315，集 4316，集 4317，集 4318，集 4319，集 4320，集 4321，集 4322，集 4323，集 4324，集 4325，集 4326

8010₉
金雍／集 0695

金鷹揚／經 0672，史 3981
金應宿／史 1577
金諾／叢 0078
金墊／集 1217
金望／集 1217
金一疇／子 1821
金一所／史 3780
金三俊／子 2717
金正聲／集 1181
金璋／子 2390，子 2391，集 5142
金露／集 3566
金張／集 3891
金瑤／經 0492，史 1577
金弘勳／史 2588，集 2298
金廷棟／史 3771
金聘／集 4967
金聖嘆／集 5742
金虞／集 4085
金鑾／史 3721
金鸞／集 0104
金俊明／史 1018
金弁／史 1580
金德純／叢 0075
金德嘉／集 3921
金德開／集 1217
金幼孜／叢 0010，叢 0026，叢 0027，叢 0034
金甡／集 4349
金律／史 1195
金俸／子 0619
金象乾／子 0319
金淮琛／史 3057
金淳／集 4692
金之俊／子 2750
金之傑／子 2622
金之植／史 3978
金之翰／史 3397
金安清／史 0958，史 4089

金永昌／集 0953

金兆登／集 1217

金兆燕／集 5760，集 5839，
　集 5840

金漸皐／史 3626

金有華／子 2164

金志章／集 4204

金友理／史 3612，史 3613

金嘉琰／史 2786，史 3034

金嘉貞／子 2563

金古良／子 1769

金大有／集 1217

金大車／集 0104

金大鐘／子 1693

金賁亨／集 2861，集 2862

金檀／史 4152，集 0101，集
　2543

金榜／經 0656，經 0657，經
　0658

金式玉／集 5548

金蘭／集 3437

金蓉鏡／叢 0201，史 0973，
　史 2870，史 2871，史
　3987，史 3988，史 3989

金枺志／子 1934

金聲／集 3466

金起士／集 1217

金松／經 1079

金梅／史 2399

金蟠／經 0010

金農／子 1747，子 1748，子
　1749，集 4398，集 4399，
　集 5640

金蟾珍／子 1265

金日升／史 0707

金曰追／經 0566

金昭鑑／叢 0078

金鴉／叢 0104，經 0667

金陳登／集 4587

金門詔／史 1583，集 4305

金尼閣／經 1541

金履祥／叢 0119，經 0016，
　經 0638，經 1000，史
　0297，史 0298，史 0299，
　史 0300，史 0338，史
　0340，集 0758，集 2298，
　集 2299，集 2300

金居敬／史 3973，集 2587

金學詩／集 4463

金人瑞／叢 0078，集 0695，
　集 1519，集 1520，集
　5746，集 5747，集 5748，
　集 5978，集 5979，集
　5980

金鏡／史 2910

金鍾彥／集 5210

金鎮／史 2741，集 2791

金鏐／子 1848

金邠屋／史 4390

金簡／叢 0083

金惟駿／集 4265

金光先／子 1790

金光裪／史 1582

金爀／史 0376，史 0377

金烺／史 1579，集 4183

金榮／集 3734

8012₇

翁方綱／叢 0103，經 0920，
　經 1358，經 1571，史
　1383，史 4183，史 4239，
　史 4240，史 4241，史
　4285，史 4366，史 4367，
　子 1674，子 1721，集
　3715，集 4371，集 4372，
　集 4373，集 4374，集

4375，集 4376

翁廣平／史 1394，史 3825

翁正春／史 2295

翁元圻／史 3372

翁平／叢 0092，叢 0109

翁天淇／集 0215

翁仲仁／子 1071，子 1073，
　子 1074

翁叔元／叢 0101

翁之潤／集 5548

翁澍／史 3646

翁葆光／子 3040

翁相／史 2431

翁明莢／集 2584，集 2585

翁介眉／集 0916

翁卷／集 0029，集 0089，集
　2182

8022₁

俞庭椿／經 0480，經 0482

俞文豹／叢 0005，叢 0006，
　叢 0007，叢 0009，叢
　0016，叢 0017，叢 0092

俞誨／叢 0007

俞王言／集 0359，集 0360，
　集 0446

俞亘／史 1589

俞震／子 1150

俞雲耕／史 2545

俞天池／子 1095

俞延佑／子 0260

俞琬綸／集 3346

俞琳／子 2544

俞子／叢 0012

俞琰／叢 0005，叢 0007，叢
　0009，叢 0016，叢 0017，
　叢 0050，叢 0075，叢
　0097，經 0016，子 3047，

子 3098，子 3099，集 0328，集 0329

俞集／史 3649

俞允文／集 0104，集 3143

俞允諧／史 1121，集 0107，集 0108

俞德鄰／叢 0075，集 0092

俞皋／經 0016

俞歸璞／子 1442

俞巘／集 2769

俞蜜僧／叢 0063

俞憲／史 1688，史 1689，集 0104，集 2836

俞安期／子 2897，子 2898，子 2899，子 2900，子 2901

俞寰／集 0104

俞宗本／叢 0007，叢 0013

俞淵／集 0104

俞沂／集 0104

俞汝言／經 0889

俞肇光／史 1590，集 0566

俞九成／史 3247

俞大光／史 1589

俞森／叢 0105，史 4012，子 0630

俞橋／子 0894

俞樾／叢 0107，子 0591，集 4842

俞茂鯤／子 1096

俞荔／史 3187

俞桂／集 0092

俞松／叢 0092

俞梅／集 5377

俞忠孫／集 5958

俞泰／集 0104

俞成／叢 0001，叢 0007，叢 0009，叢 0037

俞思冲／集 0396，集 0397，

史 3621

俞景／集 6012

俞顯／集 4635

俞顯卿／集 0236

俞暉／集 0104

俞瞻白／叢 0063

俞長城／史 0589

俞卿／史 2955

俞公穀／史 3801，子 2585

俞鎮／叢 0075

俞炳然／史 3028，史 3029

俞焯／叢 0006，叢 0007，叢 0009

8030₂

令狐德棻／史 0001，史 0003，史 0004，史 0005，史 0213

令狐澄／叢 0005，叢 0007，叢 0009

令狐楚／集 0046，集 0059

8033₁

無垢子／子 3079，子 3223

無如子／叢 0063

8040₀

午榮／史 4065，史 4066，史 4067，史 4068

8040₄

姜應／史 1518

姜文衡／史 2991，集 5071

姜廷梠／子 0855

姜信／叢 0082

姜任修／集 4061

姜嶽佐／史 2975

姜偉／集 2619

姜特立／集 2176，集 2177

姜紹書／叢 0092，子 1742

姜宸英／叢 0075，叢 0103，叢 0111，經 0032，集 0127，集 3948，集 3949，集 3950，集 3951，集 3952，集 3953，集 3954，集 3955，集 3956，集 3957，集 3958，集 3959，集 3974

姜之瓏／史 1591

姜準／子 2210

姜兆錫／經 0035，經 0505，經 1213

姜湘雲／集 5373

姜垚／子 1465

姜南／叢 0010，叢 0026，集 5445，集 5446

姜希轍／子 0299，集 3609

姜蔣氏／集 3209

姜蛻／叢 0007

姜思睿／子 2561

姜丹書／經 0232

姜夔／叢 0001，叢 0003，叢 0005，叢 0007，叢 0009，叢 0044，叢 0075，子 1710，集 0092，集 2204，集 2205，集 2206，集 2207，集 2208，集 2209，集 2210，集 5390，集 5529，集 5537，集 5602

姜炳璋／經 0401，經 0791，經 0792，集 1683

8050₀

年希堯／子 0813

年羹堯／子 0542，子 0543，子 0544，子 0545，子 1366

8050₁

羊士諤／集 0063

8060₆

曾文玉／集 0943

曾文端／子 1425

曾三異／叢 0004，叢 0006，
　叢 0007，叢 0009

曾王孫／集 3736，集 5545

曾元澄／史 2991

曾瑞卿／集 5760

曾廷枚／子 2364，子 2365，
　子 2366

曾孔化／史 1644

曾鞏／叢 0068，史 0615，集
　0020，集 0021，集 0022，
　集 0023，集 0024，集
　0025，集 0026，集 0028，
　集 0090，集 1781，集
　1782，集 1783，集 1784，
　集 1785，集 1786，集
　1787，集 1788，集 1789，
　集 1790，集 1791，集
　1792，集 1793，集 1794，
　集 1795，集 1796，集
　1797，集 1798，集 1799

曾季貍／叢 0006，叢 0007，
　叢 0009，集 0093

曾衍東／集 5957

曾豐／集 2120

曾鼎／子 1092

曾幾／叢 0083，集 0029，集
　2033

曾先之／史 2156，史 2157，
　史 2158

曾儲／史 3127

曾自明／集 2120

曾魯／集 1820

曾紆／叢 0007，叢 0009

曾安世／集 3736

曾宏父／叢 0092，叢 0096，
　史 4295，史 4296

曾汝檀／史 3233

曾肇／集 1815

曾棨／集 0104

曾才漢／史 2996

曾嘉誥／史 2689

曾求己／子 1466

曾協／集 5535，集 5542

曾基之／史 0978

曾世榮／子 1038

曾覿／集 5537

曾朝節／集 3221

曾唯／史 3526，史 3527，集
　1175，集 1176，集 1177

曾思孔／集 1799

曾景鳳／子 1819

曾顯／史 2570

曾鳳儀／子 3221

曾貫／經 0020

曾益／集 1582，集 1691，集
　1692，集 1693

曾毓墫／史 1643

曾公亮／叢 0086，子 0509

曾敏行／叢 0092

曾省吾／史 0917

曾慥／叢 0005，叢 0006，叢
　0007，叢 0009，叢 0026，
　叢 0075，叢 0105，集
　5532，集 5533，集 5554

曾忭／叢 0007

曾燠／集 0991

曾燮／集 5358

8060₈

谷應泰／叢 0075，叢 0093，

史 0511

谷廷桂／集 4669

谷子敬／集 5760

谷繼宗／集 2833

谷神子／叢 0004

谷際岐／集 4479

谷善禾／史 1842

8073₂

公孫弘／叢 0007，叢 0012，
　叢 0014，叢 0015，叢
　0016，叢 0017，叢 0041，
　叢 0068

公孫鞅／叢 0039

公鼐／史 0551，集 0568

8073₂

養真子／子 3116

8090₁

佘震啓／集 0439

佘承勛／史 3180

佘翹／集 5760，集 5762

8090₄

余應松／集 4697

余應舉／集 0104

余文龍／子 1392

余文儀／史 3228，集 4329

余靖／集 0089，集 1746，集
　1747

余正垣／集 0117

余正葵／集 4641

余元熹／集 0506

余延甫／子 1457

余承勛／史 3174

余子俊／史 0893，史 4078

余集／集 5577

余繡／集 3708

余繼登／史 0665，史 0666，
　集 3228
余繼祉／集 3530
余允文／叢 0105
余象斗／子 2895
余紹宋／史 3021
余寅／集 3242
余永森／集 4388
余祜／子 0161，子 1431
余祐／子 0240
余有丁／集 3112
余志明／史 2518
余藻／史 4414
余蘭碩／集 5545
余蕭客／經 1162，集 0192，
　集 0193，集 0194
余懋棶／集 4218
余觀復／集 0088
余穀／集 5709
余鰲／集 4640
余曰德／集 3095
余國鼎／集 4856
余同光／史 1291
余學鯤／集 4656
余闕／集 0030，集 2417
余知古／叢 0007
余鍧／史 2571
余懷／叢 0078，叢 0097
余光耿／集 4020
余常吉／叢 0063
余恒／子 2924
余炳文／子 0358
余慎／集 3828
余煌／集 3436
余恂／史 3020

8178₆
頌南／子 1656

8211₅
鍾方／史 0878
鍾廣華／史 2447
鍾文英／史 2425
鍾廷瑛／集 5505
鍾秀實／史 2482
鍾山逸叟／子 0627
鍾崇文／史 3149
鍾峻／集 4965
鍾化民／叢 0105
鍾幼田／集 5367
鍾和梅／史 2416
鍾嶸／叢 0007，叢 0012，叢
　0016，叢 0017，叢 0035，
　叢 0040，叢 0041，叢
　0044，叢 0068，叢 0097，
　叢 0100，集 5390，集
　5405
鍾之模／子 1411
鍾汪／史 2532
鍾添／史 3300
鍾淵映／叢 0105
鍾兆斗／叢 0110
鍾兆彬／史 2843
鍾祖述／集 0824
鍾越／集 2252
鍾輅／叢 0001，叢 0003，叢
　0007，叢 0009，叢 0014，
　叢 0015，叢 0016，叢
　0017，叢 0100
鍾嗣成／叢 0080
鍾賢祿／集 1079
鍾人傑／史 0038，史 0121，
　史 0122，史 0156，史
　0189，史 0190，史 0369，
　子 0229
鍾會／集 0007
鍾光斗／史 3278

鍾惺／叢 0055，叢 0056，叢
　0057，經 0372，經 0373，
　經 0374，經 0375，經
　0737，經 0751，經 0752，
　經 0753，經 0777，史
　0032，史 0033，史 0368，
　史 0394，史 0452，史
　0549，史 0570，史 2294，
　史 2302，史 2303，史
　2304，史 2305，子 0060，
　子 0061，子 0073，子
　1525，子 3253，集 0014，
　集 0113，集 0294，集
　0295，集 0296，集 0297，
　集 0298，集 0299，集
　0300，集 0442，集 0475，
　集 0476，集 0585，集
　0605，集 0866，集 0875，
　集 1278，集 1571，集
　1899，集 1990，集 1901，
　集 2502，集 3333，集
　3334，集 3382，集 6009，
　集 6010

8315₃
錢應奎／經 0775
錢康功／叢 0007，叢 0009，
　叢 0016，叢 0017
錢文／集 0104
錢文子／叢 0092，史 4018
錢文荐／集 3330，集 3331
錢端禮／史 2159
錢謙益／史 0673，史 0674，
　史 1106，史 1666，史
　4136，史 4137，史 4138，
　史 4139，史 4140，子
　2953，子 3222，集 0834，
　集 1018，集 1512，集
　1513，集 1514，集 1515，

錢杲之／叢 0092，叢 0097，
　集 1313

錢曉／叢 0075

錢時／叢 0083

錢長澤／子 1938，子 1939

錢陸燦／史 1106，史 2483，
　集 0201

錢陛／史 1005

錢陳群／集 4055，集 4056，
　集 4057，集 4058，集
　4059

錢鳳來／史 1516

錢月齡／集 0104

錢熙祚／叢 0105，叢 0106

錢學嘉／史 4125

錢臨疏／子 1151

錢人龍／集 0736，集 0737

錢義方／經 0088

錢普／史 2235，集 0880

錢曾／史 4142，史 4143，史
　4144，史 4145，史 4146，
　史 4147，史 4148，集
　3546，集 3547，集 3549

錢□鍔／史 1465

錢惟演／叢 0004，叢 0005，
　叢 0006，叢 0007，叢
　0009，叢 0016

錢惟善／集 2453

錢恂／叢 0003，叢 0005，叢
　0007，叢 0009，叢 0016，
　叢 0026，叢 0075

8471₁

饒應坤／集 4956

饒文璧／史 3101

饒魯／叢 0075

饒佺／史 3154

饒與齡／集 3280

饒節／集 0092

8612₇

錦里山人／子 1245

8711₂

鈕琇／叢 0078，叢 0081，子
　2454，集 3889

鈕樹玉／經 1312，經 1313，
　經 1314

8716₂

鎦洪／子 0636，子 0645，子
　0646

8718₂

欽天監／子 1283

欽璉／史 2494，集 4188

欽虹江／集 5760，集 5762

8762₂

舒詔／子 0767

舒琛／集 0274

舒璘／史 1032

舒位／集 5759，集 5760

舒繼英／子 1568

舒化／叢 0054

舒纓／集 0104

舒芬／集 0274，集 2870，集
　2871，集 2872，集 2873，
　集 2874

舒赫德／史 0523

舒其紳／史 2763

舒忠讜／集 0117

舒頔／集 2452

舒岳祥／集 2266，集 2267

舒榮都／子 2236

8782₇

鄭方坤／叢 0097，集 5465，

集 5487

鄭廉／史 0735

鄭慶雲／史 3201

鄭文謙／史 2872

鄭文寶／叢 0006，叢 0007，
　叢 0009，叢 0012，叢
　0014，叢 0015，叢 0049，
　叢 0075，叢 0092，叢
　0093，叢 0097

鄭文彬／史 3425

鄭文蘭／經 0914

鄭文表／叢 0004

鄭文昂／集 0301

鄭文焯／史 4202

鄭交泰／史 2580

鄭玄／叢 0025，叢 0039，叢
　0062，叢 0068，叢 0083，
　叢 0087，叢 0092，叢
　0093，叢 0095，叢 0098，
　叢 0100，叢 0103，經
　0006，經 0010，經 0011，
　經 0012，經 0013，經
　0014，經 0015，經 0045，
　經 0050，經 0051，經
　0242，經 0336，經 0338，
　經 0339，經 0340，經
　0371，經 0462，經 0463，
　經 0464，經 0465，經
　0466，經 0467，經 0468，
　經 0469，經 0533，經
　0534，經 0545，經 0546，
　經 0547，經 0548，經
　0549，經 0550，經 0575，
　經 0576，經 0577，經
　0578，經 0949，經 1129，
　經 1197，史 4223

鄭玄撫／集 0218，集 0219，
　集 0220，集 0439

鄭望／叢 0007

鄭一崧／史 3230

鄭璽／集 1166

鄭玉／集 2445

鄭王臣／集 1189

鄭玟／集 3427

鄭元慶／經 0610,史 2905,
　史 3705,集 5727

鄭元勳／集 0863,集 1016

鄭元祐／叢 0004,叢 0006,
　叢 0007,叢 0009,叢
　0012,叢 0026,叢 0037,
　叢 0075

鄭元夫／叢 0063

鄭爾毅／集 5286

鄭震／叢 0004,叢 0009,叢
　0017

鄭雲衢／集 5359

鄭瑗／叢 0010,叢 0013,叢
　0015,叢 0030,叢 0049,
　叢 0075

鄭弘祖／史 1242

鄭廷誨／叢 0007,叢 0016,
　叢 0017,叢 0018

鄭廷玉／集 5760

鄭瑄／子 2564

鄭瑤／史 3026

鄭子愚／集 5110

鄭珍／史 4264

鄭琰／叢 0035

鄭重光／子 0949,子 1140

鄭喬／史 3144

鄭維新／史 3244

鄭維嶽／集 0456,集 0586

鄭虎臣／集 1022,集 1023

鄭處誨／叢 0005,叢 0009,
　叢 0105

鄭師成／經 1108,經 1109

鄭僑／史 2975

鄭熊／叢 0004,叢 0007,叢
　0009

鄭熊光／集 5522

鄭繼之／集 0105

鄭允端／集 0030

鄭允宣／集 1263

鄭先慶／經 0724

鄭俠／集 0089,集 1944

鄭勳／集 4759,集 4760,集
　4761

鄭仲／史 1657

鄭仲夔／子 2444

鄭俠如／集 5545

鄭伯謙／叢 0100,叢 0112,
　經 0016

鄭伯熊／叢 0093

鄭嶠／集 0066

鄭緝之／叢 0007,史 3046

鄭復亨／史 2530

鄭復初／子 1455,子 1456

鄭從風／集 4902

鄭秋巖／史 4425

鄭瀛／史 2631

鄭之珍／集 5775

鄭之僑／經 1156,經 1157,
　子 0332

鄭之惠／集 0213

鄭準／史 3002

鄭定遠／集 1711

鄭永禧／史 3016,集 1050

鄭沆／集 5036

鄭澐／史 2825

鄭潛／集 2544

鄭心材／叢 0110,集 0210

鄭梁／叢 0111,集 1104,集
　3930

鄭湛／經 0237

鄭滿／叢 0111

鄭汝諧／經 0016

鄭汝璧／史 3854

鄭濤／史 1656

鄭洪／集 2416

鄭禧／叢 0006,叢 0007,叢
　0009

鄭達／史 0775

鄭禮／史 2703

鄭還古／叢 0005,叢 0007,
　叢 0009,叢 0012,叢
　0014,叢 0015,叢 0016,
　叢 0017,叢 0026,叢
　0042,叢 0074,叢 0076,
　叢 0097

鄭道乾／集 5587,集 5694

鄭縈／叢 0100

鄭樂／叢 0001,叢 0003,叢
　0007

鄭太和／叢 0007,叢 0075,
　集 1166

鄭圭／集 1896,集 1897

鄭克／叢 0005,叢 0007,叢
　0009,叢 0097,叢 0105

鄭友賢／叢 0098

鄭大進／史 2424

鄭真／集 1106

鄭樵／叢 0068,叢 0075,叢
　0093,叢 0100,經 0016,
　經 1133,經 1134,史
　0064,史 0065,史 0066,
　史 0067,史 0068,史
　0069,史 0070,史 0071,
　史 4223

鄭楷／史 1656

鄭樸／史 4278

鄭茂／叢 0110

鄭戀泃／史 3767

鄭若庸／子 2864,集 5764

鄭若曾／史 3427,史 3430,
　史 3431

鄭賣／叢 0097

鄭林祥／經 0147

鄭坤／集 0104

鄭棟／集 0963

鄭如英／集 0106

鄭相／史 2702

鄭獮／叢 0007

鄭鞠／集 0942

鄭起／叢 0092，集 0089

鄭起泓／集 1711

鄭枸／叢 0052

鄭枸／叢 0007，叢 0012，叢 0053

鄭本茂／史 4431

鄭成中／史 2658

鄭敷教／經 0141

鄭旼／史 1429

鄭思聰／集 5245

鄭思肖／叢 0092

鄭旻／集 0452

鄭景璧／叢 0007，叢 0026

鄭曉／叢 0010，叢 0016，叢 0017，叢 0018，叢 0034，叢 0075，叢 0110，史 0656，史 0657，史 0658，史 0659，史 2367，史 3813，子 2200，集 2918

鄭勛／子 1982，集 1112

鄭鄩／叢 0065，集 2253，集 3426

鄭辰／史 3367，史 3368

鄭厚／叢 0005，叢 0007，叢 0009

鄭所南／子 3085

鄭剛中／經 0020，集 2041

鄭岳／史 1209

鄭風／叢 0111

鄭鳳／叢 0111

鄭鳳鏘／史 2872

鄭履淳／集 0210

鄭居中／史 3951

鄭善述／史 2395

鄭善夫／叢 0010，叢 0028，叢 0075，集 0104，集 2820

鄭含成／集 5760

鄭谷／集 0058，集 0066，集 1711

鄭釴／史 3108

鄭知同／經 1453，經 1484

鄭錄勳／史 2994

鄭竺／叢 0111，集 4563，集 4564

鄭小同／叢 0083，經 1130

鄭光祖／集 5760

鄭光策／集 0952

鄭常／叢 0004，叢 0007，叢 0009

鄭恢／史 2403

鄭性／叢 0111，史 1148，史 3802，集 1104

鄭煜／集 4653

鄭耀璜／集 4774

鄭燮／集 4302，集 4303，集 4304，集 5760

鄭□／叢 0007，叢 0012

8810₆

笪重光／叢 0092，子 1740，子 1741，集 3706

笪世基／子 1740，集 5247

笪蟾光／史 3458

笪四基／集 5246

8810₈

笠華／史 0794

笠閣漁翁／集 5786

8822₀

竹勿山石道人／子 2691

竹溪主人／子 2939

8824₃

符之恒／集 4269

符兆倫／集 5207

符葆森／集 0350

符觀／集 0759

符驗／史 3845

符曾／集 4401，集 4402

8860₄

箬陂／叢 0034

8860₄

箬冠道人／子 1330

8877₇

管應祥／集 0555

管庭芬／史 1444，史 2400，史 2401，史 3352，史 4205，史 4388，集 1064，集 5064，集 5065，集 5066

管竭忠／史 2684

管元耀／史 2848，集 5066

管喬年／史 1327

管律／史 2809

管粵秀／史 2596

管作霖／集 5212

管徵麐／集 4975

管鴻詞／史 2233

管鴻儒／集 5063

管道昇／叢 0007，叢 0012

管希寧／子 1835

管大勳／史 0920

管大勛／史 3103，集 3116

管世灝／子 2644

管世駿／史 2992，史 2993，史 3379，史 3380，史

3381,史 3382,史 3383,
史 3384,史 3385,集
1134,集 1135,集 1148,
集 5211
管幹珍／集 4468
管榆／集 4182
管輅／子 1401,子 1531
管景／史 3111
管學宜／史 3288

9000₀
小山人／集 5117
小飲居士／子 1553

9003₁
懷蔭布／史 3191

9020₀
少微山人／集 5854
少林寺僧／子 0992

9022₇
常璩／叢 0004,叢 0007,叢
0009,叢 0016,叢 0017,
叢 0040,叢 0041,叢
0042,叢 0093,史 0591,
史 0592
常建／集 0047,集 0050,集
0051,集 0062,集 0063,
集 1437
常鼐／史 4048
常德／子 0636,子 0645,子
0646
常倫／集 0104
常安／史 1008
常沂／叢 0097
常懋／叢 0007

常棠／叢 0110
常輝／子 2279

9022₇
尚雲章／史 2600
尚崇年／史 3109
尚仲賢／集 5760
尚從善／子 0732
尚忻／史 1223

9050₀
半隱主人／集 5760

9080₀
火西月／集 1699
火源潔／經 1465

9090₄
米友仁／叢 0092
米芾／叢 0001,叢 0003,叢
0005,叢 0006,叢 0007,
叢 0009,叢 0068,叢
0072,叢 0100,叢 0103,
史 1075,史 1259,子
1731,集 0089,集 1941,
集 1942,集 1943

9196₀
粘本盛／子 3126

9408₁
慎旃／子 1513
慎到／叢 0009
慎蒙／叢 0010,叢 0013,史
3440
慎懋官／子 2006,子 2007

9601₅
惺惺叟／子 1445

9680₀
烟波釣叟／集 5977

9705₆
惲紹芳／集 1249
惲鶴生／集 0736,集 0737
惲格／叢 0092,叢 0101,集
1038
惲日初／叢 0078
惲厥初／集 1249
惲釜／集 1249

9706₁
憺漪子／史 2377

9942₇
勞崇光／集 4812
勞之辨／集 3811
勞之成／子 1085
勞必達／史 2484
勞大與／叢 0081,叢 0097
勞堪／史 3546,史 3924,史
3925
勞格／史 1076,子 0495
勞史／集 4158

9990₄
榮肇／叢 0103
榮譽／子 1802

□家駒／史 4396
□肇／叢 0007,叢 0016,叢
0017